© VILAINECREVETTE -SHUTTERSTOCK.COM

215 HÉRAULT

Terre d'histoire et de traditions, l'Hérault est ponctué de monuments et de musées passionnants et est aussi riche en sites naturels.

287 LOZÈRE

Des forêts profondes de la Margeride à l'Aubrac basaltique, des Cévennes aux méandres des Gorges du Tarn, la Lozère offre un paysage diversifié.

© L. LACOMBE

319 PYRÉNÉES-ORIENTALES

En 1h de route, vous pourrez passer des cimes enneigées aux plages de sable blond. Tout est possible dans les Pyrénées-Orientales !

389 ORGANISER SON SÉJOUR

Tous nos bons plans pour bien organiser votre séjour et profiter sans stress de votre séjour.

© SHUTTERSTOCK.COM - UHRYN LARYSA

CANTAL
LOT
AVEYRON
TARN-ET-GARONNE
TARN
HAUTE-GARONNE
ARIÈGE
ANDORRE
ESPAGNE
LA SALVETAT-SUR-AGOUT
OLARG
SAINT-PONS-DE-THOMIÈRES
Jaur
SAINT-CHINIAN
SAISSAC
LASTOURS
CAUNES-MINERVOIS
MINERV
CASTELNAUDARY
MONTOLIEU
ARAGON
Olonzac
Salles-sur-l'Hers
Belpech
Trèbes
Aude
FANJEAUX
CARCASSONNE
Capendu
NARBONN
LIMOUX
LAGRASSE
AUDE
CHALABRE
ALET-LES-BAINS
SIGEAN
Couiza
Mouthoumet
Durban-Corbières
Puivert
Forêt de Rialsesse
Quillan
Tuchan
FITOU
Belcaire
AXAT
TAUTAVEL
Saint-Paul-de-Fenouillet
Sournia
Estagel
PYRÉNÉES-ORIENTALES
PERPIGNAN
Formiguères
PRADES
THUIR
ELN
VERNET-LES-BAINS
Forêt du Llech
Têt
LE BOULOU
Font-Romeu
MONT-LOUIS
ARLES-SUR-TECH
CÉRET
AMÉLIE-LES-BAINS-PALALD
La Preste

Languedoc-Roussillon,

UNE TERRE AUX MILLE FACETTES

Véritable mosaïque de paysages ensoleillés, le Languedoc-Roussillon s'étend sur plus de 27 000 km² et comprend cinq départements : l'Aude, le Gard, l'Hérault, la Lozère et les Pyrénées-Orientales. Plurielle, cette terre inspire les artistes, séduit les curieux et enchante les vacanciers à la recherche d'une destination qui répond à toutes leurs envies.

Riche d'un environnement naturel exceptionnel et d'équipements touristiques de premier choix, l'ex-région convient à merveille aux amateurs d'aventure, de détente et de découverte. Ils trouvent refuge dans ses musées et monuments historiques, sillonnent ses vignobles et villages pittoresques, s'élancent sur ses pistes de ski, parcourent ses petits sentiers et grandes randonnées, s'installent confortablement sur ses plages de sable fin et de roche volcanique… Impossible de s'ennuyer !

Vous voulez faire de même, mais vous êtes intimidé par la richesse du territoire ? Soyez sans crainte, les équipes du *Petit Futé* ont composé pour vous l'outil de voyage idéal. Dans ce guide, vous trouverez une présentation du Languedoc-Roussillon, des zooms sur ses atouts et un référencement des meilleures adresses où manger, dormir et sortir, département par département. L'esprit allégé, il ne vous restera plus qu'à faire vos bagages et partir à l'aventure ! Vous découvrirez alors les couleurs envoûtantes qui habillent ses paysages, les accents chantants qui font le charme de ses habitants et les spécialités généreuses qui symbolisent son terroir.

Lisez-nous, écoutez vos envies !

SOMMAIRE

© JP WALLET- SHUTTERSTOCK.COM

© YAN EVEN

6 INSPIRER

Toutes les infos pratiques pour avoir un premier aperçu de la destination : météo, festivités, idées de séjours...

25 DÉCOUVRIR

Histoire, nature, géographie, gastronomie, littérature, musique... découvrez les spécificités du Languedoc-Roussillon !

63 AUDE

S'immerger dans l'Aude, c'est entrer en contact avec la Médiévalité : la Cité de Carcassonne, les châteaux Cathares, les Abbayes...

147 GARD

Avec 250 jours de soleil par an, ses cités historiques, ses villages remarquables, ses Grands Sites de France, son terroir gourmand, le Gard est une destination passion !

© SHUTTERSTOCK.COM - PICTUREPIXX

© SIME

Languedoc-Roussillon
HAUTE-LOIRE
ARDÈCHE
LOZÈRE
GARD
VAUCLUSE
BOUCHES-DU-RHÔNE
HÉRAULT
Le Malzieu-Ville
CHÉLY D'APCHER
Grandrieu
LANGOGNE
Aumont-Aubrac
Saint-Amans
CHÂTEAUNEUF-DE-RANDON
La Bastide-Puylaurent
EJOLS
MENDE
Bagnols-les-Bains
Lot
Le Bleymard
Chanac
Parc National des Cévennes
VILLEFORT
Sainte-Enimie
ISPAGNAC
A MALÈNE
Tarn
ARN CAUSSES
Barjac
Bessèges
Saint-Ambroix
Pont-Saint-Esprit
St-Germain-de-Calberte
MEYRUEIS
Les Fumades
BAGNOLS-SUR-CÈZE
Le Rozier
Ste-Croix-Vallée-Française
Lussan
ALÈS
Tave
Saint-Laurent-des-Arbres
Mont Aigoual 1 567 m
Lasalle
ANDUZE
VÉZÉNOBRES
Roquemaure
UZÈS
LE VIGAN
VILLENEUVE-LÈS-AVIGNON
Alzon
Lédignan
REMOULINS
Les Angles
GANGES
Aramon
Quissac
Le Caylar
NÎMES
Claret
BEAUCAIRE
Forêt des Monts d'Orb
SAINT-GUILHEM-LE-DÉSERT
SOMMIÈRES
Garons
Orb
LODÈVE
VAUVERT
Gignac
MONTPELLIER
SAINT-GILLES
LUNEL
LAMALOU-LES-BAINS
LA GRANDE-MOTTE
Cournonterral
AIGUES-MORTES
Faugères
LE GRAU-DU-ROI
Montagnac
FRONTIGNAN
PALAVAS-LES-FLOTS
PÉZENAS
Mèze
Golfe d'Aigues-Mortes
SÈTE
BÉZIERS
AGDE
MARSEILLAN
Le Cap-d'Agde
NISSAN-LEZ-ENSERUNE
Aude
St-Pierre-sur-Mer
Narbonne-Plage
GRUISSAN
ORT-LA-NOUVELLE
Mer Méditerranée
UCATE
EUCATE PLAGE
SALSES-LE-CHÂTEAU
REILLES
NET-EN-ROUSSILLON
NT-CYPRIEN
OLLIOURE
Banyuls-sur-Mer
CERBÈRE
30 KM

QUAND
Y ALLER

JANVIER	FÉVRIER	MARS
MONTPELLIER 2° / 11°	MONTPELLIER 3° / 13°	MONTPELLIER 5° / 15°
MENDE -1° / 5°	MENDE -1° / 6°	MENDE 2° / 11°
FESTIVAL FLAMENCO DE NÎMES De la danse, de la musique et une ambiance très festive vous attendent au cours de ce festival consacré à la culture flamenca.	**OPEN SUD DE FRANCE** A l'Open Sud de France de Montpellier, assistez à des affrontements tendus entre des joueurs de tennis français et internationaux. **LES COURSES DES PYRAMIDES** Courir pour la bonne cause, voilà ce que propose cet événement humanitaire de La Grande-Motte. Tous les niveaux sont bienvenus !	**MARATHON DE MONTPELLIER** Mettez vos chaussures, choisissez votre course et partez à la découverte de Montpellier de manière sportive. Ambiance garantie ! **LA FOULÉE DES REMPARTS** Cette course sans difficulté vous mènera de la cité de Saint-Louis aux salins. Un bol d'air frais au milieu des flamants roses ! **FESTIVAL MUSICASÈTE** La musique est un langage universel. Ce festival le prouve en réunissant des musiciens, chanteurs lyriques et choristes.
$	$	$

La vie du Languedoc-Roussillon est rythmée par de nombreux événements autour du sport, de la culture et de la tradition. Ces rendez-vous incontournables s'installent dans les plus belles salles de l'ex-région, ainsi que dans les espaces extérieurs qui participent à sa beauté. Chaque année et en toute saison, des passionnés envahissent donc les quatre coins du territoire. Une programmation rendue possible par le climat aux influences méditerranéennes et l'ensoleillement du Languedoc.

AVRIL

MONTPELLIER

8° / 18°

MENDE

4° / 14°

MONDIAL DU VENT

© YAN EVEN

Levez les yeux vers le ciel de Leucate, non par exaspération mais pour voir la danse des voilages des kitesurfs et autres planches à voile.

SAINT-JEAN

Défilé costumé, cavaliers, spectacle de son et lumière : Perpignan célèbre la fête de son patron de manière magistrale et festive.

MAI

MONTPELLIER

12° / 21°

MENDE

7° / 18°

FISE

© J. NOCLERCQ ADT HÉRAULT TOURISME

Montpellier, capitale du sport freestyle ! Avec le Fise, la ville attire plus de 7 millions de curieux et pratiquants chaque année.

LES FÊTES DE LA TRANSHUMANCE

Et si on comptait les moutons ? Rendez-vous dans les villages du Languedoc pour découvrir cette tradition ancestrale et sa culture.

FERIA DE PENTECÔTE

C'est le rendez-vous incontournable des amateurs de traditions camarguaises à Nîmes. Au programme : des animations et de la fête !

NATUR'AILES

Chaque année, la plage de Narbonne accueille le festival international de cerfs-volant. Des shows de grande qualité !

JUIN

MONTPELLIER

15° / 25°

MENDE

11° / 22°

LA ZAT

L'art contemporain envahit le centre de Montpellier ! Une exhibition étonnante et gratuite qui célèbre les talents de la ville.

FESTIVAL DES RANDONNÉES

Randonner est plus qu'un loisir, c'est une culture. Cet événement mendois réunit les passionnés autour de sorties et conférences.

FESTIVAL MOLIÈRE

Spectacles, danse, musique, visites, conférences : Pézenas fait les choses en grand pour célébrer le lien qui l'unit à Molière.

QUAND Y ALLER

JUILLET

MONTPELLIER

18° / 29°

MENDE

13° / 27°

LES ESTIVALES
Du vin, des bons produits et une ambiance conviviale, c'est la recette des Estivales, l'animation saisonnière de Montpellier.

SEMI-MARATHON MARVEJOLS-MENDE
Cette course n'est pas pour les débutants ! Elle attire des semi-marathoniens du monde entier au cœur du relief lozérien.

FESTIVAL DE CARCASSONNE
Carcassonne sort le grand jeu pour son festival. Au programme : plus de 100 spectacles (concerts, théâtre...), dont 80 gratuits.

LES DÉFERLANTES
Sur la scène de ce festival pop-rock qui se tient à Céret, des pointures et des nouveaux talents s'alternent.

FONTFROIDE LA NUIT
De juillet à septembre, parcours nocturne en son et lumière à l'Abbaye de Fontfroide à Narbonne.

$ $ $

AOÛT

MONTPELLIER

18° / 28°

MENDE

13° / 26°

BARQUES EN SCENE
Festival de 3 jours à Narbonne : animations de rue, fanfare, concerts gratuits, expo... Un rendez-vous majeur de l'été !

LA SAINT-LOUIS
A Sète, on célèbre le patron de la ville à coup de joutes languedociennes et concerts. Vous ne serez pas déçu du voyage !

EMBRASEMENT DU FORT DE BRESCOU
Le Cap d'Agde met le feu à son monument le plus emblématique chaque été. Un spectacle lumineux visible jusqu'au Grau d'Agde.

CHAMPIONNAT DU CANIGÓ
La Course du Canigó compte parmi les plus célèbres et les plus techniques trails de France. Un conseil : partez préparé !

$ $ $

SEPTEMBRE

MONTPELLIER

14° / 25°

MENDE

10° / 22°

FESTIVAL ARABESQUES
Montpellier accueille le plus important festival d'Europe dédié aux arts du monde arabe. Au programme : calligraphie, théâtre, cinéma...

LES INTERNATIONALES DE LA GUITARE
Plus de 50 concerts et près de 200 artistes, c'est la recette de la ville de Montpellier pour célébrer la musique !

CHAMPIONNAT DE FRANCE DE JOUTES LANGUEDOCIENNES
Duel au sommet...de la tintaine ! Festive, cette tradition locale de Frontignan apporte son lot de spectacles et de chutes chaque année.

$ $

OCTOBRE

MONTPELLIER

10° / 20°

MENDE

7° / 17°

LES GRANDS JEUX ROMAINS DE NÎMES
Le temps d'un week-end, la ville de Nîmes active la machine à remonter le temps pour nous replonger dans l'époque romaine.

LE CRITERIUM DES CÉVENNES
Le Critérium des Cévennes est l'une des épreuves phares du championnat de France des rallyes. Les champions s'y pressent !

LES TROBADES MÉDIÉVALES DE PERPIGNAN
Perpignan vous transporte à l'époque médiévale tout un week-end, aidée de plus de 250 figurants costumés et d'animations variées.

FESTIVAL INTERNATIONAL DES ORCHIDÉES
L'abbaye de Fontfroide à Narbonne propose une expo - vente d'orchidées, des conférences et ateliers sur le thème "Terre d'Orchidées".

$

NOVEMBRE

MONTPELLIER

6° / 15°

MENDE

3° / 10°

CŒUR DE VILLE EN LUMIÈRES
Chaque hiver, le centre de Montpellier habille ses monuments. Ils servent alors de décor à un spectacle lumineux plein de magie.

$

DÉCEMBRE

MONTPELLIER

3° / 12°

MENDE

0° / 8°

LES HIVERNALES
Au milieu des sapins et des illuminations, une centaine de commerçants et d'artisans propose des produits de la région à Montpellier.

LE VILLAGE DE NOËL

© YAN EVEN MAIRIE DU BARCARES

Bienvenue dans le village du père Noël du Barcarès, un lieu rempli d'animations et de magie du matin au soir. Un plaisir pour tous les âges !

LES FEERIES DE NOEL
Animations de rues, peluches animées, marché de Noël et friandises de saison, manège... Narbonne s'illumine et s'anime pour Noël !

$

LES BONNES RAISONS D'Y ALLER

© SHUTTERSTOCK.COM-PIERRE VINCENT

LA DOUCEUR DES SAISONS ET LE SOLEIL

Le Languedoc est très ensoleillé, il comptabilise 1 900 heures de soleil par an en moyenne.

L'INCROYABLE MOSAÏQUE DE PAYSAGES

Des vignes aux pics, des plages à la plaine, le territoire présente des couleurs variées.

© SHUTTERSTOCK.COM-SYLVIE LEBCHEK

© SHUTTERSTOCK.COM - UHRYN LARYSA

LA PRÉSERVATION DE L'ENVIRONNEMENT

Ici, la nature est reine. Afin de la préserver, de nombreuses zones protégées existent.

LA MAJESTÉ DE SES CITÉS HISTORIQUES

Propriétés des rois, sièges de conflits, les cités du Languedoc appartiennent à l'Histoire.

LES STATIONS BALNÉAIRES DU LITTORAL

Les adeptes de bronzage et de sports nautiques trouveront leur bonheur sur le littoral.

LE CHARME DES VILLAGES PITTORESQUES

Aventurez-vous dans l'arrière-pays, vous serez séduits par les villages de caractère.

SES CHEFS-D'ŒUVRE D'UN AUTRE TEMPS

Pont du Gard, canal du Midi, châteaux cathares... : le Languedoc est constellé de trésors.

LES BONNES RAISONS D'Y ALLER

UNE PLURALITÉ DE CULTURES

Le Languedoc est au carrefour de plusieurs influences, c'est le point fort de sa culture.

© SHUTTERSTOCK.COM - DAVID MUSCROFT

© SHUTTERSTOCK.COM - CYNOCLUB

LA PALETTE DES ACTIVITÉS PROPOSÉES

Du ciel à la terre, sans oublier la mer, tous les terrains sont propices à l'aventure.

© SHUTTERSTOCK.COM - MARGOUILLAT PHOTO

UNE CUISINE SAVOUREUSE ET GÉNÉREUSE

Ici, la spécialité est la générosité ! A la carte : aligot, gardiane, tielles...

LES 12 MOTS-CLÉS

#ARCHÉOLOGIE

Occupé depuis la Préhistoire, le Languedoc a fait l'objet de fouilles archéologiques. Si certaines sont toujours en cours, des chantiers ont déjà permis de révéler les traces de plusieurs habitats et outils du Néolithique. Plus récents, des vestiges romains ont aussi été dévoilés. Ces ensembles sont présentés dans les musées du territoire.

#ARCHITECTURE

De Collioure à Perpignan, en passant par Villeneuve-lès-Avignon ou encore Arles, ce sont différents styles d'architecture qui se fondent et cohabitent pour le simple plaisir des yeux. Les édifices religieux, le patrimoine civil, ainsi que les vestiges romains et cathares, signalent la puissance et l'importance de ce carrefour d'influences.

© SHUTTERSTOCK.COM - ALEXANDRE G. ROSA

#BIO

Le territoire fait partie des bons élèves : les producteurs du Languedoc n'ont pas attendu que le bio soit à la mode pour changer leurs méthodes. Si elle est diversifiée, la filière biologique est particulièrement présente dans les vignobles. On estime que près d'un tiers du vignoble bio de toute la France se trouve dans le Languedoc-Roussillon.

#FORÊT

Le Languedoc ne se résume pas à un long littoral et une collection de reliefs, c'est aussi en raison de ses nombreux espaces boisés que la région séduit. Des forêts de sapins des Pyrénées à celles des chênes verts, liège et kermes de la plaine, les couleurs changent et les paysages ne se ressemblent pas. Une diversité qui fait sa beauté.

#MONTAGNE

Si la région est bordée par la mer, elle l'est aussi par la montagne. Au nord et à l'ouest, les sommets vallonnés de l'Aubrac, les pentes abruptes du Canigó, la chaîne des Pyrénées et les pics du Massif central participent à faire du Languedoc une terre de contrastes. A la clé : des randonnées très sportives et des milliers de panoramas !

© SHUTTERSTOCK.COM-WALKING NATURE WORLD

#LANGUES

De nos jours, 10 millions de personnes parlent le catalan. En plus d'être enseignée dans les écoles, la langue est employée couramment dans le milieu rural. Elle a mieux résisté que l'occitan à la francisation. On retrouve aujourd'hui la langue d'oc dans les ouvrages, sur les monuments et dans les organismes qui essaient de la faire perdurer.

#PLAGE

En Languedoc-Roussillon, les plages sont généralement constituées de larges bandes sableuses bordées de lagunes. Plus rare, vous pourrez découvrir des plages de sable noir vers Agde, en raison de l'activité volcanique, et des criques rocheuses sur la Côte Vermeille. Sauvages ou aménagées, ces plages sont un atout indéniable pour le territoire.

© SHUTTERSTOCK.COM-GOUMI

#RANDONNÉE

Le Languedoc-Roussillon héberge de grands espaces protégés, riches d'une flore et d'une faune exceptionnelles. Ils vous donneront l'occasion de belles randonnées au cœur d'une nature verdoyante préservée. Les plus ambitieux pourront s'aventurer sur les pics pyrénéens tandis que les amateurs se régaleront sur les plaines de l'arrière-pays.

#SOLEIL

Le soleil est le résident le plus constant du ciel du Languedoc-Roussillon. Si le vent joue parfois les trouble-fêtes, la pluie est plutôt timide. Cet ensoleillement important est l'une des raisons pour laquelle le territoire est si attrayant pour les vacanciers. Grâce à lui, vous pourrez profiter des plages du littoral d'avril à septembre, sans trembler.

#SKI

Les Pyrénées-Orientales sont le plus important lieu de pratique. C'est un formidable terrain de jeu pour le ski alpin, nordique ou bien les promenades en raquettes. Il y en a pour tous les niveaux : des sportifs de haut niveau aux familles venues profiter des magnifiques paysages des montagnes catalanes, en passant par les amateurs confirmés.

#TRADITION

En Languedoc-Roussillon, la tradition s'observe, se fête, se mange, se danse... Au carrefour de nombreuses influences, le territoire sert de décor à des célébrations venues de l'histoire locale et des pays voisins. Ne manquez pas les joutes, les défilés d'animaux totémiques, les descentes au flambeau, les célébrations romaines et médiévales...

#VIGNE

Vieux de plus de 2 000 ans, le vignoble du Languedoc-Roussillon a fait la richesse et la renommée du territoire. Il s'étend sur quatre départements : l'Aude, le Gard, l'Hérault, les Pyrénées-Orientales, dévoilant une grande variété de cépages. Aujourd'hui, il s'agit de la première région viticole de France, mais aussi d'Europe et du monde. Un terroir en pleine santé !

© ESPIEGLE - ISTOCKPHOTO.COM

VOUS ÊTES D'ICI, SI...

- **Votre bronzage** est au point dès le printemps et vos chaussures de randonnée sont toujours à portée de main.
- **Vous connaissez les plus beaux spots de baignade** et leurs meilleures paillotes.
- **Les sports outdoor**, tels que la plongée, le ski ou le vélo, n'ont plus aucun secret pour vous.
- **Vous avez déjà élevé la voix pour encourager votre équipe** lors de tournois de joutes languedociennes.
- **Vous avez eu l'occasion d'admirer ou participer à des festivités camarguaises.**
- **Les mots « clapas », « coblas » et « manade »** ne vous sont pas inconnus.
- **Vous pouvez briller en société** avec quelques mots issus des vocabulaires catalan et occitan.
- **Vous défendez la supériorité du sel de Camargue**, des huîtres de Bouzigues et de la viande d'Aubrac.
- **Vous connaissez les meilleurs vignobles de France** et les petits surnoms de leurs propriétaires.
- **Ecouter un disque de George Brassens, Olivia Ruiz ou Charles Trenet** vous apporte une certaine fierté.

MON LANGUEDOC-ROUSSILLON

avec Nuno de Matos

© DR

Interview

Nuno de Matos et sa compagne ont une maison d'hôtes de charme dans le pittoresque village d'Eus, classé parmi les Plus beaux villages de France. Eus est en face des Pyrénées-Orientales et du Canigó, tout au sud du Languedoc Roussillon, en Pays Catalan. Nuno est également artiste peintre. Il réalise des projections et performances vidéo sous le nom de Nuno Matox.

TOP 10

SE RESTAURER

Créatifs ou traditionnels, inspirés par les saveurs du monde ou celles de leurs terroirs, les chefs languedociens expriment tous leurs talents derrière leurs fourneaux. Au sein de décors plus ou moins prestigieux, ils inventent, préparent et partagent des délices pleins de nuances et de parfums. Dans leurs assiettes, les gourmands découvrent ce qui fait la richesse de la gastronomie locale : des bons produits issus de la région et une grande générosité. De quoi marquer les esprits !

Vous êtes à la recherche du meilleur restaurant du Languedoc-Roussillon ? On vous en parle !

LE 17

Au pied de la cathédrale de Perpignan Saint-Jean, le chef Frédéric Marchand jongle avec les saveurs et propose une cuisine de haut vol.

LA GALINETTE

La devise du chef étoilé Christophe Comes : « Cueilli à l'aube, préparé le matin, dégusté le midi ». Une table incontournable de Perpignan !

MR H

Un cadre atypique et tendance, une cuisine de marché, saisonnière et créative. Une pépite au cœur de la bastide carcassonnaise !

THE MARCEL

A Sète, cette table étoilée offre dans chacune de ses assiettes une véritable déclaration d'amour au terroir de la région.

© MAISON SAINT-CRESCENT

266

LA MÉCANIQUE DES FRÈRES BONANO

C'est à Colombières-sur-Orb que les frères Benjamin et Clément ont ouvert leur adresse gastronomique dans une ancienne filature.

364

RESTAURANT LA BALETTE

Le chef étoilé Laurent Lemal éclaire la jolie ville de Collioure de son brio gastronomique. Une adresse remarquable !

259

ÄPONEM - L'AUBERGE DU PRESBYTÈRE

Au sein d'une auberge rattachée à un ancien presbytère du XVIIe siècle de Vailhan, deux virtuoses célèbrent les saveurs de la région.

155

SKAB

Le Skab est l'une des plus belles tables de Nîmes ! Son chef mise sur une cuisine inventive composée de produits de saison.

203

LE PRIEURÉ BAUMANIÈRE - HÔTEL RESTAURANT

Depuis son arrivée au Prieuré à Villeneuve-lès-Avignon le chef étoilé Marc Fontanne réalise une cuisine de haute volée..

100

EN PHOTO

MAISON SAINT-CRESCENT

Haut lieu de la gastronomie narbonnaise ! Rigueur, créativité et modernité sont les maîtres mots de la cuisine de Lionel Giraud.

TOP 10

SE LOGER

Le Languedoc-Roussillon abrite des hébergements de grande qualité : de l'hôtel luxueux au gîte d'exception, en passant par la chambre d'hôtes, l'offre est particulièrement large ! Si certaines de ces solutions sont implantées à deux pas de points d'intérêt de renom, plusieurs d'entre elles sont à découvrir en pleine campagne, offrant toute la quiétude d'un lieu intimiste. Insolites ou sophistiquées, chaleureuses ou modernes, avec ou sans équipements (jardin, spa, piscine...), elles permettent de vivre un séjour dans le confort, l'esprit allégé.

On vous présente nos coups de cœur !

© HÉLI11-F.CHATROUSSAT - H.LECLAIR

71

LES CABANES DANS LES BOIS À VILLALIER

Envie de jouer les Robinson pour quelques jours ? Les jolies cabanes de cet établissement vous attendent au cœur de la forêt.

© EGI – STOCK.ADOBE.COM

187

CHÂTEAU DE VARENNE

Implanté à 9 km d'Avignon, au sein d'un parc de 3 hectares, ce havre de paix possède les traits d'un château construit en 1738.

LOGIS HÔTEL LE MONT-AIGOUAL

A Meyrueis, cette adresse familiale a maintenu sa réputation grâce à son cadre reposant et ses chambres chaleureuses.

310

© BRUNO CALENDINI

© EGI – STOCK.ADOBE.COM

223

DOMAINE DE VERCHANT

Erigée au milieu des vignes, cette halte luxueuse de Castelnau-le-Lez attire par son éclat et ses nombreuses prestations.

HÔTEL DE FRANCE

Installé dans un ancien relais de poste, cet établissement de Mende abrite des chambres chaleureuses et un restaurant gourmand.

© BM SERVICES

292

383

© CÉRET LAURENT LACOMBE

LE MAS DES COLOMBES

Au cœur des Aspres sauvages à Oms, les propriétaires vous proposent de séjourner dans un grand mas de pierre, entouré d'un bois.

HÔTEL DU PONT VIEUX

Située à Carcassonne dans le quartier médiéval de la Trivalle, cette adresse associe confort, charme et gentillesse.

© YAN EVEN

72

MAS DE SYLVÉRÉAL

Insolite, le Mas de Sylvéréal vous permet de séjourner dans un mas en pierre typiquement provençal à Vauvert, au milieu de la Camargue.

© EGI – STOCK.ADOBE.COM

251

LES CHAMBRES DU PRIEURÉ

Établies dans le cadre étonnant du prieuré de Saint-Jean de Bébian à Pézenas, ces chambres donnent sur des vignes centenaires.

© EGI – STOCK.ADOBE.COM

174

© LE RELAIS DES CHARTREUSES

323

LE RELAIS DES CHARTREUSES

On n'a pas tous les jours l'occasion de séjourner dans une demeure du XVIIe siècle ! Un havre de paix au Boulou, propice au farniente.

TOP 10

ACTIVITES

Le territoire du Languedoc-Roussillon est un formidable créateur de souvenirs. Il se prête à toutes sortes d'aventures, qu'elles soient terrestres, aériennes ou aquatiques. Accompagné ou non, vous aurez l'occasion de découvrir tous ces atouts au cours de visites et d'activités. Alors qu'une partie d'entre elles se concentre sur le patrimoine languedocien et son histoire, le reste met en avant et à profit la richesse naturelle de la région. Participant ou heureux spectateur, vous pourrez vous aventurer dans ses reliefs, sur ses cours d'eau et pourquoi pas dans la « Grande Bleue ».

211

LA BAMBOUSERAIE EN CÉVENNES

A Générargues, cette forêt luxuriante dévoile des plantes et fleurs étonnantes, ainsi qu'un joli jardin aquatique.

244

O'BALIA

Réputé pour ses eaux aux propriétés bienfaisantes, O'Balia, à Balaruc-les-Bains, est le premier spa thermal de la Méditerranée..

LA CITÉ MÉDIÉVALE DE CARCASSONNE

Parcourez l'une des plus grandes villes fortifiées d'Europe ! Au programme : le château comtal, ses tours et ses remparts.

69

85

GOUFFRE GÉANT DE CABRESPINE

Réputé pour sa richesse minéralogique dans le monde entier, ce gouffre offre un itinéraire de visite inoubliable et féerique.

PUIGMAL PYRENEES CERDAGNE

Au sein d'un cadre saisissant, cette station 4 saisons combine marche nordique, ski de randonnée et VTT sur des axes balisés.

© FRANCOIS LESCA

© ADOBE STOCK

RÉSERVE AFRICAINE DE SIGEAN

Plus de 140 espèces animales vous attendent dans ce parc zoologique de 300 hectares ! Une balade insolite incontournable.

© EGI – STOCK.ADOBE.COM

SENTIER SOUS-MARIN

De juin à septembre, partez à la découverte des fonds marins méditerranéens depuis le Cap d'Agde. Un circuit de 200 m vous attend.

TRAIN À VAPEUR DES CÉVENNES

Ce tortillard à l'ancienne offre un voyage de 13 km au cœur du Piémont cévenol, de la gare d'Anduze à celle de Saint-Jean-du-Gard (ou l'inverse).

© PDEMEURE

RÉSERVE DES BISONS D'EUROPE

Prêt pour une virée en calèche ou en traîneau au milieu des bisons ? Cette visite surprenante est un détour à faire à Sainte-Eulalie.

© GILLES PAIRE - FOTOLIA

© FLAVIO VALLENARI - ISTOCKPHOTO.COM

VISITE DE LA NÎMES ROMAINE

Le passé romain de Nîmes se dévoile à vos yeux lors de cette visite. A voir : les arènes, la porte Auguste et la Maison Carrée !

IDÉES DE SÉJOUR

Il n'y a pas une raison de visiter le Languedoc-Roussillon, il y en a des centaines ! Un seul séjour ne permettra jamais d'appréhender toute sa richesse. Pour ne rien rater et vivre la meilleure expérience possible, nous vous proposons de séquencer vos passages et d'organiser des séjours thématiques. En plus de vous apporter un objectif final et une motivation plus importante, ils vous permettront de découvrir l'ex-région avec un nouveau regard. Si les idées sont nombreuses, nous avons décidé de nous attarder sur seulement trois thématiques, des propositions emblématiques du Languedoc-Roussillon : la voie d'Arles vers Compostelle, le Canal du Midi à vélo et la route des vins. La première peut vous mener à un séjour d'une à deux semaines, la seconde sera réalisable en quelques jours avec la monture appropriée et la troisième apportera son lot de saveurs. A la clé : des paysages grandioses et une aventure qui vaut son pesant de kilomètres !

LES CHEMINS DE SAINT-JACQUES-DE-COMPOSTELLE : LA VOIE D'ARLES JUSQU'À TOULOUSE

La voie d'Arles (ou via Tolosana) fait partie des quatre routes françaises historiques à destination de Compostelle, avec les via Turonensis, via Lemovicensis et via Podiensis. Moins renommée, mais tout aussi superbe, elle traverse de jolis paysages et des villages de caractère ponctués de monuments extraordinaires. Prenez vos meilleures chaussures, de l'eau et suivez le guide !

› Arles

Et si on commençait… au commencement ? La magnifique ville d'Arles est un formidable point de départ pour cette aventure, notamment parce qu'elle est très bien desservie. Dès le départ, vous serez séduit par son patrimoine architectural, l'ambiance de ses cafés et la nature qui se trouve à ses portes. Après un passage aux arènes et à la cathédrale Saint-Trophime, vous pourrez rejoindre la voie Tolosana sans difficulté.

© JENIFOTO - ISTOCKPHOTO

Dans les ruelles de Montpellier.

› Saint-Gilles

Après 20 km de marche ou de vélo sur le chemin, vous arriverez à Saint-Gilles, une commune gardoise qui fut autrefois l'un des plus grands lieux de pèlerinage de la chrétienté. Là, vous pourrez admirer la majesté de l'abbatiale de Saint-Gilles, un édifice inscrit sur la liste du Patrimoine mondial de l'Unesco depuis 1998. Les amoureux des vieilles pierres apprécieront aussi le charme de ses ruelles.

› Vauvert

La suite de la balade vous mènera du côté de Vauvert, dans la Petite Camargue. Entourée d'espaces naturels protégés, tels que le Parc naturel régional de Camargue, l'étang de Scamandre et la réserve du Petit Rhône, la commune vous permettra de marquer un arrêt relaxant à deux pas de la frontière du Gard et de l'Hérault.

› Montpellier

40 kilomètres plus loin, vous arriverez à Montpellier, la capitale du Languedoc-Roussillon. Sur place, vous trouverez des monuments vieux d'une dizaine de siècles, un centre-ville piétonnier qui a gardé son aspect d'antan et des centaines d'offres d'hébergements pour vous reposer. Si vous souhaitez achever votre séjour plus tôt, c'est un bon choix puisque la ville est parfaitement desservie.

› Montarnaud

Après avoir parcouru l'Écusson et admiré ses hôtels particuliers, vous devrez prendre la route de Montarnaud, en passant par Juvignac. Au bout de 3 h de marche, vous arriverez dans la commune née à l'époque gallo-romaine. Ouvrez grand les yeux, vous pourrez apercevoir quelques vestiges tels que des restes de villas ou une borne jacquaire de la Via Tolosana.

© PICTUREREFLEX - SHUTTERSTOCK.COM

Saint-Guilhem-le-Désert-Vallée-de-l'Hérault.

› Saint-Guilhem-le-Désert

22 km au nord, vous accéderez au sublime village de Saint-Guilhem-le-Désert après avoir franchi le pont du diable. Inscrite au Patrimoine mondial de l'Humanité par l'Unesco, la commune est développée autour de l'abbaye de Gellone et est parfaitement intégrée dans le paysage de falaises vertigineuses qui l'entoure. À proximité, vous pourrez vous aventurer dans la grotte de Clamouse.

› Lodève

Le sentier vous conduira ensuite du côté de Lodève, dans le Cœur d'Hérault. De bonne taille, la sous-préfecture du département abrite un patrimoine civil et religieux important. Parmi les choses à voir : la cathédrale Saint-Fulcran, le musée de Lodève, l'ancien palais épiscopal et plusieurs chapelles bien conservées.

› L'arrière-pays et Castres

Le lendemain, vous passerez une succession de villages typiques de l'arrière-pays : Lunas, Saint-Gervais-sur-Mare, Murat-sur-Vèbre, La Salvetat-sur-Agout, Anglès et Boissezon, avant d'arriver à Castres, dans le Tarn. La ville de Jean Jaurès, particulièrement réputée en raison de son équipe de rugby, vous dévoilera ses ruelles, son artisanat et son patrimoine remarquable.

› Dourgne et Revel

Après Castres, votre route vous mènera au pied de la Montagne Noire, à Dourgne. Ce petit village propice à la randonnée abrite deux monastères bénédictins qui méritent un arrêt : l'abbaye d'En-Calcat et l'abbaye Sainte-Scholastique. Puis ce sera au tour de Revel d'être foulé. Cette commune est la porte d'entrée de la Haute-Garonne.

› Les petits villages cathares

Avant de rejoindre Toulouse, nous vous conseillons de passer par les Cassès, un petit village marqué par l'histoire des Cathares, Montferrand, une commune typique du Lauragais, et Baziège, un lieu fréquenté depuis la Préhistoire. Des haltes au calme qui vous permettront de recharger vos batteries avant de rejoindre la Ville rose.

› L'arrivée à Toulouse

L'itinéraire que nous vous proposons s'arrête à Toulouse. Attardez-vous dans ses musées, sur ses berges, près de la basilique Saint-Sernin, l'hôtel-Dieu… Si vous voulez poursuivre votre route jusqu'à Compostelle, il faudra ajouter plusieurs centaines de kilomètres.

LE CANAL DU MIDI À VÉLO : DE TOULOUSE À SÈTE

La beauté du Canal du Midi explique son inscription au patrimoine mondial de l'humanité. Créé afin de relier la Méditerranée à l'Atlantique (via la Garonne), l'ouvrage est considéré comme le plus grand chantier du XVIIe siècle. Aujourd'hui, il est principalement apprécié pour son attrait touristique. Le long de ses 260 km, il invite les voyageurs et les sportifs à la découverte du Languedoc.

› Toulouse

C'est depuis la Ville rose que vous débuterez votre aventure le long du « Canal des deux mers ». Le parcours commence très exactement aux Ponts-Jumeaux, un ensemble de trois ponts qui enjambent chacun l'entrée d'un canal : le Canal du Midi pour celui du centre, le Canal de Brienne pour le pont sud et enfin le canal latéral à la Garonne pour le pont nord.

› Castelnaudary

60 km plus loin, vous arriverez à Castelnaudary, au cœur du Lauragais. Cette cité fut longtemps renommée pour ses moulins fariniers du XVIIe siècle, si bien qu'elle a gagné le surnom de « ville des moulins ». De nos jours, seul le Moulin Cugarel est encore debout, il mérite une halte. Prenez aussi le temps de vous attabler dans un de ses restaurants, Castelnaudary est la capitale du cassoulet !

› Carcassonne

Le troisième jour, vous continuerez de rouler sous les platanes, direction Carcassonne. Il faudra compter 40 km pour rejoindre le château comtal et les remparts classés au Patrimoine mondial de l'humanité par l'Unesco. Là, une visite s'impose ! Cela vous permettra de reposer vos muscles, ce serait dommage de risquer un claquage…

› Olonzac

Le lendemain, vos roues vous conduiront à Olonzac, à 45 km de là. Au cœur du Minervois, cette commune possède les caractéristiques typiques d'une cité languedocienne. Vous tomberez sous le charme de son marché animé et de son théâtre de verdure, à moins que vous préfériez visiter son musée archéologique.

› Capestang

La seconde halte héraultaise aura lieu à Capestang, à environ 30 km. Entre les deux communes, vous aurez l'occasion d'admirer les vignobles qui font la réputation du Languedoc et l'étonnant port du Somail. À Capestang, le port et la collégiale Saint-Étienne sont à voir. L'édifice domine le village du haut de son clocher gothique de 45 m de haut.

› Béziers

Le sixième jour, votre pédalage vous guidera jusqu'à Béziers. En approchant la cité biterroise, vous constaterez la présence de nombreux ouvrages d'art sur le canal. Vous serez ébloui par l'ingéniosité de ses ingénieurs, du tunnel de Malpas à la cascade des 9 écluses de Fonséranes. Marquez un arrêt en ville, son patrimoine mérite quelques déambulations.

› Sète

Le dernier jour, la piste cyclable vous conduira jusqu'à Sète et la mer Méditerranée. Sur votre route, vous apprécierez la faune des marais de l'Estagnol, la tranquillité du port de Cassafières, la complexité des écluses du Libron et la beauté des plages du littoral. Arrivé à bon port – c'est le cas de le dire ! – vous n'aurez plus qu'à dévorer une tielle pour célébrer votre bel effort.

LA ROUTE DES VINS : DE FAUGÈRES À SAINT-CHINIAN

Les routes du vin sont nombreuses, elles vous conduisent entre la Vallée du Rhône et les contreforts pyrénéens. Ici, nous vous guidons sur un circuit d'une quarantaine de kilomètres. Son itinéraire permettra de traverser des paysages de caractère où le patrimoine construit vaut autant que les richesses naturelles. Ce sera aussi l'occasion de découvrir les vignobles qui ont fait la réputation du Languedoc.

› Faugères

Débutez votre balade à Faugères, un des fleurons du vignoble languedocien. Perchée sur les premiers contreforts du Caroux et de l'Espinouse, la commune abrite trois remarquables moulins du XIIe siècle et des vestiges médiévaux. De tous côtés se dressent bien évidemment les vignes, elles descendent en terrasses de schistes. Leurs assemblages sont à découvrir !

› Cabrerolles

Poursuivez vers Cabrerolles, un haut lieu de l'AOC Faugères, une terre réputée pour ses rouges sombres et corsés. Après un arrêt dégustation ou achat au château de la Liquière, vous pourrez vous arrêter dans la charmante petite commune. Avant de partir, prenez le temps de parcourir son sentier botanique et de vous aventurer sur le chemin qui mène aux ruines de son château.

› Roquebrun

La suite de la visite vous mènera à Roquebrun, un charmant village du Parc naturel régional du Haut-Languedoc. Surnommé le petit Nice de l'Hérault, en raison de sa belle végétation, il abrite une cave réputée (180 médailles en 2019). Faites un tour du côté de son magnifique jardin méditerranéen, il contient un espace exotique, un verger et un sentier botanique.

› Berlou

Située au nord-est de Saint-Chinian, au cœur de la vallée du Rieuberlou et sur le territoire du Parc naturel régional du Haut-Languedoc, Berlou est réputée pour la qualité de ses vins : les vins AOC St Chinian Berlou. Quatre vignerons indépendants participent à cette notoriété, et si vous partiez à leur rencontre ?

› Saint-Chinian

Classés AOC depuis 1982, les vins de Saint-Chinian font partie des meilleurs crus du Languedoc-Roussillon. De nos jours, la production viticole de la commune est au cœur de sa politique touristique. Visitez ses caves, sa maison des vins et ses producteurs pour mieux comprendre l'histoire de la ville et son terroir.

Si la région Languedoc-Roussillon n'existe plus à proprement parler depuis la réforme territoriale de 2014, son nom emblématique et son Histoire sont encore bien présents dans les esprits. Etendue sur cinq départements - l'Aude, le Gard, l'Hérault, la Lozère et les Pyrénées-Orientales – l'ex-région possède un emplacement privilégié entre les Cévennes et les Pyrénées, la Camargue et la mer Méditerranée. Riche d'une diversité de paysages, le territoire est une destination de rêve pour ceux qui souhaitent profiter du soleil, de la mer et de la montagne. Prisé des touristes en raison de ses atouts naturels, le Languedoc charme les curieux grâce à son histoire, ses monuments emblématiques, ses saveurs… Cette terre de contrastes vous promet des aventures enrichissantes et de nombreux souvenirs.

L'ARTISANAT EN LANGUEDOC

Les artisans de Languedoc-Roussillon ont de l'or dans les mains. Le territoire est depuis plusieurs siècles une terre de passionnés qui font bon usage de leurs gestes pour inventer la beauté. Ils transforment la matière - le métal, la terre, le bois, la toile ou le verre – à l'aide de savoir-faire ancestraux et introduisent avec le temps des technologies modernes pour reproduire des œuvres vieilles de plusieurs siècles. Ils mettent leur amour du beau et leur habilité au service de l'art et du bonheur de leurs clients. Depuis une trentaine d'années, on observe l'arrivée de nouveaux créateurs et artisans d'art, convaincus par la demande touristique et leur volonté de préserver ces disciplines. Il ne s'agit pas ici de faire l'inventaire complet de toutes les productions, mais d'en présenter certaines, issues de traditions anciennes, qui, après des périodes de sommeil, voire parfois de disparition, sont en train de renaître.

De terre et de roche

L'habilité manuelle des potiers a participé à la santé économique des départements du Gard et de l'Hérault au cours des siècles. Dès la fin du Moyen Age, la cité de Montpellier a compté au rang de ses activités un important centre de potiers. Si l'époque glorieuse de la faïence montpelliéraine relève de l'histoire, il reste que ce sont ces céramistes qui ont fondé les centres de Ganges, Pézenas, Toulouse, Bordeaux, La Rochelle... Aujourd'hui, quelques potiers de l'Ecusson, le centre historique de la ville, veillent à la préservation de ces savoir-faire. Au nord de Montpellier, dans la vallée de l'Hérault, on trouve la commune de Saint-Jean-de-Fos. Entre le XIVe et le XVIe siècle, elle était célébrée pour ses poteries brutes ou vernissées. Après des années de sommeil, la tradition a fait son retour en ville. Désormais, les productions de tuiles vernissées vont orner les constructions récentes de la banlieue montpelliéraine. Ici, plusieurs jeunes potiers ont décidé de se réunir pour former la « route des potiers » et faire vivre cet art. Dans le Gard, du côté de Saint-Quentin-la-Poterie, une dizaine de céramistes et potiers poursuivent le travail entrepris dans la région depuis le Néolithique. Ils ont choisi de relancer l'activité en 1983, après que les derniers fours se sont éteints en 1926. De nos jours, ils présentent une production de qualité, très diversifiée : terre vernissée, grès, porcelaine, raku, faïence... A l'est, près d'Alès, ce sont les vases d'Anduze qui connaissent une renaissance. Appréciés des rois au XVIIIe siècle, ces grands vases vernissés de jardin ornaient l'Orangerie et les jardins de Versailles. Après un déclin au XXe siècle, la production perdure grâce aux neuf poteries de la « route du vase d'Anduze » qui fabriquent toujours ces vases colorés, à partir d'une argile fine, façonnée au tour à pied. Plus loin, dans les Pyrénées-Orientales, un autre travail de précision est à célébrer : la taille et le montage du grenat catalan. Cette pierre symbolique du département, à la fois par son ancrage historique (depuis le XIXe siècle) et ses couleurs (rouge et or), a récemment obtenu le label Indication Géographique Protégée, faisant du grenat de Perpignan le premier bijou protégé par une IGP. De nos jours, une dizaine de bijoutiers façonnent cette pierre et perpétuent la tradition, la transformant en bagues, broches, pendentifs et croix.

© SHUTTERSTOCK.COM-PAUL ATKINSON

Traditionnels vases d'Anduze.

L'artisanat du bois

Les artisans ont appris à dompter les essences de caractère, transformant le bois en objets d'utilité et de beauté. Vivante, cette matière est aujourd'hui utilisée dans trois secteurs

Espadrilles en tissage catalan.

spécifiques au Languedoc. En Lozère déjà, on utilise le bois, et plus particulièrement le pin, pour créer les bouffadous. Ce drôle d'objet, qu'on trouve généralement adossé à la cheminée, est employé pour attiser les braises. Concrètement, il s'agit d'un long tube de bois sans écorce que l'on a creusé en son centre. Pour l'utiliser, il suffit de gonfler ses poumons et souffler au travers en direction du feu. Aujourd'hui, cet objet traditionnel est fabriqué chez un seul artisan : le tourneur sur bois Jean-Louis Sirvins, à Mende. Dans le Gard et les Pyrénées-Orientales, c'est le micocoulier, un arbre symbolique de la région, qui a donné naissance à des productions originales qui ont su mettre à profit la souplesse et la malléabilité de son bois. A Sauve (Gard), l'arbre est spécialement planté et taillé, avant qu'un œil d'expert détermine si ses pousses ramifiées peuvent servir à la fabrication de fourches. Ce savoir-faire local, entièrement manuel, a traversé les siècles et continue de rythmer la vie de ce petit village chétif de 2 000 habitants. Sorède, dans le petit massif des Albères (Pyrénées-Orientales), est quant à elle la capitale des fouets et cravaches en bois. Si elle a connu son heure de gloire au XIXe siècle, lors de la popularisation des sports équestres, la fabrique est toujours relativement active.

Au fil de la création

L'art de créer et manier le tissu est employé dans le Languedoc de bien des façons. Dans les Cévennes, de la fin du XIIe siècle jusqu'à la fin du XIXe siècle, l'industrie de la soie était la plus importante du territoire. Après un déclin important, lié en partie aux importations, cette activité a débuté une renaissance il y a une quinzaine d'années. Elle a été motivée par une poignée de passionnés qui a remis en service une filière complète, de l'élevage des vers à la filature. Cette production est aujourd'hui destinée à la haute couture. Dans la vallée de l'Aude, au cœur du vallon fertile du Razès, c'est la chapellerie qui a marqué l'histoire locale. Au début du siècle, les ateliers de fabrication de chapeaux de Couiza employaient plus de 3 000 ouvriers. Aujourd'hui, seule la chapellerie de Montazels est encore en activité. Ses produits coiffent les têtes de certains personnels de la Marine nationale ou des sapeurs-pompiers. Enfin, on ne peut pas quitter ce secteur sans mentionner les tissages catalans et la production d'espadrilles. Emblématique de la région, ce tissu est encore produit dans deux ateliers : à Saint-Laurent-de-Cerdans et à Arles-sur-Tech. Issu d'une vieille tradition, il est caractérisé par des motifs géométriques ou à rayures, à dominante rouge. Résistant, il est généralement utilisé pour la confection de toile à transat et de linge de table. Il sert aussi à la fabrique des célèbres espadrilles, des sandales catalanes à la semelle de corde.

Le verre

Historiquement, la tradition verrière en Languedoc remonte à l'époque romaine, période durant laquelle l'usage de ce matériau était déjà répandu. À partir du XVe siècle, cette maîtrise est devenue une activité de prestige dont l'exercice est octroyé aux nobles désargentés. Ces « gentilshommes verriers », qui seuls avaient le privilège de souffler le verre, ont créé des verreries qui produisaient des bouteilles pour la production viticole, des flacons et fioles pour les pharmaciens et des récipients utilitaires pour la vie de tous les jours. On peut découvrir une partie de leur histoire sur le « chemin des Verriers » et dans La Halle au Verre de Claret. Quelques artisans mettent encore leur patience au service de ce savoir-faire devenu rare, on trouvera notamment Christian Fournié à Beaufort ou Marie-Hélène Gleizes à Montferrier-sur-Lez.

GÉOGRAPHIE

Il suffit de prendre de la hauteur et d'admirer l'un des nombreux panoramas du territoire pour comprendre la diversité et la richesse de ses terrains. Ici les couleurs se mêlent, le ciel rejoint la mer et les montagnes veillent avec majesté sur les trésors que le Languedoc abrite. Avec les années, le soleil, les vents et les pluies, rares mais parfois violentes, ont façonné des paysages contrastés. Entre les sommets vallonnés de l'Aubrac, les pentes abruptes du Canigó ou encore le chapelet d'étangs du littoral méditerranéen, le Languedoc-Roussillon montre rapidement ses dissemblance. Une qualité qui conduit l'ancienne région à figurer parmi les territoires les plus agréables à arpenter. C'est aussi pour cette raison que les sportifs amateurs et professionnels aiment s'aventurer sur ses terres en toute saison, toujours à la recherche de challenges plus ou moins ambitieux. Ici leurs aptitudes seront mises au défi.

Le littoral méditerranéen

Impossible de présenter le Languedoc-Roussillon sans parler de la Grande Bleue. Sa présence est telle que quatre des cinq départements qui composent l'ancienne région ont une large ouverture sur ses eaux. Depuis la Camargue à l'est jusqu'à la frontière espagnole au sud, sur plus de 200 kilomètres, le territoire épouse la Méditerranée autour de l'anse du golfe du Lion. Côté repère, le littoral est découpé en plusieurs côtes aux noms toujours poétiques : la « côte d'Améthyste » (appelée « côte Radieuse » dans sa partie roussillonnaise), de la Petite Camargue aux premiers rochers d'Argelès-sur-Mer, et la « côte Vermeille » plus au sud. Ponctué de plages, de criques et de villages de bord de mer, le littoral abrite également plusieurs zones humides protégées qui participent à la préservation de la biodiversité locale. Les voyageurs choisissent généralement de s'arrêter dans l'une des stations balnéaires du Languedoc (La Grande-Motte, le Cap d'Agde…). Ils sont attirés par les équipements de loisirs, l'offre hôtelière et les larges étendues de sable sur lesquelles ils peuvent s'installer pour prendre quelques couleurs. Plus rare, au sud de la Côte Vermeille, sur les derniers contreforts du massif pyrénéen, ce sont des criques rocheuses qui accueillent les baigneurs. La proximité du Languedoc avec la Méditerranée séduit également les navigateurs. Sur le littoral, ils trouveront de nombreux ports (Sète, Port-la-Nouvelle, Port-Vendres…) qui pourront accueillir leur embarcation ou leur permettre d'en louer une. Ce sera peut-être l'occasion d'aller admirer les dauphins et autres créatures marines qui peuplent ses fonds. Les amateurs de sports outdoor seront tout aussi conquis. Le climat et la géographie des lieux leur permettra de faire des sorties en kayak, kitesurf, surf, planche à voile, plongée…

© SHUTTERSTOCK.COM-FREEPROD33

Les Pyrénées en hiver.

Des reliefs nuancés

Le Languedoc est une terre de caractère, marquée tantôt par des reliefs escarpés, tantôt par des collines habitées ou utilisées à des fins agricoles. La zone de montagne s'étend de l'extrémité orientale des Pyrénées (au sud) aux Cévennes et au sud du Massif central (au nord), une succession de sommets qui se dressent comme une muraille face à la Méditerranée. Ces murs de roche servent de cadre à de nombreuses aventures plus ou moins sportives. Au total, près de 7 000 km de sentiers balisés, dont 10 GR (GR6, GR7, GR10…), sont à la disposition des randonneurs. Pays calcaire, l'ex-région offre aussi quelques belles falaises aux amateurs d'escalade. On pense notamment à celles des gorges du Tarn ou de la Jonte, du pic Saint-Loup, du massif de la Clape, des vallées encaissées du massif des Corbières, mais aussi vers la plaine, dans les garrigues nîmoises. Autre site anciennement réputé, le massif du Caroux, avec les gorges d'Héric, propose de superbes voies

© SHUTTERSTOCK.COM-FREDP

Port de Sète.

d'où on jouit d'une vue magnifique sur la vallée de l'Orb. Ces géants de pierre présentent aussi des cavités idéales pour la spéléologie. Faciles d'accès et équipées pour certaines depuis la fin du XIXe siècle, elles permettent à des clubs de passionnés d'aller parcourir en toute sécurité un réseau impressionnant par la variété des formes et concrétions que l'on peut y découvrir. Pour les novices, certains professionnels proposent des « safaris souterrains », comme, par exemple à Trabuc et à Cabrespine. Grâce à ses bonnes altitudes, le territoire a le rare privilège de pouvoir proposer aussi bien des activités estivales qu'hivernales. Au nord du département de la Lozère, adossées au Massif central, Margeride et Aubrac bénéficient d'un bon enneigement. Ces conditions sont favorables à la pratique du ski nordique. Malgré tout, ces petites stations de l'Aubrac attirent principalement les locaux. Il en est de même pour le département de l'Aude qui possède lui aussi une petite zone favorable au ski de fond. Très familiale, cette charmante station, typique de ski alpin, est située sur le plateau du Pays de Sault, elle porte le nom de Camurac. Tout change du côté des Pyrénées, où reliefs et conditions climatiques favorisent tous les sports de neige : ski de piste, nouvelles glisses, ski de fond, raquettes, ski de randonnée, etc. En raison de la variété de paysages, tous les niveaux sont les bienvenus, un atout indéniable.

L'arrière-pays

Pour s'échapper un moment de l'animation des stations balnéaires, rien de tel qu'une balade à l'intérieur de l'arrière-pays. Cette zone abrite de grands espaces protégés, riches d'une flore et d'une faune exceptionnelles, qui vous donneront l'occasion de belles randonnées (pédestres, VTT, à cheval…) au cœur d'une nature préservée. C'est aussi là que la plaine viticole- la plus vaste du monde ! - se dévoile, déployant ses raisins sous le soleil languedocien, depuis les étagements des Cévennes et des Pyrénées jusqu'aux plages. Depuis plus de 2 000 ans, le climat et la géologie du territoire participent à son excellente réputation. Une renommée que le Languedoc doit à sa terre, littéralement ! En effet, son atout majeur est la grande variété des sols : schistes, grès, plateaux calcaires, terrasses alluviales, sols sur éboulis…. Les vignes et autres étendues verdoyantes sont alimentées par l'impressionnant réseau hydrographique de la région. Il est caractérisé par un nombre important de fleuves côtiers, au régime méditerranéen très prononcé et des caractères torrentiels. Outre le bassin méditerranéen direct, auquel il faut ajouter les rivières de l'est gardois tributaires du Rhône, le bassin atlantique s'étend jusqu'ici, avec des affluents de la Garonne et même de la Loire pour une partie de la Lozère, véritable « château d'eau » de la France. Des eaux qui se prêtent à merveille au tourisme fluvial. Les principaux cours d'eau et rivières présents sur le territoire sont : l'Allier, le Truyère, le Lot, le Tarn, la Jonte, la Cèze, le Gard (ou Gardon), le Rhône, l'Hérault, l'Orb, l'Aude, l'Agly, la Têt et le Tech. Ici, ils ont sculpté des gorges à l'architecture remarquable, des sites naturels sauvages aux paysages uniques : gorges de l'Hérault, gorges du Tarn, gorges de Galamus, gorges du Gardon… Ouvrages du temps, ces décors féeriques bénéficient de plusieurs politiques de conservation et sont, pour certains, labellisés « Grands Sites d'Occitanie », une preuve de leur attrait.

LE LANGUEDOC : MOSAÏQUE DE PAYSAGES À VÉLO !

Le Languedoc offre de nombreux atouts qui sauront vous convaincre de venir vous balader et vous ressourcer. Baignée par la Méditerranée, de la Camargue jusqu'au Roussillon, la région mêle plages préservées, hameaux de campagne et activités nautiques pour tous. Prenez votre vélo pour randonner entre vignobles, villages de pêcheurs et grandes villes du littoral comme Narbonne, Collioure ou Sète.

Vous ne résisterez pas non plus à l'appel de la montagne : les grands cols des Pyrénées, mais aussi au nord puis à l'est, les monts et plateaux de l'Aubrac et des Cévennes offrent du relief au Languedoc. Les innombrables richesses naturelles à l'image du cirque de Navacelles vous transporteront à coup sûr !

En balade, les amoureux d'histoire et de patrimoine apprécieront sans doute les majestueux châteaux cathares, la grande cité fortifiée de Carcassonne classée au patrimoine mondial de l'Unesco ou les vestiges romains de Nîmes et du Pont du Gard...

veloenfrance.fr vous invite à découvrir la région !

La Fédération française de cyclotourisme a développé le portail veloenfrance.fr pour vous faire découvrir la France à vélo avec des circuits spécialement conçus pour leurs attraits touristiques. Ce site gratuit et simple d'accès rassemble plus de 4000 circuits route et VTT. Il y a un large choix d'itinéraires plus ou moins longs ainsi que plusieurs *Bonnes adresses* pour se restaurer et se reposer.

Le Languedoc propose plus de 150 circuits : chacun trouvera la formule qui correspond à son niveau et à ses envies entre terre, mer et montagne.

© Fred Wawro

© E. Brendle

Circuit : La vallée de l'Orb

Route	**02:50**
Cessenon-sor-Orb	**Facile**
43 km	**705 m**
34 Hérault	

Partez à la découverte du Parc régional du Haut-Languedoc avec ce circuit vallonné sans grande difficulté de 73 km. Le départ se fait à Cessenon-sur-Orb.
Dans sa première partie, la route suit au plus près la vallée de l'Orb. Roquebrun, appelé « le petit Nice du Languedoc » abrite un superbe jardin méditerranéen mais aussi des hameaux typiques avec leurs ruelles bordées de vieilles maisons aux murs de pierre, avant d'arriver à Vieussan, charmant village accroché à la montagne. L'escapade deviendra culinaire en passant au milieu des vignobles et des jardins potagers, où la douceur de vivre prend ici toute sa signification.

Sur veloenfrance.fr, vous pouvez aussi trouver les contacts des clubs qui sauront vous conseiller et vous accompagner pour rouler toute l'année à côté de chez vous.

COMITÉ DÉPARTEMENTAL DE CYCLOTOURISME 34

1 impasse des Oliviers
34480 Magalas
06 74 52 74 70
herault-president@ffvelo.fr
herault.ffct.org

FÉDÉRATION FRANÇAISE DE CYCLOTOURISME

NATURE

En plus d'être attrayant pour les humains, le Languedoc-Roussillon est un lieu de résidence et de passage pour de nombreux animaux. Son climat, ses reliefs et la protection de plusieurs de ses espaces naturels ont conduit à une évolution de la biodiversité, marine comme terrestre. Lors de vos déambulations, vous aurez peut-être l'occasion d'apercevoir à l'ombre d'un châtaignier ou posé sur un étang, l'une des espèces emblématiques de l'ex-région, à moins que ce soit vos aventures dans la Méditerranée qui vous conduisent à quelques contemplations. Ouvrez grands les yeux, levez la tête, la faune locale offre un étonnant spectacle. Flamants roses, rapaces, mouflons… l'appareil photo et les jumelles seront de rigueur ! Prenez aussi le temps de visiter certaines espèces (loup, bison) dans les réserves naturelles du territoire, elles veillent à leur protection. Ces visites vous permettront de mieux comprendre la richesse de cette terre.

La faune du Languedoc

Le ciel du Languedoc accueille de nombreux oiseaux et rapaces. La Camargue et les autres étangs du littoral méditerranéen sont des milieux particulièrement propices au développement de ces espèces. Ici, on trouve autant de sédentaires que de grands migrateurs. Il n'est pas rare de voir des foulques noires (ou macreuses), aigrettes, hérons cendrés, oies et cigognes prendre leur envol. Mais l'oiseau emblématique, c'est bien sûr le flamant rose. Ce grand voyageur, qui en principe allait hiverner en Afrique du Nord, a pris depuis une vingtaine d'années l'habitude de rester dans la région même pendant l'hiver. Dans les massifs languedociens, ce sont les rapaces qui veillent. Parmi les espèces qui évoluent dans ces parages, on peut citer le grand tétras et l'aigle royal. On signalera également la réintroduction réussie du vautour fauve en 1981 et du vautour moine en 1992. La terre du Languedoc est en grande partie recouverte de garrigue. Diversifiée et adaptée aux particularités du climat, elle est abondante et héberge quelques espèces particulières comme la couleuvre de Montpellier, un serpent de plus de 2 m de long, le petit lézard gris (« angrole ») et le petit gris (« cargolade »). Espace broussailleux à la végétation dense, la garrigue a vu depuis quelques années une prolifération du sanglier. Ces espaces sont aussi constellés d'élevages. En Languedoc, et particulièrement en Camargue, ils abritent quelques espèces emblématiques. On pense notamment au taureau. Petit et noir, les cornes en lyre, il vit en semi-liberté dans des élevages nommés « manades ». Il descend des animaux que l'on retrouve peints sur les murs des grottes préhistoriques. L'autre animal indispensable à la manade est le cheval de Camargue. Petit, trapu et descendant de races locales, il possède des sabots larges adaptés aux milieux humides. Docile, facile à dresser, il fait corps avec son cavalier, le « gardian », et est l'auxiliaire efficace pour la conduite et la maîtrise du troupeau de taureaux. Les eaux du Languedoc accueillent également des espèces variées. Dans les étangs du littoral, le développement des poissons migrateurs est favorisé par la présence de lagunes communiquant avec la mer par des passages plus ou moins actifs, les « graux ». Les deux espèces les plus représentatives sont la dorade qui « sort » en mer à partir de septembre, et l'anguille qui elle, y séjourne de l'automne à la fin de l'hiver. Hormis les moules et les huîtres qui bénéficient d'un élevage de type industriel, de nombreux coquillages habitent ces étangs : clovisses, tellines, palourdes et autres bivalves. Il ne faut pas oublier, dans la faune marine, les poissons de mer (petit rouget, baudroie, loup…) et les mammifères (dauphins).

Etangs sauvages de Camargue.

Les politiques de réintroduction

Grâce à l'action des parcs naturels, des initiatives privées ou encore des collectivités locales, certaines espèces, en voie de disparition ou disparues parfois depuis de longues années,

© SHUTTERSTOCK.COM - SHYROCHENKO ALEKSANDR

Les chevaux de Przewalski introduits en Lozère pour contribuer à leur sauvegarde.

ont été réintroduites, soit en liberté, soit en semi-liberté. L'un des meilleurs exemples de cette politique est le mouflon du Caroux. Le Parc naturel du Haut-Languedoc a procédé en 1956 à la réintroduction du mouflon. Cet ancêtre du mouton domestique – c'est dire s'il avait toute sa place dans la région – avait disparu de la France continentale au XIXe siècle. De petite taille, il s'est parfaitement adapté à la moyenne montagne héraultaise, sèche et peu enneigée, où il a trouvé un environnement favorable. Plus de 60 ans ont passé et le résultat est là : le troupeau compte plus d'un millier de têtes et s'étend sur l'ensemble des massifs du Caroux et de l'Espinouse. On peut aussi citer l'accueil des bisons d'Europe à partir de 1991. Ces géants de Pologne étaient absents des terres de Margeride depuis 1 500 ans. Aujourd'hui, ils coulent des jours tranquilles dans la réserve de Sainte-Eulalie, au sud-ouest de la Lozère. Un autre exemple est le cheval de Przewalski. Il y a des milliers d'années, cette espèce peuplait l'Asie centrale et des peintures rupestres attestent de sa présence en France à la Préhistoire. Pour contribuer à sa sauvegarde, 8 chevaux de Przewalski ont été installés dans les années 1990 sur le causse Méjean (Lozère), un terrain particulièrement bien adapté à l'espèce. L'expérience est un succès, puisqu'une quarantaine de bêtes vivent actuellement en semi-liberté sur le site et que, fin 2004, ce sont des descendants des chevaux lozériens qui sont partis repeupler la Mongolie. En Lozère toujours, on peut admirer une petite société de plus de 120 loups de Mongolie, d'Europe et du Canada dans la réserve de Sainte-Lucie, en Margeride. Sur ces terres de légendes du Gévaudan, ils vivent en semi-liberté et dévoilent leur véritable caractère aux curieux qui souhaitent s'approcher.

La flore

La forêt qui s'étendait autrefois sur la plaine et les collines du Languedoc a perdu du terrain en raison de l'urbanisation et du développement des cultures agricoles. A l'origine, la forêt méditerranéenne est une formation complexe, comportant plusieurs strates végétales. Tout en haut règne le chêne vert (ou yeuse) au feuillage persistant vert foncé, le pin d'Alep aux aiguilles filtrant les rayons du soleil et l'arbousier aux baies rougeoyantes. Au-dessous viennent les arbustes aux noms évocateurs : lentisques, térébinthes, buis, genévriers, chênes kermès aux feuilles piquantes.... Près du sol, les graminées dominent principalement le brachypode rameux, l'herbe préférée du mouton, se mêlant aux plantes aromatiques dont la plus célèbre représentante est le thym. Dès que l'altitude s'élève et ce jusqu'à environ 800 m, la famille des chênes s'agrandit avec le chêne blanc. Dans les Pyrénées-Orientales, une espèce calcifuge, le chêne-liège, a été développée, elle est utilisée depuis toujours pour la fabrication des bouchons. En montagne, le hêtre occupe une place prédominante et on trouve de vastes replantations de pins, sapins, épicéas et parfois cèdres. Il faut faire une place à part au châtaignier, « l'arbre à pain » des Cévenols et de toutes les populations de la bordure sud du Massif central. Cultivé entre 400 m et 1 000 m sur des terrasses, fournissant bois de charpente, il a permis la survie de nombreuses générations par ses fruits consommés par l'homme et le bétail sous différentes formes . Plus haut, la végétation se raréfie et s'amenuise. Apparaissent alors les pelouses de montagne comme dans le massif pyrénéen rappelant les pelouses d'alpage ou les landes colorées qui couvrent les sommets du mont Lozère ou du Caroux.

Seule la forêt se maintient sur les versants nord comme en Cerdagne ou en Capcir ou avec la magnifique sapinière des hauts plateaux audois. Au milieu de cette végétation diversifiée, quelques fleurs et plantes rares subsistent. On pense notamment à l'oyat, la plante la plus connue de la dune. Cette petite graminée aux racines traçantes assure le maintien du cordon littoral. Dans l'Aude, le massif de la Clape abrite une centaurée endémique, la centaurea corymbosa, découverte au XVIIIe siècle par l'abbé Pourret. Enfin, l'une des spécificités de la flore languedocienne est liée à la présence d'eau saumâtre, résultat du mélange de l'eau douce et de l'eau de mer. Ce milieu attire les plantes halophiles (qui aiment le sel) telles que la saladelle et la salicorne. Dès que l'eau devient plus douce, c'est la roselière qui se développe.

Les parcs naturels

Au nord de l'ex-région, on trouve le parc national des Cévennes. Créé en 1970, il s'étend sur cinq zones différentes : le causse Méjean, le mont Lozère, la montagne du Bougès, les vallées du Gardon et le massif de l'Aigoual. Grand de 321 000 ha, sa mission est de préserver la richesse et la diversité naturelles, résultat de la diversité des climats (océanique, continental, méditerranéen), des sols (granit, calcaire, schiste) et des variations d'altitude, allant de 378 m à 1 699 m. Cette réserve mondiale de la biosphère, reconnue comme telle par l'Unesco depuis 1985, est propice aux enrichissements biologiques : recolonisation naturelle d'espèces (chouette de Tengmaln, grenouille rieuse, loutre...), réintroduction (mouflons, castors, vautours fauves et moines...), etc. A cheval sur les départements du Tarn et de l'Hérault, le parc naturel régional du Haut-Languedoc s'étend sur 260 000 ha (93 communes). Son but est de protéger la faune et la flore des massifs de l'Espinouse, du Caroux, de la Montagne noire, du Sidobre et des monts de Lacaune, plus à l'ouest. La nature y est sauvage et sa végétation contrastée. Des gorges profondes, comme celles d'Héric ou de Colombières, marquent ces paysages. On y trouve de nouveaux hôtes prospèrent comme les mouflons de Caroux. A l'ouest, le parc naturel régional de la Narbonnaise en Méditerranée fait office de véritable jardin d'Eden pour la flore, les oiseaux et les poissons. Son territoire de 80 000 ha est composé de 8 000 ha de zones humides, 300 ha de plages et dunes, 20 000 ha de mer Méditerranée, 740 ha de salins, 24 000 ha de garrigues, 6 500 ha de forêts et 15 000 ha de vignes. Exceptionnel, le parc accueille 300 espèces d'oiseaux (sur les 514 recensées en Europe) et 2 000 espèces végétales (dont 6 d'intérêt international). Enfin nous avons le parc naturel régional des Pyrénées catalanes, à la frontière franco-espagnole. Il s'étend entièrement dans le département des Pyrénées-Orientales, sur 138 000 ha. Il concerne trois régions historiques et naturelles, à fortes identités : le Conflent, le Capcir et la Cerdagne. Son caractère montagnard est marqué par la présence du Canigó, montagne emblématique des Catalans et des Pyrénées, et de quatre sommets dépassant les 2 900 mètres. Sa biodiversité est remarquable : 60 lacs de montagne, de nombreuses zones humides, une flore caractéristique des massifs montagneux au contact du climat méditerranéen, des animaux emblématiques (le gypaète barbu, le desman des Pyrénées, le grand tétras, l'ours..), des plantes uniques au monde telles que l'alysson des Pyrénées, etc.

Parc naturel régional des Pyrénées catalanes.

TOP 10

FAUNE

Ouvrez les yeux, tendez l'oreille, vous arriverez peut-être à apercevoir un des emblèmes du Languedoc-Roussillon. Maîtres du ciel, de la mer et de la terre, ils participent à la richesse faunique du territoire et jouent leur rôle d'ambassadeurs auprès des curieux qui veulent les rencontrer.

LE VAUTOUR

Quatre espèces sont visibles en Languedoc : le fauve, le moine, le percnoptère et le gypaète barbu.

© SHUTTERSTOCK.COM - MARK CAUNT

LE TAUREAU

Petit et noir, les cornes en lyre, l'animal vit en semi-liberté dans des élevages nommés «manades».

© SHUTTERSTOCK.COM-FRANCK LEGROS

LE MOUFLON

Les massifs du Caroux et de l'Espinouse abritent le plus grand troupeau de France métropolitaine.

© SHUTTERSTOCK.COM - ALBERTO_GONZALEZ_GIMENEZ

L'ANGUILLE

L'anguille se plaît dans les lagunes du Languedoc. Mets de choix, elle possède sa fête à Marseillan.

© SHUTTERSTOCK.COM - ROSTISLAV STEFANEK

LE BISON

Les bisons d'Europe coulent aujourd'hui des jours tranquilles dans la réserve de Sainte-Eulalie.

© SHUTTERSTOCK.COM-SZCZEPAN KLEJBUK

LE LOUP

La réserve lozérienne de Sainte-Lucie, sur les terres du Gévaudan, accueille plus de 120 spécimens.

© SHUTTERSTOCK.COM - GIANMARCO CICUZZA

LE DAUPHIN

La Méditerranée héberge plusieurs espèces : dauphin bleu et blanc, grand dauphin, dauphin de Risso…

© SHUTTERSTOCK.COM - ALEX STEMMER

LE CHEVAL

Trapu et facile à dresser, le cheval de Camargue possède des sabots adaptés aux milieux humides.

© SHUTTERSTOCK.COM-VADIM PETRAKOV

LE FLAMANT ROSE

Oiseau emblématique de la Camargue, le flamant rose colore les salins de son plumage flamboyant.

© SHUTTERSTOCK.COM - ONDREJ PROSICKY

LA BALEINE

Au large des côtes, on peut apercevoir le rorqual commun, le 2e plus grand animal de la planète.

© SHUTTERSTOCK.COM - JUAN GRACIA

HISTOIRE

Les fouilles effectuées sur le territoire ont démontré que le Languedoc-Roussillon était habité depuis la Préhistoire. C'est notamment dans les Pyrénées-Orientales, dans la Caune de l'Arago, qu'on a découvert en 1971, « l'homme de Tautavel », le plus vieux crâne jamais trouvé en Europe (450 000 ans avant notre ère). Il faudra attendre l'Antiquité et l'occupation romaine pour que le secteur connaisse son premier âge d'or. Par la suite, l'invasion des Wisigoths forgea davantage son identité : la région se démarqua linguistiquement du nord et de la langue d'oïl pour adopter la langue d'oc (d'où son nom) et établir des fondations monastiques et cathares, deux pendants religieux qui exacerberont les futures guerres de religions. Prospère depuis le début du XVIIe siècle, le Languedoc sera pionnier du chemin de fer et de la viticulture, à l'heure de la révolution industrielle. Puis ce sera au tour du tourisme de transformer durablement le territoire.

LA PRÉHISTOIRE

Après « l'homme de Tautavel » (450 000 ans avant notre ère), il faut attendre le néolithique pour qu'apparaissent les témoins d'une civilisation d'agriculteurs et d'éleveurs (moutons, chèvres) dont on retrouve la trace dans plusieurs sites tels que les grottes de la vallée du Gardon, des Cévennes ou encore de l'Aude.

LE NÉOLITHIQUE (4500 AVANT J.-C)

Progressivement, ces populations vont coloniser, les terrains les plus fertiles et les plaines alluviales et vont former de véritables communautés paysannes. L'archéologie a mis en évidence des objets permettant de mieux comprendre la vie quotidienne de ces hommes et de ces femmes. Dans les foyers, des grains carbonisés ont été retrouvés, attestant que ces populations consommaient des légumineuses comme les pois chiches, les vesces ou les lentilles, ainsi que des céréales (orge, blé). Durant cette période, l'élevage s'est étendu aux bovins, les chèvres et les brebis, utiles pour leur lait, permettaient la fabrication de fromages préparés dans des faisselles et l'artisanat du textile est également présent

LE NÉOLITHIQUE MOYEN (4500-3500 AV. J.-C.)

C'est le développement des échanges. Peu à peu, par souci de sécurité, ces communautés vont privilégier, pour s'installer, des lieux relativement aisés à fortifier. Elles vont protéger leurs villages de fossés pouvant atteindre plusieurs mètres de largeur et de levées de terre dont certaines ont pu être doublées d'une palissade. Les habitations, qui dans un premier temps étaient faites de bois et de terre et structurées par des poteaux de bois, sont remplacées par des constructions de pierres sèches. Dolmens, tumulus et autres nécropoles, témoins de pratiques funéraires, ainsi que des menhirs impressionnants, sont encore visibles aujourd'hui sur de nombreux sites du Languedoc-Roussillon.

VERS LE VI[E] SIÈCLE AVANT J.-C.

On voit se développer sur la côte des colonies grecques (la plus célèbre est Agde), phéniciennes (Port-Vendres) et étrusques (Lattes). C'est la grande période des oppida, collines fortifiées et lieux d'échange

FIN DU IIE SIÈCLE AVANT J.-C.

La province de Transalpine est créée. En 27 avant J.-C., elle est qualifiée de « Narbonnaise » par Auguste. La romanisation ne fut acceptée que progressivement, mais la province de la Narbonnaise est, de toutes les provinces, celle qui fut marquée le plus durablement par la culture de Rome. Les Romains aménagent entièrement ce territoire, créant ou réaménageant des villes (Narbonne, Carcassonne, Béziers, Nîmes, Lodève...), des ports, organisant l'espace rural où sont construits de grands domaines, et un réseau de voies de communication qui va assurer à la province une période de prospérité.

118 AVANT J-C

C'est la construction de la via Domitia par les Romains, leur première route en Gaule. Elle permettait de relier le sud de la Gaule, des Alpes aux Pyrénées. D'une longueur totale de 500 km, la via Domitia s'étire de Beaucaire au Perthus, sur un trajet d'environ 250 km. Les anciennes cités gauloises qu'elle traversait devinrent des relais d'étape pour les légionnaires, puis d'importantes villes romaines. L'architecture de ces villes évolua grâce aux techniques connues par les Romains et les maisons se dotèrent d'eau courante, du tout-à-l'égout, de cheminées murales, de sols mosaïqués et de murs peints. L'architecture antique inspira d'ailleurs les artistes de la période romane, ainsi que ceux de la Renaissance. Le commerce, l'artisanat et l'industrie se développent également.

DU Ier SIÈCLE AVANT J-C AU IVe SIÈCLE APRÈS J-C

L'Antiquité romaine a marqué le Languedoc-Roussillon de son architecture monumentale, dont les nombreux témoins, remarquablement préservés, sont devenus aujourd'hui des pôles touristiques majeurs de la région, comme le pont du Gard ou les arènes de Nîmes. Outre ces deux ouvrages majeurs, connus par-delà nos frontières, l'empreinte romaine se retrouve à travers tout le territoire : vestiges de Ruscino, Lattes, Ambrussum, thermes d'Amélie-les-Bains ou encore mosaïques de Narbonne (Clos de La Lombarde). Cette dernière, fondée en 118 avant J.-C., deviendra la ville la plus peuplée de la Gaule romaine, chef-lieu d'une des provinces les plus riches de l'Empire. Cette période florissante du Languedoc prend fin, comme pour le reste de l'Empire, avec les invasions barbares.

Ve SIÈCLE APRÈS J.-C.

Au Moyen-Âge, pour le Languedoc, ce sont les Wisigoths, qui créeront un royaume autonome, la Septimanie (pour les sept villes principales). Plus au nord, ils sont chassés par les Francs qui instaurent le comté du Gévaudan, partagé entre les Carolingiens et l'Eglise. Pour résister aux Arabes, les rois wisigoths s'allient à Pépin le Bref. La région conserve une relative autonomie, dans le cadre du marquisat de Gothie en Languedoc et du comté de Cerdagne aux Marches d'Espagne. Cette autonomie prend également la forme concrète d'une scission entre pays de langue d'oïl et pays de langue d'oc.

Les arènes de Nîmes, l'un des témoins de l'architecture de l'Antiquité romaine qui a marqué la région.

DU VIIE AU IX SIÈCLE

C'est aussi le début d'un vaste mouvement de fondations monastiques qui atteindra son apogée à l'époque carolingienne avec Saint-Guilhem, Villemagne, Saint-Papoul, Saint-Pons, Cendras, Sainte-Marie-d'Alet, les abbayes catalanes... Tous ces édifices primitifs gardent encore des influences architecturales antérieures qui vont être balayées par la révolution du premier art roman méridional

XIE SIÈCLE

C'est une période particulièrement faste pour la région, grâce aux croisades. De nombreux bateaux partent des ports du Languedoc. On retiendra bien sûr la fondation d'Aigues-Mortes à l'occasion du départ de Saint Louis (1248), mais toute la région profite, dès la première croisade (1099) de l'afflux de nobles en partance pour la Terre sainte. Parallèlement à cette prospérité, la culture languedocienne s'affirme également dans la langue, mais aussi dans le domaine des arts et surtout dans le domaine religieux, avec le développement du catharisme et de ses idéaux de pureté. C'est surtout en Occitanie que le catharisme devient une religion bien implantée, politiquement et socialement. Chrétiens dissidents, les cathares vivent simplement, comme vivaient les apôtres, ne possédant rien et prêchant la parole du Christ de village en village.

EN 1209

La croisade contre les Albigeois. A l'époque, le christianisme des cathares est plus proche des préceptes de l'Evangile que ne l'est alors l'Eglise catholique qui multiplie les excès de tous ordres et vit dans l'opulence. Considérant cette religion comme une hérésie, l'Eglise organise en 1209 la croisade contre les Albigeois, départ d'une vingtaine d'années de troubles sanglants. Les rois de France de l'époque (Philippe-Auguste, puis Louis VIII) en profitent pour affirmer leur pouvoir sur le Languedoc et Saint Louis officialise le rattachement du Languedoc à la couronne royale en 1229 par le traité de Paris. L'histoire de la région rejoint alors celle de la France avec une belle fidélité, en particulier pendant la guerre de Cent Ans.

XVIIE SIÈCLE

De la Renaissance à la Révolution. Le territoire connaît son lot d'agitation dans le cadre des guerres de religion. Montpellier et d'autres villes, Nîmes, Alès et Pézenas, s'étaient ralliées au protestantisme, se révoltant périodiquement.

EN 1622

La prise de Montpellier par Richelieu et Louis XIII amena en 1629 la signature de la paix d'Alès qui confirma la liberté de culte et maintint le calme jusqu'à la révocation de l'édit de Nantes (1685). Le conflit rebondit alors jusqu'à prendre, dans les Cévennes, les proportions d'une véritable guerre.

DE 1702 À 1704

C'est la guerre des camisards (de « camiso », la chemise blanche qu'ils portaient pour se reconnaître, notamment lors des batailles de nuit). Face à la guérilla de quelques milliers d'hommes, Louis XIV envoie une armée de 60 000 hommes.

EN MAI 1705

C'est la fin officielle de la guerre, mais les troubles se poursuivent encore plusieurs années. Le bilan pour la région est lourd, puisque les armées royales ont ravagé près de 500 villages des Cévennes. La prise de Montpellier en 1622 eut pour effet de faire de la ville la véritable capitale administrative du Languedoc, titre qu'elle ravit alors à Pézenas, siège un temps des Etats du Languedoc. La période de paix et de prospérité s'étendit tout au long du règne de Louis XIV et au-delà, favorisant l'apparition d'une architecture civile classique qui se diffusa dans les villes de la région. Tous les grands commis de l'Etat, les notables, administrateurs ou professeurs, riches commerçants, se font alors construire ou aménager des « hôtels particuliers ».

XVIIIE SIÈCLE	Ce siècle verra la poursuite de cette tendance, avec en plus l'apparition, autour des villes et particulièrement Montpellier, des « folies », petits châteaux campagnards où l'on vient s'installer dès l'apparition des premières chaleurs. Montpellier en compte une dizaine et la plus ancienne est le château de Flaugergues.
XIXE SIÈCLE	Essor industriel du territoire avec l'arrivée du chemin de fer (la ligne Montpellier-Sète en 1839 est une des toutes premières en France) et l'exploitation des bassins houillers des Cévennes et du Haut-Languedoc.
EN 1875	La maladie du phylloxera détruit le vignoble languedocien. Replanté sur d'immenses surfaces en plaine, surproduction et fraudes amèneront une crise sévère, provoquant l'insurrection des vignerons (révolte des « gueux » en 1907 contre le gouvernement de Clemenceau). Cette richesse due au vin a laissé dans les campagnes languedociennes et catalanes des témoins originaux : les châteaux « pinardiers ». Les riches négociants qui ont fait fortune à la fin du XIXe siècle sont atteints d'une folie de constructions et la plaine viticole va se couvrir de châteaux.
FIN DU XIXE SIÈCLE	Le chemin de fer amène le tourisme et les stations thermales sont connues de l'Europe entière, les gorges du Tarn sont fréquentées par une clientèle huppée, le circuit en autocar « la Route des Pyrénées » se termine sur la Côte vermeille, la station de ski de Font-Romeu est créée, le pont du Gard et les arènes de Nîmes sont proposés par les voyagistes de l'époque, Sète à l'instar de Nice a ses grands hôtels, son casino et son kursaal au-dessus des flots, Carcassonne en 1898 allume son premier embrasement...
DÉBUT DU XXE SIÈCLE	Après l'arrêt brutal dû à la Première Guerre mondiale, le tourisme ne connaîtra un nouvel essor qu'en 1936, avec l'institution des congés payés et l'apparition d'un tourisme populaire qui fera le bonheur de petites stations comme le Grau-du-Roi, Palavas-les-Flots, Valras, Leucate-la-Franqui, Canet-en-Roussillon...
DÉBUT DES ANNÉES 60	L'aménagement du littoral se met en place le long des 214 km de plages de sable fin avec la création, en 1963, d'une mission d'aménagement. Peu à peu vont naître les unités touristiques, toutes centrées autour de stations nouvelles surgies des sables – La Grande Motte en est sans doute l'exemple le plus éloquent.
2016	Depuis le 1er janvier 2016, dans le cadre de la réforme territoriale visant à réduire le nombre des régions de la France métropolitaine de 22 à 13, Languedoc-Roussillon et Midi-Pyrénées ont fusionné. En date du 30 septembre 2016, après validation par le Conseil d'Etat et le gouvernement, la région Languedoc-Roussillon / Midi-Pyrénées a officiellement été baptisée : Occitanie.
DE NOS JOURS	Très attractif en raison de son soleil, de la beauté des paysages et de ses villes à taille humaine, le territoire connait un dynamisme impressionnant. Partout surgissent des constructions destinées à accueillir les nouveaux arrivants et les villes se dotent de bâtiments à l'architecture contemporaine. Constructions de verre, métal et nouveaux matériaux sont érigées par des architectes de renom tels Jean Nouvel, Philippe Starck, Norman Foster, Rudy Ricciotti... Toutefois, seule Montpellier a bénéficié d'un urbanisme volontariste, créant des zones d'aménagement allant jusqu'à la création totale de nouveaux quartiers comme ceux d'Antigone, de Port-Marianne ou d'Odysseum.

ARCHITECTURE

L'Histoire du Languedoc-Roussillon a laissé une formidable trace indélébile, aussi bien dans les villes de grande taille que dans les petits villages pittoresques. Eglises, cathédrales, basiliques, vestiges romains, hôtels particuliers de la Renaissance, châteaux, ponts, canaux et écluses, bastides et bâtiments, forment un mélange anachronique, chaque génération apportant sa nouvelle touche de modernité par-dessus la vétusté et l'ancienne époque lui précédant. On peut lire dans chacune de leurs lignes l'héritage du passé et des nombreuses civilisations qui ont parcouru cette terre. Ils sont aussi les témoins des différents choix de la société languedocienne, qu'ils soient politiques, économiques ou touristiques. La preuve : de Cerbère à Nîmes, en passant par Mende et Carcassonne, ce sont plusieurs styles d'architecture qui se fondent, se côtoient et cohabitent pour le simple plaisir des yeux.

Une architecture dans l'ère du temps

A l'est de l'ex-région, le savoir-faire des Romains est, deux mille ans après leur apogée, encore très visible, surtout dans le Gard et l'Hérault. La maison Carrée, les arènes de Nîmes et le Pont du Gard rappellent bien au passant qu'il fut un temps où l'on ne plaisantait pas avec l'architecture, qui se devait d'être majestueuse. La Tour Magne ou bien la Porte d'Auguste en disent long sur la manière dont les Romains sécurisaient les secteurs conquis ou annexés. A noter également, dans l'Aude, l'enceinte intérieure de la Cité de Carcassonne, du Bas-Empire, dont la mention écrite la plus ancienne remonte à l'an 333, ou encore Narbonne, et son riche patrimoine antique qui permet d'admirer la Via Domitia, les galeries souterraines de l'horreum et une collection archéologique unique en France. La ville s'est d'ailleurs dotée d'un grand musée de la Romanité, Narbo Via, en 2020. Là est exposée une partie des 2 000 éléments du mobilier lapidaire préservé qui fait de cette collection la plus riche après celle de Rome. Le Languedoc-Roussillon, depuis toujours terre de contacts et d'échanges, pacifistes ou non, a été baigné de courants artistiques variés venus se mêler aux traditions autochtones. Après le premier art chrétien, la renaissance carolingienne que connaît le nord de l'Empire n'atteint pas vraiment la région. Le premier art roman méridional, venu de Lombardie, est un art sobre, tourné vers les problèmes d'architecture : la sculpture y est rare et la fantaisie réside dans un décor mural de bandes, arcades et frises en dents d'engrenage. Le deuxième art roman, lui, va s'exprimer principalement sur les grands édifices. C'est alors la floraison d'une sculpture parfaitement aboutie où s'ébattent les humains, la flore et un bestiaire fantastique, aux origines orientales. En Roussillon se crée ainsi un style très homogène et original qui trouvera son expression la plus achevée dans les chapiteaux des cloîtres des abbayes catalanes. Après l'épisode cathare et suite à l'intégration du Languedoc au royaume de France, la région est soumise à l'influence artistique du nord du pays, particulièrement avec l'apparition du style gothique dans l'architecture aussi bien civile que religieuse. C'est l'époque de la construction des grandes cathédrales qui vont marquer l'empreinte du pouvoir religieux sur les villes de la région : Carcassonne, Narbonne, Béziers, Mende, Lodève, Clermont-l'Hérault, Nîmes... Seul le Roussillon, royaume indépendant, conservera quelques originalités, le particularisme catalan. Nombre de monuments à Perpignan, tels le Palais des rois de Majorque, bâti au XIIIe siècle, le Castillet, ancienne porte principale de la ville, la Loge de Mer datant du XIVe siècle, l'hôtel de ville également de la période médiévale ou encore la Casa Xanxo du début du XVIe siècle, ont été érigés magnifiquement selon le style catalan. On note l'emploi régulier de la brique très présente dans l'architecture de certains monuments.

La Maison Carrée à Nîmes.

On retrouve également l'influence catalane dans l'architecture religieuse, comme à l'abbaye Saint-Michel de Cuxa ou au Prieuré de Serrabona, dont la tribune est un exemple remarquable de l'art roman catalan. Elle est particulièrement visible dans le mobilier et les retables. L'apogée de cet art est atteint en 1489 avec le « retable de la Trinité », œuvre majeure conservée au musée Rigaud à Perpignan. Il montre combien le Roussillon de l'époque était au confluent de toutes les influences européennes : Avignon, Bourgogne, Flandre, Allemagne, Nord de la France, Italie... Ainsi du XIVe au XVe siècle, la production picturale va se concentrer sur cette forme de peinture religieuse, commandée en général par des laïcs, et que l'on retrouve de nos jours à Palau-del-Vidre, Perpignan, Argelès, Rigarda, Iravals, Vinça... Par la suite, la Renaissance marqua peu la région et il fallut attendre l'époque classique pour que l'architecture bouleverse les paysages urbains. Cette révolution on la doit à Auguste-Charles d'Aviler (1653-1701) qui, occupant la charge d'architecte de la province, mena à terme des projets prestigieux mais aussi participa à des ouvrages plus modestes. Tout autour des villes, bourgeois et notables se font construire des demeures d'été (comme les folies montpelliéraines), petits châteaux entourés de vignes qui préfigurent les châteaux « pinardiers » qui apparaîtront dans la plaine au XIXe siècle lors de « l'Eldorado du Vin ».

Les châteaux médiévaux

Procéder à l'énumération complète des châteaux médiévaux qui jalonnent le territoire de la région, mènerait à une lecture longue et fastidieuse. Sur les cinq départements en effet, il en est qui sont majestueux, imposants, larges, longs, petits, ruinés, ou bien conservés. Bien souvent, bastides et châteaux sont d'anciens lieux de résistance, des forteresses prêtes à répondre à n'importe quel assaillant venu d'ailleurs pour l'assiéger. Ainsi, ceux-ci furent érigés bien souvent en ligne de crête des montagnes et des collines, surplombant la nature pour mieux dominer l'ennemi. Sur le territoire de l'Aude, ce sont les châteaux du Pays Cathare qui ont marqué le paysage aux reliefs tourmenté : les châteaux de Saissac, de Lastours, d'Aguilar, de Puilaurens, de Peyrepertuse, de Quéribus ou de Puivert, sans oublier bien sûr l'impressionnante cité de Carcassonne, quiconque aime la période médiévale sera conquis par ces fortifications à flanc de coteaux. On ne peut parler des châteaux de la région sans évoquer le splendide château royal de Collioure dans les Pyrénées-Orientales. À noter également, la forteresse de Salses, dans le même département, qui fut construite sur l'ordre du roi Ferdinand II d'Aragon, à la fin du XVe siècle, afin de contrôler le passage reliant alors la France à l'Espagne. Dans le Gard, les tours et les remparts d'Aigues-Mortes érigés sous Louis IX, vous transportent à l'époque féodale, en pleine Camargue. Il est possible de les parcourir tout au long de l'année. Enfin, au cœur des Cévennes, l'imposant château de Portes, qui contrôlait la route des pèlerins de Saint-Gilles et des croisés partant pour la Terre sainte, offre aux visiteurs une vue imprenable sur la nature environnante.

Les habitats nés de la vigne

Apparues au moment de l'expansion viticole, les maisons vigneronnes ont participé à l'agrandissement des villages. Les villages s'étant développés de manière concentrique autour du castrum, ces demeures sont généralement situées dans le deuxième ou troisième cercle

Vestiges de château cathare de Peyrepertuse.

© ISTOCKPHOTO.COM - RICOCHET64

L'édifice « Pierresvives » de Zaha Hadid à Montpellier.

concentrique. Ces alignements de maisons sont particulièrement remarquables à Saint-Thibéry et à Montagnac dans l'Hérault. A l'époque, ces maisons servaient à la fois de lieu de travail et d'habitation. Elles possèdent des tailles et des décors variés qui dépendaient de la richesse de leur propriétaire. Généralement, la cave à vin se situait au rez-de-chaussée, on y accédait par un grand portail appelé «magasin». Le rez-de-chaussée pouvait faire office de chai, grange ou cellier. L'habitation prenait quant à elle vie à l'étage. Parfois, il y avait un deuxième étage appelé «le galetas» ou grenier, pour le foin. Dans ce cas, on remarque la présence d'une fenêtre avec une poulie extérieure sur la façade. L'essor de la viticulture a également conduit à la fortune de riches négociants à la fin du XIXe siècle. Atteints d'une folle envie de bâtir, ils élèvent des châteaux au cœur de la plaine agricole, on les appelle les « châteaux pinardiers ». Symboles d'une économie triomphante, ils ne possèdent pas d'architecture ou de décor unique, ils sont le résultat d'un foisonnement architectural, mélange des caprices des propriétaires et des fantasmes des architectes. Les styles roman, gothique, classique, baroque, néo-Renaissance ou encore colonial se mélangent, les normes sont bousculées et ce sont des monuments à l'identité forte et unique qui apparaissent au détour des sentiers. Si la construction n'a pas changé, rares sont les ensembles décoratifs qui sont encore intacts. Quelques châteaux pinardiers : le château de Pinet-Gaujal de Saint-Bon, celui de Saint-Martin de Graves à Pézenas...

L'architecture moderne

Depuis une cinquantaine d'années, l'architecture urbaine languedocienne se montre novatrice. Le département de l'Hérault est une excellente illustration de ces évolutions modernes. Déjà, dans les années 1970, avec le développement du nautisme dont la pratique se démocratise, les stations balnéaires se transforment. La Grande-Motte est le meilleur exemple de cette mutation puisqu'il s'agit du plus important port créé le long de la côte du Languedoc-Roussillon par la mission RACINE (mission interministérielle d'aménagement touristique du littoral du Languedoc-Roussillon). Ici, l'architecte Jean Balladur a rompu avec les traditions et construit des immeubles de type ziggourat rappelant les pyramides précolombiennes. Grâce à ces réalisations architecturales, la ville possède le label « Patrimoine du XXe siècle ». Ce vent de modernité a aussi soufflé sur Montpellier. En 2011, les architectes Jean Nouvel et François Fontès ont été choisis pour concevoir le dernier hôtel de ville. Résultat : un parallélépipède haut de 40 mètres transparent. Très contemporain, ce bâtiment est également écologique, il accueille l'une des plus importantes centrales photovoltaïque de France.

La structure est en acier et habillée de façades en aluminium et verre qui font entrer la ville dans une autre dimension. Toujours dans la capitale languedocienne, on peut citer le travail de l'architecte Zaha Hadid, responsable de Pierresvives, un espace de 3 500 m² dédié à la culture inauguré en 2012. Bâti en béton et en verre, cet édifice à la géométrie complexe se présente en trois dimensions. Zaha Hadid a créé des lignes fluides, des angles aigus et des jeux de transparence qui donnent une impression de mouvement. Son travail lui a permis de devenir la première femme récompensée du prix Pritzker, l'équivalent du prix Nobel en architecture.

BEAUX-ARTS

L'amour du beau n'a rien de récent en Languedoc. Bercée par les influences romaines, grecques et arabes, particulièrement portée sur l'artisanat, l'ex-région a toujours été une terre de création. Les artistes ont immortalisé ses atouts, ses hommes et ses femmes, à coups de pinceau, de sculpture et d'images qui ont parcouru le temps et l'espace. Loin d'avoir pris de l'âge, l'art a suivi en Languedoc une nouvelle tournure, plus contemporaine, avec les années. Le territoire a aussi dévoilé ses richesses au plus grand nombre, exposant ses traits au cinéma et à la télévision. De nos jours, les écoles artistiques abondent dans le Languedoc (Montpellier, Nîmes...), confiant à chaque esprit curieux les méthodes nécessaires pour exprimer leurs talents. Fiers de leurs enfants, les départements du Languedoc participent à leur mise en lumière, accueillant tantôt leurs œuvres dans des musées réputés, tantôt sur les murs de leurs villes.

La peinture

Les artistes languedociens-roussillonnais ont évolué avec leur temps. Durant la période classique, à la frontière entre le XVIIe siècle et le XVIIIe siècle, peu de peintres vont laisser leur empreinte. Le Perpignanais Hyacinthe Rigaud (1659-1743), qui deviendra le peintre officiel de tout ce que la France compte de notabilités et de puissants, reste l'une des rares exceptions. Quelques peintres natifs de la région, tels que le Montpelliérain Bourdon (1616-1671), acquerront une certaine notoriété. Ils feront carrière à Paris ou à l'étranger, comme Jean Ranc (1674-1735) qui devint peintre officiel de la cour du roi Philippe V d'Espagne. Il faudra attendre la fin du XIXe siècle et le début du XXe pour que le Languedoc-Roussillon fasse parler de lui en termes de peinture. Assez rapidement, la ville de Montpellier devint une destination de prédilection pour les artistes. Leur talent fut encouragé par la présence de deux collectionneurs mécènes, François-Xavier Fabre (1766-1837) et Alfred Bruyas (1821-1877). Le premier, élève de David, peintre et professeur, offrit à la ville en 1828 sa collection personnelle, legs qui donnera naissance à un des plus riches musées régionaux du pays, le Musée Fabre. Plus tard, en 1854 et 1857, à l'invitation d'Alfred Bruyas, Gustave Courbet séjourna à Montpellier. Parmi les natifs de Montpellier, on peut citer Frédéric Bazille (1841-1870), le représentant local du courant impressionniste. Passionné par la nature, retrouvant ses racines dans le domaine familial de Méric, sur les hauteurs de Montpellier, il partit pour Paris où il devint l'ami de Renoir, Manet et Monet. Mais la véritable explosion va se produire en Roussillon au début du XXe siècle. En 1905, un jeune peintre nommé Matisse (1869-1954) se rend à Collioure sur les conseils de son ami Signac. L'année suivante, d'autres noms prestigieux le rejoignent au bord de la Méditerranée, parmi lesquels Derain, Dufy, Juan Gris ou Marquet, qui seront avec lui à l'origine d'un des plus importants mouvements picturaux du siècle passé : le fauvisme. Presque à la même époque, Céret devient « La Mecque du cubisme », accueillant des artistes tels que Pablo Picasso (1881-1973) et Georges Braque (1882-1963), et Salvador Dali offre à la gare de Perpignan le titre de « Centre du monde » en 1965. La fin du XXe siècle a vu émerger dans l'Hérault ce qu'on a appelé « l'école de Sète ». Sans créer de véritable courant ni d'école réputée, le cas de la ville est tout à fait intéressant, et le qualificatif de Paul Valéry « l'île singulière » prend aussi toute sa raison dans le domaine artistique. Rien de commun à Albert Marquet, François Desnoyer, Soulages, ou les tenants actuels de la « figuration libre », Combas ou les frères Di Rosa... que l'amour de cette ville et l'ambiance créatrice qui en émane.

Le street-art

En Languedoc-Roussillon, l'art revêt de nombreuses formes, l'une des plus récentes est le street-art. Exposées dans des galeries contemporaines ou affichées dans leur aspect le plus « sauvage » sur les murs des villes, ces œuvres sont de plus en plus intégrées au monde artistique, reconnues comme un art à part entière et plus seulement comme un acte de vandalisme. Certaines villes du territoire choisissent même de célébrer ces artistes de rue au cours de manifestations culturelles. La plus importante est K-Live à Sète. Lancé en 2008, ce festival pluridisciplinaire axé sur les musiques actuelles et l'art urbain invite des artistes incontournables du mouvement street-art à s'exprimer dans les rues. Parmi eux : C215, Alëxone, l'Atlas, Poch, M.Chat, Epsylon Point, Jan Kalab, Clet, Bault, Stew, Chanoir, Jonnystyle, Pablito Zago, Claire Streetart, Julien Seth Malland, Kashink, Monsieur Qui, Goddog, Pedro & Kazy... Leurs œuvres, ayant pour support les murs de la ville, constituent le MACO (ou « Musée à Ciel Ouvert »), il s'enrichit chaque année. Les déambulations au cœur de l'»Ile Singulière» permettent de découvrir cette

DÉCOUVRIR

© SHUTTERSTOCK.COM - PAUL TRMNTN

Le domaine de Méric où séjournait le peintre impressionniste Frédéric Bazille.

étonnante ville-galerie. A quelques kilomètres de là, Montpellier joue aussi son rôle de pépinière de street-artistes. Dans les quartiers de la ville, tous les styles se côtoient, du trompe-l'œil au graffiti, en passant par le collage. En s'aventurant du côté des quais du Verdanson, un petit ruisseau qui traverse la ville, on peut admirer des centaines d'œuvres de plus ou moins grandes tailles. Plusieurs générations d'artistes ont fait leurs armes sur cet espace. Loin de vouloir supprimer ces œuvres, la ville encourage leur mise en lumière via des visites guidées thématiques et des commandes (Mist à Rondelet, fresque au Polygone...). Du côté de Béziers, on laisse aux street-artistes la mission de raconter la ville. En effet, un circuit de 16 fresques colorées, tableaux de l'histoire de la cité, permet de découvrir des éléments de son passé. Parmi elles, la belle fresque « Compostelle » rappelle que la commune se trouve sur le chemin du piémont menant à l'Espagne et qu'elle constitue une alternative à la montagne. Une autre rend hommage aux fantassins qui ont refusé de tirer sur les manifestants de Béziers lors des révoltes des vignerons au XXe siècle. Plus légère, on trouve aussi une fresque à la gloire de l'ASB-H, le club de rugby de Béziers.

Le 7e art

Avec des décors naturels grandioses, un riche patrimoine historique et une lumière exceptionnelle, la région sert depuis longtemps de lieu de tournage, la liste des films est longue et ne cesse de s'allonger. Parmi les films tournés intégralement ou partiellement dans la région, certains ont marqué fortement les esprits et l'histoire du cinéma, on ne peut oublier *Le Salaire de la peur* (1952 à Anduze, Arles...), ou encore *Le Corniaud* (1965 à Carcassonne). Dans le film culte de François Truffaut, *L'Homme qui aimait les femmes* (1976), un vibrant hommage est rendu à Montpellier et « aux plus belles femmes de France ». Pour le moins que l'on puisse dire, c'est que *37°2 le matin* (1986, Gruissan et Marvejols) ou *Robin des Bois, Prince des voleurs* (1989 à Carcassonne) et *Les Visiteurs* (1993 à Carcassonne également) furent de vrais blockbusters. En 1999, Roman Polanski se laissa séduire par le profil mystérieux du château de Puivert et les impressionnantes gorges de Galamus pour le tournage de *La Neuvième Porte*. Dans le Gard, certaines scènes du film *Indigènes* (2006) ont été tournées à Beaucaire et Claude Chabrol choisit de tourner son dernier long métrage *Bellamy* (2008) en grande partie à Nîmes, ville qu'il affectionnait tout particulièrement. Béziers et l'étang de Thau ont servi en 2013 de cadre au film de Mélanie Laurent, *Respire*. Quant à Nicole Garcia, elle a jeté son dévolu sur la région entre Montpellier, Palavas-les-Flots et Nîmes pour son film *Un long dimanche* (2014). Par ailleurs, la région est en passe de devenir une terre d'élection pour les séries et films TV à l'instar des séries *Candice Renoir* (Sète, Montpellier, Bouzigues, Nîmes) ou *Un si grand soleil* (Montpellier).

Une sculpture d'Aristide Maillol (né à Banyuls) aux Tuileries à Paris.

Photogénique à souhait, le territoire a été, est, et sera dans le viseur des caméras de cinéma. Les festivals de cinéma sont d'ailleurs bien représentés : le Festival International du Film Méditerranéen à Montpellier, Rencontres cinémaginaires à Argelès, etc. Depuis septembre 2020, un ambitieux projet de parc dédié au cinéma est en discussion sur le domaine de Bayssan à Béziers. Son objectif serait de faire du secteur le nouveau « Hollywood européen », attirant des équipes de tournage du monde entier. Si la création du complexe est encore en cours de discussion, on connaît déjà ses traits : 19 ha de décors extérieurs, ateliers, bureaux et services techniques, 20 ha de voirie et stationnement, 5 ha d'équipements d'hébergement et de restauration. Un espace de 20 ha sera aussi ouvert au public, il s'agira d'une sorte de parc à thème orienté sur le cinéma. Les sponsors du projet espèrent attirer avec lui près de 2 millions de visiteurs par an sur le territoire.

La sculpture

On ne saurait quitter le Roussillon sans évoquer le nom d'Aristide Maillol, l'un des sculpteurs les plus célèbres de son temps. Né à Banyuls le 8 avril 1861, il s'orienta vers la peinture après avoir découvert l'œuvre de Gauguin. Ses voyages en Grèce et en Italie et son admiration pour la statuaire antique développèrent son goût pour la sculpture. Diplômé de l'Ecole nationale supérieure des Beaux-Arts de Paris où il étudia de 1885 à 1893, il eut pour maîtres le sculpteur Antoine Bourdelle, et l'illustre peintre Alexandre Cabanel. Il fut le rénovateur de la sculpture classique, osant tout, en s'éloignant de Rodin l'expressionniste, magnifiant avec pudeur dans son œuvre, son thème de prédilection : le corps féminin. Ses œuvres, épurées, représentent des femmes, le plus souvent nues, au corps sensuel et aux rondeurs pulpeuses, figurant des émotions, des saisons, ou encore des éléments. Il réalisa sa première exposition en solo dès 1902 et commença à exposer régulièrement en 1904. En 1913, il est à New York où il participe à l'Armory Show, une grande exposition qui rassembla 1 250 œuvres de plus de 300 artistes européens et américains, sculpteurs et peintres. Son style, d'abord onirique, se rapproche ensuite du classicisme, et son œuvre fut un modèle jusqu'à la fin de la Seconde Guerre mondiale. Il possédait à Banyuls deux ateliers, l'un dans sa demeure familiale, l'autre en pleine campagne, à quelques kilomètres du village, dans sa « métairie » au milieu des vignes. Il y meurt en 1944. Une vingtaine de ses sculptures représentant des femmes aux formes généreuses sont exposées au Jardin des Tuileries à Paris. Sa métairie est aujourd'hui un musée qui lui rend hommage. Plus insolite, on peut souligner le travail de l'Agathoise Simone Jouglas (1907-2001). Céramiste de formation, elle fut l'une des plus célèbres santonnières de Provence. Sa carrière fut saluée par le titre de chevalier de l'Ordre du Mérite artisanal en 1952, le diplôme de Meilleur ouvrier de France en 1961 et la Médaille d'or du Mérite National Français en 1966. Rien que ça !

MUSIQUES ET SCÈNES

Aux quatre coins du Languedoc-Roussillon, des montagnes catalanes aux plaines de l'Aubrac, les traditions locales se célèbrent et la culture se chante. Sur scène ou dans les rues, costumés ou non, des passionnés partagent leur talent et transmettent avec leurs mots, leurs gestes et leurs écrits, tout ce que la région a fait de mieux. Au cours de vos déambulations, que vous soyez dans l'assistance d'une de ces représentations ou tout simplement attiré par un étrange objet présenté en vitrine, vous découvrirez des instruments typiques, des danses folkloriques et des spectacles tantôt intimistes, tantôt renommés dans le monde entier. Installé confortablement dans l'une des salles du territoire ou poussé à la découverte de lieux extraordinaires tels que les arènes de Béziers et de Nîmes, ou encore le Théâtre de la Mer à Sète, vous constaterez que le premier acteur de cette richesse artistique, c'est le Languedoc.

La musique en Languedoc

Les traditions languedociennes s'admirent et s'écoutent. Au cours des fêtes traditionnelles, il n'est pas rare d'entendre retentir le son typique d'un instrument de la région ou des « coblas », les orchestres catalans. Côté matériel, le territoire est particulièrement tourné vers les instruments à vent. Le plus connu est possiblement le hautbois languedocien. Jusqu'à la Révolution, il animait les cérémonies consulaires et les réjouissances populaires organisées d'Agde à Nîmes et du piémont cévenol à la vallée de l'Hérault. Après une brève disparition dans les années 70, l'instrument connaît un renouveau. Il est aujourd'hui visible dans de nombreux événements tels que les carnavals et les joutes languedociennes. Un autre instrument typique de la région est le fifre, une sorte de petite flûte traversière sur laquelle on peut jouer tous les styles de musiques. Deux techniques de jeu, fournissant chacune un son différent, sont possibles : jouer comme sur une flûte traversière occidentale ou utiliser ses phalanges comme sur un instrument oriental. Lors des représentations estivales des coblas, sur les places des villages catalans, la musique traditionnelle est reine. Produite par une douzaine de musiciens, elle fait appel à des accessoires typiques tels que le flaviol, une flûte à bec, et le tambori, un petit tambourin qui se joue avec une massette (baguette en bois). Historiquement, ces instruments sont les plus anciens et les plus représentatifs de la musique populaire catalane. Dans l'orchestre, on trouve également des tible (hautbois à son aigu), tenora (hautbois à treize clefs, fabriqué à partir de bois de jujubier) et fiscorn (cuivre muni de pistons de la famille des bugles). Il est important de souligner que le Languedoc-Roussillon n'est pas qu'une terre de soleil où chantent les cigales. Il est un pays qui vit naître des joyaux de la culture française dont on a de quoi être fiers. Hommes de passage, natifs et adoptifs, musiciens et chanteurs, une gamme augmentée d'artistes a forgé l'identité culturelle de la région. Parmi les poètes qui ont su mettre leur amour du Languedoc en musique, on peut citer les grands Charles Trenet de Narbonne (*La Mer*, *Y'a d'la joie*, *Douce France*), Georges Brassens de Sète (*Chanson pour l'Auvergnat*, *Les Copains d'abord*, *Supplique pour être enterré à la plage de Sète*) et Bobby Lapointe de Pézenas (*Le Poisson Fa*, *Ta Katie T'a Quitté*). Plus récemment, le territoire, et plus particulièrement Carcassonne, a pu se vanter d'être le lieu de naissance d'Olivia Ruiz (*La Femme chocolat*, *J'traine les pieds*).

© PHOTOPROFI30 - SHUTTERSTOCK.COM

Street art à Sète, portrait de Georges Brassens.

DÉCOUVRIR

Sardane à Cerbère.

Les danses locales

Traditionnellement, le son des coblas va de pair avec la sardane, la danse catalane par excellence. La discipline nécessite que des danseurs forment une ronde et se tiennent par les mains, ils doivent ensuite lancer ou abaisser les bras, animant le cercle, l'agrandissant ou le réduisant, au rythme de la musique. Cette danse a acquis sa forme définitive au XIXe siècle, elle est alors pratiquée durant l'été, lors des « aplecs », des rassemblements traditionnels au cours desquels les passants peuvent rentrer dans la ronde et se mêler aux danseurs. La transmission de cette danse traditionnelle, qui fut chantée par Charles Trenet et peinte par Picasso, est assurée par diverses associations. Lors des férias (Carcassonne, Nîmes, Béziers...) et autres rassemblements taurins, on peut aussi contempler la beauté du flamenco et de la sévillane. Ces deux danses traditionnelles originaires de l'Espagne viennent souvent animer les rues en parallèle des festivités. Pour les différencier, c'est très simple : le flamenco se danse seul et s'accompagne de claquements de mains et de pieds, tandis que la sévillane, plus joyeuse, se pratique à deux, à un ou plusieurs couples, en cercle ou en groupe. Dans l'Hérault, et plus particulièrement à Montpellier, c'est la danse du chevalet (appelée aussi « jeu du chevalet ») qui a gagné sa place dans l'histoire locale. Elément important de la tradition, elle est partie intégrante du patrimoine immatériel du Languedoc. Cette danse essentiellement carnavalesque, qui peut revêtir des tailles et des formes différentes selon les lieux où elle se pratique, est née au Moyen Âge. Si on ne connaît pas sa véritable origine, une légende lui est rattachée. Elle raconte que les consuls de Montpellier, lassés de voir Pierre II d'Aragon se désintéresser de Marie de Montpellier, réussirent à introduire la conjointe dans le lit conjugal par une belle nuit de 1208. De cette soirée est né Jacques d'Aragon. Après sa naissance, Pierre d'Aragon ramena sur son cheval Marie de Montpellier et l'enfant, de Mireval jusqu'à la ville Montpellier. Arrivés en ville, les habitants fêtèrent autant les époux et leur enfant que le cheval. Ils demandèrent au roi de garder la précieuse monture, droit qui leur fut accordé. L'animal vécut 20 ans et chaque année, il devenait le centre d'intérêt de grandes fêtes. On dansait autour de lui, festoyant en mémoire de la naissance de Jacques 1er. La danse du chevalet était née. On accorde une dernière mention à la « Lo butavant », une forme de bourrée propre au Languedoc. Considérée aujourd'hui comme disparue, elle se dansait dans une partie du Haut-Languedoc (Monts de Lacaune, Somail, Espinouse...) et dans une bande de l'Hérault allant de Bédarieux à Minerve. La musique qui l'accompagnait était composée d'accordéon, d'une éventuelle bodega (instrument à vent de la famille des cornemuses) et d'une grailha (un hautbois à anche double représentatif du Bas Languedoc).

Le théâtre et l'opéra

Si les artistes contemporains font vibrer avec talent les salles de spectacle du Languedoc-Roussillon, il est un personnage qui, à l'évocation seule de son nom, est synonyme de théâtre : Molière. Suite à des débuts difficiles à la capitale, Jean-Baptiste Poquelin et sa troupe, l'Illustre Théâtre, décidèrent de se lancer dans une aventure provinciale afin de faire leurs premières armes. Entre 1647 et 1657, les artistes ont sillonné le Languedoc, fait des rencontres qui ont permis d'observer les mœurs de l'époque et glané des informations qui ont intégré des pièces de l'auteur, notamment *La Comtesse d'Escarbagnas* et *Monsieur de Pourceaugnac*. Au cours de leur voyage, ils ont fait des arrêts à Carcassonne, Béziers, Narbonne, Montpellier, Nîmes et bien sûr Pézenas. Ce passage, la cité piscénoise le cultive avec passion, citant le grand Marcel Pagnol : « Si Jean-Baptiste Poquelin est né à Paris, Molière est né à Pézenas ». Elle organise chaque année une série d'événements en son honneur. Pendant son séjour dans le Languedoc, l'écrivain fit la rencontre de figures étonnantes qui le marquèrent : le comte d'Aubijoux, Pierre Goudouli, Armand de Bourbon prince de Conti, le libertin Sarrasin, le poète d'Assoucy... Après leur voyage, Molière et l'Illustre Théâtre retournèrent à la capitale en 1657. Ils trouvèrent alors la protection directe de Louis XIV. Rebaptisés « La Troupe du Roi », ils connaîtront un grand succès à la ville et à la cour. Dans un autre genre, l'opéra a également sa place dans le Languedoc. Célébré par de nombreuses associations et écoles de musique, c'est à Montpellier qu'on trouve le plus grand représentant de l'ancienne région Languedoc-Roussillon en la matière : l'Opéra Orchestre national Montpellier/Occitanie. L'organisme est né en 2001, lors de la fusion de l'Opéra de Montpellier, un véritable centre de création et de production lyrique, avec l'Orchestre qui, à sa création en 1979, contribue à donner un nouvel élan à l'activité de l'opéra intra-muros en France et à l'étranger. Cet ensemble est aujourd'hui constitué de la salle Molière, la grande salle de l'Opéra Comédie, l'Opéra Berlioz et la Salle Pasteur au sein du Corum. Il peut ainsi accueillir près de 100 000 spectateurs chaque année. Afin de ne pas limiter cet univers à la préfecture héraultaise, un important réseau artistique et pédagogique a été tissé sur tout le territoire. L'Opéra et l'Orchestre y sont présents au fil des saisons musicales.

Les salles de spectacle

Concernant l'accueil des événements culturels, le Languedoc a tout pour plaire. Son offre varie du bar à spectacles au gigantesque zénith, en passant par les théâtres de poche et les monuments de portée internationale. En extérieur ou dans des cadres grandioses datés de plusieurs siècles, les artistes expriment leur talent devant un public de curieux toujours ravis de pouvoir contempler la richesse de l'ancienne région. S'il est difficile de citer toutes ces salles de spectacle, une liste lapidaire donne une bonne idée des différentes options laissées aux interprètes et aux spectateurs. On remarquera que, pour la majorité des départements membres de l'ancienne région Languedoc-Roussillon, les adresses varient de quelques dizaines de places à plusieurs centaines. Une diversité d'installation qui permet d'accueillir toutes les formes de représentations, des Pyrénées-Orientales jusqu'au Gard. Dans le Gard d'ailleurs, les amateurs de scène et de poésie seront séduits par les théâtres de Nîmes, tels que le Périscope ou Le Petit Subito, à moins qu'ils préfèrent s'installer dans le cadre majestueux des Arènes. Plus à l'ouest, dans l'Hérault, l'offre varie de l'impressionnant Zénith Sud de France à Lattes, à la frontière de Montpellier, aux Arènes de Béziers, en passant par les étonnants Théâtre de la Mer à Sète et Théâtre de Pézenas. Sans compter sur les innombrables petits théâtres et espaces verts qui accueillent régulièrement les artistes dans le département. Il en est de même dans les Pyrénées-Orientales où le très insolite Théâtre de l'Archipel côtoie le Palais des Congrès et la Boîte à rire à Perpignan, le Palais des fêtes à Rivesaltes et le Théâtre des Aspres à Thuir. Dans l'Aude, on mise davantage sur les théâtres et cafés-théâtres pour les sorties animées, à moins d'aller chercher du grand spectacle à la Narbonne Arena. En Lozère, à Mende, on notera la présence de Scènes croisées, l'unique scène conventionnée du département.

Statue en l'honneur de Molière à Pèzenas.

LITTÉRATURE

Ils ont des univers variés, des époques distinctes et des racines complexes, autant de facteurs qui les différencient. Pourtant ils se rejoignent dans l'amour du bon mot. Les auteurs du Languedoc-Roussillon font parler leur plume et leur verve depuis des siècles, criant leur admiration pour leur région et les hommes et les femmes qui la bâtissent. Héritiers des troubadours et des conteurs, ils ont évolué avec leurs temps et leurs climats politiques, essuyant quelques revers au cours de l'Histoire. En occitan, catalan et français, ils ont choisi de partager leur talent, publiant des œuvres qui ont gagné en notoriété et souvent convaincu les critiques (membres de l'Académie française, prix Nobel de Littérature...). Comme il est impossible de les ranger dans une seule et même catégorie, on se contentera de les remercier pour quelques-uns des cadeaux qu'ils ont offerts au patrimoine culturel languedocien.

L'héritage des troubadours

Actifs au Moyen Age, entre 1000 et 1350, les troubadours étaient des poètes occitans qui ont développé l'art du chant courtois. A la fois compositeurs, poètes et musiciens, ils interprétaient ou faisaient interpréter par des jongleurs ou des ménestrels leurs œuvres poétiques. Ecrites dans une langue d'oc commune – qu'ils désignaient par les termes « provençal », « limosin » ou encore « langue romane » – leurs œuvres avaient deux thèmes principaux : l'amour et l'actualité/le débat. La première catégorie était la plus prestigieuse, car directement liée au « fin'amor » (l'amour courtois). L'actualité était surtout traitée dans des « sirventès », des chants contestataires, courts et sans détours, qui permettaient de parler de politique, d'attaquer un ennemi ou de pleurer une disparition. Après un apogée au XIIIe siècle, la disparition de cet art commença dès le XIVe siècle. Son déclin démarra avec l'arrivée de la censure de certains thèmes, notamment les amours infidèles, due à l'hypocrisie religieuse. Cette chute fut aussi encouragée par les croisades qui mettent alors à mal la stabilité sociale favorable à la création : appauvrissement des cours, disparition des mécènes… S'il reste peu de traces des textes des Xe et XIe siècles, des œuvres de l'Âge d'or des troubadours (XIIe et XIIIe siècles) ont pu être sauvegardées. Au total, 400 troubadours sont arrivés jusqu'à nous, avec eux, environ 2 500 textes. Parmi les plus connus, on peut mentionner Perdigon, Gavaudan le Vieux, Azalaïs de Porcairagues (« trobairitz », terme utilisé pour désigner une femme troubadour), Bernart Alanhan de Narbona, Bernart Sicart de Maruèjols, Guilhem de Balaun ou encore le biterrois Matfre Ermengau.

© SHUTTERSTOCK.COM - MARZOLINO

Représentation d'un troubadour, à la fois poète et musicien.

La littérature de langue occitane et catalane

Malgré le rattachement à la France, une littérature de langue occitane et catalane va perdurer jusqu'à nos jours et imprégner la culture au fer rouge. Au cours des XVIIe et XVIIIe siècles, des auteurs comme Jean Roig et Josep Jaume en Roussillon, Jean-Baptiste Favre et Antoine Fabre d'Olivet en Languedoc, maintiennent une tradition poétique et théâtrale en langue régionale. Un nouveau souffle apparaît à la fin du XIXe siècle, sur les traces de Mistral et de la défense du provençal. Depuis cette époque, de nombreux écrivains ont choisi d'utiliser l'occitan dans leurs écrits. On pense notamment à Louis Roumieux à Nîmes (1829-1894) et à Prosper Estieu à Carcassonne (1860-1939). Plus récemment, la langue a connu parmi ses ambassadeurs Henri Chabrol, André Chamson, René Méjean, René Nelli, Léon Cordes, Robert Laffont, Max Rouquette... Le catalan a lui aussi connu une importante renaissance. Celle-ci a d'abord été encouragée par des gens comme Pere Talrich (1810-1889) et Justi Pepratx (1822-1901). Ensuite, ce fut au tour d'auteurs

Le cimetière marin de Sète qui a inspiré le poème éponyme de Paul Valéry, originaire de Sète et enterré là.

comme Joan Amade (1878-1949), un des fondateurs de la Société d'Etudes Catalanes, et Josep Sebastia Pons (1886-1962) d'apporter leur pierre à l'édifice. Une troisième génération de protecteurs a veillé à la préservation de ces mots, elle avait pour représentants des artistes tels qu'Enric Guiter (1909-1994), Joan Mas i Bauzà (1928-1992) et Jordi Pere Cerda (1920-2011).

Les littératures francophones

Les auteurs du Languedoc-Roussillon ont grandement contribué au rayonnement de la littérature française. La majorité d'entre eux ont fait, dès le XVIIe siècle, le choix de la langue française. Une transition qui fut pleine de réussites. On constate d'ailleurs qu'en 1639, quatre ans seulement après la création de l'Académie française, dont la vocation est de favoriser la divulgation de la langue, le Biterrois Jacques Esprit fit son entrée dans l'institution, suivi par un autre natif de Béziers, Paul Pellisson, historiographe de Louis XIV, en 1653. Le XIXe siècle est quant à lui davantage marqué par le déplacement et la renommée des auteurs languedociens hors des frontières de la région. À cette époque, le dramaturge Étienne Arago, né à Perpignan et frère du savant François Arago, bénéficie d'une excellente réputation à Paris, tout comme le romancier nîmois Alphonse Daudet et les philosophes montpelliérains Auguste Comte et Charles Renouvie. La fin du siècle et la première moitié du XXe sont marquées par les ouvrages classiques de Paul Vigné d'Octon et Ferdinand Fabre ; dans leurs pages, ils célèbrent les garrigues languedociennes. Dans le pays catalan, des artistes comme Ludovic Massé, Arthur Conte et Hélène Legrais font parler leurs plumes. On note, tout au long du XXe siècle, une attirance pour de nouveaux modes d'expression, notamment chez le Sétois Paul Valéry qui ouvre la voie dans ce domaine. Jean Paulhan, lui, né à Nîmes, a influencé en tant que directeur de la *Nouvelle Revue Française* la vie littéraire du pays. Toujours dans le Gard, André Chamson et Jean-Pierre Chabrol furent les chantres des Cévennes, décrivant surtout la grandeur de ses habitants qu'ils fussent humbles paysans, rebelles ou insoumis. Et il ne faut pas bien sûr oublier Claude Simon (prix Nobel de littérature), mort en 2005, un des plus grands écrivains français du XXe siècle qui fut la figure emblématique du nouveau roman. La poésie a eu aussi ses dignes représentants. On est obligé de s'arrêter sur le roi du mot et du verbe Georges Brassens, poète, compositeur, chanteur et musicien né à Sète en 1921 et décédé en 1981. Ses textes poétiques d'avant-garde, parfois aussi contestataires, chansons au sens politique caché, lui valurent quelques censures à son époque d'après-guerre. Quarante ans après avoir « cassé sa pipe », alors que la « camarde » ne le poursuit plus d'un zèle imbécile « d'avoir semé des fleurs dans les trous de son nez », la bouffarde et la guitare de ce grand auteur rayonnent encore à Sète, qui vit tout au long de l'année dans son univers : Georges Brassens dans l'Hérault et à Sète n'est pas qu'un artiste, il est un hymne national flottant dans l'atmosphère. Citons aussi Francis Ponge, poète de l'existentialisme et précurseur du nouveau roman, et Joe Bousquet, animateur avec la revue *Chantiers* d'un « surréalisme méditerranéen». Nous ne ferons pas ici la mention ou l'éloge des auteurs de ce début du siècle, car s'ils sont nombreux et pleins de talents, il est encore difficile de mesurer l'importance de leurs travaux dans le milieu littéraire.

QUE RAPPORTER ?

Après un séjour dans le Languedoc-Roussillon, on est bien tenté de partager quelques découvertes avec ses proches. Si les souvenirs et les photographies priment, l'envie de rapporter un morceau de l'ex-région est souvent présente. Dans ce territoire d'exception, maître d'un vignoble deux fois millénaire, les achats gourmands font généralement des heureux. Qu'elles soient salées ou sucrées, les spécialités locales arrivent toujours à retranscrire le soleil et la générosité du territoire. De Nîmes à Cerbère, en passant par Carcassonne et Montpellier, les idées ne manquent pas en la matière. Si vous préférez rapporter dans vos bagages des offrandes moins éphémères, d'autres solutions sont toutes indiquées. Elles portent généralement le sceau de l'Histoire du Languedoc et le talent de ses enfants. Vous les trouverez dans des ateliers d'artisans ou dans des boutiques souvenirs, des arrêts qui ne manqueront pas de vous inspirer.

Les produits gourmands

Dans les cinq départements du Languedoc, la gastronomie est reine. Symbole de la générosité de ses chefs, elle se distille dans des produits, de plus ou moins longue conservation, qui peuvent être rapportés après un séjour dans la région.

Le miel. Déjà, on peut souligner que le Languedoc-Roussillon est un important producteur de miel. Du fait de la diversité des milieux et de leur étagement, de nombreuses variétés de miels peuvent être produites, d'autant que de nombreux apiculteurs pratiquent la transhumance. De nombreuses dénominations existent : miels des Cévennes, des Causses, du Mont-Lozère, du Roussillon ... Si votre voyage vous conduit du côté de Narbonne, le mieux est encore de ramener un de ces pots. Le miel local se distingue de ses voisins grâce à sa texture très fine et de couleur proche du blanc. Très ancien, il fut considéré comme le miel le plus célèbre de France entre le XIIe et le XXe siècle. L'autre produit emblématique facile à conserver, et donc à rapporter est sans conteste l'huile d'olive. On peut difficilement faire mieux en guise de représentant du sud ! Après avoir parcouru les champs d'oliviers et contemplé un bon nombre de moulins toujours en activité, vous serez tenté – à juste titre – de rapporter un extrait de ces productions locales.

© SHUTTERSTOCK.COM - NITR

Le Languedoc est un important producteur de miel.

Quelques bonbons du Languedoc pourront aussi convenir, notamment les Grisettes de Montpellier. Savant mélange de miel et de réglisse, ces petits bonbons ronds, spécialités de la capitale languedocienne, remontent au Moyen Age. D'après certains historiens, la recette aurait été retrouvée dans un vieux grimoire. A Pézenas, on misera davantage sur le célèbre berlingot. A la différence de ses contemporains, celui de la cité piscénoise est plutôt rectangulaire ou ovale, zébré de bandes alternativement translucides ou opaques. On en trouve à tous les parfums.

Côté biscuit, on craquera pour le caladon, une tuile à base de miel et d'amandes, dans le Gard, et plus précisément à Nîmes. Dans le Roussillon, ce sont les rousquilles qu'il faudra rapporter. Ce petit gâteau catalan, délicatement aromatisé à l'anis et au zeste de citron, est la pâtisserie emblématique de la Catalogne Nord. Si les Américains, avec leurs donuts, ont réussi à copier la forme, le secret de la recette reste inviolé.

Sinon vous avez aussi la possibilité de passer dans l'une des nombreuses boulangeries-pâtisseries de la région avant de partir, afin de proposer à vos proches des produits tout frais comme des gâteaux régionaux ou de la brioche locale. Par exemple, si vous êtes du côté de Béziers, la tentation de rapporter une Biterroise, la brioche de la ville, sera grande.

COMPÉTITIONS
Nascar Cup Series, AMA Supercross, Championnat MXGP...
TEAM DAVID
présenté par David Douillet
RETROMANIA
présenté par Thomas Bastard et Matthieu Lamoure
AUTOMOTO
LA CHAINE
@chaine_automoto www.automoto-lachaine.fr
DISPONIBLE SUR
Une chaîne Mediawan
CANAL+
orange
SFR
free
bouygues
Bis
prime video
molotov.tv

© SHUTTERSTOCK.COM - PICTUREPIXX

Les rousquilles.

Parfumé à la fleur d'oranger, ce délice est fourré de marmelade de pommes ou de crème pâtissière. Béziers dispute aussi la paternité d'une spécialité attribuée à la cité de Molière : les petits pâtés de Pézenas. Recette historique, elle aurait été apportée au milieu du XVIIIe siècle par les cuisiniers indiens de lord Clive, vice-roi des Indes, en repos à Pézenas. Insolite, cette fameuse préparation sucrée-salée est composée de hachis de mouton additionné de cassonade, une association qu'on ne trouve nulle part ailleurs. Dans l'Aude, on pourra miser sur le millas, un gâteau typique de l'Ouest audois réalisé avec de la farine de maïs. Semblable à une grosse crêpe bien épaisse, on finit de le dorer à la maison, dans une poêle huilée. Sinon le limos fera aussi très bien l'affaire. Spécialité de Limoux, cette brioche historiquement préparée à l'Epiphanie est recouverte de fruits confits et fourrée de crème. Enfin, dans le Gard, on ne résiste pas à la possibilité de ramener une fougasse d'Aigues-Mortes, une belle brioche de pâte légère aromatisée au citron et à la fleur d'oranger.

En matière de liquide, vous aurez l'embarras du choix. La carte des vins de la région couvre un impressionnant éventail de produits aux couleurs vives, que vous retrouverez dans les vignobles et de multiples caves. Demandez conseil, ils trouveront votre bonheur. Sinon craquer pour un Noilly-Prat, un Frontignan ou un Carthagène, des alcools typiques du Languedoc.

Les beaux objets

Si la région est une championne en matière de gastronomie, d'autres achats, dont la durée de vie ne dépend pas de la gourmandise, sont possibles : carte postale, œuvre d'art d'un artiste local, instrument typique de la région (hautbois languedocien, flaviol…), etc. Sinon vous pouvez aussi craquer pour l'un des éléments touristiques qui fait la richesse de cet environnement. Par exemple, du côté de Carcassonne, on vous recommandera d'aller visiter les multiples boutiques de souvenirs d'inspiration médiévale. Elles vous permettront d'acheter, pour les plus jeunes comme pour les autres, des déguisements de chevalier, des objets rares et des ouvrages thématiques. Pour ce qui est des savoir-faire locaux, tout dépendra de vos appétences. Du côté de Perpignan, au milieu de toutes les spécialités, les bijoux en grenat semblent les plus emblématiques. Avec leur jolie pierre rouge montée sur un support doré, ce sont des bons représentants de la région. En plus insolite, et sûrement moins coûteux, il y a les cravaches de Sorède, la capitale internationale du fouet et de la cravache en bois de micocoulier. Cette spécialité unique au monde enchantera les cavaliers. Avec le même bois, un artisan gardois réalise des fourches de Sauve, des objets rares qui font partie du patrimoine régional. Dans la région catalane, on ne pourra pas passer à côté des tissages et des espadrilles. Issu d'une vieille tradition, le tissage catalan s'est surtout développé au XIXe siècle. Rayures, frises aux motifs géométriques, dominante du rouge sont les caractéristiques principales de cette production, encore réalisée par deux ateliers à Saint-Laurent-de-Cerdans et à Arles-sur-Tech. Le tissu, très résistant, est employé pour confectionner toile à transat et linge de table ; on le retrouve aussi naturellement sur les célèbres espadrilles, sandales catalanes à la semelle de corde, indispensable à tout danseur de sardane digne de ce nom. Dans les boutiques des deux ateliers, on peut acheter quelques jolis articles : torchons, bavoirs, tabliers pour bouteille, nappes et serviettes.

SPORTS ET LOISIRS

Par la diversité de ses paysages et la douceur de son climat, le Languedoc-Roussillon se prête à de nombreuses activités de pleine nature et ce, en toute saison. Sur mer, sur terre ou dans les airs, il y a tout pour vivre au maximum sa passion. Qu'ils soient ou non intensifs, issus de la tradition ou récemment lancés, ces loisirs attirent et assurent de jolis moments de découverte. Dans un cadre toujours impressionnant, fait de costumes colorés, de rochers acérés ou de torrents rapides, les aventuriers se lancent avec courage et détermination, accompagnés ou non d'organismes de loisirs. Pour certains, il s'agira de tester de nouvelles expériences, pour d'autres le but sera de se dépasser au sein d'une nature rarement indulgente. Enfin, ceux qui sont en quête de bien-être auront le plaisir de trouver en Languedoc plusieurs stations thermales de renom, l'occasion de se refaire une bonne santé.

Les sports traditionnels

La vie du Languedoc est rythmée par la pratique de plusieurs jeux traditionnels, visibles lors de championnats ou de grands événements. Parmi les activités les plus emblématiques, il y a les joutes languedociennes. Depuis des siècles, les marins et les pêcheurs ont leurs règles de chevalerie et leur tournoi, les joutes. Sur tout le littoral gardois et héraultais, au Grau-du-Roi, Agde, Balaruc, Frontignan, Mèze, Marseillan, Palavas, Sète et même Béziers, sur le canal du Midi, on voit s'affronter deux équipes, les bleus et les rouges. Les règles sont simples : deux barques et leurs solides rameurs servent de coursier aux « lanciers ». Campés aussi solidement que possible sur la « tintaine », plateforme en hauteur à l'avant de la barque (longue de 8 m, de type « mourre de porc », avec 10 rameurs), les jouteurs sont armés d'une lance de bois (2,70 m) et d'un pavois, bouclier sur lequel la lance de l'adversaire viendra frapper. Réglée par hautbois et tambours, la joute commence, les lances s'abaissent et heurtent l'adversaire qui, déséquilibré, finit dans l'eau. Le tournoi le plus réputé a lieu tous les ans à Sète, en août, pour la Saint-Louis. On peut aussi mentionner la bouvine dans l'Hérault et les férias. Sans doute parce que l'Espagne n'est pas loin, plus sûrement parce que la Camargue est la terre des taureaux noirs, la bouvine rassemble ces sports et traditions qui enflamment les « aficionados ». Au premier rang, les courses camarguaises : spécificité locale dont on aura un aperçu tout l'été, dans une vaste zone qui s'étend du Rhône à la banlieue Est de Montpellier, où les arènes de tous les petits villages résonnent des cris des amateurs. Ces courses sont l'affrontement codifié de l'homme et du taureau, concours de rapidité et d'agilité. Organisées par les manadiers (éleveurs de taureaux camarguais), ces courses sont souvent accompagnées des « abrivados » (lâcher des bêtes dans les rues), des ferrades (marquage des jeunes taureaux), ainsi que de jeux de gardians dans des arènes sommaires érigées dans les prés., Plus tragiques, les corridas ont aussi droit de cité dans la région. Elles s'intègrent aux « ferias », fêtes populaires qui se poursuivent plusieurs jours avec leurs échoppes colorées, leurs musiques (le flamenco est très présent) et leurs « bodegas » où chacun vient étancher des soifs diverses en refaisant le monde en général et le spectacle tauromachique du jour en particulier. L'une des plus célèbres est celle de la Pentecôte à Nîmes (qui en organise deux autres dans l'année), mais celle de Béziers monte en puissance. En Languedoc, elles ont aussi leur place à Céret, Alès, Carcassonne, Arles… Troisième des sports languedociens, le tambourin est un jeu de balle ancestral. Aujourd'hui codifiée, pratiquée au niveau international et reconnue, cette discipline est spectaculaire et mérite bien une visite estivale.

© SHUTTERSTOCK.COM - MARGOUILLAT PHOTO

Randonnée au chaos de Nîmes-le-Vieux, en Lozère.

DÉCOUVRIR

Joutes lors du festival Saint-Louis à Sète.

Il suffit pour cela de prendre place le long du terrain où s'affrontent deux équipes de cinq joueurs (deux au fond, deux à la corde et un au centre), chacun muni d'un tambourin, cercle de 28 cm de diamètre recouvert de peau synthétique et muni d'une poignée (comme l'instrument de musique, mais beaucoup plus résistant) ; à l'engagement, le batteur se sert d'un battoir, tambourin plus petit monté sur un long manche. Les renvois se font comme au tennis (à la volée ou après un rebond) et les points se comptent de même. A voir et à essayer dans les villages, notamment à Cournonterral, Saint-Martin-de-Londres, Saint-Georges d'Orques, Gignac et Castelnau-de-Guers qui comptent de bonnes équipes.

Les randonnées et sorties découvertes

Pour ceux qui aiment les balades tranquilles, de nombreuses communes ont organisé des circuits découvertes de la faune et de la flore des étangs, des anciennes salines ou des réserves naturelles, en particulier sur les espaces acquis par le Conservatoire du littoral. Près de 7 000 km de sentiers balisés, dont 10 GR, sont à la disposition des randonneurs. Les plus fréquentés sont naturellement le GR6 qui traverse les Causses et l'Aubrac, le GR7 qui, venu du Massif central, file vers les Pyrénées par le mont Aigoual, le causse du Larzac et le Haut-Languedoc ; enfin le fameux GR10 qui relie l'Atlantique à la Méditerranée à travers le massif pyrénéen... Ceux qui ne souhaitent pas faire usage de leurs pieds peuvent aussi pratiquer la randonnée à cheval ou à dos d'âne, une activité en pleine expansion. Depuis quelques années, les responsables touristiques départementaux, qui ont pris conscience de l'ampleur du phénomène, aident à la création de relais ou gîtes équestres. C'est le cas par exemple de la Lozère qui a bien structuré son offre ou de l'Hérault et de l'Aude qui ont mis en place itinéraires et équipements d'accueil. Dans les reliefs languedociens, les amateurs d'escalade trouveront aussi leur bonheur, notamment du côté des gorges du Tarn, du pic Saint-Loup ou encore des gorges d'Héric, au sein du massif du Caroux.

Les plaisirs de l'eau

Tous les ans, des centaines de milliers de visiteurs viennent dans le Languedoc pour profiter de son ciel bleu, de son ensoleillement et de sa mer naturellement chaude. S'ils pratiquent la contemplation des vagues en toute saison, les mois d'été sont les plus fréquentés. Il faut dire qu'il y a de quoi faire avec plus de 200 km de plages accessibles dans leur presque totalité. Sète, Agde et Leucate sont les seuls éperons rocheux qui rompent cette continuité face à la Méditerranée, avant un final splendide où les Pyrénées se précipitent dans les flots par les falaises rougeoyantes de la Côte Vermeille... Poussés par les vents ou tirés par des engins à moteur, les sports de glisse s'épanouissent à merveille sur la mer Méditerranée. Planche à voile, kitesurf, wakeboard/wakesurf, ski nautique, stand-up paddle, bouées tractées : ils prennent des formes variées, parfois sportives, toujours divertissantes. Accessibles depuis les stations balnéaires, ces activités permettent de divertir tous les âges, quels que soient les niveaux. Ceux qui veulent goûter à l'ivresse des profondeurs pourront s'adonner à la pratique de la plongée dans de nombreux clubs. Le secteur de prédilection est naturellement la Côte Vermeille, mais bien sûr hors de la Réserve naturelle marine de Cerbère-Banyuls. A noter l'existence au Cap d'Agde et à Banyuls de sentiers sous-marins aménagés où les touristes, même novices, peuvent découvrir les fonds.

Mais on aurait tort de limiter les activités aquatiques aux loisirs nautiques ! Le Languedoc est également un bon terrain pour le tourisme fluvial. D'ailleurs le canal du Midi, classé au patrimoine mondial de l'Unesco depuis 1996, est aujourd'hui l'une des voies navigables les plus fréquentées par les touristes. Pour découvrir, au rythme lent de la navigation (6 km à l'heure), tous ces lieux merveilleux, des locations de bateaux sont possibles ainsi que des croisières de plus ou moins longue durée. Pour la pratique du rafting, du canoë-kayak et des sports d'eaux vives de manière générale, le Languedoc-Roussillon offre en guise de terrain de jeu des sites aux proportions humaines : gorges de l'Aude, de l'Orb, de l'Hérault, de la Cèze, du Tarn et du Lot, torrents pyrénéens, haute vallée de l'Aude, lacs de Naussac, Raviège, Vinca…

Les sports d'hiver

Des plages ensoleillées aux montagnes enneigées il n'y a qu'un pas ! La diversité des paysages languedociens permet de vivre des aventures estivales ou hivernales en quelques heures de route, un atout indéniable pour attirer les vacanciers. Au nord du Languedoc, la Lozère, la Margeride et l'Aubrac possèdent un relief peu tourmenté, composé d'une alternance de montées et descentes, qui est favorable à la pratique du ski nordique. Moins présent, le ski alpin se concentre sur quelques stations qui, il faut bien le reconnaître, ont parfois du mal à fonctionner malgré les canons à neige : l'Aubrac à Laguiole et Brameloup en Aveyron, Le Bleymard (Mont-Lozère) et Prat-Peyrot (l'Aigoual). Elles attirent principalement une clientèle locale. A l'inverse, dans les Pyrénées, tout est réuni pour la pratique des sports de neige (climats, reliefs, équipements). Toutes les activités sont proposées : ski de piste, nouvelles glisses, ski de fond, raquettes, ski de randonnée, etc. Lancé au début du XXe siècle, avec la création de la station de Font-Romeu, ce tourisme hivernal s'est depuis grandement développé dans les Pyrénées catalanes. Aujourd'hui, le domaine skiable catalan compte des stations de ski alpin et l'un des plus grands espaces de ski nordique des Pyrénées. Font-Romeu-Pyrénées 2000, la Quillanne, les Angles, Formiguères, Porté-Puymorens… autant de doux noms qui ont certainement déjà effleuré vos oreilles ou vos skis.

Le bien-être et la remise en forme

Par son contexte géologique, à cheval sur deux massifs montagneux et traversé par de nombreuses failles, le Languedoc-Roussillon est marqué par une présence importante de résurgences d'eaux souterraines. Les Romains ne s'y étaient pas trompés, et dès l'Antiquité aménageaient des thermes, points de naissance de nombreuses stations actuelles. De nos jours, treize stations sont en activités, couvrant un large éventail d'affections : La Chaldette et Bagnols-les-Bains en Lozère, Les Fumades dans le Gard, Balaruc-les-Bains, Avène et Lamalou-les-Bains dans l'Hérault, Alet-les-Bains et Rennes-les-Bains dans l'Aude, et, dans les Pyrénées-Orientales, le Boulou, Amélie-les-Bains, Molitg-les-Bains, La-Preste-les-Bains et Vernet-les-Bains. En plus de ces stations thermales, le Languedoc abrite, depuis la Camargue jusqu'à la côte catalane, des centres de thalassothérapie, notamment au Cap d'Agde, à Canet-en-Roussillon, à Argelès-sur-Mer et à Banyuls-sur-Mer. Elles permettent d'allier les bienfaits du soleil aux propriétés thérapeutiques de l'eau de mer, des algues et des boues marines. Tous les centres sont parfaitement équipés pour les soins (piscine d'eau de mer, bains bouillonnants…), mais aussi en hébergement et restauration de qualité.

Station de ski Les Angles.

GASTRONOMIE

Le Languedoc-Roussillon est un territoire large et généreux qui possède une gastronomie variée. Chaque semaine, plus de 200 marchés conviviaux permettent de fabuleux moments d'échange entre commerçants et consommateurs. De Collioure à Aigues-Mortes en passant par Nîmes, Béziers ou Carcassonne, les étals se remplissent de produits de saison et de cuisines de terroir qui transcendent toutes les époques. On trouve des délices de la mer, tels que les huîtres et moules de l'étang de Thau (Bouzigues), les poissons du golfe du Lion et les anchois de Collioure, des produits issus de l'élevage (Aubrac ou Cerdagne), avec la viande et la charcuterie (jambon des Cévennes, gardianne de taureau de Camargue), ainsi que le fruit des récoltes des champs et des vergers, des fromages, les champignons de Lozère (cèpes, mousserons), les châtaignes des Cévennes, sans oublier la vigne. Une collection de plaisirs !

Les légumes et fruits du soleil

Soumise à des influences méditerranéennes et héritière des techniques d'irrigation importées par les Arabes au Xe siècle, le Languedoc réunit les critères nécessaires pour de belles productions. Certaines d'entre elles sont très renommées et s'exportent dans toute la France ainsi qu'à l'étranger. Parmi elles, on peut citer le riz de Camargue, une culture apparue au milieu du XIXe siècle qui couvre aujourd'hui près de 7 000 ha. L'oignon bénéficie également d'une bonne notoriété, les piémonts des Cévennes, de la Montagne noire et des Aspres se sont spécialisés dans sa culture. Parmi les dénominations les plus connues, citons la cèbe de Lézignan (Hérault), l'oignon doux des Cévennes (Gard et Hérault), l'oignon de Citou (Aude) et l'oignon doux de Toulouges (Pyrénées-Orientales). L'autre grande production du Languedoc est l'olive. Dégustée à l'apéro ou transformée en huile, elle est le symbole de la cuisine méditerranéenne. Les variétés les plus utilisées sont bien sûr la picholine répandue dans tout le sud de la France, mais aussi une variété locale, la lucques, un fruit vert foncé, bosselé, en forme de croissant, à noyau très petit et à la pulpe fine. Elle est tellement réputée qu'elle est exportée en Afrique du Nord, en Turquie, aux Etats-Unis et en Australie. Le Languedoc-Roussillon présente aussi quelques produits confidentiels : l'artichaut violet, l'asperge des sables, le navet de Pardailhan ou encore le pois chiche. Du côté des arbres fruitiers, le Languedoc est premier pour la production de pêches et deuxième pour les abricots. La cerise est aussi cultivée dans trois zones bien délimitées : Céret dans les Pyrénées-Orientales, Remoulins dans le Gard et Olargues dans l'Hérault. Les pommiers ont également leur place dans les vergers languedociens, du Roussillon aux Cévennes. La châtaigne est le fruit qu'il convient de réserver pour la fin et la faim. Emblématique des Cévennes, ce fruit ne fait pas seulement le bonheur des sangliers qui les dévorent à même le sol. Très énergétique,

© SHUTTERSTOCK.COM -VALENTYN VOLKOV

Olives à la picholine.

© SHUTTERSTOCK.COM - PASCALE GUERET

Le salin d'Aigues-Mortes fournit 500 000 tonnes de sel par an.

riche en fibres et rassasiante, elle se consomme de plusieurs façons : bouillie, grillée au feu de bois, en soupe, en purée, en confiture et dans des gâteaux.

Les délices de la mer

Si on met de côté les petits chalutiers et les thoniers de Sète ou de Port-Vendres qui partent en campagne à la poursuite des thons rouges, la pêche en Languedoc-Roussillon est restée une activité que l'on peut qualifier d'artisanale. Les poissons qui peuplent la région sont mis en avant sur les étals des poissonniers, dans les criées et dans les restaurants qui prônent la fraîcheur. Le plus recherché d'entre eux est le loup (le bar de la côte atlantique). Surnommé « poisson roi », il est apprécié pour la qualité de sa chair, ferme et au goût très fin. Parmi les prises non négligeables, il y a le muge (ou mulet), un poisson qui vit dans les étangs et les canaux, la daurade, qui séjourne une partie de l'année dans les étangs et effectue sa migration vers le large à la fin de l'été, l'anchois, qui a valu sa célébrité à la petite ville de Collioure, ainsi que le maquereau et la sardine, deux poissons qui sont très appréciés en grillades. La présence de nombreux étangs en Languedoc a encouragé le développement de la conchyliculture, soit l'élevage de coquillage (huîtres, moules). Les deux centres de production sont l'étang de Thau et celui de Leucate. Ce milieu riche est très favorable à cet élevage, d'autant plus que l'absence de marée permet aux coquillages de se nourrir en permanence et d'avoir ainsi une croissance rapide. Enfin, le sel ne doit pas être oublié dans cet inventaire marin. La région en produit environ 1 million de tonnes par an depuis ses quatre sites : Aigues-Mortes, Gruissan, Sainte-Lucie et Lapalme. A lui seul le salin d'Aigues-Mortes fournit la moitié du volume.

Les produits issus de l'élevage

Le territoire abrite de nombreux élevages qui participent à la richesse gastronomique du Languedoc. Du côté des viandes, on trouve par exemple la race d'Aubrac, dans le Massif central. Cette viande de bœuf, fondante et appréciée pour la finesse de son grain, est généralement vendue sous la marque collective « Fleur d'Aubrac ». Toujours en Lozère, la production bovine peut bénéficier de l'AOC « Fin Gras du Mézenc ». Mais parler de viande bovine ne peut se concevoir sans citer la production française la plus originale : celle de viande de taureau. D'un rouge intense, plus foncée que celle du bœuf, avec un goût plus prononcé, elle se consomme grillée ou en gardiane. Consécration suprême pour les éleveurs, ils ont obtenu en 1996 une AOC « Taureau de Camargue » pour une zone comprenant une centaine de communes des Bouches-du-Rhône, du Gard et de l'Hérault. Les éleveurs du Languedoc proposent aussi un produit haut de gamme : l'agneau sous la mère. Vous le trouverez en vente sous différentes marques collectives : « agneau du Pays d'Oc » (Label Rouge) et aussi suivant la zone de production « agneau catalan », « agneau du Pays cathare », « agneau du Gévaudan », « agneau de Lozère (IGP) »... Le porc n'est pas en reste puisqu'il est présent partout dans la région. Ces viandes peuvent être vendues en l'état ou transformées en charcuterie. Dans la région, elle prend généralement une forme classique dominée par les jambons secs, saucisses, saucissons, terrines et autres pâtés. Seule la charcuterie catalane, caractérisée par la grande variété de ses « embotits », terme qui désigne le fait de mettre dans des boyaux des produits variés (chair, gras, abats), se détache du reste. Ils possèdent des formes variées : saucisse fraîche, longanisse, botifarres ou boudins, botifarreta, bisbe…

On ne peut pas quitter le Languedoc sans parler de la situation fromagère. Elle se différencie suivant les deux massifs. Dans les Pyrénées, la production se concentre sur la production de tomme, qu'elle soit de brebis, de chèvre et, en moindre mesure de vache. Mais le vrai pays du fromage, c'est le département de la Lozère avec cinq fromages en AOC : le bleu des Causses, le bleu d'Auvergne et le laguiole en lait de vache, le roquefort en lait de brebis et le pélardon au lait de chèvre.

Une cuisine de terroir

Qui dit pays d'eau, de mer, de terre et de terroir reflète inéluctablement des savoureux mélanges d'ingrédients, façonnés au fil du temps par le savoir-faire des pêcheurs, des restaurateurs et des locaux. Sauf qu'en Languedoc-Roussillon, la gastronomie est celle du peuple, la fine bouche raffinée qui a su agrémenter ses richesses naturelles du sol, de la terre et de la mer, fomentant une cuisine populaire tout en étant accessible à un large public. L'on y savoure aujourd'hui la célèbre bourride, mais aussi les tielles de Sète. Sans oublier l'aïoli de morue, ou la brandade de morue à la nîmoise ! Côté Roussillon, la bouillinade est une sorte de bouillabaisse... Le sud-ouest de la région marque sa tradition culinaire par ses succulents cassoulets de Castelnaudary, d'où l'on peut aller visiter la ville rose de Claude Nougaro, non loin, Toulouse et sa douceur de vivre, la Montagne noire et ses châteaux cathares, les Pyrénées et le canal du Midi. De la peyroulade de Lozère à la gardiane camarguaise, de la cargolade catalane à la traditionnelle fougasse d'Aigues-Mortes, le Languedoc-Roussillon met les petits plats dans les grands. Sillonnant les routes de l'Hérault sous la poésie de Georges Brassens, l'on découvre les grisettes de Montpellier dont l'illustre auteur en fit l'honneur en chanson, les joutes sétoises, les pélardons de Lozère qui s'agrémentent avec la large gamme des vins d'AOC (Minervois, Banyuls, Corbières et Costières) pour des repas en harmonie avec la nature qui donnent le la du gourmet, et mettent les papilles au diapason du terroir.

Les vins du Languedoc

Le Languedoc-Roussillon est la première région viticole de France, mais aussi d'Europe et du monde. Vieux de plus de 2 000 ans, son vignoble réunit des aspects variés en raison de la diversité de ses sols (schistes, grès, plateaux calcaires, terrasses alluviales, sols sur éboulis...). L'appellation « Languedoc » est née en 2007, avant cela l'appellation régionale n'existait pas, à l'instar des autres grandes régions productrices comme Bordeaux ou Bourgogne. L'appellation couvre une zone s'étendant depuis l'ouest de Nîmes jusqu'à la frontière espagnole en s'étirant vers le Limouxin et le seuil de Naurouze. La hiérarchisation des vins AOC du Languedoc-Roussillon est effective. Au-dessus de cette grande appellation se situent les appellations sous-régionales comme côtes-du-roussillon, costières-de-nîmes, corbières, minervois, fitou, cabardès, malepère, limoux, saint-chinian, faugères, coteaux-du–languedoc, grès-de-montpellier, terrasses-du-larzac. Enfin, le niveau supérieur est désormais constitué des appellations communales comme minervois-la-livinière, corbières-boutenac, pic-saint-loup ou picpoul-de-pinet. Là encore règne une intense variété d'appellations et de vins.

Les eaux et alcools

Dans un pays de vin, les eaux minérales auraient tendance à se faire discrètes. Cependant certaines ont acquis, grâce à leurs qualités et par l'intermédiaire d'intenses campagnes de communication, une notoriété nationale, voire internationale. Perrier est bien sûr la plus connue (Groupe Nestlé Waters France), avec ses 50 millions de bulles par litre. Une saga qui a débuté en 1891 avec la découverte de la source des « bouillens » près de Vergèze dans le Gard. Autre source travaillée par la filière Nestlé : Quézac en Lozère. Cette production a démarré en 1995 avec la renaissance d'une source pétillante, déjà exploitée au XIXe siècle. Parmi les productions les plus confidentielles, on peut mentionner la source du Rieumajou à la Salvetat-sur-Agout (possibilité de visites), la source Vernière à Lamalou-les-Bains et la Sémillante à Toulouges. Le Languedoc est aussi une terre de liqueur. On citera notamment le Byrrh (Roussillon), un apéritif à base de vin aromatisé avec des écorces de quinquina, d'oranges et des herbes à tisane, le Noilly-Prat (Hérault), un vermouth sec élaboré à partir de vins blancs légers et fruités dans lesquels est infusé un mélange de 19 plantes aromatiques (muscade, sureau, origan, mélisse, coriandre, iris...), ainsi que le Cartagène (Languedoc-Roussillon), un vin de liqueur doux fabriqué à partir de moût de raisin muté avec de l'alcool. A noter du côté de Béziers l'existence d'une variante appelée « cataroise », basée sur le même principe de mutage. Le Languedoc ne pouvait pas ne pas avoir son eau-de-vie, sa « fine ». Certains auteurs n'ont pas hésité à écrire que tous les marcs produits dans les régions françaises descendraient de celui produit au Moyen Age par les moines de Faugères. C'est un liquide de couleur ambrée, titrant 40° d'alcool au minimum, issu de vins régionaux, avec des arômes divers qui rappellent le miel, le foin ou le coing.

TOP 10

GASTRONOMIE LOCALE

Grâce à son terroir et le savoir-faire de ses producteurs, l'ex-région peut se vanter d'être une terre à gourmands depuis plusieurs siècles. Ses cuisiniers montrent leur nature généreuse dans des plats à base de produits de la mer et de la terre, des délices qui ont parfois un parfum d'ailleurs.

LA CARGOLADE

Cette préparation catalane est tout simplement la façon la plus simple de manger les petits gris.

© SHUTTERSTOCK.COM - NITO

LE CASSOULET

Très populaire, le cassoulet est né à Castelnaudary, dans l'Aude. Aujourd'hui, on en trouve partout !

© SHUTTERSTOCK.COM - JEROME.ROMME

LA GARDIANE

Emblématique de la Camargue, ce plat est composé de daube de taureau, ou de bœuf, au vin rouge.

© SHUTTERSTOCK.COM - TRAVELLIGHT

LES PETITS PÂTÉS

Cette spécialité culinaire de Pézenas est composée d'une préparation sucrée-salée en forme de bobine.

© EVA52 - STOCK.ADOBE.COM

L'ALIGOT

Créé par les moines au Moyen Age, il s'agit d'une purée de pommes de terre à la tomme et à l'ail.

© SHUTTERSTOCK.COM - MARGOUILLAT PHOTO

BOLES DE PICOLAT

Ce plat est constitué de boulettes de viandes hachées en sauce (*picolat* signifie hachis en catalan).

© SHUTTERSTOCK.COM - MALOMALOT

LA ROUSQUILLE

Symbole de la Catalogne Nord, ce petit gâteau rond et dodu est aromatisé à l'anis et au citron.

© SHUTTERSTOCK.COM - PICTUREPIXX

LA BRANDADE

Typique du Gard, elle est composée d'une crème de morue séchée montée à l'huile d'olive et au lait.

© SHUTTERSTOCK.COM - ANGELIKA SORKINA

LA TIELLE

Spécialité sétoise, cette tourte à la pâte rougeâtre renferme un mélange de tomate et de poulpe.

© ISTOCKPHOTO.COM - NOBTIS

LES ANCHOIS

Grâce à eux, la ville de Collioure a intégré le club très fermé des « sites remarquables du goût ».

© SHUTTERSTOCK.COM - HLPHOTO

AUDE

S'immerger dans le département de l'Aude, c'est entrer en contact avec la Médiévalité, c'est s'imprégner d'histoire(s) et de réalités. La Cité de Carcassonne, les châteaux Cathares, les Abbayes sont les témoignages d'une grande période millénaire. Le temps caresse le présent, et la mer Latine vient lécher, dans sa danse perpétuelle sur ses plages de sable fin, ces images immortelles de l'été. En randonnée, ou alangui sous son parasol, le visiteur recevra toujours chaleur et courtoisie. Le savoir-vivre se retrouve aussi dans une gastronomie ancestrale, aux ingrédients surprenants et spécifiquement locaux, tant sur le littoral qu'en arrière-pays. En longeant le Canal du Midi, les vignobles vous interpelleront, goûtez aux nectars produits par ses vignerons amoureux de leur terroir. Ils font eux aussi partie d'un patrimoine riche de sa diversité, jalousement préservé pour assurer sa pérennité. La Culture ici se conjugue au pluriel !

Sémalens
Lagarrigue
Valdurenque
Cuq-Toulza
Labruguière
Caraman
Payrin
Auriac-sur-Vendinelle
Aussillon
Mazamet
Revel
MAS-CABARDÈS
Avignonet-Lauragais
SAISSAC
CABRESPINE
LASTOURS
CASTELNAUDARY
MONTOLIEU
ARAGON
Moussoulens
Pexiora
Villegailhenc
Pezens
BRAM
Villesèquelande
MONTRÉAL
CARCASSONNE
Arzens
Belpech
FANJEAUX
Lavalette
Cazilhac
Belvèze
Les Pujols
Mirepoix
LIMOUX
ALET-LES-BAINS
CHALABRE
Laroque-d'Olmes
COUIZA
Lavelanet
RENNES-LE-CHÂTEAU
RENNES-LES-BAINS
Montferrier
NÉBIAS
QUILLAN
BUGARACH
AXAT
Camurac
Luzenac
Savignac-les-Ormeaux
Orlu
Quérigut
Mérens-les-Vals
P.N.R. des
Pyrénées
20 KM

P.N.R. du Haut-Languedoc
Anglès
FAUGÈRES
Laurens
Autignac
Puissalicon
Puimisson
Cébazan
Cazouls-lès-Béziers
Creissan
Cruzy
Quarante
Maureilhan
BÉZIERS
CAUNES-MINERVOIS
Peyriac-Minervois
Siran
BIZE-MINERVOIS
MIREPEISSET
Colombiers
Sauvian
Azille
Pépieux
Ouveillan
HOMPS
LE SOMAIL
Vendres
SALLÈLES-D'AUDE
La Redorte
Moussan
Coursan
FLEURY
Puichéric
Vinassan
Marseillette
LÉZIGNAN-CORBIÈRES
NARBONNE
SAINT-PIERRE-LA-MER
Ornaisons
Armissan
Douzens
Luc-sur-Orbieu
Bizanet
Narbonne-Plage
Fabrezan
Ferrals-les-Corbières
BAGES
GRUISSAN
Gruissan Plage
LAGRASSE
TOURNISSAN
PEYRIAC-DE-MER
Saint-Laurent-de-la-Cabrerisse
Portel-des-Corbières
SIGEAN
PORT-LA-NOUVELLE
Durban-Corbières
La Palme
LA FRANQUI
LEUCATE
LEUCATE PLAGE
FITOU
Mer Méditerranée
ILHAC-SOUS-YREPERTUSE
Tuchan
OPOUL-PÉRILLOS
PORT LEUCATE
Paziols
SALSES-LE-CHÂTEAU
TAUTAVEL
Port-Barcarès
RIVESALTES
TOUR-DE-FRANCE
Estagel
Claira
BAIXAS
Sainte-Marie-Plage
PERPIGNAN
Canet-Plage
ILLE-SUR-TÊT
Toulouges
CABESTANY
Aude
THUIR
TROUILLAS
SAINT-CYPRIEN

PAGES

CARCASSONNE ★★★★

Située sur la rive est du fleuve Aude, la cité de Carcassonne est avant tout connue comme une ville médiévale fortifiée. Cet éperon rocheux est occupé depuis le VIe siècle av. J.-C., d'abord par les Gaulois, puis par les Romains qui dotent la ville de remparts aux IIIe et IVe siècles. Sur la face ouest de cette fortification prend appui le château construit au XIIe siècle par les illustres vicomtes Trencavel, appelé château Comtal. Au début du XIIIe siècle, Carcassonne est prise par Simon de Montfort, lors de la croisade des Albigeois, soupçonnée de complicité avec l'hérésie cathare elle est annexée au domaine royal et est alors, sous la gouvernance d'un sénéchal. Les travaux de fortification se poursuivent tout au long du XIIIe siècle, avec la construction de l'enceinte extérieure et la modernisation du rempart intérieur. Carcassonne perd de son importance après la signature du traité des Pyrénées, en 1659, jusqu'alors elle était le garant de la frontière entre la France et l'Aragon. Dans la seconde moitié du XIXe siècle, elle fait l'objet d'un immense chantier de restauration sous la conduite d'Eugène Viollet-le-Duc, qui lui redonne ses attributs médiévaux, il réhabilite les deux enceintes, rénove les toitures des tours, et les décors. La Cité de Carcassonne est aujourd'hui inscrite sur la liste du patrimoine de l'humanité de l'Unesco. A voir en priorité : le château comtal (cité médiévale) et la basilique Saint-Nazaire (Bastide Saint-Louis). Plus étonnant, découvrez les histoires et anecdotes de l'occupation de la cité, durant la Seconde Guerre mondiale...

CITÉ DE CARCASSONNE DE PIERRE ET DE RÊVES

Place Auguste-Pierre-Pont
✆ 06 33 40 58 86
www.citedecarcassonne.org
Animations. Expositions, médiations culturelles...

Ce fonds de préservation et de valorisation de la Cité vous propose de découvrir toute la culture Occitane, non pas au travers de la richesse de son passé, mais bel et bien en se tournant vers l'avenir. La Cité de Carcassonne de pierre et de rêves développe des projets populaires comme la création d'un nouveau musée, mais aussi artistiques. Cette initiative qui conjugue patrimoine, architecture, art et histoire a séduit un large public. N'hésitez pas à devenir mécène ou faire un don.

MUSÉE DES BEAUX-ARTS ★★

15, boulevard Camille-Pelletan ✆ 04 68 77 73 70
www.carcassonne.org/article-page/le-musee-des-beaux-arts-de-carcassonne
Ouvert de mi juin à fin septembre, tous les jours 10h - 18h, Hors cette période, mardi à samedi 10h - 12h / 14h - 18h.

Ce musée prend place dans l'ancien Présidial de Carcassonne. A l'origine, c'est la Société des Arts et Sciences qui offrant à la ville plus d'une centaine de tableaux en fit le musée des Beaux-Arts. Les dons et legs sont venus abonder le fonds d'œuvres d'art. La collection actuelle est donc très éclectique et présente des œuvres du XVIIe au XXe siècle. La collection de peintures occidentales est enrichie de faïences, tapisseries et autres objets d'art dont des vestiges archéologiques. Découvrez les 3 expositions annuelles, les conférences et ateliers pédagogiques.

AUDE

© PAT ON STOCK - FOTOLIA

La cité de Carcassonne et son vignoble.

CATHÉDRALE SAINT-MICHEL ★★

52, rue Voltaire ✆ 04 68 25 14 48

Offices du lundi au vendredi à 18h15, le dimanche à 11h. Ouvert du lundi au vendredi 9h-12h / 15h-19h ; dimanche matin.

C'est une bulle du Pape Pie VII, datée de septembre 1801, qui transfère le siège épiscopal de Carcassonne, de la cité médiévale à la ville basse, faisant de Saint-Michel la nouvelle cathédrale de la ville. Le premier évêque de Saint-Michel, Monseigneur Arnaud-Ferdinand de Laporte, constitua son chapitre en mai 1803. Jusqu'à cette date, Saint-Michel était une église paroissiale dont la construction remonte à la fondation du Bourg Neuf (actuelle ville basse) au XIIIe siècle. Après la destruction du Bourg par le Prince Noir en 1355, les limites de la ville sont modifiées et une enceinte en pierre est construite autour de l'agglomération. L'église Saint-Michel fut intégrée au rempart dont on voit encore aujourd'hui les vestiges d'une tour circulaire située côté boulevard Barbès. Impressionnante par ses proportions massives et la rigueur de ses lignes, la cathédrale Saint-Michel représente à merveille le style gothique languedocien, bien que grandement remaniée par l'architecte Eugène Viollet-Le-Duc au XIXe siècle. Prenez donc l'entrée en passant par la rue Voltaire ou par le boulevard Barbès. Construite autour d'une nef unique, le chevet se compose d'une abside à sept pans et de deux absidioles. Entrez et laissez-vous charmer par la lumière des vitraux qui éclairent les fresques du XIXe aux motifs géométriques et anachroniques de la nef (travaux exécutés sur ordre de Viollet-le-Duc), ainsi que ses chefs-d'œuvre du XIVe. L'édifice abrite également plusieurs œuvres du peintre carcassonnais Jacques Gamelin (1738-1803).

© FRÉDÉRIC PROCHASSON - FOTOLIA

LE JARDIN DU CALVAIRE ★

103, rue Voltaire

✆ 04 68 10 24 30

Ouvert tous les jours et jours fériés. Du printemps à l'automne : 9h à 12h et 14h à 19h. Gratuit. Pentes de 10 à 20%.

Entièrement restauré en 2011, ce jardin, date du début du XIXe siècle, il a été érigé après la Révolution, il est l'œuvre du chanoine Jean Cazaintre, dont la tombe y réside. Il désirait raviver la foi de ses fidèles, par cette construction, qui pouvaient suivre les dernières heures du Christ sans aller en Terre Sainte. Il présente un intérêt botanique, pour les essences que l'on y trouve, un intérêt historique également, car il est aménagé dans le Bastion de la Tour Grosse, construit au XVIe siècle. Pour finir, il est à noter l'intérêt premier qui est religieux, car il abrite un chemin de croix montant vers un calvaire de grande taille avec un Christ entouré de deux larrons et de saintes femmes, ainsi qu'une chapelle du Saint-Sépulcre dont les murs sont peints « à la fresque ». Le visiteur qui pénètre dans ce jardin ombragé, aux allées sinueuses dessinées de galets, est saisi par le charme et par le calme des lieux, propice à la méditation et à la réflexion, alors qu'il se trouve en centre ville, au bastion sud ouest de la Bastide. Lauriers, cyprès, buis, arbres de Judée et cèdres, y côtoient l'olivier, le romain ou le fragon, tous de bonne hauteur, qui sont un rappel des essences présentes dans la bible. On y croise des statues d'inspiration antique aux poses alanguies, qui accompagnent nos pas jusqu'au point le plus haut du jardin, avec vue sur l'un des anciens fossés de la Ville Basse. La visite du Jardin du Calvaire peut être complétée par celle de la cathédrale Saint-Michel, située un peu plus bas, dans la même rue.

OFFICE DU TOURISME GRAND CARCASSONNE

2, square Gambetta ✆ 04 68 78 58 90

www.grand-carcassonne-tourisme.fr

De juin à septembre : 9h30 - 13h & 14h - 18h30 tous les jours. Bornes interactive, Espace enfants. Visites guidées.

L'office de tourisme Grand Carcassonne vous accueille aux portes de la Bastide, en bordure du square Gambetta. Regroupant Carcassonne et 82 communes de son agglomération, il vous renseigne sur une large palette d'activités et de manifestations culturelles organisées, qui permettent au visiteur de découvrir la diversité et la richesse du patrimoine environnant. Vous trouverez ici de nombreuses idées pour vos vacances dans l'Aude, des visites guidées, des bornes interactives...

LA CITÉ MÉDIÉVALE DE CARCASSONNE ★★★★

Cité de Carcassonne ✆ 04 68 11 75 87
www.remparts-carcassonne.fr/
Visite libre de la Cité et ancienne cathédrale. Château comtal 1/04 - 30/09 tous les jours 10.00 - 18.30. Adulte 9,50 €.

La cité apparaît au détour du paysage languedocien comme irréelle, tellement imposante et superbe, avec ses 52 tours et ses 3 km de remparts. Une image sortie tout droit d'un livre d'histoire ! Le *Petit Futé* ne peut que vous inciter à faire une halte dans ce haut lieu historique, car ce que vous voyez de loin n'est rien comparé à ce que vous découvrirez en son sein... Une visite qui vous ouvrira les portes du temps moyenâgeux, avec tous ses mystères et sa grande splendeur !

LAC DE LA CAVAYÈRE - COMPLEXE RAYMOND CHESA ★★★★

Hameau de Montlegun ✆ 07 81 91 49 12 -
De Carcassonne : RN 113 direction Narbonne – prendre sur la droite direction lac de la Cavayère, Montlegun. Bus ligne 1. -
www.carcassonne-tourisme.com

Ouvert toute l'année. Été : tous les jours 11h - 19h. Parkings ; sentiers balisés ; aires multi sports & pique-nique.

Un vaste plan d'eau artificiel de 18 ha au milieu de 40 ha d'essences méditerranéennes qui, au fil des années, est devenu non seulement la « plage de Carcassonne » mais également un lieu de promenade et de loisirs. Aux portes de la Cité, il offre tous les plaisirs d'un espace aquatique – 3 plages surveillées – et bien plus : le Parc Aquaviva et ses structures gonflables, un téléski nautique pour pratiquer le wakeboard, le kneeboard, le wakeskate ou le ski nautique (un gilet de sauvetage est prévu pour chacun). Pour les amateurs de sensations fortes, deux pistes-toboggans de 20 m de long vous réservent de belles surprises... Les pourtours du lac ont été pensés et aménagés pour satisfaire toutes vos envies de loisirs « nature » et de farniente. Hormis ces nombreux attraits nautiques – tous sauf les activités motorisées –, le cadre dans lequel il se situe est propice à la pratique de multiples activités sportives adaptées à tous les âges comme le mini-golf ou le beach-volley. Pour ceux qui souhaitent se relaxer, des transats et des hamacs permettent des instants de décontraction au bord du lac. Alors, à pied, à vélo, ou à cheval, le lac de la Cavayère est l'endroit idéal, en toute saison, pour s'oxygéner, bouger, se lancer à l'assaut du parcours d'accrobranches (O² Aventures), faire trempette ou encore observer la vie de « L'Ile aux oiseaux » qui se trouve, au centre du lac. Alors, selon vos désirs du moment, à l'ombre ou au soleil, en été ou en hiver... c'est vous qui voyez !

LE PARC AUSTRALIEN ★

Chemin des Bartavelles ✆ 04 68 25 86 83
Suivre la direction du lac de la Cavayère jusqu'à la sortie du hameau de Montlegun.
www.leparcaustralien.fr

Ouvert d'avril à novembre. De 9h30 à 19h. Basse saison : de 14h à 18h. Entrée : 10,90€/adulte, 7,90€/enfant.

Aux portes de Carcassonne venez découvrir les mille facettes de l'Australie, de façon ludique et interactive. Les ambassadeurs de cette contrée lointaine vous attendent : des kangourous bien sûr, mais aussi des autruches, des dromadaires et divers animaux de la faune sauvage. Pour une totale immersion, nous vous conseillons la visite guidée (gratuite) qui est des plus instructives ; grâce à celle-ci vous pourrez entrer dans les enclos et même dans une grande volière et nourrir les perruches ondulées qui en sont les locataires. Si votre enfant ou ado souhaite pousser l'expérience plus loin, certaines journées sont consacrées à la découverte du métier de soigneur, pour appréhender tous les pensionnaires, les nourrir, les panser, les protéger...Déjà un peu Australien dans l'âme ? Qu'à cela ne tienne, dans un village aborigène reconstitué, petits et grands découvriront leur mode de vie ancestral et s'exerceront au lancer de boomerang ou à la pratique du didgeridoo. Dans le village des pionniers, vous plongerez dans l'histoire des premiers colons, les enfants marcheront dans les pas des chercheurs d'or. Le parc, qui s'étend sur 5 hectares, abrite des aires de pique-nique, un snack et une buvette. En bref, une super journée récréative et instructive pour tous, sans voir le temps passer !

▶ **A noter** : l'Australian escape game, un jeu de stratégie grandeur nature accessible aux familles ainsi qu'aux adultes solo (Le niveau de difficulté est différent si présence ou non d'enfants). Durée : 1h30 sur réservation (min 2 pers).

© YAN EVEN

Lac de la Cavayère.

AUDE

AGENCE DE DÉVELOPPEMENT DU TOURISME DE L'AUDE

Allée Raymond-Courrière
✆ 04 68 11 66 00
www.audetourisme.com

Ouvert du lundi au jeudi de 8h à 12h30 et de 13h30 à 17h, le vendredi jusqu'à 16h.

Leur site web est une vraie mine d'informations, vous y trouverez dès la 1ère page, tout ce dont vous avez besoin pour découvrir l'Aude et son histoire en tant que Pays Cathare mais pas que. Par ailleurs, grâce à une carte interactive qui permet de se positionner n'importe où dans le département, vous pourrez accéder à une visite virtuelle des lieux que vous souhaitez découvrir. Plusieurs brochures sont également à votre disposition, proposées en téléchargement ou sur simple demande.

CHÂTEAU AUZIAS - CAVEAU

Chemin de Paretlongue
✆ 04 68 47 28 28
www.auzias.fr

Groupes, sur rdv lundi à samedi 9h / 17h30 : visite & dégustation. Particuliers, lundi à vendredi 9h / 17h.

Le Château Auzias, existe depuis la conquête romaine, il est devenu célèbre au XIIe siècle avec la fondation de l'Abbaye de Pareti-Loungi. Le Wine Tour est une visite complète qui comprend l'historique du château, un parcours au sein du vignoble, une visite de la cave avec les différentes étapes d'élaboration des vins jusqu'à la mise en bouteilles. Après la visite, une initiation à la dégustation des cuvées, et la création de votre propre vin, vous sont proposées. Vous pourrez ainsi repartir avec votre réalisation, un beau souvenir de votre passage au château.

CROISIÈRES BÂTEAUX LOU GABARET & HÉLIOS ★★

Promenade du Canal ✆ 04 68 71 61 26
www.carcassonne-navigationcroisiere.com

Ouvert du 1 avril au 31 octobre. Enfant de 6,50 à 24 € pour le déjeuner-croisière, Adultes de 8,50 € à 37,50 €.

Envie de découvertes au fil de l'eau ? Carcassonne Croisières vous propose différentes formules sur ses 2 bateaux panoramiques : Lou Gabaret et l'Hélios. Au travers de 6 itinéraires différents vivez l'expérience unique du franchissement d'écluses sur le canal du Midi (durée de 1h30 à 2h45 selon l'itinéraire choisi). Les visites commentées sont en français, anglais et espagnol. Suivant la saison, on compte de deux à huit départs par jour, l'embarquement se fait à côté de la gare SNCF.

PETIT TRAIN TOURISTIQUE

Circuit touristique ✆ 06 08 43 88 06 - www.petit-train-cite-carcassonne.com

Fermé du 1er octobre au 30 avril. Fermé le 14 juillet et 1er dimanche de septembre. Juillet & Août : 10h à 19h non stop.

Cette visite complémentaire de tout ce que l'on trouve *intra muros*, emprunte des chemins qui lui sont réservés. Au travers des quartiers de la Barbacane et de la Trivalle, de l'ancien faubourg St-Vincent de la cité, aux ruelles et façades d'époque, on découvre l'édifice sous un nouveau jour, sous son aspect le plus guerrier. Avec comme points forts de la balade, le tour complet de la cité, l'impressionnante descente de la côte pavée de la Porte d'Aude, et le front ouest d'où est tiré le feu d'artifice.

À noter : les audioguides disposent d'écouteurs hygiéniques.

LES CABANES DANS LES BOIS €€

Domaine de Fourtou - **VILLALIER** ✆ 09 70 75 99 00
www.lescabanesdanslesbois.fr

Ouvert toute l'année. Cabanes de 2 à 7 personnes de 97 € à 277 €. Petit déjeuner : 11 €. Dîner panier : à partir de 20 €

Dans un vaste domaine préservé, vous attendent de superbes cabanes en bois, lovées au cœur de la forêt. Très confortables, spacieuses et meublées avec goût, dotées de belles terrasses, elles vous raviront. De nombreuses prestations vous attendent telles que les paniers-repas, les activités « nature », la grande piscine chauffée... Nul doute que cet hôtel le plus nature de la région, à seulement 10 min de la cité médiévale de Carcassonne, vous fera vivre une expérience inoubliable !

CARCASSONNE TOWNHOUSE €€

4, rue Bellevue ✆ 06 88 48 59 39
www.carcassonnetownhouse.com

Ouvert toute l'année. 5 chambres (dont 2 suites). Chambre double 79 €. Petit déjeuner inclus. Adult only. Wifi gratuit.

Amateurs de belles maisons où le charme de l'ancien a été préservé sans oublier le confort moderne, vous êtes à la bonne adresse. Rachael et Mark ont réalisé un travail remarquable sur cette bâtisse de 1850, on aime le charme qui se dégage du lieu, la déco étudiée qui donne une atmosphère « so british ». Les salles de bains ont été entièrement restaurées avec de grandes douches à l'italienne. Vous apprécierez le petit déjeuner maison copieux et la vue incroyable sur la cité médiévale de certaines chambres. « The place to be » pour découvrir Carcassonne.

LE CLOS DE LA BASTIDE €€

100, Rue Jules Sauzède
✆ 06 78 69 41 55

2 gites neufs indépendants 4 pers et 6 pers. Wifi gratuit. Salon de jardin, lave-vaisselle. Tv satellite. Cour privée.

Deux gîtes, nouvellement créés, vous accueillent en plein cœur de la bastide carcassonnaise. Lieu idéal pour résider afin de vous aventurer dans la ville basse, en ayant tout à proximité. Ainsi, vous pourrez profiter d'un confort maximal et de la quiétude de ces deux logements indépendants, grâce à la cour privative et à l'équipement optimal présent sur place. Vous serez instantanément séduit par l'atmosphère cocooning qui se dégage dès la porte franchie, propice au repos après les activités et visites touristiques du jour. Une véritable adresse coup de cœur !

HÔTEL DU PONT VIEUX €€

32, rue Trivalle
✆ 04 68 25 24 99
www.hotelpontvieux.com

Ouvert toute l'année. Chambre double à partir de 69 €. Petit-déjeuner buffet : 11€. Garage : 10€. Wifi. Boutique.

Jean-Michel et Catherine vous accueillent dans l'agréable quartier médiéval de la Trivalle, entre l'Aude et la Cité. L'établissement de caractère jouit d'une situation exceptionnelle, à des prix futés. Cet hôtel 3 étoiles, totalement rénové, propose des chambres «privilège» avec vue sur un joli jardin ou sur la Cité, les chambres standard donnent sur la pittoresque rue Trivalle. Le petit-déjeuner est copieux, composé de produits locaux et de pâtisseries maison. Profitez de la terrasse de l'hôtel avec sa vue panoramique sur les remparts pour vous ressourcer.

LE COUVENT €€

31, rue du 4 septembre
✆ 06 49 76 66 65

Réservation par téléphone pour le restaurant. Chambre double 90 € ; dortoir 30 €. Petit déjeuner inclus. bar. Animations

C'est l'histoire d'une success story annoncée, celle de Maxime Camus et Jérémy Marti, qui ont fait le pari fou, de sauver une superbe bâtisse en centre ville, et de la transformer en une auberge de jeunesse nouveau concept. Pari gagné, avec 72 lits sur 3 niveaux, un bar tapas ouvert à tous en rez-de-chaussée, concept festif, véritable lieu de vie articulé autour d'un patio central. Ce n'est pas juste une auberge de jeunesse traditionnelle, mais un lieu extrêmement contemporain, tant dans sa décoration que dans son fonctionnement, qui a plus d'une corde à son arc !

LE PRIEURÉ SAINT-LOUIS €€

2, rue des Ecoles
FLOURE
✆ 06 73 88 08 21

De mars à octobre. 5 chambres de 2 à 4 personnes de 95 € à 170 €. PDJ inclus. Piscine chauffée. Parking. Restauration.

Situé à 10 km de Carcassonne le Prieuré Saint-Louis a de quoi séduire : une imposante bâtisse en pierre superbement restaurée, une belle piscine et une terrasse couverte pour y prendre votre petit déjeuner, votre repas ou pour une partie de babyfoot endiablée, le tout face au clocher de l'église. Mais on apprécie par dessus tout l'accueil de Claire et Frédéric qui feront tout pour que votre séjour dans une des superbes chambres à la déco «bohème chic» soit inoubliable. Mention spéciale pour le petit déjeuner et les délicieuses préparations de Claire.

HOTEL ASTORIA €€

18, rue tourtel
✆ 04 68 25 31 38
www.astoriacarcassonne.com

Ouvert toute l'année. De 7h30 à 20h. 19 chambres dont 3 familiales. Chambre double de 45 € à 82 €.

Ce petit hôtel proche de la gare, à deux pas du canal du Midi, est idéal pour découvrir Carcassonne. Les chambres rénovées à la décoration chaleureuse redonnent un charme certain au lieu. Cet hôtel familial, calme et sans cesse amélioré par Sylvia et Ludovic, offre 19 chambres toutes différentes, équipées d'une literie récente et d'une couette, pour un maxi confort. Il est à noter que l'hôtel est spécialiste de l'accueil cyclotouriste et est l'un des rares à bénéficier d'un garage et d'un parking fermés. Il propose aussi trois chambres familiales pour 4 personnes.

CITE HOTELS - LE DONJON €€€

2, rue du Comte-Roger ✆ 04 68 11 23 00 - www.hotel-donjon.fr

Hôtel 4 étoiles composé de trois différentes maisons réparties dans la Cité Médiévale. Parking privé payant. Restaurant.

Situé en plein cœur de la cité, cet hôtel de grand standing est constitué de trois maisons. La maison du Donjon est le bâtiment principal, ses chambres jouissent toutes d'une belle vue, que ce soit sur les tours crénelées de la Cité, sur la basilique St-Nazaire, ou sur un patio. En face, la maison du comte Roger abrite cinq chambres au décor romantique. Enfin, la maison des Remparts se trouve à une centaine de mètres (escalier classé du XIIIe siècle). Pour le plaisir des papilles, la Brasserie du Donjon vous attend sous sa grande verrière ou sa belle glycine !

AUDE

HÔTEL DE LA CITÉ €€€

Place Auguste-Pierre-Pont
✆ 04 68 71 98 71
www.hoteldelacite.com
Au coeur de la cité, ouvert tous les jours 24h/24. 59 chambres prix suivant saison. Piscine extérieure chauffée. Parc.

Construit au début du XXe siècle sur le site de l'ancien palais épiscopal, au cœur de la cité, ce palace dresse fièrement ses murs en pierres apparentes, ses boiseries et ses vitraux. Ici tout n'est que volupté, les chambres luxueuses et raffinées, sont très spacieuses. A noter les trois suites Villa, dans un bâtiment indépendant, idéales pour les familles et groupes. Profitez du parc à la vue imprenable et sa piscine chauffée. Le restaurant étoilé de l'hôtel, La Barbacane, met en exergue la cuisine de Jérôme Ryon par des associations de saveurs inédites.

HÔTEL DU CHÂTEAU €€€

2, rue Camille-Saint-Saëns ✆ 04 68 11 38 38
www.hotelduchateau.net
Ouvert toute l'année. 16 chambres (5 classiques, 4 supérieures, 4 deluxe et 3 suites). Piscine extérieure chauffée. Spa.

Choisir l'Hôtel du Château, c'est satisfaire ses envies de confort, de luxe et de sérénité. Les chambres contemporaines ont été pensées pour combler tous vos désirs, pourvues des derniers équipements high-tech, insonorisées et climatisées, elles offrent au choix une vue imprenable sur la Cité, ou sur le jardin. Les équipements et les services proposés contribuent à l'excellence de cet hôtel, un spa (sur RDV), un hammam, un bassin de nage à contre-courant avec bain bouillonnant intégré vous attendent. L'hôtel dispose également d'une piscine extérieure chauffée.

HOTEL DU ROI & SPA BY SOWELL €€€

2, rue des Calquières ✆ 04 30 34 01 47
www.soleilvacances.com/hotel/doubletree-by-hilton-carcassonne
Ouvert toute l'année. Chambre double de 220 € à 1250 € vue sur la cité médiévale, spa, hammam, sauna, piscine intérieure

A la recherche d'un bel hébergement avec vue panoramique sur la Cité médiévale ? L'hôtel du roi digne représentant de la marque Hilton, séduit avec son univers du luxe, du design, du prestige, est idéalement situé en bord du fleuve, proche du centre-ville et de la Cité. Les chambres à la décoration contemporaine, sont spacieuses et ultra équipées. Ce 5 étoiles, vous propose un large panel de « petits plus » : échiquier géant dans le jardin, couloir de nage, hammam, spa, room service...

LES TROIS COURONNES €€€

2, rue des 3-Couronnes ✆ 04 68 25 36 10
www.hotel-destroiscouronnes.com
room service, blanchisserie, climatisation, piscine intérieure, bar, restaurant panoramique, Ouvert toute l'année.

Véritable institution carcassonnaise, l'hôtel Les Trois Couronnes jouit d'une situation privilégiée, offrant une vue grandiose sur la cité médiévale. Vous serez insatiable du paysage depuis les chambres, de la piscine chauffée intérieure ou du restaurant panoramique au 4e étage. Cet hôtel confort, se prête autant à des vacances touristiques, qu'à un séjour professionnel avec ses 4 salles de séminaires, une cuisine moderne, une décoration contemporaine, des équipements complets et fonctionnels, une situation géographique idéale, un personnel attentif et serviable.

LA BARBACANE

Place Auguste-Pierre-Pont ✆ 04 68 71 98 71
www.cite-hotels.com/hotels/hotel-de-la-cite/restaurant-la-barbacane
Fermé mi-février à mi-mars. Ouvert tous les jours et jours fériés 12h30 - 14h et 19h30 - 21h30. Menus de 95 € à 130 €.

La table de Jérôme Ryon tutoie les sommets et les étoiles (1*). Une réussite sans faille, qui exhale des associations de saveurs inédites. Une cuisine inspirée par son goût d'exotisme associé aux valeurs culinaires françaises auxquelles il est attaché. Les viandes sont sublimées à l'image de l'incontournable Filet de bœuf au foie gras. Entrez dans la grande salle de style néogothique avec cheminées, hauts plafonds et chaises cathédrales, appréciez par-delà les fenêtres, les jardins aménagés et les remparts de la Cité qui s'étendent à perte de vue !

L'ENDROIT €€

25, place Carnot
✆ 07 68 36 05 17
Ouvert de 11h30 à 14h30 et de 18h30 à 23h ; dimanche de 11h30 à 22h. Terrasse. Vente à emporter. Bar à couscous & tapas.

C'est un joli lieu intimiste qui vous attend à cette adresse, en plein centre névralgique de la bastide carcassonnaise. Vous pourrez déguster une bonne cuisine méditerranéenne juché sur des mange-debout ou tranquillement assis sur la terrasse de la place Carnot. Une cuisine généreuse de partage, des plats simples mais goûteux qui fleurent bon les saveurs du Sud. Des mets qui raviront les petites et grosses faims pour un excellent rapport qualité-prix. A noter : l'originalité du restaurant qui propose un bar à couscous et à tapas, unique !

AUDE

Ô TROIS CINQ SEPT €

13, place Carnot

✆ 07 82 17 72 26

Haute saison : du lundi au samedi de 12h à 14h et de 19h à 21h30. Terrasse. Vente à emporter. Végétariens bienvenus.

C'est toujours un plaisir de s'attabler dans ce petit restaurant fort sympathique, à l'accueil toujours courtois et professionnel. On aime le concept de cuisine participative qui a donné son nom à l'établissement, c'est vous qui choisissez les ingrédients qui composeront votre assiette. Vous élaborez votre menu avec pour base, une salade ou une galette au sarrasin que vous agrémentez de 3, 5 ou 7 ingrédients, un concept unique sur la ville. Mention spéciale pour les bagels appétissants, les nouveaux poke bowls et le cassoulet maison du chef Jean Bastouil.

LE 37 €€

37, bis rue Trivalle

✆ 04 68 47 35 05

Ouvert midi et soir tous les jours sauf mardi et mercredi. Carte : 20 € environ. Formule du midi : 17,90 €.

Au pied de la Cité, le 37 propose une cuisine bistrot revisitée, des produits frais et régionaux, pour des recettes authentiques aux saveurs gourmandes. Ici on trouvera des plats traditionnels : l'excellent cassoulet maison, ou la gardiane de taureau (en été). On aime aussi les créations maison : le saumon gravlax fumé au thé de chine, le tartare façon veggie...La carte des vins offre une belle sélection languedocienne, essentiellement bio. Le 37 est une belle adresse, au cadre chaleureux et intimiste, avec un bon rapport qualité-prix.

AGAPE €€

15, Rue des 3 Couronnes

✆ 04 68 72 12 10

www.agape-carcassonne.fr

Ouvert du lundi au vendredi 12h - 15h / 18h30 - 21h30 ; le dimanche de 11h à 15h. Brunch le dimanche. Espace de Réunion.

Gaetan et Charlotte vous accueillent dans ce bel endroit intimiste à la déco rétro indus. Rien que le nom vous laisse présager de l'exaltation des papilles, en effet Agapé provient du grec et signifie amour inconditionnel. Vous voilà donc prêt à vous régaler grâce à l'élaboration d'une cuisine de cœur, de produits issus de circuits courts, rythmés par les saisons, et inspirés des divers voyages de nos hôtes. L'Aperitivo expérience se veut être chaque jour une déclinaison inédite de grignotages, tandis que le dimanche fait la part belle à une formule brunch.

LES ARTISTES €€

23, Rue courtejaire

✆ 06 31 02 41 15

Ouvert lundi à jeudi 12h à 15h ; vendredi et samedi de 12h à 15h et de 19h à 22h. Menu midi 15€. Pokebowl. Burgers.

Ce très joli restaurant, tout nouveau dans la bastide, met un point d'honneur à vous proposer des plats gourmands, aux ingrédients issus de productions locales. Aussi beaux que bons, les mets proposés vous feront saliver sitôt la porte poussée, et la carte réduite est un excellent garant de leur fraîcheur. Nora, la chef du lieu, vous propose une cuisine élaborée maison, aussi saine que contemporaine. Un accueil chaleureux et un cadre très esthétique finissent de vous conquérir. Les assiettes raffinées aux saveurs sublimées sauront vous séduire instantanément.

LE COMTE ROGER

14, rue Saint-Louis

✆ 04 68 11 93 40

www.comteroger.com

Fermé en février. Ouvert 7j/7 en haute saison. Formule du midi à partir de 26 €. Menu (soir) à 35 € et 45 €. Terrasse.

Le chef, Pierre Mesa dépoussière et revisite les plats typiques qui ont fait la renommée du terroir Audois et Languedocien. Un vent de modernité souffle sur ces assiettes à l'esthétisme étudié et aux saveurs sublimées.

Que les puristes soient rassurés, le chef vous propose aussi, dans la plus pure tradition locale, un cassoulet qui vous laissera un souvenir gustatif impérissable. Décoration moderne et de bon goût en salle et une terrasse ombragée très prisée dés les premiers rayons de soleil. Une adresse gourmande à ne pas manquer.

BRASSERIE CHEZ JU €€

Route de Limoux

✆ 04 30 34 41 90

https://complexe-leblack.fr/

Fermé le dimanche, lundi soir et samedi midi. Menus de 14 € à 35 €. Terrasse. Vente à emporter. Vin au verre.

Le restaurant de Julien Ouddane se trouve à la sortie de la ville, route de Limoux, un lieu où on est sûr de passer un bon moment autour d'une cuisine de brasserie, dans un cadre moderne avec terrasse. On trouve sur la carte des plats pour toutes les envies et tous les budgets. Si une entrée vous fait particulièrement envie, vous pouvez la prendre en assiette repas. Nous, ce que l'on aime ce sont les délicieuses viandes grillées au feu de bois et la formule tapas. Nouveauté : La Guinguette de Ju ouverte pendant l'été du mardi au samedi de 19h à 2h.

éditions du Cabardès

Pour découvrir en famille le territoire audois !

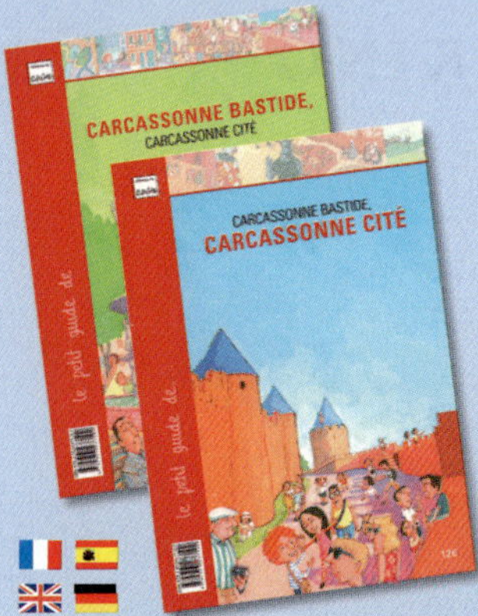

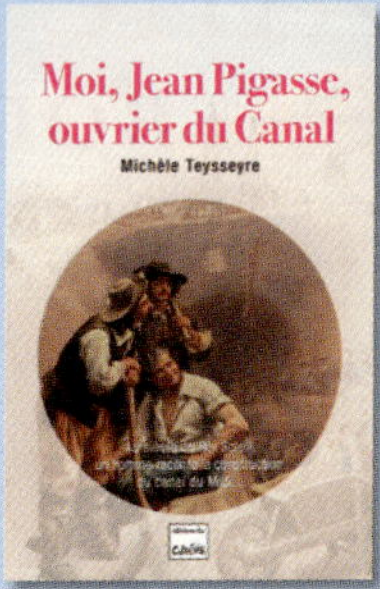

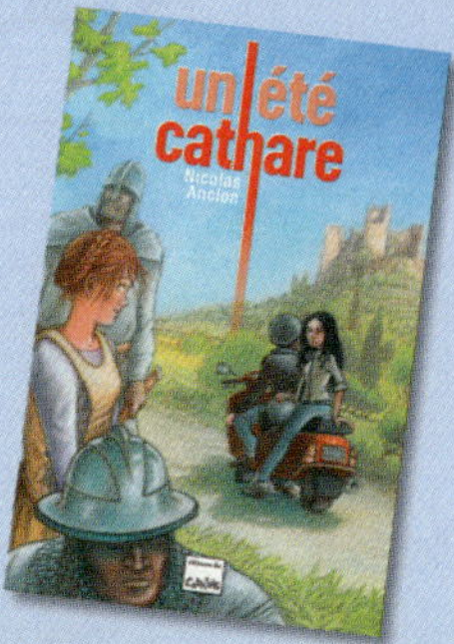

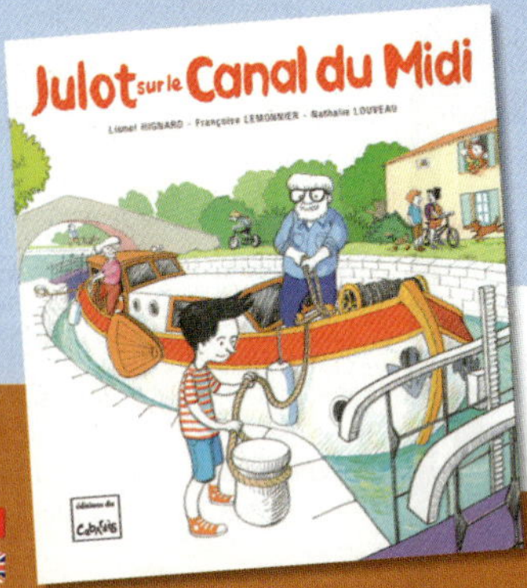

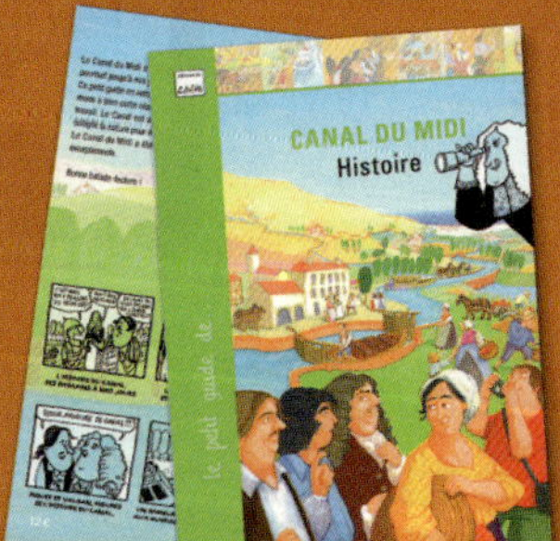

Retrouvez tous nos parutions sur www.editions-du-cabardes.fr

LE CAFÉ SAILLAN €€

31, rue Albert-Tomey
✆ 04 68 72 37 40
Ouvert du mardi au samedi 7h - 18h (dernier service 13h30). Plat du jour : 10 €. Planches charcuterie ou fromage : 6 €.

Le Café Saillan, à coté des halles, est le bistrot de référence en matière de convivialité et de bonne cuisine. Lieu de vie où les Carcassonnais aiment se retrouver, on aime l'ambiance décontractée, écouter les potins, les bonnes blagues de Manu Péna, figure emblématique, la bonne humeur de Morgan, le patron et la cuisine canaille 100 % maison. Le point d'orgue est le rendez-vous du samedi midi, la rue barrée pour le marché permet de sortir les tonneaux, autour desquels on se presse pour les dégustations de vins, de tapas et autres mets grillés à la plancha.

LE COMPTOIR €€

Avenue du Minervois - **VILLEGLY**
✆ 04 68 26 46 64
www.lecomptoir-villegly.com
Ouvert mardi 11h30 - 14h30 ; mercredi à samedi 11h30 à 14h30 et 19h30 à 22h30. Vin au verre. Tapas, Cassoulet maison.

Julien a pour habitude de nous surprendre avec ses idées et créations, en 2019 il ouvrait un nouveau « Comptoir » version XXL dans la superbe bâtisse du château Villerambert Moureau, à l'entrée du village. Mais que les fidèles du « petit » Comptoir se rassurent, Julien a bien compris que ses clients aiment par-dessus tout la convivialité et les bons petits plats. On retrouve donc ces ingrédients mais avec en plus, un superbe caveau où l'on retrouve notamment ses vins, un bar à vin pour les déguster, un restaurant avec terrasse, un boulanger et même un traiteur !

LE CRÉNEAU €€

6, place Saint-Jean
✆ 04 68 71 81 53
www.restaurant-lecreneau.com
Haute saison, tous les jours midi & soir. Service non stop. Basse saison fermé dimanche soir & lundi. Terrasse vue cité.

Idéalement situé place Saint-Jean, il bénéficie d'une vue exceptionnelle sur le château Comtal depuis son rooftop. Paul Gobin, le propriétaire de cet établissement, a su vite imposer son restaurant comme une des références de la cité. Côté carte, il la joue produits frais avec des tapas et des spécialités maison comme le burger de « Polo », les huîtres, l'escalivade aux anchois de Collioure, le T-bone de 400 g, le cassoulet maison... Autre point fort de la carte : les desserts, ils sont succulents. Une adresse où l'on en prend plein la vue et plein les papilles.

LE FLAGRANT DES LICES €€

3, place Marcou
✆ 04 68 71 45 33
Fermé en janvier. Haute saison : ouvert tous les jours le midi et le soir. Vin au verre. Chèque Restaurant. Terrasse.

En plein cœur de la cité médiévale, sur la place Marcou le Flagrant des Lices est une valeur sûre. L'établissement dispose d'une terrasse et d'un patio plus intime à l'arrière de l'établissement, ainsi que deux salles aux murs en pierre. Guillaume Luyat n'a de cesse de faire évoluer son restaurant, tant côté déco que côté cuisine avec une carte régulièrement revisitée. De l'entrée au dessert, une cuisine authentique, réalisée à partir de produits frais et de saison garantis. Ajoutons un service pro et souriant, une addition plus que correcte, Renard fut ravi.

FREAKS - CAFÉ ET CANTINE €€

30, rue de Verdun ✆ 04 30 18 95 36
Ouvert toute l'année. Du lundi au samedi de 8h à 18h. Vin au verre. Petit déjeuner de 3 € à 9 €. Possibilité Gluten free

Le Freaks fait déjà partie des incontournables du centre-ville, il est vrai que Betty et Hocine, sont des professionnels qui ne laissent rien au hasard. Les plats s'adaptent aux saisons, les réalisations culinaires maîtrisées allient tradition et modernité, des notes exotiques sont déclinées au gré de l'inspiration d'Hocine. Le matin, des petits déjeuners sont proposés avec le fameux « granola » maison de Betty, l'après-midi prenez un thé gourmand et profitez du petit salon avec son mobilier vintage, ses magazines et sa platine pour écouter quelques bons vinyles.

LE JARDIN EN VILLE €€

5, rue des Framboisiers
✆ 04 68 47 80 91
www.lejardinenville.fr
Ouvert du mardi au samedi, midi et soir. Formule du midi / Buddha bowl / Bento / Plateau repas. Jardin. Concept store.

Alban et Michèle valorisent leur potager et les producteurs locaux, souvent bio pour concevoir leurs menus, tout le reste est bien loin du monde rural, place au design et à la déco ! Choisissez votre table dans les méandres des objets exposés (et à la vente) et on vous servira une cuisine gouteuse et contemporaine. L'accueil est chaleureux, le service parfait et aux beaux jours, le jardin est un petit paradis bien agréable en total accord avec la salle concept store. A l'étage, un petit salon est mis à disposition pour prendre un verre parmi les œuvres de l'hôte.

L'ARTICHAUT €€

14, place Carnot
✆ 06 28 94 44 24

Été : du mardi au samedi le midi et le soir. Formule du midi : 14,90 €. Tapas 5 € à 20 €. Animaux acceptés. Terrasse.

L'Artichaut est une adresse incontournable, réunissant tous les éléments pour passer un bon moment, une déco moderne, une belle terrasse donnant sur la place Carnot et de bons plats maison. Anthony Seguy, maître des lieux vous régale de ses petits plats gourmands. Parmi les spécialités de la maison il y a l'incontournable cassoulet du paternel, les amateurs se délecteront de viandes maturées et pour accompagner tout ça, une jolie sélection de vins d'ici et d'ailleurs. En été, les plats se font plus légers, et les soirées musicales fleurissent, ambiance garantie.

L'ESCARGOT €€

7, rue Viollet-le-Duc
✆ 04 68 47 12 55
www.restaurant-lescargot.com

Fermé en janvier. Du jeudi au mardi de 11h à 15h et de 19h à 1h. Fermé le mercredi. Service tardif en haute saison.

L'Escargot est incontestablement une des valeurs sûres de la Cité, un cadre agréable, une équipe dynamique avec aux commandes Thomas, qui rend le service efficace et cordial. C'est un restaurant où l'on se régale de tapas maison cuisinées devant vous. Vous pourrez opter pour un menu, ou choisir à la carte les spécialités servies sur de petites ardoises : couteaux gratinés à l'aïoli, brochettes de magret sauce caramel-poivre..tout est délicieux ! L'Escargot dispose d'une deuxième adresse, toute proche «Le Jardin de l'escargot», lieu intimiste et convivial.

LA MAISON DU CASSOULET €€

6, rue du Grand-Puits
✆ 04 68 47 61 03 -
www.maisonducassoulet.com

Fermé en janvier. Haute saison ouvert tous les jours midi et soir. Formule « Découverte cassoulet » : 11,90 €. Terrasse.

Si vous entrez dans la cité médiévale par la Porte Narbonnaise, vous ne pourrez vous tromper, le restaurant se situe dans la seconde rue à droite. Ici, le chef partage son secret du Cassoulet, plat emblématique Audois. On aime venir ici et profiter du patio ombragé, abrité du vent autour d'un beau troène du Japon. Mathieu, le propriétaire vous accueillera comme il se doit et le chef préparera le cassoulet bien entendu, mais aussi le confit de canard, le magret entier, le foie gras maison, des salades copieuses... Une adresse en toute simplicité au cœur de la cité.

LE MOULIN DE TRÈBES €€

2, rue du Moulin - **TRÈBES**
✆ 04 68 78 97 57
www.lemoulindetrebes.com

Ouvert du Mardi au Samedi, midi & soir, Dimanche uniquement midi. Salle & terrasse accessibles aux fauteuils roulants.

Depuis quelques années, Pascal et Sophie ont redonné une âme au Moulin de Trèbes. L'endroit est magnifique, avec sa terrasse ombragée au bord du canal du Midi, la salle qui allie charme cosy de l'ancien au confort moderne dans cet ancien moulin. Ici on fait preuve de grande exigence tant sur les plats que sur la qualité du service. Le chef privilégie les circuits courts, les petits producteurs et uniquement les produits de saison, sa cuisine est imaginative, goûteuse et moderne. Une des meilleures tables locales à fréquenter sans modération toute l'année !

MR H €€

8, rue de la République
✆ 04 68 25 41 17

Fermé le mercredi. Réservation recommandée. Formule du midi : 20 €. Vin au verre. Terrasse. Petit Patio intérieur.

Mr H met en avant la cuisine de marché, saisonnière, créative et généreuse, savamment orchestrée, qui en fait l'endroit où il fait bon se poser, se repaître. Deux salles vous accueillent, l'une à la déco bohème version salle à manger, l'autre en comptoir avec vue en live sur les créations gastronomiques du chef. Le petit patio intérieur vous accueille, aux premiers rayons du soleil, à l'abri du brouhaha de la ville. Le soir une carte réduite et des petits plats bien gourmands sauront vous ravir, tandis que la formule déjeuner diffère quotidiennement.

AU PETIT CARCA €

1, rue Delattre Tassigny
✆ 06 51 64 17 80

Ouvert le mardi et le mercredi de 12h à 14h et de 19h à 0h ; du jeudi au samedi de 12h à 14h et de 19h à 2h. Bar tapas.

Un établissement récent qui s'est déjà fait une belle réputation, un vrai bistrot brasserie à l'atmosphère feutrée, où la convivialité est le maître mot. Ici on se presse pour déguster et partager de très belles planches de tapas, accompagnées de vins locaux. Des assiettes goûteuses, des recettes simples mais parfaitement exécutées telles que le risotto à l'espagnole ou l'onglet aux oignons confits. Une adresse coup de cœur en plein centre de la bastide, où partage et professionnalisme sont les fers de lance. Des soirées sont programmées : ambiance assurée.

LE PLÔ €€

23, rue du Plô
✆ 04 68 25 51 85

Fermé en Janvier, Ouvert tous les jours midi et soir. Menus de 16,90 € à 29,50 €. Formule du midi : 14 €. Terrasse.

Le Plô, est une valeur sûre à Carcassonne, il se trouve au cœur de la Cité médiévale, entre la place Marcou et le Grand Théâtre. Ici tout ce que vous dégusterez est fait maison, la carte resserrée propose, par exemple, un velouté de saison, un excellent cassoulet, ou un craquant de magret au mie... Les desserts sont à la hauteur, les tartes maison délicieuses et les glaces réalisées sur place exceptionnelles. Pour accompagner votre repas, une belle carte de vins de la région vous attend. En intérieur ou sur la terrasse bien abritée, c'est un agréable repas assuré.

LA TABLE DE LA BASTIDE €€

55, rue Aimé-Ramond
✆ 04 30 34 51 99
https://latabledelabastide.eatbu.com/?lang=fr

Ouvert toute l'année. Mardi à dimanche 19h30 - 22h ; le jeudi et le vendredi le midi. Qu'à la carte pour le Déjeuner.

Guillaume-Pierre et Khadija vous accueillent dans la belle salle voûtée en pierres du sous-sol dont l'architecture ajoute au charme du lieu. Ils vous proposent des créations culinaires savoureuses et raffinées, concoctées par ce chef passionné qui a débuté sa carrière aux côtés du Mof Franck Putelat. Chaque plat atteste de la créativité du chef, qui invente, innove, conjugue les arômes avec une réelle justesse. La fin de repas vous permettra de découvrir toute l'imagination de Guillaume-Pierre, avec le *fabuleux* dessert aux champignons café crumble notamment…

LA TABLE DU VATICAN €€

13, quai Riquet
✆ 06 32 92 30 11

Ouvert que le soir. Fermé les midis et le mardi toute la journée. Pas de menu qu'à la carte. Jardin. Carte de Spritz.

Besoin de confesser un péché de gourmandise ? la Table du Vatican est là ! Ce véritable restaurant Italien tient toutes ses promesses, une belle terrasse vous accueille avant de pénétrer dans une salle à l'atmosphère baroque et à la déco décalée. Bienvenue dans l'antre de Nina et Franck, où l'accueil est aussi sympathique que professionnel. Laissez-vous tenter par la caravane de spritz et sa planche d'excellents antipasti. Vous opterez sûrement pour les tagliatelles fraiches flambées en direct au cognac dans une meule de parmesan par Franck, un seul mot AMEN (E) !

LES TERRASSES DE LA CITÉ €€

5, place Marcou ✆ 04 68 72 07 99 - www.lesterrassesdelacite.com

Du 1er juillet au 31 août, service non-stop de 11h30 à 1h (7j/7). Menu unique à 20,90 €. Jardin. Terrasse.

Cette belle demeure en pierres, à la décoration soignée offre deux salles de restauration mais pas que, une superbe glycine à l'entrée vous guide vers un jardin aménagé et arboré de 500 m². La cuisine de qualité met en avant des spécialités italiennes et des recettes incontournables du terroir local, en y apportant des touches de modernité. L'exécution des plats est toujours réalisée à partir de produits frais. Régalez-vous de l'incontournable cassoulet maison, de pâtes et pizzas...Un service tardif en été, est idéal, après les spectacles du festival de la cité !

LE PARC FRANCK PUTELAT €€€

80, chemin des Anglais ✆ 04 68 71 80 80 - www.franck-putelat.com

Fermé première semaine de septembre. Ouvert du mardi au samedi de 12h à 13h30 et de 19h30 à 21h. Menus de 90 € à 160 €.

Meilleur ouvrier de France, le chef Putelat évolue dans un établissement au design blanc virginal et éléments naturels. Le restaurant dispose d'un parc, dans lequel trône un chalet que vous pourrez privatiser, en dégustant un menu Jurassien, de début décembre à début mars. En cuisine, la brigade s'affaire pour sublimer respectueusement les produits de saisons, en y apportant une touche d'exotisme parfaitement maitrisée. Prolongez cet instant dans l'une des 7 chambres ou suites luxueuses, avant de vous lancer à l'assaut de la Cité médiévale toute proche.

LE COSY DU PLO

1, rue du Plô
✆ 04 68 25 15 63

Ouvert toute l'année. Basse saison : tous les jours et jours fériés de 10h à 19h. Haute saison : tous les jours dés 9h.

Le Cosy du Plo, c'est l'adresse incontournable pour une pause gourmande au cœur de la cité, axée sur des produits naturels, locaux, sélectionnés avec grand soin. Vous pourrez déguster un smoothie, prendre un café ou un thé, apprécier une glace artisanale personnalisable, ou vous délecter de crêpes et gaufres maison. Lovez-vous dans ce cocon prenez le temps, savourez ! Dans cette belle boutique-salon de thé, les conseils sur les produits de Carine et Charles sont toujours très pertinents. Une carte pour le brunch vient compléter l'offre déjà fort alléchante !

MARIONS LES CHOCOLATS

16, rue Pierre-Loti - **PENNAUTIER** ✆ 06 15 47 62 12 - Dans le centre de Pennautier, juste à côté de l´église. - www.domainecirycattaneo.com/matrix-page

Ouvert mercredi à vendredi 10h - 12h & 14h - 18h ; samedi 15h - 18h. Sur le marché de Carcassonne le samedi. Ateliers.

Dans sa belle boutique proche de l'église de Pennautier, Marion accueille les gourmands fans de chocolat. Elle innove sans cesse selon ses envies et les vôtres, et propose des bonbons, orangettes, macarons, tablettes de chocolat...en fonction des événements du calendrier et de sa créativité. Du chocolat de grande qualité et un travail artisanal remarquable ont fait sa renommée. Participez à ses ateliers : accord chocolat-vin (sur demande), et de saison tout au long de l'année, elle est aussi traiteur chocolatier pour vos événements privés, une riche idée !

CHÂTEAU AUZIAS - PARETLONGUE

Domaine de Paretlongue - **PENNAUTIER**
✆ 04 68 47 28 28 - www.auzias.fr

Ouvert de 9h à 17h30. Boutique en ligne. Dégustation gratuite et vente de vin sur place. Wine Tours. Livraison.

Cette honorable famille languedocienne de vignerons pratique le culte de Bacchus depuis 1872. Pour suivre l'élaboration des différentes cuvées internationalement récompensées, le château Auzias propose des *wine tours* : visite des vignes, des chais et des caves, attraction qui précède la dégustation de ses plus beaux crus au caveau. Un nouveau lieu a vu le jour sur le domaine grâce à Poli Perrenoud, mêlant art et vin, dans lequel vous pourrez découvrir de nombreuses œuvres artistiques.

LES BRASSEURS DE LA CITÉ

240, rue Edouard-Branly
✆ 04 30 34 14 21
brasseursdelacite.com

Ouvert du lundi au vendredi de 8h à 12h et de 13h à 19h. Location de tireuse pour soirées. Visites guidées sur RDV.

Xavier et Désirée Benoist produisent à Carcassonne des bières artisanales, élaborées avec du blé et de l'orge cultivés en France. Ils ont donné à leurs bières le joli nom de Ciutat qui signifie en Occitan cité. 7 bières composent leur gamme, 2 saisonnières (dont la Ladies) et une éphémère. Mais toute l'année, vous pouvez déguster la Ciutat Blanche, la blonde, la Pils ou encore l' Ambrée. Pour les plus jeunes 2 sodas, le Carca-Cola (sans caféine) et la limonade la Pitchoune sont proposés. Sur rendez-vous, vous pourrez découvrir tout le processus de fabrication.

DOMAINE DES PÈRES

16, avenue Pierre-Curie - **TRÈBES**
✆ 06 75 99 01 68
http://www.domaine-des-peres.com

Ouvert du lundi au samedi et les jours fériés de 10h30 à 12h30 et de 15h30 à 19h30. Boutique fermée en janvier.

Dominique et Jean Bardou ont ouvert leur boutique sur les bords du canal du Midi, mais c'est à 25 km, que sont situés leurs 4 200 oliviers,16 ha d'arbres plantés en 1957, aux variétés de lucques, moncita, picholine, cornicabra, aglandau et olivière. Jean prend plaisir à faire déguster ses préparations culinaires ainsi qu'à rechercher des contenants originaux pour ses huiles. Profitez d'une initiation sur RDV et terminez par une dégustation des vins du domaine. Ils proposent aussi des cosmétiques fabriqués à partir de leur huile d'olive, allez vite les découvrir !

CABANEL - VINS ET LIQUEURS ARTISANALES

72, allée d'Iéna
✆ 04 68 25 02 58

Ouvert du lundi au samedi de 8h à 12h et de 14h à 19h.

Fondée en 1868, la Maison Cabanel est un endroit original incontournable, une décoration à l'ancienne, un accueil et des conseils avisés, ici on trouve de vraies petites perles. Jean-Marc Gazel, maître des lieux, est le seul à fabriquer la fameuse Micheline, recette qui daterait du IVe siècle, et l'Or-Kina, des apéritifs à base de plantes. Il fabrique aussi un pastis 100 % carcassonnais. Ne repartez pas sans avoir gouté « la Crème de Menthe » et «la Crème de Citron» on adore !

DOMAINE LYCEE AGRICOLE CHARLEMAGNE

route de saint hilaire ✆ 06 74 63 39 10
www.epl-carcassonne.fr

Ouvert le jeudi & le vendredi 14h - 18h ; le samedi 10h - 12h & 14h - 18h. Ouvert le reste de la semaine sur rdv.

Pépinière de vignerons de demain, cet établissement a ouvert un superbe caveau atypique, avec une fresque monumentale sur le plafond voûté, de l'artiste Harillo intitulée « Al Vino, l'ode de l'Aude au vin ». Les cépages de cabernet franc, syrah, merlot, viognier, chardonnay ou muscaris, sont élaborés et vinifiés sur place, dans une cave ultramoderne, telle que la cuvée Carolus Magnus en cuves ovoïdes pour une micro-oxygénation. Arrêtez-vous et régalez tant votre palais que vos yeux !

LA FERME

55, rue de Verdun ✆ 04 68 25 02 15
www.laferme-carcassonne.fr
Ouvert du mardi au samedi 8h - 12h30 & 15h - 19h30. Environ 7000 références de fromages, charcuteries, épicerie...

A deux pas de la place Carnot, Gilles et Jacqueline vous accueillent dans leur établissement, référence de tout épicurien qui se respecte. Vous trouverez ici, tout pour satisfaire vos envies, avec une exigence extrême. Les quelque 7000 références que vous découvrirez dans cette surprenante boutique, sont passées au crible, goûtées, testées, approuvées avant de finir dans votre assiette. Cette équipe d'experts vous conseillera dans un souci de satisfaction absolue. Vous pourrez, à l'occasion déguster un bon verre de vin, accompagné d'une assiette composée maison.

LA FILLE DU MIDI

76, rue Trivalle
✆ 04 68 72 47 09
www.lafilledumidi.com
Eté : tous les jours de 10h à 13h et de 16h à 20h. Livraison possible commande en ligne, Dégustation en été sur rdv).

Cette jolie épicerie fine et art de la table a ouvert ses portes dans le quartier médiéval de la Trivalle. Vous serez agréablement surpris par l'originalité de la devanture, surmontée d'un vélo, dont le panier rempli de fleurs vous invite à une balade gourmande dans le terroir audois. En effet, Cristelle Lucchèse se consacre, dans sa boutique à la mise en valeur et à la vente de produits d'Occitanie essentiellement, le meilleur de l'artisanat et des productions locales, dans les métiers de bouche bien sûr mais pas seulement. Une adresse décidément très...futée !

CHEZ JULIEN

100, chemin de Maquens
✆ 04 68 26 34 32
www.chez-julien-carcassonne.fr
Ouvert le lundi 14h30 - 19h ; mardi à samedi 9h30 - 19h. Plateaux fromages & charcuteries sur commande. Vente en ligne.

Julien D'Allasta vous accueille dans le temple de la gourmandise et d'Epicure. On ne trouve ici que des produits d'exception, minutieusement choisis, pour toutes les bourses. Les becs fins l'ont bien compris et ont fait depuis longtemps de cette adresse leur lieu de prédilection. On y trouve une très belle gamme de vins ainsi que des champagnes, spiritueux et bières locales. Vous aurez le choix entre un très beau rayon de fromages frais ou affinés de chez Xavier (MOF), des charcuteries incomparables, des jambons ibériques...Vente en ligne et livraison (France)

MÉMOIRE DES SIÈCLES

5, place du Château
✆ 06 85 73 46 31
www.shopmds.fr
Ouvert à l'année tous les jours 9h - 19h. Vente / location de costumes médiévaux et d'accessoires. Idées cadeaux.

On est séduit par cette boutique, où tout nous ramène au Moyen Age ! Les maîtres des lieux, sont passionnés par cette période et proposent dans leur échoppe des vêtements, en vente ou location, des accessoires, des reproductions d'armes, des bijoux, des jeux, et des objets de décoration d'inspiration médiévale. On y trouve aussi un véritable cabinet de curiosités, tout le nécessaire d'écriture d'époque ou encore des toiles peintes et des tapisseries.Vous serez séduits par un large choix de livres pour les enfants qui découvriront la vie au Moyen Age.

LE VERRE D'UN (RESTAURANT-CAVISTE)

2, rue de Verdun
✆ 04 68 71 43 99
www.leverredun.com
Boutique-cave ouverte mardi à samedi 9h30 - 12h30 / 15h - 19h. Restaurant : mardi à samedi 12h - 14h / 19h - 22h.

Le Verre d'Un éveille vos papilles avant même d'avoir passé la porte d'entrée, vous découvrirez ici, la typicité des vins et des terroirs, au détour de 400 références. La plus belle place est accordée aux vins du Minervois, Corbières, Clape, Malepère, Cabardès, Limoux, Fitou… Le Verre d'Un, c'est aussi un restaurant, et un bar à vins, pour déguster en afterwork et décompresser entre amis. Une adresse idéale pour tout savoir sur les meilleurs vins de la région et plus si affinités.

SPA GEMOLOGY

2, rue Camille-Saint-Saëns ✆ 04 68 11 96 76
www.spagemology.com
Tous les jours 10h - 21h. Ouvert le dimanche. Carte de soins adaptés aux enfants. Produits de cosmétologie minérale.

Soucieux de votre bien-être, le spa Gemology vous offre luxe et raffinement absolu, pour des soins du visage, du corps ou des massages adaptés aux enfants. C'est au pied de la Cité médiévale, dans l'hôtel du château, qu'un espace dédié de 130 m², vous attend. Le lâcher prise est à présent, votre seul leitmotiv dans ce lieu de ressourcement, un lieu plein de sensations et d'émotions. L'espace détente regroupe un hammam ainsi qu'un bassin de nage équipé de jacuzzi, de jets de massage et d'une nage à contre-courant. Fermez les yeux, appréciez, on s'occupe de vous !

PARC AQUAVIVA

✆ 07 81 91 49 12
www.parcaquaviva.com
Ouvert Juin - Juillet & Août de 11h à 19h - 7 jours/7. Dès 5 ans. Pass journée 18 €. Surveillé par 6 maitres nageurs.

Aquaviva, une superbe imitation de Total Wipeout aux États-Unis ! En famille ou entre amis, le parc aquatique-Water Jump se situe au lac de la Cavayère à 5 minutes de la Cité médiévale de Carcassonne, il dispose de jeux gonflables XXL, de toboggans géants, de trampolines, de catapultes, de parcours d'obstacles sur pas moins de 6 000 m², petits et grands en sont fous ! A la fois amusant, grisant et... fatiguant, ce parc donne envie de tout essayer et d'y retourner ! Les moins téméraires se régaleront de regarder ces acrobates tout en étant confortablement installés sur leur transat et les hamacs à l'ombre de la pinède, un verre à la main (commandé au snack sur place)... Pour les amateurs de sensations : l'iceberg géant pour escalader et sauter et le Big Water-Jump avec ses 10 toboggans et les deux plateformes de sauts de 5 et 8 mètres, adaptés aux plus jeunes comme aux plus braves, uniques au monde ! Ça fait peur, l'adrénaline est à son maximum et c'est ça qu'on aime ! On apprécie les efforts réalisés chaque année pour améliorer le parc en proposant des nouveautés. Vous serez équipés de gilets de flottabilité, et dès lors pourrez partir à l'assaut en toute sécurité, surveillés par six maîtres nageurs diplômés, des plaques flottantes installées, gros succès pour cette attraction qui consiste à aller le plus loin possible sans tomber à l'eau. Pratique : les objets de valeur peuvent être également gardés dans le chalet de l'accueil. Aquaviva, un endroit incontournable sur le département à partager entre amis ou en famille !

TÉLÉSKI NAUTIQUE (LAC DE LA CAVAYÈRE)

Chemin de Bazalac
✆ 06 38 56 72 62
Ouvert de début juin à fin septembre. Restauration sur place. Paddle de 7 à 10 €, 18 € pour 1h de Téléski.

Clément et son équipe proposent une attraction hors du commun : le Téleski nautique, dont la particularité réside dans sa facilité d'utilisation. Combinaison enfilée, wake-board au pied, c'est parti pour une session de 1h. Un membre de l'équipe s'occupera de vous, tout vous sera expliqué afin que vous preniez un max de plaisir. Les initiés pourront faire du free style sur les structures flottantes jonchant le parcours, quant aux autres ils tenteront de rester debout le plus possible !

ARAGON ★

En plein cœur du Cabardès, au nord-ouest de Carcassonne, Aragon est un petit village atypique fortifié de 450 habitants, construit sur un promontoire rocheux, sur les contreforts de la Montagne noire, et à la jonction de deux belles vallées. Bâti en amphithéâtre, ce site se compose du vieux village et du quartier des Capitelles qui tire son nom des petites cabanes en pierres sèches caractéristiques de la région. Ses ruelles vous mèneront jusqu'à l'église Sainte-Marie, d'époque gothique, dont la charpente fascine avec ses représentations médiévales et ses armoiries du XIVe siècle, ou bien au musée consacré aux techniques de bâtis anciens. Cheminez ensuite jusqu'au jardin du curé avec ses stèles discoïdales, ou devant la façade de l'ancien château seigneurial. Témoin de l'époque gallo-romaine, une grotte sépulcrale existe aussi, un fragment d'inscription funéraire en latin fut découvert en 1820, datant ces vestiges à 2 000 ans avant notre ère. Le lien est ainsi fait avec le nom du village, car bien que le nom d'Aragon ait un rapport avec le territoire espagnol, on pense à des racines gréco-celtiques signifiant « près d'un lieu de combat ». Ce village est jalonné d'une histoire extrêmement riche, car la famille d'Aragon, acquise à la cause cathare, fut dépossédée de tous ses biens, et le village rejoignit le domaine royal. Le label « Notre village, terre d'avenir », obtenu en 2007, couronne les actions en faveur du développement durable, mises en place pour l'amélioration de l'habitat et du cadre de vie au sein d'Aragon.

© YAN EVEN
Aragon.

BRAM

Bram tire son nom d'une agglomération d'époque romaine : Eburomagus, sur l'ancienne Voie d'Aquitaine. À la fin de l'Antiquité, une église y apparaît, dédiée à Saint-Julien et Sainte-Basilice. Plus tard, vers l'An Mil, ce lieu de culte fixe un habitat villageois dans un enclos circulaire. Au cours du Moyen Âge, le village fortifié s'est agrandi en cercles concentriques. La couronne extérieure de maisons date du XIXe siècle, ce qui fait de Bram le plus vaste village circulaire de la région. L'histoire de sa formation est évoquée dans le musée archéologique de Bram, consacré à l'habitat rural du nord-ouest audois, entre la Préhistoire et le Moyen Âge.

© IULIA SOKOLOVSKA - STOCK.ADOBE.COM

Le village de Bram.

CUISINE D'ICI ET LÀ €

2, impasse de la Malepère ✆ 04 68 78 68 83
www.cuisineicietla.com
ouvert lundi - vendredi midi / jeudi & vendredi soir en sus. Formule midi 15,50€. Végétariens bienvenus. Terrasse.

Deux belles salles, une atmosphère cosy et moderne, un concept détonnant et étonnant, voilà ce qui caractérise ce restaurant. Tanguy Lagasse et son équipe vous proposent une cuisine créative qui a pour but de révolutionner le fast-food du déjeuner. Les produits du terroir local côtoient de façon inventive et inattendue mais aboutie, des épices d'ailleurs, des saveurs d'Asie, des effluves exotiques. Le chef vous délectera de ses spécialités de sushis le vendredi soir, à moins d'opter pour une assiette préparée selon son envie. Son credo ? Rien d'impossible…

TELESKI NAUTIQUE BRAM

Rue des Fleurs
✆ 04 68 79 74 14
www.teleskinautiquebram.net
Ouvert d'avril à fin octobre. Été : ouvert tous les jours. Ski nautique 18 €/ 1 h. Pratique dès 7 ans. Restauration.

Ça bouge à Bram du côté du lac de Buzerens, devenu véritable base de loisirs. Essayez le téléski nautique sur une boucle de 800 m, idéal pour débuter et pour s'adonner aux joies du wakeboard, skate, ski nautique et autre knee-board (à genou). Les adeptes de détente pourront pratiquer le paddle, la pétanque ou le farniente. Des aires de jeux pour les plus petits sont présentes, ainsi qu'une piste cyclable. Si vous avez une petite faim, on vous propose de déguster sur place des grillades, un burger ou bien encore des tapas à l'ombre du saule pleureur.

BIOPLANÈTE

Route de Limoux
✆ 04 68 76 70 60
www.bioplanete.com
Ouvert du lundi au vendredi de 9h à 12h30 et de 13h30 à 17h.

Régulièrement primées, les productions de Bioplanète, font la fierté de cette entreprise Audoise fondée il y a plus de 30 ans. C'est la plus ancienne huilerie bio d'Europe, dont les produits, sont issus de productions locales et du commerce équitable. Des champs jusqu'à la mise en bouteille, l'ensemble des étapes de fabrication sont élaborées artisanalement. La gamme compte plus de 78 huiles haut de gamme, toujours pressées à froid mais aussi germe de blé, chia, cumin noir, lin, chanvre ou cameline, et des produits innovants tels le beurre clarifié bio ou le Ghee.

MONTRÉAL ★

Construite sur un éperon rocheux, l'origine de Montréal remonte à quelques centaines de milliers d'années. Sa situation géographique en fait un site fortifiable privilégié. À partir de Charlemagne, les populations s'organisent autour de ce point élevé. Le château à ce jour disparu, l'église originelle et les ruines des remparts, sont datés des XIe et XIIe siècles. Montréal va subir la sanglante hérésie cathare au XIIIe siècle, et se trouva au cœur des combats tant le lieu était stratégique. Brûlé et rasé par le Prince Noir, elle connaîtra les guerres de religion. Elle conserve, comme témoin de sa splendeur passée, l'église collégiale du XIVe siècle.

AUDE

CAUNES-MINERVOIS ★★

Caunes-Minervois, terre du célèbre marbre rouge, s'annonce avec son « totem néocubiste » à l'entrée du village. Blotti autour de son abbaye bénédictine entouré des vestiges de l'enceinte fortifiée, Caunes est doté d'un patrimoine architectural surprenant ! Ses ruelles anciennes vous révéleront de somptueux hôtels particuliers de style Renaissance, sa petite place aux deux platanes de 300 ans, ses façades remarquables et de nombreux ateliers d'art. Des sentiers vous conduiront aux carrières du célèbre marbre rouge, de « la petite griotte » à « l'incarnat », qui orne le Trianon de Versailles, l'Opéra Garnier, l'Arc de Triomphe... Un village à découvrir !

ABBAYE DE CAUNES-MINERVOIS ✞ ★★

Place de l'Église ✆ 04 68 78 09 44
www.caunes-minervois.org

Fermé fin d'année & mois de janvier, Visites accompagnées sur réservation en juillet et août : 11h / 15h / 17h.

L'abbaye bénédictine Saint-Pierre et Paul de Caunes-Minervois est érigée à la fin du VIIIe siècle. De style roman, elle est classée monument historique depuis 1948. Elle se caractérise par ses deux clochers-tours du XIIe siècle. Le clocher méridional, abritait le trésor et les archives de l'abbaye quant au clocher nord de trois étages, il présente des chapiteaux de marbre blanc d'époque wisigothique. L'abbaye fut acquise successivement par la vicomté de Carcassonne, les comtes de Barcelone et les vicomtes de Béziers. Lors de la croisade contre les Albigeois, l'abbé de Caunes reçut les représentants du pape, venus prêcher l'orthodoxie catholique et Pierre Isarn, l'un des derniers évêques cathares, considéré hérétique y fut brûlé vif en 1227. Au début du XVIIe siècle, après une période de déclin de près de trois siècles, l'abbé Jean d'Alibert engage une série de réformes, restaure les bâtiments, reconstruit le logis abbatial et commande un nouveau maître-autel. Aux XVII et XVIIIe siècles les décors intérieurs sont refaits, dans un style baroque, à grand renfort de marbre polychrome. En 1791, l'abbaye est vendue et l'église devient propriété communale.

À noter : Le nouveau musée dédié au marbre de Caunes, la visite de l'abbaye avec des casques de réalité virtuelle et diverses médiations culturelles. Hors saison, Jazz au caveau anime également l'abbaye avec différents concerts pendant un mois. Par ailleurs, l'abbaye propose une exposition permanente d'icônes contemporaines.

MUSÉE DE PALÉONTOLOGIE, MINÉRALOGIE ET PRÉHISTOIRE

12, rue Saint-Mammès - VILLENEUVE-MINERVOIS
✆ 04 68 26 12 14 - www.fossile-minervois.info

Toute l'année sur rendez-vous. Prévoir 1h. Gratuit. Visite guidée. Pour les enfants : ateliers pédagogiques, moulage...

Xavier, naturaliste de formation, aime transmettre son savoir et sa passion. Ce petit musée privé possède des collections impressionnantes de fossiles, de minéraux... Les collectionneurs pourront ici échanger des spécimens, ou faire identifier certaines pièces, ils pourront aussi séjourner sur place. Un logement de 3 chambres est à la location, pour profiter des circuits «Découvertes paléontologiques et minéralogiques en Minervois» proposés par Xavier à la journée ou à la demi-journée.

LA CANTINE DU CURÉ €

16, avenue de l'Abbaye ✆ 07 67 54 94 67
www.lacantineducure.com

Fermé de janvier à avril. Juillet & août 7j/7 11h-2h. Plat du jour : 10 €. Vin au verre. Côte de boeuf : 32 €. Terrasse.

Dans ce restaurant-bodega, l'esprit festif est de mise, venez chez nous pour être comme chez vous ! Telle pourrait être leur devise. Benjamin et son équipe vous serviront des tapas variées, goûteuses et maison : jambon de pays et son *pan con tomate*, des encornets, des gambas à la plancha, etc., et de délicieuses frites ! Vous pourrez aussi vous laisser tenter par la savoureuse côte de bœuf à la braise. En plus de ses vins, Benjamin propose une carte des vins de plus de 80 références. En été, l'ambiance y est souvent très *caliente*, surtout les soirs de concert.

LA MARBRERIE €€

Avenue de l'Argent-Double
✆ 04 68 79 28 74
www.la-marbrerie.fr/restaurant/

Ouvert à l'année. Tous les jours 12h - 13h45 / 19h - 21h. Menu terroir : 23,90 € ; Menu végétarien. Musée boutique.

Bienvenue dans ce beau restaurant, ancienne marbrerie, où tout fleure bon la belle époque, de la cuisine du terroir de grand-mère, au décor et mobilier d'antan. Christine et Robert ont su insuffler à ce site une autre vie, où se mêlent sculptures, souvenirs, livres, vins, artistes... Les deux salles sont lumineuses, le bar est convivial et la terrasse fort agréable. Leur cuisine exprime le bien-manger local, généreuse et goûteuse, comme ce cassoulet aux 3 viandes qui fait la fierté du chef ! Afin de prolonger votre séjour, la Marbrerie dispose de 5 chambres.

CABRESPINE ★★

Le petit village de Cabrespine se trouve aux confins du Minervois et du Cabardès, niché dans la vallée de la Clamoux. Son château, construit au XIe siècle, fut garnison royale, mais il n'en reste aujourd'hui que quelques ruines en cours d'étude. En revanche, l'église paroissiale de style gothique, construite au XVIIIe siècle, est bien conservée, et il s'y trouve en son sein un musée lapidaire ainsi qu'un tableau de Gamelin. La création d'un jardin d'inspiration médiévale ajoute au charme des lieux, car ainsi les visiteurs peuvent y découvrir des légumes anciens, de même que des plantes médicinales utilisées au Moyen Âge. L'année 2018 a vu la création de l'Espace Claude Granier, propriétaire et aménageur du Gouffre géant, un lieu qui rassemble une bibliothèque et un fonds de ressources sur le monde des cavernes, principalement composé des dons de ce spéléologue passionné. Cabrespine bénéficie d'une dynamique exceptionnelle, portée par la municipalité qui restaure, aménage et met en valeur le village, son patrimoine et son histoire. Ainsi, l'eau est omniprésente à Cabrespine : lavoir ancien, abreuvoir ou encore fontaine rappellent le rôle essentiel de l'eau qui creusa le gouffre géant du village, connu par-delà les frontières. Ces mises en valeur ajoutent au charme de ce village typique de la Montagne noire. Rappelons que Cabrespine a obtenu, en 2016, le label « Terre Saine, commune sans pesticides » qui récompense et atteste des efforts apportés pour protéger les cultures et l'écrin de végétation du village.

CAPUT SPINA €€

Rue des Six-Ponts
✆ 06 15 97 20 71

Fermé de début janvier à fin mars. Jardin. Vente à emporter. Animations. Épicerie bio : produits locaux circuit court.

Mélanie et Taha ont choisi de donner à leur établissement le nom originel du village, Caput Spina, qui signifie « tête d'épine ». Ils se sont installés dans l'ancien presbytère, à 2 min du Gouffre de Cabrespine, qui a été aménagé en restaurant, mais aussi en cave à vin et épicerie. Un jardin médiéval et une grande terrasse couverte de voiles d'ombrages, ajoutent au charme du lieu. Côté cuisine, le chef propose des recettes élaborées avec des produits locaux. Mais le Caput Spina est aussi un lieu culturel où des soirées sont régulièrement organisées.

GOUFFRE GÉANT DE CABRESPINE ★★★

D 112 ✆ 04 68 26 14 20
www.gouffre-de-cabrespine.com

Ouvert tous les jours, de février à début décembre. Entrée : 11,60 €. Accro-grotte : 39 €. La Rivière Souterraine : 48€.

Voici le plus grand gouffre aménagé d'Europe, connu dans le monde entier pour sa richesse minéralogique. On y trouve des disques, excentriques, aragonites, draperies, colonnes, ou encore des cascades. Géant, n'est pas un terme galvaudé, il est profond de 250 m pour un volume de plus de 1 500 000 m^3, il pourrait presque abriter la Tour Eiffel. Grâce à des aménagements astucieux, le parcours est en partie accessible de plain pied et donc au plus grand nombre (parents avec poussette comme personnes en fauteuil roulant). Par ailleurs, une passerelle de verre de 8 m de long s'élance de la paroi rocheuse à 200 m au-dessus du vide, les premières craintes passées, elle permet de découvrir des espaces du gouffre jusqu'alors inaccessibles au public. Le belvédère des disques permet de se rapprocher au plus prêt de la voûte afin d'observer ses concrétions uniques en forme de disque. Des visites exceptionnelles sont prévues fin août comme « L'envol des chauves-souris », spectacle impressionnant mettant en scène les charmants chiroptères du gouffre à la tombée de la nuit. L'Aventure Parc regroupe 2 activités situées à 250 m au fond du gouffre, parcours acrobatique et exploration de la rivière souterraine mêlent amusement et découverte, que du fun. Question sécurité, vous êtes bien encadrés par de vrais professionnels qui connaissent la cavité dans ses moindres recoins. Soyez-en sûrs, après toutes ces émotions, le Gouffre Géant de Cabrespine restera à jamais gravé dans vos mémoires !

© GILLE DECHAMP - SETSN

AUDE

LASTOURS ★★

Situé à 17 km au nord de Carcassonne, le village de Lastours est connu pour ses 4 châteaux médiévaux, intimement liés au Catharisme. Initialement appelé Cabaret, de caput arietis qui signifie « tête de bélier », le site est à l'origine de l'appellation de ce terroir : le Cabardès. Suite à la Croisade contre les Albigeois (1209-1229), les 3 châteaux primitifs ainsi que le village médiéval sont détruits. C'est St Louis qui qui affirmera son autorité en construisant La Chatellenie du Cabardès, avec quatre nouvelles forteresses sur la crête rocheuse. Les noms des 3 citadelles originelles sont conservés ainsi que la Tour Régine qui complète cet ensemble.

© IRÈNE ALASTRUEY - AUTHOR'S IMAGE

Deux des quatre châteaux de Lastours.

AUDE

GROTTE DE LIMOUSIS ★★

51, chemin de la Grotte - **LIMOUSIS**
✆ 04 68 76 96 63 - www.grotte-de-limousis.fr

Fermé de mi-novembre à début février. Ouvert à l'année sur rdv pour groupes. Juillet & août visites guidées 10H - 18H.

La grotte de Limousis est la plus grande grotte aménagée du Pays Cathare. La visite guidée d'une heure, vous amène dans la grotte de l'homme préhistorique, sur les traces de l'ours des cavernes, mais aussi dans la grotte vivante, parsemée de gours d'eau pure aux reflets féeriques et possédant des lacs vert émeraude exceptionnels. La caverne au trésor n'est pas en reste avec son lustre d'aragonite, aux millions de cristaux, sublime curiosité géologique mondialement reconnue. Un jeu de son et lumière clôturera, ce parcours d'un kilomètre environ, accessible à tous.

LES QUATRE CHÂTEAUX DE LASTOURS ★★★

✆ 04 68 77 56 02 - Depuis Carcassonne, suivre Mazamet par la D118, ensuite prendre Conques-sur-Orbiel par la D101 jusqu'à Lastours.
www.chateauxdelastours.fr

Fermé en janvier et le 25 décembre. Adulte : 8 €. Enfant (de 6 à 15 ans) : 3,50 €. Tarifs réduits et familles.

Perchés à 300 m sur une crête au-dessus de la vallée de l'Orbiel, dans un paysage escarpé, ces quatre châteaux dominent le cours de l'Orbiel et le torrent du Grézilhou. Du nord au sud : le monumental Cabaret, Tour Régine – le plus récent (XIIIe siècle), Surdespine – le plus vieux (XIIe siècle), et Quertinheux. Cabaret, Surdespine et Quertinheux existaient avant la Croisade contre les Albigeois. La tour Régine fut construite après, par le roi de France. Malgré les multiples assauts subis durant la Croisade contre les Albigeois, puis ceux des guerres de religion – fin du XVIe siècle (plate-forme pour les protestants) –, ils n'ont rien perdu de leur majesté. Durant des siècles, ils contrôlèrent le passage des minerais de la Montagne noire. L'accès à cet impressionnant ensemble architectural est quelque peu ardu, pensez à des chaussures de marche ! Mais une halte à distance, sur le belvédère ombragé, permet aussi d'admirer cette vue exceptionnelle sur les châteaux. L'accueil des visiteurs s'effectue dans une ancienne usine de textile où étaient fabriquées des pièces de draps et de feutrine. Restaurée, elle sert de salle d'exposition où est présentée une partie du mobilier archéologique retrouvé lors de fouilles réalisées sur le site. Une boutique propose une sélection intéressante de livres sur le patrimoine audois et la croisade menée contre les cathares dans la région. Vous y trouverez également des livres et des jeux pour les enfants et des ouvrages en différentes langues.

LE PUITS DU TRÉSOR €€€

21, route des Quatre-Châteaux ✆ 04 68 77 50 24
www.lepuitsdutresor.fr

Ouvert du mercredi au samedi de 12h à 14h et de 20h à 21h30 ; le dimanche de 12h à 14h. Menus de 55 € à 115 € hors vins.

Le Puits du trésor prend place dans un lieu atypique, une ancienne usine en bordure de l'Orbiel, avec son immense cheminée industrielle et sa vue incroyable sur les châteaux de Lastours. L'atmosphère de ce restaurant gastronomique, couronné d'une étoile Michelin est feutrée et les assiettes aux essences méditerranéennes, vous font voyager. Le chef Jean-Marc Boyer vous emmène dans une cuisine d'authenticité, au gré de ses créations inspirées par son terroir, et les saisons qui le rythment, pas de carte imposée seuls des menus surprises au gré de la saisonnalité.

VILLENEUVE-MINERVOIS ★

Villeneuve-Minervois est situé à l'entrée de la vallée de la Clamoux, au pied de la Montagne noire. Ce site offre un patrimoine unique : ruelles médiévales, château du XIIe siècle, imposantes sentinelles datant de la fin de la croisade albigeoise, l'église Saint-Etienne, la chapelle Saint-Mamès... Vous tomberez sous le charme de ce village viticole du Minervois, aux placettes ombragées où le vin n'a pas d'égal. Ne manquez pas les trésors de cette région, prenez la route de Pujol-de-Bosc, à environ 4 km, vous découvrirez ses capitelles, son moulin à vent, son four à chaux et ses dolmens. Des panneaux explicatifs vous accompagneront tout le long de votre balade.

MOULIN À VENT BÉNAZETH

Route de Sallèles-Cabardès ✆ 04 68 26 57 56
www.moulin-benazeth.fr
Gratuit - de 6 ans. Adulte : 9 €. Visite guidée. Boutique. Grand parking gratuit. Aire pique-nique. Animaux acceptés.

Qui n'a jamais rêvé aux moulins de Daudet ? A 15 min de Carcassonne, au milieu des vignobles du Minervois, découvrez le moulin de Villeneuve, exploité jusqu'en 1890, et bâti sur le lieu du Pech-Rouzaud pour compléter un moulin à eau existant. Tombé en décrépitude, F. Bénazeth, entreprit de le restaurer. Lors d'une visite guidée de 45 mn, vous pourrez admirer le superbe mécanisme en bois de chêne et de châtaignier, le meunier vous montrant la transformation du blé en farine jusqu'à sa mise en sac, en vente à la boutique. Un film de 25 min retrace sa rénovation.

LA DEMEURE ET TABLE DU PAREUR €€

14, avenue de la Clamoux ✆ 04 68 77 11 03
www.demeure-pareur.com
Ouvert du mercredi au samedi de 12h à 14h et de 19h à 21h ; le dimanche de 12h à 14h. 5 chambres d'hôtes de 80 € à 95 €.

Un lieu unique et des créations culinaires savoureuses concoctées par l'affable Serge Badimon heureux dans son office, retrouvant ses premières amours : la cuisine. C'est une cuisine épicurienne qui lui ressemble, généreuse, gourmande, et authentique, les papilles sont à la fête que ce soit dans l'ancienne cave à vin transformée en salle ou en terrasse. A noter 5 magnifiques chambres d'hôtes sont à votre disposition sur place, dans cette magnifique bâtisse en pierres.

MONTOLIEU ★★

Un village dévolu aux livres ! Au XVIIIe siècle, Montolieu, pittoresque et charmant village médiéval perché sur un éperon rocheux, entre les gorges de la Dure et celles de l'Alzeau, comme les villages alentour, connaît la prospérité économique avec les industries textiles et papetières. De nombreux moulins étaient alimentés par les cours d'eau parfois capricieux qui dévalent de la montagne Noire. L'exode rural du XIXe siècle signe le déclin de l'industrie papetière, de la Manufacture royale de draps, et des industries agricoles et viticoles. Au tout début des années 90, un homme, Michel Braibant, relieur à Carcassonne, rêve de redonner vie aux ruelles désertées. Il conçoit un projet fou : consacrer le village au monde de l'édition et des arts graphiques. Une quinzaine de libraires, bouquinistes, éditeurs et artisans du livre, jouent le jeu depuis lors. Le village, situé à 17 kilomètres au nord-ouest de Carcassonne, accueille chaque année plusieurs milliers de visiteurs, simples curieux, lecteurs confirmés et collectionneurs. Des animations et des ateliers pédagogiques organisés tout au long de l'année, ainsi que des visites du musée des Arts et Métiers du Livre, permettent de découvrir le travail des artisans calligraphes, relieurs, graveurs, ainsi que la fabrication de livres ou de papier. Des artistes ont rejoint cette belle initiative et donnent un nouvel élan à ce projet unique, notamment au travers de la Coopérative Musée Cérès Franco présentant une exceptionnelle collection d'art brut. Un bel exemple de reconversion et de valorisation du patrimoine local.

© MARTIN CHARLES HATCH - SHUTTERSTOCK.COM

Le village de Montolieu.

AUDE

LA COOPÉRATIVE-MUSÉE CÉRÈS FRANCO

5, route d'Alzonne ✆ 04 68 76 12 54
www.collectionceresfranco.com
Ouvert de fin avril à début novembre. Ouvert du mardi au dimanche et les jours fériés de 14h à 19h. Visite guidée.

Depuis 2015 la Collection Cérès Franco est hébergée dans un écrin d'exception : l'ancienne cave coopérative viticole de Montolieu. Résolument internationale, la Collection Cérès Franco réunit environ 2 000 œuvres des XXe et XXIe siècles dont une partie est présentée chaque année sur une thématique différente. Naïfs brésiliens et européens, art populaire sud-américain, art brut, autodidactes, singuliers, artistes issus du mouvement CoBra ou de la Nouvelle Figuration, la provenance des œuvres traduit un goût éclectique et indépendant pour un art situé en marge des grands courants artistiques. Cette collection reflète, avec une cohérence rare, le regard d'une collectionneuse audacieuse et exigeante qui s'est tournée vers des œuvres intenses. Chaque année une exposition temporaire est organisée avec un commissaire invité qui pose son regard sur cette collection, tout en engageant un dialogue avec d'autres institutions ou collections. L'exposition est ouverte au public à partir du week-end de Pâques jusqu'à la fin des vacances de la Toussaint. En 2021, pour la deuxième saison, Dominique Polad-Hardouin nous propose un voyage initiatique au milieu de 450 œuvres et plus de 150 artistes. Cette exposition, intitulée «les Voleurs de feu», nous conduit vers une profusion artistique accumulée par Cérès Franco. Vous déambulerez dans un univers singulier et unique, où l'art n'a plus de frontière. Un lieu inspirant, avec des explications sur l'exposition en cours données systématiquement.

LE MOULIN À PAPIER ★

Lieu-dit Cambou - **BROUSSES-ET-VILLARET**
✆ 04 68 26 67 43
www.moulinapapier.com
Lundi à vendredi sur rdv. Visites guidées WE, jours fériés (11h/14h30/15h30/16h30). Gratuit jusqu'à 4 ans, Adulte 8,50 €

A 20 minutes de Carcassonne, découvrez le dernier moulin à papier du Languedoc, avec ses moteurs hydrauliques, ses machines anciennes et la production artisanale de ces précieuses feuilles. A chaque visite guidée, la magie opère, le papier nait de tee-shirts de coton, de vieux jeans, ou plus étonnant encore, de crottin d'éléphant. Après la visite, dans l'atelier, enfants et adultes peuvent réaliser eux-mêmes, leur feuille de papier filigranée qu'ils emportent après la séance. Le moulin est un lieu d'échanges et de rencontres : expositions, concerts, conférences...

LES ANGES AU PLAFOND €€

5, rue de la Mairie
✆ 04 68 24 97 19
Ouvert tous les jours de 12h à 14h et de 19h à 22h fermé les mercredis et jeudis. 3 chambres. Animaux non acceptés.

Cette bâtisse du XIXe siècle fut jadis le café du village, à présent restaurée, elle conserve son charme d'antan. Terri et Bernard Briqué vous accueillent chaleureusement, dans ce lieu où vous trouverez à la fois un restaurant, et 3 chambres lumineuses, décorées dans un esprit cocooning, apportant quiétude après avoir arpenté les rues du village du livre. Vous aurez le choix entre la Gialla, la Rosa ou la Verde toutes très confortables et spacieuses, aux salles d'eau contemporaines. Mention spéciale pour l'accueil des enfants avec l'espace qui leur est dédié !

CASQUETTE ET CHAPEAU €€

2, place de la Liberté
✆ 04 68 24 76 72
www.casquetteetchapeau.fr
Ouvert mercredi à dimanche 12h - 14h et 19h - 21h. Menus de 15,50 € à 20 € (menu 22€ le soir). Vin au verre. Terrasse.

Casquette et Chapeau, est situé au cœur du village, face à l'église. On aime la décoration des lieux façon bistrot, mais aussi la grande terrasse ombragée plantée de platanes centenaires. On s'y régale de recettes traditionnelles revisitées et élaborées avec des produits de qualité. Le chef ne travaille que des produits frais et de saison, la carte réduite change régulièrement. L'accueil est agréable, c'est le lieu parfait pour une pause gourmande dans ce village typique du Cabardès. Mention spéciale pour la décoration des « petits coins », lecture assurée !

THÉ AND CO

3, rue Guehenno
✆ 06 79 97 98 13
Ouvert du samedi au jeudi de 10h à 22h. Fermé le vendredi. Fermé le vendredi. Menu enfant 10 €, plat du jour 14 €

Le salon Thé and Co propose, un grand choix de thés, cafés, glaces artisanales, pâtisseries maison. Des plats du jour cuisinés maison sont servis tous les midis à prix sympa : cassoulet, lapin à la bière, gaspacho...L'espace boutique permet de découvrir des productions locales de confitures, huiles d'olive, pâtes, plats cuisinés...Un coin est réservé aux vins audois, à la blanquette, à la bière locale et à la célèbre limonade de sureau. Et quoi de plus normal dans le village du livre, qu'une bibliothèque dans ce charmant salon de thé, à disposition des visiteurs.

ECLECTIC GALERIE-LIBRAIRIE D'ART

5, rue du 8 mai 1945
✆ 04 68 24 92 63
www.eclectic-galerie.com
Ouvert lundi à vendredi de 14h à 18h ; week-end de 10h à 18h. Vacances scolaires : Tous les Jours 10h à 18h (Eté 19h).

Impossible de faire étape dans le « village du livre » de Montolieu sans faire un détour par la plus grande librairie du coin. Créée en 2016, la librairie-galerie Eclectic s'est associée depuis 2018 avec la librairie la Manufacture. Vous y découvrirez sur 3 étages plus de 20 000 ouvrages et plusieurs centaines de peintures, estampes, sculptures, photographies, et livres d'artistes à la vente. Un lieu parfait pour la recherche d'un ouvrage inédit, ou difficile à trouver ailleurs.

SAISSAC ★

Sur les contreforts de la Montagne Noire, la ville de Saissac émerge d'un écrin de verdure. L'histoire de Saissac est fortement liée à celle de son château : il s'agit d'une étape à ne pas manquer. Ce monument cathare méconnu est le plus vaste et le plus ancien de France, sa construction aurait commencé en 900 ! Dans son enceinte, on retrouve deux salles consacrées à une muséographie sur le trésor monétaire de Saissac. Le tour de la ville a également beaucoup à offrir tant les vestiges de son Histoire sont nombreux : quatre tours, deux portes, une ancienne manufacture de draps, une église et un ancien hôtel reconverti en école...

CHÂTEAU DE SAISSAC ★★

4, place de la Mairie
✆ 04 68 24 46 01
www.saissac.fr
Fermé en janvier. Juillet & août : 9h – 20h. Gratuit jusqu'à 5 ans. Adulte : 5 €. Visite guidée. Boutique. Animations.

Le Château de Saissac, inscrit au titre des monuments historiques, est le plus ancien et l'un des plus vastes château du pays Cathare. En effet, des fouilles ont permis d'établir une datation à l'an 900. Outre ce que le château raconte en lui-même, dans le corps de logis central, deux salles restaurées accueillent la muséographie sur le trésor monétaire de Saissac, avec une belle collection de pièces. On y évoque aussi tout ce qui touche à la monnaie : l'extraction du minerai, la frappe, le change, son importance dans les échanges commerciaux, les conflits…

DOMAINE DE CAMPRAS €

16, RUE DES PYRENEESDOMAINE DE CAMPRAS
✆ 04 68 78 48 20
www.domainedecampras.fr
Ouvert toute l'année, 4 chambres, une roulotte, la cabane du trappeur et un loft. SPA. Chambre double 59 € Pdj inclus.

C'est dans un vrai paradis que Fred vous accueille. Vous aurez l'embarras du choix entre 4 jolies chambres en rez-de-chaussée de la maison avec accès indépendant et terrasse privative, l'étonnante roulotte, le chalet bâti en bois du pays, ou le nouveau loft avec sa vue panoramique sur les Pyrénées et la Cité de Carcassonne. Les enfants seront ravis de rencontrer canards, poules, Idéfix et Igloo les deux poulains. Le petit déjeuner est 100 % maison, avec jus de fruits, pâtisseries, confitures et pain tout juste sorti du four...un vrai coup de cœur.

AUDE

© TIMBOBAGGINS - SHUTTERSTOCK.COM

Le château de Saissac.

NARBONNE ★★★

Narbonne détient un très riche patrimoine culturel et archéologique grâce à la diversité des influences dont elle a bénéficié. Restent aujourd'hui notamment des chefs-d'œuvre médiévaux comme le Palais des Archevêques (début de la construction au XIIe siècle), l'abbaye de Fontfroide (chef-d'œuvre cistercien de plus de 1000 ans !) et bon nombre de joyaux comme les Halles de style Baltard, le canal de la Robine et ses écluses, le pont des Marchands qui a la particularité d'être l'un des rares ponts bâtis et encore habités de France... Depuis sa fondation en 118 avant J.-C., elle est un carrefour et un point de rencontre stratégique entre Atlantique et Méditerranée, Massif central et Pyrénées. Narbo Martius est la première colonie hors Italie à jouer un rôle important durant des siècles. Elle était située sur la via Domitia, la première route romaine en Gaule, qui permettait de relier l'Italie et l'Espagne. Narbonne, lieu d'échange et de commerce, voit à partir de ce moment arriver sur ses quais huiles de Bétique, céramiques d'Italie, lampes à huile, bronze, matériaux de construction, et exporte les produits de sa région, notamment du vin, l'huile d'olive, le miel de romarin vendu à Carthage pour son poids d'or, ainsi que le sel, une des matières premières de l'Antiquité. Berceau de la romanité entre mer et garrigue, avec ses vignobles à perte de vue, elle est aujourd'hui une ville aux mille facettes. Avec plus de 300 jours de soleil par an, Narbonne est une destination où règne la douceur de vivre. A découvrir ou redécouvrir, en famille ou entre amis toute l'année !

CATHÉDRALE SAINT-JUST-ET-SAINT-PASTEUR ★★★

Rue Armand-Gautier
✆ 04 68 65 15 60
www.narbonne-tourisme.com
Billet Palais et Cathédrale (Trésor) 6 € adulte / 4 € étudiant et enfants de +10 ans.

Cette cathédrale (XIIIe et XIVe siècles) est le monument le plus prestigieux de Narbonne. Sa construction de style gothique fut décidée en 1268 par le pape Clément IV, ancien archevêque de Narbonne. Elle fut consacrée aux jeunes martyrs espagnols Just et Pasteur. Elle se situe au cœur de la ville actuelle, place incontournable de la vie narbonnaise où l'on peut admirer le bâtiment du Palais-Vieux du XIIe siècle, le donjon de la Madeleine construit au XIIIe siècle et relié par une arche enjambant le passage de l'Ancre à la tour Saint-Martial du début du XIVe siècle. Le palais neuf d'origine gothique accueille aujourd'hui le Musée archéologique. La façade a été construite entre 1846 et 1852 par Viollet-le-Duc dans un style troubadour. A l'angle, le donjon Gilles Aycelin domine tout l'ensemble du haut de ses 40 mètres, la vue est sublime. Au sommet de la tour sud, est disposé le «Bourdon», volumineuse cloche d'un poids de 5 tonnes. Elle est la seule pièce à avoir échappé à la fonte durant les journées révolutionnaires de 1793. Vers 16 heures le bourdon de Saint-Just égrène ses notes graves au-dessus des toits en mémoire de l'épidémie de peste qui dévasta la ville en 1652. Malgré différentes tentatives, cette cathédrale qui n'a jamais pû être terminée devait s'étendre jusqu'aux environs de la gare. Imaginez l'ampleur du projet ! N'hésitez pas à aller admirer les colonnes et chapiteaux du cloître récemment restauré, découvrez l'acoustique mystérieuse de la salle du Trésor.

Vue de Narbonne.

LE DOMAINE SAINTE-MARTHE ★★

Lieu-dit Sainte-Marthe
✆ 06 82 90 19 76
www.domainesaintemarthe.com
Fermé de novembre à mars. Horaires variables, se référer au site internet. Bateau 5 places : 22 € les 30 mins.

Après le rond-point de la sortie d'autoroute Narbonne-Est, où le berceau de la vigne est matérialisé par une énorme amphore signée Brigitte Privat, prenez la direction des plages, à 1 km sur votre droite le Domaine de Sainte-Marthe sera annoncé. Un site insoupçonné où la nature préserve une faune typique des marais : aigrettes, poules d'eau, colverts... Prenez place à bord de petits bateaux électriques respectueux de l'environnement. Vous les piloterez facilement y compris les enfants. C'est un vrai plaisir de sillonner ces anciens canaux d'irrigation, de découvrir la flore et faune sauvages, de manœuvrer sous des petits ponts de pierre et de sonner la cloche située sous le dernier pont pour annoncer votre arrivée ! Les petits bateaux du Domaine de Sainte-Marthe procurent bien-être, sourire et émerveillement à tous les membres de la famille, petits et grands. Le temps de la balade (30 minutes ou location à l'heure), glissez-vous dans la peau d'un capitaine ou d'un pirate d'eau douce. Avant ou après la visite, n'hésitez pas à passer par la petite ferme avec trois ânes, un mini-cheval, une vingtaine de chèvres, des petits cochons, des oies, des poules, des dindons et des canards. Pour prolonger ce moment, vous pourrez apporter votre pique-nique et déjeuner sur place, pour profiter un peu plus de cet endroit bucolique. Petite restauration sur place. Les animaux sont tolérés à bord des bateaux, ils doivent être tenus en laisse. Gilet de sauvetage pour les plus petits. Ouvert même par vent fort !

GRAND NARBONNE MÉDITERRANÉE

Grand Narbonne Méditerranée est la destination touristique du littoral de l'Aude, entre Montpellier, Carcassonne et Perpignan. De Saint-Pierre-la-Mer à Port-Leucate en passant par Narbonne, Ville d'art et d'Histoire, et le canal du Midi, classé patrimoine mondial de l'Unesco, autant vous dire que les vacances là-bas ont un goût de concentré de Méditerranée. Imaginez les plages de sable fin de Gruissan ou Port-La Nouvelle où vous pouvez pratiquer des dizaines d'activités nautiques (catamaran, kayak, bateau électrique, kitesurf, windsurf...), arpentez les sentiers de randonnées entre garrigue, lagunes et massifs, et explorez les plus beaux paysages du Parc naturel régional de la Narbonnaise. Les petits chemins vous mèneront également à la découverte des villages languedociens et à travers vignes... jusqu'aux domaines vignerons à l'accueil authentique. N'hésitez pas d'ailleurs à suivre le label Vignobles & Découvertes dans les cinq terroirs Corbières, Fitou, Minervois, Clape, Coteaux de Narbonne. Enfin, plongez dans l'histoire millénaire de la région avec les musées et sites archéologiques, notamment Narbonne, ville au patrimoine médiéval majeur (abbaye de Fontfroide, palais des Archevêques et cathédrale Saint-Just et Saint Pasteur) bâtie sur la capitale de la province Romaine du nom de Narbo Martius ! N'hésitez pas à vous renseigner sur le site internet de l'office de tourisme intercommunal : www.visit-lanarbonnaise.com et sur les réseaux sociaux: #GrandNarbonneMediterranee

AUDE

DONJON GILLES AYCELIN

Palais des Archevêques
✆ +33 4 68 90 30 65
www.narbonne-tourisme.com
Ouvert du mercredi au lundi. Pass Palais-Cathédrale : 6€ / 4€. Pass Monumentale Narbonne : 10€ / 6€. Groupe (10p) : 4€

Que diriez-vous de prendre un peu de hauteur ? Ménagez vos jambes et votre souffle pour gravir les 162 marches du magnifique escalier en colimaçon. A 42 mètres de haut, vous pourrez profiter d'un point de vue exceptionnel sur la ville de Narbonne, du littoral jusqu'aux Pyrénées. Le donjon, puissante tour carrée à deux pas du Palais Neuf, fut construit de 1295 à 1306 par l'archevêque Gilles Aycelin. Il se compose de quatre salles à visiter : la salle hémisphérique, la salle dite du Trésor, la chambre du roi et la salle de défense.

L'HORREUM ROMAIN ★★

7, rue Rouget-de-Lisle ✆ 04 68 90 30 54
webmuseo.com/ws/musees-narbonne
Ouvert toute l'année. Gratuit -10 ans. Pass Monumentale Narbonne : 10 € tarif réduit 6 €. Fermeture les jours fériés.

Ouvert au public en 1976, l'Horreum de Narbonne est un marché ou un entrepôt souterrain gallo-romain de marchandises conservé dans sa quasi intégralité. Sa construction date du Ier siècle avant notre ère, à une époque où Narbonne était considérée comme « un observatoire et rempart du peuple romain » (Cicéron). Les bas-reliefs d'origine funéraire sont de véritables trésors évoquant d'anciens monuments disparus : amphithéâtre, théâtre, thermes, temples... La visite son et lumière évoque l'ambiance des marchés romains, des combats des gladiateurs, du forum...

ESPACE DE LIBERTÉ

Rond-point de la Liberté
✆ 04 68 42 17 89 - Autoroute, sortie Narbonne Sud. - www.espaceliberte.com
Ouvert toute l'année. Horaires variables, se référer au site internet.

Site sportif et touristique phare du département de l'Aude et de la Région, l'Espace de Liberté offre une large palette d'activités afin de satisfaire le plus grand nombre, adultes comme enfants :

Dans l'espace aquatique indoor, un bassin de natation de 25 mètres, 6 couloirs, chauffé à 29°C. Les familles découvriront un espace aqua-family avec toboggans, bain à bulles et Slash Pad de 300 m² pour s'amuser en toute sécurité. Le O'Tonic, un bassin spécial aquafitness est dédié à l'aquabike, le crosstraining, le pilate,... Outdoor, les nageurs apprécieront le bassin olympique (50 mètres) exposé plein sud et chauffé toute l'année. Pour la détente : le solarium, et l'espace pique-nique ombragé. En été, ne manquez pas Le Water Jump, composé de 4 pistes exceptionnelles de 9 à 12 m de hauteur ! A la fois sportive et ludique, la patinoire s'adresse à tout type de public. Ne soyez pas surpris d'y croiser Philippe et Olivia Candeloro, les danseurs viennent régulièrement pour la préparation de leurs shows sur glace. Jeux de lumière et DJ accompagnent petits et grands sur une piste en glace de 800 m². Deux façons de glisser : sur patins ou... en karting ! Six karts électriques permettent accélérations et dérapages sur la glace transformée en circuit... Sensations garanties pour petits et grands ! Enfin, venez découvrir les 12 nouvelles pistes de bowling avec scénographie et son pub anglais, parfait pour un after-work ou en soirée pour y déguster de délicieux cocktails confortablement installé dans les fauteuils cosys.

LA MAISON NATALE DE CHARLES TRENET ★★

13, avenue Charles-Trenet
✆ 04 68 65 15 60
Ouvert toute l'année. Gratuit jusqu'à 9 ans (et demandeurs d'emploi). Adulte : 6€. Enfant : 4€. Groupe (10 pers.) : 4€

Lorsque vous passez la porte, l'ambiance est intimiste et nostalgique. De nombreuses photos, affiches, vidéos, illustrations de Cabu, ou encore images en 3D et karaoké permettent au visiteur de plonger dans le passé du poète. Dans le salon des invités, Trenet raconte sur écran sa ville natale. Au fil des étages, il présente son domaine en chansons, évoque son enfance, et sa mère raconte de nombreuses anecdotes. Cette muséographie vous plonge avec bonheur dans l'univers du Fou chantant.

J'EMMES LES MINÉRAUX

RD 613 - BIZANET
✆ 04 68 42 14 46
www.jemmes.fr
Ouvert tous les jours de 10h à 12h et de 14h à 19h. Juillet et août : de 10h à 19h. Mini golf : 5 €.

C'est dans une ancienne cave viticole que Françoise et Norbert se sont installés il y a plus de 10 ans pour partager leur passion des minéraux et des cristaux. Vous découvrirez ici différents espaces consacrés aux pierres du monde avec la plus grande exposition d'améthystes de France. Un parcours féerique dans les anciennes cuves à vin a été aménagé avec des jeux de lumière faisant scintiller les précieux cristaux. Ensuite, en saison, vous pourrez prendre place dans la salle de projection où l'on vous proposera des documentaires sur la provenance et l'extraction des minéraux... Vous pourrez terminer la visite par un passage à la boutique où vous trouverez bien entendu des bijoux, des blocs de pierres brutes taillées ou non, mais aussi des fontaines, des statues et plus de 250 variétés de pierres, proposés aux amateurs de lithothérapie… (en vente aussi sur www.géode.com). Toujours côté boutique, vous découvrirez « les bols chantants », il s'agit de bols de cristal qui émettent des sons… envoûtants… Des concerts sont régulièrement donnés, renseignez-vous des dates sur leur site web (www.jemmes.fr). Enfin, pour prolonger ce moment, des extérieurs soignés et paysagés sont à votre disposition ainsi qu'un parcours de mini-golf 18 trous et pour les plus petits (- de 10 ans), une plage aux trésors où sont cachés une vraie pépite d'or, des diamants bruts et des pierres fines !

Une adresse à découvrir en famille où vous pourrez boire un verre à la buvette et même pique-niquer sur place (snack en juillet et août)

PALAIS NEUF ★

7, rue Rouget-de-Lisle
✆ 04 68 65 15 60
Entrée place de l'Hôtel-de-Ville.
Ouvert toute l'année. Gratuit -10 ans. Pass Monumentale Narbonne : 10 € tarif réduit 6 €. Fermeture les jours fériés.

Créé au XIXe siècle, le Palais Neuf abrite les appartements des archevêques de 1632 et des collections artistiques réunies depuis 1835. Visitez la salle des Audiences avec sa cheminée Louis XIII, la chambre du Roi, ainsi que la salle à manger et ses boiseries. Œuvres majeures : les portraits des écoles françaises des XVIe et XVIIIe siècles : Van der Meulen, Nattier, et le buste de Louis XIV par Coysevox. L'école flamande : Brueghel, Pickenoy, italienne : Tintoret, ou espagnole avec Ribera. La notoriété du Palais Neuf tient à sa collection d'œuvres orientalistes.

LES ENFANTS ADORENT !

✆ 04 68 48 14 81

www.visit-lanarbonnaise.com

Partagez vos plus beaux souvenirs avec #GrandNarbonneMediterranee

La destination Grand Narbonne Méditerranée présente une mosaïque de paysages impressionnante : de la mer aux massifs en passant par les vignobles et les étangs. Cet écrin de nature est un formidable terrain de jeu pour des vacances en famille. Avec les enfants, explorez l'abbaye de Fontfroide, Terra Vinea et la Réserve africaine de Sigean, embarquez sur un bateau sur le canal du Midi, essayez-vous aux activités de la glisse, suivez un guide en VTT ou randonnez sur les sentiers du Parc naturel régional. Émerveillement garanti !

ABBAYE DE FONTFROIDE ★★★★

Route Départementale ✆ 04 68 45 11 08
www.fontfroide.com

Ouvert toute l'année. Fermée le 25 décembre et le 1er janvier. Gratuit -6 ans. Adulte : 11,50€. Se référer au site web.

Nichée dans son Massif, l'abbaye de Fontfroide, est incroyablement préservée. Datant de 1093, ce chef-d'œuvre cistercien est l'un des plus grands de France. Aujourd'hui vous pouvez visiter le réfectoire, le dortoir, le cloître des XIIe-XIIIe siècles, la cour Louis XIV, l'église abbatiale, la salle capitulaire et les jardins... En 1908, Gustave Fayet et son épouse Madeleine d'Andoque de Sériège achètent Fontfroide. Une renaissance culturelle et artistique s'opère alors. De vastes travaux de restauration et d'embellissement sont entrepris et l'abbaye devient très vite un lieu de rencontres artistiques et intellectuelles. Les mois d'hiver, Fontfroide ouvre à la visite les appartements privés des Fayet, occasion de découvrir le Parloir, la Salle à manger ou encore les anciennes cuisines. La Visite des 3 Peintres quant à elle, organisée les mardis et les samedis (sur réservation uniquement), vous permettra d'admirer le Jour et la Nuit, deux œuvres majestueuses du peintre Odilon Redon. A l'arrière de l'église, dès les beaux jours, s'étalent les couleurs de 2 000 rosiers. Tout au long de l'année, Fontfroide offre un riche programme culturel : concerts, marché aux fleurs, week-end médiéval, exposition d'orchidées, animations pour les Grands et les Petits... En juillet et août, embarquez dans un voyage inédit grâce à Fontfroide la Nuit, une nocturne teintée de poésie pour toute la famille. L'abbaye se visite tous les jours en visite guidée ou à l'aide d'une tablette numérique (parcours adulte et enfant).

MUSEE NARBO VIA

50, AVENUE DE GRUISSAN ✆ 04 68 90 28 80
narbovia.fr

Ouvert toute l'année sauf les lundis. De mai à sept : 10h-19h ; d'oct. à avril : 11h-18h. +26 ans : 8€, tarifs réduits.

Narbo Via, dont l'ouverture était très attendue, a dévoilé son projet tout début 2021. Lieu de compréhension incontournable de l'Antiquité romaine et des enjeux de la recherche archéologique, riche d'une collection de plus de 7 000 pièces, Narbo Via rend ses lettres de noblesse à la capitale de la province de la Narbonnaise, Narbo Martius, dont il ne reste paradoxalement aujourd'hui presque aucune trace visible. La réalisation du bâtiment est portée par l'agence internationale Foster+Partners, associée au studio Adrien Gardère pour la muséographie, et à l'architecte d'opération nîmois Jean Capia (architecte du Viaduc de Millau notamment). Les différentes façades du bâtiment sont construites selon la technique du béton Sirewall : constitué de couches horizontales, obtenues à partir de terres locales, ce béton rappelle la stratigraphie en archéologie, faisant ainsi du musée un trait d'union entre le passé et le présent. Véritable colonne vertébrale du bâtiment, un mur monumental composé de 760 blocs de pierre, issus pour la plupart des nécropoles romaines de la ville antique, ouvre le parcours des collections. Ce mur lapidaire armé de plusieurs grands écrans permet de restituer aux visiteurs la mémoire et la monumentalité de la ville romaine. Sur 2 600 m², le parcours présente, avec plus de 580 pièces, la cité de Narbo Martius sous l'Empire romain : organisation sociétale, urbanisme et architecture (vestiges monumentaux et décors fastueux des maisons du Clos de la Lombarde, plus belle collection de peintures gallo-romaines hors d'Italie) ; vie économique et portuaire, avec en filigrane un état des lieux des recherches et des fouilles en cours sur le territoire. De nombreux dispositifs de médiation, avec notamment des restitutions en trois dimensions du port antique, sont autant d'occasions de piquer la curiosité des visiteurs tout au long de leur parcours. Aujourd'hui à mi-chemin entre Toulouse et Montpellier, hier à la croisée des Via Domitia et voie d'Aquitaine, Narbo Via est un projet scientifique et culturel ambitieux : doté d'un auditorium de 200 places, d'un restaurant, d'une boutique, d'espaces de recherche et de jardins pouvant accueillir des spectacles de plein air, ce lieu constitue un véritable lieu de vie et de rencontres ouvert à tous : locaux, habitants de l'Occitanie, touristes... La salle d'exposition temporaire de 500 m² et l'auditorium peuvent être loués pour des événements professionnels. Des visites commentées par un guide conférencier sont proposées, pensez à réserver directement sur le site Internet du musée.

PALAIS-MUSÉE DES ARCHEVÊQUES ★★★★

Place de l'Hôtel-de-Ville
✆ 04 68 65 15 60

Ouvert toute l'année. Fermé le 1er janvier, le 1er mai, le 1er novembre, le 11 novembre, et le 25 décembre.

Le palais-musée des archevêques est un lieu familier pour les Narbonnais puisque la mairie y est installée depuis 1842. De part et d'autre du passage de l'Ancre, charmante ruelle pavée, se trouvent le palais Vieux (XIIe et XIIIe siècles) et le palais Neuf (XIVe siècle, modifié aux XVIIe et XVIIIe siècles). A l'origine modeste habitation ecclésiastique, l'archevêché aux styles roman, gothique, classique et néogothique constitue aujourd'hui un ensemble architectural complexe. La façade du palais possède trois tours : celle de la Madeleine, la plus ancienne, la tour Saint-Martial, et le donjon Gilles-Aycelin. Le sommet offre un panorama sur la ville et l'on peut apprécier les vestiges de la Via Domitia et la cathédrale Saint-Just-Saint-Pasteur. Le palais-musée des archevêques accueille deux collections : les collections archéologiques dans le vieux Palais (en cours de restructuration), et les collections d'art dans le palais Neuf : on y trouve peintures, sculptures et des expositions temporaires. Le palais est adossé à la première enceinte de Narbonne, au-delà de laquelle se déploie le jardin de l'archevêché. Une pause à l'ombre des monuments s'impose. Au fond du passage de l'Ancre, une porte mène au cloître du XIVe siècle, où l'on peut admirer de pittoresques gargouilles sculptées, mais aussi profiter de l'ombre et du calme. Des visites guidées sont organisées, n'hésitez pas à consulter le site Internet www.narbonne-tourisme.com pour réserver.

LA VOIE DOMITIENNE ★★

Place de l'Hôtel-de-Ville

Un trésor archéologique au cœur de l'ancienne cité médiévale.

Première grande route romaine construite à des fins militaires qui reliait l'Italie à l'Espagne, elle devint vite une voie commerciale. Elle est considérée comme la grande route la plus ancienne tracée en Gaule à partir de 118 avant J.-C. par le général romain Domitius Ahenobarbus, dont elle garda le nom. Au cœur de la place de l'Hôtel-de-Ville, une portion de voie a été aménagée afin d'observer le travail du temps (profondes ornières bordées de trottoirs). Elle est aujourd'hui au centre de toutes les festivités : concerts, manifestations, cafés et restaurants...

OFFICE DE TOURISME

31, rue Jean-Jaurès
✆ 04 68 65 15 60
www.narbonne-tourisme.com
Du 15 septembre au 31 mars : 10h-12h30 et 13h30-18h - fermé le dimanche. Avril à mi sept. 9h-19h, tous les jours.

C'est en plein centre historique, au bord de la Robine, dans l'ancien Moulin Entre-deux-Villes (1503), que l'Office municipal de tourisme vous accueille. Doté d'un bel espace avec salle d'exposition, espace Wifi, mur d'images présentant la terre narbonnaise et donnant des informations pratiques en continu, borne interactive installée à l'entrée du bâtiment pour une information 24h/24 et même d'une boutique souvenirs. Osez un souvenir XXL : fan de selfie, rendez-vous sur la passerelle des Barques et suivez les instructions, amusant et unique !

CHASSEURS DE TRÉSORS

10, Rue Etienne Billières
✆ 06 52 84 97 32
www.chasseurs-de-tresors.com
Toute l'année. 13 € la box (pour un petit groupe ou une famille 3-4 pers).Disponible à l'office de tourisme

Envie de découvrir le centre-ville de Narbonne de manière ludique et agréable ? Partez à l'aventure et devenez chasseurs de trésors ! A l'aide d'indices présents dans la box, découvrez les ruelles et les monuments du centre historique sur un jeu de piste passionnant. D'après une vieille légende, celui qui accueille et soigne le chat-sorcier Matagot s'enrichit, par contre celui qui lui fait du mal est maudit. Si vous trouvez son secret, il vous offrira une partie de son trésor. Une visite de plus d'une heure dans les rues de Narbonne avec un parcours d'environ 1,5 km ! Les enfants peuvent suivre et s'amuser, et les plus grands vont pouvoir découvrir autrement le patrimoine culturel. Possibilité d'organiser des chasses aux trésors sur mesure pour les grands groupes (anniversaire, séminaire...). Les box sont disponibles à l'achat en ligne ou dans plusieurs points de vente comme à Narbonne auprès de l'office de tourisme ou encore à L'Échoppe médiévale – se renseigner sur le site Internet. D'autres chasses sont également proposées dans l'Aude : Carcassonne, Gruissan et un peu plus loin, Montpellier, Collioure, Albi et Martigues. Leïla, Mickaël, Vincent et la famille Louche s'emploient à vous faire découvrir les lieux emblématiques de la région. Valorisation du patrimoine et accessibilité de la culture à tous, voilà une bien belle initiative ! Nouveauté 2021 : une nouvelle chasse va être mise en place au printemps dans Narbonne, si vous aviez fait la précédente, courez à l'office du tourisme acheter la nouvelle !

LE PETIT TRAIN DE NARBONNE

✆ 06 79 55 93 43
Ouverture : avril à septembre. Gratuit jusqu'à 3 ans. Adulte : 7€. Enfant (de 3 à 11 ans) : 4€. Groupe (20 pers.) : 5€

Une invitation à voyager dans les vieux quartiers de Narbonne. La visite commentée donne un bel aperçu de la ville et de ses monuments. De la Maison des Trois Nourrices en Bourg, à la maison de Charles Trenet tout près du chemin de fer, un moyen fort agréable de découvrir l'ancienne cité romaine le long du canal de la Robine, et de se laisser guider dans la cité médiévale à la cité d'aujourd'hui. Promenade de 35 minutes en moyenne, avec un départ sur l'esplanade des Barques.

LES VISITES ÉPIQUES ★

8, rue de la Mayral
✆ 06 16 65 65 65
www.lesvisitesepiques.fr
Juillet et Août uniquement. Tarifs et horaires variables en fonction des visites

Envie de découvrir l'Histoire de la région de manière ludique et drôle avec des guides en costumes d'époque ? Alexandre et Jason, guides diplômés et comédiens, vous font visiter les sites emblématiques de l'Aude lors de visites théâtralisées exceptionnelles. Les deux compères ne sont pas avares en anecdotes sur les grands personnages de l'Histoire mais aussi sur les tragédies du Pays Cathare. Durant 1h30, laissez-vous guider par ces joyeux lurons empreints d'humour et de pédagogie. N'hésitez pas à les appeler ou à consulter leur site Web et réservez vos places.

LANGUEDOC VTT ÉVASION

Pont de la Liberté ✆ 06 74 89 75 98
www.languedocvttevasion.com
Tarifs famille et groupe sur demande. Location à partir de 10 €. Randonnée avec vélo : 25 € par personne.

Hugo, passionné de VTT, VTC et amoureux de la région vous propose des sorties au fil du canal, au bord des étangs à Bages, Peyriac, en pleine garrigue, mais aussi au cœur du massif de la Clape à travers les vignes. Ses sorties s'adressent à un public varié : familles, jeunes, groupes, professionnels. Hugo propose également une formule pour un week-end à Gruissan : hébergement, restauration, balnéo et VTT. A chacun sa sortie, à chacun son niveau... Pratique, le stand de location tout l'été à Narbonne au pont de la liberté (angle du quai Victor Hugo). A tester !

AUDE

CARPE DIEM HOSTEL €

3, rue du 1er Mai ✆ 06 52 11 41 29 - La Gare SNCF se trouve à seulement 7 minutes à pied de là.
www.carpediem-hostel.fr

Ouvert toute l'année. Dortoir à partir de 25€. Petit déjeuner inclus. Salle de bains et sanitaires partagés. Wifi offert

Lorsque l'on pousse la porte de cette « maison de voyageurs », on se sent instantanément chez soi, peu importe son âge. Cet ancien atelier d'imprimerie du XIXe siècle et à deux pas de la cathédrale a su conserver les vitraux originaux de la bâtisse. La décoration, touches de romanité et de végétaux, confère à ce lieu écoresponsable un charme indéniable à travers les âges. Les produits bio sont privilégiés et la confiture est maison ! Aux beaux jours, la terrasse privative et son potager invitent à profiter pleinement de cette expérience « auberge espagnole ».

CHÂTEAU L'HOSPITALET €€

Route de Narbonne Plage
✆ 04 68 45 28 50
www.gerard-bertrand.com

Ouvert toute l'année. Chambre double de 145 € à 305 € ; suite de 235 € à 305 €. Petit déjeuner : 16 €.Chèques vacances.

Les trente-huit chambres du domaine ont été redécorées sur les thèmes de la vigne, de la terre et de la mer. À votre arrivée, une bouteille du domaine est offerte, cadeau de la maison pour découvrir les vins de l'Hospitalet. Cet hôtel bénéficie d'un emplacement de rêve : 1 000 ha de garrigue et de vignes à 5 minutes de la mer. Ce lieu d'art, de création, de viticulture est une halte de vacances idéales : ateliers d'art, animations, expositions. A noter : un fitness corner, la piscine extérieure chauffée à débordement, un court de tennis et un practice de golf.

GALLA PLACIDIA €€

21, rue des colonnes ✆ 06 22 63 18 96
www.galla-placidia.fr

Ouvert toute l'année. Chambres à partir de 90 €. PDJ : 10,50 €. Patio. Toit terrasse. Clim. Accueil numérique 24h/24

Impossible de ne pas tomber sous les charmes de ce superbe Hôtel Galerie. Julie Fontanet, la propriétaire, a su créer un vrai lieu de vie sur les thèmes de la féminité, de la romanité et de bacchus. C'est dans une ancienne maison de maître restaurée avec beaucoup de style que vous découvrirez une des 5 chambres spacieuses décorées avec goût et agrémentées de tableaux d'artistes (au féminin) de la région. Un salon cosy est à votre disposition ainsi qu'une salle dotées d'une grande table pour le petit déjeuner. Détails et grandes histoires font le charme de cette belle demeure.

LE C BOUTIQUE HÔTEL €€€

15, rue de Suffren
✆ 09 67 17 56 54
www.hotel-le-c.com

Accueil jusqu'à 20h30 (24h/24 avec digicode et boite à clé). Petit déjeuner 12 €.Parking 12€. Chambres à partir de 99€.

Ancien hôtel Le Régent, seuls les murs extérieurs, le toit et la rampe d'escalier Art déco ont été conservés, tout le reste a été entièrement repensé par Chris et Cécile pour offrir à leurs clients un cocon douillet dans un style chic et moderne. Des chambres standard aux suites de luxe, toutes offrent une décoration personnalisée et profitent d'un rooftop au dernier étage avec vue à 360° sur Narbonne et le massif de la Clape. Le petit-déjeuner est composé de viennoiseries, de confitures maison, de fromage et de charcuterie locaux. Parking privé fermé la nuit.

DOMAINE DE LA RAMADE €€€

Route de Narbonne-Plage, D168 ✆ 04 68 41 31 15 - www.domainedelaramade.com

Gîtes de France. Ouvert toute l'année. 6 chambres (dont 3 suites).Petit déjeuner inclus. Wifi gratuit. Tv. Piscine.

Besoin d'une pause, de souffler dans un lieu tout droit sorti de l'univers de Pagnol... Bienvenue au domaine de la Ramade. En plein cœur de la clape, ancienne île dominant la Méditerranée, riche d'un passé et d'un vignoble d'exceptions, vous logerez dans l'une des 3 chambres d'hôtes ou des 3 suites, immergées dans une nature préservée, mêlant vignes, pins et oliviers. Des chambres spacieuses à la décoration cosy et aux équipements contemporains, vous raviront, une superbe piscine avec couloir de nage sont à votre disposition ainsi que des dégustations vinicoles.

HÔTEL LA RÉSIDENCE €€€

6, rue du 1er-Mai
✆ 04 68 32 19 41
www.hotel-laresidence-narbonne.fr

Ouvert toute l'année. 26 chambres. Chambre double de 89 € à 158 €. Petit déjeuner buffet ou en chambre : 12,50 €

Idéalement situé dans le cœur historique de la ville, La Résidence est incontestablement l'un des hôtels les plus charmants de Narbonne. Sa décoration baroque se marie à merveille à l'architecture du XIXe siècle. Le bon goût est résolument à tous les étages, les chambres sont décorées avec des matériaux choisis. Elles sont climatisées et dotées d'une bonne literie. Au petit déjeuner des produits frais et locaux sont proposés. Un petit salon est à votre disposition pour y déguster de très bons vins de l'Aude à prix producteur.

L'ESTAFETTE DE NICOLAS €

9, rue Droite

✆ 06 06 72 71 49

Ouvert du lundi au vendredi de 11h30 à 15h. Plat du jour : 9 €. Boites à pâtes de 6.80 € à 8.80 €

Ici vous choisissez la taille de votre boite, chaque jour une sorte de pâtes est proposée avec 6 sauces différentes faites maison, à base de produits frais au choix comme encornets à la Sétoise, poulet colombo, bleu d'Auvergne, pistou aux olives, etc. Hormis ses pâtes en provenance directe d'Italie, le fromage de chèvre vient de la ferme du Montagut, les bières artisanales de Carcassonne La Cuitat, l'huile d'olive du Domaine narbonnais Chante Perdrix. Petite terrasse et quelques places en intérieur. Astuce futée : demandez la carte de fidélité !

CHEZ LULU €

82, rue Droite

✆ 04 68 91 41 81

Ouvert toute l'année. Horaires variables, se référer au site internet. Carte : 20€ environ. Plat du jour : 12€.

Chez Lulu, ambiance bistrot, bonne cuisine et bonne humeur sont au rendez-vous. Alex a choisi la douceur de vivre Narbonnaise pour poser ses casseroles. Au menu des plats réalisés à partir de produits frais et locaux, le lieu affiche « 100% maison, 100% frais et 0% surgelé ». Lors de notre passage, il était suggéré (entre autres) à l'ardoise de la poire de bœuf à la Narbonnaise, des huîtres gratinées au Bellota et en plat du jour, un poulet fermier (français) rôti à la citronnelle et chardonnay. C'est bon, c'est copieux, et l'ardoise change toutes les semaines !

CHEZ BEBELLE €

1, boulevard Docteur-Ferroul

✆ 06 85 40 09 01

www.chez-bebelle.fr

Du mardi au dimanche le midi. Ouverture du bar de 8h30 à 14h. Carte : 18 € environ. CB non acceptée.

Gilles Belzons, ancien capitaine du RCNM possède l'un des bars-restos les plus célèbres de la ville. Ambiance marché, rugby, bon enfant, purement narbonnaise ! Lorsqu'on passe commande, on est toujours surpris et amusé de voir Gilles commander au mégaphone sa viande à l'étal d'à côté. La viande (emballée) vole au-dessus de votre tête ! L'ex-troisième ligne rattrape le paquet, puis le fait passer au poste « plancha ». C'est « folklorique », convivial, bruyant, atypique et gourmand. Accompagnement : frites, salades, pan con tomate. À ne pas manquer !

LE MACAR - BAR A VINS ET RESTAURANT €

21, cours de la République

✆ 04 68 75 81 23

Ouvert toute l'année. Salade 10€. Burgers 13€. Tapas de 3€ à 17€.

Au Macar, on vous servira le midi de belles salades repas, des burgers maison accompagnés de salade verte, tomate et frites (maison). Pour les retardataires, sachez que pour les tapas, c'est service continu alors découvrez l'ardoise : patatas bravas ou avec aïoli, tortillas, tapenade, pan con tomate avec ou sans jambon ibérique, anchois, assiette de charcuterie ou de fromage et même les deux dans une planche mixte... Une adresse qui ne déçoit jamais, parole de Renard !

LA FRINGALE €

7, Place du Forum

✆ 04 68 90 69 31

www.lafringalenarbonne.com

Ouvert 7/7, midi et soir. Carte : 10 € environ. Menu enfant : 8,90 €. Brunchs les samedis et dimanches.

Située en haut de la rue droite, la place du Forum est un repaire de bons vivants, jeunes comme actifs ! James Bowman propose une cuisine de qualité, des prix corrects et un service rapide pour la pause déjeuner. La décoration des lieux est moderne, l'ambiance est chaleureuse. Craquez pour les burgers très gourmands comme le Classic Angus ou encore le Rugbyman avec ses deux steaks de bœuf spécial gros mangeurs, ainsi que le Veggie burger et ses légumes frais et croquants. Grande terrasse bien agréable aux beaux jours. Une adresse coup de cœur !

QUI LAIT CRU €

14, Boulevard Docteur Lacroix

✆ 04 68 70 77 91

Fermé dimanche, lundi, mercredi apm+soir. Planche 2 pers : 19 €. Raclette/fondue environ 10€/pers. Patio ombragé.

Si vous êtes amateur de bons fromages, cette adresse est la vôtre ! Cette fromagerie qui est aussi un restaurant à fromages nous a séduits avec son ambiance cosy et ses petits plats fromagés de saison. Outre un large choix de fromages, environ 70 références, Virginie propose également des plateaux apéro avec fromage et charcuterie ainsi que des formules raclette ou fondue savoyarde (sur commande). Le petit côté épicerie fine est appréciable, avec une sélection de produits locaux : vins, vinaigres, huiles d'olive. Le plus : les conseils avisés.

LA TRATTORIA - SUCRÉ ET SALÉ €

22, boulevard Gambetta
✆ 06 12 57 90 72
https://www.latrattorianarbonne.com/
Ouvert du lundi au mercredi de 9h30 à 15h ; du jeudi au samedi de 9h30 à 15h, de 19h à 22h. Menus de 19,90 € à 27,50 €.

Nicolas et Odile Galati vous accueillent au cœur de l'Italie, ça sent bon l'huile d'olive, le basilic et le parmesan ! Le maestro cuisine devant vous uniquement des produits frais, et les plats prennent forme sous vos yeux. Parmi les spécialités, les pennes aux cèpes ont la part belle mais les ravioles à la bisque de homard valent le détour. Les portions sont généreuses et les assiettes sont belles ! Le vendredi soir, *aperitivo italiano* avec DJ, un moment délicieux.

BRASSERIE CO €€

1, boulevard Docteur-Ferroul
✆ 04 68 32 55 25
Ouvert toute l'année. Tous les jours de 8h à 19h. Jeudi de 8h à 20h. Menu enfant : 7,80 €. Formule du midi : 14,90 €

La Brasserie Co est une référence sur la ville depuis plus de 15 ans. On aime son architecture Art déco, sa cuisine et sa décoration avant-gardiste pour l'époque. Les lieux ont été entièrement relookés dans une ambiance bohème chic très tendance. Depuis la grande terrasse, vous apercevrez la Cathédrale, les halles et le canal de la Robine voisin. Cuisine de produits frais, souvent bio, allant du tartare de bœuf et frites (maison) aux plats orientaux et autres plus « healthy » : veggie bowl, toast avocat et saumon bio ou les tapas. Accueil irréprochable !

À LA TABLE DU MARCHÉ €€

8, rue Emile-Zola
✆ 04 68 43 19 27
Ouvert du jeudi au lundi le midi et le soir. Menus de 24€ à 29€ Menu enfant : 10€. Formule du midi : 14€.

Situé en cœur de ville, à quelques pas de la cathédrale, ce restaurant est agréable, lumineux, moderne. Le savoir-faire du chef se révèle dans le mariage des saveurs du moment. La formule du midi et les menus sont sans cesse renouvelés, à chaque saison, et les saveurs sont un bonheur pour les papilles. Alors, quand l'ambiance, le cadre, l'accueil et une cuisine de qualité et de produits frais sont au rendez-vous, sans hésitation on le recommande. Terrasse dès que le temps le permet, pensez à réserver, les places sont très demandées. Menus sur la page Facebook.

LES GRANDS BUFFETS €€

Giratoire de la Liberté ✆ 04 68 42 20 01
www.lesgrandsbuffets.com
Ouvert toute l'année. Réservation impérative en ligne. Menu unique à 42,90 €. Menu enfant : 21,40 € de 6 à 10 ans

Voilà une adresse connue et reconnue à des kilomètres à la ronde ! Arpentez les Grands Buffets entre fruits de mer, foie gras, salades bio, agneaux, pâtisseries, une immense fontaine à chocolat... La majorité des produits proviennent de producteurs locaux et sont transformés sur place. Passage obligatoire par l'étal de fromages (111 variétés) qui leur a valu l'entrée dans le Guinness Book ! Profitez d'une déco digne des plus grandes tables avec des tableaux de maîtres, et la tente d'apparat pour une ambiance royale avec chandeliers et mur végétal... So chic !

BISTROT LA NAUTIQUE €€

12, rue des Nauticards ✆ 04 68 91 53 73
http://lanautiquenarbonne.com
Basse saison : ouvert du mercredi au dimanche le midi et le soir. Haute saison : tous les jours. Carte : 28 € environ

Le Bistrot La Nautique a une vue magnifique sur Bages et son étang. La terrasse est aménagée dans un esprit guinguette et la salle subtilement décorée et meublée de mobilier vintage et d'objets d'un autre temps. Carole Peyrichou nous régale de sa cuisine de saison et de bons petits plats : ceviche de pêche locale, chorizo ibérique grillé, ragoût de seiches sur base de cranquette ou encore pavé de thon de Méditerranée grillé et ses légumes du soleil. On aime suivre les conseils avisés de la sommelière parmi une sélection de vins de la région. Une belle adresse !

MAISON BEBELLE €€

2, rue Emile Zola
✆ 04 68 49 90 18
https://www.maison-bebelle.fr
Ouvert du mardi au dimanche de 10h à 16h. Réservation recommandée. Carte : 20 € environ.

Une ambiance cosy et chaleureuse à la décoration recherchée, dans ce bâtiment chargé d'histoire - ancien couvent des dominicains. Toujours une histoire de famille chez les Belzons, cette fois c'est Camille, la nièce de Gilles, qui est la directrice des lieux. La viande est toujours excellente, les frites sont maison, les desserts gourmands. A vous entrecôte, côte de bœuf, boudin grillé, des belles salades aux doux prénoms, on aime particulièrement la Suzanne. On s'y retrouve pour un déjeuner de travail, entre amis ou en famille. Privatisation possible.

AUDE

LE PETIT COMPTOIR €€

4, boulevard du Maréchal-Joffre ✆ 04 68 42 30 35
www.petitcomptoir.com

Ouvert du mardi au samedi, le midi et le soir. Réservation recommandée. Menu unique à 32 €. Formule du midi : 18 €

Le Petit Comptoir est l'une de ces adresses où l'on prend soin de la culture de la restauration : l'accueil, le cadre raffiné, le professionnalisme du maître d'hôtel, la délicatesse des mets… Cette cuisine de tradition, de terroir, est innovée en permanence par Le chef Franck Jeanjean. On citera la Bisquebouille de cranquettes moules et petits légumes, le Filet d'espadon risotto de potimarron… Le menu change tous les mois, le chef ne travaille que des produits de saison. «Côté zinc», dégustation de bons vins et tapas cuisinés. Soirées musicales les vendredis.

LA TABLE DE FONTFROIDE €€

Chemin de Fonfroide
✆ 04 68 41 02 26
www.fontfroide.com

Menu enfant : 12,50 €. Formule du midi : 22 € à 26 €. Menus de 35 € à 39 €. Horaires variables, se référer au site web.

La Table de Fontfroide se trouve dans l'ancienne bergerie de l'abbaye. En ce lieu authentique vous dégusterez la cuisine gourmande du chef Yohan Renard. Les plats sont raffinés et à base de produits frais, mettant à l'honneur la Méditerranée. Certains plats de la carte suivent une inspiration médiévale tandis que d'autre sont résolument modernes et d'une grande finesse. Tous les jours le chef propose des plats sans gluten. Les vins que vous dégustez sont ceux de l'abbaye. Les beaux jours seront l'occasion de profiter de la sublime terrasse,.

L'ART DE VIVRE - CHÂTEAU L'HOSPITALET €€€

Route de Narbonne Plage ✆ 04 68 45 28 50
www.chateau-hospitalet.com

Fermé de mi-décembre à mi-janvier. Menus de 49 € à 89 €. Formule du midi : 29 €. Réservation impérative ?

Si la gastronomie est un art de vivre, l'Hospitalet en est l'auberge ! Profitez d'un moment agréable dans un cadre unique. De l'apéritif au dessert, vous serez enchanté par la qualité des mets et des accords que le chef Laurent Chabert vous propose. Tout est délicieux, souvent bio et local. Tous les vendredis, c'est soirée musicale : menu 4 accords avec mets, vins et jazz.. Nombreuses soirées tout au long de l'année comme menu «Truffe», menu «Pâques», etc., à retrouver sur le site web.

MAISON SAINT-CRESCENT €€€

68, avenue Général-Leclerc ✆ 04 68 41 37 37 - www.maison.saintcrescent.com

Cave à manger: formule midi à partir de 25€. La Table Saint Crescent: Menus de 65 € à 95 €. Enfant: 20 €. Terra.

Ce haut lieux de la gastronomie Audoise propose désormais sa «Cave à Manger» (et à vins) en plus de « La Table » gastronomique (2 étoiles). Rigueur, créativité et modernité sont les maîtres mots de la cuisine de Lionel Giraud. Convivialité côté cave où vous pourrez déguster un mijoté d'agneau catalan et son écrasé de courges dans une ambiance bistrot-chic et subtilité côté Table avec des plats d'une grande finesse comme le civet de poulpe au foie gras (Poulpe à la Royale). Une cuisine qui frise la perfection où les produits locaux et de saison sont sublimés.

LA CAVE DE L'AMPHORE

19, avenue du Maréchal-de-Lattre-de-Tassigny
✆ 04 68 32 46 34
www.langovino.fr

Ouvert du lundi au samedi de 9h à 20h ; le dimanche de 10h à 13h. Chèques non acceptés.

Au cœur du quartier de Cité, la cave de l'amphore renferme des petits trésors. Que vous aimiez le vin rouge, blanc, rosé, vieilli en fûts de chêne ou plutôt tout en légèreté, l'équipe vous guidera au mieux de vos goûts et de vos envies. La sélection des vins y est rigoureuse, autant sur les vins régionaux (Corbières, Fitou, Clape, Minervois…) que sur les flacons des autres régions viticoles françaises. Pour parfaire l'ensemble : une belle sélection de gourmandises salées et sucrées, un grand choix de spiritueux, et les ateliers dégustation des vendredis soir.

LE CAVEAU DE FONTFROIDE

RD 613
✆ 04 68 45 50 72
www.fontfroide.com/nos-vins

Ouvert tous les jours de 10h à 12h30 et de 14h à 17h30. Livraison possible.

A quelques kilomètres de Narbonne se trouve un joyau cistercien à couper le souffle : l'Abbaye de Fontfroide. Les vignes comme la terre y sont des témoins immuables des siècles passés : héritier d'un travail viticole monastique, installé à la lisière de la garrigue, les vins de Fontfroide sont à la fois complexes, fruités, racés et tanniques. Une tradition et des vins dans l'esprit des Corbières, que nous vous invitons à découvrir et déguster au Caveau de l'Abbaye, auprès d'une équipe de professionnels. Une gamme de vins riche en arômes à tester absolument !

AUDE

CHÂTEAU L'HOSPITALET

Route de Narbonne-Plage ✆ 04 68 45 28 50 - Autoroute A9, sortie Narbonne-Centre. Prendre la direction Narbonne-Plage par le massif de la Clape.
www.chateau-hospitalet.com/autour-du-vin
Ouvert tous les jours et les jours fériés. Visite guidée pour comprendre la Biodynamie 17 € / pers.

Au cœur d'un paysage taillé par les vents, sur un terroir riche de sa civilisation méditerranéenne, le Château l'Hospitalet se déploie sur 1000 hectares de garrigue et de vignes.

Jusqu'en 1561, ce domaine était la propriété des moines de l'hospice de Narbonne qui y cultivaient la vigne. De nos jours, le domaine en Biodynamie, outre ses vins prestigieux et régulièrement primés, ainsi que sa superbe cave de dégustation, est un lieu d'art et de création. Un séjour au calme réussi avec son hôtel trois étoiles, sa jolie piscine et son restaurant gastronomique.

DOMAINE DE LA RAMADE

Route de Narbonne-Plage
D168
✆ 04 68 41 31 15
www.domainedelaramade.com
100% Bio. Ouvert du lundi au vendredi de 10h à 19h. Caveau de dégustation.

« Une journée sans vin est comme un jour sans soleil » M.H Clark en prononçant ces mots aurait pû les associer au domaine de la Ramade. Niché au cœur du terroir préservé de la clape, avec ses 17 ha de vignes dominant la mer Méditerranée et baignés par l'astre solaire, le domaine se détache comme un havre de paix, au milieu des essences de pins, de garrigue et des oliviers. Le terroir fait la part belle aux cépages syrah et grenache noir, travaillés en agriculture biologique, en AOC la clape, un véritable savoir-faire, axé sur la tradition et l'innovation.

DOMAINE SARRAT DE GOUNDY

46, avenue de Narbonne - **ARMISSAN**
✆ 04 68 45 30 68
A l'entrée du village de Vinassan.
www.sarratdegoundy.fr/
Ouvert du lundi au samedi de 9h30 à 12h30 et de 15h à 19h

Sur cette terre rocailleuse, exposée au vent du cers, le domaine de Sarrat Goundy a donné naissance à des petits vins de caractère issus du mariage de la pierre et de différents cépages comme en témoigne la cuvée du Planteur, avec notamment un rosé minéral et racé, grenache 60 % et cinsault 40 %. Bel hommage du fils à son père connu pour être un planteur de vignes. La cave se situe aux portes de Vinassan sur la commune d'Armissan. Olivier, le fils a magnifiquement utilisé l'espace tout en organisant de jolies expositions photo.

LA FERME COTÉ PRODUCTEURS

1, rue Panhard
✆ 04 68 41 75 19
Ouvert du lundi au samedi de 9h à 13h et de 15h à 19h.

La Ferme Côté Producteurs, véritable rendez-vous des locavores, valorise les circuits courts et les producteurs régionaux. Vous trouverez dans ce magasin produits frais, épicerie fine, vins, cosmétiques, et autres melons de Coursan (selon les saisons), fromages des Corbières ou encore poivronnades du Jardin de la Clairette... C'est écologique, économique, et l'on y trouve de vraies pépites de la Région. De nombreuses dégustations sont organisées toute l'année.

LES HALLES DE NARBONNE

Dès 7 heures du matin, les halles s'activent. Sur les étals, les meilleurs produits de la région sont installés. Cet édifice métallique, de style Baltard, a été achevé en 1901. Aujourd'hui, les halles abritent près de 70 commerces de bouche : charcutiers, bouchers, pâtissiers, bars, tapas, maraîchers, tripiers, volaillers, pizzaïolos, fleuristes, traiteurs, cavistes, fromagers, restaurants, oléiculteurs... Tous les jours c'est animé, et particulièrement le jeudi et le dimanche. On peut remplir son panier, mais aussi prendre un petit déjeuner, un apéro, un déjeuner... Des animations y sont proposées tout au long de l'année. Toute l'âme de Narbonne !

MAEKO DESIGN

3, rue du 1er Mai
✆ 06 81 76 82 90
www.maekodesign.fr
Concept store : objets déco japonais, compositions forales, thés, Saké bio et ateliers créatifs et pédagogiques.

Calme intérieur et bulle de douceur sont les maîtres-mots de ce concept-store. Maeko Design est une boutique à la décoration japonaise épurée et végétalisée. On y trouve de la vaisselle fine, des lampes faites main par la propriétaire des lieux, ou encore des koinobori (porte-bonheur japonais). Hybride, ce lieu propose également tout le nécessaire pour créer ses compositions florales, dans la plus pure tradition nippone. Des ateliers pédagogiques et créatifs autour des kokedamas ou origamis seront proposés toute l'année (tous âges).

MARCHÉS DE PLEIN AIR

www.narbonne.fr/marches-foires

Ambiances, parfums, couleurs... nos marchés sont nombreux de part et d'autre de la Robine. Les producteurs de fruits, légumes, coquillages, boucherie... présentent leurs produits sur la promenade des Barques et le cours Mirabeau le jeudi et le dimanche matin, le marché aux fripes a lieu le mardi matin sur le parking de la Charité, le marché bio le samedi matin sur la place du forum, et les halles couvertes du centre-ville sont ouvertes tous les jours. À ne pas manquer : une grande braderie festive du mois d'août permet de rencontrer les commerçants du quartier.

LES PETITS BATEAUX ÉLECTRIQUES DU CANAL

32, cours de la République, Promenade des Barques ✆ 07 67 57 36 96

Bateaux de 5 personnes : de 18€ (1/2h) à 30€ (1h). Bateau 7 personnes de 20€ (1/2h) à 35€ (1h). Heure sup : 20€/heure

Après avoir arpenté le centre-ville de Narbonne que diriez-vous d'une petite balade en bateau sur le Canal ? Cette promenade vous fera découvrir la ville sous un autre angle et de façon ludique et les enfants adorent... surtout quand ils prennent la barre ! Après un petit tour du côté du Pont des marchands (point de départ) et la passerelle « Entre deux villes », direction la mer ! Des bateaux écologiques car électriques, sont confortables et équipés de gilets de sauvetage. À faire !

SOIF DE VIE

6, rue Hippolyte Faure

✆ 06 13 56 50 31

www.tiphaine-thibert.fr

Mardi, jeudi : 10h-13h. Mercredi, vendredi : 17h-20h. Samedi : 10h-13h et 17h-20.
Vins naturels et bio à partir de 9€.

Nouveauté à Narbonne, une boutique de caractère dédiée aux vins biologiques et à la biodynamie d'ici et d'ailleurs. On doit cette belle initiative à Tiphaine Thibert, passionnée des vins naturels et sommelière de formation. Chaque vigneron est sélectionné avec soin et l'offre atypique se renouvelle régulièrement. Le conseil personnalisé saura séduire les initiés, tout comme orienter les néophytes afin de découvrir de nouvelles saveurs. A noter une soirée dégustation (mets et vins) organisée chaque mois (programmation sur leur page FB).

ESCAPE YOURSELF

17, route de Lunes

✆ 07 78 90 46 23

www.escapeyourselfnarbonne.fr

Fermé le mardi. Entrée : 18 € (à 30 € selon le nombres de joueurs et des horaires). Horaires sur le site internet.

Escape Yourself a un principe simple : constituez une équipe, et tentez de relever le défi : résoudre une mystérieuse énigme en 60 minutes chrono pour être libéré ! Trois énigmes possibles, avec chacune une histoire rocambolesque et bien ficelée qui vous tiendra en haleine… Les décors sont très réalistes et on se prend au jeu instantanément. Parfait pour la cohésion de groupe mais surtout pour une bonne partie de rigolade entre amis ou entre collègue. Une expérience unique à vivre sans tarder si vous êtes futés et rusés, un peu comme nous quoi...

V AND B

Chemin du Quatourze

✆ 04 68 58 42 59

www.VandB.fr

Ouvert du mardi au samedi, de 10h à 19h.

A mi-chemin entre cave à vins, cave à bières et bar, le V&B (Vi and Bi pour les intimes) offre une sélection de plus de 400 références de bières, de la plus attendue à la plus artisanale, et un grand choix de vins, à consommer sur place ou à emporter. Une équipe experte et dynamique est là pour vous aiguiller dans vos choix. V&B parcourt aussi régulièrement les routes d'Europe pour ramener des petits trésors en vue d'épater vos amis amateurs de bonnes bouteilles. Les soirées à thèmes, concerts et afterworks agrémenteront joyeusement vos soirs de semaine.

PRIVATE BOWLING PUB

Route de Perpignan ✆ 04 68 42 67 25

www.espaceliberte.com

Tous les jours de 18h à 21h et jusqu'à 1h pendant les vacances scolaires. Concerts les jeudis soirs d'octobre à mai

La déco vintage, son mobilier boisé et son ambiance chaleureuse, rendent le Private Pub très agréable. On s'y retrouve particulièrement pour toutes ces bières blondes, brunes ou rousses. Les serveurs vous conseillent bien, notamment sur l'impressionnante carte de cocktails à base de bière et autres alcools. Coup de cœur pour leur *after-work*, rendez-vous convivial à la découverte de 16 vins de notre terroir. Vous pourrez vous servir librement un verre de vin de 3 cl à 12 cl avec une carte prépayée. Cette dégustation s'accompagne d'amuse-bouches variés, à volonté !

BAGES

Ce traditionnel village de pêcheurs, perché sur un promontoire rocheux, encerclé de vignes et de garrigue surplombe élégamment l'étang depuis le XIe siècle. Déambulez dans ses petites rues étroites, passez la porte du cadran solaire marquant l'entrée du village médiéval, où l'on découvre de jolies maisons aux petites ouvertures, imbriquées les unes aux autres qui faisaient alors offices de rempart. Ce cadran aurait été offert par Louis XIII pour remercier les villageois d'avoir soigné les soldats blessés de retour de la guerre d'Espagne. Admirez au détour des rues ses panoramas à couper le souffle, ses barques colorées à fond plat, ses filets de pêches à petites mailles (trabacs) qui sèchent sur le vieux port réaménagé à l'entrée du village. Mais surtout savourez sa spécialité locale : la bourride d'anguilles. Ce site remarquable ne cesse d'attirer un bon nombre d'artistes, depuis la fin des années 1980 : sculpteurs, peintres, photographes, plasticiens... désormais aussi nombreux que les pêcheurs. D'où la présence de galeries d'art. N'hésitez pas à pousser jusqu'au hameau de Prat-de-Cest, dont quelques bâtiments du XIe siècle sont encore visibles. Aventurez-vous sur les sentiers balisés ou sur les chemins des Pesquis au nord-ouest du village, où les gens du pays cueillent, la saison venue, les meilleures asperges sauvages du coin... Admirez les îles du Soulier, de Planasse ou encore de l'Aute. Respirez cette tiédeur locale aux mélanges d'étangs, de garrigue, de cigales et aux accents du sud... Vous ne penserez alors qu'à une seule chose : revenir !

Route de la saline.

L'ÉTANG DE BAGES ★

L'étang et ses îles sont préservés. Il est interdit de s'y arrêter durant la nidification du mois de mars à juillet.

D'une superficie de plus de 5 500 hectares, l'étang s'étend du village de La Nautique aux abords de Narbonne, et rejoint la mer à Port-la-Nouvelle. Quatre îles se trouvent dans l'étang et sont accessibles en catamaran, kayak, aviron..., disponibles à la location dans différentes bases nautiques (La nautique, Port-Mahon à Sigean). Gérées par le Conservatoire du Littoral, elles constituent un havre de paix pour une faune et une flore variées. Vous pourrez observer de nombreuses espèces d'oiseaux comme les flamants roses, les hérons cendrés, les échassiers...

LES JARDINS DE BAGES €€

2, place de Juin 1907
✆ 04 68 70 13 76

Fermé en janvier. Horaires variables, se référer au site internet. Carte : 20 € environ. Formule du midi : 16€

Sur la petite place en haut du village, l'établissement des Jardins de Bages est pour le moins atypique, il s'agit à la fois d'un excellent restaurant, d'un bar, et d'une petite épicerie de village. Les plats qu'on vous proposera ici sont composés de produits frais subtilement travaillés. Amateurs de poissons, carnivores ou veggies, tout le monde y trouve son compte. En été, la terrasse est très agréable pour profiter des différents concerts organisés chaque jeudi soir. Une ambiance « petit village » où l'on partage un moment de détente et de convivialité.

LE PORTANEL €€

La Placette
✆ 04 68 42 81 66
www.leportanel.net

Ouvert toute l'année. Horaires variables, se référer au site internet. Menus de 32 € à 42 €. Formule du midi : 21 €

Ce restaurant se situe dans une petite ruelle du vieux village. Dans une ambiance détendue, Jean-Christophe Rousseau, maître restaurateur, réalise une cuisine audacieuse qui rend hommage aux poissons des étangs et surtout à la star des lieux, l'anguille, pêchée dans l'étang. Elle se décline en rillettes, tartare, terrine, en civet... Le menu Clin d'œil est l'occasion rêvée d'aller à la rencontre d'une cuisine raffinée avec une vraie mise en valeur des produits du terroir et de saison. Une très agréable découverte gustative et une vue imprenable sur l'étang.

PEYRIAC-DE-MER

Ce charmant petit village adossé aux contrefort des Corbières est entouré par la colline de la Bade et sa zone lagunaire, accentuant ce contraste entre pinèdes et étang. Son étang d'eau salée avec sa petite plage, le Doul, est surnommé la Mer morte languedocienne pour son taux de salinité deux fois supérieur à celui de la Méditerranée. On dit que cette eau a des propriétés curatives : elle soigne les maladies de peau et les rhumatismes. Le Doul communique avec l'étang par un chenal sinueux.... Ce village a su préserver son cadre naturel et son art de vivre. On peut encore y découvrir quelques ruelles moyenâgeuse appelées « carriérettes » avec de magnifiques bas-reliefs. A l'ouest du village, son petit port est une invitation à la découverte de l'étang de Bages et de ses îles : Planasse et Soulier. L'ancienne saline conserve les traces de l'exploitation du sel, sa passerelle en bois sur pilotis permet de rejoindre la presqu'île du Mour. Un joli parcours de sensibilisation a été aménagé pour mettre en valeur ce site d'exception. Un musée archéologique en présente les collections protohistoriques et gallo-romaines, unique dans cette partie de la région. L'église Saint-Paul, du XIVe siècle, classée Monument historique, est fortifiée et est la seule église gothique du canton qui ne soit pas en ruine. Elle abrite un orgue du XIXe siècle et des peintures de Jacques Gamelin.

Ô VIEUX TONNEAUX €

3, place de la Mairie
✆ 04 68 48 39 54

Horaires variables, consulter le site internet. Menus de 15 € à 25 €. Menu enfant : 8 €. Formule du midi : 15 €

C'est au cœur du village, sur la petite place près de la fontaine, que David et Christelle vous accueillent dans une atmosphère presque «Pagnolesque» où les accents chantent, où la douceur de vivre est perceptible et dans laquelle se mélangent gaiement locaux et touristes. De douces effluves titillent vos narines dès votre entrée dans les lieux. Vous y dégusterez, en salle ou en terrasse, une cuisine simple de produits régionaux : de l'assiette végétarienne à la belle entrecôte, en passant par l'ardoise de tapas, la bourride d'anguille ou les rognons sauce madère.

L'ÉPICERIE VIGNERONNE

23, rue des Salins
✆ 06 23 16 72 99

Ouvert toute l'année. Horaires variables, se référer au site internet. Animation pour groupe jusqu'à 30 personnes.

Vous trouverez ici une belle sélection de ce que le département propose de meilleur. Du vin bien sûr avec pas moins de 200 références mais aussi et surtout de petites perles comme le Tart-Avizat, le vins des propriétaires des lieux dont le domaine se situe à Peyriac. L'épicerie Vigneronne offre également un joli choix de produits gourmands comme ces petits pots de légumes à tartiner, de l'huile d'olive de Peyriac, les plats cuisinés de la maison Aymeric de Limoux, les vinaigres Granhota etc... Accueil ultra sympa, petite dégustation des vins de la maison !

© YAN EVEN

Lever du soleil à Peyriac de Mer.

GRUISSAN ★★

C'est l'une des stations les plus attrayantes du littoral, à la fois familiale et atypique. Pittoresque avec son port situé au cœur d'un site naturel, avec ses vieilles pierres assoupies, ses ruelles circulaires au pied de la tour Barberousse, ancien vestige d'un château fort construit aux Xe et XIe siècles. Familiale avec ses immenses plages de sable fin, son port et ses habitations appelées les dromadaires, la plage des chalets montés sur pilotis, rendus célèbres par le film *37°2 le matin*, accessible à vélo par la piste cyclable qui longe le canal. Puis il y a son joli marché de plein air aux étals de fruits, de légumes et de produits du terroir. Le cœur du village est un lieu d'animation où se déroulent les fêtes traditionnelles, dont la plus célèbre est celle des patrons pêcheurs, touchante procession en souvenir des disparus en mer au moment de la Saint Pierre. Aux beaux jours, de nombreux événements tels les Festejades, la Gruissan Beach Rugby, ou encore le célèbre Défi Wind (à la mi-mai) : plus grand rassemblement de windsurfeurs au monde, qui réunit les pros et les amateurs autour de l'amour de la glisse et de la mer. Concerts, expositions, spectacles et marchés nocturnes font le bonheur des estivaliers comme des locaux. Les amoureux d'ornithologie pourront profiter de cet environnement classé comme l'un des meilleurs secteurs français pour suivre la migration des oiseaux, et en particulier des rapaces. Enfin, le massif de la Clape, aux senteurs délicates de genêt, de thym et de chèvrefeuille, vous invite sur ses sentiers de découverte avec ses panoramas exceptionnels.

LE PORT ★

Place Raymond-Gleizes ✆ 04 68 75 21 60
www.gruissan-mediterranee.com
Basse saison : de 8h à 12h et de 14h à 18h30. Haute saison : de 8h à 20h. Service de sécurité la nuit. Wifi.

Le port de Gruissan est idéal comme point d'amarrage. Avec plus de 1 600 anneaux et sa gamme complète de services, le port fait le bonheur des plaisanciers. L'architecture des « dromadaires » a certainement contribué à la renommée de la station, qui offre de multiples animations dès les beaux jours, bars, restaurants, boutiques... Ce port de plaisance est le premier port en France à proposer des locations de vélos et de voitures électriques. Il est également le point de départ des circuits commentés en gyropode. La capitainerie est au centre du port de plaisance.

CIMETIÈRE MARIN ET CHAPELLE NOTRE-DAME-DES-AUZILS ★

Massif de la Clape
✆ 04 68 49 09 00
www.gruissan-mediterranee.com
Ouverture à partir de Pâques, du mercredi au dimanche. Nouveau : une visite guidée en juillet et août les mercredis

Sur les hauteurs du massif de la Clape, Notre-Dame-des-Auzils, dont le nom signifie « Aide » en latin et «Chêne Vert» en occitan, s'élève fièrement au-dessus de la mer. Célèbre lieu de pèlerinage, cette chapelle votive était une halte sur le chemin qui allait de Narbonne à Fleury. Ne soyez pas surpris de trouver des tombes vides sur le chemin qui y monte. En effet vingt-six cénotaphes rendent hommage à des marins disparus en mer partout dans le monde. C'est pourquoi ce chemin pentu et escarpé a été baptisé « Allée des Naufragés » par Paul Valéry. A mi-parcours, prenez le temps de visiter le jardin d'agrément du dernier ermite, Michel Cyprien, et sa maisonnette en pierre à l'ombre des pins, tout près de la source. Il est de tradition depuis le XVIIIe siècle que les pêcheurs et leurs familles s'y rendent en pèlerinage à Pâques et à la Pentecôte. Suite à une violente tempête qui engloutit trois bateaux de pêche et leur équipage, la chapelle fut ensuite consacrée à la Vierge protectrice des marins affligés. D'ailleurs, la chapelle rurale dégage une atmosphère tout à fait singulière avec ses nombreux ex-voto peints. Vous remarquerez que certains sont peints en trompe-l'œil car ils furent volés une nuit de juillet 1967. Une fois sur les hauteurs rocailleuses, admirez ce panorama d'exception : Saint-Pierre, Narbonne-Plage, Port-la-Nouvelle, Gruissan ou encore la garrigue, les vignes, l'étang et la mer... Véritable havre de paix, où il est agréable de se promener en toute quiétude.

VIEUX VILLAGE, CHÂTEAU & TOUR BARBEROUSSE ★★

Place Louis-Rachou
https://gruissan-mediterranee.com
Toute l'année. Basse saison : tous les jours de 8h à 18h. Haute saison : jusqu'à 22h. Gratuit.

Découvrez ce vieux village médiéval avec ses ruelles circulaires. Vignerons, pêcheurs et saliniers y vivent depuis des générations. Edifié sur un rocher abrupt, le château a été construit à la fin du Xe siècle pour surveiller la côte et protéger la ville. Un siècle et demi plus tard, l'archevêque de Narbonne consolidera cette forteresse et lui ajoutera une tour, appelée Barberousse. Ces vestiges permettent un point de vue unique sur le village, l'étang et la garrigue !

LE SALIN DE GRUISSAN ★★

Le Salin de Gruissan
✆ 04 82 53 10 61
www.lesalindegruissan.fr/visite-guidee_11.html
Horaires variables selon les saison, se référer au site internet. Adulte : 8,90 €. Enfant (de 8 à 13 ans) : 6,90 €.

Dans un environnement protégé par une digue de 1,5 km de long, les salins s'étendent sur une superficie de 350 hectares environ. Vous y découvrirez le métier des maîtres sauniers et l'importance de l'activité du sel sur ce littoral audois. Créée en 1911, elle fut exploitée jusqu'en 2005 par la société des Salins du Midi, aujourd'hui c'est une SEM qui fait revivre le site en misant sur le côté artisanal de la production. La visite guidée d'une durée 1h20 environ vous mène sur un parcours pédestre au cœur des salins, elle vous révélera toutes les différentes phases de production : mouvement des eaux, concentration, cristallisation. Mention spéciale pour notre guide Emmeline, ce fut un régal de l'écouter ! Petites astuces : en juin vous aurez sûrement la chance de croiser des avocettes et de mi-août à fin septembre (en fonction de la météo) vous pourrez assister au ramassage du sel. L'écomusée en accès libre, vous invite à remonter le temps, par le biais d'un film, de photos et d'exposition d'outils ; vous revivrez la récolte du sel de 1900 à nos jours. La spacieuse boutique vous permettra de vous procurer du sel sous toutes ses formes : fleur de sel, sel aromatisé, sel brut... ainsi qu'une large gamme de produits du terroir. Sur le site vous trouverez également de quoi vous restaurer ou déguster des huîtres locales, mais aussi un bar qui propose de nombreux concerts pour les chaudes soirées d'été. La fête du Sel début juillet, un événement à vivre si vous avez la chance d'être dans la région.

OFFICE DE TOURISME

80, boulevard du Pech-Maynaud
✆ 04 68 49 09 00
www.gruissan-mediterranee.com
Ouvert toute l'année, consultez le site internet pour connaître les horaires spécifiques à chaque saison.

Vous serez accueilli par une équipe compétente qui se fera un plaisir de vous renseigner, de vous conseiller et vous orienter pour des activités lors de votre séjour, qu'il soit court ou long, ou pour votre installation dans la ville de Gruissan. Vous aurez à disposition des équipements nouvelles technologies : écrans touch, écrans photo, ordinateurs et casques de réalité virtuelle pour vous renseigner sur les activités culturelles, sportives, ludiques, estivales, visites du patrimoine, etc. Des brochures à emporter sont également disponibles sur place.

HÔTEL DE LA PLAGE €€

13, rue du Bernard-l'Hermite
✆ 04 68 49 00 75
www.hotelplagegruissan.fr
Qualité Sud de France. 25 chambres. Chambre à partir de 72€. Petit déjeuner buffet : 9 €. Chèques non acceptés.

A seulement 400 mètres de la Plage des Chalets, vous pourrez tout faire à pied. La décoration des chambres est simple et de bon goût, certaines disposent de petits balcons, d'autres de terrasses privatives et sont pourvues de salle d'eau avec douche italienne, et climatisation. Le petit déjeuner est servi dans la salle en rez-de-chaussée avec terrasse abritée. Si une petite balade à vélo vous tente, des vélos vous seront prêtés (pensez à les réserver). Une adresse parfaite pour se reposer, en couple ou en famille, car située dans une rue très calme.

SUNRISE BEACH HOTEL €€

1, allée des Courlis ✆ 04 68 49 13 87
www.hotelsunrise-gruissan.com
Ouvert de mars à mi-novembre. 20 chambres (dont une chambre PMR). Chambre double de 85 € à 110 €. Bar à cocktails. DJ.

La pétillante Alexandra gère cet hôtel idéalement situé en front de mer sur la mythique plage des chalets de Gruissan. Une grande terrasse en bois, des salons cosy, des tonneaux en guise de mange-debout, c'est l'endroit idéal pour profiter de la vue en sirotant un cocktail, accompagné de tapas maison sur fond de musique lounge. Incontournable en haute saison : les after-beach du dimanche avec DJ de 18h à minuit ! Les chambres toutes rénovées en 2020 sont agréables et équipées de TV, mention spéciale pour celles côté mer avec balcon et chaises longues face à la mer

LA PETITE BRASSERIE €

1, boulevard Victor-Hugo
✆ 04 68 65 24 50
Horaires variables selon les saisons, se référer au site internet. Menu enfant : 9 €. Plats du jour à partir de 14 €

La Petite Brasserie fait les choses avec cœur et ça se ressent de la cuisine à la salle ! On adore la déco des lieux, tendance et chic, tandis que la belle vaisselle met en valeur les créations du chef. Dans sa cuisine ouverte (mais vitrée) Eric prépare de belles assiettes toujours gourmandes, on retrouve des incontournables comme la salade de Gruissan à base de pommes de terre de poulpes, tellines, moules et coques (selon la saison) mais aussi le fish & chips sauce gribiche, le hamburger et son pain du boulanger. Astuce futée : essayez les liguines de la mer !

© MARC CECCHETTI - FOTOLIA

Gruissan.

LA CAMBUSE DU SAUNIER €€

Route de l'Ayrolles
✆ 04 84 25 13 24
www.lesalindegruissan.fr
Fermé de mi-décembre à mi-février. Haute saison : ouvert tous les jours. Voir horaires sur site internet. Carte : 35€

De grandes tablées et une vue imprenable sur les salins ! Entre l'étang de l'Ayrolle, l'île Saint-Martin et le grau de la Vieille-Nouvelle, ici on privilégie les produits de la mer et le sel de Gruissan. Des bulots, des moules, des palourdes, les huîtres de l'île de Saint-Martin... On retrouve tous les fruits de mer préparés selon diverses recettes. Ici l'alchimie du sel est aussi dans vos assiettes : loup, daurade, poulet, magret de canard... en croûte de sel. Côté vin, le restaurant sélectionne les vins de la Clape ainsi que le vin du voisin, Pierre Richard.

FORMENTERA €€

Avenue des noctambules
✆ 04 68 49 26 29
www.formentera-gruissan.com
Ouvert de mai à mi-septembre. Formule tapas de 5 € à 10 €. Plateau 8 tapas : 1 bouteille de Gris-Blanc rosé offerte.

Formentera est une petite île des Baléares située à quelques encablures d'Ibiza. C'est un endroit paradisiaque et unique très prisé par la jet-set bohème. C'est cette ambiance que les propriétaires des lieux vous proposent ici. Une grande piscine chauffée avec bains à remous, des transats pour se prélasser, un bar aux dimensions XXL où il vous sera proposé des cocktails uniques comme le « Pink ice Pop – Freixenet© ». Côté resto, une carte de tapas maison qui va des plus classiques aux plus cuisinées. Mention spéciale pour le brunch du dimanche.

LA CRANQUETTE €€

13, rue de La République
✆ 04 68 75 12 07
www.lacranquette.fr
Menu unique à 37 €. Menu enfant : 10 €. Formule du midi : 25 €. Horaires variables, consulter le site web.

Dans cet ancien presbytère restauré où se côtoient tradition et modernité, Julien et Mélanie vous convient à goûter une cuisine de saveur et d'épices, une cuisine de terroir, une cuisine de nouveauté où les associations terre-mer sont maîtrisées à la perfection. À la carte différentes spécialités : les huîtres gratinées au parmesan et à la truffe, les tentacules de poulpe de Gruissan… Même si les portions sont généreuses, gardez une place pour le dessert, également délicieux. La carte des vins est très occitane. Agréable moment gastronomique.

LARGADA €€

3, Place Général Gibert
✆ 04 68 49 97 86
Fermé en janvier. Haute saison : tous les jours le midi et le soir. Menus de 29 € à 32 €. Menu enfant : 10 €.

Benoît, breton d'origine, a su créer un lieu à son image, convivial, chaleureux et gourmand, à la décoration naturelle. Ce maître crêpier vous régalera lors de ces petits déjeuners gourmands avec une galette sucrée ou salée. À la carte, des produits locaux et de saison, des fruits de mer, un burger de thon sauce chorizo roquette tomates confites et parmesan ou encore le croustillant de magret de canard et foie gras sauce aux 4 épices linguini à l'huile de truffe. Tea time en terrasse le week-end avec thé et café bio, ou jus de fruits frais. Soirées concert en été.

MAMAMOUCHI €€

Étang de Mateille

✆ 04 68 32 10 95

De Pâques à la Toussaint, tous les jours midi & soir. Réservation recommandée. Carte : 20 € environ. Animations.

Le Mamamouchi est l'adresse hype de Gruissan. L'étang de Mateille, avec le massif de la Clape en arrière-plan, offre un spectacle permanent. Déco bohème chic, musique d'ambiance, on vient ici profiter d'une banquette pour siroter un cocktail après la plage. Pour les repas, tapas ou carte, tout est préparé maison. *Le Petit Futé* vous recommande la pêche du jour, ou encore les veggie bowls, à picorer sur la nouvelle terrasse en bois, au bord de l'eau. Tout ici respire la zen attitude, et les règles de la bonne cuisine comme du bon accueil sont au rendez-vous.

LE PLAN B €€

5, rue de la République

✆ 04 68 49 14 26

Ouvert toute l'année. Menu unique à 27 € (entrée+plat+dessert au choix dans la carte). Menu enfant : 11 €.

Au centre du vieux village de Gruissan, le Plan B vous accueille l'été comme hiver pour y déguster une cuisine maison réalisée à base de produits frais. En hiver, on prend place dans la salle cosy et moderne. Une petite carte permet de proposer des produits frais et savoureux ! Les couteaux de mer au whisky et le foie gras maison sont à conseiller. Pour les plats la suggestion du jour est toujours une belle surprise, mais le poisson à la plancha ou le risotto façon paella sont des incontournables. Les desserts sont ultra tentants.

RESTAURANT LES CHALETS €€

44, avenue de la Jetée ✆ 04 68 91 14 42

Fermé du 30 septembre au 1er avril. Horaires variables, consulter la page Facebook. Menu à 28 €. Menu enfant : 9 €.

Une adresse tenue par Benoît et Lucas, des pros du métier. Intérieur style moderne-bistrot, de larges baies vitrées, grande terrasse avec vue sur la mer et le pic du Canigou. La cuisine est méditerranéenne et métissée : purée de patate douce vanillée et sauce vierge aux agrumes qui accompagne les poissons issus d'une pêche écoresponsable (autant que possible) de saison telle que de l'espadon voilier, dorade coryphène, maigre de ligne, lotte.... Le menu du marché est divin, frais et aux couleurs de saison. Mention spéciale pour les excellents cocktails !

RESTAURANT LES VIEILLES NOUVELLES €€

19, Grand-Rue

✆ 04 34 27 51 76

Ouvert toute l'année. Fermé les 3 premières semaines de janvier. Menu : 35€. Menu enfant : 12€. Formule du midi : 18€.

Le chef Pol Ruel propose une carte variée, goûteuse et abordable ! Le restaurant dispose d'une petite salle au rez-de chaussée, d'une terrasse côté rue (piétonnière en été) et d'une seconde salle à l'étage avec un bar où se trouve la cuisine, le tout décoré « *vintage* » et agrémenté d'œuvres d'artistes locaux. À l'ardoise le choix se fait entre tapas et plats, nous remarquons la mention « tous nos plats sont frais et préparés maison ». Une adresse gourmande et généreuse !

TENTAZIONE €€

10, Avenue des Noctambules

✆ 04 68 65 00 98

Ouvert du mardi au samedi et dimanche soir. Antispasti : 10€ à 14€. Pizzas : 8€ à 24€. Sur place ou à emporter.

Oscar Wilde disait que le seul moyen de se délivrer d'une tentation, c'est d'y céder... Bienvenue chez Tentazione, le bien nommé, plus qu'un restaurant c'est l'antre du bien manger, façon dolce vita, une table authentique associée à une trattoria unique. Des produits méticuleusement choisis par Nicolas, d'origine transalpine, qui fait honneur à sa terre d'origine. Outre ses pizzas divines, vous succomberez aux excellents plats du maestro. Très belle épicerie fine de produits italiens fromages, charcuteries, vins,, liqueurs, pâtisseries...

SUNRISE BEACH HOTEL

1, allée des Courlis

✆ 04 68 49 13 87

www.hotelsunrise-gruissan.com

Fermé de mi-novembre à février inclus. Ouvert de 8h à minuit. Cocktail 8 €. Tapas à partir de 5 €.

Il souffle ici un petit air de fraîcheur et de bonne ambiance. Le Sunrise, c'est l'endroit idéal pour se poser à tout moment de la journée pour prendre un verre et déguster des tapas maison. Que vous soyez résident ou non, vous pouvez profiter de la grande terrasse avec ses coins cosys et ses tonneaux en guise de mange debout. L'endroit devient très festif lors des afters beach en haute saison les dimanches de 18h à minuit, on déguste alors de délicieux cocktails, (on recommande le Moscow Mule) et on profite du DJ qui mixe sur des sons electro-lounge.

AUDE

LA CAVE DE PIERRE - CHÂTEAU BEL ÉVÊQUE

Route des Salins
✆ 04 68 75 00 48
www.vinspierrerichard.com
Ouvert à l'année. Gamme de prix de 12 € à 31 €.

Selon Pierre Richard, « un bon vin, c'est d'abord un bon raisin » et c'est au domaine Bel Evêque que l'acteur a trouvé son bonheur en 1986. Amoureux de ce site authentique, il en a fait son lieu de vie et son domaine viticole. On citera le Château Bel Evêque Rouge élevé en fût de chêne, ample, généreux, aux arômes de fruits mûrs. Notre coup de cœur va à sa « Cuvée personnelle » en monocépage 100 % syrah. Au plaisir de la découverte des lieux et du vin !

HENRIETTE & CONCHA

4, Boulevard Jean de la Fontaine
✆ 06 08 49 37 74
www.henrietteconcha.com/
Ouvert à l'année. Horaires variables, téléphoner pour s'assurer de l'ouverture de la boutique.

Notre coup de cœur dans le vieux village ! Ecologie, Ethique et Esthétique. Henriette et Concha sont les prénoms des deux grands-mères fondatrices de la boutique. Ici vous trouverez des tapis et coussins tissés à la main, poufs en coton recyclé, céramique catalane fabriquée à la main, verres soufflés, objets décoratifs et bien d'autres trésors ! Notre coup de cœur : les Pet Lamp, suspensions créées par les Indiens Eperara en Colombie avec des bouteilles plastiques recyclées, intégrées au tressage ! La boutique déniche des artisans incroyables aux 4 coins du monde.

LA MER À BOIRE

21, rue de l'Hippocampe
✆ 06 63 09 88 12
www.brasserielameraboire.com
Ouvert du mercredi au vendredi de 17h à 19h ; le samedi de 10h à 12h. Visite et dégustation gratuites.

La Mer à Boire est une brasserie artisanale qui propose quatre bières : blanche, blonde, rousse et une légère aux arômes de café prononcés. Respectivement, « L'écume de mer », avec son petit goût d'agrume, l' « Oh soleil », « La Barbe rousse », qui porte bien son nom, et enfin « La Macar ». Également les bières saisonnières comme « la mer fruitée », une blanche à la pêche ou à l'abricot, une bière ambrée aux épices pour l'hiver, « la mer givrée », et une Ipa, très houblonnée « la tram ». Visite de la fabrique suivie d'une dégustation des différentes bières.

LES BATEAUX ÉLECTRIQUES GRUISSANAIS

Quai du Ponant ✆ 07 68 95 31 79
www.bateaux-electriques-gruissanais.fr
De avril à fin septembre. Bateau 5 places : de 35€ (1h) à 80€ (3h). Bateau 7 places de 40€ (1h) à 95€ (3h).

Les petits bateaux électriques de Nick et Marie font l'unanimité ! En famille ou entre amis, embarquez sur ces jolies embarcations de 5 à 7 places tout confort, silencieuses, et c'est parti pour l'aventure dans le vaste avant-port de Gruissan. Jetez l'ancre pour pique-niquer, pour profiter d'une baignade... à moins qu'une partie de pêche vous tente davantage. Vous découvrirez Gruissan sous un autre angle et des paysages magnifiques, effet «waouh» garanti ! Conseil : pensez à réserver.

ESPACE BALNÉOLUDIQUE

Avenue des Bains ✆ 04 68 75 60 50
https://www.gruissan-mediterranee.com/espace-balneoludique/
Ouvert toute l'année. Formule bassin sport intérieur + toboggans ext. adulte 12.50 €, cours bébés nageurs 8€

Le complexe balnéoludique ravit les adeptes de la remise en forme et de la détente. Sur une surface de 10 000 m², plusieurs univers s'offrent à vous : balnéo (cf. rubrique détente / forme) espace ludique et sportif. Espace cardiotraining et fitness équipé d'appareils high-tech dernier cri, piscine sportive de 25 m de long offrant une vue sur la mer et l'étang et de multiples activités : aquatonic, aquapalm, aquabike, cours de natation enfants et adultes... En été toboggan, pentagliss, jeux gonflables, aires de pique-nique sont d'agréables parenthèses farniente.

PÔLE NAUTIQUE GRUISSAN (AKILA - BASE MER)

50, avenue de la Jetée ✆ 04 68 49 33 33
www.polenautique-gruissan.com
Fermé du 10 novembre au 30 mars. Locations : Paddle : 14€/1h, Canoë-Kayak : 15€/1h. Plus de tarifs sur le site internet

Situé à l'extrémité de la plage des chalets, le pôle nautique Gruissan est connu et reconnu comme l'un des meilleurs spots freeride de France, grâce au Défi Kite et au Défi Wind, course rassemblant plus de 1 200 planchistes. La Tramontane y souffle plus de 200 jours par an, alors, que vous soyez débutant ou expert, plutôt kiteseurf, windsurf, catamaran, paddle ou même kayak de mer : si vous êtes amateur de sensations, n'hésitez pas à vous renseigner ! Activités handikite proposées.

TROTT'UP

Route de l'Ayrolles
✆ 07 68 50 95 07 - Parking de Sunkart.
www.trottup.com
Toute l'année, de 9h à 19h, sur réservation.
Promenade guidée d'1h15 : 29€/personne.
Location : à partir de 15€/30 min.

A l'heure où la trottinette fait fureur dans les grandes villes, celles de Jérôme Serny nous font littéralement craquer ! On ne parle pas ici de trottinettes urbaines classiques, mais de trottinettes tout terrain montées sur des grandes roues pour plus de stabilité, avec amortisseurs, freins à disques et propulsées par un moteur électrique. Les sensations sont garanties et cette activité est accessible à tous (à partir de 12 ans) ! Jérôme et Max en parfaits ambassadeurs du Grand Narbonnais connaissent le secteur comme leur poche. Ils vous emmèneront à la découverte de la Clape, des vignobles, l'île Saint-Martin, les fouilles romaines, en passant par des sentiers en forêt et vous offriront une vue panoramique sur le vieux Gruissan, c'est la randonnée panoramique et patrimoine, d'une durée de 1h30, avec départs à 11h et 14h. Une autre balade en partenariat avec le château L'Hospitalet vous propose de découvrir le plus grand domaine viticole d'Occitanie, sur un site de 1 000 hectares de pinède, vignes et garrigue. Cette balade ludique d'une heure, dans un lieu unique, part du château tous les samedis, à 10h. Une visite du caveau et une dégustation vous seront offertes par le château à l'issue de la balade. Les balades sont encadrées par des professionnels diplômés d'Etat et vous serez équipés comme il se doit pour profiter en toute sécurité. Pensez à bien vous chausser, les tongs sont proscrites ! Trott'up, une activité fun, ludique et culturelle et écologique. Départ au salin de Gruissan et sur la nouvelle base à Port Leucate

STELSIA CASINO GRUISSAN

Boulevard de Planasse ✆ 04 68 49 02 52
www.lestelsia-casinos.com
Ouvert toute l'année à partir de 10h. Machines à sous, poker, jeux traditionnels, bar, restaurant, concerts, animations.

Ce lieu emblématique de Gruissan allie jeux, restauration et bar. Une centaine de machines à sous, une roulette anglaise et un black-jack traditionnels ou électroniques, poker Texas Hold'em en cash game ou en tournois vous sont proposés toute l'année. L'Edison Café vous accueille dans une ambiance lounge avec ses animations comme ses célèbres vendredis karaokés, les samedis live (concert ou DJ set). L'atelier Le Phoebus vous propose une cuisine gourmande et locale aux accents du Sud. Voilà un lieu à consommer sans modération et à chacun sa formule.

SAINT-PIERRE-LA-MER

Vous rêvez d'une petite station balnéaire familiale avec des kilomètres de sable fin, ne cherchez plus vous y êtes ! Avec en prime un marché de rue réputé, des animations matin et soir. Des commerces de proximité, une école de voile et kite-surf, un poney club, des plages équipées et surveillées en permanence… Cette station balnéaire cumule de nombreux atouts, plus particulièrement pour les séjours familiaux ! Sans oublier le tout nouveau marché couvert où il agréable de venir faire ses achats de produits frais.

L'ASTERIE €€

10 bis, rue du Rocher
✆ 04 68 49 14 04
Ouvert toute l'année. Horaires variables, se référer au site internet. Menu unique à 22,50 €. Menu enfant : 12,50 €.

Tout petit et charmant, le restaurant l'Astérie doit son succès à la cuisine de Mehdi et la bonne humeur de Cathy, les deux propriétaires de l'établissement. Poissons à la plancha, la parillada (incontournable pour les amoureux du poisson), la marmite du pêcheur ou le homard frais (sur commande hors saison)… Cathy vous proposera également quelques bons petits plats traditionnels. Tapas avec charcuterie locale et vin du coin. Une adresse que l'on apprécie pour la qualité des plats servis et pour l'accueil toujours souriant de la maîtresse de maison.

BUBBLE CAFÉ

Boulevard des Embruns
✆ 04 68 90 55 36
Ouvert de 6h30 à 19h. Haute saison, fermeture 2h. Bar, Tapas, Cocktails, Glaces artisanales, Crêpes, Gaufres, Smoothies

Le Bubble Café est un des rares établissements ouvert toute l'année à Saint-Pierre-la-Mer, été comme hiver, il est possible de profiter de la terrasse ensoleillée face à la mer et au marché. On peut consommer des cocktails, des boissons, manger des crêpes, des gaufres faites maison ou des bubble waffels, mais aussi des smoothies à base de glace et de fruits frais. La glace est artisanale et faite maison. À consommer sans modération sur place ou à emporter. Un accueil agréable, une ambiance familiale, voire festive, on est fan !

AUDE

CHÂTEAU D'ANGLÈS

Route des Cabanes-de-Fleury
✆ 04 68 33 61 33
www.chateaudangles.com
Toute l'année du lundi au vendredi, de 8h à 16h30, le samedi sur rendez-vous. En été, du lundi au samedi de 11h à 19h.

Une belle bastide au cœur de 40 hectares entre vignes et mer, et le savoir-faire de l'ancien directeur technique de Lafitte Rothschild, Eric Fabre, garantie du meilleur de la tradition et de la technicité. Vous admirerez le chai depuis la baie vitrée et écouterez les explications de Vianney sur les vins du domaine et l'histoire du château. Des vins de référence : « Le Grand vin » rouge et blanc, élevé en barriques et qui développe une grande complexité aromatique d'épices et de fruits confits a été primé plusieurs années de suite. Un grand moment de plaisir !

GLISSE & KITE

Etangs de Pissevaches ✆ 04 68 49 22 31 - Derrière le camping municipal de Pissevache, non loin de l'aire pour camping-car
www.glisseetkite.com
Ouvert de Pâques à Toussaint. Activités nautiques à partir de 15 € / h pour location de paddle et Kayak.

Ouvert en 2013 par Géraldine et Christophe, situé en bordure de l'étang de Pissevaches, vous pourrez notamment y louer paddle, paddle géant, kayak, wingfoil, matériel de kitesurf pour une utilisation libre en toute sécurité. Selon l'activité choisie, vous serez en mer (kite et son beach park) ou dans l'étang (téléski). Glisse & Kite est connu dans le milieu du kitesurf que vous pourrez pratiquer ici en cours de 2h30 ou en stage en petit groupe, ou encore en navigation autonome et surveillée. Site officiel de la Coupe du Monde Junior de Kitesurf freestyle depuis 2003, c'est avec des moniteurs diplômés d'Etat que vous goûterez à vos premières sensations de glisse... Pour les moins téméraires, testez le baptême en tandem pour commencer en toute confiance. Durant les vacances scolaires sont proposés des stages de voile sur Optimist pour enfants (sachant nager et à partir de 6 ans), stage de planche à voile et catamaran pour enfants et adultes. Un téléski park est également à votre disposition pour des cours ou des sessions, et toujours avec un moniteur bienveillant. Pour les petits (toujours à partir de 6 ans), la bouée tractée les attend ! Fous rires assurés ! Possibilité de privatiser le téléski park pour un anniversaire, un challenge entre amis... Accueil de groupe sur réservation. Une petite restauration vous attend sur place de mai à septembre, vous pourrez déguster les fameux kite burger maison au beach-bar avec vue panoramique sur les étangs. Ambiance familiale où se mêlent enfants, ados, adultes et groupes d'amis.

FLEURY

D'après la légende, Perignanus aurait construit une villa gallo-romaine à l'emplacement du village à la fin de l'Antiquité, d'où le 1er nom de la localité Périnhan. Au XVIIIe, le baron de Pérignan, promu duc de Fleury, érigea la terre de Pérignan en duché. Le village prit alors le nom de Fleury, mais les habitants sont toujours appelés les Pérignanais. Fleury est un village fortifié du Moyen Âge comme le dévoilent les traces de remparts, et les nombreux porches... A voir : les magnifiques vitraux de l'église Saint-Martin, la tour de guet Balayard, la chapelle des Pénitents du XIe siècle. Son attrait principal est sa station balnéaire : Saint-Pierre-la-Mer.

LE GOUFFRE DE L'ŒIL DOUX ★★

Sur la route entre Fleury et Saint-Pierre-la-Mer, l'accès au parking est balisé. Possibilité de pique-niquer sur place.

Au cœur du massif de la Clape, le gouffre de l'Œil Doux se situe dans un écrin de verdure et offre un point de vue exceptionnel sur le domaine de l'Oustalet, la mer, la Clape et l'étang de Pissevaches.

Née de l'effondrement d'une immense voûte, cette curiosité géologique est constituée de hautes falaises calcaires dominant une étendue circulaire d'eau vert émeraude. Plus de deux cents espèces d'oiseaux, font de ce site l'un des meilleurs sites ornithologiques du département. Chaussures de marche et couvre-chefs sont recommandés. Baignade interdite et dangereuse.

LES CABANES DE FLEURY ★

www.communefleury.fr/decouvrir/cabanes-de-fleury
Le port des Cabanes de Fleury est ouvert tous les jours du 15 mai au 30 septembre de 7h30 à 12h et de 13h30 à 18h30.

Ce petit port se situe à un mille de l'embouchure de l'Aude, soit plus d'1,6 km. Cet ancien petit village de pêcheurs était constitué de grossières cabanes de roseaux, typiques des villages du littoral audois du XIXe siècle. Aujourd'hui, le port de Fleury est devenu un authentique port de plaisance. On y compte 230 anneaux à l'année et 80 en saison pour les bateaux de 5 à 8 mètres avec eau et électricité dans les bassins. Profitez de cette jolie station balnéaire, familiale, pour des promenades en mer, des jeux de plage, des balades dans les sites sauvages...

CHÂTEAU DE LA NEGLY

Route des Vins ✆ 04 68 32 41 50
www.lanegly.com
Basse saison : en semaine de 9h à 12h et de 14h à 17h. Haute saison : lundi au samedi de 10h à 12h30, de 14h à 18h30.

Exposé sur des coteaux en pente douce, ce domaine aux influences maritimes est une merveille du genre qui s'étend sur 50 hectares. Au XVIIIe siècle, le château portait le nom d'Ancely, en 1781, il épouse le nom de Nerly et finalement devient la Négly en 1807. Jean Paux-Rosset et son épouse ont su mettre en valeur ce joli vignoble. Le château vous accueille dans un caveau avec vue imprenable pour une dégustation inoubliable. Le domaine s'est agrandi en 2006 avec le rachat du domaine voisin de la Boède et vous propose une belle gamme de vins en culture raisonnée.

FITOU ★

Situé à la frontière du département des Pyrénées-Orientales, le nom Fitou viendrait du terme latin « Fita » signifiant la limite, certainement de par sa position et sa situation stratégique de liaison nord-sud entre la France et l'Espagne. Bâti dans le lit d'un ruisseau, le village s'étire en rues pittoresques. Autres points d'intérêt : l'église du XIIe et son portail roman, le château du XIe qui surplombe les anciens quartiers et, à l'écart du village, l'ermitage Saint-Aubin et sa chapelle préromane, l'émissaire romain qui draine le Pla de Fitou. Fitou est le berceau d'un vignoble important, aussi le village compte de nombreux caveaux de dégustation.

© ALLA KHANANASHVILI - SHUTTERSTOCK.COM

Fitou

LE FUN €€

Croix du Bayle ✆ 04 68 45 71 97 - Autoroute A9 sortie n° 40 puis D6009 direction Perpignan.
www.camping-lefun.com
Fermé du 2 novembre au 15 avril. Emplacement + véhicule + 2 personnes (avec 10 A) de 16 € à 33,50 €.

Ce camping un peu excentré des animations touristiques estivales propose un cadre naturel exceptionnel, à l'ombre de pins et des oliviers, entre mer et garrigue ! À seulement quelques kilomètres des plages de sable fin de Leucate et La Franqui, c'est l'endroit idéal pour des vacances conviviales : baignade, promenade, sports nautiques et accès à un spot de planche à voile. Le camping propose du matériel en location, et est équipé d'un boulodrome, d'un terrain de tennis, d'une piscine chauffée et d'un city-stade. Nombreux mobil-home avec climatisation en option.

LE TOIT VERT €€

Chemin les Pujades
✆ 04 68 70 47 38
www.letoitvert.fr
Fermeture de décembre à mi février. Carte : 35 € environ. Menu enfant : 10 €. Chèque Vacances, Chèque Restaurant.

Le Toit Vert est un lieu atypique. Assis en terrasse avec sa vue imprenable sur le château, ou en salle aux allures vintage, vous serez transportés par la cuisine passionnée du chef Fabrice Fenoll. La carte évolue en fonction des arrivages de la saison. Asperges du pays, foie gras pané aux amandes, bouillon miso et huîtres pochées, moelleux à la betterave... Ce que vous dégusterez ici est fait maison et les produits sont bio et régionaux. La carte des vins propose plus de 70 références en biodynamie. Une adresse à part qui ne vous laissera pas indifférent.

LIBERTADQUAD

Rue du Château
✆ 09 52 48 60 75
Ouvert toute l'année. Tous les jours de 10h à 19h. Location de quad pour une ou deux personnes : 90 € les deux heures.

Envie de découvrir les sentiers de garrigue de Fitou ? L'équipe du lieu vous apprend à maîtriser un quad pendant près de 20 minutes, et il ne vous reste plus qu'à suivre les flèches ! La randonnée se fait sans guide afin de profiter pleinement et à votre guise du panorama : la mer, les étangs, les vignes et le ciel bleu. Profitez de cet instant de liberté et n'hésitez pas à profiter de la terrasse du château pour vous désaltérer et apprécier le cadre ! Astuce futée : être matinal et réserver à 10h ou en début d'après-midi à 14h pour en profiter pleinement !

LEUCATE ★

Située entre mer, étangs, vignes et parcs à huîtres, la presqu'île de Leucate tient son nom du grec ancien « leukos » signifiant blancheur, nommée ainsi par les marins comme point de référence et d'orientation. Leucate s'étend sur 17 kilomètres de plages, d'étangs, de chenaux et de bassins portuaires. Elle baigne dans un paysage naturel protégé d'une grande diversité, qui accueille goélands, flamants, aigrettes, grands cormorans, garde-bœufs... (classée zone Natura 2000). Elle se compose de quatre pôles touristiques : Leucate-Village, la Franqui, Port-Leucate et Leucate-Plage. Leucate-village est un village traditionnel de pêcheurs et de vignerons, au riche passé historique. Dominé par son château et un vaste plateau, prenez le temps de flâner dans ses rues bariolées, avec sa place centrale animée et ses jolies façades méditerranéennes. Port-Leucate a vu le jour dans les années 1960 et se situe à l'entrée du Parc naturel régional de la Narbonnaise en Méditerranée. Ce grand port européen de plaisance et ses résidences ont fait de ce site un haut lieu du tourisme naturiste. Tous les ans, la Franqui accueille au printemps le Mondial du vent, coupe du monde de kitesurf. Entre les stations de Leucate-Village et de la Franqui se situe le Cap Leucate, ligne de falaises escarpées, à l'abri du vent, se dressant face à la grande bleue qui niche un véritable petit bijou : « la plagette », la plus belle plage du littoral audois. Enfin, Leucate-Plage déroule de longues plages de sable extraordinairement fin, et de nombreuses petites criques préservées de la tramontane.

LES PLAGES AUTOUR DE LEUCATE ★

Plage interdite aux animaux. Parking payant en juillet et août.

Avec une eau limpide et son label Pavillon Bleu, cette longue plage de sable fin avec sa promenade est très souvent prise en photo été comme hiver. Depuis quelques années, les paillotes permettent de déguster de bons produits et des cocktails les pieds dans l'eau pour le plus grand plaisir des locaux et des touristes. Vous trouverez également 7 autres plages : la Plagette, Leucate Plage, Le Mouret, la zone naturiste, la plage d'Aqualand, La Franqui, Les Coussoules.

LE CAP LEUCATE ★

Accessible toute l'année. Prudence les jours de grand vent et respect de la faune et de la flore de rigueur.

Le Cap Leucate est une ligne de falaises qui culmine à 50 mètres d'altitude face à la mer Méditerranée. Il se situe entre les villages de Leucate et La Franqui. Depuis cette zone préservée du littoral, de superbes panoramas sur le littoral et l'arrière-pays s'offrent à vous. C'est le paradis des amateurs de parapente et des photographes ! Au sommet des falaises se situent un ancien phare et un sémaphore (poste de surveillance du territoire et d'assistance à la navigation maritime) sur un immense plateau, qui dominent des plagettes de sable fin. Cette ancienne île possède ainsi l'une des trois seules falaises de la côte languedocienne. Un site idéal pour les promenades, les randonnées, ou encore en VTT : les sentiers qui s'enfoncent vers l'intérieur des terres dévoilent des paysages de garrigues, de champs d'amandiers et de vignes à perte de vue. La Plagette est une dune accolée à la falaise idéalement protégée de la tramontane, ce qui en fait un endroit très prisé par les locaux et les familles. Pour y accéder, il faut prendre la direction de Leucate-Village. Tourner à droite à la sortie de Leucate-Plage et prendre la route du sémaphore. Le stationnement est possible sur un petit parking de terre. La descente, un peu abrupte vers la crique, se fait uniquement à pied. Sur le promontoire, le restaurant gastronomique Le Grand Cap, à la décoration chic et épurée, avec la salle entièrement vitrée, offre une vue imprenable sur la mer. Le chef Erwan Houssin a obtenu sa première étoile au guide Michelin en 2018.

CAMPING MER SABLE SOLEIL €€

Chemin du Mourret - Leucate Plage
✆ 04 68 40 00 90 - www.mer-sable-soleil.fr

Ouverture de mars à novembre. Mobil-homes pour 1 à 4 personnes de 354 € à 924 € la semaine. Animaux acceptés (4 €).

Le camping Mer-Sable-Soleil est idéalement situé entre mer et étang, permettant aux adeptes du funboard et du kite de choisir entre les deux en fonction de leur niveau et de l'envie du jour. Un camping vraiment sympa où l'accueil et la qualité de service sont irréprochables et l'ambiance excellente. Le parc de mobil-homes et de chalets est partiellement renouvelé chaque année, et l'accent mis sur le respect de l'environnement et l'écoresponsabilité. Le camping propose des activités adaptées aux plus jeunes, un mini-golf «zen», et loue stand-up paddles et VTT.

AUDE

LA CÔTE RÊVÉE €€

55, boulevard Front-de-Mer - Leucate Plage
✆ 04 68 40 72 72
www.coterevee.com

Ouvert toute l'année. Fermé en janvier. 11 chambres (chambre avec vue sur mer à partir de 85 €). Petit déjeuner : 7,50€

La Côte Rêvée est un endroit charmant et cosy. Les propriétaires ont également la célèbre plage privée Chez Ginette située à quelques mètres de là. Les chambres climatisées ont toutes été relookées dans un style bohème chic, la literie neuve est très confortable. Quel bonheur de se réveiller face à la grande bleue ! Côté restaurant, nous ne pourrons faire que des éloges, cuisine maison terre et mer réalisée avec des produits frais et de qualité, une grande terrasse et une salle joliment décorée face à la plage. Un séjour détente et de qualité.

MAISON MONSIEUR PIERRE €€

65, avenue Jean-Jaurès ✆ 06 83 28 53 68
www.chambresdhotesmonsieurpierre.com

Chambre double de 70 € à 120 €. Petit déjeuner inclus. Lit supplémentaire : 20 €.

Dans leur maison calme et joliment décorée, Monique et Pierre vous proposent trois grandes chambres, climatisées, bien équipées (TV, clim, wifi, coffre-fort..), avec une literie confortable. Les hôtes sont aux petits soins pour un excellent séjour, et conseillent sur les activités proposées dans la région. Aux beaux jours, le petit déjeuner se prend sur la grande table faïencée ou sur les tables individuelles dans le jardin ombragé et fleuri. Les mets sont bio et copieux, les confitures faites sur place. On recommande vivement !

AUDE

© YAN EVEN

A table chez le producteur, port ostréicole de Port-Leucate

CHEZ GINETTE - RESTAURANT SUR LA PLAGE €€

37, avenue de la Côte-Rêvée ✆ 06 08 65 17 76
www.ginetteleucate.fr

Juin et septembre, fermé le mardi et mercredi. Juillet, août, ouvert tous les jours, midi et soir. 30 € le midi.

Chez Ginette est un lieu incontournable sur Leucate - 3 espaces pour votre bonheur : un pub finger food mais aussi la plage privée avec ses transats, son bar à cocktail et son restaurant au cadre agréable, une grande terrasse ombragée accompagnée de coussins douillets et de tables hautes, et un service au top. La petite carte garantit la qualité des produits et des assiettes savoureuses. Les plats changent régulièrement. En soirée, on termine en dansant les pieds dans le sable.

LE RIKOU - BAR À HUÎTRES €€

2, avenue de la Falaise
Leucate Plage
✆ 06 33 88 11 58

Ouvert toute l'année. Petit déjeuner à partir de 8h en haute saison. Menu enfant : 10 €. Plat du jour : 10 €.

Avec Rikou, vous choisissez l'une des bonnes adresses de Leucate pour profiter aux beaux jours du bon air et du soleil en terrasse, et en hiver d'une salle agréable. On y vient pour l'ambiance et pour la cuisine. On s'y régale de daurades fraîchement pêchées, de viandes grillées à la plancha ou encore de tapas... La carte des vins fait la part belle aux vins locaux à prix raisonnables, que vous soyez plutôt blanc fruité ou plutôt rouge tanique. En hiver, la carte évolue pour proposer des plats de saison... Une adresse où l'on ressort repu et jamais déçu !

LE GRAND CAP €€€

Chemin du Phare
✆ 04 68 48 13 73
www.restaurant-grand-cap.fr

Fermé le mardi, mercredi toute la journée et dimanche soir. Réservation impérative. Menu enfant : 20 €.

Ce restaurant - 1 étoile au *Michelin* - au cadre incroyable, en haut de la falaise de Leucate, est tenu par Erwann Houssin et son épouse Pamela. La décoration est épurée et délicate, la baie-vitrée offre une vue plongeante sur la mer et le service est très efficace et discret. Côté cuisine, c'est un vrai spectacle visuel et un enchantement gustatif qui s'offrent à vous. Les produits sont qualitatifs, de saison et les plats sont parfaitement réalisés. Le menu du midi offre un excellent rapport qualité-prix, l'occasion de découvrir un étoilé. Un vrai coup de cœur.

© YAN EVEN

Huîtres de Leucate - Port ostréicole de Leucate.

HÔTEL 19-21 €€€

Avenue Francis-Vals
✆ 04 68 27 68 44
www.hotel19-21.com

Fermé en hiver. Chambre double de 135€ à 290€. Suite de 290€ à 325€. Petit déjeuner : 18€. Sauna. Wifi. Plage privée.

Le 19-21 est un superbe hôtel de charme aménagé dans une ancienne cave et une maison de maître, où le luxe et le design s'invitent à tous les étages. Il a fallu 5 ans à l'équipe pour réaliser ce projet dans ses moindres détails : et c'est réussi ! Les lieux de vie sont très agréables, et les chambres contemporaines, bien équipées et cosy, avec jardinets privatifs ou balcon avec vue sur le village. L'hôtel dispose d'une piscine chauffée et d'un sauna, et dès la fin mai, il ouvre sa plage privée à Leucate-Plage. Le 19-21, un hôtel parfait pour un séjour unique.

BRASSERIE 5 BIS

5 bis, avenue de la mer
LA PALME
✆ 06 48 29 14 19
www.brasserie5bis.com

Bières Bio. Ouvert de 10h à 13h et 18h à 21h. Basse saison : téléphoner avant. Bar. Terrasse.

C'est au cœur du village de La Palme que Delphine Roullier a créé sa brasserie artisanale. Œnologue talentueuse et ingénieur agronome, Delphine propose une gamme de bières bio élégantes et raffinées élaborées dans la plus pure tradition dans une démarche éco-responsable et environnemental. Zef ou Zephir ? Blonde ou brune ? Et si vous vous laissiez tenter par l'exotique Ginger aux saveurs de gingembre frais, citronnelle et combawa. Rendez-vous sur place pour une dégustation au bar ou en terrasse et découvrir l'univers chic et tendance de Delphine.

CHEZ CUL D'OURSIN

Centre ostréicole
✆ 04 68 40 92 06

Ouvert tous les jours toute l'année de 8h à 21h en basse saison. A consommer sur place ou à emporter.

Une des références du port ostréicole en matière d'huîtres et de moules. Ici, on travaille en famille, l'ambiance y est bonne et les clients y reviennent avec bonheur. Les huîtres, chez les Guinot, c'est une histoire de famille qui remonte à plusieurs générations, Christophe (le père) est petit fils d'ostréiculteur du bassin d'Arcachon, il n'a de cesse d'imaginer des procédés pour améliorer la qualité de ses huîtres. Ses secrets, il les transmet à Johann, son fils, qui assure déjà la relève. Les huîtres sont belles et charnues et surtout savoureuses !

L'HIPPOCAMPE

Rive gauche
✆ 06 70 94 74 95

Ouvert toute l'année. 6 huitres moyennes : 7 €. 6 huîtres moyennes + 6 moules + 6 palourdes : 12,50 €.

L'Hippocampe, est un mas ostréicole entièrement rénové qui a fière allure avec sa façade en bois, la salle intérieure et une jolie terrasse donnant sur le chenal. On vous servira ici des huîtres accompagnées, si vous le souhaitez, de moules, de palourdes et d'un verre de Leucate blanc (ou rosé). Les amateurs se délecteront de la Petula Spectacular, une huître (n°0) aux dimensions hors norme ayant passé pas moins de 4 ans en mer. Une adresse très agréable tenue par une équipe qui l'est tout autant où l'on profite volontiers de la terrasse ensoleillée et abritée.

HUÎTRES ALLARY

Grau de Leucate
✆ 04 68 40 92 41
www.huitre-allary.com
Formule assiette de l'étang à 11 € (6 huitres). Ouvert toute l'année.

Créé dans les années 1970, ce site garde toute sa typicité avec ses baraquements en enfilade. La maison Allary Fils est une histoire de famille, du grand-père à ses petits-enfants. Cette exploitation s'est modernisée au fil du temps et use de nouvelles techniques de production. Objectif : atteindre une qualité optimale ! Un seul conseil, allez déguster la célèbre « Cap Leucate », huître creuse à la chair fine, au goût de noisette et aux vertus impressionnantes ou la « Caramoun », fine et beaucoup plus craquante, médaillée d'or au Salon de l'Agriculture 2018.

LA FRANQUI

La Franqui fut l'une des toutes premières stations balnéaires audoises. Un avantage lié à sa situation géographique, au pied de la falaise, de la pinède et de l'impressionnante plage des Coussoules, qui s'étend sur 8 km jusqu'à Port-la-Nouvelle. La Franqui a également bénéficié de la notoriété de l'aventurier et écrivain Henry de Monfreid, né dans le village en 1879. Sa famille va d'ailleurs œuvrer pour le développement du site dès le début du XXe siècle en construisant le chemin d'accès à la gare, une digue et les premières villas, mais surtout en édifiant un hôtel de luxe, L'Excelsior. Aujourd'hui, de nombreux artistes résident encore dans les belles maisons au charme d'antan, et il fait bon se promener sur le tout nouveau front de mer aménagé le long du rivage, ou sur le sentier qui passe sous de la falaise. Mais La Franqui est aussi devenue depuis plusieurs années le rendez-vous incontournable des amateurs de kitesurf et de windsurf, avec le Mondial du Vent.

© YAN EVEN

Mondial du Vent.

LE BLEU €€

19, avenue de la Mediterranee
✆ 07 81 00 81 45
www.lebleucafe.fr
Ouvert tous les jours. Service non stop. Formule : 26 € à 29,50 €. Concerts et soirées DJ : voir leur page Facebook.

Le Bleu, c'est un concept store alliant une boutique de mode, une seconde pour les funboarders et kitesurfers et aussi un club de voile, planche, paddle, etc. Pour le restaurant, que vous soyez en salle ou en terrasse, vous ferez face à la plage, le spectacle est garanti. Au menu, Zinou et son équipe ne vous proposeront que des produits frais de qualité subtilement travaillés : ceviche de gambas sauvages aux agrumes, salade thaïe aux gambas, daurade royale au four, côte de bœuf et potatoes maison... Tout ici est un délice, accueil compris. Le *Petit Futé* est fan !

FISH AND BLUES €€

22, avenue du Languedoc
✆ 06 36 91 53 77
Ouvert d'avril à fin septembre. Fermé le lundi en haute saison. Menu enfant : 10 €. Tapas de 9 € à 16 €.

Ce restaurant séduit avec une déco atypique, des tables en acier faites sur mesure et les œuvres d'art décalées et très prisées de Ludo, le maître des lieux. Au Fish and Blues, on vit Harley avec belles bécanes garées devant le restaurant et concerts de blues et de rock. Au menu, une carte de tapas pour l'apéro et ensuite des plats bien cuisinés comme le tartare aux deux poissons et wakamé, ou les côtes de cochon noir ibérique... On aime l'accueil souriant et pro de l'équipe, les portions généreuses dans les assiettes et le soin apporté au dressage des plats !

LE KAT €€

Chemin des Coussoules
✆ 06 71 30 59 34
www.le-kat.com
Fermé d´octobre à avril. Carte : 30 € environ. Tapas à partager de 5 à 25 €. Chèque Restaurant.

Sur l'immense plage des Coussoules, le Kat se situe entre plage et camping avec une vue mer imprenable. On adore la décoration bohème-chic alliant bois et matières nobles. Deux lieux en un : le côté guinguette pour boire un cocktail, manger des tapas (samoussas, ravioles, planches fromage ou charcuterie, huîtres) entre amoureux ou amis, et le côté restaurant avec son immense terrasse ombragée et sa cuisine faite maison ambiance bistronomique. Mention spéciale pour les cocktails, notamment le Spritz spécial Le Kat ! Soirées à thème tout au long de la saison.

PORT-LEUCATE ★

C'est au milieu des années 1960 que Port-Leucate a vu le jour, dans le cadre de l'aménagement du littoral du Languedoc-Roussillon. Construite sur une imposante étendue de sable entre la mer et l'étang, son port est un des plus grands d'Europe avec 1 200 postes de mouillage et plus de 950 bateaux. La station est aussi réputée pour ses vents qui font le bonheur des amateurs de kitesurf, sky sly, char à voile ou windsurf. La station renferme un autre trésor des plus raffinés, l'huître que vous pourrez déguster en direct chez les ostréiculteurs. Port Leucate propose un festival international unique consacré aux voix du cinéma : Voix d'Etoiles (fin octobre).

OFFICE DE TOURISME DE LEUCATE

Espace Henry de Monfreid
✆ 04 68 40 91 31
https://visit-lanarbonnaise.com/fr/leucate
Label : Famille Plus, Tourisme & Handicap.
Horaires variables, se référer au site internet

L'espace Henry de Monfreid regroupe la mairie annexe, l'office de tourisme, une salle d'expo et une salle de spectacles, et un cyberespace qui vous permettra de surfer sur le Web (pièce d'identité obligatoire, payant). Ne manquez pas les rendez-vous de l'année : le Mondial du Vent, compétitions de kitesurf et windsurf (Pâques), Sol y fiesta, Festival international de spectacles de rue (Ascension), Voix d'Etoiles, Festival des voix du cinéma d'animation (vacances de Toussaint).

LEUCATE AVENTURES

Avenue de la Pinède
✆ 06 10 04 58 50
www.leucate-aventures.com
Ouvert de Pâques au 1er septembre. Adulte : 25 €. Enfant (de 2 à 6 ans) : 12 € (20 € pour les 7-11 ans).

Voici le lieu parfait pour évoluer entre ciel et terre, sur plus de 280 ateliers de difficulté croissante adaptés à tous publics et à tous âges, répartis sur 16 parcours. L'espace Ouistiti permet aux plus jeunes (dès 2 ans) de s'amuser en toute sécurité. Pour les plus grands, la difficulté des parcours augmente crescendo, pour finir avec le parcours « super noir »... Tout l'équipement vous sera fourni sur place ; munissez-vous simplement de vêtements et de chaussures de sport fermées. Ce que l'on apprécie dans ce parc aventure, c'est la volonté de la direction de toujours vouloir surprendre ses clients en se renouvelant chaque année. Que diriez-vous de vous élancer depuis la tour de 22 mètres avec deux tyroliennes de 300 mètres de long ? Laissez-vous tenter par le rocher d'escalade : une réalisation unique et sur mesure de 8 m de haut proposant 11 voies permettant aux débutants et aux experts d'évoluer en toute sécurité grâce aux enrouleurs automatiques de dernière génération. Le Quick Jump fait sensation : un saut de 10 mètres dans le vide sécurisé par une corde bien accrochée à votre harnais (chute libre sur 3 mètres). Leucate Aventures est un endroit vraiment agréable à l'ombre des grands pins pour partager des sensations fortes et des émotions en famille ou entre amis. Notez également que Leucate Aventures organise, pour les amateurs de sports en eaux vives, des parcours canyoning et rafting sur des sites naturels. Tyrolienne géante, rocher d'escalade, quick flight (chute de 20 m), quick jump avec Pass.

LEUCATE ÉVASION MARINE

Quai Eric-Tabarly
✆ 06 42 86 37 85
https://www.dest-in.pro/activites/
De mai à octobre. Journée sauvage Robinson : durée 6h30, à partir de 30€ ; observation des dauphins 55 € pour 4h.

Découvrez les balades de Leucate Evasion Marine et montez à bord du navire *Océane II* pour un dépaysement garanti ! Différentes activités sont proposées : pêche matinale, pêche nocturne (de 20h30 à minuit), soirées feu d'artifice et promenades le long de la côte pour découvrir les criques ou encore le rocher de la Sorcière , mais aussi les soirées musicales (en mai, juin, septembre et octobre). Baptiste, le capitaine, et le reste de l'équipage mettent en valeur le patrimoine et les produits locaux en proposant diverses dégustations. A ne pas manquer !

VOILIER LIMNOREIA

1, quai Eric-Tabarly ✆ 06 20 60 43 72
www.limnoreia.com
Sorties en mer du 1er juin au 30 septembre. Plusieurs sorties et durées sont proposées. CB non acceptée.

C'est à bord d'une superbe goélette de 1929 que vous pouvez embarquer afin de découvrir la côte audoise et vous prendre pour un vrai loup de mer. En journée ou au soleil couchant, vous allez donc, toutes voiles dehors, faire une balade en mer exceptionnelle. Selon les périodes, il est possible de voir des dauphins mais aussi des poissons-lune. Eric vous parlera avec plaisir de sa passion pour la mer et vous pourrez hisser les voiles avec lui. Alors curieux et amateurs de sensations, embarquez ! C'est l'idéal pour une escapade en amoureux, en famille ou entre amis.

DIX VINS €€

Plage Zone 10/9

✆ 06 64 16 33 81

Fermé de septembre à mai. Carte : 30 € environ. Menu enfant : 10 €. Formule du midi : 20 € (en semaine uniquement).

La Plage Dix Vins est située à côté du miroir d'eau, avec vue sur le célèbre ponton tant photographié. Le menu du midi en semaine est juste... parfait ! Déjeuner les pieds dans le sable, service efficace et souriant, assiettes bien présentées et savoureuses. Ici on cuisine avant tout du poisson - entier et selon arrivage. La carte change donc régulièrement. Le soir, le restaurant propose également pour les petites faims des tapas. Et que diriez-vous d'accompagner votre repas d'un délicieux cocktail ? Locations de transats et paddle.

LA PERLE GLACÉE

2, Quai Eric Tabarly

Ouvert tous les jours et les jours fériés de 10h à minuit. Ouvert du 1/04 au 01/11.

La Perle Glacée vous propose pas moins d'une quarantaine de parfums de glaces et autres sorbets, des glaces à l'italienne ainsi que des gaufres de Liège et des crêpes. Stéphane-David, le propriétaire des lieux, a sélectionné les glaces de Marc Zamolo, maître artisan glacier provençal reconnu pour la qualité des produits qui composent ses créations et leur teneur en sucre réduite. Autre particularité de ces glaces : leurs parfums fidèles aux essences d'origine ou aux recettes bien connues, comme la glace au goût du célèbre rocher en chocolat parsemé de noisette.

POISSONNERIE CALLI

Rue de la Prade ✆ 04 68 40 94 93

www.poissonnerie-calli.fr

Horaires variables, consulter le site internet. Plateaux de fruits de mer de 18 € à 149 € (le Royal/6 pers.).

Dès 4h du matin, Tony part relever ses filets pour le plus grand bonheur des amateurs de poissons ultras frais ! Fabienne, sa femme, vous recevra et vous guidera dans sa jolie poissonnerie : sole, thon, dorade, rouget, barbue, seiche, langouste, homard bleu... Des préparations maison et des plateaux de fruits de mer sont proposés ainsi que des plats sur commande comme la bouillabaisse, les encornets farcis, la paella... Dégustez sur place des huîtres de Leucate ou des tapas de la mer, accompagnées d'un verre de vin blanc, afin de profiter de la bonne ambiance !

CERCLE DE VOILE DU CAP LEUCATE

Avenue de la Pinède

www.cercledevoile.com

Ouvert toute l'année. Stage planche à voile (7h30) : 107€ - Stage char à voile : 135€. Séance découverte 30 min : 16€.

Si vous passez vos vacances, un week-end ou si vous vivez à Port-Leucate, l'envie de prendre le vent sur un engin à voile a dû déjà vous titiller... Planche à voile, catamaran, char à voile, optimist, pirogue, canoé paddle, il y en a pour toutes les envies, tous les niveaux et tous les âges (à partir de 6 ans). Une préparation à la compétition (régates, courses) est aussi proposée, avec le matériel mis à disposition. Nous avons testé le stage d'initiation à la planche à voile de 5 jours (plus de 7 heures de navigation). Clément, notre moniteur diplômé d'Etat a fait preuve de patience même si notre groupe était particulièrement alerte sur cette planche montée avec une voile de 4 mètres et une force de vent proche de zéro. C'est donc là que ça se complique pour le coach. Mais Clément, en bon pédagogue et très bon technicien a pu aborder différents exercices comme la navigation avec un vent de travers, les empannages, les virements de bord, commencer la remontée au vent... A noter que la navigation se déroule sur l'étang XXL de Port Leucate, un site particulièrement beau, avec un panorama unique sur le pourtour méditerranéen. Une fois le stage achevé, un livret de la fédération nous a été remis avec notre premier niveau validé. Le matériel dernier cri est très bien entretenu et adapté à tous les niveaux. Malgré le vent faible, ce qui est très rare ici, nous avons passé un excellent moment sans prise de tête et l'envie certaine de passer le second niveau !

LEUCATE PLONGÉE

Avenue du Rec de l'Entrée

✆ 06 09 95 71 70

www.leucateplongee.fr

Hors saison : du mardi au samedi. Juillet/Août : du lundi au samedi de 8h à 19h. Baptême : 55 € ; plongée au 26 €.

L'école de plongée est agréée et basée à Port-Leucate. Plusieurs formules sont proposées selon vos attentes et votre niveau : initiation, découverte, formation, exploration, sous l'égide de moniteurs diplômés, passionnés et qualifiés guides de la mer. Les moniteurs sont également spécialistes de la plongée pour les enfants, et proposent des baptêmes dès l'âge de 6 ans. De magnifiques plongées en perspective : le plateau rocheux, les fonds coralligènes, le dédale de « la Sorcière »... Des sorties journée sont organisées en Espagne de septembre à avril.

AUDE

CIRCUS CASINO

Avenue du Roussillon
✆ 04 68 58 17 77
circuscasino.fr
Ouvert toute l'année. Carte Circus Sport Bar de 8,90 € à 17,50 €. Formule brasserie de 17 € à 25 €.

Envie de jouer quelques euros et de remporter le gros lot ? Machines à sous (de 1 centime à 2 €), roulette électronique, black-jack et autres jeux vous attendent. Le Circus Casino propose plus de 75 machines à sous dernière génération (90 en été) : machines à rouleaux mécaniques, machine vidéo ou vidéo poker. L'ambiance est agréable et le personnel compétent. Tous les jours le café et le thé vous sont offerts entre 11h et 15h. Les non-joueurs pourront profiter des terrasses, du bar ou vous seront servis cocktails, planches apéro et douceurs sucrées.

PORT-LA-NOUVELLE ★

Port-la-Nouvelle, comme son nom l'indique, est une ville plutôt récente. Créée par un décret de Louis Philippe en date du 21 juillet 1844, elle était connue des navigateurs dès le début de l'ère chrétienne, comme lieu de passage des bateaux en Méditerranée et faisant commerce avec Narbonne (Narbo Martius). Ce grau cerné de zones marécageuses s'est formé dans un premier temps par un petit groupe de maisons, qui allait rapidement croître avec l'arrivée du chemin de fer reliant Narbonne à Perpignan. La ville possède aujourd'hui de multiples facettes : 15 kilomètres de sable fin, des endroits préservés et encore sauvages comme l'île de Sainte-Lucie désormais sous la houlette du Conservatoire du Littoral, la garrigue, les étangs et le canal de la Robine, classé au patrimoine mondial de l'Unesco. La ville a connu un fort développement économique et industriel dans les années 1960, avec l'implantation de dépôts de pétrole, de gaz ou bien encore d'impressionnants silos à grains installés le long du canal, ce qui en fait aujourd'hui le quinzième port français en termes d'activité. Elle est aussi un port de pêche et de commerce, le troisième port français en Méditerranée. Port-la-Nouvelle obtient depuis plusieurs années le Pavillon Bleu européen pour sa politique dynamique en matière d'environnement.

L'ILE DE SAINTE-LUCIE

✆ 04 68 48 00 51
L'accès peut être fermé en cas de risque majeur d'incendie.

La Réserve naturelle régionale de Sainte-Lucie, site protégé par le Conservatoire du littoral est un coin de nature quasi-sauvage. Elle se situe à Port-la Nouvelle, où elle offre des palettes variées de milieux naturels et de paysages magnifiques : plage immense et sauvage de la Vieille Nouvelle, anciens salins et île Sainte-Lucie, couverte de garrigue et de boisement de pins. Elle offre ainsi une splendide vue sur les lagunes de l'Ayrolle, de Bages–Sigean et les massifs environnants. Gérée par le Parc naturel régional de la Narbonnaise en Méditerranée et la commune de Port la Nouvelle, l'île a été aménagée pour s'ouvrir au public. Un parking est situé à moins de 500 mètres de l'écluse, seul accès à l'île. Nous vous conseillons d'escalader jusqu'au roc Saint-Antoine qui offre un point de vue exceptionnel sur Narbonne, Gruissan et ses étangs, de découvrir en visite guidée cette terre, où son riche passé vous sera révélé, à savoir plus 20 siècles d'occupation humaine, comme en témoignent les ruines de la cantine des ouvriers du sel, les bâtiments du domaine viticole, ou encore les vestiges d'une église. Deux circuits de 3 et 6 kilomètres permettent une promenade à pied (prévoir des chaussures de marche) ou en VTT dans un cadre unique. Afin de protéger les lieux des risques d'incendie, il arrive, durant la saison estivale et lors des grands vents, que l'accès à l'île soit interdit. Pour votre sécurité et la beauté des lieux, veuillez respecter les consignes. Chiens non autorisés sur l'île.

PLAGE DE PORT-LA-NOUVELLE

Poste de surveillance n°1 ouvert du dernier week-end de mai au dernier week-end de septembre.

A Port-la-Nouvelle il est possible d'aller se baigner, profiter du soleil, ou simplement se promener sur trois longues plages. Celle du front de mer est la plus populaire et la seule à être surveillée en période estivale. La plage des Montilles comprend une zone naturiste de 500 m. Enfin, la plage de la Vieille Nouvelle s'étend sur plus de 5 km. On ne peut plus y accéder en voiture, mais un grand parking vous accueille aux salins, direction Sainte-Lucie.

© YAN EVEN

Plage de Port-la-Nouvelle.

OFFICE DE TOURISME

1, place Paul-Valéry
✆ 04 68 48 00 51
www.visit-lanarbonnaise.com/fr/port-la-nouvelle
Basse saison : ouvert du lundi au vendredi de 10h à 13h et de 14h à 17h. Haute saison : tous les jours de 9h à 19h.

L'office de tourisme se situe face à la mer Méditerranée. Un décor idéal pour vous conseiller sur votre séjour dans cette sympathique station balnéaire de La Narbonnaise Surprenante Méditerranée. N'hésitez pas à venir rencontrer nos conseillers en séjour, ils vous donneront des conseils sur-mesure pour organiser vos fantastiques vacances : plages, canal de la Robine, balades nature dans la Réserve naturelle régionale, découverte de charmants villages et vignobles, etc. Sur place, profitez de la Wifi gratuite et d'une documentation variée.

BATEAU LE CATHARE

parking île Sainte lucie ✆ 07 82 09 13 51
https://bateauxcanalmidi.com
Croisières en juillet et août. Gratuit jusqu'à 3 ans. Adulte : 14 €. Enfant (de 4 à 11 ans) : 8 €. CB non acceptée

Embarquez à bord du *Cathare* - bateau panoramique de 43 passagers - et partez à la découverte de la réserve naturelle régionale de l'île Sainte-Lucie par le canal de La Robine. Entre mer, étang et canal, durant 2 heures, vous passerez une écluse et découvrirez des paysages exceptionnels. Astuce futée : prenez votre pique-nique, descendez à Saint Lucie et revenez par le prochain bateau (à réserver à l'achat du billet). Possibilité de privatiser le bateau avec organisation d'un apéritif dînatoire pour vivre des moments inoubliables entres amis ou en famille.

CAMPING CAP DU ROC €€€

1700, route de La Palme ✆ 04 68 48 00 98
www.camping-cap-du-roc.com
Fermé du 1er octobre au 31 mars. Réservation impérative. Emplacement + véhicule + 2 personnes (avec 6 A) de 11 € à 32 €.

Le camping Cap du Roc est proche de la mer et point de départ idéal pour découvrir les trésors du Pays Cathare et des Pyrénées-Orientales. La falaise vous protège du vent du nord, particulièrement présent sur le département. Autre point fort du camping : ses équipements ludiques avec tables de ping-pong, aire de jeux... et son espace aquatique avec un bassin chauffé et son toboggan très apprécié des plus jeunes. En haute saison, de nombreuses animations sont proposées. Un camping bien tenu où la direction se pliera en quatre pour que votre séjour soit inoubliable.

L'ARCHIBAR €

22, rue de la République
✆ 04 68 70 69 27
Ouvert toute l'année. Tous les jours de 7h à 1h. Formule du midi : 14,90 €. Terrasse. Animations.

Située sur la place du marché, c'est une brasserie à la déco tendance où Fabio et Jannice vous attendent dès le petit café du matin. Installez-vous en salle, en terrasse ou dans l'espace « Le Chalet » et régalez-vous de la cuisine du chef, Maxime, qui vous proposera des petits plats de saison, bien copieux et gourmands à souhait. Incontournable : le barbecue du chalet à partager (ou pas) avec ses 400 gr de viandes à griller, légumes, frites et sauces chaudes maison. La carte des tapas vaut également le détour. Une adresse où bonne humeur rime avec bonne cuisine !

AUDE

LA NOUVELLE CANTINE €

1436, avenue de la Mer

✆ 07 52 63 60 64

Fermé de novembre à avril. Tapas entre 3 et 15 €. Formule du midi : 12 € (plat + dessert). Plats de 12€ à 21€.

La Nouvelle Cantine est une table incontournable pour les amateurs de tapas à Port-la-Nouvelle ! Deux ambiances, cosy et tranquille d'un côté et de l'autre une ambiance un peu plus festive, parfaite pour un moment en mode apéro. La terrasse permet de s'attabler sur les grands mange-debout et déguster une bière artisanale « 5bis » de La Palme, une sangria faite maison ou encore un verre parmi une sélection de vins locaux. Une petite faim ? On vous conseille les chipirones, champignons à l'aïoli, jambon Serrano, couteaux et moules à la plancha !

RESTAURANT LE XV €

236, rue Jean-Jaurès

✆ 04 68 40 04 47

Horaires variables, consulter le site internet. Menus de 19,90 € à 29,90 €. Menu enfant : 8,50 €.

Au Restaurant le XV, ce sont les frères Campillo qui mènent le jeu, dans un cadre en hommage à l'ovalie. En terrasse ou dans la salle, des maillots dédicacés, des ballons, et les couleurs locales. Ici, les soirs de match sont torrides, on peut manger sans rien manquer du jeu. La cuisine propose des produits locaux, du poisson frais et des desserts maisons. C'est copieux, gourmand et la présentation est bien travaillée. Rassurez-vous, les soirs sans match, le restaurant le XV se pare d'un calme agréable et élégant, parfait pour un repas entre amis, ou en famille.

L'ADRESSE €€

10, rue Roger-Rapin

✆ 04 68 45 39 35

Ouvert toute l'année. Carte : 25 € environ. Menu enfant : 9 € (jusqu'à 10 ans). Formule du midi : 14 €

Ce restaurant est une belle surprise, avec un intérieur décoré dans un esprit moderne vintage et épuré. Ici, Ong (la cuisinière) vous propose une cuisine mi-locale, mi-asiatique, les plats sont copieux ! Parmi les spécialités, un plat fait vraiment l'unanimité : le bar (loup) façon Thaï, comptez 10 min de préparation puisqu'il est cuisiné au moment. La formule du midi est parfaite pour varier les plaisirs au quotidien sans se ruiner. Pour parfaire votre repas, une très belle sélection de vins grâce à Vincent, œnologue et passionné. Une adresse «coup de cœur».

STELSIA - CASINO

Place Paul-Valéry

✆ 04 68 40 04 07

https://www.lestelsia-casinos.com/

Horaires variables, se référer au site internet.

Le casino a un emplacement de rêve face à la mer, vue sur le chenal qui dessert le port, et sur les deux jetées de Port-la-Nouvelle. Univers des machines à sous dernière génération, des tables de boule 2000, des tables de Texas Hold'em Poker, black jack, etc. Nouveauté 2021, le casino a été racheté par le groupe Stelsia. Envie de faire une pause ? Profitez des différentes bières et spiritueux du bar dont toute la décoration a été refaite et dans lequel des animations sont proposées tout au long de l'année. Une petite faim ? N'hésitez pas à tester le restaurant !

SIGEAN ★

Au pied du massif des Corbières, Sigean occupe une situation géographique privilégiée, à 5 km de la mer et à 70 km des Pyrénées et de l'Espagne. Cette petite ville des Corbières tient son nom de l'époque gallo-romaine : la villa « Sejanum », important domaine agricole. Joli coup de projecteur sur la région, suite à l'ouverture dans les années 1970 de la Réserve Africaine. Sigean possède bien d'autres atouts : des sentiers de randonnées et de découvertes, un vignoble réputé, un riche patrimoine avec son église XVIIe siècle dont l'orgue est classé et ses anciens remparts... Sans oublier son site incontournable : l'oppidum de Pech Maho.

MUSÉE DES CORBIÈRES

Place de la Libération

✆ 04 68 41 59 89

Horaires variables, consulter le site internet. Gratuit -16 ans. Adulte : 3,20 € (6,40 € visite guidée).

Le musée, dans une ancienne demeure du XVIIIe, regroupe les fouilles de l'oppidum de Pech-Maho, et celles du canton. Le deuxième étage est consacré aux activités traditionnelles que sont la vigne, le sel, la pêche et la chasse. Un moyen de découvrir Sigean avant l'occupation romaine, lorsque les Elisyques peuplaient la région. Parmi les pièces les plus précieuses à observer, des tablettes en plomb portant de longs textes en ibère, langue non encore déchiffrée à ce jour. Rendez-vous au musée des Corbières pour tenter de résoudre ce grand mystère !

AUDE

L'OPPIDUM DE PECH MAHO ★

www.sigean.fr

Visite guidée le samedi matin de novembre à mars et le mercredi matin de avril à octobre. Gratuit -16 ans. Adulte 6,40€

L'oppidum pré-romain de Pech Maho, dont la majeure partie des remparts et des habitats a été dégagée, était un comptoir commercial, occupé par trois villages successifs du VIe au IIIe siècle avant J.-C. Construit sur une colline calcaire de forme triangulaire et d'une altitude de 29 mètres, il s'étend sur une superficie de 2 hectares, entre la mer et la Berre, à proximité de la route antique littorale, dite voie Héracléenne. Ce site bénéficiait d'un double accès maritime par les étangs de Bages et de Sigean, et routier qui permettait de nombreux échanges. De par sa position géographique, c'est une fortification dite en « éperon barré ». L'habitat protohistorique du site a été reconnu sur 1 hectare. Au XIXe siècle, l'endroit se dénommait Pech de Mau, la colline maudite. L'histoire dit qu'en 737 Charles Martel a battu une armée arabe, le chef sarrasin Omar placé sur Pech de Mau, et lui en face, sur la colline qui prendra le nom de Gratias parce que Dieu lui a donné la victoire. Le site a été découvert en 1913, mais les premières recherches ont été lancées en 1930. Depuis, de nombreux mystères ont été résolus à propos de cet oppidum. Pech Maho est un site majeur dans le paysage historique des VIe et IIIe siècles avant J.-C : fortifications, urbanisme, habitat, traces d'artisanat et de commerce, témoignent du dynamisme de ce site classé Monument historique depuis 1961. N'hésitez pas à vous renseigner au Musée des Corbières de Sigean pour aller découvrir les traces de nos lointains ancêtres !

PARC NATUREL RÉGIONAL DE LA NARBONNAISE ★

1, rue Jean-Cocteau ✆ 04 68 42 23 70

Bus, itinéraire...

www.parc-naturel-narbonnaise.fr

Ouvert du lundi au vendredi de 8h30 à 12h30 et de 14h à 17h. A disposition : programme d'animations, topoguides...

© YAN EVEN

Ce territoire contrasté de 80 000 ha abrite une faune et une flore entre vignes et garrigue, entre mer et étangs, et représente en France l'un des derniers grands sites naturels préservés. Ses étangs sont reconnus « zone humide d'importance internationale ». Le parc c'est 42 km de littoral, près de 300 sentiers de randonnées, 350 espèces d'oiseaux, 1 400 espèces de végétaux et surtout 9 230 ha de sites classés (Clape, Fontfroide, gouffre de l'Œil doux). A découvrir toute l'année !

RÉSERVE AFRICAINE DE SIGEAN ★★

19, chemin Hameau-du-Lac ✆ 04 68 48 20 20

www.reserveafricainesigean.fr

Ouvert toute l'année. Horaires sur le site internet. Gratuit jusqu'à 4 ans. Adulte : 32 €. Tarifs réduits disponibles.

Depuis 45 ans, ce grand parc zoologique de 300 hectares vous accueille pour découvrir le monde de la faune sauvage ! A bord de votre voiture, puis à pied, vous observerez comment les animaux se nourrissent, élèvent leurs petits, communiquent entre eux, s'adaptent à leur environnement...Vous découvrirez ainsi plus de 140 espèces animales. Parcourez le safari voiture dans un minibus avec un guide du Parc. Astuce Futée : acheter vos entrées sur internet et économisez 1 € / personne.

LE POTAGER €€

28, avenue de Perpignan

✆ 04 68 48 42 76

www.restaurantsigean.com

Fermé d´octobre au 31 mars. Carte : 30 € environ. Menu enfant : 12 €. Formule du midi : 16 €.

Dans cette ancienne bâtisse vigneronne se cache un petit trésor. Passé le patio où se trouve le grand barbecue pour les grillades, une belle salle de restaurant avec sa cheminée et une terrasse donnant sur le potager de la maison. On aime la décoration soignée réalisée par Christine où l'art de mixer le moderne, l'ancien et l'atypique est du plus bel effet. Dans les assiettes, les légumes du jardin accompagnent belles viandes grillées ou poissons à la plancha. Passez par la Boutique du Potager : des créations uniques et colorées. Une adresse à retenir !

LE SOMAIL

En 1831, près de 30 000 passagers empruntaient le Canal du Midi et passaient par les écluses du Somail qui était entre le XVIIe et le XIXe siècle, un important port de commerce et de voyageurs. Les bâtiments témoignent encore de cette époque : la chapelle construite entre 1684 et 1693 recevait les nautoniers et les voyageurs, et une messe était dite à l'arrivée et au départ, le pont en dos d'âne de pierre dit pont de Riquet, le bâtiment de l'auberge de 1684 servait à « la couchée », et la maison du garde qui était l'ancien abreuvoir des chevaux de halage. Aujourd'hui, le commerce a disparu mais les voyageurs sont restés pour l'authenticité du Somail.

Le Somail.

OFFICE DE TOURISME

168, allée de la Glacière
✆ 04 68 41 55 70
www.visit-lanarbonnaise.com
Horaires variables, se référer au site internet. Accueil vélo. Labels Vignobles et Découvertes et Qualité Tourisme.

L'office de tourisme du Somail se situe le long du canal dans une maison de maître construite vers 1830. Vous pourrez notamment y découvrir des expositions d'art de qualité, et profiter des tablettes tactiles, de la borne « métiers » et découvrir les environs de façon ludique, avec l'hologramme de Madame Cradock. Chaque année, diverses animations réputées et appréciées de tous : « Artistes au Somail », le festival Convivencia, et de nombreux concerts, jazz, guitare classique, musique cubaine... En septembre, participez aux balades gourmandes !

BATEAU LA CAPITANE

Allée de la Glacière
✆ 07 82 09 13 51
https://lacapitane.com
Croisières de mi-juin à mi-septembre. Gratuit -3 ans. Adulte : 13 €. Enfant -11 ans : 8 €. Accès handicapé : 3 marches.

Embarquez à bord de la *Capitane* et profitez de la douceur de vivre sur le canal du Midi au départ du joli port du Somail. Cette gabarre entièrement en bois est une réplique du 19e siècle et peut accueillir jusqu'à 50 passagers. La croisière Écluse de la Cesse vous permettra durant 1h30 de navigation commentée de découvrir : le canal du Midi et le canal du Jonction, le pont-canal de la Cesse, l'épanchoir des Patiasses et enfin de vivre un passage d'écluse ! Possibilité de visiter la cave et la péniche la Marie Thérèse amarrée à Ventenac.

LA DISTILLERIE - CHEZ BARBÉ €€

3, chemin des Coopératives
SAINT-MARCEL-SUR-AUDE ✆ 04 68 45 97 52
Se référer au site web pour les horaires. Menus de 18 € à 65 €. Menu enfant : 6,50 €. Formule du midi : 14,50 €.

À la Distillerie, Stéphane Barbera a fait de ce lieu un espace remarquable. La décoration est soignée et l'architecture a été conservée, on retrouve la superbe charpente métallique et même un alambic. Des viandes grillées au feu de bois, des plats canailles comme la tête de veau, ou les tripes, des poissons à la plancha… Profitez de la terrasse ombragée, son bar et une seconde cheminée. Ambiance musicale certains soirs pour passer d'excellents moments entre amis ou en famille.

L'ESCALE DU SOMAIL €€

65 A, allée de la Glacière
✆ 04 68 42 22 61
Ouvert toute l'année. Fermé pendant les vacances de noël. Menus de 21 € à 38 €. Menu enfant : 9,50 €.

L'Escale attire les marins d'eau douce du canal du Midi mais pas seulement. L'adresse séduit avec sa terrasse tamisée et sa salle à la décoration contemporaine. Geoffroy, le chef, propose une cuisine de saison où les produits locaux côtoient ceux d'ailleurs… En été les amateurs apprécieront l'assiette King crabe et tourteaux, la gardiane de taureau ou la souris d'agneau. En basse saison, vous pourrez déguster la cassolette à l'occitane, ou encore le feuilleté d'escargots aux girolles. Mention spéciale pour la pyramide en mousse de Toblerone et chantilly.

AUDE

LE TROUVE TOUT DU LIVRE

28, allée de la Glacière ✆ 04 68 46 21 64
www.le-trouve-tout-du-livre.fr
Fermé du 15 au 30 novembre. Fermé le 25 décembre et le 1er janvier. Ouvert de 9h à 12h et de 14h30 à 18h30

Cette librairie ancienne dans une grange de 1 000 m² compte 50 000 références en rayon et trois fois plus en réserve : littérature étrangère et régionale dont de beaux ouvrages sur le Canal du Midi, sciences occultes, gastronomie, viticulture, bandes dessinées, très vieilles éditions parfois originales, affiches de cinéma, vieilles cartes géographiques… Également des tableaux d'artistes locaux, ainsi que des livres d'auteurs édités en petite quantité. Une adresse unique et incontournable dans la région. Nouveauté : une grande mezzanine pour encore plus d'ouvrages.

BIZE-MINERVOIS

Ses habitations blotties en rangs serrés forment une muraille de défense donnant ainsi toute sa typicité à ce petit village, qui se situe au pied du Pech et en bordure de la rivière Cesse. Bize tient son nom d'un centurion romain Bizani. Quand vous passerez la porte Saint-Michel, nous vous invitons à admirer les armes du village directement gravées dans la pierre, joli point de passage pour accéder au cœur du village, qui débouche sur une jolie place aux Herbes qui n'a pas changé depuis le Moyen Age. La Cesse prend sa source à Ferrals-les-Montagnes, ses berges aménagées pénètrent Bize par le Goulidou, offrant des lieux de baignades dans une eau claire, fraîche et peu profonde. Ses paysages fabuleux révèlent une grande variété de flore méditerranéenne, offrant ainsi balades et promenades sur des parcours balisés. La vigne y occupe toujours la majeure partie des terres cultivées, elle y côtoie pinèdes, garrigues et oliviers. Comme en témoigne l'unique coopérative oléicole du département L'Oulibo, où vous aurez loisir à déguster la reine des olives : la Lucque, fleuron de la production locale. N'hésitez pas à vous promener dans les pinèdes pour constater la beauté des paysages, plusieurs sentiers de randonnées au départ de Bize. Soyez vigilants et respectez la nature.

LE CHAT QUI PÊCHE €€

Rue du Port
ARGELIERS
✆ 04 68 45 37 42
Ouvert d'avril à septembre. Carte : 25 € environ. Menu enfant : 10 €. Formule : 19 € (entrée + plat ou plat + dessert.

Sur le port d'Argeliers, au bord du canal du Midi, le Chat qui Pêche se mérite car il faut le trouver ! Cadre bucolique en terrasse pour profiter du Canal et des passages de péniches dès les beaux jours ou dans la salle cosy pour l'hiver. Ici pas de bruit, juste l'eau et dîner au soleil couchant. Ambiance chaleureuse avec cuisine de terroir, produits frais et de saison : cassolette d'escargots, confit de canard, lasagnes au saumon, frites maison. Ambiance rétro avec musique du tourne-disque et des vinyles des années 1960 à 1980, pour un charme indéniable.

L'OULIBO

Hameau de Cabezac
✆ 04 68 41 88 88
www.loulibo.com
Entreprise du Patrimoine Vivant. Boutique des producteurs & visite guidée 7/7j toute l'année (8h-20h en haute saison)

Depuis 1942, le moulin de l'Oulibo élabore des huiles et olives de grande qualité. L'Oulibo et ses 850 producteurs cultivent des variétés locales et particulièrement l'olive AOP Lucques du Languedoc dont le vert lumineux, la chair croquante, en font le Diamant vert de la région ! C'est de cette belle audoise que l'Oulibo tire son huile de tradition, ses tapenades et autres délices du terroir. Chaque année, l'Oulibo obtient de nombreuses médailles au salon de l'Agriculture et fait partie du club prestigieux des 100 Entreprises d'excellence du savoir-faire français.

SALLÈLES-D'AUDE

Au cœur des vignobles audois, le village de Sallèles-d'Aude est magnifié par la présence de la Cesse et du canal du Midi. Ici, on prend le temps de découvrir ses petites richesses : l'épanchoir du Gailhousty, le superbe Pont-Canal construit par Vauban, sa passerelle type Eiffel, la maison éclusière, sa chapelle Saint-Roch, le canal de Jonction, Aude et Canal du Midi... Sans oublier le site Amphoralis, les vestiges du village de potiers gallo-romains reconstruit à l'identique, et qui a donné vie, depuis une vingtaine d'années, au traditionnel marché des Potiers en août. Le syndicat d'initiative est ouvert l'été au pont sur le canal. Contact : 04 68 88 73 13.

AUDE

AMPHORALIS ★

Musée des Potiers gallo-romains
✆ 04 68 46 89 48
www.amphoralis.com
Horaires variables, se référer au site internet. Adulte : 5€, visite commentée : 7€. Gratuit pour les moins de 26 ans.

C'est entre les vignes, les oliviers, les pins et tout proche de la jonction du canal de la Robine et celui du Midi que vous trouverez le Musée des potiers, Amphoralis. Dans les années 1970, un couple de viticulteurs découvre de nombreux tessons de poteries antiques en labourant une parcelle. Pendant une vingtaine d'années, les archéologues vont alors patiemment mettre au jour les vestiges d'une fabrique antique de poteries et notamment d'amphores vinaires, de matériaux de construction et de vaisselle du quotidien. En 1992, un musée surplombant les vestiges ouvre au public et des projets d'expérimentations archéologiques s'installent peu à peu dans le parc du musée, pour le plus grand plaisir des visiteurs qui découvrent des restitutions de fours, d'habitation, de jardin antique. Ce complexe artisanal est une rétrospective du mode de vie de générations de potiers pendant plus de trois siècles (Ier au IIIe siècle de notre ère). De nombreuses animations et manifestations sont proposées toute l'année : visites guidées, ateliers-terre, stages céramique, conférences, projections, dégustations, heure du conte. N'hésitez pas à consulter le site Internet pour connaître les dates des animations. N'oubliez pas de télécharger gratuitement l'application « Amphoralis » pour une visite numérique de qualité et adaptée à tous les âges ; l'application est également accessible sur tablette en prêt au musée. A découvrir sur place également : dispositif de réalité augmentée sur les fouilles, vidéos pédagogiques, livrets-jeux pour les enfants.

LA MAISON DE L'ÉCURIE €

Route de Mirepeisset
✆ 07 87 72 69 68
Ouvert du 1er mai au 30 septembre. Côté guinguette : à partir de 2,50 €. Côté resto : à partir de 10€.

La Maison de l'Ecurie propose un cadre bucolique, et régale avec une cuisine maison réalisée à partir de produits locaux de qualité. Deux ambiances et deux types de cuisine : le côté guinguette sous la pergola où il vous sera servi des grillades au feu de bois laissant la possibilité de goûter à tout, et le côté restaurant au bord du canal avec des plats plus élaborés comme une seiche sauce agrume, riz thaï, menthe et coriandre. Une adresse zen et romantique où touristes de passage à pied ou en bateau s'y retrouvent le temps d'une pause gourmande.

L'ODYSSÉE DE L'OLIVIER

Depuis les années 1940 la coopérative oléicole l'Oulibo élabore avec passion des huiles d'olive et olives de table, particulièrement la variété Lucques, avec la volonté de l'excellence. L'Oulibo vous invite à vivre l'aventure de l'olive et de l'huile d'olive sur son site de visite guidée : L'Odyssée de l'Olivier - 5 escales pour un voyage dans le monde de l'olivier. Vous suivrez pas à pas votre guide dans une oliveraie de 400 arbres pour découvrir les secrets de l'arbre béni des dieux : la cueillette, les variétés, les soins, et toutes les étapes pour suivre l'olive jusqu'au moulin… Vous remonterez le temps de la Grèce antique jusqu'à notre époque et suivrez l'aventure de l'olive sur écran géant. Le spectacle son et lumière vous permet de vivre l'effervescence du moulin comme en période de récolte. La dernière étape est sans doute la meilleure puisqu'il s'agit d'une initiation à la dégustation des huiles d'olive et des olives ! Vous pourrez relever le défi et partir en famille à la poursuite du diamant vert, la nouvelle chasse au trésor pour les 6-12 ans mais également les visites thématiques les mardis et jeudis matin avec «l'art de la dégustation» et la «visite et concours tapenade». Toute l'année l'Oulibo propose des évènements mais également des ateliers de cuisine ou de taille de l'olivier. Possibilité de réserver et d'acheter les visites sur l'e-billetterie. Rendez-vous à l'Oulibo pour une visite.

- Toute l'année (janvier et février sur réservation). Adulte : 6 €. Moins de 16 ans : 4 €. Visite guidée. Boutique. Animations
- www.loulibo.com

© JB ROUBINET

AUDE

LAGRASSE ★★★

Cette ancienne capitale culturelle des Corbières est classée parmi les Plus Beaux Villages de France. Cette cité médiévale est située dans la vallée de l'Alsou. Lagrasse présente de nombreuses curiosités : pont vieux du XIIe siècle, rues pavées bordées de façades Renaissance qui débouchent sur une belle place aux maisons classées, église paroissiale Saint-Michel de style gothique, ses halles où l'activité marchande était prospère et sa célèbre abbaye Sainte-Marie-de-l'Orbieu. Véritable plaisir de découverte d'un patrimoine et d'un art de vivre. N'hésitez pas à vous renseigner sur les Mitounes, elles offrent une légende vieille de plusieurs siècles au village.

ABBAYE SAINTE-MARIE-D'ORBIEU [PARTIE PUBLIQUE] ✝ ★★★

4, rive Gauche ✆ 04 68 43 15 99
www.abbayedelagrasse.com
Horaires variables, se référer au site internet. Gratuit jusqu'à 5 ans. Adulte : 5€. Enfant (de 6 à 15 ans) : 2,50 €.

L'abbaye bénédictine fondée au VIIIe siècle s'est développée grâce aux dons de puissants seigneurs. Du VIIIe au XVIIIe siècle, 64 abbés s'y succèdent et participent activement à la vie politique et religieuse du Languedoc et de la Catalogne. A la Révolution, les moines sont chassés, et l'abbaye est scindée en deux. Vous pourrez visiter le riche palais abbatial, le dortoir des moines, la salle d'apparat... La galerie supérieure mène à la chapelle abbatiale, joyau de l'art gothique.

LOGIS ABBATIAL ET DORTOIR [1/3 DU MONUMENT] ✝ ★

✆ 04 68 43 15 99
www.abbayedelagrasse.com
Visite comprise avec celle Abbaye de Lagrasse Partie Publique. Boutique dans la cours du logis.

Au cœur de l'ancien logis se trouve un petit jardin entouré de deux galeries aux colonnes surmontées de chapiteaux romans, dont un représente la luxure. De nouveaux bâtiments ont été agencés autour du jardin : celliers, cave, boulangerie et un superbe dortoir. Compter 20 minutes pour la visite. L'abbaye communique avec le village par deux ponts au-dessus de l'Orbieu dont un magnifique en dos d'âne datant du XIe siècle qui fait la renommée de Lagrasse.

MIELLERIE DES CLAUSES 🏛 ★

8, pech de la Garrigue - **MONTSÉRET**
✆ 04 68 43 30 17
www.miellerie-des-clauses.com
Ouvert tous les jours de 9h à 12h et de 14h à 18h. Gratuit jusqu'à 11 ans. Adulte : 5,80 €. CB non acceptée.

Bienvenue dans le monde des abeilles ! La Miellerie des Clauses, tenue de main de maître par des apiculteurs passionnés, vous invite à découvrir la vie des abeilles dans le petit village des Corbières. Plus qu'un musée et sans prendre le risque de se faire butiner, ici, on vous fait découvrir en direct (et avec des commentaires captivants) l'intérieur des ruches à l'aide d'une webcam, c'est le théâtre des abeilles ! Cette visite est menée par les apiculteurs eux-mêmes ! A travers un observatoire, l'apiculteur vous commente la vie des abeilles dans un atelier spécialement dédié à cet effet, d'ailleurs l'apiculteur n'hésitera pas à ouvrir une ruche peuplée d'abeilles, que vous observerez en toute sécurité derrière une baie. Vous découvrirez également le miel de son extraction de la ruche à son conditionnement. En période estivale, plusieurs animations vous sont proposées, les enfants peuvent partir à dos de poney pendant 30 minutes pour découvrir la garrigue et les plantes que les abeilles butinent, alors que les adultes peuvent enfiler une combinaison d'apiculteur pour s'approcher des ruches (sur réservation tous les mercredis matins de 09h à 11h30), une expérience unique dans le secteur. Les moins courageux peuvent se contenter d'une dégustation de miel, pain d'épices, hydromel ou encore petits bonbons... Impossible de repartir les mains vides. On vous conseille de découvrir le site internet, et de réserver vos tickets d'entrée sur la billetterie en ligne pour gagner du temps en période d'affluence (juillet et août).

LE MONASTÈRE [2/3 DU MONUMENT] ✝ ★

✆ 04 68 58 11 50
www.chanoines-lagrasse.eu
Ouvert toute l'année. Horaires variables, se référer au site internet. Gratuit jusqu'à 16 ans. Adulte : 4 €.

Pour accéder au monastère, n'hésitez pas à prendre le portail en grès rose, pierre caractéristique de l'éclat des bâtiments du couvent et de la cour d'honneur. L'église gothique a été construite au XIIIe siècle sur les fondations d'une basilique carolingienne et s'ouvre sur un transept roman du XIe siècle. Trois absidioles romanes du XIe siècle s'ouvrent sur un jardin monastique travaillé chaque jour par les moines depuis 2004. A noter : la messe en chants grégoriens est sublime.

LA BONBONNE €€

36, avenue de Talairan

SAINT-LAURENT-DE-LA-CABRERISSE

✆ 04 68 70 61 41

Fermé de décembre à février. Ouvert du jeudi au lundi le midi et le soir. Carte : 25 € environ.

Une adresse bucolique au cœur du village ! Aux beaux jours, le service se fait dans le jardin surplombant la Nielle. La carte est originale, pas facile de choisir entre une salade Bangkok (salade de mangues vertes et crudités, vermicelles, sauce épicée aux cacahuètes et brochette de crevettes), le Bouyiourdi (fêta, poivrons, oignons, tomates et pâte filo croustillante), le ceviche de daurade au lait de coco (excellent !) ou encore un burger divin. Les portions à partager correspondent à des entrées, comptez deux plats par personne pour les bons appétits !

L'HOSTELLERIE DES CORBIÈRES €€

9, boulevard de la Promenade

✆ 04 68 43 15 22

www.hostellerie-des-corbieres.com

Ouvert toute l'année. Fermeture vacances de Noël. Menus de 17 € à 36 €. Menu enfant : 13 €.

C'est dans un cadre contemporain avec une superbe terrasse surplombant la nature environnante que Julien et Alexandra Oracz vous accueillent. En cuisine, Julien vous concoctera des plats inventifs sur une base traditionnelle. Au menu, un terroir présent : tartare de dorade mariné à l'huile d'olive du pays, cuisse de canard confite sur sa Tatin d'oignon… A la fin du repas, le petit salon est parfait pour prendre un digestif. Une halte gourmande et reposante au cœur des Corbières.

LA PETITE MAISON €€

12, boulevard de la Promenade

✆ 04 68 91 34 09

Fermé du 15 décembre au 13 février. Ouvert du vendredi au mercredi. Menus de 15 € à 23 €. Formule du midi : 14 €.

L'idée est simple et efficace : une ambiance table d'hôte avec des produits de saisons et maison. La formule du midi se compose d'une salade repas ou d'une tarte maison, mais également de lasagnes originales : agneau et piment d'Espelette, poulet-curry, chèvre bio de la chèvrerie de Sérviès en Val… L'après-midi, le restaurant devient salon de thé et l'on y déguste des gâteaux maison, des glaces artisanales et les incontournables cannelés de Mamie «Vic». En intérieur ou en terrasse, vous apprécierez cette petite pause gourmande à l'ombre des grands platanes.

CHÂTEAU OLLIEUX ROMANIS

Route Départementale 613 - **MONTSÉRET**

✆ 04 68 43 35 20

https://ollieuxromanis.com/

Ouvert du lundi au vendredi de 9h à 19h ; le samedi de 10h à 18h. Gamme de 6 € à 26 €.

Le château Ollieux Romanis est une référence en Corbières. On retrouve du mourvèdre, de la syrah, du grenache et la star locale, le carignan sur 130 hectares. Les cépages sont vinifiés différemment selon les années. Un travail soigné de la taille au traitement, en passant par la limitation du rendement à la vendange manuelle… Ainsi soit-il ! « Atal Sia », la cuvée fétiche du domaine. Ce vin audacieux met le carignan à l'honneur. Autre fleuron du château la Cuvée Or élevée en fût de chêne. Participez à une dégustation, et repartez avec quelques bonnes bouteilles.

B&C ÉPICERIE

1 bis, route Nationale

LAROQUE-DE-FA ✆ 04 68 40 74 17

www.bcepicerie.fr

Ouvert toute l'année 7j/7 de 8h30 à 19h30. Rôtisserie en été. Terrasse à disposition. Boutique en ligne.

© YAN EVEN

Nous avons trouvé la perle rare ! Située dans ce charmant village des corbières sur la route des châteaux cathares, cette épicerie fine a de quoi contenter les plus gourmets. Après avoir fait un tour de France à la recherche de bons produits des terroirs, Aurélien et Emmanuelle vous offrent un choix incroyable de charcuterie, de fromages frais et affinés, des plats cuisinés, de l'huile d'olive, de la bière locale, des vins à prix caveaux, ainsi que des spécialités d'ailleurs. Futé : faites votre casse-croûte du terroir et régalez-vous sur place ou à emporter.

VINAIGRERIE CYRIL CODINA

16, boulevard de la Promenade
✆ 04 68 75 83 66
www.vinaigrescodina.com
Vignobles et Découvertes. Se référer au site internet pour les heures d'ouverture, variables selon les saisons.

Situé sur l'artère principale du village, avec sa devanture moderne, cette jolie boutique émet des effluves jusque sur le trottoir. Cyril Codina est un vinaigrier passionné et passionnant. Entrez et dégustez ! Plus de 35 sortes de vinaigre, que diriez-vous d'un vinaigre balsamique à la mûre sauvage ou encore un vinaigre combava et vanille ? Ici, il est difficile de repartir les mains vides, le choix est si grand.

Vous retrouverez les vinaigres de Cyril Codina dans de nombreux restaurants de la région. Un cadeau original à consommer sans modération !

DUILHAC-SOUS-PEYREPERTUSE

Niché dans un cirque de collines, au pied du piton du château de Peyrepertuse, l'origine de Duilhac ne vient pas de son château, mais de son église romane. En effet, il s'agit d'un village ecclésial dont l'origine pourrait remonter au Xe siècle. Le cœur du village, appelé « le fort », reprend le tracé primitif. En contrebas, vous pourrez découvrir la source. Cette source a la réputation de rendre amoureux ceux qui boivent son eau... Comme le confirme l'inscription gravée sur la fontaine, inspirée de Ronsard : « Quiconque en boira, qu'amoureux il devienne ! » A proximité, les gorges du Verdouble offrent un spectacle unique. Un véritable enchantement !

CHÂTEAU DE PEYREPERTUSE ★★★

Le Château ✆ 04 30 37 00 77
www.chateau-peyrepertuse.com
Ouvert toute l'année, tous les jours sauf le 24, 25 et 31 décembre. Gratuit jusqu'à 5 ans. Adulte : 7 €. Enfant : 4 €.

Peyrepertuse est le nom du rocher sur lequel siège la forteresse et signifie «pierre percée». Suspendu à 800 m au-dessus du vide – d'où la vue imprenable sur les Corbières et les Fenouillèdes jusqu'à la mer – avec ses 1,2 km de rempart, c'est le plus étendu des « fils de Carcassonne ». Les premières mentions de ce château remontent à 1070. La forteresse a peu souffert de la Croisade contre les Albigeois et ne connut pas de grande bataille. La citadelle de ce château gigogne se compose de trois parties qui superposent trois constructions des XIe et XIIIe siècles : l'enceinte basse, de forme triangulaire est protégée au nord par une muraille de 120 m (le vieux donjon et logis), l'enceinte médiane abrite un ensemble de ruines, parmi lesquelles celles d'un énorme bâtiment polygonal et au sommet, le donjon Saint-Jordi qui offre de fascinantes salles médiévales dont les meurtrières sont orientées suivant le lever du soleil au solstice d'été. On y accède par l'escalier Saint-Louis construit sur ordre de Louis IX en 1250). Peyrepertuse est l'exemple le plus abouti et le mieux conservé d'architecture médiévale en Languedoc. Sur les hauteurs, au loin, il est possible d'apercevoir le château de Quéribus, un autre modèle d'architecture royale, mais aussi de profiter de la vue, du calme et de la beauté de la nature. En période estivale, des animations ont lieu dans l'enceinte du château (Fête médiévale, spectacle de fauconnerie, festival 811 « musique et performance artistique ». Plus d'infos sur le site internet www.peyrepertuse.com.

Le château de Peyrepertuse.

AUDE

LÉZIGNAN-CORBIÈRES

Lézignan-Corbières se situe à la croisée des Corbières et du Minervois. Le centre historique s'est construit en forme de « circulade » autour de fortifications médiévales qui entourent l'église Saint-Félix-de-Gérone. Lézignan est une ville qu'il faut prendre le temps de découvrir : on aime son avenue de la République où vous trouverez tout un réseau de boutiques, de restaurants et d'animations, on aime son marché traditionnel le mercredi matin, mais notre coup de cœur va à la Maison Gibert, ancienne propriété viticole du XIXe siècle, qui présente tout au long de l'année des expositions artistiques et des rencontres culturelles de qualité.

OFFICE DE TOURISME INTERCOMMUNAL

2, rue Guynemer
✆ 04 68 93 78 18
Ouvert du lundi au vendredi de 9h à 12h et de 14h à 17h30. Ouvert également le samedi en juillet/août.

L'office du tourisme est situé au centre de Lézignan-Corbières, au milieu des commerces, bars et restaurants. Toutes les informations nécessaires à une installation ou un court séjour dans le secteur sont disponibles en brochures : abbayes, caves, châteaux du Pays Cathare, mais aussi les nombreuses activités et festivités proposées par la commune. N'hésitez pas à demander des informations complémentaires, l'accueil se fera un plaisir de vous orienter.

LA CORBIÈRE VACANCES €€

15, route de Ferrals - **BOUTENAC** ✆ 06 19 98 27 78
www.lacorbiere.eu
Pour 5 personnes (90 m², 2 chambres). De 450 € à 950 € la semaine. A partir de 85 € la nuit hors été. CB non acceptée

Dans une belle maison vigneronne de 1882, Gwénaëlle vous propose un gîte de 90 m² situé au RDC avec 2 chambres et chacune leur salle de bains, un grand séjour avec cuisine donnant sur une terrasse plein sud avec plancha. On a aimé la décoration moderne et claire et la grande cuisine équipée. A noter un joli jardinet avec sa piscine (3.50 x 3.50 m), très agréable. Proche des sites majeurs du département : Canal du midi, châteaux cathares, Carcassonne... Votre hôte saura vous aiguiller selon vos envies : lieux culturels, endroits insolites, adresses des vignerons.

DOMAINE DU SOLEIL COUCHANT €€€

14, rue Couchet - **SAINT-ANDRÉ-DE-ROQUELONGUE**
✆ 04 68 45 18 39 - Un panneau « voie sans issue » est situé au début de la rue Couchet, ne pas hésiter à s'engager. - www.domaine-soleil-couchant.com
Ouvert toute l'année. 8 chambres (dont 2 PMR). Chambre double 140€ ; triple 175€ ; suite 250€. PTDJ inclus. Restauration

Cette belle et ancienne maison vigneronne de famille vous propose 8 grandes chambres tout confort, dont 2 équipées pour personnes à mobilité réduite et 2 suites familiales, une piscine à débordement surplombant les vignes des Corbières. Une table d'hôtes remarquable au retour des visites. Autour, les sentiers dans la garrigue, les abbayes de Fontfroide et de Lagrasse, le canal du Midi, la Réserve africaine de Sigean. Bornes pour voiture électrique.

LO TIRA TAP €

Boulevard Chateaudun
✆ 06 70 40 95 38
Ouvert du lundi au vendredi le midi ; du jeudi au samedi le soir. Menu du soir à 30 €. Formule du midi : 16 €.

Dans une ruelle un peu excentrée du centre de Lézignan, Lo Tira Tap mérite le détour. La cuisine du Maria est fraîche et délicieuse. Au menu, un large choix de tapas maison particulièrement originales. La formule express du midi est excellente pour un très bon rapport qualité-prix. Son époux, œnologue, a sélectionné des vins de qualité. Côté sucré, ses crêpes et sa tarte Tatin sont divines ! En terrasse l'été, dans la salle l'hiver, l'ambiance est toujours chaleureuse. Précision : les menus sont uniques, pensez à demander le menu du jour avant de vous installer.

AUBERGE CÔTÉ JARDIN - RESTAURANT €€

7, avenue 113 - **CONILHAC-CORBIÈRES**
✆ 04 68 27 08 19
www.auberge-cotejardin.com
Menu à partir de 30 €. Menu inspiration : 60 €. Menu enfant : 15,50 €. Horaires variables, se référer au site internet.

David Prevel est un chef exigeant, les assiettes sont superbement dressées et sa cuisine suit les saisons. Sa créativité a été mainte fois récompensée avec notamment le prix régional de l'innovation pour son cassoulet revisité. De l'entrée au dessert, vous serez enchanté par le foie gras mi-cuit maison et sa confiture de tomates vanillée, le rôti de veau printanier, jusqu'à la poêlée de fraises légèrement relevée au poivre de Penja. Une adresse immanquable pour les épicuriens.

AUDE

LE KIMCH'I €€

28, avenue Wilson

✆ 09 54 47 31 72

Ouvert toute l'année. Du mardi au samedi le midi de 12h à 14h et le soir de 19h30 à 22h30. Plat du jour : 10,50€

Dans l'Aude, la cuisine coréenne n'a pas la part belle, sauf au Kimch'i, à Lézignan ! Le kimchi est un plat à base de légumes, traditionnel de la cuisine coréenne. Des plats traditionnels cuisinés par Eun Yung (China pour les intimes), servis et présentés par son mari Raphaël. Parmi les spécialités : les tempuras (beignets) de crevettes et de poivrons, ou de gambas au kimch'i, le canard laqué, le fameux *bibimbap*... Mais plus que tout, essayez les barbecues de viandes marinées, une façon ludique de découvrir la cuisine coréenne. Un vrai coup de cœur !

LE CAVEAU DU CLOS

15, avenue des Corbières

✆ 04 68 48 36 69

www.le-caveau-du-clos.com

Du mardi au vendredi de 9h30 à 12h30 et de 14h30 à 19h. Samedi ouverture à 10h. Livraison. Click and collect

Le Caveau du Clos est notre caviste préféré, on va vous dire pourquoi. Pas moins de 450 références de vins de la région mais aussi de beaux flacons en Bourgogne, Bordeaux et Champagne, impossible de ne pas trouver son bonheur ! Aurore et Fabrice connaissent parfaitement les producteurs qu'ils représentent, idem pour les spiritueux, gins, rhums et whiskys, un conseil, laissez-vous guider, ils sauront vous surprendre ! Des produits locaux et de qualité sont également proposés. A noter les dégustations organisées du mercredi midi au vendredi soir.

AU COMPTOIR DES PRODUCTEURS

2, rue Gustave-Eiffel

✆ 04 68 33 04 06

Ouvert du lundi au samedi de 9h à 12h30 et de 15h à 19h.

Promouvoir les circuits courts ! Voilà pourquoi 7 producteurs locaux ont décidé d'ouvrir Le Comptoir des producteurs. Vous trouverez leurs produits mais aussi ceux de nombreux vignerons et agriculteurs locaux.

Dans les rayons de ce petit supermarché locavore, fruits et légumes de saison, glaces fermières, fromages, yaourts, charcuteries, viandes, miel, pain d'épices, huile d'olive, pain, vin, œufs, pâtes, confitures, biscuits vous attendent pour des courses 100 % locales.

CHUTEXTREM

Route de Ferrals

✆ 06 81 65 33 86

www.chutextrem.com

Ouvert de mars à fin novembre. Saut d'initiation en tandem : 249 € (vidéo : + 100 €)

Envie de découvrir des sensations incroyables ? Un saut en parachute avec Chutextrem devrait être ce qu'il vous faut ! Le saut se pratique en tandem, avec un moniteur agréé. Après un brief au sol, le moniteur vous équipe et vous prépare pour le grand saut. Pas de panique, tout est sous contrôle ! Vous montez entre 3000 et 4000 mètres d'altitude en avion (durée : 20 minutes), puis vous respirez un grand coup, et vous sautez ! C'est parti pour près d'une minute de chute libre à 200 km/h. Effets garantis et envie de ressauter immédiate. A faire !

FLYZONE

Aérodrome de Lézignan-Corbières

✆ 04 68 48 20 41

www.flyzone.fr

Ouvert tous les jours sur réservation, de 9h30 à 17h30. Tarif à partir de 29,90 €. Accessible à partir de 5 ans.

Voler de vos propres ailes ? Ce n'est plus un rêve grâce au simulateur de chute libre FlyZone, à Lézignan-Corbières. Sans sauter d'un avion et en toute sécurité, vivez cette incroyable sensation et impression d'être en apesanteur en tout point similaire à celle ressentie par les parachutistes ! C'est parti pour une expérience inoubliable ! Un séjour en apesanteur où le corps flotte dans l'air ! Cette expérience inoubliable est accessible à tous, aux enfants à partir de 5 ans, aux adultes sans limite d'âge, aux amateurs et parachutistes confirmés ! Saviez-vous que chaque fois que nous faisons deux vols en simulateur, c'est comme si nous avions vécu trois sauts en parachute ! ! ! Notez que sur l'aérodrome de Lézignan-Corbières et à quelques mètres de Flyzone, vous pouvez vivre la réelle expérience de la chute libre avec « Chutextrem » pour des sauts en parachute et « Languedoc Aviation » pour des vols touristiques pour profiter de la région vue d'en haut ainsi que des stages de pilotage. Depuis peu deux nouvelles activités à découvrir absolument sur le site : un simulateur dynamique de F1 pour vivre une course exceptionnelle et un simulateur de Boeing 737 vous permettant de prendre les commandes comme un commandant de bord et de voyager partout dans le monde ! ! ! Sur place vous trouverez également un restaurant ainsi que des possibilités d'hébergement. N'hésitez pas à suivre la page Facebook, Flyzone fait régulièrement des offres exceptionnelles avec des tarifs, eux aussi, en chute libre.

LANGUEDOC AVIATION

Aérodrome de Lézignan-Corbières
✆ 06 43 98 71 09 - www.languedoc-aviation.com
À partir de 5 ans. Vol touristique 30 min : 80 € (1pers) 149 € (2 pers).Stage de pilotage à partir de 15 ans : 299 €.

Offrez-vous une balade en avion au-dessus des sites incontournables de la région ! A bord d'un DA40, différents parcours sont proposés : survol des Châteaux Cathares, de la Cité de Carcassonne, de la chaîne des Pyrénées, du massif du Canigou ou encore du Littoral ! Équipé d'un casque avec micro, votre pilote commentera la balade en vous faisant découvrir le patrimoine culturel et historique du Languedoc Roussillon. Vous avez apprécié le vol et souhaitez prendre des cours ? C'est possible grâce aux stages de pilotage. Des souvenirs exceptionnels en perspective !

HOMPS

Les origines d'Homps remontent à l'époque gallo-romaine et son nom vient de «Ulmos» qui signifie ormes. Le village abrita le siège d'une commanderie de l'ordre des Hospitaliers au XIIe siècle, puis fut détruit durant la Croisade contre les Albigeois et pendant les guerres de Religion. Avec la construction du canal du Midi au XVIIe siècle, Homps prospéra. Son attrait principal est le port de plaisance où l'on peut faire d'agréables balades et le lac de Jouarres qui borde le village. On peut aussi y voir les restes du château des chevaliers de Malte et une chapelle romane du XIe, dans un premier temps dédiée à Saint-Etienne et ensuite, à Saint-Michel.

LA PÉNICHE €€

19, quai des Tonneliers
✆ 04 68 91 24 34
www.restaurantlapeniche.fr
Ouvert d'avril à novembre. Fermé le mercredi toute la journée et le jeudi midi. Menus de 23€ à 29€. Menu enfant : 8€.

La Péniche donne sur le très joli port de plaisance du village. « A bord », dans la salle, vous serez séduits par un espace au style campagnard, mais aussi par le spectacle d'une pizza préparée sous vos yeux et saisie dans un four à bois. Sur « pont arrière », un grand jardin en guise de terrasse, le tout très verdoyant et ombragé. Anne et Alain ont le sens de l'hospitalité et les serveurs sont aux petits soins. A noter également une cuisine de terroir avec le steak tartare préparé devant vous, le foie gras maison, ou le cassoulet maison cuit au feu de bois.

LE CHAI - PORT MINERVOIS

35, quai des Tonneliers
✆ 04 68 91 29 48
www.lechai-portminervois.com
Basse saison : du lundi au vendredi de 9h à 12h et de 14h à 18h. Haute saison et le samedi : fermeture le soir à 19h.

Au Chai de Port Minervois, également siège du syndicat du cru Minervois, vous trouverez de petites perles aux prix caveaux. C'est parmi plus de 190 références que vous allez devoir faire votre choix. Pousser la porte du caveau, c'est aller à la rencontre du travail des vignerons. Le personnel très pro du chai vous guidera dans vos choix, tout en respectant vos sensibilités et vous fera découvrir les saveurs authentiques de ce terroir. Le Chai propose aussi un carton Découverte bio, contenant 6 bouteilles différentes pour vous faire une idée.

LAC DE JOUARRES

✆ 04 68 91 18 98
Ouvert toute l'année. Baignade surveillée en juillet et en août. Animaux interdits.

Ce plan d'eau de plus de 100 hectares offre un magnifique lieu de détente où les amateurs de planche à voile, de canoë-kayak ou de pêche à la carpe s'en donnent à cœur joie. Ses plages surveillées sont une invitation au farniente, à la bronzette et à la baignade... Ce lac se trouve à deux minutes en voiture de Port-Minervois, haut lieu pour les amateurs de plaisance sur le Canal du Midi, et le point de départ pour une balade au fil de l'eau sur des gabares traditionnelles. Tous les étés, des jeux nautiques sont installés sur le lac, se renseigner sur les tarifs.

AUDE

CASTELNAUDARY ★

Capitale mondiale du Cassoulet et capitale du Lauragais, cette ville de 12 000 habitants oscille intelligemment entre modernité et tradition. Connue dans le monde entier pour sa célèbre spécialité gastronomique, elle a acquis également, au fil des ans, une certaine notoriété pour le point d'intérêt qu'elle représente au niveau du tourisme fluvial. Avec le plus grand bassin de rétention d'eau du Canal du Midi et ses quatre écluses, elle est aujourd'hui une escale incontournable d'une balade sur les eaux calmes de ce chef-d'œuvre. Ville de caractère, avec son identité bien marquée, Castelnaudary a su ne pas se laisser dévorer par le géant toulousain si proche, ni par sa voisine Carcassonne, ville-préfecture. Son secret ? L'ancrage local. Ici, on appartient au pays lauragais avant de se sentir audois. Le paysage est fortement marqué par l'épopée cathare et les grands producteurs céréaliers. Des collines à perte de vue, une palette de couleurs qu'on ne saurait inventer, des vestiges de châteaux et d'anciens moulins à pastel et à farine, tel est le paysage de Castelnaudary. « La vieille ville » au cachet si méridional recèle en chacun de ses recoins des empreintes d'un riche passé qui se découvre volontiers à qui sait regarder. Vous êtes en terre de rugby ; le ballon ovale supplante le ballon rond et fédère toute une population. Le marché du lundi matin est une institution, tout comme ceux d'été, le jeudi de 19h à 23h, de mi-juin à mi-septembre, à Castelnaudary ou dans l'un des villages des alentours, selon la semaine, ils rassemblent une centaine d'exposants de produits du terroir et d'artisanat d'art.

Collégiale Saint-Michel, Castelnaudary.

AUDE

ABBAYE DE SAINT-PAPOUL ✞ ★★

5, place Monseigneur de Langle - **SAINT-PAPOUL**
✆ 04 68 94 97 75 - A 7 km au nord-est de Castelnaudary et à 30 minutes de Carcassonne.
www.abbaye-saint-papoul.fr

Fermé du 1er au 31 janvier. Haute saison : tous les jours 10h à 19h. Gratuit jusqu'à 5 ans. Adulte : 5 €. Enfant : 2 €

Site d'exception, Saint-Papoul est un monument incontournable audois, un trésor de l'art roman ! Classée Monument historique en 1840, cette petite abbaye bénédictine, dont la première mention écrite remonte au IXe siècle, connut rapidement la prospérité. De ce fait, elle se para de nombreuses sculptures du Maître de Cabestany, un artiste itinérant de la fin du XIIe siècle, dont on retrouve ici de très belles sculptures. Le cloître d'inspiration gothique date, lui, du XIVe siècle. En juillet, août et septembre, l'abbaye accueille diverses manifestations culturelles, ainsi en août vous pourrez assister à des rencontres théâtrales, dans la cour d'honneur de l'ancien palais épiscopal, tandis que le festival Rires et Patrimoine qui propose des spectacles accessibles à tous, se déroulera dans l'abbaye et le palais. En septembre, outre les Journées du Patrimoine, Saint-Papoul accueille le festival Les Troubadours chantent l'Art Roman, ainsi que des expositions de photographies. En octobre, des ateliers gratuits vous attendent comme «un Après-midi» au jardin, l'occasion de découvrir diverses espèces et les vertus médicinales des plantes aromatiques. Proche de Castelnaudary, au cœur du Lauragais, terre cathare, l'abbaye de Saint-Papoul est un lieu culturel, un véritable joyau du patrimoine audois.

▸ **Nouveau :** n'hésitez pas à télécharger 2 applications mobiles gratuites, comprenant 20 sites d'exception audois (10 châteaux, 7 abbayes, 2 cités médiévales, 1 musée) pour une immersion culturelle et patrimoniale totale, de façon ludique.

COLLÉGIALE SAINT-MICHEL ✞ ★

Place Montmorency
✆ 04 68 23 14 45

Ouvert le lundi, le mercredi et le vendredi de 14h à 16h. Ouvert tous les jours durant la haute saison. Visite guidée.

Classée monument historique depuis 1910, la collégiale Saint-Michel, construite entre 1240 et 1270, de style gothique méridional, est une église fortifiée, de 60 m de long, 20 m de large et 25 m de haut. Sa nef bordée de neuf chapelles et son maître-autel du18e siècle, conjuguant marbre blanc et marbre rouge de Caunes-Minervois, sont magnifiques. Le clocher, doté d'un carillon de 35 cloches (un des plus importants du pays) culmine à 50 m de haut. L'édifice force, à ce jour, l'admiration par sa nef grandiose et les sonorités de ses grandes orgues, classées en 1969.

OFFICE DE TOURISME

Place de la République
✆ 04 68 23 05 73
www.castelnaudary-tourisme.com

Ouvert tous les jours en haute saison - Wifi, parking autocar, visites guidées, accès handicapés.

L'Office de tourisme situé en plein centre de Castelnaudary, prés de la Halle aux grains, vous accueille pour vous conseiller sur les curiosités de la ville et de ses environs. Vous pourrez effectuer des visites guidées de la commune, de ses principaux monuments, par groupe sur réservation, avec un guide-conférencier national qui ne manquera pas de vous donner les détails intéressants sur celle-ci. Ces visites peuvent se faire à l'heure, à la demi-journée, ou la journée, les thèmes des circuits sont très diversifiés et s'ouvrent à toutes les activités locales.

LE BOAT

quai du canelot
✆ 04 68 94 52 94
www.leboat.fr

Navigation sur le canal du midi du 1/04 au 31/10. Tous les jours 8h30-12h30/14h-18h. Location de bateaux sans permis.

Envie de découvrir le patrimoine culturel Audois autrement ? Bienvenue à bord de la flotte Boat, laissez-vous guider au fil de l'eau sur le Canal du Midi, bel ouvrage de Paul Riquet. La location sans permis vous permet de voguer en toute tranquillité, immergé dans un véritable musée à ciel ouvert. Vos vacances fluviales s'égrèneront au rythme d'une série de paysages pittoresques et reculés, de villes dynamiques témoins historiques privilégiés, de petits villages paisibles, emplis de charme. Il ne vous reste plus qu'à vous laisser porter par les flots.

LE CLOS D'ANDRE €

4, impasse des Pins ✆ 04 68 94 00 98
www.leclosdandre.com

5 chambres dont 1 pour PMR, nuitée dès 58€ pdj compris, table d'hôtes le soir, situation idéale pour visiter la région.

Cet ancien moulin farinier en pierres, datant du début du 20e siècle, sur un terrain arboré de 2 000 m², vous accueille au sud la cité chaurienne. La vue imprenable face à la chaîne pyrénéenne, ajoute encore un peu plus de charme au lieu. Les cinq chambres, dont une entièrement aménagée pour les clients à mobilité réduite, sont décorées sobrement mais possèdent tout le confort nécessaire. Le soir, sur réservation, vous pourrez vous délecter, à la table d'hôtes, de spécialités gastronomiques locales, et faire honneur au cassoulet cuisiné par la maîtresse des lieux.

DOMAINE SAINT JOLY €€

LASBORDES ✆ 04 68 23 57 83
www.domaine-saint-joly.com

3 chambres de 99 € à 125 €. Petit déjeuner inclus. Jeux pour enfants. Les animaux de compagnie ne sont pas admis. Wifi.

Au cœur du Lauragais, le Domaine Saint Joly est idéalement situé pour partir à la découverte des richesses patrimoniales environnantes. C'est une belle bâtisse de maître, avec un parc aux arbres remarquables, dans laquelle vous accueillent Stef et Chris. Les chambres, mansardées, disposent toutes d'une salle de bains ultra moderne. Le matin, vous ouvrirez les volets bleus sur la Montagne Noire et la chaine des Pyrénées, suivra un copieux petit déjeuner. La grande piscine de la propriété est un atout supplémentaire de ce lieu, aux prestations vraiment qualitatives.

HOSTEL LE GRAND BASSIN €€

301, quai Edmond Combes
✆ 07 67 95 35 88
www.legrandbassin.net

5 chambres. Accueil vélo. De 75 à 95€ la chambre petit déjeuner buffet inclus. Label Tourisme & Handicap. Wifi gratuit.

Cette ancienne maison éclusière, sur le grand bassin, dispose de cinq chambres spacieuses et agréables avec salle d'eau privative. Les logements sont rénovés avec goût, et cette bâtisse met un point d'honneur à fonctionner sur un modèle de préservation maximal de l'environnement, en produisant zéro déchet et en favorisant les circuits courts. Cette maison et table d'hôtes, propriété de l'Etat, labellisée « Accueil vélo », propose la location sur place de VTT, VTC, vélo électrique, avec un local à vélos sécurisé, ainsi qu'une boutique de produits artisanaux.

LE BOUT DU MONDE €€

Ferme de Rhodes - **VERDUN-EN-LAURAGAIS**
✆ 04 68 94 95 96
www.leboutdumonde.fr

Auberge ouverte uniquement les week-ends et jours fériés, produits issus de l'exploitation agricole attenante.

Sur les contreforts de la Montagne Noire, en pays lauragais existe un havre de paix au nom bien porté : le Bout du Monde. Ce domaine atypique réunit camping à la ferme, ferme pédagogique, auberge du terroir et bar à vins. Une auberge à nulle autre pareille, où la qualité du produit prime sur la théâtralisation de l'assiette, les produits sont issus de leur exploitation agricole à quelques encablures, et bio. Cette adresse est un véritable lieu de ressourcement que l'on hésiterait presque à transmettre tant on a plaisir à goûter à la quiétude de l'endroit !

CHEZ DAVID €€

49, avenue Général-Dejean
✆ 04 68 94 86 92
www.restaurantchezdavid.com

Ouvert du mardi au samedi de 12h à 13h30 et de 19h30 à 21h. Menus de 15 € à 27 € (menu cassoulet). Plat du jour : 12 €.

Situé dans le centre de Castelnaudary, le restaurant Chez David vous propose une cuisine raffinée aux saveurs parfumées. Le chef, David Campigotto, travaille des produits frais, les viandes sont goûteuses et fondantes, les poissons et autres produits de la mer gardent une saveur délicieuse grâce à une cuisson à la plancha parfaitement maîtrisée. La carte des vins propose une belle sélection de la région. A noter que le restaurant expose régulièrement des artistes, le plaisir des yeux et des papilles, en un seul lieu. Une adresse à découvrir avec plaisir !

GUEULETON €€

40, route de Saint-Martin Lalande
✆ 04 68 94 89 33
www.gueuleton.fr

Ouvert du mardi au samedi, réservation recommandée, cuisine conviviale du terroir, cadre chaleureux, grande terrasse.

Gueuleton c'est le restaurant dans l'air du temps mais pas seulement...ici vous êtes dans le temple du bien-manger, de la cuisine de terroir et de l'authenticité ! Vous serez séduit par cette belle bâtisse lauragaise, à l'écart de la ville, à la décoration feutrée, articulée autour de la majestueuse cheminée dévolue aux grillades, près d'un bar non moins imposant, aux 110 références régionales. Le plus surprenant, est sans nul doute le bar à viandes, qui donne à ce lieu ses lettres de noblesse, et prouve que nous sommes bien dans le repaire des bons vivants.

HÔTEL-RESTAURANT LE CENTRE €€

31, cours de la République ✆ 04 68 23 25 95
www.hotel-centre-lauragais.fr

Ouvert toute l'année. Du lundi au samedi midi et soir ; le dimanche midi. Formule du midi : 18 €. Menu cassoulet : 25€.

Au cœur de Castelnaudary, ce restaurant est parmi les plus prisés. Dans la grande salle à la décoration baroque ou en terrasse, la cuisine que l'on vous servira met en exergue les traditions locales, tout autant que la créativité du jeune chef. Goûtez l'incontournable cassoulet aux deux confits maison ou le pigeonneau du Lauragais aux cèpes, d'une grande finesse. Les dix chambres de l'hôtel ont été entièrement rénovées, et sont parfaites pour une escapade en terre lauragaise.

LA MAISON DU CASSOULET €€

24, cours de la République ✆ 04 68 23 27 23 - www.maisonducassoulet.com

Ouvert 7j/7 et jours fériés, Menus terroir de 15 à 32€ (menu cassoulet 20€), vin au verre, vente à emporter, terrasse.

La Maison du Cassoulet est une étape culinaire incontournable à Castelnaudary, en mode « ancienne brasserie d'époque », version cocooning. Ici vous êtes dans le temple de ce plat mondialement connu, la Maison du Cassoulet vous propose une cuisine bistrot traditionnelle et raffinée, autour de son plat éponyme au porc et au canard. Elle vous régalera de ses classiques du Sud-Ouest au travers d'assiettes copieuses, de recettes originales et de spécialités régionales. Une belle cave à vins a pris ses quartiers dans une niche en pierres, ouverte sur la salle.

LA CAVE DU CANAL

19, quai du Port ✆ 04 68 23 00 73
https://cave-du-canal-castelnaudary.eatbu.com/?lang=fr

Ouvert jeudi / lundi 11h - 21h. Fermé mardi et mercredi. Ouvert le dimanche. Terrasse / Possibilité de privatisation.

La pétillante Evelyne vous accueille dans cette fabuleuse cave et bar à vins, pour vous faire partager son amour des bons produits, et découvrir des pépites vinicoles dont elle seule a le secret. Adepte du local et des circuits courts, ce lieu vous enchantera avec ses vins d'Occitanie, ainsi que les bières artisanales locales. Vous pourrez aux beaux jours déguster votre verre en terrasse, au bord du canal du Midi, avec quelques tapas, ou vous fondre dans l'ambiance des soirées festives Apérijazz. Ce lieu est une formidable boutique pour offrir ou se faire plaisir.

CHEZ CHRISTOPHE

19, place de la République ✆ 04 68 60 35 75
www.chezchristophe11.com

Ouvert du lundi au samedi 9h à 13h / 15h à 19h30 ; dimanche 9h à 13h. Plateau de fromage et de charcuterie sur commande.

Christophe Hernandez vous accueille en cœur de ville, dans son épicerie fine, au milieu des divers univers proposés, crèmerie, charcuterie, vins, conserves, sucreries, épices... choisis avec une extrême rigueur qualitative. Ici vous trouverez, ce qu'il se fait de mieux dans chaque gamme de produits, de préférence en circuit court et de production locale. Au fond de la boutique, une belle sélection de vins prend place, principalement régionaux, ainsi qu'une belle cave de champagnes.

A noter : pour le côté insolite vous pourrez tester les insectes comestibles.

DOMAINE DE PÉRIÈS

Les Périès - **LASBORDES** ✆ 04 68 94 24 97
www.domainedeperies.fr

Ouvert du lundi au vendredi 8h - 12h / 14h - 18h. Le samedi sur RDV. Livraison possible, commande sur le site web.

Une ferme céréalière, dirigée par la famille Bareil, qui fabrique artisanalement des pâtes au blé, avec des matières premières issues de l'agriculture raisonnée, pour des produits finis irréprochables. Vous découvrirez deux sortes de farine : la bise, moulue à la meule de pierre, riche en fibres, au goût authentique, et l'autre plus fine, qui donne une pâte dorée, légère et raffinée. Ces pâtes artisanales d'exception vous proposent des saveurs insolites : basilic, cèpes, châtaignes, encre de seiche, algues... et diverses formes aux noms typiquement languedociens.

L'ATELIER DE LA POTERIE

57, allée du Cassieu ✆ 04 68 23 58 21
www.poteriecassouletcastelnaudary.com

Ouvert du lundi au vendredi de 9h30 à 12h et de 14h à 18h15 ; le samedi de 10h à 12h. Tél avant de se rendre sur place.

Henri Moreno, avec plus de 30 ans d'expérience, est le seul artisan potier céramiste encore en activité à Castelnaudary. Il réalise des plats à cassoulet afin de cuisiner le plat traditionnel, mais pas seulement. Cet artiste réalise aussi toutes sortes de céramiques sur commande après étude de faisabilité, tels que plats culinaires, articles d'art de la table, vases (soliflores grand format, médicis), céramiques ornementales pour façades ou toitures… Poussez la porte et découvrez un autre monde, où le temps s'arrête et la beauté originelle de la terre reprend vie.

MAISON ESCUDIER

11, rue de Dunkerque
✆ 04 68 23 12 79
www.cassoulet-escudier.fr

Produits artisanaux haut de gamme : cassoulet frais, confits, foies gras, plats cuisinés à emporter...Boutique en ligne.

La Maison Escudier a été créée il y a un siècle, et le savoir-faire qui se transmet de génération en génération prend ici tout son sens. Dégustez ce qui fait la réputation de la ville, le cassoulet, le vrai, celui qui mijote des heures durant. Vous pourrez passer commande et l'emporter frais, prêt à enfourner dans sa cassole, ou faire votre stock de bocaux pour l'année. Découvrez d'autres produits de la maison comme le jambon de pays, le magret séché, le foie gras, les plats cuisinés... La Maison Escudier propose aussi des corbeilles garnies à offrir !

LE SAINT-ROCH

20, quai du Port ✆ 04 68 23 49 40 - www.saintroch11.com

Ouvert tous les jours du 1er avril au 31 octobre. Tarifs en fonction du choix de distances et de durées des promenades

Joli bateau mouche d'une capacité maximale de 48 personnes, cette belle embarcation vous attend à quai au port de Castelnaudary, pour vous faire découvrir l'Aude autrement, au fil de l'eau. Vous aurez le choix entre des balades de demi-heure, d'une heure, de deux heures, demi-journée, une balade pique-nique ou même une journée entière au gré de vos envies.

Possibilité de privatiser le bateau-mouche, Location de Gabarots, bateaux 7 ou 10 places sans permis avec moteur thermique : du 1/04 au 31/10 - Tous les jours sur simple réservation, fermé le mardi durant l'été.

FANJEAUX ★

Situé à 360 mètres d'altitude, Fanjeaux est un lieu chargé d'histoire. Son appellation latine Fanum Jovis, ne signifie-t-elle pas « le temple de Jupiter » ? Ce nom est un hommage à un mystérieux temple qui aurait été situé près de l'église, non loin de la « mare de Jupiter ». Fanjeaux fut tour à tour oppidum, temple romain, cité médiévale et place forte du catharisme, en effet elle était nommée « la capitale de l'hérésie » au XIIIe siècle. L'alignement de ses maisons donnant sur les allées matérialise, aujourd'hui encore, la présence de remparts. Fanjeaux fut également un grand centre de la culture du pastel, ce qui a valu au Lauragais le nom de « Pays de Cocagne ». Situé à mi-chemin entre Castelnaudary et Carcassonne, c'est par ailleurs un formidable poste d'observation : par beau temps, depuis le belvédère du Seignadou, on peut embrasser d'un seul regard six départements, toute la plaine lauragaise et la montagne Noire, ainsi que la chaîne des Pyrénées. Une vue époustouflante ! Aussi, le village regorge de nombreuses richesses : l'ancien couvent des frères pêcheurs (XIVe-XVe siècles), la maison dite « de saint Dominique » (celui qui mena la grande mission de prédication de 1206), la maison « du miracle », la chapelle de l'ancien hôpital (XIVe siècle) ; l'église paroissiale (XIIIe siècle), les vestiges de la chapelle des Pénitents blancs, les Halles (XVIIIe siècle), la maison de Catherine de Médicis (XVe siècle), une exceptionnelle croix discoïdale (XIIIe siècle), l'Hôtel de Framont (XVIe siècle). Tout un patrimoine à découvrir !

ÉGLISE PAROISSIALE NOTRE-DAME-DE-L'ASSOMPTION

Visites libres. Visite guidée (vous renseigner auprès de l'office du tourisme).

Cette église languedocienne typique date de la fin du XIIIe siècle. De style gothique méridional, elle est classée Monument Historique pour sa richesse architecturale et les objets sacrés qu'elle renferme. Elle aurait été reconstruite sur l'emplacement d'un ancien temple romain dédié à Jupiter. L'édifice se compose d'une large nef à charpente apparente, bordée de six chapelles latérales aménagées au XIVe siècle dans les contreforts de la nef, et d'un chœur voûté d'arêtes. Depuis 1820, Notre-Dame de l'Assomption conserve en son sein la poutre dite du « Miracle du Feu » de saint Dominique, en effet Dominique chef de file de l'ordre qui porta son nom, résidait à Fanjeaux, afin de ramener dans le droit chemin de l'église chrétienne la population. Les Cathares, hostiles à sa présence organisèrent une ordalie (jugement par le feu), lors de laquelle les écrits chrétiens et hérétiques furent jeter dans le brasier. Cependant la légende raconte que le mémoire de Dominique, par trois fois refusa de bruler et s'envola jusqu'à une poutre. Les catholiques crièrent au miracle, et le manuscrit devint une précieuse relique, aujourd'hui disparue. Suite à cet épisode de nombreux Cathares se convertirent. Par ailleurs, l'édifice abrite une toile du peintre carcassonnais Jacques Gamelin (XVIIIe siècle) ainsi qu'un décor riche de toiles du XVIIIe dans le chœur baroque, deux statues de la Vierge à l'enfant des XIII et XVIe siècles, des pièces d'orfèvrerie, et un orgue du XVIIe siècle.

MONASTÈRE NOTRE-DAME-DE-PROUILHE ★

Lieu-dit Prouilhe
✆ 04 68 11 22 62
www.prouilhe.com

Fermé du 1 au 15 septembre. Ouvert tous les jours 8h/12h30 et 14h/19h. Offices liturgiques tout au long de la journée.

Que vous soyez croyant ou non, en accord avec les préceptes dominicains, le monastère accueille tous les visiteurs, simples curieux ou personnes en quête de ressourcement spirituel, pour divers séjours. Notre-Dame-de-Prouilhe est un haut lieu dominicain dont l'existence remonte au début du XIIIe siècle, lorsque saint Dominique prêchant dans le Lauragais pour éradiquer le catharisme, vit un «signe de dieu» sous la forme d'une boule de feu s'abattre sur ce village. Outre la visite de la basilique à l'architecture néo-byzantine dont la construction, débutée à la fin du XIXe siècle, reste inachevée, vous aurez la possibilité de partager le quotidien de la quinzaine de religieuses vivant sur place entre travail et prière. Ici on entre en religion pour un temps, on savoure le silence, on assiste à la célébration des offices dans la sacristie. Pour être hébergé sur place, vous aurez une chambre très simple de 1 ou 2 lits avec lavabo (eau chaude comprise), et sanitaires sur le palier. Les tarifs sont en fonction des possibilités ou de la générosité de chacun. À noter la présence d'une boutique proposant des livres, des objets religieux (croix, médailles, chapelets, etc.), de jolies petites crèches du monde au moment de Noël, mais aussi des objets d'artisanat de Prouilhe (icônes, céramiques, gâteaux), et des productions d'autres monastères (cosmétiques, miel, bonbons, confitures, pâtes de fruits). Vous pourrez même participer à un stage iconographique si vous le souhaitez !

OFFICE DE TOURISME AU COEUR DES COLLINES CATHARES

6, Place du Treil ✆ 04 68 24 75 45
www.fanjeaux.com/tourisme.html

Basse saison : ouvert du lundi au vendredi 10h/12h et 14h/17h. Haute saison : tous les jours 10h/13h et 14h30/18h30.

Ce petit office intercommunal « Piège, Lauragais, Malepère » affiche une réelle dynamique. Il organise par exemple des balades nocturnes en été, chacune étant consacrée à la découverte commentée d'un village. Vous pourrez donc découvrir dans une atmosphère toute particulière, Fanjeaux bien sûr, mais aussi les jolis villages de Villasavary, Laurac, Pexiora, et enfin Bram. Depuis 2017, le carnet du pèlerin pour le GR 78, de Fanjeaux à Mirepoix, est disponible à l'office du tourisme.

LA TABLE CATHARE « CHEZ ANGEL » €€

7, Route de Mirepoix
✆ 04 68 24 62 46

Fermé du 23 décembre au 15 janvier. Ouvert lundi et mardi midi ; jeudi à dimanche midi et soir. Menus de 23 € à 33 €.

Un vrai restaurant de village dans toute sa splendeur, une cuisine du terroir aux recettes locales mise en exergue par le chef Angel Cacérès et son épouse Bénédicte. Une cuisine familiale simple, bonne et sans chichi dans un cadre cosy, refait entièrement en 2020. Cet établissement respire la générosité et le bien vivre. Foie gras, cou farci de canard, cassoulet, côtoient les spécialités d'ailleurs, zarzuela, paëlla, poissons, viandes grillées... A noter un accueil très chaleureux.

LIMOUX ★

Aux portes de la haute vallée de l'Aude, en bordure du fleuve de même nom, Limoux tire ses origines d'une agglomération d'époque romaine. La première mention connue de la ville remonte au milieu du IXe siècle, et son développement urbain s'est sans doute affirmé à partir du XIe siècle, à proximité de l'église Saint-Martin aujourd'hui située au cœur de la ville. Des fortifications sont mentionnées au siècle suivant, et une ville haute s'est formée, au nord ouest. Celle-ci fut détruite vers 1220, suite à la Croisade contre les Albigeois. Limoux était un important foyer du catharisme, et opposa une forte résistance au roi de France et à l'Église. Vers 1240 apparaît le quartier de la rive droite de l'Aude, appelé aujourd'hui la « Petite Ville ». Ce secteur dans un premier temps, accueillit des activités liées à l'artisanat du cuir, l'un des secteurs économiques les plus florissants de la ville, avec la fabrication des draps de laine et le transport du bois par flottage sur l'Aude. En 1355 pendant la guerre de Cent Ans, le Prince Noir prit et dévasta la ville, les fortifications furent détruites, mais il en subsiste des traces encore à ce jour. A la fois verrou géographique et terre d'Histoire, Limoux est la capitale d'une microrégion à forte identité. Cette sous-préfecture, qui compte aujourd'hui 10 000 habitants, est le passage quasi obligé pour accéder à la Haute Vallée de l'Aude. La ville est réputée pour sa Blanquette, plus vieux vin effervescent au monde, attestée dès 1544, et pour son carnaval mentionné pour la première fois en 1605, qui dure de janvier à mars.

ABBAYE DE SAINT-HILAIRE ✞ ★★

4, rue de la Mairie - **SAINT-HILAIRE**
✆ 04 68 69 62 76
www.saint-hilaire-aude.fr
Fermé une partie de décembre et janvier. Haute saison : ouvert tous les jours et jours fériés 10h - 19h. Visite guidée.

Située à environ 15 km au sud de Carcassonne, l'abbaye bénédictine de Saint-Hilaire apparaît pour la première fois dans les écrits au IXe siècle. Bien que ses origines restent assez floues, elle pourrait avoir été fondée dès le VIe siècle et est dédiée à Saint-Hilaire, ancien évêque de Carcassonne. Le cloître gothique, du XIVe siècle, dessert l'église, le logis abbatial doté d'un superbe plafond peint du début du XVIe siècle, la salle capitulaire, le scriptorium, la bibliothèque, et le réfectoire des moines. Le chevet de l'église est de style roman, et la nef, inachevée, aurait dû se prolonger à l'ouest. La pièce maîtresse du mobilier est un sarcophage roman dit « de Saint-Saturnin », réalisé en marbre blanc. Cette pièce est datée du XIIe siècle, et bien que qualifiée de sarcophage, ses dimensions laissent penser qu'elle était plutôt le maître autel de l'église. Au cœur du cloître, un puits et une jolie fontaine ornée d'une vasque sont datés du XVIe siècle. L'abbaye dispose par ailleurs de nombreuses dépendances dont des celliers creusés et aménagés dans la roche. Lieu de sépulture des vicomtes de Carcassonne, Saint-Hilaire est aussi, selon la tradition locale, le berceau de la Blanquette, vin blanc pétillant que les moines auraient inventé en 1531. Par la richesse de son histoire et de son architecture, cette abbaye est un site incontournable de l'Aude. Des visites guidées d'une durée d'1h30 sont proposées tout l'été et des visites nocturnes de 1h30 sont organisées en août, sur réservation uniquement.

AUDE

Limoux.

MUSÉE PETIET

30, promenade de Tivoli ✆ 09 63 68 34 54
http://communes-du-limouxin.fr/limoux/patrimoine-musee-petiet

Fermé 1er et 2nd WE de septembre, Fermeture annuelle vacances de Noël.Gratuit jusqu'à 10 ans. Adulte : 4 €. Animations.

La famille Petiet, offre en 1880, son atelier de peinture et une partie de ses œuvres à la ville, pour la création d'un musée et d'une école de dessin, celui-ci s'est ensuite largement enrichi grâce à de nombreuses acquisitions et aux dépôts de l'État. Le musée a gardé son charme «Belle époque» avec des salles audacieusement peintes, ses hautes verrières zénithales et son mobilier de salon. Marie Petiet (1854-1893), une des rares femmes peintres reconnues au XIXe siècle, se distingue par la qualité de son œuvre. Portraitiste originellement, ses tableaux représentent souvent ses proches dans leurs activités quotidiennes, comme sa toile la plus connue *Les Blanchisseuses*. Les collections se concentrent sur la peinture académique de la seconde moitié du XIXe et sur les mouvements post-impressionnistes du XXe, le musée conserve un bel ensemble d'œuvres d'Achille Laugé (pointillisme) et de ses contemporains, ainsi que certaines toiles de l'époux de Marie Petiet, le célèbre peintre Étienne Dujardin-Beaumetz. Plusieurs courants sont représentés, l'académisme, le pictural, l'impressionnisme, le pointillisme, l'orientalisme... Des expositions temporaires, des rendez-vous gourmands autour d'œuvres et de produits du terroir, des visites thématiques commentées, des conférences, des visites récréatives pour les enfants et des ateliers créatifs sont au programme de ce musée incontournable. Ne loupez sous aucun prétexte l'œuvre numérique installée au sein de ce lieu culturel, lisible à partir du livre interactif et des supports nomades.

LE MAUZAC €€

1 bis, rue du Razès
✆ 06 14 01 62 88

Ouvert toute l'année. 5 chambres et 1 gite - Petit déjeuner inclus. Parking. Wifi gratuit.

Le Mauzac, institution locale, retrouve ses lettres de noblesse, pour devenir chambres d'hôtes et gîte. Les chambres cocooning, à la décoration soignée et raffinée, récemment créées, sont très lumineuses, et bénéficient d'une salle d'eau ou d'une salle de bains, d'un plateau de complaisance à discrétion et de tout le linge nécessaire. Accueil chaleureux et détente assurés dans cette ancienne structure hôtelière. Un salon avec TV ainsi qu'une salle de petit déjeuner en rez-de-chaussée sont mis à disposition, et donnent sur une terrasse surplombant la ville.

LA TAVERNE A BACCHUS

Château de La Monèze Haute, Route de Malras
✆ 04 34 21 90 44 - 06 09 68 28 81

Ouvert du mercredi au dimanche midi et soir. Réservation recommandée. Menus de 36 € à 46 €. Jardin. Terrasse.

La taverne à Bacchus, nouvelle version vous accueille dans le chai transformé d'un château proche de Limoux. Céline et Eric, vous proposent un savoureux mélange de produits des terroirs Audois et Corse ! Des pièces de viande d'exception, des charcuteries méditerranéennes, côtoient bien d'autres mets maison. La cheminée, s'active pour les grillades, lapins, ou encore les soupes paysannes à se damner. Un espace plus grand, un parc ombragé pour des concerts, un chapiteau pour vos événements, voici donc le nouvel habit de ce restaurant à la réputation bien établie.

LE GRAND CAFÉ €€

25, place de la République
✆ 04 68 31 08 14
www.grand-cafe.weebly.com

Ouvert toute l'année, tous les jours 7h30 - 23h. Fermeture plus tardive en haute saison. Armoire à liqueurs.

Situé dans le centre ancien de Limoux, le Grand Café vous accueille dans une bâtisse de 1680, où cohabitent avec bonheur, grands miroirs, éléments d'époque et expositions d'artistes locaux. Cette institution Limouxine vous propose, toute l'année, une cuisine régionale traditionnelle à déguster en salle ou sur la grande terrasse. Les plats sont simples, mais copieux et bien cuisinés : cassoulet, grillades, pizzas...sans oublier son incontournable formule, Entrecôte Café de Paris. Cette adresse est futée pour une pause en plein cœur de la cité Blanquetière.

L'ODALISQUE €€

38, rue des Cordeliers
✆ 04 68 74 31 75
www.restaurant-odalisque.fr

Ouvert du mardi au samedi de 12h à 13h30 et de 19h à 21h. Fermé les dimanches et lundis. Menus de 22 € à 85 €.

Au cœur de Limoux, Sven et Abigael Choplin proposent une cuisine semi-gastronomique, avec un bon rapport qualité-prix, où les produits de la mer sont sublimés, telle est la promesse tenue par le restaurant l'Odalisque. Sven vous fait voyager au pays des couleurs, des fragrances, des saveurs, dans un décor sobre, mais raffiné, alliant au gré de ses envies et des 4 saisons, des mets déclinés en 5 menus. Il met du soleil dans nos assiettes avec passion et une farouche volonté de travailler poissons et crustacés, mais pas que… N'attendez plus et succombez.

CHEZ STEPHAN [BAR À VINS] €€

6, place de la République
✆ 06 25 80 07 76

Congés en novembre. Vin au verre. Tapas. Salade repas à partir de 11 €. Cassoulet maison 22€. Terrasse. Animations.

Chez Stephan, est incontournable avec son concept atypique et son emplacement idyllique. La carte traditionnelle le midi, et les plats élaborés par le chef à base de produits frais donnent envie de tout goûter ! On prend place, sur la terrasse ou dans la salle parmi des bouteilles de crus régionaux. Les plats sont joliment dressés, réalisés avec des produits travaillés minute, complétés par un service aimable, et professionnel. Une adresse devenue au fil du temps une valeur sûre.

ANTECH - LIMOUX

Route de Carcassonne ✆ 04 68 31 15 88
www.antech-limoux.com

Ouvert du lundi au vendredi 8h - 12h / 14h - 18h. Livraison possible. Espace pour les dégustations (5 à 6 pers max).

La Maison Antech est une affaire de passionnés, qui au travers de leurs 4 cépages constitutifs des crémants et Blanquettes de Limoux, ont opté pour une viticulture soucieuse de l'environnement, et travaillent des raisins issus de l'agriculture raisonnée. Les productions de la maison sont internationalement récompensées, ainsi en 2019, Françoise Antech, sa directrice, a été nommée « Femme vigneronne de l'année » ! Les cuvées de la maison Antech se savourent aux 4 coins du monde, dans plus de 30 pays et sur plus de 20 tables étoilées. Un véritable Esprit de Bulles…

MAISON BOR

15, avenue Fabre-d'Eglantine
✆ 04 68 31 02 15
www.maison-bor.com

Ouvert du lundi au samedi de 9h à 12h et de 14h à 19h. Livraison possible, boutique en ligne.

Véritable institution Limouxine, la Maison Bor perpétue un savoir-faire artisanal ancestral dans la fabrication du nougat et des chocolats, depuis 1936. Laissez-vous tenter par la spécialité : le Taps de Limos, petit chocolat, en forme de bouchon de champagne, au marc de chardonnay. Maintes fois distingués, les nougats de la Maison Bor, à l'onctuosité inégalée, sont toujours fabriqués en chaudron de cuivre, conçus à partir de matières premières régionales, et sélectionnées avec le plus grand soin. Retrouvez le nougat noir, le touron dur, les bonbons au chocolat…

LES CAVES DU SIEUR D'ARQUES

Avenue du Mauzac ✆ 04 68 74 63 00
www.sieurdarques.com/index.cfm

Lundi au samedi 9h30 - 12h30 / 14h - 18h30 ; dimanche 10h - 12h30. Visite du chai avec dégustation sur rdv dès 10 pers.

Depuis 1946, cette cave signe des vins d'exception et s'impose en Languedoc comme créatrice de cuvées alliant traditions et savoir-faire technique. Son expertise historique, son éternelle recherche de l'excellence qualitative et gustative, lui permettent de signer de grands vins pour le plaisir de tous les consommateurs exigeants. 204 vignerons adhérents, passionnés par leur métier et fiers de leur terroir, sont des acteurs incontournables de l'économie et de la culture locale.

LE VIN TE DEUX

22, place de la République
✆ 06 76 01 44 92

Ouvert toute l'année. Haute saison : du mardi au dimanche 7h - 2h. Tapas de 6 € à 15 €. Terrasse. Animations.

C'est l'endroit idéal pour passer un bon moment entre amis, autour d'un verre et de quelques tapas. Situé en coeur de ville, le Vin Te Deux possède une terrasse abritée, sous les arcades d'époque. On se croirait presque à la montagne avec son décor tout en bois, le lieu est petit, il vaut mieux réserver, tant l'endroit est devenu le repère des bons vivants. Vous pourrez découvrir ici une belle gamme de vins de terroir, de crémants et blanquettes, sélectionnés par le patron des lieux Pierre Jammes, participer à une dégustation ou aux soirées concerts.

DOMAINE DAVID FERRIOL

chemin du Fort
BRUGAIROLLES
✆ 06 88 31 64 35

Ouvert du lundi au samedi. Dégustation et achat sur appel tél. Livraison possible. De 8,50 à 12€/ btle. Accès PMR

David Ferriol est un de ces hommes dont la générosité est à la hauteur de sa discrétion et de sa gentillesse. Ce golgoth, ancien international de rugby, a reçu le sang de la vigne en héritage à sa retraite des terrains. Et que dire sinon que sa reconversion est plus qu'une réussite, il nous régale de cuvées exceptionnelles en appellation Cru Malepère. Cette adresse coup de cœur, intimiste, avec ses cuvées convoitées des connaisseurs et œnologues des plus avertis, devrait en séduire plus d'un, le Renard lui est charmé par ce digne fils de Bacchus !

DOMAINE GAYDA

Chemin de Moscou - **BRUGAIROLLES**
✆ 04 68 20 65 87
www.domainegayda.com

Novembre à avril lundi - jeudi 10h à 17h ; vendredi 10h à 16h. Mai à octobre lundi - vendredi 9h à 17h, samedi 9h à 16h.

Le Domaine certifié en Agriculture Bio et situé au cœur de la Malepère, mise sur la qualité de ses vins minutieusement élaborés, grâce à une viticulture respectueuse et durable. La diversité et la complémentarité de ses terroirs et cépages, produisent des IGP Pays d'Oc maintes fois primés, des gammes appelées Figure Libre, Chemin de Moscou, Sélection... Le Domaine Gayda, c'est aussi un restaurant à la vue panoramique, pour une clientèle exigeante et passionnée. Visitez la boutique réaménagée qui met à l'honneur les vins du domaine et les activités œnotouristiques.

L'ATELIER DES VIGNERONS

2, place de la République
✆ 04 68 20 12 42
www.atelier-des-vignerons.com

Ouvert du lundi au samedi de 10h à 12h30 et de 14h à 19h30 ; le dimanche de 10h à 13h. Soirées dégustation.

Bien plus qu'une boutique des vins, vous trouverez ici la quintessence de ce breuvage. Laurence Turetti est une vraie passionnée, elle est désormais accompagnée par une « pointure » dans le monde du vin, le sommelier Cédric Vernice qui, nous fait découvrir le Vin avec un grand « V ». La boutique est raffinée, le bois associé à un éclairage doux est l'écrin parfait pour partir à la découverte des 400 références de vins tous en agriculture raisonnée, bio et biodynamie. Des soirées dégustations sont régulièrement organisées avec des vignerons de la région.

OUSTAL ANNE DE JOYEUSE

34, promenade de Tivoli ✆ 04 68 31 11 30
www.annedejoyeuse.fr

Ouvert tous les jours de 9h à 12h et de 15h à 19h. Lundi dès 10h. Dégustation gratuite, groupes acceptés (15 pers max).

La cave ADJ a été créée en 1929, soixante ans plus tard ses vins blancs sont classés en AOC Limoux, récompensant les efforts et le travail fournis. Quinze ans plus tard, ses vins rouges sont à leur tour couronnés, une reconnaissance méritée pour ces vignerons qui préservent la biodiversité et l'environnement. ADJ vous fera découvrir la cuvée « La Butinière » aux arômes de cerise noire, de framboise et de violette, aux effluves veloutées de pruneaux, d'épices et de fruits rouges... Les vins d'Anne de Joyeuse sont régulièrement primés au Concours Général Agricole.

LIMOUX BRASS FESTIVAL

14, avenue du Maquis ✆ 04 68 69 69 87
www.limouxbrass.fr/

1er week-end de mai. Gratuit enfants de moins de 12 ans. Pass en vente de 3 et 5 jours. Réservation site du festival.

Créé en 2009, le « Limoux Brass Festival » propose chaque année, le week-end du 1er mai, un plateau international de musiciens autour du jazz. Exclusivement dédié à la musique de cuivres, inscrit dans l'histoire de la ville de Limoux, il est devenu un événement musical international, réunissant des musiciens de renommée mondiale, issus de l'univers des cuivres (trompette, trombone, euphonium, tuba, cor, saxophone...). Chaque année, un parrain prestigieux honore le festival de sa présence, et prodigue conseils éclairés aux élèves limouxins, des classes de musique.

ALET-LES-BAINS ★★

Alet, petit village de 400 habitants, à quelques 9 km de Limoux, remonte à l'antiquité; le nom d'Alet dont l'étymologie Electus, signifie endroit privilégié, lui vient de sa situation géographique exceptionnelle. Il est dit que 5 fées veillent depuis toujours sur ce village ! L'une lui a offert une eau aux vertus connues dès l'époque romaine, qui amena la construction de thermes, la seconde un environnement naturel reposant, la troisième un microclimat d'une douceur bienvenue, la quatrième un patrimoine architectural et historique largement préservé, la dernière l'esprit d'initiative pour faire partager ces richesses ici et ailleurs.

COUIZA ★

Couiza est une ancienne cité qui attira les Romains très tôt. Durant les guerres de religion, elle fut un témoin privilégié des batailles des croisés contre les Cathares, elle tomba alors dans les mains de Pierre de Voisins. De nombreux envahisseurs défilèrent entre le IVe et VIIIe siècles, pillant et ravageant les environs. L'extinction de la famille des Voisins est simultanée à la construction du château de Couiza en 1513, qui marqua l'alliance avec la famille de Joyeuse. Guillaume de Joyeuse, chef de la ligue catholique, s'y installa en 1562. A la fin du XIXe siècle et jusqu'aux années 1930 Couiza était centrée sur l'activité de chapellerie.

ABBAYE ET CATHÉDRALE NOTRE-DAME-D'ALET ★

Avenue Nicolas-Pavillon
✆ 04 68 69 93 56
www.aletlesbains.com

Horaires à titre indicatif. De juillet à mi-septembre : 10h-12h30 et 14h30-19h. Gratuit jusqu'à 12 ans. Adulte : 4 €.

L'histoire d'Alet est étroitement liée à celle de son abbaye bénédictine, fondée vers l'an 813, par Béra comte du Razès et son épouse Romille, dédiée à Notre-Dame et important centre de pèlerinage au XIe siècle. En effet, il apparait qu'elle possédait une relique inestimable, un fragment de bois de la sainte croix, objet d'une grande vénération, et d'une multitude d'offrandes de part des fidèles, qui permettaient d'alimenter les coffres de l'abbaye. En 1096, elle reçut la visite du pape Urbain II. Devenue cathédrale en 1318, l'église abbatiale romane est dotée d'un grand chœur gothique, d'un décor sculpté d'inspiration antique et médiévale. Le siège abbatial d'Alet fut érigé, à cette date en évêché par le pape Jean XXII. Au cours des siècles, elle n'a cessé d'être construite, démolie et reconstruite... pour finalement être démolie en 1792. Aujourd'hui, il subsiste de très belles et imposantes ruines d'un beau grès ocre, considérées par certains comme « les plus belles ruines de France ». Elles se visitent et constituent un décor naturel fabuleux pour des représentations musicales et théâtrales chaque été. L'accueil de l'abbaye dispose d'un espace boutique dans lequel vous trouverez un grand choix de livres sur la région et sur le Moyen Âge, notamment pour les enfants, mais aussi des cartes postales et des produits locaux comme la limonade fabriquée à Alet, avec l'eau de source du village, et les biscotins d'Alet, délicieux petits gâteaux secs à découvrir.

LE CARNOTZET €€

69, route des Pyrénées ✆ 04 68 74 13 13
www.le-carnotzet.com

Ouvert toute l'année. Le lundi et le mardi de 12h à 14h ; du jeudi au dimanche de 12h à 14h et de 19h à 21h30. Terrasse.

Entrez dans un superbe chalet de montagne à la décoration contemporaine soignée. Une salle à l'étage et une terrasse intimiste avec la possibilité de s'y repaître dès les beaux jours sont de vrais atouts pour ce lieu atypique d'exception. Côté cuisine, Franck propose des plats de saison 100 % maison, les ingrédients sont choisis minutieusement, car ici on ne sert que le meilleur aux clients ! on se régale de grands classiques de la cuisine française, d'Occitanie, du Pays basque, des Alpes et d'ailleurs. Une adresse « coup de cœur » dont on ne se lasse pas !

QUILLAN

Carrefour géographique et capitale touristique de la haute vallée de l'Aude, Quillan a connu plusieurs vies industrielles et commerciales : au XIIe siècle, des mégisseries qui traitent les peaux d'isards et de chèvres s'installent au bord de l'Aude. L'huile, le vin et le bois sont aussi sources de richesses. Au XVIIe siècle s'ajoutent la métallurgie, la fabrique de draps et de clous. Au XIXe siècle, l'industrie de la chapellerie lui offre une renommée mondiale, remplacée progressivement par la chaussure. Dans les années 1950 s'ouvrent vingt-cinq ans de prospérité grâce au Formica®. Aujourd'hui, c'est le tourisme qui porte la ville et ses alentours, il faut dire que celle-ci jouit d'un formidable environnement naturel et d'un important patrimoine historique : le Lac du Saint Bertrand, le Château dominant la ville, l'Eglise Notre-Dame, le Pont Suzanne, les Bains douches, l'Hôtel de ville, le Chalet de Carach...Détentrice de plusieurs labels dont ceux de Station Verte et de Station classée de tourisme, Quillan mérite son appellation de Cœur battant des Pyrénées Audoises. Ville dynamique, formidable vecteur des sports de pleine nature, elle est un réel trait d'union entre patrimoine historique, et modernité dans le développement constant de son environnement. Ici les amateurs de rando, de pêche, d'équitation, de cyclisme, de sports d'eau vive...trouvent leur jardin d'Eden !

La ville s'anime tous les mercredis matin non pas d'un, mais de deux marchés, les étals sont parfumés et gourmands. Le jeudi soir, en juillet et août, Quillan accueille un marché nocturne musical.

DÉFILÉ DE LA PIERRE-LYS ★

Site naturel classé, le plus visité de l'Aude.

D'impressionnantes gorges vous attendent lorsque vous prendrez la route entre Quillan et Axat, forgées par le fleuve Aude qui a érodé durant des millénaires la roche calcaire sur 2 km, pour créer des falaises verticales hautes de 400 à 600 m, sensations garanties. Le premier coup de pioche fut donné en 1781 par le curé Félix Armand, puis ce fut le marquis d'Axat qui entreprit la construction de la route afin de désenclaver sa ville. En contrebas de celle-ci, l'Aude coule toujours en un torrent rapide, connu et apprécié des amateurs de sports d'eau vive.

CHÂTEAU D'ARQUES ★

le chateau - **ARQUES** ✆ 04 68 69 84 77
https://arques.wixsite.com/arques-chateau/le-chateau

Fermé de mi-novembre à début mars sauf sur réservation (groupes). Gratuit jusqu'à 6 ans. Adulte : 6 €. Visite guidée.

Mentionné pour la première fois au XIe siècle, Arques est qualifié alors de *villa* de Archas, c'est-à-dire de village. Le village actuel a conservé une tour seigneuriale qui est aujourd'hui le clocher de l'église. Arques n'est donc pas une place forte d'importance quand commence la Croisade contre les Albigeois, en 1209. A priori, Simon de Montfort serait entré en possession du village après la chute du château de Termes, l'été 1210. Des travaux sont menés vers 1280, notamment la construction d'une maison forte, résidence seigneuriale dont il ne reste aujourd'hui que le donjon. Cette maison-forte d'environ 10 m de côté et de 24 m de haut, dont le donjon est un chef-d'œuvre de l'art gothique et de l'architecture militaire, est classée aux Monuments historiques en 1887. Les quatre niveaux se visitent, tout comme les deux niveaux de la tour-logis située à l'angle sud-ouest de l'enceinte extérieure. Les enfants, et les plus grands pourront répondre à quelques quiz dans les différentes pièces du château. N'hésitez pas à profiter de la vue sur le château depuis le parc et pourquoi ne pas emporter le goûter ? Vous pourrez clôturer votre visite par une halte à la boutique-miellerie du château, mais également passer par le musée dédié au catharisme aujourd'hui, qui se trouve dans la maison natale de Déodat Roché (1877-1978), l'un des premiers historiens du catharisme.

▶ **N'hésitez pas à tester l'Escape Game** au sein du château en décor naturel, une vraie crypte vous attend, ambiance médiévale garantie !

CAMPING LE MOULIN DU PONT D'ALIÈS €€

Pont d'Aliès - **AXAT** ✆ 04 68 20 53 27
www.alies.fr

Ouvert de Mars à fin Octobre. Emplacement tentes. Mobil-homes de 2 à 6 personnes. Piscine extérieure chauffée.

Le camping du Moulin du Pont d'Aliès se trouve dans les gorges de l'Aude, un emplacement idéal pour les amoureux de tranquillité, de baignade et pêche. Le camping dispose de mobil-homes récents, haut de gamme et bien entretenus, qui bénéficient d'un ombrage naturel. Une piscine chauffée, des aires de jeux, un bar-restaurant (en été) et une petite épicerie vous sont proposés, agrémentés d'animations de qualité. Une base de sports d'eau vive sur place vous promet des vacances nature.

LE BISTROT €

ZA plage sud
✆ 06 14 96 02 97

Du lundi au samedi de 9h à 19h30. Service continu de 12h à 17h. Petit déjeuner dès 9h le matin. Formule du midi : 11 €

Thomas Bardou s'est lancé un superbe défi au sein de son «Bistrot», et nous propose une cuisine savoureuse, réalisée avec maitrise où les goûts exaltent les papilles. Un plat différent chaque jour, gage de fraîcheur et d'authenticité, un accueil chaleureux, des plats du terroir revisités telle que la tête de veau gribiche, vont vite faire de cette nouvelle adresse, «the place to be» de la cité des trois quilles ! La passion qui anime notre jeune chef se transmet dans l'assiette et dans ses propositions culinaires... nul doute que vous succomberez à son tiramisu.

Château d'Arques.

PETANQUE, ET POULET BICYCLETTE €€

Route de Granes
✆ 06 31 15 09 60
Ouvert de mai à fin Septembre. Menus de 15,50 € à 18,50 €, Vin au verre. Formule végétarienne. CB non acceptée.

Vous aimez les lieux intimistes, isolés et atypiques ? vous ne serez pas déçu par ce petit restaurant aux allures de guinguette, propriété des frères Batlle. Cet endroit, au nom ubuesque tiré d'un plat Africain, perdu au milieu des bois, au bord d'un petit lac à cascades ne peut que vous séduire. Des plats du terroir excellents et copieux, un accueil prévenant vous mettent directement en appétit. Cet endroit fait du bien au portefeuille, à l'estomac et au moral !

LE PETIT MONDE

5, place de la République
✆ 06 16 93 50 42
Ouvert le lundi, le mercredi, le vendredi et le samedi de 10h à 17h. Terrasse. Boutique.

Mischa et Bryan vous accueillent dans «Le Petit Monde», un salon de thé cosy et gourmand aux allures de vraie bonbonnière, à la déco vintage soignée. Ce n'est pas moins de 18 saveurs de thés, cafés et pâtisseries maison qui promettent de vous régaler. Vous pourrez savourer le traditionnel gâteau aux carottes, les scones ou les pâtisseries végétaliennes sans gluten, bref vos papilles seront émerveillées par ces douceurs d'outre Manche. A noter que nos hôtes font aussi B and B avec deux superbes chambres sur place, fort bien équipées. Bon plan assuré !

L'ARTCOLABE

50, Grande Rue Vaysse Barthélémy
✆ 06 18 05 98 49
Ouvert du mardi au samedi de 10h à 12h30 et de 15h30 à 19h. Tarifs variant suivant les expositions. Accès PMR.

C'est une belle histoire que celle de l'Artcolabe, le rêve d'amoureux de l'art que sont Joëlle Chalavoux, Françoise Bousquet et Yvon le Cabec, animés tous trois, d'une farouche volonté de faire vivre, en milieu rural, l'art sous toutes ses formes, dans un véritable esprit collaboratif. La création et rien que la création comme essence originelle de cet espace unique. Et puis surtout le rendre accessible, non l'art n'est pas réservé à une élite. Chacun peut appréhender une œuvre à sa manière, alors passez la porte de l'Artcolabe sans aucun préjugé et admirez !

LA FABRIQUE

ZA Plage Sud
www.lafabrique-torrefaction.com
Ouvert du lundi au samedi 9h30 - 12h et 14h - 19h. Boutique en ligne. De 5,10 à 6,70€ les 250g. Fdp offerts dès 40€.

Fort du succès de leur coffee truck, Pierrick Nova et Boris Torfs vous accueillent à présent dans leur boutique à l'entrée de la cité des trois quilles. Vous serez envouté par les arômes et effluves des cafés torréfiés maison, et des thés gourmands. Cet « or noir » vendu moulu ou en grains, provient du commerce équitable des pays producteurs et d'agriculture biologique. Vous pourrez acheter le nécessaire à la dégustation de votre boisson préférée, avec une collection de cafetières manuelles et tasses, mais aussi du cacao ainsi que du matcha.

LE TONNEAU

23, Boulevard Jean Jaurès
✆ 06 48 06 46 67
Ouvert du mardi au samedi de 9h à 12h et de 15h à 18h45. Fermé le Dimanche & le Lundi. Vente de vin en vrac aussi.

L'antre de Frédéric Labourasse a fait peau neuve et s'est agrandie, après avoir repris le flambeau de son oncle. Désireux d'offrir une gamme complète de produits, et des sélections qualitatives à ses clients, il propose un bel écrin pour de beaux flacons, met en exergue des vins tranquilles et effervescents locaux, des liqueurs Audoises, des alcools et spiritueux. Le bien boire est ici une devise, le conseil est pertinent et professionnel, venez découvrir des cuvées dénichées au quatre coins du département, pour goûter l'âme de ce terroir.

LA FORGE - CENTRE DE SÉJOUR SPORT NATURE

Avenue de Perpignan ✆ 04 68 20 23 79 - Par avion aéroports de Toulouse, Carcassonne ou Perpignan. En train ou bus jusqu'à la gare de Quillan.
www.laforgedequillan.fr
Ouvert du 15 mars au 31 octobre. Différentes formules d'hébergement, Capacité de 73 lits, camping 33 emplacements. PMR.

Ce site était une forge au XIXe siècle, et fut entièrement réhabilité en centre de séjour, affilié à la Fédération unie des auberges de jeunesse. Situé près du centre-ville de Quillan, il bénéficie d'un grand parc et propose diverses activités allant des sports en eau vive à la randonnée, en passant par le tir à l'arc, ou l'accrobranche. Le matériel est fourni, l'encadrement effectué par des professionnels et on vous assure le transport sur les lieux d'activités de pleine nature.

AUDE

AXAT ★

Modeste chef-lieu de canton de moins de 700 habitants, Axat est bâti à flanc de coteau dans un site pittoresque, entouré de monts escarpés et dentelés. Sur un escarpement rocheux, à proximité des ruines du château, l'église du village, construite en 1630, sur demande du Baron d'Axat Raymond de Dax, offre un point de vue unique sur toute la commune. Le nom de ce village vient de l'anagramme du mot Atax, nom originel de la rivière, et est lié à l'antique Atacine, appellation mythique du fleuve éponyme du département, qui signifiait « fleuve audacieux ». Le résultat de ces « audaces » : une forte érosion du calcaire du Piémont pyrénéen, qui donna naissance en ce lieu à des gorges spectaculaires. Les plus étroites sont les gorges de Saint-Georges, situées un peu en amont d'Axat, et qui constituent un canyon de 300 mètres de long absolument fabuleux. Imaginez que, par endroits, les passages ne font qu'une vingtaine de mètres de large ! C'est en 1900, que dans ces gorges de St Georges, fut mise en service, la toute première centrale Hydro-Électrique Française jamais construite. Enfin, en aval d'Axat se trouvent les secondes gorges, celles de la Pierre-Lys. Ce canyon fait, lui, plus de deux kilomètres de long. Axat est le point de départ incontournable pour toutes les activités d'eau vive : canyoning, rafting, canoë-kayak, hydrospeed... Mais on peut y faire aussi des randonnées pédestres, des balades à cheval, des visites d'élevages, des estives, de la pêche, du VTT... Sans oublier le tout proche château de Puilaurens, site grandiose à ne pas manquer.

CAMPING LE MOULIN DU PONT D'ALIÈS €€

Pont d'Aliès ✆ 04 68 20 53 27
www.alies.fr

Ouvert de Mars à fin Octobre. Emplacement tentes. Mobil-homes de 2 à 6 personnes. Piscine extérieure chauffée.

Le camping du Moulin du Pont d'Aliès se trouve dans les gorges de l'Aude, un emplacement idéal pour les amoureux de tranquillité, de baignade et pêche. Le camping dispose de mobil-homes récents, haut de gamme et bien entretenus, qui bénéficient d'un ombrage naturel. Une piscine chauffée, des aires de jeux, un bar-restaurant (en été) et une petite épicerie vous sont proposés, agrémentés d'animations de qualité. Une base de sports d'eau vive sur place vous promet des vacances nature.

SUD RAFTING

Rond point du pont d'Aliès ✆ 04 68 20 53 73
www.sudrafting.com

Ouvert d'avril à fin octobre tous les jours 9h/19h. Réservation conseillée. Multiples activités nature sur terre et eau.

Sud rafting, est une base de professionnels aguerris qui vous feront partager leur passion des sports nature et d'eau vive. Leur base d'axat sur les bords du fleuve Aude vous permet de découvrir ou redécouvrir avec encadrement, en toute sécurité, les descentes de canyoning, canoraft, rafting, ou hydrospeed, si vous préférez la terre ferme il y a toujours le parcours accrobranche, la via corda, le quad, l'équitation...N'hésitez plus et embarquez au fil de l'eau, pour vivre une expérience unique, à base de souvenirs impérissables et de sensations garanties !

BUGARACH

Petit village de 200 habitants, dont on retrouve les premières traces au XIIIe siècle, lors de la chasse aux hérétiques, à l'initiative de Simon de Montfort. Ce village joua un rôle important dans le développement économique de la haute vallée de l'Aude au XIXe siècle et notamment dans l'industrie chapelière. Durant la guerre de Sept ans, des villageois furent faits prisonniers : envoyés en Pologne, ils acquirent le savoir-faire du feutre et du moulage, et de retour à Bugarach ils mirent leur expérience à profit. Dès la fin du XIXe siècle, cette industrie se transporta à Espéraza, et le village revint à sa vocation première de terre d'élevage et d'agriculture. En 2012, dans la nuit du 21 décembre à 0h32 exactement, la fin du monde n'a pas eu lieu ! La prémonition commença à prendre une réelle ampleur dès 2010, avec divers mouvements « new-age » qui se propagèrent sur la toile, échappant à toute raison et tout contrôle. Des journalistes du monde entier vinrent voir à quoi ressemblait ce bout de terre, qui était censé assurer la survie de quelques élus ! Les randonneurs ont alors cédé la place aux curieux et aux ésotériques en tout genre, dans une terre déjà riche de légendes. Ainsi, le pic de Bugarach abriterait dans ses entrailles un garage à ovnis, l'arche de Noé, ou encore un vortex à franchir pour échapper à la colère céleste. Un melting-pot d'histoires étranges mêlant faits historiques, science-fiction et fascination de légendes urbaines : magnétisme du pic, corps de Jésus enterré sous la montagne, trésor des Templiers, des Cathares...

AUDE

CHALABRE ★

Le village médiéval est fondé au XIe siècle sur les terres de la maison Trencavel en pleine période du catharisme, mais c'est en l'an 1350 que les remparts et les fortifications sont achevés. Le nom du village proviendrait d'un des trois ruisseaux qui le traversent, le Chalabreil. Le deuxième est le Blau, qu'il est nécessaire de longer pour pouvoir profiter des façades les plus belles et plus anciennes maisons du bourg, et enfin l'Hers. La halle aux grains, au cœur du vieux village, vaut tout autant le détour, de nombreux marchés y sont organisés. Les férus d'histoire et d'architecture peuvent visiter le château et profiter de ses nombreuses animations.

CHÂTEAU DE CHALABRE ★

Allée du Château ✆ 04 68 69 37 85
www.chateau-chalabre.com

Haute saison : du dimanche au vendredi 12h - 18h30. Gratuit jusqu'à 4 ans. Adulte 16 €. Enfant (de 4 à 11 ans) : 14 €.

Devenez Jacquouille la fripouille, le temps d'un après-midi au Château de Chalabre ! Situé en terres cathares il propose aux visiteurs, une immersion totale, au travers d'activités et d'animations médiévales interactives, qui permettent de devenir un acteur de la vie du château. Visitez différentes expositions réparties dans les 2 500 m² : les épices, les costumes historiques, le jardin médiéval, les machines de guerre, ainsi que le spectacle de chevalerie en fin d'après-midi durant l'été. Venez vous initier et participer à toutes les activités : la calligraphie, l'héraldique, les danses médiévales, l'histoire du Château, le maître du feu, entraînement en salle d'armes, tournoi de chevalerie, le tir à l'arc, engins de jets médiévaux...De 13h à 18h30, costumés, vos enfants deviendront les nouveaux chevaliers du château. Ils découvriront à dos de poney, les techniques équestres de cet ordre.

Nouveautés : découvrez sans modération la visite en réalité augmentée, ainsi que les soirées «Adrénaline ou Insolite» avec intrigue. Testez le 1er « accrobranche médiéval » et la « trappe du courage », des activités aériennes variées à sensation, mettant à l'épreuve votre sens de l'équilibre, votre instinct aventurier, un défi ludique pour tous les chevaliers en herbe, en toute sécurité, dès 12 ans.

En dessous de 12 ans, immergez-vous dans le quotidien d'un chevalier et entrainez-vous à dos de poney, sur un parcours initiatique de chevalerie, avec lance et tenue d'époque, cette année, une grande tyrolienne vous est proposée, en accès libre !

NÉBIAS

Le village n'abrite aucun monument historique mais jouit de bien d'autres attraits. Point de convergence de nombreux sentiers de découverte, il est situé tout près du massif de la Thury, qui a été classé « Espace naturel sensible », du fait de sa faune et de sa flore. En s'élevant un peu, on jouit d'une superbe vue sur les alentours du village, le château de Puivert, et un vaste panorama de plaines, de reliefs, de lacs. A ne pas manquer : la balade du labyrinthe vert. Très peu de dénivelé, idéal pour la famille (comptez une heure). Attention, le sol est irrégulier, prévoir des chaussures de marche. Renseignements et dépliant à l'office de tourisme.

LE LABYRINTHE VERT

Place du Monument

Ouvert toute l'année. Gratuit. Parcours jusqu'à 10 km. Niveau facile : les difficultés sont indiquées et contournables.

Envie de prendre l'air ? Le labyrinthe vert est un véritable dédale naturel. Vous marcherez sur un chemin tortueux, entièrement balisé, pour découvrir une forêt aux arbres tordus (comme l'arbre lyre), aux pierres multimillénaires foulées par les hommes depuis l'époque médiévale, mais aussi les ruines des différentes bordes (anciennes petites fermes). Il faut compter un peu moins de 10 km de marche et environ 2h30 de promenade. Mais si le cœur vous en dit, profitez pleinement des lieux, munissez-vous d'un panier pique-nique et arpentez tous les sentiers !

Le labyrinthe vert de Nébias.

AUDE

RENNES-LE-CHÂTEAU ★

Ce petit village attire curieux et chercheurs du monde entier, fascinés par la légende d'un fabuleux trésor enfoui dans le village ou ses environs. La légende trouve ses origines dans un article paru dans la Dépêche du Midi, dans les années 60. On y découvrait l'histoire de Bérenger Saunière, envoyé à Rennes-le-Château comme prêtre par sa hiérarchie en 1885 et qui, jusqu'à sa mort, en 1917, dépensa sans compter des sommes colossales dont on ne peut avec certitude, attester l'origine... D'où l'homme avait-il tiré la subite fortune qui lui permit restaurer l'église Sainte-Marie-Madeleine, de faire construire un presbytère, des jardins, puis un véritable domaine : villa Béthanie, orangerie, tour Magdala de style néogothique ? Peut-il s'agir d'un trésor Wisigoth, de celui des Templiers, ou encore celui des nobles exilés pendant la Révolution ? Ou, plus probablement, d'un trafic de messes très lucratif à grande échelle, ajouté à de nombreux dons que ce prêtre atypique recevait des grands de ce monde qu'il fréquentait ? C'est ce que pensent aujourd'hui certains historiens. Le mystère a inspiré de nombreux ouvrages, dont les plus connus sont le « Da Vinci Code » de Dan Brown et « La clé du mystère de Rennes-le-Château » de Henri Lincoln. L'intérêt de Rennes-le-Château ne s'arrête pas à la captivante « affaire Saunière ». Le village, fortifié à la période médiévale, a conservé des vestiges de systèmes défensifs et un château, aujourd'hui propriété privée, dont certains pans murs sont datés du XIIIe siècle et le reste du bâti des XVIe et XVIIe siècles.

Tour Magdala.

DOMAINE DE L'ABBÉ SAUNIÈRE ★

Rue de l'Église ✆ 04 68 31 38 85
www.rennes-le-chateau.fr

Ouvert de mi-mars à mi-novembre et vacances de fin d'année, tous les jours 10h - 19h. Gratuit - de 10 ans. Adulte : 5 €.

Avec un seul billet, vous aurez accès à la Villa Béthanie, à la tour Magdala, à l'oratoire, au presbytère devenu un ensemble muséographique, ainsi qu'à l'église Sainte-Marie-Madeleine, à l'Orangerie, et à diverses autres salles d'expositions. L'un d'eux cache peut-être la réponse au mystère de Rennes le château… Panneaux explicatifs, maquettes, mobilier, archives, vous aideront à déchiffrer l'énigme de cet étrange abbé.Trois parkings vous sont conseillés à l'entrée du village.

RENNES-LES-BAINS

Sanitas Per Aqua... Les Romains avaient bien compris les bienfaits de l'eau ! Rennes-les-Bains est une agréable station thermale réputée pour ses eaux depuis l'Antiquité. En effet, l'archéologie a démontré qu'ici, le thermalisme s'est développé dès la fin du premier siècle de notre ère, avec un établissement de deux étages, possédant deux piscines et quatre bassins. Puis, l'exploitation de mines d'or, d'argent, de cuivre, de plomb, de fer et d'ambre ont certainement contribué à fixer la population dans et autour de ce village enclavé entre le Pech-Bugarach et le Pech-le-Cardou. Située dans la vallée de la Sals, la ville est entourée d'une nature verdoyante.

RANDONNEE ENTRE SEL ET VERRE

La Voutoulo
SOUGRAIGNE
✆ 04 68 69 84 55

Ouvert toute l'année. Un parcours destiné aux PMR, à gauche du parking. Départ : N 42.891872° / E 2.395795°.

Situé au nord de Sougraigne, au cœur des Hautes Corbières le site archéologique de la verrerie des Salines, bâti vers 1650, fut en activité jusqu'en 1765. Ici jaillit la Sals, une source salée, fréquentée autrefois par divers acteurs : verriers, mineurs de jais, charbonniers, bûcherons, bergers, colporteurs et bien sûr, contrebandiers et gabelous à leurs trousses. Découvrez ce site historique, l'atelier verrier, et appréhendez la vie des gens à l'époque de la Gabelle.

Voici un territoire authentique et vivant, gorgé de soleil, amateur de culture et de patrimoine, tourné vers sa nature débordante. C'est le Sud, la garrigue et les cigales, la Camargue avec ses flamants, ses chevaux, ses toros et ses ferias. C'est aussi la montagne avec le Mont Aigoual culminant à 1 567 m, offrant aux quatre saisons ses randonnées sur plus de 28 sentiers de pleine nature. Des Cévennes au nord-ouest, en passant par les Costières au sud-est, la plaine rhodanienne, la plaine littorale et la Petite Camargue, le Gard est tourné vers le tourisme avec la présence de sites emblématiques dont le pont du Gard et le Cirque de Navacelles. Avec 250 jours de soleil par an, ses cités historiques, ses villages remarquables, ses Grands Sites de France, son terroir gourmand, ses plaisirs gustatifs, ses fêtes traditionnelles, ses 9000 km d'itinéraires balisés et ses paysages variés, le Gard est une destination passion !

GARD

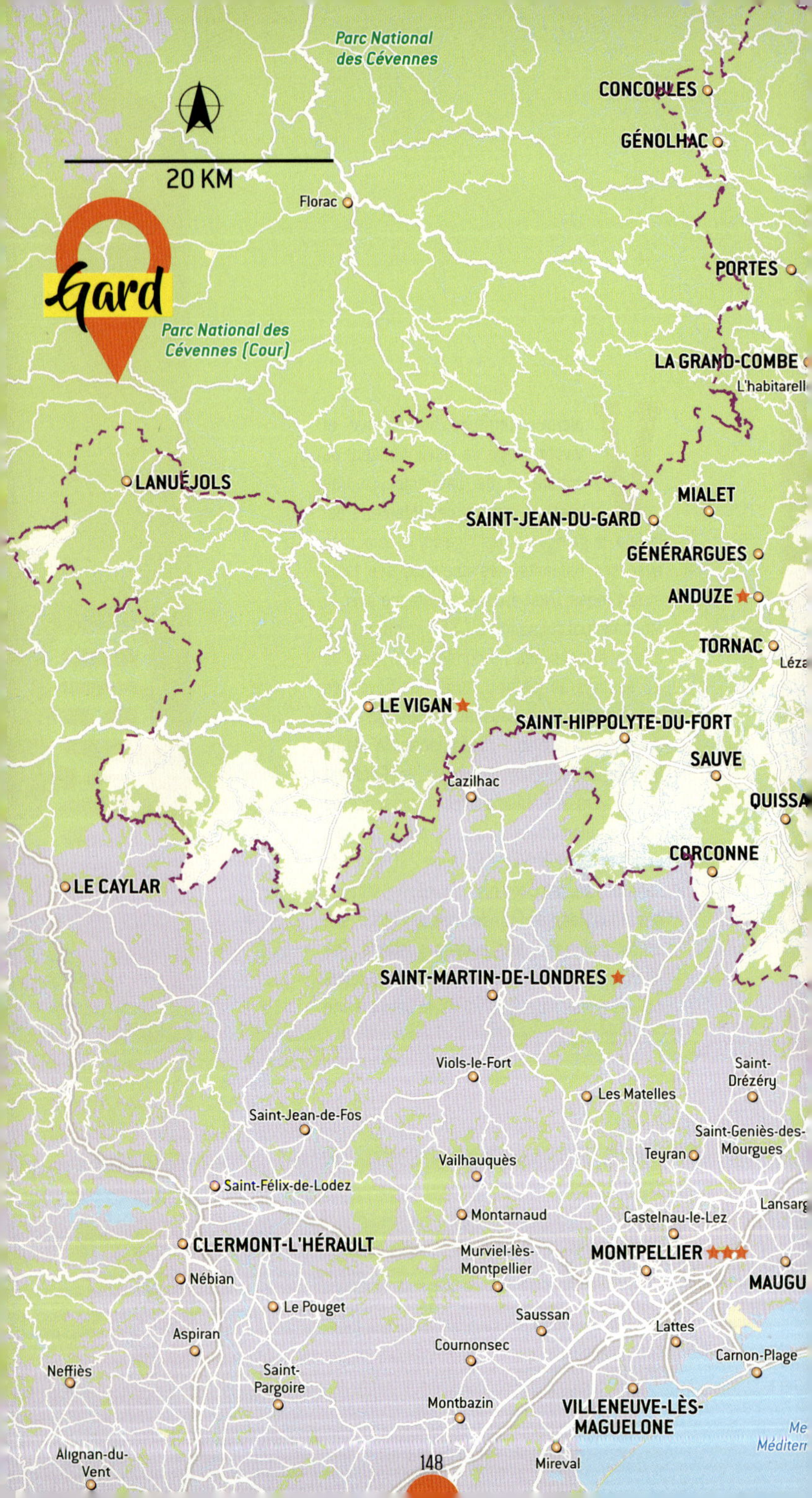

Parc National des Cévennes
20 KM
Florac
CONCOULES
GÉNOLHAC
PORTES
Gard
Parc National des Cévennes (Cour)
LA GRAND-COMBE
L'habitarell
LANUÉJOLS
MIALET
SAINT-JEAN-DU-GARD
GÉNÉRARGUES
ANDUZE
TORNAC
Léza
LE VIGAN
SAINT-HIPPOLYTE-DU-FORT
SAUVE
Cazilhac
QUISSA
CORCONNE
LE CAYLAR
SAINT-MARTIN-DE-LONDRES
Viols-le-Fort
Saint-Drézéry
Les Matelles
Saint-Jean-de-Fos
Saint-Geniès-des-Mourgues
Teyran
Vailhauquès
Saint-Félix-de-Lodez
Lansarg
Montarnaud
Castelnau-le-Lez
CLERMONT-L'HÉRAULT
Murviel-lès-Montpellier
MONTPELLIER
MAUGU
Nébian
Le Pouget
Saussan
Lattes
Aspiran
Cournonsec
Carnon-Plage
Neffiès
Saint-Pargoire
Montbazin
VILLENEUVE-LÈS-MAGUELONE
Me Méditerr
Alignan-du-Vent
Mireval

Les Vans
Pierrelatte
Bourg-Saint-Andéol
Saint-Paul-Trois-Châteaux
Lapalud
BARJAC
Saint-Just-d'Ardèche
Bollène-Écluse
Suze-la-Rousse
Bollène
SAINT-AMBROIX
PONT-SAINT-ESPRIT
Méjannes-le-Clap
Les Mages
Mondragon
GOUDARGUES
ALLÈGRE-LES-FUMADES
LA ROQUE-SUR-CÈZE
Rousson
Piolenc
int-Martin-de-Valgalgues
Lussan
BAGNOLS-SUR-CÈZE
CHUSCLAN
Orange
Saint-Privat-des-Vieux
ÈS
LAUDUN-L'ARDOISE
GAUJAC
Caderousse
t-Christol-lès-Alès
SAINT-QUENTIN-LA-POTERIE
Saint-Victor-la-Coste
ÉNOBRES
ROQUEMAURE
MARTIGNARGUES
LIRAC
Montaren
UZÈS
TAVEL
Pujaut
SAINT-MAXIMIN
Moussac
SAINT-CHAPTES
CASTILLON-DU-GARD
VILLENEUVE-LÈS-AVIGNON
Saint-Geniès-de-Malgoirès
SANILHAC-SAGRIÈS
COLLIAS
REMOULINS
Avignon
Russan
SAINT-BONNET-DU-GARD
Saze
Sernhac
Théziers
Barbentane
SAINT-MAMERT-DU-GARD
Bezouce
MARGUERITTES
Boulbon
NÎMES
Maillane
Clarensac
Rodilhan
MANDUEL
BEAUCAIRE
Eyragues
LANGLADE
Tarascon
illevieille
Congénies
BELLEGARDE
MIÈRES
Saint-Étienne-du-Grès
Aubord
VERGÈZE
VESTRIC-ET-CANDIAC
Fontvieille
GALLARGUES-LE-MONTUEUX
Paradou
FOURQUES
AIMARGUES
VAUVERT
Arles
LUNEL
Pont-de-Crau
SAINT-GILLES
Raphèle-les-Arles
Saint-Martin-de-Crau
Saint-Laurent-d'Aigouze
La Dynamite
RANDE-
AIGUES-MORTES
Mas Thibert
OTTE
Étang de Vaccarès
LE GRAU-DU-ROI
Réserve Naturelle Nationale de Camargue

PAGES

NÎMES ★★★

Située entre mer et Cévennes, entre Camargue et Provence, Nîmes est plus qu'une métropole du Midi, c'est une terre riche en héritages du passé, où les hommes, forts de leurs diversités, ont fait de la cité gardoise une destination culturelle et patrimoniale incontournable. Aujourd'hui, avec ses férias annuelles, son flamenco, et sa gastronomie camarguaise, la ville est à la croisée des pays méditerranéens, et s'affiche comme la conjonction multiculturelle parfaite d'un patrimoine à la fois provençal, cévenol et ardéchois. Des majestueuses Arènes à l'antique Maison Carrée, du Carré d'Art aux Jardins de la Fontaine, Nîmes se découvre avec passion !

ARÈNES DE NÎMES ★★★★

Boulevard des Arènes
✆ 04 66 21 82 56
www.arenes-nimes.com

Ouvert toute l'année. Sauf durant les féria et les spectacles. Adulte 10 €. Pass Nîmes 13 €. Gratuit moins de 7 ans.

Cet incontournable vestige de l'histoire antique de la fin du Ier siècle est l'emblème de Nîmes. C'est un des amphithéâtres romains le mieux conservé au monde. Son architecture complexe impose encore aujourd'hui ses incroyables dimensions et ses façades à la symétrie parfaite. Classées au titre des Monuments historiques, les Arènes sont un haut lieu de concerts en plein air, accueillant aussi un fabuleux spectacle de sons et lumières. On y perpétue la tradition des tauromachies comme le rappelle la statue du plus grand matador français, El Nimeño II.

CARRÉ D'ART - MUSÉE D'ART CONTEMPORAIN ★★★

Place de la Maison Carrée
✆ 04 66 76 35 70
www.carreartmusee.com

Ouvert tous les jours sauf le lundi, 10h-18h. Adulte 8 €, réduit 6 €. Gratuit le 1er dimanche du mois.

Le Carré d'Art, face à la Maison Carrée, a été dessiné par le célèbre architecte Norman Foster. Fait de métal et de verre, il offre 2 000 m^2 d'espaces d'exposition répartis sur deux niveaux. La collection permanente, couvrant une période allant des années 1960 à nos jours, est riche de plus de 500 œuvres qui ont bousculé les principes de l'art européen. En plus de ces collections vous pourrez découvrir de grandes expositions temporaires consacrées à des créateurs contemporains.

JARDINS DE LA FONTAINE - TEMPLE DE DIANE

26, quai de la Fontaine
✆ 04 66 58 38 00
www.nimes-tourisme.com

Ouvert toute l'année, horaires variables en fonction des saisons. Accès libre et gratuit.

Véritable poumon verdoyant de la cité, les Jardins de la Fontaine étendent leurs 106 309 m^2 au pied du mont Cavalier et de la tour Magne. Très bel exemple de jardins à la française, ces espaces sont centrés sur la source de Nemausa. Déjà aménagés par les Romains dès le Ier siècle avant J.-C., Louis XV redonna de la grandeur à ces jardins. Les essences méditerranéennes côtoient les nombreuses statues de marbre, et le Temple de Diane en fait l'endroit le plus romantique de Nîmes.

Les Arènes de Nîmes.

MAISON CARRÉE ★★★

Place de la Maison-Carrée
www.maisoncarree.eu
Ouvert toute l'année. Horaires variables en fonction des saisons. Projection de film 6 €. Tarif réduit 5 €

© VINCENT FORMICA

Ce superbe temple romain à l'incroyable conservation, fut édifié au début du 1er siècle, et est dédié aux petits-fils et fils adoptifs de l'empereur Auguste. Sa forme de « carré-long » lui prédestine son nom actuel de Maison Carrée. Tour à tour centre d'une maison consulaire, maison d'habitation, écurie, ou encore église, ce monument abrita la préfecture à l'époque révolutionnaire. C'est en 1824, que ce temple se transforma en lieu d'exposition d'objets antiques. En son sein, vous assisterez à la projection du film « Nemausus la naissance de Nîmes ».

MUSÉE DE LA ROMANITÉ 🏛 ★★★

16, boulevard des Arènes ✆ 04 48 21 02 10 - museedelaromanite.fr
Ouvert tous les jours de novembre à mars, 10h-18h, et d'avril à octobre, 10h-19h. Adulte 8 € - 7/17 ans 3€.

Installé au cœur de la cité, face aux célèbres Arènes, le Musée de la Romanité est consacré aux incroyables collections archéologiques de la ville. Le visiteur est ainsi plongé dans l'époque gallo-romaine et découvre des pièces rares au sein d'une scénographie innovante. Un jardin archéologique et méditerranéen offre une pause fraîcheur, et le toit terrasse végétalisé dispense un panorama sur la ville. Enfin, terminez votre visite à la Table du 2, tenu par le chef étoilé Franck Putelat, pour une revisite de la gastronomie locale. Un incontournable de la cité !

MUSÉE DES BEAUX-ARTS DE NÎMES 🏛 ★★

Rue de la Cité Foulc ✆ 04 66 76 71 82
www.nimes.fr
Ouvert de 10 h à 18 h tous les jours sauf le lundi. Adulte 5 €, réduit 3 €. Visites guidées 3 € (en sus).

Accueilli dans un atrium central, le visiteur découvre médusé une énorme mosaïque antique sur le mariage d'Admète, trouvée à Nîmes en 1883. Le Musée des Beaux-Arts offre alors une visite sur deux niveaux de galeries avec des collections enrichies par les dons de collectionneurs privés. École italienne du XIVe au XVIIIe siècle, école française du XVIIe au XIXe siècle, peintures flamande et hollandaise des XVIe et XVIIe siècles, sculptures et expositions temporaires animent les lieux.

MUSÉE DES CULTURES TAURINES 🏛 ★

6, rue Alexandre-Ducros ✆ 04 30 06 77 07
www.nimes.fr
Ouvert de mai à octobre, du mardi au dimanche de 10h à 18h. Gratuit tous les 1ers dimanches de chaque mois.

A quelques pas des Arènes, dans une maison languedocienne traditionnelle, se trouve le Musée des Cultures Taurines qui présente au public les 8 000 pièces d'une collection originale. La tauromachie, et plus globalement le rapport au taureau, à la terre camarguaise, sont les thèmes abordés sous des aspects historiques, artistiques et même ethnographiques. Une exposition temporaire apporte chaque année sa touche d'originalité éphémère à ce musée unique en France !

MUSÉE DU VIEUX NÎMES 🏛 ★

Place aux Herbes ✆ 04 66 76 73 70
www.ot-nimes.fr/patrimoine/histoire-et-sites/les-sites/les-musees/musee-du-vieux-nimes
Ouvert du mardi au dimanche de 10h00 à 18h00. Adulte 5 €, réduit 3 €. Gratuit pour les moins de 18 ans.

Situé dans l'ancien palais épiscopal, le Musée du Vieux Nîmes constitue la mémoire de nos ancêtres. Trente mille pièces témoignent ainsi de la vie nîmoise depuis le Haut Moyen Age. Les collections de textiles issus des fabricants négociants du XVIIIe siècle, avec les fameux châles de Nîmes, les fonds de l'Ecole de fabrication de Nîmes, les meubles typiques nîmois et cévenols, les poteries régionales sont organisées en salles thématiques. Une d'entre elles est consacrée à la toile de Nîmes et à la teinture bleue qui donna le jean Denim et le blue jean.

GARD

TOUR MAGNE ★

1, chemin Guillaume-Laforêt
✆ 04 66 21 82 56
www.arenes-nimes.com
Ouvert toute l'année. Horaires variables en fonction des saisons. Adulte 3,5 €, réduit 3 €.

Unique témoignage des 80 tours du rempart de la cité antique, la tour Magne est la seule encore debout, dominant la plaine, perchée sur son promontoire le mont Cavalier, s'imposant comme le plus haut point de vue de la ville. Haute de 32,50 mètres, elle était un point stratégique pour surveiller la Via Domitia, les Alpilles, le mont Ventoux, et la plaine de la Vistre. Après avoir gravi la centaine de marches qui vous mènent au sommet, vous découvrirez depuis la terrasse un panorama saisissant qui s'étale bien au-delà de la ville.

OFFICE DE TOURISME DE NÎMES

6, boulevard des Arènes ✆ 04 66 58 38 00
www.ot-nimes.fr
Ouvert toute l'année. Horaires variables selon les saisons. Visites guidées, à partir de 8 €, sur réservation.

Pour vous documenter sur cette magnifique ville romaine qu'est Nîmes, rien de plus facile ! Situé à deux pas de la Maison Carrée, l'Office de Tourisme vous accueille 7j/7 et propose des services très pratiques pour faciliter votre séjour. Sur place vous trouverez des plans touristiques, un catalogue des hébergements et des restaurants, des informations culturelles, des audioguides pour découvrir le patrimoine nîmois en toute liberté. La boutique de souvenirs complète les services !

VISITE DE LA NÎMES ROMAINE

6, rue Auguste
✆ 04 66 58 38 00
www.ot-nimes.fr
Visite guidée. Rendez-vous à l'office de tourisme.

Cette visite guidée autour de l'héritage romain de la ville est articulée autour de trois monuments emblématiques de l'époque : l'amphithéâtre (les célèbres arènes de Nîmes), la porte Auguste et la Maison carrée. Si l'on connaît surtout le premier, les deux autres ont leur intérêt : la porte Auguste est le souvenir de l'ancienne enceinte construite par l'empereur Auguste et la Maison carrée appartenait au forum, son poumon économique et administratif.

GARE SNCF NÎMES CENTRE

1, boulevard du Sergent-Triaire
✆ 36 35
7j/7 et les jours fériés, de 4h45 à 00h30.

Ce monumental témoignage de l'architecture ferroviaire du XIXe siècle a retrouvé toute son esthétique, 170 ans après sa construction. Exemple rare de voies aériennes qui passent en pleine ville, la gare de Nîmes joue sur ses voûtes et ses grands espaces pour améliorer l'accueil des voyageurs. Gare du réseau de la SNCF depuis 2014, desservie par le TGV, les intercités et les TER Occitanie, Nîmes est aujourd'hui à 5h de Rennes, 3h de Paris et de Toulouse, 1h de Lyon Part-Dieu et de Marseille Saint-Charles, et à 30 minutes d'Avignon et de Montpellier.

TANGO

388, avenue Robert-Bompard
✆ 09 70 81 86 38
www.tangobus.fr
Achat titre de transport via l'application Tangobus. 1,60 € Valable pour 1h de déplacement sur l'ensemble du réseau.

Le réseau de transports Tango, au service de Nîmes Métropole, dessert 27 communes. Des navettes spécialisées permettent de répondre à toutes les situations et à tous les publics. La ligne T1 dessert le centre de Nîmes à partir d'un parking situé à la sortie de l'autoroute Nîmes-centre. Le pass Parking Relais permet l'accès au parking et à une heure de trajet aller-retour pour tous les passagers du véhicule. Pensez à télécharger l'application Tangobus pour plus de flexibilité : achat possible de vos titres de transport, gestion de vos abonnements...

HÔTEL CÔTÉ PATIO €€

31, rue de Beaucaire
✆ 04 66 67 60 17
www.hotel-cote-patio.com
Ouvert toute l'année.

Cet hôtel trois étoiles est situé dans les quartiers est de la ville, à quelques minutes du centre historique. Son espace typique de l'architecture ibérique fait rêver : dans cette magnifique villa, qui doit autant au caractère romain qu'espagnol de la cité nîmoise, on vous garantit le repos et la détente dans un décor d'alcôves, de camaïeux de couleurs, d'ocre et de Terre de Sienne. Une terrasse est également disponible côté place. Dans les chambres, de beaux volumes, une belle luminosité, et une harmonie de tons avec les boutis et le bon goût de la décoration.

HÔTEL MAJESTIC €€

9, rue de La Servie
✆ 04 66 29 24 14
www.hotel-majestic-nimes.com
Ouvert toute l'année. Chambres à partir de 60 €.

L'Hôtel Majestic, jolie demeure pleine de charme sise au coeur de Nîmes, a fait peau neuve pour vous offrir des chambres aux douces tonalités du sud. Lumineuses, et parfaitement équipées, elles se font douillettes pour un séjour harmonieux dans la capitale gardoise. Au patio ou à la terrasse dès les premiers beaux jours pour un moment de farniente, en salle pour un petit-déjeuner copieux aux saveurs sucrées et salées, cet établissement est le point de chute idéale pour partir à la découverte de la ville et de sa campagne environnante.

LE PRÉ GALOFFRE €€

Route de Générac
✆ 04 66 29 65 41
www.lepregaloffre.com
Ouvert toute l'année. Chambres à partir de 60 €.

A quelques encablures de Nîmes, dans la garrigue gardoise, Le Pré Galoffre offre à ses visiteurs le charme d'un mas superbement restauré. Dans un parc planté d'oliviers et de figuiers, où les effluves de jasmin et de lavande réveillent vos sens, une piscine vous attend pour vous rafraîchir et les transats sur la terrasse sont une invitation à la farniente. Cet établissement trois étoiles dispose de chambres entièrement personnalisées, aux douces tonalités, et parfaitement équipées pour un confort optimal. Un service discret souligne la qualité de l'accueil.

IMPERATOR €€€

15, rue Gaston-Boissier
✆ 04 66 21 90 30
www.maison-albar-hotels-l-imperator.com
Ouvert toute l'année.

Repris par la marque Maison Albar Hôtels, l'Hôtel Imperator a récemment fait peau neuve mais a conservé la majesté et le cachet qui font de ce légendaire établissement l'illustre demeure nîmoise que l'on connait. L'hôtel est prisé par une clientèle aisée, habituée au luxe offert par un tel palace. Les chambres sont de véritables havre de paix où tout est mis en oeuvre pour que votre séjour soit des plus serein. Côté bouche, c'est l'illustre chef Pierre Gagnaire, nouvellement étoilé en cette année 2021, qui fait office de chef d'orchestre au Duende.

AUX PLAISIRS DES HALLES €€

4, rue Littré
✆ 04 66 36 01 02
www.auxplaisirsdeshalles.com
Ouvert du mardi au samedi de 12h à 14h et de 19h30 à 22h. Réservation recommandée. Menus à partir de 20 €.

La renommée de cet établissement n'est plus à faire. Sébastien Granier, 2 fourchettes au Bib Gourmand, est largement reconnu par ses pairs. Sa cuisine se décline en version haut de gamme. Tout est réuni pour réveiller avec générosité et délicatesse les palais les plus fins, et chaque plat est un cadeau pour les papilles. Vous serez accueillis dans la jolie salle aux lignes contemporaines, ou dans l'agréable patio fleuri dès les beaux jours. Cadre intimiste et cuisine aux arômes subtiles font de ce lieu une adresse que l'on plébiscite ardemment.

LE CARRÉ D'ART €€

2, rue Gaston-Boissier
✆ 04 66 67 52 40
www.restaurant-lecarredart.fr
Formule à partir de 16 €. Carte. Réservation conseillée.

Voisin de la célèbre Maison Carrée, Thierry Tartamella oeuvre ici depuis plus de 30 ans. Dans sa très chic maison de maître, il dispose d'un jardin intérieur où l'on peut dîner sous le cèdre centenaire, au milieu des bambous et des palmiers. Mais peut-être préférerez-vous l'ambiance XIXe siècle de la salle ? A la carte, une cuisine méridionale raffinée, évoluant au fil des saisons et des envies créatives du chef. Une belle carte des vins soulignant l'excellence des crus du terroir et un cadre dont le charme romantique ajoute à la finesse de la table.

GARD

CARRÉ JAZZ €€

25, rue de l'Horloge
✆ 04 66 64 84 99
www.carrejazz.fr
Ouvert du lundi au dimanche, de 10h à 1h du matin, 7/7 jours, dimanche et jours fériés. Formule à 14,50 €. Carte.

C'est à deux pas de la Maison Carrée et des arènes de Nîmes que vous trouverez cette adresse gourmande. A la fois bar à vins, tapas et restaurant, le Carré Jazz est le rendez-vous festif par excellence ! A table, les assiettes proposées varient sur les thèmes du foie gras, de la charcuterie cévenole et des spécialités méditerranéennes. Les produits sont frais et locaux ce qui permet au chef de faire varier l'ardoise en fonction de ses inspirations et de la saisonnalité. Notez que le Carré Jazz propose près de 130 whiskys du monde entier à déguster.

LE CHAPON FIN €€

3, rue du Château-Fadaise
✆ 04 66 67 34 73
www.chaponfin-restaurant-nimes.com
Formules à partir de 15 €. Menus à partir de 26,50 €.

Le Chapon Fin est l'un des incontournables nîmois. Christophe et Sandra Ciantar sont les propriétaires depuis 15 ans. Le chef revisite les plats classiques du terroir avec un coup de patte artistique admirable. Les plats varient en fonction du marché, des saisons et de l'inspiration du chef. Pour notre plus grand plaisir, il développe une cuisine raffinée et créative, et rend hommage à l'ancienne propriétaire des lieux, Angélique l'Alsacienne, en proposant à la carte pas moins de 4 choucroutes, dont la Royale pour laquelle le jarret est d'un fondant incomparable !

CHEZ JO €€

Les Halles de Nîmes
✆ 06 77 87 69 22
Ouvert du mardi au samedi de 10h à 15h.

Envie d'une pause gourmande après avoir fait vos emplettes dans les Halles ? Prenez place Chez Jo : un restaurant traditionnel, mais pas tant que ça, avec une cuisine spontanée, réalisée au gré des envies du chef qui glane ses produits frais sur les étals de ses voisins des Halles. Un coup de cœur pour les burgers : généreux, savoureux, simplement délicieux. Mention spéciale pour le petit nouveau de ce début d'année : steak haché de viande de Galice maturée, tomme de Suisse AOP, confit d'oignons et d'échalotes déglacé au vin rouge «Nîmois Ni toi». Parfait !

JÉRÔME NUTILE €€€

351, chemin Bas-du-Mas-de-Boudan
✆ 04 66 40 65 65
www.jerome-nutile.com
Menus à partir de 105 €. Carte. Réservation impérative.

C'est ici l'une des meilleures tables étoilées du département. Mais Jérôme Nutile est surtout un enfant du pays qui a réalisé le rêve d'une vie en ouvrant cette table gastronomique à Nîmes. Sacré Meilleur ouvrier de France, le chef propose une cuisine «haute-couture», contemporaine et raffinée, sublimant chacun des produits. Le menu s'aligne sur les saisons, et les intitulés romancés de la carte soulignent le festival de saveurs et d'émotions gustatives dépeintes dans les assiettes. Une identité culinaire affinée avec justesse pour notre plus grand plaisir.

SKAB €€€

7, rue de la République ✆ 04 66 21 94 30
www.restaurant-skab.fr
Du Mardi au Samedi. Pour le Déjeuner de 12h à 13h15Pour le Dîner de 19h30 à 21h. Menus à partir de 40 €.

Le Skab est l'une des plus belles tables gastronomiques de Nîmes. La cuisine est orchestrée par Damien Sanchez, Nîmois de naissance, qui a à cœur de mettre en avant sa ville et sa région tel un Etoilé au guide Michelin. Une cuisine inventive à base de produits saisonniers régionaux s'accorde avec un décor volontairement sobre et élégant. Une discrétion parfaite qui attise la curiosité de la carte. Vous vous régalerez d'une cuisine à multiples facettes où la mise en scène des ingrédients est à l'honneur. Une symphonie gracieuse que l'on vous recommande chaudement.

MAISON VILLARET

13, rue Madeleine
✆ 04 66 67 41 79
maison-villaret.com
Ouvert du lundi au samedi de 7h à 19h30 ; le dimanche de 8h à 19h30.

Les Croquants Villaret ont depuis longtemps bâti l'excellente réputation de cette maison de tradition installée à Nîmes depuis 1775. Une spécialité familiale qui demeure un dessert de choix ! Les pains spéciaux, du pavé à la farine de blé intégrale au pain blanc croustillant en passant par un délicieux pain de mie, les viennoiseries gourmandes, et les alléchantes pâtisseries attirent de nombreux clients qui savent ce qui est bon ! Et dès que les premiers soleils font leur apparition, ne manquez pas de goûter aux glaces artisanales à déguster dans le salon de thé.

CHÂTEAU DE LA TUILERIE

237, chemin de la Tuilerie
✆ 04 66 70 07 52
www.chateautuilerie.com
Boutique ouverte du mardi au vendredi de 9h30 à 12h30 et de 14h à 18h ; le samedi de 9h à 17h

Propriété familiale depuis 1955, le Château de la Tuilerie est situé sur la partie géologique la plus ancienne de l'appellation Costières de Nîmes. Le vignoble s'étend sur 59 hectares cernés par les contreforts mauves des Cévennes à l'ouest et la mer Méditerranée au sud. Le Château de la Tuilerie est considéré comme l'une des références de l'appellation Costières de Nîmes, offrant des vins tout en finesse et élégance. Ce chai mêle raffinement au confort d'une cave moderne. Des vins à découvrir in situ, ou à la carte des meilleures tables gardoises.

CRÈMERIE DES GREFFES

5, rue des Halles
✆ 04 66 21 22 49
Ouvert tous les jours, sauf le lundi.

C'est un des étals les plus courtisés des halles, et pour cause. Depuis 30 ans, la famille Ribière s'est forgé une belle réputation chez les gourmets de Nîmes et de ses environs. C'est Magaly qui aujourd'hui tient le flambeau de cette lignée familiale. Un savoir-faire et une rigueur irréprochables dans les méthodes de préparation qui n'est pas sans souligner la qualité des produits mis en vente. Le Petit Futé a eu un vrai coup de cœur, ou de gourmandise, pour le Gardian, un fromage frais délicieusement épicé et parfumé aux herbes. Laissez vos papilles décider !

LES HALLES

5, rue des Halles
✆ 04 66 76 70 59
www.leshallesdenimes.com
Ouvert du lundi au samedi de 7h à 13h ; le dimanche et les jours fériés de 7h à 13h30.

Ici bat le cœur de la ville, chaque matin et tous les jours de la semaine. À Nîmes, ces halles ont été bâties en 1884 et relookées par Jean-Michel Wilmotte, architecte, urbaniste et designer. Que cherche t-on ici ? En plus de la convivialité, du relationnel, il y a les produits frais, labellisés Militants du goût ou AOC gardoise, les fruits et légumes de saison, les viandes de l'Aubrac, les poissons de la criée du matin, les fromages cévenols, le pain et les desserts. Sans oublier les produits exotiques, bio ou tendance. Ces halles sont incontournables !

AU PALAIS DU FROMAGE

46, allée du Cumin
✆ 04 66 29 14 35
7/7j aux Halles de Nîmes de 7H à 13H.

Christine, Normande d'origine, s'est plongée dans l'univers des fromages, et naturellement les produits de sa région natale occupent les premières places de son étal comme les fromages affinés au lait cru tels le camembert au lait cru moulé à la louche. Elle présente une belle gamme de fromages pressés, et un large choix de fromages de chèvre de la région venus directement du producteur. Souriante, donnant des conseils et intarissable sur l'origine de ses fromages, Christine fait goûter ses produits aux gourmets avides de découvertes savoureuses.

LA PICHOULINE

rue Général Perrier
✆ 06 24 37 84 75
Ouvert tous les jours.

Pour les amateurs d'olives, vous saurez tout de suite ce que cet étal propose. Dans son petit espace, Raymonde Bonfils vous accueille avec le sourire derrière ses grandes vasques remplies. Couleurs et parfums s'entremêlent pour titiller nos sens, tous les produits du soleil sont exposés et n'attendent que vous. De la traditionnelle picholine, délicieuse petite olive verte originaire du Gard, à ses goûteuses cousines noires venues de Grèce, vous trouverez aussi des huiles d'olive, des tomates séchées et des câpres au poids. Mettez le Sud dans vos assiettes.

GOLF DE NÎMES CAMPAGNE

1360, chemin du Mas de Campagne
✆ 04 66 70 17 37
www.golfnimescampagne.fr
Ouvert tous les jours, horaires variables en fonction des saisons.

En bordure du plateau des Costières, à la limite de la cité nîmoise, trône une grande bâtisse blanche, autrefois propriété de la duchesse d'Uzès. C'est le camp de base du golf de Campagne, et nul doute qu'il est l'un des plus beaux de France. Il offre un parcours très original, dépendant des caprices du mistral, qui peut s'avérer violent lorsqu'il se met en colère. Un restaurant au premier étage de l'édifice historique, avec vaste terrasse, dévoile une vue panoramique exaltante. De plus, le club est doté d'un pitch and putt de six trous face au club-house.

MARGUERITTES

Située dans la proche périphérie de Nîmes, au nord-est, Marguerittes est une agréable cité mêlant traditions camarguaises, avec ses arènes et ses courses taurines, et dynamisme contemporain avec ses commerces et son marché. Traversé par le Vistre et son affluent, le territoire est riche en sources, dont un circuit thématique permet la découverte ainsi que les fontaines et lavoirs qui ponctuent les terres marguerittoises. Son emplacement non loin de la capitale gardoise fait de Marguerittes un agréable lieu de villégiature, point de départ idéal pour sillonner la campagne environnante et découvrir le patrimoine camarguais. Suivez le guide !

L'ÂNE RIT

15, chemin du Moulin-à-Vent

✆ 04 66 75 19 99

www.laneritgard.com

A partir de 13 € la balade. Sur réservation. Formules anniversaire pour les enfants.

Etablie en pleine garrigue, cette ferme pédagogique asine, gérée par Myriam et Hervé Cordilhac, a la particularité de s'adresser à tous, personnes valides ou en situation de handicap. Les balades d'une à trois heures sur des circuits balisés sont libres ou accompagnées et offrent une singulière alternative à la découverte de l'animal et de ce noble terroir. C'est par amour pour sa région, pour ses ânes, pour son patrimoine et surtout par sa générosité qu'Hervé Cordilhac soumet ses ateliers pédagogiques dont les effets bénéfiques se révèlent indéniables.

ARENES

Chemin De Rodilhan

✆ 04 66 75 41 43

Comme bien d'autres, la vie des arènes de Marguerittes a commencé par un plan de charrettes au sein duquel on faisait courir les taureaux. Ici, c'est à côté du lavoir, qui a été intégré à l'édifice en dur, que furent construites les arènes en plusieurs étapes. Incontournables de la vie festives des gens du sud, les arènes accueillent indifféremment courses camarguaises et courses espagnoles. Très actives en période estivale, les arènes sont un lieux à fréquenter pour mieux s'imprégner de la fougue et de la passion qui animent les lieux et le public !

L'OLIVADO €€

76, allée Louis-Blériot

✆ 04 66 59 53 07

www.olivado.fr

Ouvert les midis du lundi au vendredi, et les vendredis et samedis soir sur réservation. Formule à partir de 13,70 €.

Gil Fermet, passionné de cuisine, et Solange, son épouse, vous accueillent à l'Olivado dans une ambiance agréable. Leur cuisine aux accents du Sud est généreuse, traditionnelle et de qualité, se composant de produits frais et régionaux. En formule, plat du jour ou à la carte, les mets flattent les palais. Le restaurant organise les weekends des soirées à thème : Paella, moules frites à volonté, pot-au-feu à volonté, couscous… à chaque fois un menu spécial, de l'ambiance pour prendre le temps de passer une bonne soirée en famille ou entre amis !

GARD

MAISON DE LA GARRIGUE ET DES TERROIRS DE L'OLIVIER

32, avenue Magellan

✆ 04 66 20 54 78

Ouvert les 1ers dimanches de chaque mois de 14h à 17h30, sauf juillet et août. Du mardi au vendredi de 9h-12h/14h-17h30.

C'est à la Maison de la Garrigue que vous apprendrez tout sur la protection de l'environnement, sur l'histoire de l'olivier, la fabrication des huiles d'olive et leurs goûts. Ce musée est entièrement dédié à cet arbre fétiche du pourtour méditerranéen. Des animations ludiques et éducatives, des ateliers, des dégustations sont proposés à tous, petits et grands. Venez découvrir cette maison bioclimatique avec son mur accumulateur et ses puits provençaux.

L'ARÈNE DES BIÈRES

542, Avenue Clément Ader

✆ 04 66 06 07 69

www.larenedesbieres.com

Mardi, mercredi et samedi de 10h à 19h, Jeudi et vendredi de 10h à 19h30. Boutique en ligne.

Benoît et Cécile n'hésitent pas à se déplacer pour dénicher la bière rare et remplir les 100 m² et les 300 références de leur boutique. Si vous ne savez pas laquelle choisir, laissez vos hôtes vous guider et vous conseiller. Vous goûterez une des sélections du moment, accompagnée de tapas, et aurez le loisir d'assister à une dégustation thématique sous forme d'atelier. Non seulement vous trouverez votre bonheur, mais vous ferez également celui de vos proches grâce aux coffrets cadeaux qui vous sont proposés. C'est le paradis de la bière !

LA FERME BEAUREGARD

Route de Redessan - D3
✆ 06 25 04 56 48
www.lafermebeauregard.fr
mercredi et vendredi, 8h-13h/15h-19h, samedi matin, 8h-13h.

Dans la plaine des Costières de Marguerittes, l'entreprise, familiale, s'étend sur 6 hectares. On élève ici volailles et porcs, tous en plein air et la production est traitée à la ferme. Saucissons, pâtés, chipolatas, boudins, jambons sont tous affinés dans le séchoir de la ferme. Quant aux plats cuisinés, ils sont disponibles en bocaux ou en barquette. Les produits sont excellents, et sont régulièrement récompensés au concours « Gard gourmand, Militant du Goût ». N'hésitez pas à faire vos courses directement à la boutique de la ferme ou via la boutique en ligne.

OUPA OUPA AVENTURES

Route RN 86
✆ 04 66 05 61 36
https://oupaparcs.fr/
Ouvert tous les jours et les jours fériés de 10h à 18h. Pendant les vacances scolaires de la zone C.

Pour les enfants de 2 à 12 ans, Oupa Oupa Aventures est un petit paradis où une multitude d'activités est à leur disposition. Une jungle de jeux les attend, entre trampolines, toboggans ou kartings (avec supplément), les enfants auront l'embarras du choix ! Pour les petits bouts de moins de 3 ans, les activités sont adaptées pour développer leur mobilité. Un espace snacking permet une pause gourmande pour reprendre des forces ! Pensez à réserver pour l'anniversaire de vos enfants : en compagnie de leurs copains, ils passeront un super moment !

OUPA SPLASH

Avenue Clément Ader
✆ 04 66 05 61 36
https://oupaparcs.fr/parc-aquatique-oupa-splash/
Ouvert en période estivale et jusqu'à fin octobre.

Vous voici dans un royaume aquatique où petits et grands passeront d'inoubliables moments, entre toboggans et jeux gonflables, piscines et transats. Une ambiance ultra colorée, des activités à partager en famille, bref de quoi vivre une journée extraordinaire ! Oupa Splash possède une aire de pique-nique ainsi qu'un espace snacking accessible à toute heure de la journée. Les enfants pourront venir y fêter leur anniversaire entre copains, et si d'autres aventures les tentent, rendez-vous chez Oupa Oupa Aventures pour des heures de jeux dans une jungle d'activités.

BELLEGARDE

Installée entre la Costière et la plaine de Camargue, la Tour de la Madone signale aux alentours la présence de la coquette ville de Bellegarde. Si ses sources, ses fontaines, ses lacs et canaux, son port de plaisance et son remarquable aqueduc antique font toute l'originalité de cette bourgade, les traditions et les manifestations culturelles qui s'égrènent durant l'année font aussi son attractivité. A son statut de ville d'eau, la commune peut ajouter la richesse et la variété de son terroir avec pas moins de 5 appellations : riz, taureau de Camargue, huile d'olive de Nîmes, vins des Costières, Clairette de Bellegarde, AOP unique sur Bellegarde.

TOUR DE LA MADONE

Chemin de la Tour
www.bellegarde.fr
Accès libre toute l'année.

Au sommet de la colline de Bellegarde, les ruines du château dévoilent un sublime panorama sur la ville et la plaine du Rhône, offrant par temps clair une visibilité jusqu'au massif de la sainte Baume dans le Var. Dernier vestige du château du XIIe siècle, cet ancien donjon féodal impose encore aujourd'hui son caractère défensif. La statue de la Vierge à l'Enfant, Notre-Dame de Bellegarde, fut installée au sommet de la tour en 1875. Un théâtre de verdure accueille des spectacles de plein air, et notamment le festival de l'Humour en juin.

UN MAS EN PROVENCE, DE LA PLANTE AU PARFUM

Avenue Du Félibrige ✆ 04 66 01 09 00
https://mas-provence.fr/
Visites guidées, des vacances de Pâques aux vacances de la Toussaint. Adulte, 4,80 €. Gratuit pour les moins de 18 ans.

C'est dans un authentique mas provençal que vous découvrirez la culture biologique des plantes à parfums. En pleine Provence gardoise, vivez une expérience ludique et sensorielle. Sur près de trois hectares, la visite guidée vous mènera au détour d'un chemin parfumé, aux plantes aromatiques cultivées sur le domaine, à leurs transformations en huiles essentielles et à l'élaboration de produits finis en cosmétiques et parfumerie certifiés bio. De jolis souvenirs à trouver en boutique.

COMPTOIR MÉDITERRANÉEN

Chemin de la Vaque Haute
© 04 66 67 40 56
www.comptoir-mediterraneen.com
Lundi 15h30 - 19h, mardi au samedi 9h-12h30/15h - 20h, dimanche 9h30 - 12h30.

Entre Provence et Midi, à l'entrée de Bellegarde, le Comptoir méditerranéen est un de ces lieux où les gourmets ne savent plus où regarder tellement il y a de bonnes choses à dévorer des yeux. Manuel Serment est un épicurien, amateur de produits régionaux ; vous trouverez chez lui une large gamme de produits de la Camargue, de la Provence ou du Languedoc. Le choix de vins vous permet de faire le tour de la Méditerranée. Un vaste choix d'huiles d'olives fruitées, de la charcuterie, des fromages et un bel espace épicerie fine.

DOMAINE DU HAUT BROUSSAN

Avenue des Lacs
© 04 66 01 12 67
www.moulin-hautbroussan.com
Ouvert tous les jours, horaires variables selon les saisons.

A cinq kilomètres de Bellegarde, le Domaine du Haut Broussan est un domaine oléicole de 9 hectares d'oliviers travaillés avec amour, ferveur et respect par Murielle et Florian Monnier. Une fois à maturité, ces olives donneront une huile fruitée et dorée, que l'on retrouve d'ailleurs dans le restaurant qui domine le lac. Au milieu des 3 000 oliviers, la table de ce restaurant se veut authentique et simple. Tout est frais. Florian s'occupe des grillades et Murielle compose de généreuses salades servies avec une tapenade maison qui marque les esprits.

GALLARGUES-LE-MONTUEUX

Surtout connu des vacanciers pour être la sortie d'autoroute qui vous conduira vers la mer, Gallargues-le-Montueux, petit village de caractère, mérite pourtant le détour. La place du village en dit long sur la beauté cachée de ce havre de paix où vous déambulerez dans de menues ruelles, à la découverte de son patrimoine historique, de ses monuments classés et de ses traditions camarguaises. De plus, vous y trouverez tous les services dignes d'une petite ville et même une galerie d'art contemporain. De nombreux « étrangers » y ont établi leur résidence secondaire à quelques kilomètres de la plage mais aussi pour la beauté de ces maisons de maître.

LE PONT SAINT AMBROIX

Accès libre toute l'année.

Le pont, qui fait partie du site archéologique d'Ambrussum, date du Ier siècle et permettait à la principale route romaine de la Narbonnaise, la voie Domitienne, de franchir le Vidourle. Le pont fut emprunté jusqu'en 1299 et un dessin exécuté vers 1620 le montre encore pourvu de quatre arches. On sait par *La Chronologiette* de Pierre Prion (1744-1759) que la sixième arche fut emportée par une inondation en 1745. L'œuvre de Gustave Courbet, *Le Pont d'Ambrussum*, datée de 1857, montre la quatrième arche, encore visible à l'époque ; elle s'est écroulée en 1933.

LA TOUR ROYALE ET SON TÉLÉGRAPHE CHAPPE

Tour ouverte les après-midi des 2e et 4e dimanches de chaque mois.

Ancienne tour de guet du XIIIe siècle, la Tour royale culmine au sommet du village et fut utilisée comme relais pour le télégraphe optique Chappe qu'elle abrita de 1832 à 1852. Après la restauration de la tour, l'Association du Patrimoine Gallarguois a coordonné, avec le soutien de la municipalité, de l'association HISTELPOST et de la FNARH, la réalisation d'un mécanisme de transmission aérienne totalement conforme au modèle originel, complet et fonctionnel.

LES JASSES DE CAMARGUE €€

Route d'Aimargues © 04 66 80 64 00
www.jassesdecamargue.com
Ouvert toute l'année. Chambre à partir de 74 €. Petit-déjeuner, 9,80 €.

Les Jasses de Camargue, c'est plus qu'un hôtel, c'est un véritable domaine hôtelier et résidentiel. Sa situation en fait un lieu idéal pour séjourner une nuit, une semaine, voire un mois ou plus ! Vous serez immédiatement conquis par le charme de ce domaine installé au cœur d'un immense parc de plus de 8 hectares entre Camargue, Cévennes et Provence. Confort et modernité pour les chambres qui se veulent spacieuses et parfaitement agencées. Tous les éléments sont réunis pour une détente immédiate : spa, piscine et massages (sur réservation).

GARD

DE LA SUITE DANS LES OLIVIERS €€

1, impasse Etienne Parel
✆ 04 66 73 75 67
https://delasuitedanslesoliviers.com/
Chambres à partir de 100 €.

Dans une belle demeure de pierre, en limite des terres camarguaises, et dans un très agréable cadre verdoyant, trois vastes suites s'offrent à vous pour un séjour au cœur des oliviers. Lumineuses et à la déco totalement personnalisée, ces trois chambres disposent de tout le confort moderne, d'un percolateur Nespresso, et d'une terrasse privative. Et que chantent les cigales quand vous prendrez le petit-déjeuner en extérieur, ou quand vous vous prélasserez près de la piscine !

LES AMANDIERS €€€

Rue des Stades
✆ 04 66 35 28 02
www.camping-lesamandiers.fr
Ouvert du 1 avril au 26 septembre 2021. Location à partir de 24 € la nuit.

Presque adossés aux majestueux contreforts des Cévennes, entre Montpellier et Nîmes, Les Amandiers proposent la location de mobil-homes et de caravanes dans leur camping idéalement situés pour un séjour dans le sud de la France. Une agréable piscine à débordement avec spa et bains bouillonnants agrémenteront votre retraite estivale, et une panoplie de services vous faciliteront la vie. Détente et farniente sous le soleil du midi, quoi demander de plus ? Une sympathique adresse pour les juillettistes et les aoutiens désireux d'oublier tout !

HÔTEL RESTAURANT O'BANEL €€€

1, Rue Fanfonne Guillierme ✆ 04 66 51 91 39
www.hotelrestaurant-obanel.com
Chambre double à partir de 100 €. Petit déjeuner : 14 €.

A 15 minutes des plages et de la Petite Camargue, l'hôtel-restaurant O'Banel est un établissement de charme qui saura vous accueillir dans un bel écrin de douceur au cœur des terres gardoises. Dans cette ancienne bâtisse typique du terroir local, vous séjournerez dans des chambres spacieuses et agréablement meublées : un décor sobre et authentique, aux tonalités neutres, d'où émane une sérénité certaine. La piscine sera votre cocon de plénitude, et la table du restaurant distillera des saveurs de saison auxquelles vous ne saurez résister. Un vrai coup de cœur !

LA CROQ'AU SEL €€

Impasse Hôpital-Saint-Jacques
✆ 04 66 35 05 98
Ouvert du mardi au dimanche. Formule à partir de 18 €.

Une adresse bucolique, parsemée du charme indéniable de la Camargue ! Un cadre chaleureux avec une agréable terrasse et cette salle voûtée qui donne un caractère authentique aux lieux. Un accueille parfait souligne la passion de vos hôtes pour le partage des saveurs et le plaisir de recevoir. Nos papilles se régalent d'une cuisine aux accents du Sud, fraîche et colorée, avec des produits de saison qui fanfaronnent sur la carte. Les poissons y ont une place prépondérante, mais les viandes grillées ne sont pas en reste. Une table à convoiter lors de votre passage.

AIMARGUES

Charmant village que l'on aperçoit de la route conduisant à la mer. Du fond de l'horizon, pointe d'abord le clocher de son église, puis ses constructions adjacentes, entre pins et cyprès, quand émerge une envie de s'arrêter pour une pause/pose photo, souvenir des villages pittoresques du Midi que l'on aime à regarder. Aimargues est un passage obligé donc, sur la route des vacances. Le centre du village est lui d'une grande tranquillité, typique des villages de Petite Camargue, avec ses ruelles ombragées. Tranquillité qui s'atténue quelque peu à l'approche de la célèbre fête votive de l'été, où musique et taureaux se mêlent dans un délire coloré.

VERGÈZE

Meurtrie au début du XVIIIe siècle lors de la Guerre des Cévennes qui opposa les Camisards protestants aux troupes royales catholiques de Louis XIV, Vergèze connut dans les siècles suivants une activité agricole, tournée vers l'économie de la vigne. Aujourd'hui, ce riche passé vinicole se lit dans l'architecture du village. Mais c'est surtout l'entreprise Perrier qui dynamise aujourd'hui la ville de Vergèze avec l'exploitation industrielle de la source naturelle d'eau minérale Perrier, où vous ne manquerez pas de visiter le musée. Vergèze est un village paisible où l'on est toujours séduit par la beauté des lieux et le charme de son passé.

SOURCE ET MUSÉE PERRIER ★

Les Bouillens ✆ 04 66 87 61 01
www.perrier.com
Du lundi au vendredi - 9h30 à 12h30 et 13H30 à 17h00. Adulte 5 €, enfant 3 €. Visite guidée de la source sur réservation

La source Perrier voit, chaque année, près d'un milliard de ses prestigieuses petites bouteilles vertes quitter ses chaînes de production à destination du monde entier. Cette eau minérale gazeuse française est issue de la Source de Boulliens : initialement exploitée en établissement thermal, c'est en 1898 que Louis Perrier transforma les thermes en société des eaux minérales boissons et produits hygiéniques de Vergèze. Elle prendra l'appellation Perrier en 1903. Le musée dévoile l'histoire de cette boisson, et la visite de la résurgence se fait sur réservation.

SAINT-HIPPOLYTE-DU-FORT

Saint-Hippolyte-du-Fort, traversée par le Vidourle, est une petite ville du Gard située sur le versant sud au pied des Cévennes. La bourgade fut très prospère dès le XVIIIe siècle grâce à l'industrie de la soie, dont l'histoire est retracée dans le Musée de la Soie, situé dans les anciennes Casernes construites sous Louis XIV. On peut également voir dans la ville un nombre impressionnant de fontaines anciennes et de cadrans solaires, ainsi que quelques belles façades des XVIIe et XVIIIe siècles, avec portes et balcons ouvragés. N'hésitez pas à flâner dans les rues à la recherche des traces du passé et profiter de l'ambiance de ce village du sud.

MUSÉE DE LA SOIE ★

Place du 8-Mai-1945
✆ 04 30 67 26 94
www.museedelasoie-cevennes.com
Fermé de janvier à mi-février, et le 25 décembre. Adulte 6 €, Enfants 4,50 €.

Ce musée, à la fois naturaliste et manufacturier, dévoile les étapes de la transformation de la soie, du ver à soie à l'étoffe, en soulignant le caractère artisanal de la production. Un espace découverte dédié aux enfants met à disposition de petits métiers à tisser et des vers à soie à observer de près qu'il est permis de toucher. Pour compléter votre visite, ne manquez pas de vous balader sur les sentiers du Carré de Soie : 4 sentiers d'interprétation racontant l'histoire de la soie en Cévennes sur 4 communes de la Communauté de communes du Piémont Cévenol.

OFFICE DE TOURISME DU PIÉMONT CÉVENOL

Les Casernes
✆ 04 66 77 91 65
www.piemont-cevenol-tourisme.com
Ouvert toute l'année, horaires variables en fonction des saison.

Les offices de tourisme de Quissac, Saint-Hippolyte-du-Fort et Sauve se sont regroupés pour créer l'Office de Tourisme Intercommunal du Piémont Cévenol. Vous aurez accès à toutes les informations concernant les hébergements, le couvert et les lieux emblématiques de cette région à découvrir en famille, entre amis, à pied, à vélo le long des voies vertes ou encore à cheval. L'office de tourisme propose aussi l'agenda des manifestations qui ponctuent la vie du territoire toute l'année.

LES ASPHODELES €€

3, rue Capdeville ✆ 04 66 51 00 54
Bus D40 de la gare routière de Nîmes, en voiture : D999 à partir de Nîmes
www.lesasphodeles.com
Ouvert toute l'année. Chambre à partir de 70 €. Table d'hôtes à partir de 25 € sur réservation.

Des chambres décorées avec goût, aux couleurs chaleureuses et à la végétation vivace dans une bâtisse du XVIIIe siècle, au pied des Cévennes. C'est ce que propose Corine, peintre et herboriste diplômée de l'école des plantes de Paris. Une profession qu'elle pratique également sur place, en organisant des stages et ateliers pour apprendre à reconnaître les plantes utiles sur les sites naturels remarquables allant du mont Aigoual aux Saintes-Maries-de-la-Mer ou en initiant à la confection d'herbiers et de papier végétal. Une échappée de bien-être très apaisante !

AUBERGE CIGALOISE €€

Route de Nîmes
✆ 04 66 77 64 59
www.aubergecigaloise.fr
Ouvert du jeudi au lundi.

Au cœur du Piémont Cévenol, Gilles Granier, Maître Restaurateur, joue avec les produits locaux et leurs saveurs. Il résulte de ce travail des mets inspirés des grands classiques, mais avec cette touche personnelle qui rend une table unique. La carte suit les saisons et les plats se renouvellent selon l'envie du chef. Ce dernier est de surcroît un fin pâtissier : succombez donc à son dessert signature, un millefeuille que l'on sait léger, gourmand et aérien. L'établissement est aussi un hôtel de charme. Une excellente adresse à garder dans vos tablettes !

QUISSAC

Entre mer et Cévennes, garrigue et vignes, Quissac est un village pittoresque pour lequel la présence du Vidourle est source de vie et de richesses. En parcourant ses rives, vous découvrirez de charmants villages avec des églises romanes, d'anciennes magnaneries, des moulins, des norias et des tanneries. Le Vidourle, fleuve troglodyte, renferme de nombreux mystères à découvrir lors de randonnées pédestres ou à vélo, notamment sur la voie verte allant de Quissac à Sauve. Blottie au pied du massif du Coutach, Quissac offre également un magnifique plan d'eau de plus de 30 hectares, paradis des pêcheurs et des amateurs de nature préservée.

LES JARDINS DE CHIRON €€€

4, chemin des Garennes
✆ 04 66 77 19 78
https://lesjardinsdechiron.com/

Ouvert toute l'année. Formule nuit 2 personnes à partir de 149 € (entrée au spa inclus)

Envie de faire une pause dans votre quotidien stressant ? Nous avons trouvé l'adresse idéale pour vous ressourcer en toute quiétude : les Jardins de Chiron. Aux portes du pittoresque village de Sauve, Corine et Jacques vous accueillent dans leur domaine où vous serez tout de suite captivé par la sérénité ambiante. Vous aurez le choix entre une nuit en lodge ou dans une suite familiale : pour chacun, une terrasse privative mettra en scène les petits-déjeuners et vos flâneries dans les transats, tandis que la piscine et le spa occuperont le reste de vos journées.

SAUVE

Les remparts et monuments massifs du village ancien ont malheureusement disparu, mais il reste des vestiges de la vie religieuse et une architecture civile intéressante de ce petit bourg accroché à la roche. Découvrez ses maisons alignées le long de la Vidourle, les courbes harmonieuses ou tortueuses des ruelles médiévales. Explorez les porches et les cours d'entrée. Le paysage devient édifiant au niveau du plateau où un mystérieux bois et un défilé de rochers dolomitiques intriguent. Plus agricole, le Conservatoire de la Fourche vous fera découvrir la particularité de cet artisanat local et toute la solidité des fourches en micocoulier.

LE COMPTOIR DE L'EVESQUE €€

Domaine de l'Evesque ✆ 06 45 50 83 75
www.comptoirdelevesque.fr

Ouvert du mercredi au dimanche midi. Menus et carte.

Vincent et Sophie vous accueillent dans l'ancienne ferme-auberge que tenait déjà la maman de Vincent. De retour dans la région de son enfance après plusieurs années à l'étranger, le chef a remis au goût du jour les plats qui ont fait la renommée de cet établissement qu'était alors la Pousaranque. Redécouvrez une cuisine de terroir, familiale, dans une agréable salle baignée de lumière, ou l'été sur la terrasse, à l'ombre des mûriers platanes. L'accueil y est chaleureux et vous aurez envie de vous attarder en reprenant un peu de dessert !

GARD

Sauve.

ROULEZ BOLIDES

Avenue Rhin-et-Danube
✆ 06 08 34 16 28
www.roulezbolidesauve.fr

Vélo à partir de 2 €, Rollers à partir de 4 €, Rosalie à partir de 8 € l'heure. Réservation obligatoire.

Avec *Roulez Bolides* envisagez la balade autrement ! Au départ de l'ancienne gare de Sauve, et à destination de Quissac, empruntez la voie verte (ancienne voie de chemin de fer entièrement goudronnée et sécurisée) pour effectuer un parcours atypique en Rosalie (petit véhicule à pédales), en tandem, en vélo ou en roller, pour une dizaine de kilomètres aller-retour de plaisir. Sur la terrasse ombragée, vous pourrez récupérer en savourant une crêpe ou une glace. Pensez à venir fêter l'anniversaire de votre enfants, ses camarades seront ravis !

SOMMIÈRES ★

Sommières, ville médiévale construite sur les berges du Vidourle, a le charme de ces petites bourgades du Sud. Du pont romain du Ier siècle, il ne reste que les 7 arches qui traversent le Vidourle. Les vestiges médiévaux se retrouvent dans les ruelles, les places et les arcades où la fraîcheur est agréable en été. Sommières est connue ici pour les débordements du Vidourle, mais sans lui la ville n'existerait pas. On s'y baigne, on y fait du canoë ou on y pêche. Sommières est aussi renommée pour sa « Terre de Sommières », connue dans le monde entier pour ses vertus détachantes. A cela ajoutons les petits artisans, les bonnes tables et les festivités !

LE CHÂTEAU DE SOMMIÈRES

11, chemin du Château-Fort
✆ 04 66 53 78 32
www.chateau-sommieres.fr

Ouvert de début juillet à mi septembre. Adulte 3 €, visite commentée 5 €.

Cette forteresse remonte au XIe siècle, et les parties les mieux conservées datent des XIIe et XIIIe siècles. C'est le cas de la tour Bermond, une tour romane qui culmine à 25 m de hauteur. Après deux siècles de dégradation, la tour fut inscrite à l'inventaire des Monuments historiques en 1926, mais cela ne protégea pas l'ensemble des vestiges et il fallut 50 ans de plus pour que la cité prenne conscience de la richesse de son patrimoine et de son attrait touristique. Après plusieurs années de travaux, l'ensemble fut inscrit aux Monuments historiques en 2010.

OFFICE DE TOURISME DU PAYS DE SOMMIÈRES

1, quai Cléon Griolet
✆ 04 66 80 99 30
www.ot-sommieres.com

Ouvert toute l'année, horaires variables en fonction des saisons.

L'office de tourisme de Sommières vous accueille à deux pas de la vieille ville. Vous y trouverez la liste exhaustive de tout ce dont vous avez besoin pour passer un séjour agréable. Les hébergements, le couvert, les sorties... avec les informations du *Petit Futé*, il ne vous restera que le meilleur. L'office de tourisme vous propose également des visites de la ville pour les groupes. Un guide vous fait découvrir la cité médiévale à travers sa passion.

LA BISTOURE €€

1, rue Antonin-Paris
✆ 04 66 80 08 72
www.labistoure.fr

Chambre double 68 €. Meublé de tourisme à partir de 450 € la semaine pour 4 personnes.

Au coeur de la cité médiévale, La Bistoure vous accueille à l'entrée du centre historique. C'est l'originalité de la décoration qui a retenu notre attention. Les chambres sont toutes différentes et les ambiances personnalisées. Très lumineuses, elles seront un havre de paix où vous ressourcer. Un meublé peut aussi se louer à la semaine, avec chambre et grand séjour orné d'une magnifique voûte en pierre. Beaucoup de goût pour qui aime découvrir des lieux moins conventionnels. En rez-de-chaussée, le restaurant tenu par vos hôtes, est une agréable pause gourmande.

LE NULLE PART AILLEURS €€

11, rue Paulin Capmal
✆ 09 51 30 48 36

Ouvert du mardi au samedi. Réservation conseillée. Menu à l'ardoise et formule à 34 €.

Bienvenue au cœur des rues pavées du centre, sous les arcades, agréables en été, et profitant d'un cadre unique, que l'on ne trouve Nulle Part Ailleurs ! Stéphane et Patricia ont repris l'établissement à l'été 2020. Monsieur aux fourneaux et Madame en salle. La cuisine du chef se veut raffinée, goûteuse et inventive, faisant preuve de créativité pour nous présenter des plats rehaussés de saveurs subtiles. La carte des vins propose de belles références locales, parfait pour un accord mets et vins. Une bien belle table à garder jalousement dans nos tablettes !

CAFÉ DE LA POSTE €€

27, rue Général Bruyère
✆ 09 50 63 59 63
https://cafedelaposte30.fr/
Ouvert du mardi soir au samedi soir. Plat du jour : 11 €, formules à partir de 16 €.

Le Café de la Poste, c'est une brasserie aux historiques voûtes de pierre, où vous aimerez découvrir des bières du monde, où vous vous prêterez à la dégustation de rhums raffinés et où les mets façon bistro chic réveilleront vos papilles. Le bar à sushis soulignera la fraîcheur des produits et la finesse de préparation pour votre plus grand plaisir. Des soirées sont régulièrement organisées. La terrasse et le patio ombragé donnent ce petit «je ne sais quoi» que l'on aime tout particulièrement. Un lieu apprécié pour son ambiance et la sympathie de l'accueil.

LES KORRIGANS DU VIDOURLE €€

2, faubourg du Pont
✆ 04 66 51 61 74
www.leskorrigansduvidourle.com
Ouvert toute l'année. Du mardi au samedi. Réservation conseillée.

Ce que l'on remarque et qui fait immédiatement envie, chez les Korrigans, c'est cette terrasse surplombant le Vidourle. On a qu'une idée, s'y installer et en profiter. Et grand bien nous en fasse puisqu'on tombera sur une authentique crêperie bretonne. Au menu, une quinzaine de crêpes garnies de produits de qualité et faites à partir d'une farine tout droit venue de Bretagne, à l'instar des boissons typiquement bretonnes tels le cidre et même le Breizh Cola !

CHEZ TIBÈRE €€

1, rue Compane
✆ 04 66 51 32 72
brasserie-chez-tibere.business.site
Ouvert du mardi au samedi.

Le long du Vidourle, la grande terrasse est déjà très accueillante, surtout aux premières chaleurs estivales. Le restaurant, tenu par Thierry et Frédéric Michel, offre une décoration un brin industrielle, et côté cuisine, on se régale de mets traditionnels, authentiques, réalisés avec des produits frais de saison. Les plats sont travaillés avec rigueur, et affichent une quantité suffisante pour les bons appétits. Les pâtisseries maison sont réputées, et on se laisse volontiers séduire par le tiramisu ou la tarte aux noix de pécan. Une adresse très sympathique.

CHOCOLATERIE COURTIN

8, place de la République
✆ 04 66 35 32 04
Ouvert du mardi au samedi de 8h30 à 12h30 et de 15h à 19h.

Dans cette boutique de Sommières, qui embellit les rues par son parfum bien cacaoté, on achète des chocolats maison garantis sans conservateurs ou produits chimiques. Les créations se dévorent du regard et on apprécie les conseils avisés des spécialistes. On apprécie particulièrement la politique locale des lieux, en effet dans l'atelier attenant à la boutique les amandes et le miel utilisés proviennent exclusivement de producteurs de la région. Une raison de plus de passer au magasin ! Une excellente adresse à garder jalousement dans vos tablettes.

LA BRASSERIE DES GARRIGUES

ZA de l'Arnède
✆ 04 66 71 05 53
www.brasseriedesgarrigues.fr
Lundi, mardi, mercredi 8h-12h. Jeudi et vendredi 8h-18h.Samedi 9h-12h30

La Brasserie des Garrigues est un LE repaire de tous les amateurs de bières. L'idée a été de créer une bière issue du terroir, sans colorants ni conservateurs. Certifiés AB, leur méthode de brassage est artisanale et rustique, afin d'obtenir un breuvage non pasteurisé et non filtré. Une visite de la brasserie peut précéder la vente sur place, afin de découvrir les procédés de fabrication. Leur production est distribuée chez toutes les bonnes adresses des alentours de Béziers à Alès.

CONFECTION BOIS

3, place Jean Jaurès
✆ 06 64 56 95 90
https://confectionbois.fr/
Ouvert du mardi au vendredi de 9h à 12h30 et de 14h à 19h ; le samedi de 9h à 19h.

Les artisans gardois sont nombreux, et en voici un dont les créations nous a particulièrement touchés : le travail du bois, de ses différentes essences, pour donner vie à des stylos, à des accessoires de parfumerie ou encore à des ensembles de rasage. Artisan d'art et tourneur sur bois, Guillaume Coat aime à laisser vivre ses créations où tout le naturel s'exprime. Œuvres uniques, vous pourrez aussi demander une création personnalisée de votre stylo ou de votre porte-clé. L'atelier et ses créations, au cœur de Sommières, sont labellisés #MadeinGard.

© FLORIAN VILLESÈCHE - FOTOLIA

Le Vidourle à Sommières.

DES CÉVENNES À LA CAMARGUE

4, rue du Général-Bruyère
✆ 04 66 71 21 15
Ouvert tous les jours en haute saison, du mardi au dimanche en basse saison.
Idéalement placé près des parkings gratuits et de l'office de tourisme, Éric Vidal a sélectionné avec soin des produits régionaux. Tous les produits typiques de la région sont là, de la Camargue aux confins des Cévennes, en passant par Aigues-Mortes et Nîmes. Faites réaliser un plateau de fromages, agrémenté de charcuterie, et repartez les bras chargés de produits labellisés « Militant du goût, Sud de France ». Une agréable terrasse pour les dégustations sur place.

LA FLAMME DE LILI

28, rue Marx Dormoy
✆ 06 20 80 66 56
www.laflammedelili.fr
De bien jolies découvertes que les créations réalisées par La Flamme de Lili ! C'est un monde de délicatesse et de poésie qui s'ouvre à vous : artisan d'art, votre hôte est fileuse de verre au chalumeau et confectionne des perles de verre à la flamme. Contraste entre la chaleur de la flamme et la pureté des œuvres qui en découlent, vous trouverez ici des bijoux, des accessoires, des arts de la table, tous en modèle unique. Et si l'aventure vous tente, offrez-vous un stage de filage dans l'atelier-boutique : un cadeau original et personnalisé selon vos envies.

JEUX DE MAINS JEUX DE VILAINS

26, rue Marx Dormoy
✆ 04 66 71 06 02
Ouvert tous les jours, 10h-19h.
En flânant dans les ruelles de Sommières, vous ne pourrez pas manquer cette jolie boutique tant les formes et les couleurs attirent le regard ! Jeux de Mains Jeux de Vilains propose une production de céramique entièrement artisanale, pour la décoration de votre intérieur ou de votre jardin. Notre coup de cœur va bien entendu aux fleurs en céramique : petits ou grands modèles, elles égailleront vos bouquets et vos platebandes fleuries de leurs couleurs vives ! Magnifique !

MARCHÉ FERMIER DE SOMMIÈRES

Centre-ville
Le samedi matin, toute l'année.
Tous les samedis matin, la ville de Sommières honore avec passion une tradition commerciale qui a su perdurer au fil des siècles : le marché. Incontournable de la semaine, passants et résidents déambulent et glanent les merveilles du coin. Toute l'année, poissonniers, maraîchers, bouchers, agriculteurs, viticulteurs, oléiculteurs, ostréiculteurs ou bien apiculteurs présentent avec ardeur leurs productions artisanales. Dégustations et partages font le jeu de ce rituel hebdomadaire.

GARD

LES VIGNERONS DU SOMMIÉROIS

2, rue de l'Arnède ✆ 04 66 80 03 31
www.vin-vds.com
Du lundi au samedi - 9h/12h30 et 15h/19h. Le dimanche matin en juillet et août. Réseau Sud de France.

Cette cave produit et vend les récoltes d'un domaine viticole de 700 hectares étendus sur les communes de Sommières, Salinelles, Aspères, Campagne, Garrigues, Lecques et Fontanes. La visite et la dégustation vous permettront de vous rendre compte du travail des viticulteurs qui travaillent sur ce vignoble tout en respectant la terre et la nature. Le vignoble est d'ailleurs dans sa totalité conduit en agriculture raisonnée, et une partie est en conversion biologique. Passionnant !

CORCONNE

Entre Quissac et Sommières, le petit village de Corconne se blottit sous les contreforts du massif de Coutach dans un décor naturel exceptionnel. Comme pour la plupart des villages de la vallée du Vidourle, le caractère médiéval des habitations, les ruelles en pente, la pierre blanche des carrières et les toits d'argile soulignent l'authenticité des lieux. Ruines du château et chapelle votive au sommet de la falaise, ruines de la fortification à l'entrée du village, lavoir et Pont du Hasard, autant d'étapes ponctuant la découverte de Corconne. Le terroir est aussi ancré dans les traditions viticoles et oléicoles que l'on vous encouragent à découvrir.

GARD

Corconne.

LA CHAPELLE

Pour atteindre cet antique édifice, il vous faudra chausser de bonnes chaussures et ne pas hésiter à crapahuter ! Edifiée au XIIe siècle sur les vestiges d'un ancien château fort, la chapelle, nichée au cœur de la forêt de Coutach, en aplomb de roches calcaires, fut reconstruite en 1870. De sa terrasse au charme certain qui surplombe le village de Corconne s'offre un très large panorama sur toute la plaine et les campagnes environnantes du célèbre Pic Saint-Loup. L'endroit, le calme et la vue se prêtent parfaitement à une pause bien méritée !

PONT DU HASARD

Accessible toute l'année. Bien se chausser pour atteindre les lieux.

Partons à l'assaut (c'est bien cela quand on est sur place !) du chemin de randonnée qui débute derrière la mairie du village, et empruntons le chemin qui sillonne entre les deux imposantes falaises qui dominent Corconne. Nous arrivons rapidement sur un raidillon très caillouteux au milieu d'une généreuse végétation : grimpons encore, escaladons les rochers pour enfin arriver au pied du Pont de Hasard. Ce site géologique très particulier forme une arche naturelle reliant, en fin de gorge, les deux falaises qui surplombent le village.

LES VIGNERONS DE LA GRAVETTE

Route de Montpellier ✆ 04 66 77 47 72
www.la-gravette.com
Ouvert du lundi au dimanche de 9h-12h30/14h-19h00. Espace Gravette avec produits régionaux et dégustation.

Créée en 1939, la cave de la Gravette regroupe des vignerons dont le travail font de cette cave une icône des vins du Sud de la France. De l'intégration et de la maîtrise des technologies les plus performantes, du savoir-faire, du respect de l'environnement et de la mise en valeur des terroirs naissent les plus belles cuvées issues du vignoble AOP Languedoc, AOP Pic-Saint-Loup et IGP Pays d'Oc, aujourd'hui en culture biologique ou raisonnée. Des vins de caractère à découvrir.

AIGUES-MORTES ★★

Aigues-Mortes, dont le nom latin signifie « eaux mortes », affiche un prestigieux patrimoine. Enchâssée tel un joyau de pierre au cœur de la Petite Camargue, dans un univers de marais salants et de lagunes, entre terre et eau, la cité médiévale ne manque ni de charisme ni de caractère. Surnommée « la petite Carcassonne », elle fut érigée au XIIIe siècle, à l'instigation de Louis IX qui entendait créer sur la Méditerranée une ville doublée d'un port duquel les croisés pourraient embarquer pour la Terre sainte. Directement reliée à la pleine mer par un canal de 6 km conduisant au Grau-du-Roi, Aigues-Mortes est aujourd'hui un centre touristique dynamique.

GRAND SITE DE FRANCE - CAMARGUE GARDOISE

Route du Môle ✆ 04 66 77 24 72

www.camarguegardoise.com

Ouvert du mardi au dimanche, horaires variables en fonction des saisons. Fermé d'octobre à janvier.

En devenant le 14e Grand Site de France, la Camargue gardoise intègre le cercle très prestigieux des paysages les plus fréquentés mais aussi les mieux valorisés de France. La Maison du Grand Site, ouverte en 2014, invite à aborder de façon sensible le rôle des Hommes dans la fabrication et le maintien des paysages de Camargue gardoise. Au travers d'un sentier de découverte, d'une exposition, et de nombreuses animations, redécouvrez ce territoire et ses traditions sous un jour nouveau !

CAMARGUE LOISIRS

Domaine du Petit-Chaumont

✆ 06 23 88 41 72

www.camargue-loisir.net

ouvert toute l'année pour l'organisation d'événements et de mars à septembre pour le grand public en libre accès.

Une pléiade d'activités pour petits et grands vous attend dans ce domaine au bord de l'étang du Ponant. Quad, moto et jeux gonflables, dans un espace sécurisé pour les minots. Pour les adultes, après le paintball, offrez-vous encore plus d'adrénaline avec de nouveaux défis à faire en équipe : les «naufragés», c'est ce que vous serez le temps d'un parcours du combattant digne de ceux de Koh Lanta, à moins que vous optiez pour le parcours d'obstacles Camargue Warriors qui mêle adresse et rapidité ! A vivre en famille, entre amis ou entre collègues !

MANADE JULLIAN

« Le Môle »

✆ 06 22 64 72 64

www.manadejullian.com

Visite de la manade en calèche à partir de 19 €. Prestations du mardi au dimanche sur réservation.

La Manade Jullian, c'est 150 taureaux répartis sur 35 hectares s'étirant entre le Grau-du-Roi et Aigues-Mortes, près de l'étang de la Marette. Vous serez accueilli par les gardians à cheval et vous découvrirez l'élevage de chevaux et de taureaux camarguais. Vous assisterez à la présentation et au travail des gardians, au tri et à la sélection des bêtes qui iront dans les arènes. Pénétrez dans ce monde fascinant des gardians de Camargue, une culture très ancrée dans cette partie du Gard, au travers de balades à cheval ou en calèche.

CHAPELLE DES CAPUCINS

Place Saint-Louis ✆ 04 66 53 38 60

Ouvert du lundi au vendredi de 9h à 12h et de 13h30 à 17h30. Gratuit. Galerie d'art.

Achevée en 1677, la chapelle des Capucins a connu un destin éclectique depuis la Révolution (dispersion des Ordres religieux). Elle fut, comme bien d'autres établissements du genre en France, transformée tour à tour en entrepôt, en halle aux poissons et en marché couvert. Rénovée en 2017, elle constitue aujourd'hui un très beau lieu d'expression artistique à tendance contemporaine au cœur de splendides volumes. De l'art contemporain donc, mais aussi de la photo, de la sculpture, des estampes, certains travaux proviennent même des élèves des Beaux-Arts de Nîmes.

PLACE SAINT-LOUIS ★

Place Saint-Louis

Accès libre toute l'année.

Cœur battant et touristique de la cité, la place Saint-Louis est au centre d'Aigues-Mortes, juste en face de la Porte de la Gardette, son entrée principale. Une statue du roi éponyme trône en son centre, œuvre réalisée par James Pradier en 1849. L'agréable place ombragée de platanes est un lieu de souvenir, de partage et de farniente. Les terrasses animent et colorent la place de cafés et de restaurants. Et si les bonnes adresses sont nombreuses, restez prudents face aux attrapes touristes...préférez alors les petites tables cachées dans les ruelles !

SALIN D'AIGUES MORTES ★★

Route du Grau-du-Roi
✆ 04 66 73 40 24
www.visitesalinsdecamargue.com

Fermé de novembre à mars. Plusieurs possibilités de visites, tarifs complets en ligne.

Au bord des remparts d'Aigues-Mortes, sur 9 000 hectares, le Salin offre un paysage magique. Vous embarquerez à bord d'un petit train qui vous mènera à travers les tables salantes où vous découvrirez le travail du saunier, les secrets de la cristallisation du sel, et vous profiterez également de ce paysage envoûtant où flamants roses, hérons et goélands se partagent la vedette. Le Salin d'Aigues-Mortes se découvre aussi en VTT, à pied en compagnie d'une guide naturaliste et en 4x4. Un espace d'exposition et une boutique sont à la disposition des visiteurs.

OFFICE DE TOURISME D'AIGUES-MORTES

Place Saint-Louis
✆ 04 66 53 73 00
www.ot-aiguesmortes.com

Ouvert toute l'année. Fermé le 25 décembre et le 1er janvier.

Vous souhaitez parfaire votre séjour à Aigues-Mortes ? Le personnel de l'office de tourisme de la cité est là pour vous guider et rendre votre séjour exceptionnel. Labellisé « Ambassadeur du patrimoine », « Qualité Sud de France » et « Vacances Vertes », l'office de tourisme privilégie l'écotourisme. Obtenez ici toutes les informations sur les manades, les safaris, les balades en calèche, à cheval, les croisières sur le canal, et surtout sur l'agenda souvent très riche de la ville.

GARD

© ANTON_PETRUS

Aigues-Mortes.

TOURS ET REMPARTS D'AIGUES-MORTES ★★★

✆ 04 66 53 61 55
www.aigues-mortes-monument.fr

Ouvert toute l'année. Fermé le 1er janvier, 1er mai, 1er novembre, 11 novembre, 25 décembre. Adulte 8 €, enfant 6,50 €.

Classée aux Monuments historiques, l'enceinte longue de plus de 1634 m et flanquée de 20 tours offre de splendides points de vue sur la ville. Architecture militaire du XIIIe siècle, le chemin de ronde permet aujourd'hui encore de parcourir des yeux les salins et la plaine camarguaise. Les tours abritent des expositions permanentes sur St Louis & la Méditerranée, l'architecture & les décors, l'histoire protestante. Une véritable plongée dans le temps !

BATEAU L'IRIS

Port d'Aigues-Mortes
✆ 06 07 25 96 84
www.croisiereencamargue.com

Croisières d'avril à octobre. A partir de 9 € pour les adultes et à partir de 5 € pour les enfants.

D'avril à octobre, embarquez pour un circuit inoubliable sur les canaux en bateau promenade. Vous découvrirez le port d'Aigues-Mortes en longeant les remparts d'où le roi Saint-Louis est parti en croisade, passerez devant les Salins du Midi, les étangs aux flamants roses, au milieu de la faune et de la flore camarguaise. Ces croisières sont commentées par un guide du pays expérimenté. En été, vivez les croisières au coucher du soleil avec dégustation de produits régionaux au son des guitares gitanes. Petit conseil, pensez à l'antimoustique et à la crème solaire.

CHASSES AUX TRÉSORS

Place Saint Louis ✆ 04 66 53 73 00

Toute l'année sauf les weekends et durant la fête de la Saint-Louis. Pour les enfants de 3 à 14 ans. 3 € /livret.

Une façon amusante de découvrir Aigues-Mortes en famille ! Pour les enfants de 6 à 14 ans, l'office de tourisme a conçu deux parcours, celui des chevaliers et celui des templiers, pour appréhender la ville en famille de façon ludique. Durant 1h30 et munis de leur livret, les enfants devront résoudre des énigmes en sillonnant les rues de la ville : tour de Constance, chapelle des Pénitents, église Notre-Dame des Sablons...rien ne devra leur échapper pour remplir leur mission et à la fin de leur circuit peut-être repartir avec une partie du trésor !

CROISIÈRE DE CAMARGUE - PÉNICHES ISLES DE STEL

12, avenue de la Tour-de-Constance

✆ 04 66 53 60 70

www.croisiere-de-camargue.com

Embarquement 20 min avant le départ. Promenades à partir de 10 € adulte et 5 € enfant.

Une manière originale de découvrir la Camargue au rythme de l'eau en péniche avec cette escapade sur le canal du Rhône à Sète, à la rencontre des traditions camarguaises. Grâce aux commentaires d'un(e) enfant du pays vous apprendrez à connaître la faune et la flore que vous ne manquerez pas de croiser. La péniche s'arrête un moment dans une manade de taureaux où vous serez accueillis par des gardians à cheval et assisterez à une démonstration de leur travail au cœur du marais.

LE PETIT TRAIN D'AIGUES-MORTES

✆ 04 66 51 46 79

www.petittrain-aiguesmortes.fr

Du 1er avril au 30 septembre et vacances de la Toussaint. Adulte : 5 €. Enfant : 3 €.

Offrez-vous vingt-cinq minutes d'une agréable balade qui plaira aux petits comme aux grands. Circulant au cœur de la vieille ville, le petit train fait aussi une incursion par-delà les remparts, vous donnant une vue d'ensemble sur la magnificence des lieux. Les commentaires sur l'histoire de la ville ne manquent pas. On vous parle de Saint Louis, des croisades, des guerres de religion. L'histoire passionnante de cette vieille cité pleine de charme n'aura plus aucun secret pour vous.

HÔTEL CANAL €€

440, route de Nîmes

✆ 04 66 80 50 04

www.hotel-canal.fr

Fermé en janvier et décembre. Chambres à partir de 89 €.

L'hôtel Canal est situé à quelques minutes des remparts de la ville, sur les rives du canal. Baies vitrées, acier, couleurs vives, palmiers et autres végétaux confèrent un charme extrêmement moderne à cet établissement de qualité qui vous ouvrira ses portes avec autant de style que de gentillesse. Les chambres, calmes, sobres et élégantes, sont toutes climatisées, insonorisées et chacune bénéficie d'une télé à écran plat. Atout de charme, le bassin-piscine panoramique qui, à l'étage, vous permettra de vous rafraîchir dans un cadre fort agréable.

HÔTEL LE MAS DES SABLES €€

Route de Saint Laurent d'Aigouze

✆ 04 66 53 79 73 - www.lemasdessables.com

Ouvert d'avril à octobre. Chambres à partir de 65 €. Appartement à partir de 425 €. Formule à partir de 18 €.

Au cœur d'un magnifique parc de 7 hectares planté d'essences méditerranéennes, ce lieu enchanteur vous fera passer un séjour où tout ne sera « que luxe, calme et volupté ». Cet établissement offre à ses clients un véritable espace de repos et de détente, à la fois esthétique et naturel. L'accès à la piscine et les jardinets privatifs réservés à bon nombre de chambres, participent à créer cette douce ambiance, loin des plages et des foules estivales. Les chambres, spacieuses et modernes, ont elles aussi une âme, celle de la Petite Camargue. Excellente table.

MAS DES CYGNES €€

L'Abbé

✆ 04 66 53 88 70

www.masdescygnes.com

Ouvert toute l'année. De 450 € à 790 € la semaine.

Le Mas des Cygnes, entouré de vignes, possède un agréable jardin avec piscine, et propose trois gîtes colorés et soignés pouvant accueillir de 2 à 6 personnes. Implanté plein sud, on y savoure un soleil qui brille intensément toute l'année, et dans son prolongement, un étang où s'ébattent canards, cygnes et foulques. Ajoutez à cela le chant des cigales de mi-juin à fin août et tout le charme de la Camargue est au rendez-vous, surtout si vous en découvrez les senteurs et saveurs dans les restaurants tout proches d'Aigues-Mortes.

GARD

PÉNICHE CARLA €€

quai des Croisades
✆ 06 16 31 35 41
Ouvert toute l'année. 85 € la nuit.

Voici une adresse qui ne manque pas de charme ! En toute intimité, avec seulement une chambre, prenez place à bord de la péniche *Carla*. Amarrée quai des Croisades à Aigues-Mortes, face à la majestueuse Tour Constance, la péniche vous ouvre l'histoire de son passé vieux de bientôt 100 ans. Cette chambre d'hôtes, sise dans l'ancien logement du marinier, dispose de son mobilier d'origine et affiche fièrement ses boiseries lustrées et sa baignoire encastrée. Et pour petit-déjeuner, offrez-vous le luxe d'une vue imprenable sur la cité depuis la terrasse de la péniche.

LA PETITE CAMARGUE €€

Quartier le Mole
✆ 04 66 53 98 98
www.yellohvillage-petite-camargue.com
Ouvert du 9 avril au 13 septembre 2021. Réservation recommandée. Tarifs complets en ligne.

Le groupe hôtelier de plein air, Yelloh Village ne laisse rien au hasard ! Près de 400 locations de mobil-homes, 128 emplacements de 80 à 100 m² chacun, une myriade d'activités estivales, une pléiade de services et de distractions, 1 000 m² de piscines, ainsi que des terrains de sport : le camping La Petite Camargue est le nec plus ultra de sa catégorie à Aigues-Mortes. Les cottages, bien protégés, permettent de vivre des vacances reposantes, au soleil du Midi et à l'ombre des lauriers roses. Une valeur sûre pour des vacances en famille !

HÔTEL SAINT-LOUIS €€€

10, rue Amiral Courbet
✆ 04 66 53 72 68
www.lesaintlouis.fr
Chambres à partir de 98 €.

Situé au pied de la tour de Constance, cet hôtel-restaurant est l'un des plus anciens établissements de la ville. Cette belle maison de maître du XVIIIe siècle s'habille d'une identité toute provençale. Eclairages luminescents, dalles et peintures claires, intérieur soigné en pierre de taille, pins et palmiers... vous êtes bien en Méditerranée. Côté chambres, l'hôtel offre des pièces spacieuses et reposantes. Côté cour, vous dînerez dans un adorable patio typiquement méditerranéen dont le charme ne manquera pas de vous séduire. Un établissement agréable à vivre.

VILLA MAZARIN €€€

35, boulevard Gambetta
✆ 04 66 73 90 48
www.villamazarin.com
Ouvert toute l'année. Chambres à partir de 98 €.

Une bâtisse d'exception, un jardin dont on ne peut soupçonner l'existence de l'extérieur, propice au repos et au dépaysement, sur lequel veillent trois platanes centenaires, une vue sur les tuiles orange d'Aigues-Mortes, des chambres plus que confortables, avec piscine, bain bouillonnant, hammam. Pas de doutes, le client vient ici pour passer une nuit, un week-end, une semaine ou un mois de haute gamme. La qualité et la beauté sont toujours présentes. Le décor est lumineux, spacieux, il est idéal pour les amateurs de mondanités et de confort luxueux.

AROMATIK €€

9, rue Alsace-Lorraine ✆ 06 24 65 05 95
https://aromatik-restaurant.fr/
12h-14h/19h30-21h30. 7j/7 de juillet à Septembre. Fermé Mercredi et Jeudi de octobre à Juin. A partir de 24 €.

Dans une petite rue près de l'Église Notre-Dame des Sablons se trouve l'Aromatik, restaurant bistronomique où fusionnent la générosité de l'esprit bistrot avec l'élégance d'une cuisine gastronomique. Saisonnalité et qualité des produits sont au rendez-vous. Les plats se mijotent avec passion et aromates. Le chef Mike s'ingénue quotidiennement pour offrir à ses hôtes des mets raffinés, tout en finesse, afin de sublimer les saveurs et faire vibrer nos papilles. Une cuisine méditerranéenne revisitée, avec une mention spéciale pour le tataki de taureau de Camargue.

LE BISTROT PAIOU €€

1, rue du 4-Septembre
✆ 04 66 71 44 95
Réservation recommandée. horaires variables en fonction des saisons. Prix moyen 18 €.

Dans la cité des croisades, le Bistrot Paioù est un incontournable. Dans une ambiance bistrot conviviale, le chef élabore avec grâce et justesse des plats qui sont le reflet de son inspiration et des produits glanés sur le marché. Mention spéciale pour le carpaccio de taureau ! Soucieux de vous faire passer une agréable escapade bistronomique sans pour autant assaisonner la note à la sortie, le chef module sa carte au quotidien. Les vins proviennent uniquement de la région et sont sélectionnés en partie par les caves de Notre-Dame.

BOEM €€

253, avenue du Pont-de-Provence
✆ 04 34 28 42 30
Haute saison, tous les jours sauf samedi midi. Du mercredi au dimanche sauf samedi midi, basse saison. Dès 24 € le menu.

Chez Boem, la cuisine méditerranéenne a des parfums d'Asie. Il flotte, dans ce cadre magique en bord du canal, comme un air de plage balinaise. 2 bouddhas gardent les petits salons privés, et les mariages de teck, de couleurs vives et de bois flottés donnent au décor une gaieté toute méridionale. David Blasco, en cuisine, crée une alliance subtile entre les produits asiatiques et ceux du terroir qui donnent des mets extrêmement savoureux La carte change tous les jours, il est donc difficile de prévoir quel prochain délice naîtra de l'imagination du chef !

LE CAFÉ DU COMMERCE €€

11, place Saint-Louis
✆ 04 66 53 71 71
www.cafeducommerce-aiguesmortes.com
Menus à partir de 16,80 €. Carte. Ouvert 7j/7 en juillet août.

Le Café du Commerce est une véritable institution à Aigues-Mortes. L'entreprise familiale est en place de père en fils depuis 1974 et chacun sait qu'ici on peut manger du poisson et des coquillages extra-frais. Une grande et belle terrasse, et à l'entrée, une barque de pêcheur présente les arrivages du jour : bulots, pointus, palourdes… La carte affiche de nombreuses spécialités, telles Aïoli maison, la parilla de poissons, la bourride du pêcheur ou encore pour les amateurs de viande, la gardianne de taureau. Très belle terrasse.

CASA TORO LUNA €€

1, place Saint-Louis
✆ 04 66 53 68 75
Ouvert tous les jours de février à novembre. Menus de 14,90 € à 25 €.

Chez Casa Toro Luna, traditions et folklore se conjuguent et nous transportent au cœur de la Camargue. Goûtez au tataki de taureau cru snacké aux graines de sésame à la sauce vierge, ou bien à viande de taureau grillée à la plancha. Les inconditionnels de la mer pourront goûter le loup entier, toujours grillé à la plancha, ou à la fameuse rouille de poulpe. Les spécialités camarguaises sont bien présentes à l'image de la gardiane, des moules à l'aigues-mortaise et bien d'autres. La terrasse installée sur la place Saint-Louis est agréable aux beaux jours.

CHEZ PAPY MOÏSE €€

10, rue Alsace-Lorraine
✆ 06 13 08 01 40
www.papy-moise.com
Ouvert tous les jours, 12h-14h et 19h30-22h. Plateaux à partir de 42 €. Plateaux à composer.

Ce charmant lieu de dégustation aura le double avantage de faire taire vos gargouillements d'inanition tout en développant la finesse de votre palais. Présenté comme bar à huîtres, on n'y savoure pas uniquement ces coquilles ovales qui sont la coqueluche du sud méditerranéen, le chef vous sert aussi des plats cuisinés, pour un voyage convivial et gustatif. Une des spécialités de la maison est le plateau de fruits de mer, clé de voûte de la gastronomie camarguaise. Sur la terrasse ensoleillée, c'est toute l'ambiance de la ville médiévale qui berce votre repas.

LE DIT VIN €€

6, rue du 4-Septembre
✆ 04 66 53 52 76
www.restoleditvin.com
Formule du midi à partir de 15 €. Menu à 38 €.

Le restaurant le Dit Vin est le coeur d'une vieille bâtisse aux poutres apparentes et aux murs enduits de blanc ou d'ocre. La terrasse et la véranda offrent des espaces ensoleillés et frais, agréables en toute saison. Côté cuisine, le chef Johan marie imagination et fraîcheur des produits pour donner naissance à une cuisine fine et inventive, exaltant la saisonnalité des mets. Ajoutez à cela une cave capable de ravir tous les palais et vous passerez assurément un délicieux moment. L'accueil chaleureux et attentionné donne au lieu son côté «divin» !

L'ATELIER DE NICOLAS €€

28, rue Alsace-Lorraine
✆ 04 34 28 04 84
www.restaurant-latelierdenicolas.fr
Panier du marché à partir de 18 €. Menu à partir de 34 €.

L'Atelier de Nicolas, c'est une cuisine traditionnelle mais très instinctive, relevée d'une pointe d'exotisme, dans une ambiance bistrot au style industriel, où tout est cuisiné par le chef Nicolas. On épluche, on taille les légumes, on poche, on déglace, on blanchit, on poêle, on écaille, on dresse… Bref, on cuisine du frais, du local, du bio, et on est fier de ces produits de première qualité ! Goûtez les lasagnes de taureaux AOP de Camargue : elles ont valu à l'établissement la médaille de bronze au Concours Gard Gourmand Militant du Goût millésime 2019.

AU LOUIS IX €€

2A, rue Baudin
✆ 04 66 35 25 98
Toute l'année du mardi au dimanche midi. Menus à partir de 17,50 €.

Une cuisine méditerranéenne, haute en couleur et aux saveurs ensoleillées d'épices suaves, c'est dans ce charmant établissement situé place de la Viguerie, que vous goûterez aux spécialités méridionales. Le chef, inspiré par le rythme des saisons et les couleurs du marché, sublime au quotidien la gastronomie locale. A ce titre, le Louis IX fait partie de la confrérie des restaurateurs du métier du Gard. On se régale d'ailleurs d'une seiche en persillade, risotto à l'encre de seiche et aïoli, ou d'une bouillabaisse de filets de poissons frais. Très bonne adresse.

BOUCHERIE TRAITEUR EL TORO

5, rue Pasteur
✆ 04 66 53 70 23
Ouvert du lundi au samedi de 7h30 à 12h30 et de 15h30 à 19h30 ; le dimanche de 7h30 à 13h.

Près de la place Saint-Louis, la Boucherie Traiteur El Toro est tenue par Valérie et Renaud, qui font preuve d'un grand professionnalisme. Soucieux du savoir-faire, leurs étals proposent des viandes de qualité labellisées françaises telles que le taureau AOP de Camargue, le veau du Sud-Ouest et l'agneau de Provence. Ici tout est fait maison ! Les saucisses, les terrines, les pâtés, sans oublier les délicieux plats frais cuisinés tous les jours, et les goûteuses spécialités régionales.

CAVEAU LES REMPARTS

Route du Grau-du-Roi
✆ 04 66 53 80 55
www.caveaulessablons.fr
Ouvert du lundi au samedi, horaires variables selon les saisons.

Le Caveau se trouve au cœur de l'appellation des « Vin des Sables ». Vous pourrez y déguster les vins des sables, et notamment en figure de proue, le fameux gris de gris élaboré par les vignerons de la cave Sabledoc (une entité née de la fusion des caves des Sablons, Saint-Louis et du Môle). En outre, le caveau permet aussi de découvrir d'autres produits du terroir camarguais : fleur de sel, riz, huile d'olive. Un véritable temple pour qui veut en savoir plus sur les Vins des Sables et plus généralement sur l'identité camarguaise !

DOMAINE DU PETIT CHAUMONT

Domaine du Petit Chaumont
✆ 04 66 53 60 63
www.petitchaumont.com
Ouvert du lundi au samedi, horaires variables selon les saisons.

Le domaine du Petit-Chaumont ce sont 120 hectares dans l'Aire des Sables face au lac du Ponant. Dans un esprit de respect de la nature, Brigitte et Nathalie ont misé sur l'agriculture biologique, un label AB obtenu en 2011. Leur savoir-faire, tant dans la culture de la vigne que dans la manipulation du raisin, leur permet de produire des vins gorgés de sucre et de soleil, de fins breuvages de qualité et de prestige, avec la gamme Nef Saint Louis, la série Déco et les cuvées Prestige.

L'ÉPICERIE DE MAMAN

11, boulevard Gambetta
✆ 09 86 17 27 32
www.lepiceriedemaman.com
Ouvert toute l'année, horaires variables en fonction des saisons.

L'Epicerie de Maman, c'est une histoire de famille et d'amour. Sur les étagères de l'épicerie, les gourmands trouveront l'huile d'olive maison médaillée à plusieurs reprises, ainsi que de l'huile au thym, basilic, citron et truffe. L'olive se décline également en purée, lucques et picholines. Des produits du terroir sont également à la vente : riz de Camargue, fleur de sel de Camargue, herbes de Provence bio, vin des sables et régionaux, confits, confitures, sirops, etc. De quoi repartir les bras chargés de souvenirs à déguster !

FABRIQUE ARTISANALE AUTREFOIS

29, Grande rue Jean Jaurès
✆ 04 66 27 56 62
www.autrefois-terroir.fr
Ouvert tous les jours de 9h à 19h.

En plein cœur du centre historique, craquez pour une des gourmandises artisanales réalisées dans les ateliers de la marque. Avec 9 boutiques situées en Provence, la Fabrique Autrefois est le temple des saveurs d'antan, celles qui ont marqué nos souvenirs d'enfant, celles qui à la première bouchée font frémir nos papilles. Salées et sucrées, succombez aux spécialités provençales : navettes, calissons, péquélets à la fleur d'oranger, mais aussi la tapenade et les croquants salés.

VAUVERT ★

Sises entre la Petite Camargue et les marais, Vauvert possède un coté sauvage très attirant. Ce coin de verdure offre une parenthèse de calme propice aux vacanciers qui souhaitent découvrir la Camargue à leur rythme. La ville connut son heure de gloire au Moyen-Age grâce à un sanctuaire dédié à Notre-Dame. De nos jours, c'est à Saint-Mamet, coopérative de fruits en conserve bien connue, que Vauvert doit sa renommée économique, ainsi qu'à son vin des Costières. Soulignons l'importance des traditions taurines et la richesse de la Réserve Naturelle du Scamandre, formidable témoin de la biodiversité camarguaise. Une jolie étape gardoise !

TABLE D'ORIENTATION DE VAUVERT

Le Castellas

Accès libre toute l'année.

Au sommet de la colline du Castellas, sur le promontoire de la ville, la table d'orientation offre une vue imprenable sur les alentours. Sur tous les points cardinaux, les multiples sites aident à comprendre la situation intéressante de Vauvert : au sud, la vue s'étend jusqu'à la mer, tandis que vers le nord, on aperçoit la barrière des Cévennes avec le mont Aigoual. Par temps clair il arrive même qu'on distingue la silhouette des Pyrénées. Un lieu privilégié que l'on apprécie !

CENTRE DE DÉCOUVERTE DU SCAMANDRE ★

Route des Iscles ✆ 04 66 73 52 05

www.camarguegardoise.com

Sentiers du mardi au samedi 9h-18h. Point info du mardi au samedi hors jours fériés, 9h00-12h30/13h30-18h00.

Couvrant un territoire départemental de 215 hectares, ce centre de découverte en plein air offre l'occasion d'approcher les divers milieux naturels camarguais : roselières, marais, étangs, sansouïres, etc. Ces espaces préservés confèrent au territoire de la Camargue gardoise son identité particulière. Le centre est parcouru de sentiers pour les promenades à pied, l'observation des oiseaux en zone humide. Des visites guidées sont organisées et un point info vous accueille.

DOMAINE DE SYLVEREAL

D58 Le Sablas

✆ 06 84 49 90 34

www.domaine-de-sylvereal.fr

Visites sur rendez-vous toute l'année ou les week-ends et jours fériés de mai à début septembre.

Ce domaine camarguais, à la fois manade et rizière, est une merveilleuse représentation de la région. De manière régulière et sur réservation, ses exploitants organisent des visites guidées en petit train ou en 4x4 afin de découvrir les activités caractéristiques de la Camargue. Adapté à toute la famille, ce moment permet d'en apprendre un peu plus sur les traditions locales et l'emblème du pays, le taureau. Ne manquez pas de faire un tour dans leur boutique où vous pourrez repartir avec des terrines de taureau ou du miel des marais, issus de leurs productions.

GARD

© DANIEL LAURENT - FOTOLIA

Vignoble et chapelle de Vauvert.

MAS DE SYLVÉRÉAL €€

Route d'Aigues-Mortes

✆ 04 66 51 83 88

https://masdesylvereal.com/

A partir de 60 € la nuit.

Entre Aigues-Mortes et Les Saintes-Maries-de-la-Mer, le Mas de Sylvéréal vous offre le luxe de pouvoir passer une ou plusieurs nuitées en pleine Camargue, dans un mas en pierre typiquement provençal. En dehors, le mas est décoré d'un jardin soigné planté de pins et d'agaves, avec une petite fontaine au centre de la cour extérieure : pas de doute, nous sommes au pays du soleil ! Côté nuit, vous logerez dans des chambres intimes et colorées aux traditions gardoises. Le restaurant vous donnera quant à lui un avant-goût de la gastronomie locale. A découvrir !

LE FIACRE €€

26, rue Broussan

✆ 04 66 71 46 24

Ouvert du mardi au dimanche midi. Prix moyen à la carte 25 €.

N'en déplaise aux amateurs de modernité, le Fiacre affiche fièrement son esprit traditionnel, temps dans sa salle quelque peu hors du temps, que dans sa cuisine traditionnelle et authentique. Qu'à cela ne tienne, on apprécie ! Les mets sont travaillés avec des produits de saison et donnent à nos papilles toutes les saveurs qu'il se doit, avec caractère et précision. A la carte se côtoient les filets de rouget et les gambas grillées flambées au Pastis, ou encore le rognon de veau sauce Madère et le tournedos Rossini. Une cuisine de goût, assurément !

PENICHE CLAIR DE LUNE €€€

400, route des étangs ✆ 06 86 27 81 66

www.penicheclairdelune.fr/

De mars à octobre. O partir de 600€/cabine pour un weekend (petits-déjeuners et repas inclus).

De très belles cabines aménagées en chambres d'hôtes pour des croisières à la carte sur le canal du Rhône à Sète et le canal du Midi. De mars à octobre, vous découvrirez l'Hérault et le sud Gard selon les saisons. Des étangs de Sète à Beaucaire, la péniche sillonnera les étendues fluviales de la Camargue. Les richesses de la faune et de la flore vous raviront et la douceur de vivre s'installera à vos côtés lors de ce séjour au fil de l'eau. Une idée de séjour originale, à partager en couple ou en famille pour de très bons souvenirs de plaisance.

LE CLOS DES AMÉRICAINS

Chemin des Salines

✆ 04 66 88 85 61

www.clos-des-americains.com

Ouvert en semaine. Le weekend sur rendez-vous.

Le Clos des Américains revient de loin, car après avoir été dévasté au XIXe siècle par le phylloxéra, l'essentiel des domaines viticoles fut sauvé en introduisant des porte-greffes américains, plus résistants. Le Clos des Américains tire son nom de cet événement. Aujourd'hui, les vins de Bruno François et Pierre Villebrun, sont finement composés de syrah, de grenache et de cinsault. Quiétude et charme du sud au milieu des vignes rythmeront votre passage entre Nîmes, Arles et Montpellier, entre Cévennes et Méditerranée, au soleil sous le chant des cigales.

LA FERME DE L'AUSSELON €€

75, rue de l'Ausselon ✆ 06 03 99 79 01

https://la-ferme-de-lausselon-restaurant.eatbu.com/

Ouvert du mercredi au dimanche, 12h-22h.

Une vraie pépite d'authenticité pour ce restaurant tenu par deux passionnés de gastronomie et des produits de leur terroir. Du 100 % local et français, du frais et de la saisonnalité dans les assiettes généreusement garnies de produits venus des fermes du coin. Et on aime ça ! Des plats simples et bons, avec de belles grillades (poissons, viandes et légumes) issues de la cuisson au brasero qui apporte un goût authentique aux plats et révèle toutes ses saveurs. Et pour les afterworks, craquez pour les «Casse-Croûte et Glouglou», un vrai bonheur !

DOMAINE DU PETIT PIN - LE CAVEAU DU CHÊNE

Route d'Aigues-Mortes

✆ 04 66 73 51 67

www.domainedupetitpin.fr/

Du lundi au dimanche, 9h30-12h30/14h-19h.

A 10 km d'Aigues-Mortes, vous ne pourrez pas manquer le Caveau du Chêne sur cette route des vins des Sables. Il est niché dans un ancien chai resté en l'état, spacieux avec ses vieux foudres, un véritable petit musée à la gloire de la vigne. A la fraîche, vous pourrez déguster les vins du domaine du Petit Pin : des vins IGP Sable de Camargue Bio, rouge, rosé gris et blanc. Ces vins sont issus de vignes cultivées sur d'anciens cordons littoraux, déjà connus et appréciés au XIVe siècle.

FRANQUEVAUX

Longée par le canal du Rhône à Sète, à mi-chemin entre Saint-Gilles et Vauvert, Franquevaux étend ses charmantes habitations au milieu des étangs et des roseaux de la Petite Camargue. Sur les flancs des Costières, Franquevaux est née des ruines de l'ancienne abbaye cistercienne fondée en 1143. C'est hors des sentiers battus que vous apprécierez le plus de découvrir ce petit coin de Camargue : dans les chemins au travers des près où paissent tranquillement les taureaux, affichant leur robe noire et leur corps agiles, dans les marais où s'ébattent les flamants roses à la saison des amours, ou encore à cheval au milieu des vignes. Une étape ensoleillée !

LE MAS DU TRIDENT

931, route d'Aimargues
✆ 04 66 88 20 19
8h30-12h30/14h-19h, et le dimanche matin.

Une histoire de famille avec René Bouet, grand-père et berger passionné : ses parents fabriquaient déjà le fromage devenu la signature de l'entreprise, le Trident, fromage frais avec une feuille de laurier. Louis et sa compagne Salomé, 6e génération, ont aujourd'hui rejoint leurs parents à la tête de la fromagerie. Désireux d'apporter un élan nouveau, les voilà qui ouvrent en novembre 2020 une boutique resplendissante de modernité, à côté de l'atelier de fabrication, où une centaine de producteurs se retrouvent sur les étals. La Tomme de Camargue est à découvrir !

MOULIN À HUILE DES BOUVIERS

RD 6572
✆ 06 80 73 84 10
www.moulindesbouviers.fr/
Ouvert du lundi au vendredi, 9h-17h ; pendant la récolte des olives, du lundi au samedi, 8h-18h.

Au Mas des Bouviers, Loïc Lossois est producteur et moulinier. 3 mois dans l'année, près de 1 700 apporteurs viennent lui confier la trituration de leur récolte d'olives. Les plantations à l'ancienne, avec de la picholine, côtoient des parcelles de variétés étrangères exploitées en haute densité. Cet « amoureux de la bouteillan », une des autres variétés du domaine, produit ainsi 3 types d'huile à chaque campagne. Des formations pour la taille et l'entretien des oliviers sont assurées.

CABANE DU DALADEL

RD 58 Mas du Daladel
✆ 06 20 78 03 74
www.camargue.fr/site/cabane-du-daladel/
Ouvert du 1er avril au 30 octobre. Sur réservation

Toute l'équipe de la Cabane du Daladel vous accueille dans un site protégé, sauvage et privé, au cœur de la Camargue : le domaine de Listel. Des sorties d'une heure avec marais, étang et découverte de la faune et de la flore (débutants et famille avec enfants), de deux heures avec marais, étang, visite d'une manade de taureaux, galop et coucher de soleil en été, de trois heures avec matinée cavalière, rassemblement des chevaux en liberté, promenade sportive (pour les confirmés), promenade en calèche d'une heure, visite d'une manade de taureaux.. Que du bonheur !

L'ANCIENNE ABBAYE €€€

18, Place du Monastère Franquevaux
✆ 04 66 51 05 75
www.ancienne-abbaye.com
Ouvert toute l'année. A partir de 200 € la nuit. Formule gîte à la semaine ou court séjour à partir d'une nuit.

Bienvenue à l'Ancienne Abbaye de Franquevaux. Isabelle et Rémy vous accueillent dans leur petit paradis de Petite Camargue : dans les ruines de ce monument du XIIe siècle, vos hôtes ont ouvert 6 superbes gîtes pleins de charme, avec piscine chauffée et spa. Dans ces murs chargés d'histoire, vous apprécierez de séjourner dans l'un des gîtes parfaitement équipés, alliant modernité et authenticité, très lumineux, avec vue sur les roseaux ou sur le l'étang du Scamandre pour certains. Ces locations sont l'endroit idéal pour découvrir ce coin du Gard.

CHÂTEAU BEAUBOIS

Route de Franquevaux RD 6572 ✆ 04 66 73 30 59
www.chateau-beaubois.com
Ouvert toute l'année sauf dimancheet jours fériés. Du lundi au samedi, 9h-12h30/13h30-18h. Groupes sur rendez-vous.

Atypique au sein des Costières de Nîmes, Château Beaubois l'est notamment grâce au microclimat dont il bénéficie en surplombant l'étang du Scamandre. Un costières à la lisière des vins de sable, mais qui n'en a pas la superficialité tout en conservant un petit goût iodé propre aux vins situés face à la Méditerranée. Le terroir Beaubois est exceptionnel et Fanny et François Boyer savent en tirer le meilleur fruit en apportant la touche de modernité que leur jeunesse suggère. Agriculture biologique depuis 2009, le domaine et ses vins sont à découvrir au plus vite.

SAINT-GILLES ★

Traversée par le canal du Rhône à Sète, entre le plateau des Costières et le Parc Naturel Régional de la Camargue, Saint-Gilles est le point de départ idéal pour découvrir la Camargue gardoise, Grand Site de France. La ville est aussi connue pour son abbatiale monumentale, parfait chef d'oeuvre de l'architecture romane, classée au titre du Patrimoine Mondial de l'Humanité par l'UNESCO en 1998. Haut lieu de pèlerinage de la chrétienté médiévale, Saint-Gilles fut aussi une cité portuaire importante du bassin méditerranéen. A ses richesses patrimoniales s'ajoutent aujourd'hui ses saveurs gastronomiques tels le riz de Camargue et la viande de taureau AOP.

CHÂTEAU D'ESPEYRAN

Chemin d'Espeyran ✆ 04 66 87 30 09

http://chateaudespeyran.fr/

Le domaine est ouvert ponctuellement dans l'année : se renseigner à l'Office de Tourisme. Groupes sur réservation

Situé à Saint-Gilles, la mission et fonction principale du château d'Espeyran est d'être un centre des archives nationales. Construite au XIXe siècle, sur l'ancienne résidence d'été des abbés de Saint-Gilles, cette bâtisse incarne le style néo-Renaissance du Second Empire. Ceinturé par un parc de 13 hectares, le château abrite une grande réserve archéologique. Connu pour être l'une des plus belles demeures de Camargue, le château se visite notamment pendant les journées européennes du patrimoine. De nombreuses animations et expositions ponctuent la vie du château.

ABBATIALE DE SAINT-GILLES ✝ ★★

Place de la République

✆ 04 34 03 57 90

www.openimestourisme.com/

Visite guidée à partir de 22 €/2 pers, sur réservation.

L'abbatiale est un chef-d'œuvre de l'art médiéval. Outre l'abbaye proprement dite (église haute), la superbe crypte (église basse), considérée comme la plus grande de France, et les ruines de l'ancien chœur, vous pourrez découvrir l'escalier à vis de Saint-Gilles, une œuvre architecturale unique pour son époque. Cette abbatiale a été classée au patrimoine mondial de l'Humanité par l'Unesco et figure sur le chemin de Saint-Jacques-de-Compostelle comme un haut lieu de la chrétienté.

MUSÉE DE LA MAISON ROMANE ★

Place de la Maison-Romane

✆ 04 66 87 40 42

saint-gilles.fr/musee-de-la-maison-romane

Ouvert les mardis, jeudis et vendredis de 14h à 17h30. 2 €.

Aménagé au cœur du centre ancien, ce musée est abrité dans une demeure romane exceptionnellement bien conservée. Consacré à l'archéologie, à l'ornithologie et à l'ethnographie, il s'étend sur plusieurs niveaux. Des sculptures romanes de l'ancienne abbaye à la collection d'oiseaux de Camargue, en passant par la collection d'ethnographie régionale, le musée de la maison romane est une étape historique et culturelle à inscrire dans la découverte de Saint-Gilles.

Détail du portail de l'abbatiale.

AÉROPORT NÎMES-ALÈS-CAMARGUE-CÉVENNES

Route de Saint-Gilles
✆ 04 66 70 49 49
Navettes à partir de Nîmes.
www.aeroport-nimes.fr
Ouvert du lundi au dimanche, jours fériés, de 7h30 à 20h00.

L'aéroport Nîmes-Alès-Camargue-Cévennes propose des vols réguliers à destination de Londres, Bruxelles, Fez et Marrakech, desservis par la compagnie aérienne Ryanair. Cet aéroport est situé à proximité de l'autoroute A54 et à 15 minutes de Nîmes par le biais de la navette. Aux « arrivées » se trouvent toutes les sociétés de location de voitures dont le parc est situé juste en face du bâtiment. Parking couvert à proximité immédiate de l'aérogare, avec 10 minutes gratuites.

PORT DE PLAISANCE DE SAINT-GILLES

38, quai du Canal
✆ 06 71 22 88 54
www.saint-gilles.fr/port-de-plaisance
Ouvert du lundi au vendredi. Tarifs complets en ligne. Astreinte week-end : 06 70 11 74 73

Saint-Gilles, ancienne cité portuaire grecque du nom d'Héraclé, connut un véritable essor lors du creusement d'un canal reliant le port de Sète au Rhône. Les siècles qui ont suivi ont été rythmés par de nombreux travaux. Parmi les changements majeurs récents, on compte le réaménagement du quai du port en port de plaisance en 1985. Une modification illustrée par l'installation de nombreux équipements. Actuellement, le port de plaisance compte 89 anneaux limités à un gabarit de 38 m.

L'ATELIER DES HALLES €€

19 bis, rue Victor-Hugo
✆ 04 66 08 19 40
atelierdeshalles.fr
Ouvert du mardi au samedi, horaires variables en fonction des saisons. Menu à 33 €. Menu du jour à 16 €. Tapas dès 5 €.

Julien Salem et son épouse Anaïs sont les chefs-d'orchestre de l'Atelier des Halles. Situé dans un cadre historique donnant sur les halles et sur l'Abbatiale, le restaurant propose une cuisine de bistrot à tendance gastronomique, conçue uniquement à base de produits du terroir. À la carte, d'ailleurs, ne s'affichent que des producteurs locaux ! On trouve au menu de grands classiques revisités, des plats plus originaux ainsi qu'une belle sélection de tapas. Et, comme Madame est œnologue, le vin devrait tout à fait vous satisfaire. Une très bonne adresse.

CHÂTEAU L'ERMITAGE

1301, Chemin d'Auzan
✆ 04 66 87 04 49
www.chateau-ermitage.com
Visite sur rdv. Ouvert toute l'année, horaires variables en fonction des saisons.

Au Château l'Ermitage, on allie vigne, œnotourisme et art. Tout d'abord, il s'agit d'un domaine historique. En effet, on trouve des traces de vignes datant du XIIe siècle (l'Ermitage offrait du vin aux pèlerins sur la route de Compostelle). La première cave, quant à elle, date du XVIIIe siècle. C'est aujourd'hui la troisième génération de la famille Castillon qui tient les rênes du domaine, en s'attachant à produire un excellent Costières de Nîmes dans les trois couleurs et à partager la passion de la vigne avec les visiteurs intéressés.

LES DÉLICES DU SCAMANDRE

11951, route des Iscles
✆ 06 61 72 19 31
lesdelicesduscamandre.fr
boutique à la ferme ouverte toute l'année, tous les jours, de 9h à 20h.

Ambassadeurs du Patrimoine Biodiversité et Paysages, Olivier et Anne-Marie Riboulet partagent un réel amour pour la Camargue Gardoise. Face à la tour du Bramasset, aussi appelée la Tour des Cigognes, se trouve la boutique de la ferme : viande AOP Taureau de Camargue, saucissons et saucisses, viande séchée, riz bio, plats préparés, tous sans produit chimique. Ce couple vous transmettra aussi sa passion au cours d'une journée, matinée ou soirée de découverte de la nature : visite de l'élevage et découverte de ce patrimoine chargé de culture et de traditions.

LE CAILAR

Placer ce village en chef-lieu de la zone de la Petite Camargue, c'est un peu gonflé alors que la grande sœur voisine de Vauvert se réclame, elle, capitale de cet espace qui ne manque pas de prétendants au poste. Mais une fois que vous aurez mis les pieds dans ce village, vous comprendrez que tout ici est authenticité. Des célèbres manades au centre d'art contemporain en passant par la fête votive, tout semble démesuré pour un si petit ensemble ! Doté d'une signalétique unique en France, réalisée par l'artiste François Boisrond, Le Cailar se laisse apprivoiser et s'apprécie avec toutes ses singularités et la prédominance des traditions camarguaises.

LE TAMARIS €€

13, rue Victor-Hugo
✆ 04 66 88 07 91
www.restaurantletamaris.com
Ouvert du mercredi au dimanche en fonction des saisons. Menu à partir de 16 €. Carte.

Dans ce charmant restaurant en pierres apparentes, c'est tout l'univers de la Camargue qui brille de par sa splendeur et ses saveurs. Ici, on prend place pour déguster les recettes emblématiques de la région, de la gardiane de taureau aux grillades à la saint-gilloise, en passant par la rouille du Grau-du-Roi (oui, les plages ne sont qu'à quelques encablures) et les anguilles en persillade. Les pizzas et les salades repas sont aussi à la carte. On mange avec d'autant plus de plaisir que les prix savent rester très abordables. Une adresse à garder précieusement.

LE GRAU-DU-ROI ★

Entre la Provence et le Bas-Languedoc, à l'extrémité sud d'une terre qui borde la Petite Camargue, Le Grau-du-Roi est un fabuleux mélange de traditions méditerranéennes au terroir pittoresque et d'échanges culturels impulsés par les affluences touristiques. Le Grau-du-Roi est l'unique débouché marin du Gard, merveilleux petit port de pêche qui a conservé un visage enchanteur et authentique. Le Grau-du-Roi, pour les Gardois, les Vauclusiens, certains Montpelliérains et même certains Lyonnais, est synonyme de dimanche en famille ou entre amis au bord de l'eau. Une ville de bord de mer qui se laisse conter à toutes les saisons. On réserve ?

ARÈNES

3, Route d'Aigues-Mortes – Quai Colbert
✆ 04 66 51 12 12
www.arenesdugraudurroi.com
Ouverture selon l'organisation des manifestations, courses, concerts, spectacles. Programme complet en ligne.

Voici de belles arènes où le taureau est roi. En saison, une riche programmation est proposée aux Gardois et aux touristes curieux de découvrir les coutumes locales. Lors des courses camarguaises, on y admire l'été des taureaux qui peuvent se révéler dangereux pour ceux qui méconnaissent la puissance de la bête, même si cette dernière a les cornes « emboulées ». Les raseteurs font le show, mais attention, c'est un vrai sport qui demande une réelle maîtrise des gestes et aucune appréhension face à la bête. Sensations garanties !

LUNA PARK - AMIGOLAND

201, route de l'Espiguette
✆ 04 66 51 71 54
Ouvert tous les jours dès 20h30 en juillet et août.

Cet espace est le temple du jeu et de l'amusement par excellence ! Incontournable si vous passez vos vacances dans la région en compagnie de vos enfants, ce grand parc d'attractions a des allures de foire du Trône : un grand huit pour les sensations fortes, des motos folles dans un tube de la mort pour les apprentis-pilotes de course, mais aussi des jeux d'eau et plus classiquement des flippers et des jeux vidéo. Luna Park Amigoland a aussi l'avantage de fermer très tard et de disposer d'un vaste parking gratuit et surveillé.

SEAQUARIUM ★★

Avenue du Palais-de-la-Mer ✆ 04 66 51 57 57
www.seaquarium.fr
D'octobre à mars 9h30-18h30 ; avril, mai, juin, septembre 9h30-19h30 ; juillet août 9h30-23h30. Adulte 15€, enfant 11€.

Le Seaquarium du Grau-du-Roi s'étend sur 2 400 m² et regroupe plus de 200 espèces de poissons de Méditerranée et tropicaux, des requins, des tortues, des phoques et des otaries. Le requinarium à lui seul se déploie sur 1 000 m² et deux niveaux. On peut y voir évoluer 25 espèces de requins dans mille mètres cubes d'eau de mer. Avec un bassin géant qui accueille les mammifères marins, le tunnel aux requins, l'amphithéâtre panoramique, l'observatoire sous-marin et une muséographie diverse, complète et moderne, vous voici plongés dans l'univers marin.

OFFICE DE TOURISME DU GRAU-DU-ROI

Villa Parry
✆ 04 66 51 67 70
www.letsgrau.com
Ouvert tous les jours toute l'année.

L'Office de tourisme met à disposition tout ce qu'il faut savoir à propos de la vie sociale locale : l'hébergement, les sorties, les loisirs, les foires, les loisirs et les salons ou autres manifestations culturelles de Grau-du-Roi et des contrées environnantes. Terre de festivals, de gourmandises et d'animations en tout genre, la ville se prêtera à toutes sortes d'aventures et de découvertes, autant ne pas les louper et vous renseigner à l'office dès votre arrivée.

PHIL LE GUIDE - CAMARGUE CÉVENNES PASSION

310, rue Folco-de-Baroncellli
✆ 06 07 75 38 94
www.phil-le-guide-tour-camargue-cevennes.com
Visites 7j/7, weekends et jours fériés. Réservation en ligne. Tarifs complets sur le site.

Ce Guide-Transport Naturaliste et Culturel Indépendant du Pays vous transmettra sa passion pour l'authenticité et la diversité de la Camargue. Phil vous fera partager de manière divertissante un voyage dans ce territoire agrémenté de surprises et de haltes gourmandes, au son d'une musique traditionnelle, à la découverte de personnalités et villages historiques. Ceci à bord d'un véhicule tout terrain de qualité dont le toit ouvrable offre une vue panoramique hors des sentiers battus.

L'ESPIGUETTE €€€

Route des Plages
✆ 04 66 51 43 92
www.campingespiguette.fr
Ouvert du 27 mars au 31 octobre 2021. Tarifs complets en ligne. Emplacement à partir de 12 €.

Le camping de l'Espiguette, ce sont 42 ha aménagés en un vrai petit village estival. Les superbes plages de l'Espiguette sont directement accessibles à pied ou en navettes gratuites. Tout est organisé pour que vous puissiez passer les meilleures vacances possibles : commerces, infrastructures ludiques adaptées aux grands et aux tout-petits. Terrain de boule, Baby Beach, espace de jeux aquatiques pour toute la famille. Enfin, sachez que le site est ombragé et la sécurité très bien assurée (précieux !). Bref l'endroit idéal pour des vacances de rêve.

© DJAMA - FOTOLIA

Le Grau-du-Roi.

GARD

PORT DE PLAISANCE DE PORT-CAMARGUE

3, avenue du Centurion
✆ 04 66 51 10 45
www.portcamargue.com/port-de-plaisance.html
Capitainerie ouverte toute l'année, tous les jours. Tarif escale à partir de 8€/jr.

Port-Camargue, premier port de plaisance d'Europe, peut accueillir près de 5 000 bateaux en place à l'année, dont 2 761 en port public et 2 239 en marinas, ainsi que 200 places exclusivement réservées à l'escale. Faire une étape à Port-Camargue est simple, après avoir signalé votre entrée dans le port par VHF, les boscos vous guideront dès votre arrivée jusqu'à votre place. Une formidable étape ensoleillée où tout est prévu sur place pour que votre escale soit rayonnante.

OUSTAU CAMARGUEN €€€

3, route des Marines
✆ 04 66 51 51 65
www.oustaucamarguen.com
Ouvert de fin mars à début novembre. Chambres à partir de 88 €.

Flottant entre terre et mer sous un ciel azur, Oustau Camarguen est le cadre rêvé pour recharger ses batteries. Proche du port de plaisance, et à 800 m de la plage, vous plongerez dans les bras de Morphée dans l'une des chambres proposées par l'établissement. Un petit-déjeuner savouré à l'ombre des oliviers et des pins parasols égayera votre matinée. Hammam, bain à bulles, piscine ou plage satisferont les amateurs de farniente. Côté restaurant, la maison propose une carte et des menus aussi variés que soignés, réalisés avec des produits frais de la région.

SPLENDID HÔTEL CAMARGUE €€€

21, boulevard Maréchal-Juin
✆ 04 66 51 41 29
www.splendid-camargue.com
Ouvert toute l'année. Chambre à partir de 70 €.

En petite Camargue, Le Splendid Hôtel Camargue, idéalement situé en bord de plage, est parfait pour les amateurs de découvertes insolites et de détente. Ses 51 chambres lumineuses, spacieuses offrent tout le confort moderne. Connu pour son excellent emplacement, les chambres sont avec vue sur front de mer ou sur les toits du Grau du Roi, les Salins du Midi et au loin la ville d'Aigues Mortes. L'établissement sera le lieu idéal pour vos vacances en famille ou vos séminaires. L'accueil et le service sont irréprochables et rendront votre séjour inoubliable.

BAMBOO BEACH €€

Boulevard du Docteur-Jean-Bastide
✆ 04 66 53 04 12
www.bamboobeach.fr
En saison, de 9h à 1h du matin. Transat à la journée dès 12 €. Restaurant ouvert du 1er avril au 30 septembre.

Sur la plage du Boucanet, la paillotte Bamboo Beach ouvre ses portes début avril et les referme fin septembre. Réputée pour ses soirées endiablées en juillet et août, vous serez conquis par la qualité de ses prestations. Réservez votre transat et lézardez au soleil, puis entre deux baignades, dégustez un cocktail, profitez du restaurant pour grignoter un bout : vous garderez alors en souvenir les planchas de poissons frais ou les parilladas de seiches ! Vous pourrez aussi faire une séance de paddle, et voguer sur les flots avant de revenir sur le sable chaud.

LE BISTROT DU PORT €€

13, quai Pérouse
✆ 04 66 53 09 03
Suggestions à l'ardoise. Midi et soir. Prix moyen à la carte, 25 €.

Installé sur le quai, ce restaurant propose une cuisine typique méditerranéenne tournée vers les produits de la mer. Si vous êtes amateur de poisson, vous dégusterez la parillada royale ou la cassolette de poisson en bouillabaisse. Côté viande, vous goûterez à la gardiane ou à la côte de taureau. Pour faire simple, il y en a pour tous les goûts et l'excellence est au rendez-vous. Aux beaux jours prenez place sur la terrasse ombragée, bercée par le cliquetis des gréements. Hors saison vous profiterez de la véranda chauffée avec vue sur le port.

LE DAUPHIN €€

48, quai du Général-de-Gaulle
✆ 04 66 53 91 44
www.restaurantledauphin.fr
Menu à partir de 24 €. Fermé de décembre à février.

Ce joli restaurant sur le port régale ses convives des poissons tout juste remontés des filets par le père, chalutier du Grau-du-Roi. Et c'est à cet endroit précis que l'on cultive un savoir-faire culinaire depuis des générations. Le fils, aux commandes en cuisine, travaille le menu du jour selon les arrivages offerts par la mer. Poulpe à la plancha, marinade de muge de mer, tranche de thonine, les saveurs méditerranéennes sont à l'honneur et on apprécie ! Une sympathique adresse à ne manquer sous aucun prétexte lors de votre passage au Grau-du-Roi.

LE SAINT-PIERRE €€

Quai Christian-Gozioso
✆ 04 66 53 20 90
https://monmenu.comduponant.fr/lesaintpierre
Menu à partir de 22 €. Carte. Plateaux de fruits de mer.

Face au port de pêche et aux chalutiers harcelés par les mouettes, le Saint-Pierre attire par ses jolies couleurs blanches et bleues. Christophe Perrier est à la barre et mène sa barque tout en nuances, avec en toile de fond, la préservation des saveurs des produits ultra frais qu'il aime à travailler. Le plateau de fruits de mer est bien évidemment un incontournable, mais les spécialités de poisson varient au gré des saisons et des arrivages de la pêche. La faveur de la carte est à la mer bien entendu. C'est Byzance à la table, et on apprécie !

MAISON MÉDITERRANÉENNE DES VINS

Domaine de l'Espiguette
✆ 04 66 53 07 52
www.maisondesvins-lespiguette.com
Magasin ouvert 7/7 jours, sauf du 1er au 15 janvier, le 1er mai et le 25 décembre.

Sur cette route du bout du monde qui mène à l'une des plus belles plages sablonneuses de la Méditerranée, la Maison Méditerranéenne des Vins vous offre un éventail très large parmi les 15 000 produits dont 3 000 références uniquement en vin. Ici, les cavistes sauront vous conseiller parmi les centaines de références de l'arc méditerranéen, La maison ce sont aussi tous les autres produits du terroir tels les huiles d'olive délicates et fruitées, miels, fleur de sel, riz de Camargue...

GARD

AVENTURE MINI-GOLF

675, avenue du Palais-de-la-Mer
✆ 04 66 51 44 29
www.aventureminigolf.com
Fermé en janvier. Juillet Août de 10h00 à Minuit. Le reste de l'année, les après-midis. Adulte 9€, enfant 7€.

Si vous rêvez d'un moment de détente en famille ou avec des amis dans un lieu paradisiaque, c'est à l'Aventure Mini-golf qu'il faut aller. Les trois parcours de 18 trous vous feront découvrir un jardin tropical de 6 000 m². Les parcours se déroulent dans des ambiances différentes : l'un est vallonné, l'autre grimpe sur les hauteurs d'où vous avez une vue panoramique jusqu'à la mer. L'été, vous profiterez des coins ombragés et de l'eau qui vous rafraîchira, mais c'est le soir que les paysages éclairés donneront l'impression d'être dans un monde merveilleux.

MAS DE L'ESPIGUETTE

1795, route de l'Espiguette
✆ 04 66 51 51 89
www.masdelespiguette.com
Ouvert toute l'année. Balade à poney 12 €. Promenade à partir de 22 €.

Ce centre équestre vous prend en charge, que vous soyez cavalier ou néophyte, pour vous faire découvrir les environs du Grau-du-Roi pendant une à trois heures de promenade. L'équipe du Mas de l'Espiguette vous montrera les beautés de la Camargue à travers ses marais et ses plages de sable fin. Depuis plus de 40 ans, la famille Granier vous accueille pour vous faire partager sa passion du cheval et sa connaissance de la région. Que ce soit pour une activité ludique ou sportive, en famille ou entre amis, vous passerez ici un moment unique.

THALAZUR PORT-CAMARGUE

Route des Marines
✆ 04 66 73 60 60
http://port-camargue.thalazur.fr/
Formule à partir de 99€/pers. Chambre hôtel à partir de 99 €.Soin en thalasso à partir de 46 €.

C'est dans un cadre préservé, entre dunes et jardins, que se trouve l'institut de thalassothérapie Thalazur Port-Camargue. Pour une semaine ou un week-end, vous aurez le choix entre plusieurs cures : une remise en forme avec des jets sous-marin, des bains hydromassants, de la pressothérapie ; une cure minceur avec des soins individuels d'hydrothérapie, des enveloppements, des soins remodelant, etc, le tout encadré par des professionnels pour une grande sérénité. Appréciez aussi un séjour à l'hôtel Les Bains de Camargue : luxe et volupté en Méditerranée.

VOILE MED

Rue de l'Altier
✆ 06 20 80 08 72
www.voilemed.com
Fermé de novembre à mars. Sorties en mer à partir de 50€/pers.

Allez hop moussaillons ! Vous allez, pendant quelques heures, pouvoir vivre votre rêve de navigateur. Au départ de Port-Camargue vous pourrez participer à des sorties de quelques heures à une journée. L'été vous pourrez assister au coucher de soleil depuis le bateau. Avec Voile Med, skippez un grand catamaran, participez aux manœuvres à bord, offrez-vous une croisière en voilier, et vivez des heures intenses de sensations de liberté sur les flots de la belle bleue. En famille ou entre amis, de fabuleux moment à partager au départ du Grau-du-Roi.

WINDSURF PARK

Base nautique du Ponant
✆ 06 07 54 37 80
Fermé de novembre à avril. Cours dès 6 ans.

Pour découvrir Le Grau-du-Roi sous un autre angle que la terre ferme, direction la base nautique du Ponant pour voir la baie d'un Grau flamboyant et vivant, la terre vue de la mer et des voies fluviales. Le leitmotiv du Windsurf Park c'est détente, expérience et partage. Vous pouvez louer catamaran, kayak de mer, wind surf, stand up paddle pour une heure ou plus et découvrir en famille les multiples plaisirs de l'eau (à partir de 6 ans). Des moniteurs diplômés d'état vous encadreront et vous initieront aux joies de la glisse sur l'eau.

CASINO FLAMINGO

100, route de l'Espiguette
✆ 04 66 53 40 95
Ouvert toute l'année. Du dimanche au jeudi 10h-3h, le vendredi et le samedi 10h-4h. Les veilles de jours fériés 10h-4h.

Le Casino Flamingo est un complexe hors du commun qui associe un bar, un restaurant, un casino avec une salle de 175 machines à sous régulièrement renouvelées, un espace grand jeu, une poker room, une salle de gala et un patio. Le casino organise régulièrement des soirées cabaret avec repas pour un prix très accessible. Que vous soyez de passage ou en vacances, vous trouverez ici un divertissement qui vous comblera. L'établissement dispose d'espaces et de prestations adaptés aux manifestations événementielles pour les particuliers comme pour les entreprises.

UZÈS ★★★

Entre mer et Cévennes, Uzès séduit de nombreux touristes. Le charme de ses ruelles médiévales, la découverte de l'Uzège, son arrière-pays pittoresque... Durement éprouvée par les guerres de Religion, la cathédrale d'Uzès accueille aujourd'hui des concerts de musique classique. Un passé mélomane que l'on sait faire revivre ici, grâce au festival de musique ancienne des Nuits musicales d'Uzès, qui se place comme l'un des plus vieux rendez-vous musical du département. Des traditions culturelles languedociennes et provençales que l'on vous invite à découvrir aussi au travers du terroir, de ses produits d'exception et de ses richesses naturelles.

DUCHÉ ★★

Place du Duché
✆ 04 66 22 18 96
www.uzes.com
Ouvert toute l'année. Adulte 20 € - Adolescents 14 € - enfant de 7 à 12 ans 7€. Tarif réduit le samedi, 10 €.

Le Duché, situé au cœur d'Uzès, est une imposante construction dont les origines militaires apparaissent avec la Tour Bermonde, donjon du XIIe siècle, ses remparts et ses tours d'angles. La remarquable façade Renaissance est un véritable bijou architectural du XVIe siècle. La visite guidée vous mènera aux caves presque millénaires, ainsi que dans l'intimité des appartements meublés et encore habités par la famille ducale. Ne manquez pas la magnifique vue qui, du sommet de la tour, offre un panorama sur la ville et ses alentours.

CATHÉDRALE SAINT-THÉODORIT ✞ ★

Place de l'Evêché
Accès libre toute l'année. Visite en dehors des offices.

Construite dès 1090 la cathédrale fut malmenée lors de la croisade contre les Albigeois en 1177. Subissant les soubresauts des Guerres de Religion au XVIIe siècle, elle fut détruite en 1621. Seule la tour Fenestrelle resta debout. Sous le règne de Louis XIV, elle est reconstruite dès 1642. La dernière restauration de la façade date de 1873. L'orgue, encadré de volets peints en gris et or, date du XVIIe siècle : c'est une des rares pièces qui n'a jamais été démolie ou dérobée.

JARDIN MÉDIÉVAL

Impasse Port-Royal ✆ 04 66 22 38 21
www.jardinmedievaluzes.com
Ouvert d'avril à novembre, horaires variables selon les saisons. Visite jardin, expo + Tour du roi : 6€.

Etonnant jardin des simples, niché aux pieds des tours du Roi et de l'Evêque, un peu caché dans l'enceinte du château Raynon ! Créé en 1995, ce poumon vert au cœur de la cité médiévale est un véritable herbier vivant. Des petits sentiers entre les plans et les taillis mènent en labyrinthe aux diverses espèces utilisées au Moyen Age, notamment celles qui sont endémiques dans la région. Une visite insolite et ludique à la fois, qui permet d'en connaître plus sur les savoir-faire ancestraux. C'est l'association In Situ qui gère et entretient ce jardin remarquable.

GARD

© PATRIC SCHIELKE-ISTOCKPHOTO

Vue sur les toits d_Uzès.

MARCHÉ DE LA PLACE AUX HERBES

Place aux Herbes

Mercredi et samedi de 7h30 à 13h.

Si le premier Duché de France possède également son marché plus «conventionnel» le samedi, il est surtout connu pour son marché du mercredi matin, réservé aux producteurs locaux. On y trouve à foison des produits frais, souvent bios et tous venus des fermes et exploitations des environs. Un vrai plaisir pour les yeux et le palais qui émoustille les papilles des gourmets, le tout dans un cadre magnifique. Du producteur au consommateur, un incontournable de la région !

MUSÉE HARIBO© ★★

Pont des Charrettes

© 04 66 22 74 39

www.museeharibo.fr

Ouvert 6/7 jours de 10h à 19h. Adulte 8 €, enfant de 5 à 15 ans, 6 €.

Pour passer un délicieux moment en famille, laissez-vous guider par les odeurs alléchantes des célèbres et inimitables bonbons Haribo. Installé dans un bâtiment de l'ancienne réglisserie Zan, le musée Haribo est source d'émerveillement pour les enfants, et de retour à l'enfance pour les plus grands. Ce lieu magique vous fera découvrir les procédés de fabrication, les publicités anciennes, les maquettes, les vidéos… Le tout de façon ludique dans une ambiance joyeuse et colorée. Et le top, la boutique qui regorge de bonbons acidulés, prêts à être mangés !

MUSÉE MUNICIPAL GEORGES BORIAS ★

Place de l'Evêché © 04 66 22 40 23

www.uzesmusee.blogspot.com

Fermé en janvier. Ouvert les mercredis, samedis et dimanches, 10h-12h et 14h-18h. 3 €, enfant 1,20 €.

Situé dans l'ancien évêché, près de la cathédrale, le musée municipal a ouvert ses portes en juillet 1910. Un centenaire qui a vu augmenter ses collections de peintures du XIXe siècle, d'une importante collection des céramiques utilitaires, ainsi que de matériel archéologique, de peintures régionalistes et d'objets d'arts et de tradition populaire. Toute une salle est consacrée à l'œuvre d'André Gide. Le Musée municipal offre de ses fenêtres une vue plongeante sur Uzès et ses tours.

OFFICE DE TOURISME DU PAYS D'UZÈS - PONT DU GARD

Place Albert-Ier

© 04 66 22 68 88

www.destinationpupg.com

Ouvert toute l'année. Horaires variables en fonction des saisons.

Sise dans un superbe monument Renaissance, c'est ici l'adresse incontournable où trouver une mine d'informations sur le patrimoine, la gastronomie, les idées de balades, villégiature, nature ou tout à la fois. Une riche documentation gratuite (plans, dépliants, itinéraires de balades, etc.) vous fera gagner du temps. Renseignez-vous sur les visites guidées de la ville et des villages alentour, l'audio-guidage, les visites nocturnes d'Uzès, et l'agenda des manifestations toute l'année.

LE MAS DU LAC €€

Chemin du Mas-de-Rey

© 06 11 33 38 43 - En venant d'Avignon au panneau même de l'entrée d'Uzès, 500 m avant musée du bonbon.

www.masdulac.com

Ouvert toute l'année. Chambres à partir de 85 €.

Martine de Fontanes vous accueille dans ce mas du XVIe siècle, situé à l'entrée d'Uzès. C'est un lieu hors du temps, un havre de paix qui fleure bon notre enfance, un lieu champêtre et familial. La nature nous parle, les nénuphars dès l'entrée nous invitent au bonheur et le chant des oiseaux nous accueille. Le Mas du Lac abrite des chambres d'hôtes hors du commun, où la sérénité est loi. Enfin un lieu authentique. Le mas, c'est aussi un lieu d'accueil pour les fêtes de famille, les mariages, les séminaires...C'est charmant !

LA MAISON D'UZÈS €€€

Rue du Docteur-Blanchard

© 04 66 20 07 00

www.lamaisonduzes.fr

Restaurant ouvert du mercredi midi au dimanche soir, 1 étoile, à partir de 34 € le menu. Chambres dès 145 €.

La Maison d'Uzès est vraiment «un lieu d'exception» : entre le cadre somptueux, l'accueil discret et le restaurant étoilé, l'établissement mérite tous les compliments. L'hôtel déroule une petite dizaine de chambres autour d'un imposant escalier à balustres biaises du XVIIe siècle et offre une vue exceptionnelle sur les toits de la ville. A table, le chef Christophe Ducros sélectionne des produits de saison, souvent locaux ou de terroir, pour une cuisine toute en subtilité. Entre saveurs, douceur de vivre et élégance, la Maison d'Uzès est une perle gardoise.

LE COMPTOIR AGRICOLE €

22, place Albert 1er
✆ 04 66 62 25 50

Ouvert toute l'année. Fermé les lundi et dimanche en basse saison Menu du jour 15,90 €.

Venez goûter au plaisir de vivre en Provence à la table du plus ancien café d'Uzès. Chaises de bistrot et sets de table à carreaux rouge et blanc, le ton est donné. Passons à table avec une carte ensoleillée de plats authentiques, soulignant la gastronomie locale. On aime le gratin nîmois, le pâté cévenol artisanal, les petits farcis à la provençale, et plus que tout on apprécie la convivialité des plats et de l'accueil ! Quant à la terrasse donnant sur la place, c'est à elle seule un bon motif pour venir en ces lieux ! Une table à garder dans vos tablettes !

TERROIRS €

5, place aux Herbes
✆ 04 66 03 41 90
www.enviedeterroirs.com

Ouvert tous les jours, 9h30-23h. Assiettes gourmandes à partir de 11,30 €.

Tom et Corinne ont l'art de transmettre avec passion leur amour des produits artisanaux issus du terroir régional. D'ailleurs, ils sont tous sélectionnés avec minutie que ce soit pour la composition de l'assiette que pour les articles vendus en boutique. La cuisine est faite maison, elle est savoureuse et aux couleurs de la Provence : on se régale d'une tartine à la nîmoise avec sa brandade de morue et on savoure le tartare provençal. Un best à Uzès où il est possible de s'octroyer une pause gourmande et de repartir avec un petit produit bio proposé en boutique.

L'AUBERGE D'UZÈS €€

Pont des Charrettes
✆ 04 66 22 16 15
www.auberge-uzes.fr

Ouvert du mardi soir au dimanche midi. Formule à l'ardoise à partir de 21 €.

A l'Auberge d'Uzès, Valérie et Denis se font un plaisir de vous faire découvrir les spécialités culinaires du Languedoc et de la Provence. Au restaurant, pas de carte ni de menu, mais une « ardoise » qui se renouvelle en fonction des étals du marché et de l'inspiration du chef. Nous avons ainsi composé avec une mousse de chèvre frais et magret fumé, une araignée de porc grillée et sa sauce aux girolles, pour finir, car nous sommes gourmands, avec un moelleux poire chocolat. Nos sens sont ravis ! L'Auberge propose aussi des chambres coquettes et personnalisées.

LA FILLE DES VIGNES €€

18, place Albert-1er
✆ 0466371746

Tous les jours de 11h30 à 15h et de 18h à 20h45. Formule salon de thé à 9€.

Restaurant et salon de thé, le bon vivre est au rendez-vous chez la Fille des Vignes. Muriel Roger, enfant d'Uzès, mitonne de bons petits plats méditerranéens ou inspirés de ses voyages. Les recettes sont classiques ou revisitées avec des notes asiatiques, les épices relèvent les saveurs, les effluves gourmandes titillent notre nez, et notre palais se délecte de ces délicieux mets ! Pour un repas, un goûter ou un apéritif il fait bon venir s'asseoir sur la terrasse ensoleillée. Détendez-vous, le bonheur est là ! Une adresse à garder jalousement.

DOMAINE SAINT-FIRMIN

1-6, Rue Saint-Firmin
✆ 04 66 22 11 43
www.saint-firmin.com

Ouvert toute l'année, juin à octobre du lundi au samedi de 9h-19h ; novembre à mai du lundi au samedi de 9h-12h/14h-19h.

Près du centre-ville d'Uzès, le Domaine Saint-Firmin propose une gamme de vins frais, faciles à boire, aux arômes de fruits, de réglisse et d'épices, agréables en toute saison et à des prix très raisonnables. Robert et Didier Blanc, 3e génération en ces lieux, mettent en avant leur passion et leur savoir-faire pour laisser s'exprimer la vigne au travers leurs multiples breuvages. A côté des vins du domaine, une jolie gamme de produits locaux enrichit la boutique du caveau. Les visite guidée et l'accueil des camping-cars sont des avantages supplémentaires.

MEDUZ : BRASSERIE ARTISANALE

42, chemin des Tailles
✆ 04 66 72 69 38
www.meduz.fr

Ouvert du lundi au samedi de 10 à 19 h non-stop. Dégustation. Visite sur rdv, 4 €.

Christophe et Bertrand se sont installés à Uzès afin de fabriquer des bières belges et du Nord de la France. Réunis autour d'une même passion les deux associés fabriquent toutes les bières sur place, selon une méthode respectueuse de l'environnement. La petite dernière, née en janvier 2020, la Meduz Triple Grain, est déjà habituée aux concours ! Les installations se visitent grâce à un parcours inspiré et ludique. Des breuvages recommandés à tous les amateurs de bière !

GARD

LE MOULIN D'UZÈS

Chemin du Mas-de-France
✆ 06 18 58 17 72
www.lemoulinduzes.com
Du lundi au samedi, 9h-12h30/14h30-19h. Sur la marché d'Uzès tous les mercredis de 8h à 13h.

Patrick Richard et Loïc Arnaud exercent leur métier avec passion, dans le respect des traditions d'antan et avec les moyens que les technologies modernes leur offrent. Le Moulin d'Uzès produit son huile d'olive par extraction à froid grâce à la centrifugeuse. C'est la picholine, inscrite en AOP de Nîmes, qui est produite et travaillée pour donner une huile authentique, au goût fin et parfumé. L'huile d'olive de France est quant à elle issue des récoltes gardoises par des agriculteurs partenaires. Des saveurs à retrouver en boutique après la visite du moulin.

LUSSAN

Perché sur un piton rocheux, Lussan est une cité médiévale entourée de remparts et dominant la garrigue. Classé Village de Caractère, il est aussi l'un des Plus Beaux Villages de France. Ses ruelles étroites et ses maisons de pierre soulignent son riche passé. Les remparts et le chemin de ronde offrent un magnifique panorama sur les Cévennes et le Mont Ventoux. Profitez d'une journée ensoleillée pour découvrir le menhir de la Lèque, « la Pierre plantée », haut de 5,6 mètres, l'un des plus hauts du Languedoc. Les somptueuses gorges des Concluses, creusées dans le calcaire par l'Aiguillon, sont elles aussi à voir en arpentant un petit sentier balisé.

LES CONCLUSES DE LUSSAN ★★

D643
Accès libre toute l'année.

© RYSAN - SHUTTERSTOCK.COM

Ce sont les plus pittoresques gorges de l'Aiguillon, petit affluent de la Cèze. Les Concluses offrent un ensemble de falaises et de marmites géantes extraordinaire. Des gorges pittoresques creusées dans la roche calcaire par deux ruisseaux qui ont provoqué une érosion sur plus de six kilomètres. Ce spectacle 100 % naturel est à voir à quelques kilomètres de Lussan, village de caractère perché à hauteur de collines. L'accès à pied aux Concluses est assez raide et le dénivelé sur près d'un kilomètre peut surprendre. Prévoir de l'eau et de bonnes chaussures !

LES BUIS DE LUSSAN €€

Rue de la Ritournelle
✆ 04 66 72 88 93
https://lesbuisdelussan.fr/chambres-de-charme/
Chambres à partir de 90 €.

Situées sur les remparts de Lussan, blotties dans un ancien mas de village, les chambres des Buis de Lussan s'ouvrent à vous pour une parenthèse de charme et d'authenticité au cœur d'un paysage de garrigue et d'essences méditerranéennes. Une maison constituée de bâtiments qui s'épanouissent autour d'un jardin luxuriant d'où le bassin de rafraîchissement structure les regards et apaise les sens. Harmonie, détente et relaxation sont les maîtres-mots de ces lieux qui, le soir venu, sont baignés des rayons du soleil couchant sur les Monts Ventoux et Bouquet.

LES CÉRAMIQUES DE LUSSAN

Route de St Ambroix ✆ 04 66 72 90 92
www.ceramique-de-lussan.fr
Ouvert d'avril à fin octobre, et en décembre veilles de fêtes.

Les pintades d'Adrien Caillard ont la cote. Depuis qu'il a pris la succession de sa maman qui travaillait seule, il peut compter sur ses 10 salariés qui, inlassablement, donnent vie à toutes sortes d'animaux avec une prédilection pour les volailles dont les fameuses pintades. Ces charmantes bestioles peuvent même rester en extérieur puisqu'un modèle non gélif existe pour agrémenter vos parterres ! Un bestiaire artisanal et coloré que vous pourrez retrouver dans les boutiques d'Uzès et de Nîmes. Un très beau souvenir du savoir-faire local !

PONT-SAINT-ESPRIT

Trait d'union entre les régions Occitanie, Provence-Alpes-Côte-d'Azur et Auvergne-Rhône-Alpes, Pont-Saint-Esprit est la cité gardoise ainsi nommée pour la démesure de son pont. Une construction gigantesque, vingt arches sur 919 mètres, qui selon la légende, n'aurait pas abouti sans l'aide du Saint-Esprit. Située sur la rive droite du Rhône, la ville se mire dans les eaux vives du fleuve. Le charme du centre piétonnier ainsi que son riche patrimoine historique imposent de faire une étape à Pont-Saint-Esprit, sans oublier de s'arrêter sur le point de vue panoramique, l'élégante silhouette de la ville, le puissant Rhône à ses pieds et le pont dantesque.

© RICHARD MATÉO - FOTOLIA

Pont-Saint-Esprit

GARD

MUSÉE D'ART SACRÉ DU GARD ★

2, rue Saint-Jacques
✆ 04 66 39 17 61
www.musees.gard.fr

Ouvert toute l'année. Fermé le lundi et les jours fériés. Gratuit.

Ce musée d'art sacré, unique en son genre dans la région, est un des points forts de Pont-Saint-Esprit. Aménagé dans la maison des Chevaliers, immeuble du XIIe siècle, il présente, dans une dimension muséographique très réussie, des salles d'apparat, des fresques des XIVe et XVe siècles ainsi qu'une superbe collection d'orfèvrerie religieuse. On passe d'une époque ou d'une civilisation à l'autre sans chronologie avec, pour fil conducteur, l'expression artistique du sacré.

HÔTEL LE MAS DE L'OLIVIER €€

138, avenue Général-de-Gaulle
✆ 04 66 89 12 38
www.mas-olivier.com

Chambre à partir de 60 €. Menu à partir de 20 €.

Dans le Gard provençal, Le Mas des Oliviers se veut très accueillant. Les 28 chambres, à la décoration personnalisée, climatisées et de bon standing offrent toutes le confort moderne. Pour les repas ou la détente en plein air, on profite de la terrasse puis du parc de six hectares ou encore de l'agréable piscine. Un cadre verdoyant et un calme très appréciables en vacances ou le week-end. Le restaurant offre une cuisine créative aux accents du sud. Une bonne adresse.

CHEZ VÉRO €

1226, rue du Général de Gaulle
✆ 04 66 39 44 53
www.restochezvero.fr

Ouvert toute l'année, horaires et jours variables en fonction des saisons. Moules-frites à partir de 14,50 €.

Ce restaurant et friterie à l'entrée de Pont-Saint-Esprit est tenu par Dominique et Maria Cibois. Ensemble ils s'appliquent à faire connaître leur cuisine à base de produits frais, élaborée dans la tradition du fait maison. Les frites maison, produit phare du restaurant, sont des patates épluchées et coupées puis cuites dans la graisse de bœuf, dans un bain à 140 °C, puis cuisson à 180 °C. Les moules sont elles servies à toutes les sauces. En résumé, nous vous conseillons d'aller savourer de bonnes moules frites maison accompagnées d'une bière bien fraîche.

LA GUINGUETTE DE VALMONT €€

Chemin des Sources ✆ 09 70 38 60 69 - www.guinguette-valmont.fr

Ouvert de fin avril à fin septembre, 7j/7 midi et soir. Réservation conseillée. Formule à partir de 16,50 €.

La Guinguette de Valmont est installée dans le parc d'une jolie propriété de Pont-Saint-Esprit, aux portes de la Provence, entre montagne et mer. Créée dans l'esprit des guinguettes, l'adresse allie le charme de la campagne aux plaisirs d'un dîner dans un écrin de verdure baigné de lumière. Le chef concocte une cuisine élaborée à partir de produits frais. C'est local et entièrement fait maison. La carte du restaurant est courte pour plus de fraîcheur et l'ardoise affiche les propositions issues du retour du marché. Les lieux sont vite animés par des concerts.

HUILERIE ÉMILE NOËL

Rue du Dr-Samuel-Hahnemann
✆ 04 66 90 73 28
www.emilenoel.com
Ouvert mardi, mercredi, vendredi et samedi de 9h à 12h et de 14h30 à 18h30 ; le jeudi de 9h à 12h et de 14h30 à 18h15

Cette entreprise familiale était d'abord spécialisée dans la production d'huile d'olive. Puis après le terrible gel de 1956, Emile Noël s'est tourné avec succès vers la trituration d'oléagineux. Grâce à une méthode artisanale et traditionnelle, avec une extraction lente et douce, les huiles de l'entreprise, certifiées bio, sont connues à travers le monde et compte de nombreux adeptes. Aujourd'hui, l'huilerie Emile Noël renoue avec la tradition oléicole grâce à l'acquisition de 300 d'oliviers en Espagne. L'huilerie a fêté son siècle d'existence en 2020.

BAGNOLS-SUR-CÈZE ★

Cité industrielle sur la route du Rhône, Bagnols-sur-Cèze est située sur le fameux couloir rhodanien, au nord-est du département, entre Cévennes et Provence. Le riche passé de Bagnols-sur-Cèze a forgé au fil des siècles un patrimoine architectural remarquable comme l'ancienne place du marché ou la tour de l'horologe ; le musée Albert-André vaut vraiment le détour ainsi que le périmètre des bons vignobles régionaux (Lirac, Chusclun, Laudun, Saint-Gervais). Ne manquez pas de découvrir, au hasard des ruelles historiques de la cité, quelques curiosités inattendues La ville est aujourd'hui pourvue de nombreux équipements culturels qui font son dynamisme..

MUSÉE ALBERT-ANDRÉ ★

Place Mallet ✆ 04 66 50 50 56
www.gard-provencal.com/musees/aandre.htm
Ouvert tous les jours sauf lundi et jours fériés10h-12h/14h-18h. Fermé en février. Gratuit. Visite guidée 3 €.

Installé au 2e étage de l'hôtel de ville et surplombant la charmante place Mallet, ce musée est un pur ravissement pour les yeux. Huit salles à la fois classiques et intimistes présentent des toiles de Marquet, Valadon, Matisse, Bonnard, Signac. Un cabinet de dessins et de lithographies de Cézanne, Picasso, Valtat ou Desnoyer, des œuvres figuratives des années 1950 complètent ce panorama de la peinture moderne et forment avec la collection de faïences françaises et l'ancienne pharmacie de l'hôpital un prisme lumineux qui éblouira tout amateur d'art.

LE VISIATOME DE MARCOULE ★★

CEA de Marcoule ✆ 04 66 39 78 78
www.visiatome.fr
Ouvert toute l'année. Adulte 4 €.

Le Visiatome est un outil pédagogique du Commissariat à l'Energie Atomique et aux Energies Alternatives. Entièrement consacré aux enjeux énergétiques, à la radioactivité, à l'énergie nucléaire et au devenir des déchets radioactifs, c'est un espace de découverte unique en France : il présente sur 600 m² une exposition permanente illustrant les technologies, les recherches développées dans le domaine de l'énergie nucléaire. Par l'échange des connaissances et la diffusion de la culture scientifique, le Visiatome est une sortie ludique et pédagogique !

OFFICE DE TOURISME - PROVENCE OCCITANE

1717, Route d'Avignon
✆ 04 66 89 54 61
www.provenceoccitane.com
Ouvert toute l'année, horaires variables en fonction des saisons.

Un passage à l'office de tourisme est recommandé pour faire le plein de brochures sur la ville, connaître les charmants villages aux alentours et découvrir la jolie campagne toute proche. Vous y trouverez d'attrayantes cartes touristiques sur la route des vins des Côtes-du-Rhône et quantité d'idées pour séjourner dans cette partie secrète de la Provence occitane. Ne manquez pas de faire le circuit touristique de la ville et de découvrir le patrimoine bagnolais.

CHÂTEAU DE VARENNE €€€

91, place Saint-Jean - **SAUVETERRE**
✆ 04 66 82 59 45
www.chateaudevarenne.com
Petit déjeuner : 20€ (9€ pour les 3 à 12 ans). Chambre de 150€ à 320€. Possibilité de location pour mariages, congrès

Cet hôtel de charme installé dans un château construit en 1738 est niché dans un parc de 3 ha. L'hôtel s'articule sur deux étages autour de l'escalier principal en fer forgé. Ouvrant sur la verdure, les chambres – certaines magnifiquement parquetées, d'autres sublimées par une moquette ultra-moelleuse – sont décorées de tissus imprimés. Les salles de bains ont été réalisées par l'orfèvre avignonnais en la matière, Hydropolis. Pour les petits déjeuners, vous aurez le choix entre un agréable salon décoré de fresques bucoliques ou une terrasse fleurie.

CHUSCLAN

Célèbre pour ses grands crus de vins, classés Côtes du Rhône villages (AOC), Chusclan est un joli village qui offre ses ruelles pittoresques, ses arceaux et ses places pavées aux visiteurs. Niché sur la rive droite du Rhône et la rive gauche de la Cèze, c'est aussi le point de départ de quelques balades pour découvrir les vestiges de son passé : les ruines du château de Gicon, la chapelle Sainte-Madeleine, la ferme des randonneurs, la dent de Marcoule, qui domine la vallée du Rhône avec, au loin, les dentelles du Montmirail et le mont Ventoux, côté Vaucluse. Les amateurs de nature pourront se promener dans les nombreux bois dominant le village.

CHÂTEAU VAL DE CÈZE €€€

69, rue Léon Fontaine
✆ 04 66 89 61 26
www.chateauvaldeceze.fr
Ouvert toute l'année. Chambres à partir de 80 €.

Le château Val de Cèze est l'ancien relais de chasse du seigneur du château de Paniscoule. Pour une nuit ou pour un séjour, c'est le lieu idéal pour poser vos valises dans l'un des vingt-deux pavillons aux chambres spacieuses et confortables, et ainsi profiter des nombreux sites touristiques des environs. Le restaurant est à l'image des lieux. La cuisine, dont les plats sont élaborés en fonction de la proposition du marché, est raffinée et délicieuse. Aux beaux jours, vous apprécierez de déjeuner à l'ombre des platanes centenaires.

DOMAINE LA GRENATTITUDE

556, chemin de Montigal
✆ 06 82 17 36 81
https://la-grenattitude.com/
Ouvert tous les samedis matin de 8h à 12h ou sur rdv pour la réception de groupes. Marché d'Uzès le samedi matin.

En 2001, Thomas SALEILLES s'installe sur le domaine familial. Agriculteur passionné, revendiquant son attachement au terroir local, il poursuit la culture de la vigne et de l'olivier en agriculture biologique, mais sa spécialité reste la culture du grenadier. En 2017, avec sa compagne Christine, ils créent la SARL» La Grenattitude». Leur objectif est de promouvoir la production de la grenade française, et établir un partenariat avec les producteurs français pour proposer un jus de grenade de qualité, certifié AB, disponible au domaine ou en points de vente.

ESPACE RABELAIS

place Mallet ✆ 04 66 89 73 85
www.tourismegard.com/bagnols-sur-ceze/espace-rabelais-centre-oenotouristique
Mercredi au samedi, 9h30-12h30/14h-18h. Ouvert les mardis de mai à septembre ; Juillet/août : 10h-13h/15h-19h.

Voici le lieu de référence en matière d'oenotourisme, pour en savoir plus sur les Côtes du Rhône gardois. Il ravira tout le monde, des béotiens aux connaisseurs. Une exposition ludique et interactive faisant la part belle au numérique, répondra à vos interrogations. D'où vient le vin ? Comment est-il fabriqué ? Quels sont les cépages cultivés dans la région ? Quelles sont leurs spécificités ? Un quizz spécial est destiné aux enfants, pour qu'ils en apprennent, eux aussi, sur cette boisson «de grands». Dégustations les mercredis sur le marché.

L'ANGEVIS €€

335, chemin Cantemerle
✆ 04 66 90 03 15
www.hotel-restaurant-angevis.fr
Chambre double 70 € la nuit.

L'hôtel restaurant L'Angevis accueille et régale ses hôtes du haut de la colline de Chusclan. Depuis sa terrasse, l'hôtel offre une vue panoramique sur la vallée. À l'intérieur, ce sont cinq chambres tout confort qui vous attendent (il faut donc réserver à l'avance) et un chef cuisinier qui décline une cuisine semi-gastronomique avec des produits frais, de saison et locaux, en son restaurant de cinquante couverts. En été, si vous trouvez que la mer est trop loin et que les rivières sont trop froides, plongez dans la piscine et écoutez les cigales craqueter !

DOMAINE LA NORIA €€

132, chemin des Horts
✆ 04 66 30 13 01
www.domainelanoria.com
Ouvert toute l'année. La nuit pour 2 personnes à partir de 65 €. Nuitée en gîte à partir de 80 €.

Situé en bordure de la Cèze, à l'entrée ouest du village et au milieu des vignes, le domaine de La Noria comprend un corps de ferme et une grande maison vigneronne entièrement rénovés. Ce bel ensemble avec jardin, terrasse et piscine propose quatre chambres d'hôtes et un gîte. Les chambres d'hôtes sont parfaitement décorées, bien aménagées et surtout très spacieuses. La salle commune climatisée permet de prendre le petit déjeuner, ou tout simplement de faire une pause. Le séjour à thème «Vignoble et Patrimoine en Provence Gardois» est une belle idée cadeau !

LA ROQUE-SUR-CÈZE

Si La Roque-sur-Cèze, à une demi-heure en voiture de Bagnols, est considéré comme un des plus beaux villages de la région, ce n'est pas pour rien. Perché en haut d'une colline, ce petit village médiéval aux ruelles escarpées et au point de vue à couper le souffle ravira les amateurs de vieilles pierres et d'authenticité avec ses maisons typiques en pierres apparentes légèrement biscornues et collées les unes aux autres de façon un peu anarchique mais très atypique. S'y balader est un vrai bonheur, d'autant plus que, même en haute saison, le hameau est relativement calme et peu fréquenté. En contrebas, la Cèze déroule ses méandres entre d'immenses rochers plats et blancs où il fait bon prendre le soleil, se détendre ou même pique-niquer. Ici, la rivière est également connue pour ses célèbres «marmites», des portions de la Cèze encerclées par les rochers. Des marmites où il est cependant formellement interdit de se baigner car l'eau y fait un effet siphon et risque d'entraîner les baigneurs vers le fond. Soyez cependant rassurés : les marmites ne couvrent pas toute la longueur de la rivière et il persiste de nombreux endroits où se baigner, ou faire du canoë. Quoi qu'il en soit, entre ruelles typiques toutes de géraniums fleuris et rivière rafraichissante, La Roque -sur-Cèze constitue un vrai petit bijou alliant charme et histoire, et il serait bien dommage de le rater si vous passez dans le coin ! Seul bémol : on ne peut visiter le château, qui est privé.

CAMPING LES CASCADES €€€

Chemin des Cascades ✆ 04 66 82 72 97
www.campinglescascades.com
Du 23 avril au 26 septembre 2021. Tarifs complets en ligne.

Un havre de verdure vous est offert au camping des Cascades, avec des mobil-homes tout confort pour ceux qui rêvent de résidence en dur, bien-être et activités de loisirs pour agrémenter le tout. Ce site familial, dans un cadre naturel magnifique, le long des berges de la Cèze, offre un accès direct à la plage des bords de la rivière et propose de nombreuses activités. En cette année 2021, une nouvelle aire de jeux accueillera vos enfants, et l'espace aquatique vous réserve aussi des nouveautés ! Bref, tous les ingrédients pour des vacances en famille réussies.

LA VALLÉE VERTE €€€

Route de Donnat
✆ 04 66 79 08 89
www.la-vallee-verte.com
Ouvert du 24 avril au 25 septembre 2021. Tarifs complets en ligne.

La Vallée Verte, c'est le luxe et le confort en pleine nature. Pour profiter d'un séjour mémorable et découvrir le Gard Provençal, vous planterez votre tente sur des emplacements spacieux, nivelés en terrasse, offrant parfois des vues sensationnelles sur la garrigue, ou le choix d'une location aux équipements modernes. Une oasis de détente pour aller se rafraîchir dans la piscine et d'innombrables chemins de randonnées aux alentours. Venez vous sustenter au restaurant en vous régalant de plats faits maison. Un établissement 5 étoiles qui fait rêver.

GARD

CASCADES DU SAUTADET

Route de La Roque-sur-Cèze
Accès libre. Parking payant en saison estivale.

Au lieu-dit, les Cascades du Sautadet, découvrez un formidable travail d'érosion de la pierre par la rivière. Site naturel grandiose, ce spot de baignade très dangereux fut interdit, puis toléré. Il reste difficile d'accès pour les enfants. Prudence donc sur les rochers ! La Cèze, rivière pugnace, alimentée par des sources, a donné naissance à des cavités que l'on appelle ici « marmites ». Ces étranges vasques ont créé tout un réseau de rochers creusés et insoupçonnés de l'extérieur. A proximité, des bancs de sable et des plages sont adaptés à la baignade.

LE MAS DU BÉLIER €€

Route de Saint-Laurent
✆ 04 66 82 21 39
Ouvert tous les jours en haute saison. Prix moyen à la carte 20 €.

Dorothée et Nicolas soignent cette table familiale : Dorothée met à l'honneur les produits locaux et Nicolas vous accueille avec naturel et prévenance. Une cuisine qui fleure bon les saveurs locales, le terroir gardois et les traditions réhaussées de créativité. Point besoin de tergiverser, tout est bon. Nos papilles sont charmées de l'entrée au dessert, et le reste de nos sens sont en plein ravissement de couleurs et d'effluves alléchantes. Les travaux de ce début d'année apportent un côté encore plus chaleureux au lieu, et la terrasse est une pure merveille.

GAUJAC

Gaujac peut s'enorgueillir de son riche passé historique remontant aux Gaulois. La tribu des Samnagenses s'installa en effet sur les hauteurs de Gaujac, dont l'oppidum devint le siège d'un grand sanctuaire en plein air. Des ces terrasses disposées en paliers et occupant près de douze hectares, se distinguent encore aujourd'hui les ruines de temples, thermes, portiques et fortifications, témoins de l'importance du lieu. Au pied de l'oppidum, vos balades vous mèneront vers la chapelle Saint-Saturnin, beau vestige du XIe siècle. Le château de Gaujac quant à lui impose ses façades du XVIIe, remaniées au XIXe siècle, et accueille de nombreuses expositions.

OPPIDUM SAINT-VINCENT

Colline Saint-Vincent

Accès libre toute l'année.

À l'ouest du village de Gaujac se trouve l'oppidum de Saint-Vincent, promontoire surélevé sur une colline culminant à 270 mètres d'altitude. Le site fut découvert en 1974 par les archéologues Jean Charmasson et Dominique Cannaud. Les fouilles attestent la présence gallo-romaine sur ce site depuis la fin du VIe siècle avant J.-C. À la croisée de trois courants de transit, la ville fortifiée devient une place forte et stratégique pour les échanges commerciaux entre la Méditerranée et le Nord à partir des années 80-70 avant J.-C. Nombreux vestiges en accès libre.

LE MAZET DES ANGES €

Les Mazets de Gaujac

✆ 04 66 33 60 68

Ouvert tous les jours midi et soir d'avril à septembre. Ardoise à partir de 10 €. Carte.

Gaujac est un petit village connu pour son oppidum et son complexe de résidence de vacances les Mazets de Gaujac. Le site est plein de charme dans un parc boisé et fleuri. C'est là, dans ce lieu, propice à la fête que Valérie Thomas a décidé de sublimer le restaurant-pizzeria-glacier. On vient pour ses pizzas qualifiées d'excellentes par les clients. Les menus maison changent tous les jours et l'on peut se restaurer sur place dans une ambiance chaleureuse et conviviale ou emporter son repas. Les après-midi le restaurant devient bar-glacier.

LA MAISON €€

Rue du Presbytère ✆ 04 66 39 33 08

www.lamaison.gaujac.com

Ouvert du lundi au samedi le soir et le lundi et le vendredi le midi. Formule déjeuner à 25€. Menu à 38 €.

La Maison est celle de Christine et Pierre, globe-trotteurs qui ont posé leurs valises dans ce petit village au milieu des vignes pour vous accueillir dans une maison vigneronne du XVIIe siècle, bâtie dans les remparts du village. La salle voûtée est d'une beauté à couper le souffle, la terrasse est agréable, et le déjeuner s'y prend dans une ambiance provençale. Christine, toujours très inspirée, invente une cuisine à la fois simple et créative, à base de produits frais et régionaux. Le tout accompagné d'un des vins que Pierre, sommelier, a sélectionné avec soin.

GOUDARGUES

Goudargues est l'un des plus beaux villages du Gard. Au cœur de la Vallée de la Cèze, la commune est une oasis de fraîcheur, de tranquillité et de calme. Il s'articule autour d'un canal bordé de platanes, qui constitue un lieu de promenade et de détente très agréable : ombragés, les restaurants et bars y sont nombreux. Le marché du mercredi matin foisonne de couleurs, de saveurs et d'effluves alléchantes. Les hameaux des environs regorgent de pépites qui vous accueilleront pour une nuit ou plus. Le charme du lieu vaut à Goudargues le surnom de « Petite Venise du Gard ». On est loin de la Cité des Doges, mais le village vaut vraiment le détour !

LIRAC

Joli village à l'ancien lavoir remarquable, Lirac se distingue par son fameux vignoble, l'un des meilleurs vins du Gard parmi les Côtes du Rhône. Son caractère bien trempé le rend quelque peu atypique. La renommée de ce vin est telle qu'une Appellation d'Origine Protégée (AOP) lui est reconnue depuis 1947. Lirac abrite également un site naturel nommé La Sainte Baume, de balme en provençal signifiant « grotte » : ancienne caverne calcaire, elle fut sans doute un refuge pendant les guerres de Religion. Au milieu du XVIIe siècle, la découverte d'une statuette de la Vierge par un berger fut considérée comme un « miracle » et la grotte devint un ermitage.

LA SAINTE BAUME

✆ 04 66 50 40 88

L'histoire de la Sainte Baume débute en 1647, Joseph Queyranne, un habitant de Lirac, aurait trouvé dans cette grotte une image de la Vierge qui le guérit de l'épilepsie dont il souffrait. L'archevêque aurait alors donné l'ordre d'y construire une chapelle et Joseph aurait fait le vœu de vivre dans la grotte. En 1712, l'ermitage fut agrandi et on venait de toute la région demander à la Vierge la guérison des malades. L'ermitage est composé de la chapelle, d'une citerne, d'une salle voûtée et d'escaliers. Visite possible avec l'office de tourisme.

ROQUEMAURE

La capitale des amoureux, due à la présence des reliques de Saint-Vincent dans la paroisse, fut autrefois l'un des domaines les plus importants du Languedoc. Du château, il ne reste que la tour circulaire dite "de la Reine" et une haute tour carrée, la tour des Princes de Soubise. L'orgue de la collégiale, construit par les frères Julien de Marseille en 1690, contient l'un des plus beaux ensembles de tuyaux du XVIIIe siècle. Berceau des Côtes du Rhône, dont la qualité des vins est connue depuis le 1er siècle, Roquemaure compte de nombreux domaines que l'on vous encourage à découvrir directement chez les vignerons où à l'une des bonnes tables du coin !

LA PETITE SARDINE €€

468, route de Saint Laurent

✆ 06 24 49 81 53

www.lapetitesardine.fr

Chambres à partir de 75 €.

Vous n'êtes pas en bord de mer, mais bel et bien au milieu des vignes, et c'est au son du chant mélodieux des cigales que vous serez accueillis dans un parc ombragé où se situe La Petite Sardine. Pour une nuit ou un long séjour, les chambres ici font preuve de sérénité, avec une décoration personnalisée toute en douceur. Climatisées pour affronter les chaleurs gardoises, elles offrent tout le confort moderne. A cela ajoutez un parc aux essences méditerranéennes, une piscine baignée par le soleil, des transats accueillants...le bonheur tout simplement !

OFFICE DE TOURISME DE ROQUEMAURE

1, cours Bridaine

✆ 04 66 90 21 01

www.mairie-roquemaure.fr

Ouvert toute l'année, horaires variables en fonction des saisons.

Située dans la mairie de Roquemaure, l'office de tourisme s'engage à mettre toutes ses informations à votre disposition. L'occasion de découvrir l'histoire et le patrimoine de la ville, par exemple son activité humaine depuis le Paléolithique supérieur. Trois circuits de découverte vous mèneront dans les entrelacs de la cité. L'agenda de la ville vous donnera toutes les informations sur les festivals, les expositions culturelles et les animations dans ce coin de Provence.

ODG LIRAC

Chemin des Chênes

✆ 04 66 50 25 45

www.vin-lirac.com

Ouvert toute l'année, horaires variables en fonction des saisons.

L'appellation Lirac s'étend sur 4 communes, Lirac, Saint-Géniès-de-Comolas, Saint-Laurent-des-Arbres et Roquemaure, ce qui représente à peine 750 hectares de vignes. Les coteaux de l'AOC Lirac sont plantés dans une terre à garrigue, baignée par le soleil, qui concentre les parfums dans les baies. Le terroir, mélange de sols calcaire, siliceux et sablonneux, donne à ces vins un côté puissant et fin. Des crus des côtes du Rhône à découvrir, avec une gamme de vins blancs, rosés ou rouges qui vous suivront tout au long du repas.

LE CLÉMENT V €€

6, rue Pierre-Sémard

✆ 04 66 82 67 58

www.hotel-leclementv.fr

Chambre double à partir de 55 €. Petit déjeuner : 8,50 €

Voici un bel établissement où Denis et Patricia vous accueillent dans des chambres et suites spacieuses, sans recherche décorative particulière, mais propres et confortables, et toutes parfaitement équipées. Mention spéciale pour le jardin, avec son bassin de carpes Koï et la piscine où vous pourrez vous délasser et nager en attendant l'heure du repas, avec une cuisine de plats traditionnels accompagnés de bons vins régionaux. L'adresse idéale pour partir à la découverte du terroir et de ses richesses patrimoniales sur la route des vins des côtes du Rhône.

TAVEL

Tavel est célèbre pour son vin rosé et pour sa pierre calcaire et siliceuse, une pierre marbrière pouvant être de couleur ivoire, bleu ou beige. Mais Tavel aussi est un village méridional surplombant le Rhône où il fait bon flâner à la découverte de son centre ancien. Eglise, fontaine, rue du temple, lavoir, jardinets et chemin de la Condamine, chapelle Saint-Ferréol, patron de Tavel, datée du Xe siècle... Autant de témoignages du riche passé de la ville. Pour découvrir le vignoble, rien de tel que d'emprunter la route des vignobles : il s'agit d'un parcours de 15 km vous permettant de découvrir les 3 terroirs qui composent le terroir de Tavel.

AUBERGE DE TAVEL €€€

Route Romaine

✆ 04 66 50 03 41

www.auberge-de-tavel.com

Ouvert toute l'année. Chambres à partir de 70 €. Menu à partir de 26,90 €.

Qui n'a jamais rêvé de dormir dans une école ? Même s'il ne reste que peu de choses de l'ambiance scolaire d'antan, ce mas, en pierres de taille, est une adresse de charme, une ancienne école de village transformée en logis de France, de caractère. Dix chambres toutes personnalisées dans le style provençal chromatique, avec plafonds de bois, murs en pierre, meubles en bois massif et boutis sur le lit. Le restaurant jouit aussi d'une bonne réputation avec les produits de saison qui colorent la carte de saveurs locales. Une adresse très agréable.

LE PHYSALIS RESTAURANT €

127, Rue Frédéric Mistral

✆ 04 66 50 29 53

www.restaurant-lephysalis.com

Du jeudi au lundi de 12h-13h30/19h30-21h. Fermé le mercredi et le mardi d'octobre à mars. Formule à partir de 12,50 €.

Ici, Monsieur est en cuisine et Madame est en salle. C'est au cœur de la ville, et depuis 6 ans, qu'Eric et Christine prônent une restauration de qualité, où la fraîcheur des produits est reine, où la saisonnalité est respectée, et où les saveurs locales n'en finissent pas d'enrichir la carte du Physalis. La formule du marché laisse libre cours à l'inspiration du chef. Dès le printemps, la petite terrasse derrière les canisses, et sous la tonnelle, abritera des soirées cocooning. Tout est fait pour préserver la bonne ambiance autour d'un bon plat. On y revient !

LAUDUN-L'ARDOISE

Laudun-l'Ardoise est indissociable du tourisme viticole. Le village, né de l'union des communes de Laudun et de l'Ardoise, prend place sur le flanc d'une colline et a gardé de nombreux vestiges d'un passé très présent dans ses rues et dans son architecture. Mais c'est surtout pour ses vignes qui s'étendent à perte de vue et qui donnent un vin renommé que le lieu est connu... Outre le vin, ne manquez surtout pas la colline Sainte-Foy, qui domine le village et abrite le jardin suspendu de Planchon, la chapelle des Pénitents Blancs et la statue de la Vierge à l'Enfant. Sans oublier, bien sûr, l'Oppidum du Camp de César et le château seigneurial.

LE CAMP DE CÉSAR ★

Rue Frédéric-Mistral

✆ 04 66 50 55 79

Accès libre toute l'année.

Un des sites archéologiques majeurs de la Gaule romaine du Sud. Dominant le couloir rhodanien, il est aujourd'hui constitué d'un oppidum situé sur un piton rocheux dont l'ascension vous offrira un panorama superbe sur les environs. Autrefois occupé par une agglomération celto-ligure, puis par une colonie gallo-romaine, le site atteignit l'apogée de son activité au haut Moyen Age. On peut accéder librement au site de 18 hectares mais des visites guidées sont proposées par le service municipal du patrimoine. On regrette toutefois l'absence d'explications.

VILLA THÉBAÏDE €€

250, rue Albert Camus

✆ 04 66 79 23 82

www.villathebaide.com

Ouvert toute l'année. Chambres à partir de 85 €.

Sur la rive droite du Rhône, à quelques encablures d'Avignon, Laudun-l'Ardoise cache en ses terres une villa à l'accueil chaleureux et raffiné. Ici règnent calme et détente, l'idéal pour un week-end ou un séjour prolongé. Les chambres spacieuses et lumineuses sont délicieusement décorées, et donnent sur un grand jardin méditerranéen où les senteurs florales se font délicieuses. Vous apprécierez la fraîcheur de la piscine. Et, au petit déjeuner, la maîtresse de maison vous fera goûter ses confitures dont elle seule a le secret.

VILLA MONTESQUIEU €€€

Rue Montesquieu
© 04 66 90 55 31
www.villamontesquieu-laudun.com
Menus à partir de 28 €. Réservation conseillée. Chambres à partir de 170 €.

La Villa Montesquieu est une demeure aux lignes simples et sobres qui se fondent parfaitement dans le paysage provençal. La Villa Montesquieu réunit en ce lieu un hôtel 4 étoiles, un restaurant gastronomique ainsi qu'un spa. Tout est calme, douceur et volupté. On y mange dans une atmosphère lénifiante à l'ombre des oliviers. En cuisine, le chef Bernard Roth (ancien étoilé Michelin) est sur le pied de guerre pour soigner vos papilles : sa cuisine raffinée et créative souligne avec brio les saveurs de saison. Un lieu délicieusement charmant que l'on apprécie.

BEAUCAIRE ★

Beaucaire respire la Provence et ses senteurs diverses et fait face à son ancienne rivale, la cité de Tarascon. A l'extrémité est du Gard, la ville se trouve léchée par les eaux du Rhône qui fait office de frontière avec les Bouches-du-Rhône. Le château sur son promontoire dominant le fleuve ajoute indéniablement du charme à la cité, au carrefour des civilisations dans une région marquée au fer rouge par les vestiges gallo-romains et les guerres de religion. Beaucaire est aussi une terre de fêtes : des courses camarguaises au défilé de la Madeleine, du Salon des Métiers d'Art au concours de fleurissement, la cité provençale est pétillante et dynamique !

Vue sur les toits de Beaucaire.

ABBAYE DE SAINT-ROMAN ★★

Chemin de l'Abbaye de Saint-Roman
© 07 81 56 44 51
www.abbaye-saint-roman.com
Ouvert toute l'année. Adulte 5,50 €. Gratuit pour les moins de 18 ans.

L'abbaye de Saint-Roman est un ancien monastère troglodytique creusé dans la roche calcaire par des ermites puis par des moines bénédictins. Elle a gardé son dédale de tunnels desservant chapelle, cellules, pressoir et nécropoles rupestres. Perché sur une colline qui domine le Rhône, au milieu des garrigues, le site archéologique, classé aux monuments historiques, offre l'occasion d'une petite marche facile offrant un superbe panorama. Saint-Roman se visite seul ou avec un guide. Depuis cette abbaye, mille ans d'occupation monastique dominent la plaine du Rhône.

MAS DES TOURELLES ★

4294, route de Saint-Gilles
© 04 66 59 19 72
www.tourelles.com
Ouvert toute l'année, horaires variables en fonction des saisons.

Construit sur un site archéologique gallo-romain, Le Mas des Tourelles est une propriété viticole où l'on cultive l'authenticité historique. Dans le vieux mas, vous basculez instantanément dans l'histoire de l'époque gallo-romaine, d'une cave qui serait encore en activité. La meilleure période pour la visite, c'est au moment des vendanges, quand les ouvriers agricoles répètent les gestes ancestraux autour du pressoir. Tout le processus de vinification est reproduit à la manière romaine. La visite se veut ludique et pédagogique.

MUSÉE AUGUSTE JACQUET ★

Jardins du Château
© 04 66 59 90 07
www.provence-camargue-tourisme.com
Ouvert toute l'année, horaires variables en fonction des saisons. Adulte 5 €. Gratuit pour les moins de 12 ans.

Chaque ville possède son musée historique et Beaucaire peut s'enorgueillir de son musée Auguste-Jacquet, lequel regroupe une immense collection d'histoire de l'art sur 700 m² d'exposition. Le tout exposé dans la forteresse royale du château de Beaucaire, résidence des comtes de Toulouse, où l'on accède par de magnifiques jardins classés. Archéologie, histoire de France, histoire régionale riche en rebondissements, arts et traditions populaires, un voyage à travers le temps sur plus de 40 000 ans soulignant la singularité de cette rhodanienne.

LA FORTERESSE DE BEAUCAIRE

Place Raimond VII ✆ 04 66 59 26 57
www.provence-camargue-tourisme.com
Parc et château ouverts toute l'année, horaires variables en fonction des saisons. Gratuit, hors animations médiévales.

Perché sur son éperon rocheux, le château de Beaucaire est une formidable forteresse médiévale dont la visite est incontournable lors de votre venue dans le Gard. Dominant le Rhône et la cité, les vestiges de cette puissante forteresse soulignent l'envergure du site et son caractère défensif. Construite dès 1180 par les comtes de Toulouse, c'est un beau témoignage de l'architecture médiévale. En saison, des reconstitutions historiques et des animations médiévales sont programmées.

OFFICE DE TOURISME BEAUCAIRE TERRE D'ARGENCE

8, rue Victor-Hugo
✆ 04 66 59 26 57
www.provence-camargue-tourisme.com
Ouvert toute l'année, horaires variables en fonction des saisons.

Au sein du triangle d'or Avignon/Arles/Nîmes, Beaucaire permet de rayonner en direction des plaines de Camargue et des chaînes de la Provence à l'est (Luberon, Alpilles). Une équipe dynamique vous accompagne dans vos recherches de bons plans et vous conseille sur les lieux à visiter. Envie de goûter à la gastronomie locale ? De sortir des sentiers battus pour découvrir les richesses du territoire ? Cette équipe d'experts est là pour répondre à tous vos besoins et interrogations.

PÉNICHE BLUE BIRD €€

Quai de la Paix
✆ 06 29 71 42 58
https://peniche-hote-beaucaire.business.site/
Ouvert du 1er avril au 31 octobre. 110 € la nuit.

Vous rêviez d'une nuit insolite dans le Gard ? Le Petit Futé a déniché le lieu idéal mêlant l'insolite au romantisme. Dans le Port de Beaucaire, sur le canal du Rhône à Sète, une pénichette vous ouvre ses portes le temps d'une nuit ou d'une semaine. A bord, une chambre confortable et tout l'équipement pour être totalement autonomes. Les petits plus, la belle luminosité qui baigne l'ensemble de la pénichette, et ses terrasses, l'une attenante au salon et l'autre au-dessus, à côté du poste de pilotage. Vélos à disposition pour découvrir les richesses de la cité.

DOMAINE DES CLOS €€€

911, chemin du Mas-de-la-Tour ✆ 04 66 01 14 61 - Par la D38 à 6 km entre Beaucaire et Bellegarde.
www.domaine-des-clos.com
Ouvert toute l'année. Chambres à partir de 110 €. Appartement à partir de 750 € la semaine.

Impossible de ne pas mentionner cette superbe propriété où vous séjournerez dans un mas provençal du XVIIIe siècle rayonnant au milieu des vignes et des vergers. Pierre de taille, carreaux de terre cuite, tuiles romaines apportent un côté chaleureux à la bâtisse. Les chambres sont dotées de climatisation et de tout le confort moderne. La décoration aux couleurs chaudes respire le Sud. Une piscine et un immense parc vous donneront envie de vous prélasser, loin de l'agitation urbaine. Sur réservation, un dîner d'hôtes vous sera servi. Un délice pour les sens.

AUBERGE L'AMANDIN €€

1076, chemin Croix-de-Marbre
✆ 09 51 86 47 39
www.auberge-amandin.com
Ouvert toute l'année, horaires variables en fonction des saisons. Menu du jour 19 €.

A la recherche d'une cuisine raffinée, inventive et élaborée avec des produits frais de saison ? Rendez-vous à l'Auberge l'Amandin. Un cadre champêtre et une agréable salle intérieure dont les baies vitrées laissent s'engouffrer la lumière. Dans l'entrée, une cheminée crépite les jours de grand froid. Aux beaux jours, on mange sur la terrasse ombragée, sous le superbe mûrier. Côté cuisine, c'est le chef Damien qui décline les saveurs du terroir avec celles de produits bien frais. Une auberge aux couleurs du Sud comme on les aime.

LES VIGNES BLANCHES €€

67, avenue de Farciennes ✆ 04 66 59 13 12
www.lesvignesblanches.com
Du lundi soir au samedi soir. Le midi uniquement le jeudi, vendredi et dimanche. Menu à partir de 19 €.

Les Vignes Blanches continuent année après année à séduire les amoureux de gastronomie et de séjours de charme. La cuisine, traditionnelle et labellisée Militants du Goût, a ce classicisme un peu désuet qui ravit les clients. La carte affiche de belles viandes labellisées, accompagnées de légumes de saison, et les desserts se font d'une extrême gourmandise. Le repas peut se prendre en salle ou en terrasse au bord de la piscine, et vous pourrez aussi réserver l'une des charmantes chambres de cet hôtel 3-étoiles. Qualité et authenticité sont ici au rendez-vous.

LE VINTAGE €€

30, quai du Général-de-Gaulle
✆ 09 67 10 94 27
www.levintagebeaucaire.fr
Fermé mercredi et jeudi. Prix moyen à la carte 20 €.

Le Vintage a su se faire une place au soleil parmi les bonnes tables de la charmante ville de Beaucaire. Avec la terrasse ombragée par temps chaud et la salle cosy aux couleurs boisées lorsque les nuages pointent leur nez, cette adresse est le QG idéal tout au long de l'année. A la carte, les produits frais et de saison règnent et s'accordent des plus belles des façons. On apprécie particulièrement les risottos et les frites maison qui accompagnent le pavé de taureau AOP Camargue. Bel accord mets et vins. Une adresse chaleureuse à plébisciter !

CHÂTEAU MOURGUES DU GRÈS

1055, chemin des Mourgues-du-Grès
✆ 04 66 59 46 10
www.mourguesdugres.com
Ouvert du lundi au samedi, sur rendez-vous les jours fériés. Dégustation gratuite. Visite de la cave, 12,50 €.

Le château Mourgues du Grès produit des vins de caractère façonnés par les typicités du paysage méditerranéen : soleil, vent, Rhône et galets. Une alchimie parfaite pour que la production vinicole soit inscrite au palmarès des meilleurs vins de la région des Costières. Trois ou quatre crus pour chaque gamme de vins, à des prix défiant toute concurrence. Des sentiers balisés à travers le vignoble permettent de comprendre le lien qu'il existe entre le terroir et les arômes du vin. Dégustation à la boutique et visite possible des vignes et du caveau.

HUILERIE COOPÉRATIVE DE BEAUCAIRE

42, rue de La Redoute
✆ 04 66 59 28 00
Face aux arènes de Beaucaire.
www.huileriecoop-beaucaire.com
coopérative ouverte toute l'année.

Créée en 1924, l'huilerie coopérative de Beaucaire est le plus ancien atelier de transformation d'olives en huile de la ville. Dotée d'une chaîne d'extraction moderne, elle produit quatre huiles : 1 monovariétale issue de picholine, une huile AOP de Nîmes, un assemblage de picholine, négrette, aglandau, lucques et autres variétés locales et un fruité noir. Egalement en vente, une huile d'olive bio issues d'olives récoltées sur le plateau des Costières.

BASE NAUTIQUE ADRIEN HARDY

20, Allée du Drac
✆ 04 66 59 45 42
Accès libre toute l'année.

La base nautique Adrien Hardy est située à deux pas du Champ de Foire. Ce centre nautique et de loisirs sur le Rhône est ouvert toute l'année, excepté janvier et février qui sont consacrés à l'entretien du site. Trois disciplines, l'aviron, le jet-ski, la voile, se pratiquent dans un bel environnement naturel. Vous pouvez y venir avec votre propre matériel ou le louer sur place. C'est aussi ici que se développe l'école de voile municipale. Un lieu fort agréable pour se rafraîchir.

CIRCUIT DE KARTING JULIE TONELLI

751, chemin des Melettes
✆ 04 66 74 11 17
www.karting-30.com
Du Mercredi au Dimanche hors vacances scolaires ; Du Lundi au Dimanche pendant les vacances scolaires. 1 session à 15 €.

Cette piste de 1 007 mètres propose de pratiquer le karting 4 temps 270 cm^2. Des séances de quinze minutes, une demi-heure ou bien une heure : c'est le moment de voir ce que vous avez sous le pied. Vous aurez à votre disposition un parc de 20 kartings avec châssis allégé. Pour les groupes, vous pourrez aussi organiser un grand prix avec les essais libres, les essais chronos et enfin la finale qui départagera les concurrents. De bons moments en perspective !

PORT DE BEAUCAIRE

cours Sadi Carnot
✆ 04 66 59 02 17
Accès toute l'année.

Depuis Beaucaire et ses 230 anneaux, il est possible d'aller jusqu'à Sète, en passant par la cité médiévale de Bellegarde, où il est également possible d'amarrer son bateau pour goûter aux plaisirs festifs et tauromachiques. Un agréable port de plaisance en eau douce, situé sur le Canal du Rhône à Sète, qui, en une demi-journée de navigation, vous mènera aux rivages de la mer Méditerranée. Divers services sont à votre disposition à la capitainerie pour faciliter votre halte à Beaucaire, que vous soyez confirmés ou navigateurs amateurs.

Salles des jarres de stockage.

SAINT-QUENTIN-LA-POTERIE

Saint-Quentin-la-Poterie, labellisée Ville et Métiers d'Art, est la capitale de la poterie. Depuis le XIVe siècle, ce village a attiré les potiers et les céramistes des environs. Au détour des ruelles du village médiéval, de chaudes tonalités, de l'ocre à l'argile rouge ou verte, dominent. Les plaques des rues, réalisées par un céramiste, forment une œuvre d'art à ciel ouvert. Le savoir-faire de la faïence, le traitement de la terre vernissée : toutes les techniques se perpétuent à Saint-Quentin-la-Poterie, où maîtres artisans, ateliers, musée de la Poterie méditerranéenne et festival Terralha encensent le travail de la terre. Une étape incontournable.

CAPITALE DE LA CÉRAMIQUE

✆ 04 66 22 74 38

https://capitale-ceramique.com/

Boutique d'artisans en ligne. Adhésion annuelle obligatoire pour participer aux cours de poterie, 10 €.

Saint-Quentin-la-Poterie regroupe près de 40 ateliers de potiers, céramistes et autres artisans d'art qui ouvrent leurs portes au public tout au long de l'année. L'Atelier Terre propose, après adhésion à l'association, des cours et des stages d'initiation à la poterie, pour les enfants, les adultes, les groupes et les familles : plongez les mains dans la terre et découvrez la magie du tour ! Le site internet de l'association liste l'ensemble des artisans potiers de la ville ; c'est aussi une mine d'informations sur les événements artistiques de la cité.

MUSÉE DE LA POTERIE MÉDITERRANÉENNE ★

14, rue de la Fontaine

✆ 04 66 03 65 86

https://www.musee-poterie-mediterranee.com

Fermé en janvier. Adulte 4 €. Gratuit jusqu'à 12 ans. Billet musée+tour de l'horloge 5 €.

Six salles exposant des poteries et céramiques utilitaires, dont certaines sont vieilles de deux siècles, permettent de redécouvrir la fabrication artisanale d'objets et l'univers de la terre. Car à Saint-Quentin, des potiers travaillent encore aujourd'hui la terre, perpétuant une tradition locale. La visite retrace l'histoire de la céramique sur le pourtour méditerranéen, jusqu'à l'usage de la céramique populaire. Des expositions temporaires complètent les collections permanentes.

OFFICE CULTUREL - BUREAU D'INFORMATION TOURISME

15, rue du Docteur Blanchard

✆ 04 66 22 74 38

www.officeculturel.com

Du 1er mai au 30 septembre. Du mardi au dimanche : de 10h à 13h et de 14h à 18h.

De tradition potière depuis le XIVe siècle, le village a su pérenniser une renommée internationale dans l'univers de la céramique. Tout au long de l'année, des ateliers de poterie et de céramique ouvrent leurs portes. Une galerie d'art, le musée de la Poterie méditerranéenne ainsi qu'une librairie spécialisée enrichissent le côté culturel. Vous aurez ici toutes les informations concernant les hébergements, les restaurants, les animations et les activités ponctuant la vie de la cité.

SAINT-MAXIMIN

Joli village typique de l'Uzège, en provenance d'Uzès vers Remoulins, à hauteur de Pont-des-Charrettes, Saint-Maximin est baigné de lumière. Accroché sur le versant sud de la colline, il domine la vallée de l'Alzon, regarde ses vignes et ses vergers. Son église, sa place, son café, sa tour et son château Racine, qui date du XIIe siècle, où l'oncle du célèbre écrivain a effectivement vécu et accueillait le jeune André en vacances, sont les richesses de cette petite bourgade. Des éléments du paysage et du patrimoine historique qui composent un tableau authentique, une invitation au voyage, aux balades dans la campagne au son des cigales.

LE CLOS DE PRADINES €€€

Place du Pigeonnier
© 04 66 20 04 89
www.clos-de-pradines.com
Ouvert toute l'année. Chambres à partir de 82 €. Restaurant 1 assiette Guide Michelin, menu à partir de 30 €.

Le Clos des Pradines est un immense mas bâti sur les hauteurs du village. L'hôtel bénéficie d'une vue privilégiée sur la cité d'Uzès et sa vallée. Dans les chambres, l'orientation sud offre une belle lumière alors que la blancheur immaculée des espaces sous un éclairage étudié se conjugue au confort contemporain d'un 3 étoiles. La vaste piscine, le sauna et le bain à remous se feront accueillants. Côté restaurant, c'est une cuisine subtile, mélange de saveurs insolites aux couleurs locales, soulignée par une Assiette au *Guide Michelin*. Excellente adresse.

LE CAFÉ DES POTIERS €€

23, rue de la Fontaine
© 04 66 57 66 10
www.facebook.com/LeCafeDesPotiers
Ouvert du mardi au dimanche midi. Prix moyen à la carte 20 €.

C'est le genre d'adresses que nous affectionnons au *Petit Futé*, celles qui de l'extérieur interrogent, mais qui une fois le seuil de la porte passé ravissent les sens. Le Café des Potiers est de celles-ci ! Avec une ambiance chaleureuse et atypique, une cour ombragée qui vous accueille à l'arrière du restaurant, bien d'autres surprises vous attendent. Côté cuisine, la carte n'offre que peu de propositions et c'est gage de qualité. Renouvelée tous les deux jours, ce ne sont que des produits frais qui exhalent des saveurs méditerranéennes. Gourmande à souhait !

LE CATHÉTER €€

55, Chemin neuf
© 07 86 22 94 07
Mardi, mercredi, jeudi et vendredi midi ; Vendredi & samedi soir. Prix moyen à la carte, 18 €.

Une pépite au cœur de l'Uzège : un cadre moderne et chaleureux, une agréable petite terrasse, un accueil convivial et une ambiance familiale. Que demander de plus ? La cuisine me direz-vous ! Eh bien, là aussi, nous n'avons que des éloges à faire ! La cheffe distille avec passion une cuisine de saison intuitive, locale et très goûteuse. Elle a l'art et la manière de combiner avec élégance la cuisine française aux accents du Sud et la cuisine belge de ses origines. En bouche, c'est une explosion de saveurs, un mélange subtil qui flatte nos papilles. A essayer !

GALERIE TERRA VIVA

14, rude la Fontaine
© 04 66 22 48 78
https://galerie-terraviva.com/
Ouverture le 21 mars 2021.Boutique en ligne.

La galerie Terra Viva est installée dans l'ancien moulin à huile dont certaines parties datent du XVe siècle. Restauré avec des éléments contemporains, ce bâtiment, devenu «La Maison de la Terre», accueille également le Musée de la Poterie méditerranéenne et l'exposition des potiers de Saint-Quentin. Maud Grillet, la galeriste, propose un large éventail de pièces uniques de céramiques issues des très nombreux procédés de création et techniques. Des œuvres artisanales d'ici et d'ailleurs, aux notes japonisantes ou aux couleurs du Sud, originales et généreuses.

MOULIN À HUILE PARADIS

Route de Remoulins
© 04 66 83 24 52
www.huile-olive-paradis.com
Du lundi au samedi inclus, de 9h à 12h et de 14h à 18h. Boutique en ligne.

Depuis 4 générations, Christophe Paradis perpétue la tradition familiale de moulinier. Dans le moulin et point de vente qui se trouve à proximité de la route menant d'Uzès à Remoulins, on découvre lors d'une visite les secrets de la fabrication de l'huile à l'ancienne et les étapes de l'élaboration de cet incontournable produit méridional. Le moulin produit et vend une huile de qualité, des monovariétales picholine, aglandau, bouteillan, négrette et huiles d'assemblage comme la sublime huile goût à l'ancienne, issue d'olives sur-maturées. Une visite s'impose.

VERS-PONT-DU-GARD ★★★★

Chef-d'œuvre de l'art romain, du haut de ses 50 mètres, le Pont du Gard domine le lit du Gardon et masque presque la commune qui l'abrite Vers-Pont-du-Gard. Dans les ruelles étroites de ce petit village typiquement provençal, vous découvrirez les lavoirs, et la tour de l'Horloge. Quelques vestiges de l'aqueduc romain (dont fait partie le Pont du Gard), qui transportait l'eau depuis la source jusqu'à Nîmes, sont encore visibles le long des itinéraires de découverte. C'est également ici que fut extraite la pierre de Vers, dite « pierre du Pont du Gard », qui a servi, avec celle de Castillon-du-Gard, à la construction de l'aqueduc. Un sympathique endroit.

CASTILLON-DU-GARD

Situé à l'extrémité sud des Gorges du Gardon, à quelques minutes du Pont du Gard, le village de Castillon-du-Gard se dresse fièrement sur sa butte de grès calcaire. Chargé d'histoire, ce village a traversé les guerres de religion dévastatrices mais quelques monuments sont encore visibles. Ne manquez pas de découvrir la léproserie du Puits neuf et de l'Articoyse, les chapelles médiévales Saint-Christophe et Saint-Caprais, le château de Belle Vue et le site de la Villa de la Gramière. Une fois la balade dans ces ruelles empierrées terminée, rendez-vous au Belvédère pour une vue sur la vallée du Gardon et sur la majestueuse silhouette du Pont du Gard.

LE PONT DU GARD ★★★★

400, route du Pont-du-Gard
✆ 04 66 37 50 99
www.pontdugard.fr
Ouvert toute l'année. Horaires variables en fonction des saisons. Musée fermé lundi matin. Adulte 9,50 €, réduit 7 €.

Inscrit depuis 1985 au Patrimoine Mondial de l'Unesco, le Pont du Gard est un site d'exception. L'aqueduc, construit vers l'an 50, est l'ouvrage de l'empire romain le plus audacieux que l'on connaisse à ce jour. Il transportait l'eau des sources d'Uzès jusqu'à Nîmes. Aujourd'hui, l'ouvrage majestueux enjambe le Gardon et culmine à plus de 48 m. Les plages invitent à la baignade l'été et des sentiers de promenade offrent une vue panoramique sur la garrigue. Le musée propose un parcours ludique sur la construction du pont. Un incontournable !

LE VIEUX CASTILLON €€€

10, rue Turion-Sabatier
✆ 04 66 37 61 61
www.vieuxcastillon.com
Ouverture avril 2021. Chambres à partir de 130 €.

Au cœur du village historique de Castillon-du-Gard, cet établissement de caractère vous accueille dans une décoration moderne en osmose avec ses belles pierres médiévales. Les chambres arborent un esprit provençal épuré en lignes douces et tons neutres, baignées de lumière. Elles sont réparties entre « La Bâtisse », bâtiment principal et « l'Annexe ». Au restaurant La Table de Castillon, le chef vous proposera une cuisine aux saveurs généreuses et influencée par les richesses du Sud. Une étape luxueuse à la croisée de grands sites touristiques gardois.

Canoë-kayak au Pont du Gard.

LES JARRES €€

10, Place du 8-Mai-1945
✆ 04 66 03 33 84
https://restaurant-lamphitryon.ovh/les-jarres/
Lundi, jeudi, vendredi, samedi 12h-13h30/19h-20h30 ; Dimanche 12h-13h30. Planches à partir de 19 €.

Situées à deux pas de l'Amphitryon, les Jarres en sont, depuis 20 ans maintenant, un peu la petite sœur. Un cadre sobre, un brin cocooning avec une belle verrière, et pour l'été une jolie terrasse sur la place du village. Le cadre est planté. Côté cuisine, on se régale de plats familiaux et traditionnels, mijotés et faits maison. Des saveurs locales qui s'expriment en planches, la spécialité de la maison, ou en salades-repas. C'est frais, c'est bon, bref c'est une sympathique adresse à fréquenter lors de vos belles échappées en terres gardoises.

COLLIAS

Collias, c'est le village ou plutôt l'eau bénite préférée des Nîmois soucieux de se rafraîchir lorsque l'été livre ses journées caniculaires. On vient d'Avignon ou de Marseille pour se baigner en rivière dans ce site assez magique. Ici la baignade y est 100 % nature. A respecter donc tout comme les quelques règles de sécurité : la fraîcheur de l'eau contraste avec la chaleur ambiante, des niveaux de profondeur peuvent être assez brutaux et de légers courants en amont sont parfois indétectables... Reste le bonheur des plages de la rivière, ses rochers, ses gorges, le charme du village ancien à découvrir ainsi que ses sentiers de randonnée.

LE GARDON ★

Accès libre toute l'année.

© NO_LIMIT_PICTURES

Le Gardon coule au pied de Collias : ses rives accueillantes sont bordées de plages de galets et même parfois de sable. La baignade est 100 % nature, attire de nombreux locaux et est bien connue des touristes. Reste le bonheur que seule la baignade en eau douce peut procurer. Les Gorges du Gardon sont, quant à elles, un espace naturel très protégé du Gard. Ses abords pas toujours faciles d'accès se méritent, surtout entre Russan et Collias, et offrent un choix de balades inoubliables (la Baume de Sainte-Verédème notamment, au départ de Poulx ou de Sanilhac).

LE CASTELLAS €€€

30, Grand-Rue
✆ 04 66 22 88 88
www.lecastellas.com
Ouvert tous les jours dès le moi de mai. Formules à partir de 31 €.

Ce somptueux hôtel abrite une table gastronomique aux délices insoupçonnés. Au charme des salles voûtées qui offrent une ambiance unique et chaleureuse fait écho une cuisine riche et inventive. Evoluant au fil des saisons, et flirtant avec l'inspiration du chef, les mets se parent de mille et une saveurs, et enchantent nos palais. A la belle saison, vous apprécierez l'espace lounge qui du haut de la terrasse vous fera profiter d'une vue imprenable sur les toits du village. Des chambres élégantes au style singulier complètent Le Castellas. Une très belle adresse.

CANOË COLLIAS

Route d'Uzès
✆ 04 66 22 87 20
www.canoe-collias.com
De 24/36 € adulte selon longueur du parcours, ado 19/26 €, enfant 13/16 €.

Implanté entre Uzès et le pont du Gard, dans un site naturel de toute beauté, Canoë Collias vous ouvre les portes de la descente des gorges du Gard en eau vive. Au choix, 4 parcours de 8, 12, 22 ou 23 km. Du parcours Collias-Pont du Gard (le plus court) au parcours Russan-Pont du Gard (le plus long) les escapades nautiques proposées par Philippe et Brigitte Chapert passent toutes sous le célèbre pont gallo-romain. Une activité sportive de plein air et de nature idéale entre amis ou en famille (avec des enfants de plus de 6 ans).

GARD

REMOULINS ★

À quelques kilomètres du Pont du Gard, Remoulins, est une commune dynamique bien décidée à casser sa mauvaise réputation de bourg transit, entre Nîmes et Avignon. Le récent aménagement des berges au niveau du Pont-Neuf et la baignade dans le Gardon désormais tolérée attirent les touristes hors de la très commerçante Grand-Rue. Il faut sortir de cette artère pour visiter le village historique au fort cachet gardois. À voir, l'église du XIIe siècle, son impressionnant clocher peigne, l'ancien presbytère, le moulin à huile de 1631, et les hôtels particuliers. Quelques adresses pour bien manger et séjourner donnent envie de faire halte à Remoulins.

BIZE DE LA TOUR €€

2, place du Portail
✆ 04 66 22 39 33
www.bizedelatour.com
Chambre double 100 €, suite à partir de 160 €.

À seulement 3 km du Pont du Gard et 20 km des charmantes cités d'Avignon et de Nîmes, les chambres et les suites sont toutes équipées de la climatisation et d'une salle de bains privative. Elles sont décorées avec délicatesse et rappellent l'élégance des maisons bourgeoises du XIXe siècle dont Bize de la Tour est une brillante illustration. Une terrasse est nichée dans la tour, parmi les belles pierres. Ici, vous aurez le sentiment d'effectuer un voyage dans le temps, au cœur d'un village historique occitan. Ravissant point de départ pour partir en balade.

CAMPING LA SOUSTA €€

28, avenue du Pont-du-Gard
✆ 04 66 37 12 80 - G.P.S : 43.948648,4.545929
www.lasousta.com
Ouvert du 26 Mars au 1er Novembre 2021. Forfait 2pers à partir de 21,20 €.

L'un des campings les plus réputés de la région, La Sousta bénéficie d'un point de vue imprenable sur le pont du Gard. Il séduit les adeptes d'un tourisme naturel, mais amateurs d'un certain confort tout de même ! Dans la forêt, 240 emplacements d'environ 100 m² chacun, de nombreuses prestations et un cadre naturel préservé sur 12 hectares en bordure de la rivière. Vacances actives ou farniente intégral, sportifs ou professionnels du hamac, fans de pétanque ou de kayak, amoureux de la rivière tout simplement, il y en a pour tous les goûts.

CHAMBRE D'HÔTE CAMBIS €€€

19, rue de la Cournilhe ✆ 06 19 16 58 95
https://chambres-hotes-cambis-pont-du-gard.com/
Ouvert toute l'année. 3 suites à partir de 120 € la nuit.

Située dans le cœur historique de Remoulins, cette bâtisse du XIIe siècle vous bercera d'histoire et d'authenticité. Pour vous accueillir, trois suites privatives, d'environ 65 m² chacune, mêlent modernité et charme de l'ancien : le Colombier, le Rempart et le Cocon berceront vos nuits dans une ambiance chaleureuse. Murs en pierre du Gard, escalier à vis, plafond de bois... : autant de détails qui donnent du caractère à ces suites. Une cuisine commune, deux grandes salles de repos, une salle à manger, et un magnifique jardin harmonisent l'ensemble.

HOSTELLERIE DU MOULIN €€

14, avenue du Pont-du-Gard
✆ 04 66 58 88 30
https://hostelleriedumoulin.eatbu.com
Fermé le lundi. Ouvert tous les midis, du mardi au dimanche. Menu à partir de 14 €.

Le restaurant vous accueillera dans deux espaces : une salle intérieure et une terrasse ombragée par des mûriers, rafraîchissante au bord du Gardon dès les premières chaleurs. A table, une cuisine traditionnelle goûteuse, dont les plats du terroir ont fait sa réputation, comme par exemple le suprême de poulet jaune aux morilles sauce au vin jaune. Les poissons sont en bonne place sur la carte, et les tapas peuvent aussi avoir votre faveur ! Un lieu fort agréable, à l'ambiance authentique, idéal pour une pause gourmande près du Pont du Gard.

NATU'RANDO

1, avenue Geoffroy-Perret
✆ 06 67 11 49 19
www.natu-rando.com
Ouvert de 9h à 19h. Activités à partir de 15 €.

Nous connaissions les gorges de l'Ardèche à Valon-Pont-d'Arc, mais il y a aussi la possibilité de prendre l'eau et les vagues sur le Gardon et ses gorges. Natu'Rando vous propose de choisir votre embarcation pour naviguer de Fournes à Remoulins, jusqu'au pont Saint-Nicolas. Le plus grand parcours, l'intégral, fait 35 km, mais une gamme de 6 parcours du plus petit au plus grand s'adapte à tous les bras ! Les moniteurs, tous brevetés vous apprennent à pagayer, en canoë ou sur un paddle. Alors, à vos pagaies ! Balades à vélos et location d'un kit pour la via ferrata.

VILLENEUVE-LÈS-AVIGNON ★★

A 3,5 km d'Avignon seulement, et indissociable de la cité des papes qui lui fait face seulement séparée par le Rhône, Villeneuve-lès-Avignon fut la résidence principale des cardinaux et hauts fonctionnaires de la cour papale au XIVe siècle. Trouvant trop exiguë l'enceinte des remparts d'Avignon, et appréciant sans doute la campagne, ils se firent construire de somptueuses demeures que l'on peut encore admirer. L'office de tourisme propose un guide de balades et de randonnées à Villeneuve et dans ses alentours. Une situation parfaite pour découvrir le Gard rhodanien ainsi que la Provence, du Vaucluse au Luberon, de la Durance aux calanques de Marseille.

L'ABBAYE SAINT-ANDRÉ ET SES JARDINS ✞ ★★★

Rue Montée-du-Fort ✆ 04 90 25 55 95
www.abbayesaintandre.fr

Ouvert du 1er mars au 31 octobre, horaires variables selon les saisons. Visite guidée 14 €. Visite libre des jardins 7 €

Au cœur de l'enceinte du fort Saint-André qui domine Villeneuve-lez-Avignon, et face à Avignon, l'abbaye royale Saint-André, abbaye bénédictine, ouvre aux visiteurs ses somptueux jardins en terrasses et son palais abbatial. Vivez ici l'histoire du Languedoc et de la Provence depuis le VIe siècle. Les jardins, classés Jardins Remarquables, se parent de plantes méditerranéennes, d'oliviers et de pins centenaires. Ces jardins en balcons offrent une vue panoramique sur le palais des papes.

CHARTREUSE DU VAL DE BÉNÉDICTION ✞ ★★★★

58, rue de la République ✆ 04 90 15 24 24
www.chartreuse.org

Ouvert tous les jours de 10h à 17h. Haute saison : tous les jours de 9h30 à 18h30. Gratuit jusqu'à 18 ans.

Fondée par le pape Innocent VI au XIVe siècle, la Chartreuse est l'un des plus vastes et remarquables monastères de l'ordre des Chartreux avec son église, ses trois cloîtres et leurs quarante cellules, ses nombreux jardins ou encore la chapelle ornée des fresques du célèbre peintre du Palais des Papes, Matteo Giovannetti. La Chartreuse a aussi vocation depuis plus de quarante ans à accueillir des résidences d'écriture et de créations théâtrales en lien avec le festival d'Avignon.

LE FORT SAINT-ANDRÉ ★★

✆ 04 90 25 45 35
www.fort-saint-andre.fr

Qualité Tourisme. Ouvert toute l'année tous les jours de 10h à 13h et de 14h à 17h. Haute saison 10h à 18h.

Le Fort Saint-André se dresse fièrement sur le mont Andaon comme sur un piedestal. Il fut édifié par Philippe Le Bel à partir de 1291 pour affirmer la puissance du Royaume de France face à l'Empire et aux Papes d'Avignon et protéger le bourg et son abbaye. Il fut occupé jusqu'à la Révolution française. On y accède par la montée du fort et on y pénètre par une porte flanquée d'impressionnantes tours jumelles. Créneaux, meurtrières, échauguettes et mâchicoulis donnent à ses deux tours des allures de citadelle imprenable. Il sert aussi de lieu d'expositions.

GARD

L'abbaye Saint-André et ses jardins.

MUSÉE PIERRE DE LUXEMBOURG

3, rue de la République ✆ 04 90 27 49 66
www.villeneuvelesavignon.fr

Fermé en janvier. Ouv du mardi au dimanche. Mai à octobre 10h à 12h30 14h à 18h. Février avril novembre décembre 14h 17h

Ce magnifique palais du XIVe siècle fut la résidence du cardinal Pierre-de-Luxembourg, qui y serait décédé. Le musée abrite le chef-d'œuvre d'Enguerrand Quarton : *Le Couronnement de la Vierge* (1453), la célèbre Vierge en Ivoire (XIVe siècle) et présente aux premier et deuxième étage une très belle collection de peintures du XVIe au XVIIIe siècles : Simon de Châlons. Un cycle de conférences intitulé « Les après-midi au musée » s'adresse autant aux amateurs qu'aux néophites.

LA TOUR PHILIPPE LE BEL

Rue Montée-de-la-Tour
✆ 04 32 70 08 57

Fermé de novembre à janvier. Mardi et du jeudi au dimanche de 14h à 17h ; le mercredi de 10h à 12h et de 14h à 17h.

Cette tour était l'extrémité du pont Bénézet. Véritable sentinelle à l'entrée de la ville et seul vestige d'une forteresse édifiée entre 1292 et 1307 sur les ordres de Philippe IV le Bel, soucieux de tenir Avignon en respect. Elle se compose de trois étages aux belles salles voûtées d'ogives. Au XVe siècle on lui ajouta une tour de guet. Du sommet, le panorama est exceptionnel sur le Rhône. Vous l'aurez compris pour profiter de la vue, il faut être en forme car vous devez monter les nombreuses marches. Vous ne serez pas déçus. Venir bien chaussés.

LA DIVIGNE €€

57, rue de la République
✆ 04 90 22 00 00

Planches et assiettes 15 €. Prix moyen à l'ardoise 17 €.

La Divigne, divine vigne mise en lumière par les connaissances de Marie-Charlotte et les plats gourmets d'Emmanuelle. A la fois cave à vin et bistrot gourmand, ce lieu est un enchantement pour les épicuriens et ceux en passe de le devenir. C'est un lieu qui sublime le terroir, les terroirs, et les hommes qui travaillent à leur préservation et à leurs richesses. En découle une sélection de vins naturels et biodynamiques que vous pourrez déguster dans la salle aux allures de bouchon lyonnais. Côté cuisine, c'est une explosion de saveurs subtiles. On adore !

HÔTEL DE L'ATELIER €€

5, rue de la Foire ✆ 04 90 25 01 84
www.hoteldelatelier.com

Qualité Tourisme. Qualité Sud de France. Ouvert toute l'année. 22 chambres de 69 à 169€, chambre triple de 115 à 169€.

Idéalement situé au cœur du vieux village, cet hôtel de charme qui a trouvé sa place dans une bien jolie demeure du XVIe siècle est un bonheur pour les touristes. Le petit déjeuner copieux se prend dans le patio-jardin qui embaume dès les beaux jours ou dans la petite salle à manger à la déco branchée. A l'étage, la terrasse solarium est une invitation à lézarder au soleil ou sous un parasol. De là, la vue est superbe sur les toits de la ville. Dans le bel escalier (attention pas d'ascenseur), les toiles colorées sont à la vente si vous avez un coup de cœur.

O CUB €€

Quartier Pont d'Avignon
✆ 04 90 25 52 29
www.cubehotel.fr

Ouvert toute l'année.23 chambres de 55,50 € à 84 €. Petit déjeuner buffet : 9,50 €. Lit supplémentaire : 10 €. Parking.

Deux étoiles pour cet hôtel. C'est pop ! Et le service est tout en sourire et gentillesse. On ne s'en prive pas et on profite de cette grande terrasse panoramique avec vue sur… le palais des papes ! Eh oui, on est de l'autre coté du pont. Les chambres sont bien-sûr toutes en couleur : du bleu, du rouge, du orange ! Et elles ont toutes un caractère bien trempé. Alors oui, le rapport qualité-prix est vraiment au rendez-vous. En tout cas il n'y a jamais de mauvais commentaires pour cet hôtel situé au bord du Rhône, à deux pas d'Avignon.

LA SUITE €€€

67, rue de la République
✆ 04 90 21 51 07
www.hotellasuite.fr

Fermé de novembre à mars. 9 chambres. Chambre double de 120 € à 250 € ; suite de 260 € à 360 €. Parking fermé.

L'hôtel est en plein cœur de la ville et il a un charme fou qui se cache derrière une façade austère. En fait, les propriétaires ont l'œil pour les belles choses et un goût très sûr pour l'art contemporain. Le résultat est un mélange très harmonieux de vieilles pierres et d'objets *design*. Chaque chambre a bien-sûr sa propre personnalité avec toujours un petit détail décalé. Elles sont peu nombreuses et la sensation de paix est préservée. Le jardin que l'on ne peut pas deviner de l'extérieur abrite quelques sculptures. Ce lieu est définitivement un petit bijou.

LE BISTROT DU MOULIN - MAISON BRONZINI €€

74, rue de la République ✆ 04 90 25 45 59
www.maisonbronzini.com

Ouvert toute l'année. Tous les jours le midi et le soir. Menus de 30 € à 37 €. Formule du midi. Brunch le dimanche.

Le moulin à huile de la Chartreuse fonctionne depuis 650 ans, ses flacons sont médaillés d'or régulièrement. Attenante au moulin, la Maison Bronzini est un lieu à part, un concept global de restaurant-bar-salon de thé-boutique-moulin qui s'offre en partage. On passe du moulin où sont travaillées les olives en direct à la salle à manger aux petits salons à l'heure du thé devant la cheminée puis on monte ensuite à la boutique qui propose des objets en arts de la table et de la déco.

LA GUINGUETTE DU VIEUX MOULIN €€

5, place du Vieux-Moulin
✆ 04 90 94 50 72
www.guinguettevieuxmoulin.com

Ouvert toute l'année midi et soir. Menus de 31,50 € à 35 €. Plat du jour : 13 € (formules midi à 16 € et 19 €).

Cette grande bâtisse du XIXe siècle, au pied de la Tour Philippe le Bel a gardé le cachet de l'ancienne guinguette déjà en place au début du XIXe siècle. On est en bordure du Rhône. L'été, elle se prolonge par un ponton flottant où l'on peut siroter un verre. L'intérieur ne manque pas de charme – ornée d'instruments de musique et d'objets de brocante – murs en pierre sèche, cheminées à l'ancienne et alcôves donnant directement sur la terrasse au bord de l'eau.

LE PRIEURÉ BAUMANIÈRE - HÔTEL RESTAURANT €€€

7, place du Chapitre
✆ 04 90 15 90 15
www.leprieure.com

Ouvert le lundi soir mardi et mercredi midi jusqu'à fin avril et en haute saison 7/7. Jardin. Terrasse.

Depuis son arrivée au Prieuré en 2018, Marc Fontanne nous régale d'une cuisine de haute-volée. Ce jeune chef étoilé qui est passé dans de belles maisons -chez Anne Sophie Pic et à la Réserve de Beaulieu- travaille à merveille les produits du terroir, les légumes et le fruits qui font honneur à la région. Nous aimons aussi l'accueil charmant, on est ici dans ce bel endroit luxueux mais sans ostentation comme dans une maison amie. Aux beaux jours, on s'installe sous la treille.

MOULIN À HUILE DE LA CHARTREUSE

74, rue de la République
✆ 04 90 25 45 59
www.maisonbronzini.com

Ouvert tous les jours de 9 à 19h. Visite et dégustation gratuites toute l'année. Label Qualité Tourisme et Sud de France

C'est l'un des plus anciens moulins de la région, créé en 1358 par l'ordre des Chartreux. Un patrimoine inscrit au Patrimoine historique, où le jus sacré ne cesse de couler depuis près de 650 ans. Repris par la famille Bronzini, c'est Philippe, maître moulinier passionné de son métier, qui s'occupe de la trituration des olives pour élaborer 3 huiles : la cuvée Terroir ; la cuvée AOC Provence et la cuvée Bio (à majorité picholine). Egalement un corner de produits cosmétiques.

ALÈS ★★

Alès, deuxième ville du département après Nîmes, revendique son statut de capitale des Cévennes. Avec un riche passé, Alès fut l'un des moteurs industriels du Languedoc-Roussillon grâce à l'extraction du charbon. Alès et ses alentours gardent d'importantes traces de cette épopée minière, comme le dôme qui domine la ville avec ses allures de volcan. Alès est aujourd'hui une ville multiple, conjuguant les traces de son passé avec son dynamisme culturel et artisanal. Prenez le petit train touristique pour découvrir la ville, et entre deux activités, soufflez dans les parcs ombragés ou profitez du marché pour faire le plein de saveurs du terroir !

OFFICE DE TOURISME DE CÉVENNES TOURISME

Place de l'Hôtel-de-Ville
✆ 04 66 52 32 15
www.cevennes-tourisme.fr
Ouvert toute l'année, horaires variables en fonction des saisons.

L'équipe de l'office de tourisme délivre des informations sur les Cévennes et assure la billetterie de tous les spectacles de la ville et des environs. Vous y trouverez également des parcours pour visiter la ville de manière autonome ou par le biais de visites guidées à thèmes, des activités ludiques pour les enfants, des plans et des excursions à faire aux alentours de la ville, de bonnes adresses pour vous restaurer, bref de quoi passer de très bons moments au cœur des Cévennes.

CATHÉDRALE SAINT-JEAN-BAPTISTE ✝ ★

Place Saint-Jean
✆ 04 66 52 21 06
Accès libre.

Édifiée à partir du XIIe siècle, puis détruite au Moyen Age, la cathédrale Saint-Jean-Baptiste d'Alès est un édifice roman reconstruit au XVIIe siècle pour mieux lutter contre les protestants, lors des affrontements entre le pouvoir royal de Louis XIV et les Huguenots. Classée monument historique, elle offre un panel stylistique alliant des langages architecturaux de style roman, gothique et néoclassique, traces des différents travaux et restaurations dont elle a fait l'objet.

COMPTOIR DES HALLES €

5, rue Jean-Castagno.
✆ 06 34 08 56 06
www.comptoirdeshalles.eatbu.com
Ouvert toute l'année, horaires variables en fonction des saisons. Menu à partir de 14,90 €.

À la tête du Comptoir des Halles, un chef passionné et très sympathique qui séduit tous les gourmands de la région. A table, épaulé par la chef Solène Seguin, il ne sert que des produits frais et de saison, si possible estampillés des Cévennes. Cèpes, asperges, fraises, tous les bijoux du terroir sont exploités avec finesse dans des assiettes gourmandes. On aime particulièrement le pot-au-feu maison et son aïoli, les lamelles de seiches à la sétoise, le risotto de la mer et le moelleux à la châtaigne. Mention très bien pour la déco et la terrasse ensoleillée !

MUSÉE DU COLOMBIER ★

1, rue Jean-Mayodon
✆ 04 66 86 30 40
www.ales.fr
Ouvert touts les après-midi de septembre à juin sauf les mardis ; tous les jours en juillet août. A partir de 3 €.

Installé au sommet du parc du Colombier, au centre de la ville, le musée est abrité dans un charmant château du XVIIIe siècle. Ici, les collections archéologiques du Paléolithique côtoient les collections de peintures des écoles françaises et étrangères du XVIe siècle. Périodes modernes et contemporaines, archéologie régionale, diverses collections cohabitent. Des expositions temporaires animent les lieux chaque année. Ne manquez pas enfin de flâner dans le joli jardin à la française du musée, où vous pourrez admirer une belle rocaille.

L'ASSIETTE ALÉSIENNE €

6, rue Mandajors
✆ 04 66 52 65 48
www.lassiette-alesienne.fr
Ouvert du mardi au samedi le midi et le soir ; le dimanche midi. Menu à partir de 13,90 €. Carte.

Situé en plein cœur d'Alès, le restaurant l'Assiette Alésienne vous propose une cuisine traditionnelle et méditerranéenne, quelquefois revisitée, à base de produits frais et des inspirations du marché. Le cadre est convivial et familial et le service efficace et soigné. La cuisine est bonne, sans trop d'artifices, avec une carte renouvelée deux fois par an, l'intérêt de l'établissement résidant principalement dans l'excellent rapport qualité-prix qu'il propose. Belle cartes de vins régionaux à des prix très corrects. Terrasse ombragée aux beaux jours.

ÉPICES ET TOUT €€

15, avenue Carnot ✆ 04 66 52 43 79
www.epicesettout.fr
Ouvert lundi, mardi, jeudi et vendredi, midis et soirs ; mercredi midi et samedi soir. Formule à partir de 16 €.

Epices et Tout embaume de saveurs et d'effluves épicées, de couleurs d'ici et d'ailleurs. Quentin et Aurélie sont à vos côtés pour vous commenter la carte inspirée des trouvailles du chef sur le marché, toujours ponctuée de produits frais, et nous laissant émerveillés devant ces mets qui tous aiguisent notre appétit : saumon gravlax et salade d'herbes ; gambas à la plancha, fregola sarda aux légumes ; entremets chocolat exotique. La carte des vins se renouvelle chaque saison pour mieux souligner les plats. Laissez vos yeux et vos papilles se régaler !

LE RICHE HÔTEL-RESTAURANT €€

42, place Pierre Sémard ✆ 04 66 52 30 87
www.leriche.fr
Ouverture le 1er mars 2021. Chambre double à partir de 64€ ; suite à partir de 160 €. Menu à partir de 37 €.

Sébastien Rath, élu jeune talent 2019 par le *Gault & Millau*, a fait peau neuve à l'hôtel-restaurant Le Riche, plaçant son établissement dans la cour des grands en lui redonnant ses lettres de noblesse. L'hôtel propose ainsi des chambres et suites modernes et lumineuses, au confort parfait (toutes les chambres disposent d'une machine à expresso !), auquel s'ajoute un service discret mais très attentionné. Un raffinement qui se retrouve jusqu'à la table ! Excellente adresse.

LA BRÛLERIE

10, place de l'Abbaye
✆ 04 66 52 94 94
www.labrulerie.com
Ouvert du lundi au samedi, 9h-12h/14h-18h

La Brûlerie est une torréfaction artisanale et une entreprise familiale depuis plus de 30 ans, offrant une sélection des meilleurs cafés du monde, mais aussi de thés et de tisanes. Pour varier les plaisirs, l'épicerie fine propose quelques douceurs sucrées. Le matin, on apprécie aussi de prendre un café en terrasse à la Brûlerie pour flâner, discuter, refaire le monde. Une adresse conviviale et reposante avant de partir à l'assaut des étals du marché couvert et ses myriades de produits succulents du terroir cévenol et méditerranéen.

LES HALLES DE L'ABBAYE

14, rue de la République
✆ 04 66 91 01 24
http://halles-de-labbaye.fr/
Ouvert du lundi au samedi, de 7h à 14h.

Il s'agit d'un incontournable d'Alès. De la boucherie au primeur en passant par les poissonniers, les boulangers, fromagers, tous ces producteurs régionaux vous invitent à les retrouver aux Halles de l'Abbaye pour une belle découverte qui mettra en éveil tous vos sens. On y trouve les produits locaux à mettre dans votre panier pour vous offrir le meilleur des Cévennes gardoises : charcuterie cévenole, fromages de chèvre (les fameux pélardons des Cévennes), les oignons doux des Cévennes, les pommes reinettes du Vigan, il ne vous reste plus qu'à cuisiner !

PAPILLES AU NEZ

47, Avenue Carnot
✆ 06 83 67 62 80
www.papillesaunez.com
Ouvert du mardi au samedi, 10h-20h. Ateliers de dégustation sur inscription.

Un domaine viticole en plein cœur d'Alès ? Pas du tout. Mais Papilles au Nez vaut vraiment le détour... Surtout, il ravira les amateurs de vins biologiques ou naturels. C'est en effet ici une jolie sélection de vignerons passionnés, profondément ancrés dans leurs territoires et leurs terroirs, respectueux de la nature, offrant des vins 100 % bio et nature. De quoi faire de belles découvertes et se laisser guider par vos papilles lors des ateliers de dégustation, ou encore d'échanger sur les vins au travers de balades œnologiques proposées en juillet août.

URBAN PARC

17, rue Marcel-Paul
✆ 04 66 43 35 76
www.urbanparc.fr
Ouvert du mercredi au dimanche, et tous les jours pendants les vacances zone C. A partir de 7 €. Restauration.

Une ancienne usine près du centre-ville transformée en parc d'attraction, voilà qui n'est vraiment pas banal ! Urban Parc propose aux enfants un nombre impressionnant d'activités : accrokid, accrofun, trampoline, skate park, etc. On peut bien entendu y organiser des anniversaires ou toute autre sorties de groupe. Ici, le matériel est sécurisé à l'extrême et le personnel souriant est toujours très vigilant. Le petit plus, la galerie dédiée au street-art avec des expositions et des fresques géantes, et l'espace restauration où les croques-jaffles sont un délice !

ANDUZE ★

Haut lieu du tourisme gardois et véritable porte des Cévennes, Anduze, impressionnant avec son défilé rocheux et la rivière à ses pieds, est occupé depuis la plus haute histoire de l'humanité, comme en témoignent les tombes mégalithiques de la Grande Pallière, les menhirs et les dessins dans les grottes des alentours. Aujourd'hui, les touristes viennent musarder sur le marché ou acheter des poteries, les fameux vases d'Anduze fabriqués depuis le XVIIe siècle par la famille Boisset-d'Anduze. Les amateurs de nature quant à eux choisiront de randonner sur le site classé Natura 2000, les « Falaises d'Anduze », connues également sous le nom de Peyremale.

TRAIN À VAPEUR DES CÉVENNES

38, place de la Gare
✆ 04 66 60 59 00
www.trainavapeur.com

Ouvert d'avril à fin octobre. Aller-retour au départ d'Anduze 16,50, enfant 11,50 €.

De la gare d'Anduze à celle de Saint-Jean-du-Gard (ou l'inverse), ce tortillard offre un voyage de 13 km au cœur du Piémont cévenol, entre ponts et tunnels, chênes verts et rivières. Un trajet touristique rythmé par le teuf-teuf légendaire de cette machine d'un autre âge, ballotté dans des wagons panoramiques, à l'air libre. On en prend plein les mirettes, notamment lorsque le rail enjambe le Gardon ou qu'il longe la Bambouseraie. Une balade ferroviaire très prisée des enfants.

CÉVENNES TOURISME - BUREAU D'ANDUZE

6, plan de Brie
✆ 04 66 61 98 17
www.cevennes-tourisme.fr/

Ouvert toute l'année, horaires variables selon les saisons.

Située dans le centre névralgique d'Anduze, l'office de tourisme est animé, didactique et accessible à tous. Le personnel est là pour vous aider à organiser votre séjour, pour vous guider vers une balade, une randonnée ou un lieu pour se prélasser dans la région. Il faut dire que le coin est truffé de splendides sites naturels, de villages pittoresques avec des musées insolites. Une application mobile dédiée au vase d'Anduze, patrimoine local est téléchargeable sur votre mobile.

APPART HÔTEL - RÉSIDENCE LES 4 SOURCES €€

2508, route de Saint-Jean-du-Gard - **CORBÈS**
✆ 09 71 55 93 49
www.les4sources.fr

Ouvert toute l'année. Location Appartements meublés du T2 au T4 à partir de 70 € la nuit pour 2 personnes.

Les 4 Sources est un appart'hôtel où vous pourrez réserver un appartement tout équipé. Situé dans un parc arboré aux portes des Cévennes, il offre à ses hôtes une atmosphère calme, les plaisirs d'une piscine et un accès direct au Gardon. Les appartements, d'une ou deux chambres, disposent d'une cuisine, idéale pour se préparer de bons petits plats du terroir, d'une terrasse et de la climatisation. Vous trouverez tout le confort pour passer un séjour agréable au cœur des Cévennes.

GARD

Le village d'Anduze et le Gardon.

CÉVENNES-PROVENCE €€

Corbès-Thoiras

✆ 04 66 61 73 10

www.camping-cevennes-provence.com

Ouvert du 20 mars au 1er octobre. Tarifs complets sur le site internet.

Un camping de rêve dans un cadre en pleine nature, bordé par deux rivières, offrant des accès privés aux plages de ces dernières. 220 emplacements de camping pour tentes et caravanes se choisissent au gré des préférences, plaine, colline ou terrasse. Des locations et un village de chalets avec toutes les commodités du quotidien : salon de coiffure accessible aux handicapés, douche pour animaux, sanitaires équipés pour personnes à mobilité réduite, laverie. Au bord de la rivière, 1,5 hectare d'aire de jeux et terrains de sport.

LA PORTE DES CÉVENNES €€

2300, route de Saint-Jean-du-Gard

✆ 04 66 61 99 44

www.hotel-restaurant-porte-cevennes.com

Ouvert de début avril à mi octobre. Chambres doubles à partir de 101 €. Menu à partir de 24 €.

Caché au travers des pins et des chênes verts, avec une vue imprenable sur une colline qui domine la vallée du Gardon, la Porte des Cévennes garantit à ses clients le calme et la sérénité au milieu de beaux paysages. Cet établissement présente un très bon niveau de confort, avec notamment salle de remise en forme et piscine couverte et chauffée. Les chambres spacieuses ont toutes un balcon privatif. Et surtout cette terrasse panoramique, avec vue sur la façade calcaire d'Anduze et le train à vapeur des Cévennes. Qu'il est doux de séjourner ici !

LA FERME DE CORNADEL €€€

Route de Générargues

✆ 04 66 61 79 44

www.cornadel.fr

Ouvert toute l'année. Chambres et suites à partir de 72 €. Menus à partir de 19 €.

A deux pas de la fameuse Bambouseraie, la Ferme de Cornadel est le palace des environs. Les chambres et suites, aux doux noms de cépages viticoles, arborent les mêmes tons et la même recherche décorative qui règne dans le restaurant du rez-de-chaussée, avec sa belle terrasse ombragée par les kiwis. Offrez-vous le luxe d'un massage aux huiles essentielles dans votre chambre ou au bord de l'eau. Entre vieilles pierres, terrasse et piscine, tout concourt à faire de cette ambiance cosy et végétale un cadre de rêve pour un week-end romantique ou des vacances luxueuses.

LE CABANON €€

16, plan de Brie

✆ 04 66 61 64 62

www.lecabanon-anduze.fr

Ouvert tous les jours midi et soir. Brasserie, glacier et snacking tous les après-midis. Menu à partir de 22 €.

Au cœur d'Anduze, Karine Anfosso vous ouvre les portes de son Cabanon. Ne vous fiez pas à son nom, c'est bien là une jolie maison agrémentée d'une bien belle table qui vous accueille à l'année. Epicurienne dans l'âme, Karine a à cœur de vous faire partager toutes les saveurs du terroir, tant dans l'assiette que dans le verre. On savoure un tartare de bœuf d'Aubrac, on se régale d'un parmentier de morue, on se délecte d'un fromage de chèvre du producteur local Frédéric Pantel, le tout subtilement arrosé d'un verre de vin du domaine de l'Orviel. Délicieux !

LA NOUGATERIE CÉVENOLE

9, Plan de Brie

✆ 07 49 13 14 75

Ouvert du jeudi au samedi et le dimanche matin.

C'est dans ces ruelles étroites du centre-ville d'Anduze que l'on trouvera cet artisan fabricant de nougat et de pain d'épices. M. Dorin officie dans un bâtiment vieux de 700 ans, un ancien pressoir. La production de son atelier offre un véritable festival gustatif aux papilles : pains d'épices et nougats, mais aussi miels, chocolats, confitures, calissons, épices et poivres figurent sur sa palette d'artiste. Outre la dégustation, découvrez aussi le processus de fabrication de ses produits et appréciez les vertus d'un bon thé sur les conseils du maître artisan.

POTERIE LES CORDELIERS

Place de la Gare

✆ 04 66 60 79 84

www.poterie-cordeliers.com

Du lundi au vendredi 8h-12h/14h30-19h ; les week-end et jours fériés 10h-12h/14h30-18h.

La poterie Les Cordeliers entretient la tradition séculaire et les gestes nobles liés à la fabrication des vases d'Anduze. Confection de la cloche, du pied, assemblage des deux parties, finitions, séchage naturel, émaillage puis cuisson à plus de 1 000 °C. L'entreprise respecte au pied de la lettre les procédés artisanaux de la fin du XVIe siècle. Un respect des savoir-faire pour signer des vases classiques et d'autres plus contemporains. Chaque pièce est signée et numérotée dans sa partie basse, et frappée d'un sceau qui garantit son origine.

BARJAC

Cette attachante cité, labellisée Village de caractère, est le point de départ de multiples randonnées et sorties nature. En remontant vers l'intérieur du pays, à travers les sentiers pédestres de la vallée de la Cèze et des gorges de l'Ardèche, la région est fraîche et tempérée. Qu'est-ce qui fait le charme de Barjac ? Son patrimoine historique, le bel héritage de ses traditions, quelques bonnes tables et de sympathiques foires et marchés. Une certaine douceur de vivre également, que l'on sent ici, et une proximité avec la nature qui de toute part vous englobe. Une nature sauvage et prolifique, parsemée de senteurs de thym, de serpolet et de lavande.

BUREAU D'INFORMATION TOURISTIQUE DE BARJAC

120, place Charles-Guynet
✆ 04 66 24 53 44
www.tourisme-ceze-cevennes.com
Ouvert toute l'année, horaires variables en fonction des saisons.

L'approche de la bourgade gardoise se fait par l'harmonieux terre-plein central où converge toute l'activité commerciale des foires et marchés. Un emplacement stratégique pour les bars, restaurants et l'office de tourisme. Ici, vous pourrez réserver une visite guidée du centre historique, et découvrir l'ensemble médiéval et Renaissance admirablement mis en valeur. Entre remparts, tours hautes et ruelles pavées, Barjac présente un patrimoine bâti digne d'un conte de fées.

NATURA LODGE €€

561, ✆ 04 66 24 54 77
www.ardeche-detente.com
Fermé de novembre à mars. Chambre dès 65 €, hébergements insolites à partir de 75 € la nuit, petit-déjeuner compris.

Ici, on réalise un rêve d'enfant : dormir dans une cabane dans les chênes. Perchés à 4 m du sol, que ce soit en couple ou en famille, vous serez séduit par ces vacances insolites dans un écolodge labellisé «Refuge LPO». Aux beaux jours, vous bénéficierez de l'accès à la piscine et sa pataugeoire. La salle commune dispose d'une cuisine d'été, de jeux et d'une bibliothèque. Les autres écolodges : quatre yourtes mongoles, une roulotte, un avion Cessna loué avec sa tour de contrôle et une bulle suspendue dans les arbres. Table d'hôtes locavore sur réservation.

LE CARRÉ DES SAVEURS €€

1770, chemin du mas-du-Terme
✆ 04 66 24 56 31
www.le-carre-des-saveurs.com
Fermé de janvier à fin février. Ouvert tous les jours midi et soir. Menu à partir de 19 €.

Le restaurant est celui de l'hôtel Le Mas des Termes. Un patio baigné de soleil où quelques parasols offrent un peu d'ombre en été, une salle voûtée du XVIIIe siècle où les pierres apparentes s'harmonisent avec le mobilier contemporain. Le chef offre une cuisine originale, basée sur une agriculture locale raisonnée, mettant l'accent sur la fraîcheur et la saisonnalité des produits. Vous aimerez le Craspeù de Provence, la souris d'agneau confite et son caïeu d'ail. Belle sélection de vins biologiques qui raviront le connaisseur comme le profane.

GÉNOLHAC

Situé sur le tracé de la Voie Régordane qui reliait l'Auvergne à la Méditerranée, Génolhac a connu de nombreux traumatismes à travers l'histoire, d'épisodes de peste en guerres de Religion. Côté architecture, le Moyen Age a laissé la tour carrée de l'ancien château et l'église du XIIe siècle avec son clocher à peigne. Au pied du Mont Lozère et dans le Parc national des Cévennes, les occasions de randonner sont ici nombreuses et sympathiques. Faites une halte à Génolhac, et savourez sa douceur de vivre, alliant tourisme vert avec des activités de pleine nature, culture, qui inspira l'écrivain Jean-Pierre Chabrol, et terroir de ce riche pays cévenol.

LA GRAND-COMBE

La commune est indissociable de son passé minier. Elle émerge tel un champignon en 1846 par les effets de la révolution industrielle ; c'est ici que l'histoire du bassin houiller commence pour finalement s'arrêter à la fin des années 1970. La commune fut en effet l'un des berceaux de l'exploitation des mines de charbon des Cévennes. La commune reste donc marquée par son passé et aussi par sa géographie, dont la physionomie est contenue dans le nom. La Grand-Combe se trouve juchée à l'entrée des Cévennes, sur la route du Mont-Lozère et des randonnées en pleine nature pure et sauvage. La nature se dévoile, offrant des paysages époustouflants à découvrir.

LA FORÊT FOSSILE ★★

Hameau de Champclauson ✆ 04 66 60 34 65
www.laforetdefossiles.wixsite.com/la-foret-fossile

Ouvert d'avril à novembre, horaires variables selon les saisons. Adulte 6,80 € - Enfant 4 € et 5,80 €.

Explorateurs en herbe et géologues sont séduits par ce site étonnant. Ancienne mine de charbon à ciel ouvert, elle présente en son cœur une belle collection de fossiles d'exception. Au cours de la visite, les curieux auront l'occasion de découvrir une exposition de fossiles végétaux de l'époque carbonifère ainsi qu'une multitude d'espèces reproduite grandeur nature. Après le visionnage d'une courte vidéo ludique sur la minéralisation des végétaux, un petit train les conduira à la découverte de notre monde comme il était il y a plus de 300 millions d'années.

LA MAISON DU MINEUR

51, rue des Poilus
✆ 04 66 34 28 93
www.maison-du-mineur.com

Fermé de mi décembre à fin février. Adulte 5 €, enfant 3 €.

Le musée se veut un témoignage de cette activité que fut l'extraction de l'anthracite, indissociable de la commune. La salle d'entrée donne rapidement une idée de l'activité qui a foisonné durant plus d'un siècle dans la cité cévenole : 180 douches, 1 800 paniers attitrés attendaient ici les mineurs en début et fin de journée. Unique en Europe, la salle de la machine d'extraction impressionne par son fonctionnement. La maison du Mineur reste un émouvant témoignage d'histoire économique, mais aussi politique et sociale. Visite guidée assurée par un ancien mineur.

PORTES

Pour de très nombreux Gardois d'origine cévenole, Portes fait office de véritable porte des Cévennes. Le village est principalement connu pour son château, souvent appelé Vaisseau des Cévennes en raison de sa spectaculaire proue en pierre, et unique en Europe, qui surveille le col l'ancien chemin dit de Régordane qu'empruntaient les pèlerins de Saint-Gilles et les Croisés vers la Terre Sainte. Construit dès le XIe siècle, le monument célèbre le mariage du Moyen Age et de la Renaissance, et était habité jusqu'au début du XXe siècle, avant que les mines ne changent le destin du village. Une jolie visite à inscrire dans vos tablettes !

VÉZÉNOBRES ★

Perché sur un ancien oppidum, Vézénobres, au carrefour des Cévennes et de la Provence, porte son regard jusqu'aux monts Aigoual et Lozère. Une position stratégique qui encouragea les Romains à initier une voie romaine qui, au Moyen Age, sera un axe de pèlerinage et de commerce reliant le littoral méditerranéen à la France du nord : le Chemin de Régordane, aujourd'hui GR700. Vézénobres fut célèbre pour sa production de figues sèches, et accueille le Verger-conservatoire du figuier. Le délicieux fruit est fêté lors des Journées méditerranéennes de la figue qui ont lieu fin octobre. Vézénobres est aussi le conservatoire patrimonial du piémont cévenol.

MAISON DE LA FIGUE

Les Terrasses du Château
✆ 04 66 83 62 02
www.maisondelafigue.com

Ouvert toute l'année, horaires variables en fonction des saisons. Accès libre et gratuit.

Au cœur de la cité médiévale de Vézénobres, entrez dans le monde succulent de la figue au travers de ce verger-conservatoire regorgeant de plus de 100 variétés de cet arbre millénaire. Située dans les soubassements du château de Girard datant du XIVe siècle, la Maison de la Figue offre une immersion ludique et sensorielle à la découverte de cet arbre emblématique de Méditerranée. Vous accèderez librement à l'ensemble du site, mais vous pourrez aussi choisir d'être accompagné d'une guide qui vous contera l'histoire du fruit. Passage obligé par la boutique !

OFFICE DE TOURISME DE VEZENOBRES

Les Terrasses du Château
✆ 04 66 83 62 02
www.cevennes-tourisme.fr

Bureau fermé d'octobre à mars. Visites guidées sur réservation.

Le personnel de l'office de tourisme de Vézénobres saura, avec le sourire et beaucoup de professionnalisme, vous présenter ce splendide village aux maisons romanes chargées d'histoire. A Vézénobres, les pierres vous parlent du temps passé. On vous invitera aussi à ne pas manquer les Journées méditerranéennes de la figue en octobre, et en novembre à participer à la Foire à la figue ; on vous proposera aussi, sur réservation, une visite guidée de la cité avec une guide-conférencière.

ALLÈGRE-LES-FUMADES

On dit d'Allègre-les-Fumades qu'elle est une oasis au milieu de la garrigue connue depuis l'Antiquité. Entre Cévennes et vallée de la Cèze, au confluent de trois rivières, ce bourg attire un tourisme vert à la recherche de fraîcheur et de bien-être. Unique station thermale du Gard grâce à ses eaux chargées d'hydrogène sulfuré et d'oligo-éléments, les thermes de Fumades-les Bains offrent aux curistes hammams, saunas, piscines et autres bains massants. La visite de la maison de l'Eau (qui propose une programmation éclectique de spectacles et concerts) et de la nougaterie artisanale apportent d'autres découvertes dans ce bourg un peu magique.

OFFICE DE TOURISME - MAISON DE L'EAU

Les Fumades les Bains

✆ 04 66 24 80 24

www.tourisme-ceze-cevennes.com

Ouvert toute l'année, horaires variables en fonction des saisons.

L'office de tourisme intercommunal Cèze-Cévennes a son siège à la Maison de l'eau. Il vous propose une documentation importante sur la ville et les sites touristiques de la région. On vous renseignera également sur les différentes activités qui animent la région et sur les différents marchés riches en produits du terroir. C'est également un relais d'information du Parc National des Cévennes. Les lieux accueillent aussi le Centre de Développement Culturel pour des expositions.

LE CHÂTEAU D'ALLÈGRE

Hameau d'Allègre

www.chateaudallegre.com

Ouvert toute l'année. Visite libre. Visite guidée les premiers Samedis de chaque mois. Se munir de bonnes chaussures.

Fresque historique grandeur nature, le Gard est une terre de vestiges et de traditions. Le château d'Allègre est l'un de ses nombreux trésors ! Dressé à 275 m d'altitude, il offre une vue incroyable sur les Cévennes et le Mont Bouquet. Ces ruines sont ce qu'il reste du village de chevaliers qui était abrité par ces terres aux alentours du XIe siècle. C'est l'Association de Sauvegarde du Château d'Allègre qui redonne vie à ces vaisseaux de pierre, notamment en proposant des visites et des animations, dont la fête médiévale le 3e samedi de juillet.

GROTTE LA COCALIÈRE

COURRY

✆ 04 66 24 34 74

www.grotte-cocaliere.com

Ouvert de mars à novembre. Horaires variables en fonction des saisons. Adulte 13,50 €, enfant 9,50 €. Dès 690 €/nuit.

A la limite du Gard et de l'Ardèche, la grotte de la Cocalière, l'une des 3 plus belles grottes de France, a fêté ses 50 ans de découverte. Lors du parcours de 45 minutes vous découvrirez des reflets féeriques dans les lacs et aurez une vision sur les bassins de cristal, perles de caverne en formation et la galerie préhistorique. Prenez votre petite laine car il fait frais sous terre (14 °C). Le retour se fait à bord d'un petit train blanc. Et pour les amateurs d'expérience insolite, la Grotte propose également d'y passer une nuit : une sensation extraordinaire !

NOUGATERIE DES FUMADES

Hameau de Auzon

✆ 04 66 24 26 85

www.nougaterie-fumades.com

Ouvert toute l'année. Du mardi au samedi de 9h30 à 12h30 et de 14h à 18h

Philippe et Sylvie Dura vous accueilleront chaleureusement pour vous faire découvrir ce produit étonnant qu'est le nougat. Plusieurs fois primé au concours « militant du goût », cet artisan a été récompensé de la médaille d'argent pour son nougat citron et d'une médaille de bronze pour celui à la fleur d'oranger. Les visites et dégustations sont gratuites. Au royaume de la douceur, pralines, pâtes de fruits, paniers gourmands, pains d'épices n'attendent plus que vous. Une adresse absolument exquise qui ravira les petits et les grands !

DOMAINE DES FUMADES €€€

Fumades-les-Bains

✆ 04 66 24 80 78 - À 15 km d'Alès.

www.domaine-des-fumades.com

Ouvert d'avril à septembre. Tarifs complets sur le site internet.

Bienvenue au Domaine des Fumades, camping haut de gamme au cœur de la vallée de la Cèze. Magnifique oasis provençal niché dans un cadre verdoyant de 4ha, le camping sera votre bulle de bonheur pour un séjour en famille. Entre des emplacements pour votre tente, votre camping car ou encore la location d'un mobile-home, d'un chalet ou d'un appartement, vous aurez l'embarras du chois dans cet écrin végétal. Un superbe complexe aquatique complète l'ensemble : piscines chauffées, coin balnéo, toboggans, jeux pour petits grands, solarium, tout fait pour s'amuser.

SAINT-AMBROIX

Saint-Ambroix, ancienne capitale de la soie, doit son développement à ses anciennes foires réputées et à son marché hebdomadaire, dont l'origine remonte à 1363. Place forte du Languedoc, la cité a conservé ses richesses architecturales d'antan. En parcourant les rues pittoresques de la vieille ville, admirez les fenêtres à meneaux ou à croisée, les belles portes et les grandes bâtisses attestant de son riche passé. Dominé par le Dugas et la tour Guisquet, la petite cité médiévale s'ouvre sur les magnifiques paysages cévenols où randonnées pédestres et parcours cyclistes font la joie des amoureux d'activités de pleine nature. A visiter !

GÉNÉRARGUES

Entre Anduze et Alès, dès les premières hauteurs cévenoles, vous découvrirez le très authentique village de Générargues dont trop de Gardois ignorent qu'il est celui où s'étend la fameuse Bambouseraie. Commune du Parc national des Cévennes, Générargues porte en elle de jolies pépites, tant naturelles que touristiques, que l'on découvre si l'on prend le temps de s'y arrêter. Ce village typiquement cévenol, accroché sur le flanc de sa colline étagée, vaut le détour : de belles tables sauront vous régaler, des nuits sereines vous seront proposées, des activités nature vous feront vibrer, et une plongée dans l'antre de la terre vous fera rêver.

LA BAMBOUSERAIE EN CÉVENNES

552, rue de Montsauve
✆ 04 66 61 70 47
www.bambouseraie.fr

Ouvert de mi février à mi novembre. Tarifs complets sur le site. Adulte 13,50 €, enfant 9,50 €.

La visite de la Bambouseraie est l'une des plus agréables et des plus dépaysantes du Gard, tant elle est enchanteresse et étonnante. Mais comptez environ 2 heures de visite pour profiter de cette forêt luxuriante et respirer les effluves des fleurs colorées. L'allée d'entrée bordée de bambous géants et de spectaculaires séquoias de Californie vous plonge dès votre arrivée dans un monde exotique qui fait tout le charme du domaine. Un bijou d'Extrême-Orient en plein cœur des Cévennes !

PARC PARFUM D'AVENTURE

Route de Mialet ✆ 04 66 60 65 75
www.parcparfumdaventure.com

Ouvert de juin aux vacances de la Toussaint. De 10,50 € à 24 € selon l'âge et le niveau de parcours.

Le parc Parfum d'Aventure vous propose de découvrir la biodiversité du Gard par différentes activités originales. Des parcours aventure de difficulté croissante vous invitent à prendre de la hauteur pour profiter du paysage depuis la cime des arbres. Des activités « nature et découverte » plus près du sol sont accessibles à tous comme le Labyrinthe du sanglier dont vous devrez trouver le trésor. Le parc donne également accès à une plage privée sur le Gardon. Sympa : réservez votre panier pique-nique avant votre visite, et dégustez les produits locaux sur place !

LES 3 BARBUS €€€

Route de Mialet
✆ 04 66 61 72 12
www.les3barbus.fr

Ouverture dès le 1er mai 2021.

Cette exquise demeure en pierres apparentes, bâtie à flanc de montagne en 1968 par trois frères, tous les trois barbus de leur état, renferme tous les éléments pour un séjour réussi. Cet hôtel restaurant plein de charme est idéalement situé au dessus du Gardon, en surplomb de la vallée des Camisards. Toutes les chambres offrent d'ailleurs une vue sur ce paysage à partir d'une terrasse extérieure. Les chambres sont sobres et disposent de tout le confort moderne. L'élégant restaurant gastronomique offre également cette vue panoramique superbe sur les Cévennes.

MIALET

Petite commune située à mi-distance d'Anduze et de Saint-Jean-du-Gard, Mialet était au XIXe siècle peuplée de plus de 1 500 âmes. Le village, symbole de l'identité huguenote et cévenole, est célèbre pour son rassemblement annuel de septembre autour du souvenir de la résistance des Camisards. Toute proche, dans la vallée du Gardon de Mialet, se trouve la grotte de Trabuc qui fut un refuge pour nombre d'entre eux. A la limite basse des Cévennes, Mialet est prisé pour son calme et la beauté de ses paysages. En été tout particulièrement, les gens du coin et les touristes aiment à se baigner dans le Gardon de Mialet et ses eaux rafraîchissantes !

GROTTE DE TRABUC ★★

2316, route des grottes
✆ 04 66 85 03 28
www.grotte-de-trabuc.com
Fermé en Janvier. Adulte : 12,90 €. enfant/jeune : de 7,40 € à 11,40 €. Visite guidée et audio guidée. Durée : 1h.

Exceptionnelle, la grotte de Trabuc offre un spectacle surprenant lors d'un parcours lumineux, interactif et sonorisé dans un environnement naturel et préservé. Découvrez les curiosités des 7 salles, orgue, draperies, méduses, cascades et lac aux eaux turquoise, puis à 100 mètres sous terre, la salle des 100 000 soldats dont la formation reste un mystère. Nouveauté : prenez les commandes des faisceaux de lumière de la grande salle du lac de minuit ou partez en exploration équipé de lampe à carbure toutes lumières éteintes, émotions garanties !

TORNAC

A 3 km au sud de la ville d'Anduze, Tornac est, à la croisée de routes autrefois importantes, un haut lieu de l'histoire camisarde. son château, dont l'origine remonte au XIe siècle, assurait le contrôle du contrefort cévenol en dominant la vallée fertile du Gardon. Offrant une vue incomparable sur les plaines du sud, Anduze et les vignobles de Tornac, il occupe une position névralgique sur un massif rocheux naturellement fortifié. Impressionnant bastion avec sa tour carrée typique du Moyen-Âge, il fait encore aujourd'hui l'objet de fouilles et de restauration. Accessible librement toute l'année, prévoyez de bonnes chaussures et un pique-nique !

SAINT-JEAN-DU-GARD

Au pied de la corniche des Cévennes, non loin de la vallée Borgne et en limite du Parc national des Cévennes, Saint-Jean-du-Gard est une jolie étape pour qui souhaite découvrir les Cévennes : nichée au fond de la vallée le village garde des traces d'un passé agité. Le vieux pont du XVIIe siècle porte les stigmates de la furie des flots, la tour de l'Horloge (XIIIe) de celle des hommes. Aujourd'hui, le village est une place forte pour les randonneurs, qui refont le parcours Stevenson (*Voyage avec un âne*), il attire les amateurs de baignade en rivière ou de culture occitane pour ses fameux baletis, les bals populaires qui animent les soirées d'été.

MAISON ROUGE - MUSÉE DES VALLÉES CÉVENOLES ★

5, rue de l'Industrie (entrée piéton)
✆ 04 66 85 10 48
www.maisonrouge-musee.fr
Fermé en janvier, ouvert le reste de l'année, horaires variables en fonctions des saisons. Adulte 8 €, enfant 6 €.

Une collection incroyable de 10 000 objets exposés donne à comprendre la vie, le savoir-faire et l'histoire des Cévennes. L'Homme et les objets qu'il a fabriqués sont au centre du discours et de la scénographie du musée. Comme un héritage, la mémoire de la filature, la plus ancienne à avoir innové et la dernière en activité en France, est sublimée par une rénovation et une extension volontairement contemporaines. Le parc met en lumière une muséographie complémentaire à celle du musée.

LES BELLUGUES €€

13, rue Pelet-de-la-Lozère
✆ 04 66 85 15 33
www.hotel-bellugues.com
Fermé de décembre à mi mars. Chambres à partir de 62 €.

Cet hôtel au centre de Saint-Jean-du-Gard est le point de départ de nombreuses excursions dans les Cévennes dont le GR70, le fameux « chemin de Stevenson ». Vous arrivez ici dans ce qui fut une filature de soie à la fin du siècle dernier et les propriétaires ont eu l'excellente idée de conserver l'aspect extérieur. Les chambres, coquettes et confortables, offrent de douces tonalités et seront un havre de paix pour vous ressourcer au cœur de la nature cévenole. Le petit déjeuner, pris au bord de la piscine ou dans la salle, est composé de produits du terroir.

MAS DE LA CAM €€

Route de Saint-André-de-Valborgne
✆ + 33 4 66 85 1202 - 3 km de St-Jean du Gard, en direction de St-André de Valborgne par la D907.
www.camping-cevennes.info
Ouvert du 1er mai au 20 septembre. Tarifs complets sur le site internet.

Un authentique mas cévenol en pierres accueille le camping du Mas de la Cam sur son terrain. Ici, pas de bungalows ni de mobil-homes, les propriétaires ont joué la carte de l'authentique et il n'y a que des emplacements pour tente ou caravane. Si vous optez pour la location, vous avez la possibilité de louer un des sept gîtes aménagés dans le mas. Le camping se situe sur les bords du Gardon où une plage et une zone de baignade ont été aménagées. Profitez des belles journées ensoleillées pour perfectionner votre dos-crawlé dans l'espace aquatique !

L'ORONGE €€

place de la Révolution
✆ 04 66 85 30 34
www.loronge.com
Fermé en janvier et février. Ouvert tous les jours midi et soir. Menus à partir de 20 €.

Cet agréable restaurant a pris place dans un ancien relais de diligence, celui-là même dans lequel l'auteur écossais Robert Louis Stevenson mit un terme à son voyage à travers les Cévennes. Aujourd'hui entièrement rénové, le restaurant vous accueille dans un cadre authentique, de pierres, de bois et de fer forgé, en salle ou dans le superbe patio terrasse. Dans vos assiettes, une excellente cuisine fortement inspirée par le terroir local, des plats traditionnels aux couleurs du sud. Une pause gourmande de caractère qui plaira à tous les palais !

LE VIGAN ★

Cité millénaire et capitale des Cévennes méridionales, Le Vigan étale sa douceur de vivre au long des ruelles médiévales, au hasard des fontaines et jardins qui la peuplent, à l'entrée du Parc national des Cévennes et dans la vallée de l'Arre, à l'ombre du Mont Aigoual. On s'y promène avec plaisir, là sur les traces des hommes célèbres qui y sont nés, ici d'une histoire industrialo-culturelle riche depuis l'épopée séricicole débutée au XVIIe siècle jusqu'au succès des collants Well. Le Vigan possède aussi ses produits AOC : pommes reinettes du Vigan, oignons doux des Cévennes et les fameux pélardons, petit fromages de chèvre très goûteux.

CHÂTEAU D'ASSAS

11, rue des Barris
✆ 04 67 81 80 49
www.mediathequedupaysviganais.fr
Ouvert du lundi au vendredi et le samedi matin.

Cette demeure du XVIIIe siècle abrite aujourd'hui la médiathèque du pays viganais. Classée aux Monuments historiques depuis 2001, elle a été rénovée par le Département et s'offre aujourd'hui comme point de rencontre des amateurs d'art, de littérature et de musique. Trois thématiques la composent : une maison de la culture, une médiathèque et un centre de ressources départemental. Nous vous conseillons vivement d'y faire une halte car l'architecte qui a conçu le château, Pierre Jacques de Faventines, sur les ordres de Louis XV, a réalisé un édifice remarquable.

CIRQUE DE NAVACELLES ★★★★

Route de Saint-Maurice-de-Navacelles - **BLANDAS**
www.cirquenavacelles.com
Le Grand Site est situé en zone de montagne, pensez à bien vous chausser.

Dans ce Cirque aux dimensions surnaturelles, la Vis a joué un bien joli tour à la nature, creusant lentement les parois calcaires du causse de Blandas. Que l'on y arrive par Blandas, ou par Saint-Maurice-de-Navacelles, la vue est à couper le souffle. Les deux corniches possèdent un bar qui permettra de se délecter du panorama. En entamant la descente, ne manquez pas le sentier qui mène à la résurgence de la Foux. Classé Grand site de France, le Cirque est sans doute la particularité naturelle la plus impressionnante du département.

GARD

© VINCENT FORMICA

Le cirque de Navacelles.

MUSÉE CÉVENOL ★

1, rue des Calquières
✆ 04 67 81 06 86
www.museecevenol-levigan.jimdo.com
Réouverture le 1er avril 2021. Horaires variables en fonction des saisons. Adulte 5 €, enfant 3 €.

Ce musée municipal créé en 1963 dans une ancienne filature à soie, présente la culture cévenole sur trois niveaux : il expose des collections selon une muséographie de très haut niveau. Des milliers d'objets et tissus, notamment de superbes costumes XVIIIe siècle, nous immergent dans les arts et traditions populaires des Cévennes. Les métiers régionaux comme les artisanats du vannier, verrier, sabotier, tonnelier sont évoqués dans une salle réservée à cet effet. André Chamson, l'écrivain symbolique de la culture cévenole possède aussi sa salle personnelle.

LE MONT AIGOUAL ★★★★

Parc national des Cévennes
VALLERAUGUE
Accès libre toute l'année. Attention, équipement neige pour les véhicules conseillés en hiver.

Le mont Aigoual, sommet du Massif central, situé entre Gard et Lozère, offre un site tout à fait exceptionnel avec sa forêt, ses sentiers pédestres et ses pistes de ski. Point culminant (1 567 m) du Gard, il offre un panorama époustouflant sur les contreforts méridionaux des Cévennes gardoises et héraultaises, ainsi que sur la Lozère. On y accède en voiture, mais le site est bien entendu un lieu privilégié de randonnées aux beaux jours. L'hiver, on peut skier et randonner en raquettes sur la station de l'Espérou, voisine de 4 kilomètres.

OFFICE DE TOURISME DES CÉVENNES & NAVACELLES

Place du Marché-Triaire
✆ 04 67 81 01 72
tourismecevennesnavacelles.com
Ouvert toute l'année.

Au coeur des Cévennes méridionnales, entre Causses et Mont Aigoual, Le Vigan accueille d'innombrables richesses qui ont su se conserver au fil du temps : histoire, terroir, curiosités, patrimoine, le tout incorporé à un paysage grandiose, entre soleil et collines du sud du Massif Central. De cette situation, l'office du tourisme met à votre disposition nombre de circuits de randonnées, d'adresses culinaires, et vous aide ainsi à faire de votre séjour un passage riche en activités.

CIGALE AVENTURE

3, rue de l'Horloge
✆ 09 80 36 37 84
www.cigaleaventure.com
Ouvert de fin mars à début octobre. Réservation obligatoire. Tarifs complets sur le site.

Cigale Aventure est l'adresse qu'il faut avoir dans un coin de sa tête lorsqu'on manque d'inspiration pour ses vacances. En effet, cet établissement n'est pas qu'un loueur de vélo, c'est aussi un magicien des vacances. De nombreuses activités sont proposées pour tous les âges : via ferrata, parcours aventures, canoës-kayaks, randonnées famille en VTT...C'est une vraie mine d'or ! Pour des efforts maîtrisés, Cigale Aventure loue aussi des vélos électriques sur sa base du cirque de Navacelles. De bons moments nature en perspective !

LE MAS DE LA PRAIRIE €€

16, avenue Sergent-Triaire
✆ 04 67 81 80 80
www.masdelaprairie.fr
Réouverture le 1er avril. Chambres doubles à partir de 60 €. Menu 26 €.

Voici un hôtel-restaurant plein de charme, où il fait bon se reposer après une escapade au cœur des Cévennes. Les chambres sont agréables, parfaitement équipées de tout le confort moderne (climatisation, cafetière et plateau de bienvenue, etc) et pour certaines d'entre-elles d'une jolie terrasse. Après avoir piqué une tête dans la piscine et lézardé sur les transats, une halte gastronomique s'impose. Dans ce restaurant, on vous proposera une cuisine authentique autour des produits du terroir, accompagnée de vins de pays, à apprécier à la lueur des lampions.

LE JARDIN €€

10, rue du Four
✆ 04 67 81 28 96
www.resto-lejardin.fr
Ouvert toute l'année. Horaires variables en fonction des saisons. Menus à partir de 15,50 €. Carte.

Prenons les chemins de traverse et quittons le boulevard pour tomber sur le meilleur restaurant du Vigan et sa terrasse ombragée. Petite salle en pierre et chaux jaune, couleurs lumineuses, bar en galets et plateau de bois : le décor est planté, la cuisine est résolument traditionnelle avec des soupçons multiculturels. Ici, on milite pour le goût, pour les produits frais et locaux. Une cuisine du sud, ensoleillée, qui respecte aussi votre régime alimentaire : gratin de moules à la crème aveyronnaise, ris d'agneau aux cèpes, fondant à la châtaigne. Délicieux !

HÉRAULT

Amphithéâtre ouvert face à la mer, le département de l'Hérault surprend par la diversité de ses paysages étagés de la Méditerranée jusqu'aux contreforts sud du Massif central, en passant par les zones de garrigue et la basse plaine du Languedoc viticole. Le territoire est riche de 87 kilomètres de plages et de sites classés à l'Unesco, tels que l'abbaye de Gellone à Saint-Guilhem-le-Désert ou le canal du Midi. On aime se prélasser sur son sable, s'aventurer dans ses grottes, dévorer les bons produits qui sortent de ses exploitations... Terre d'histoire et de traditions, l'Hérault est ponctué de monuments bien conservés et de musées passionnants comme le Musée Fabre à Montpellier ou le Musée des Beaux-Arts de Béziers. Si vous préférez déambuler à l'extérieur, le département est aussi riche en sites naturels, parmi eux : le parc naturel régional du Haut Languedoc, la vallée et le lac du Salagou, les gorges de l'Hérault et le cirque de Navacelles.

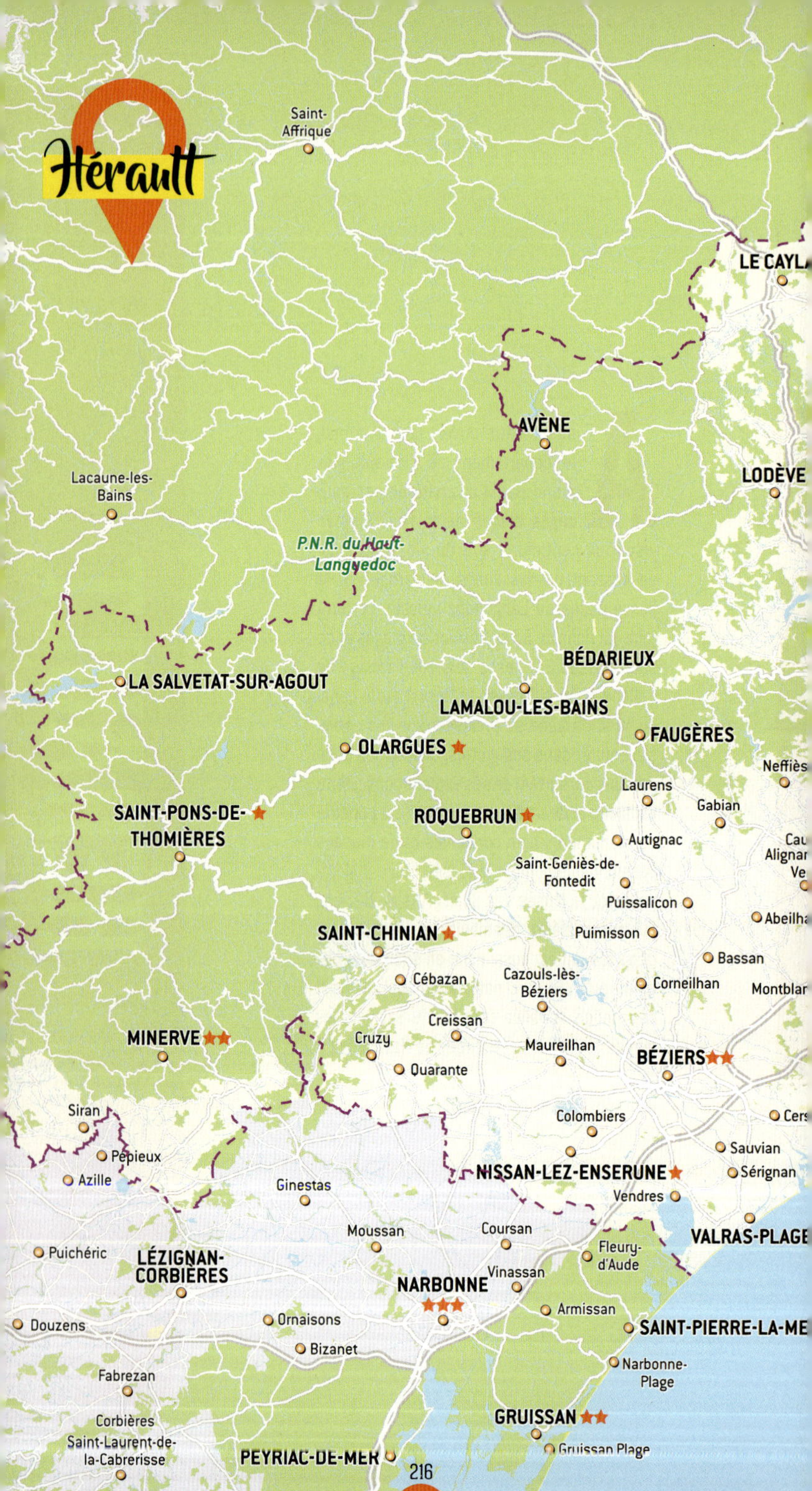
Hérault
Saint-Affrique
LE CAYLA
AVÈNE
LODÈVE
Lacaune-les-Bains
P.N.R. du Haut-Languedoc
BÉDARIEUX
LA SALVETAT-SUR-AGOUT
LAMALOU-LES-BAINS
FAUGÈRES
OLARGUES
Neffiès
Laurens
Gabian
SAINT-PONS-DE-THOMIÈRES
ROQUEBRUN
Autignac
Saint-Geniès-de-Fontedit
Puissalicon
Abeilha
Puimisson
SAINT-CHINIAN
Bassan
Cébazan
Cazouls-lès-Béziers
Corneilhan
Montblar
Creissan
MINERVE
Cruzy
Maureilhan
BÉZIERS
Quarante
Colombiers
Cers
Siran
Sauvian
Pépieux
Azille
NISSAN-LEZ-ENSERUNE
Sérignan
Ginestas
Vendres
VALRAS-PLAGE
Moussan
Coursan
Puichéric
LÉZIGNAN-CORBIÈRES
Fleury-d'Aude
NARBONNE
Vinassan
Armissan
Douzens
Ornaisons
SAINT-PIERRE-LA-ME
Bizanet
Narbonne-Plage
Fabrezan
GRUISSAN
Corbières
Saint-Laurent-de-la-Cabrerisse
PEYRIAC-DE-MER
Gruissan Plage

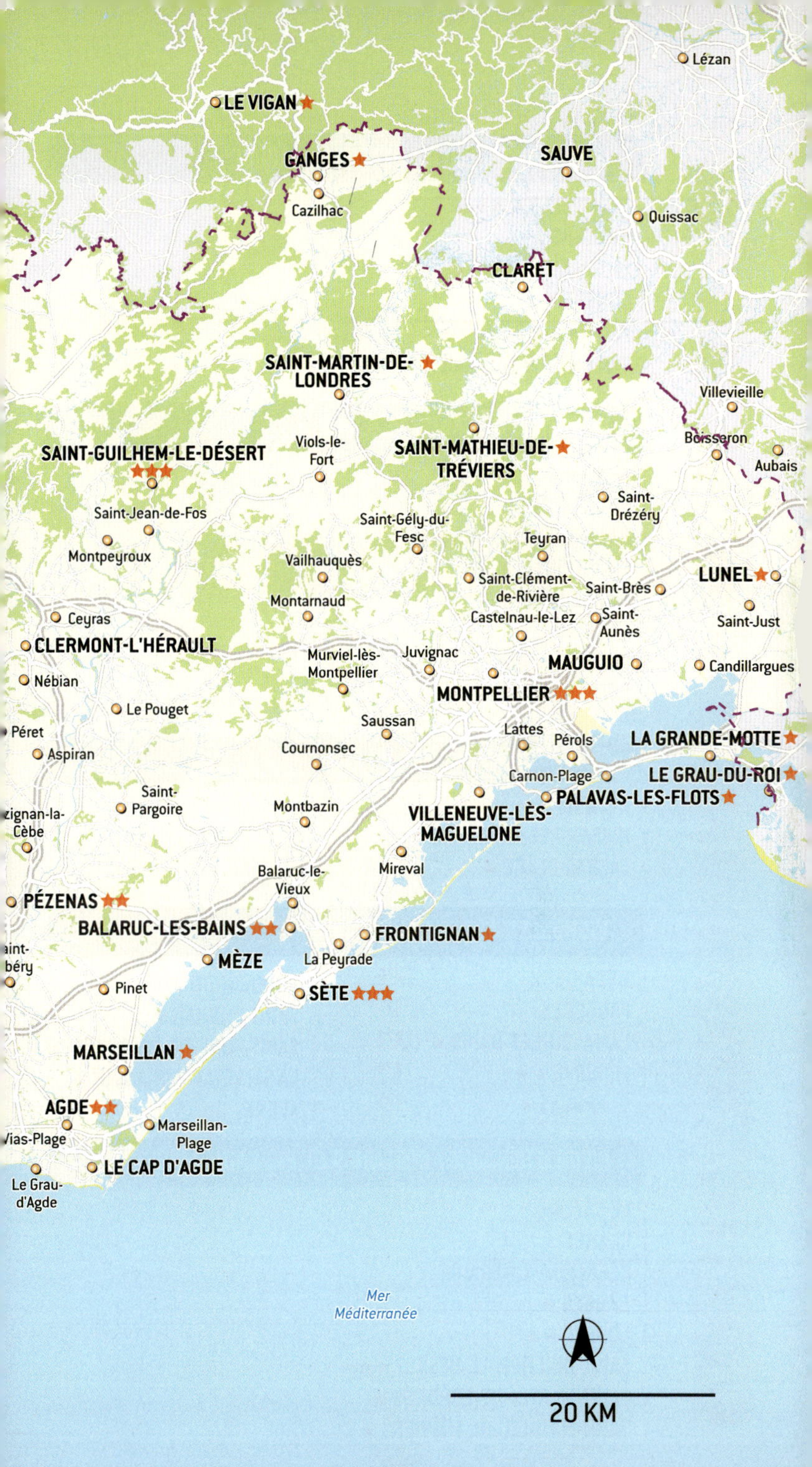
Lézan
LE VIGAN
GANGES
SAUVE
Cazilhac
Quissac
CLARET
SAINT-MARTIN-DE-LONDRES
Villevieille
SAINT-GUILHEM-LE-DÉSERT
Viols-le-Fort
SAINT-MATHIEU-DE-TRÉVIERS
Boisseron
Aubais
Saint-Drézéry
Saint-Jean-de-Fos
Saint-Gély-du-Fesc
Teyran
Montpeyroux
Vailhauquès
Saint-Clément-de-Rivière
Saint-Brès
LUNEL
Montarnaud
Castelnau-le-Lez
Saint-Aunès
Saint-Just
Ceyras
CLERMONT-L'HÉRAULT
Murviel-lès-Montpellier
Juvignac
MAUGUIO
Candillargues
Nébian
MONTPELLIER
Le Pouget
Saussan
Péret
Lattes
Pérols
LA GRANDE-MOTTE
Aspiran
Cournonsec
Carnon-Plage
LE GRAU-DU-ROI
Saint-Pargoire
PALAVAS-LES-FLOTS
Montbazin
VILLENEUVE-LÈS-MAGUELONE
Mireval
Balaruc-le-Vieux
PÉZENAS
BALARUC-LES-BAINS
FRONTIGNAN
MÈZE
La Peyrade
Pinet
SÈTE
MARSEILLAN
AGDE
Marseillan-Plage
LE CAP D'AGDE
Le Grau-d'Agde
Mer Méditerranée
20 KM

PAGES

HÉRAULT

MONTPELLIER / PETITE CAMARGUE

PAYS DE THAU / PÉZENAS

BÉZIERS / CANAL DU MIDI

VIGNOBLES / HAUT-LANGUEDOC

CŒUR D'HÉRAULT / CÉVENNES ET PIC SAINT-LOUP

MONTPELLIER ★★★

Capitale de l'ancienne région Languedoc-Roussillon, Montpellier est une ville dynamique. Elle est d'ailleurs la grande ville française qui connaît la plus importante croissance démographique ! Etudiante et festive, moderne et historique, elle offre un beau cadre de vie. En trois décennies, elle est passée du statut de belle endormie à une ville de technologies et de culture où foisonnent musées, galeries d'art, salles de concerts et festivals. La ville offre également un beau mélange d'ancien (hôtels particuliers, rues pavées, églises), et de contemporain (Port Marianne, Antigone, Halles du Lez, Pierre Vives) à quelques encablures des plages.

ARC DE TRIOMPHE ★

Rue Foch

www.montpellier-tourisme.fr/offre/fiche/arc-de-triomphe

Visite guidée (organisée par l'office de Tourisme, contact : 04 67 60 60 60).

Emblème de la ville, cette porte fut érigée à la fin du XVIIe siècle sous l'impulsion du Roi Soleil. Réalisé par l'architecte François d'Orbay (élève de Mansart), l'arc fut bâti à la place de l'une des portes de l'ancien rempart de la cité. Sur sa façade, il est possible d'admirer de superbes médaillons représentant le Roi terrassant un aigle (l'Empire) et un lion (l'Angleterre). Plus pacifique, on y trouve un trio de personnages symbolisant le canal du Midi joignant la Méditerranée et l'océan Atlantique. Son panorama est splendide.

L'ARBRE BLANC

10, parvis Oscar Niemeyer

Restauration. Galerie.

Inauguré au printemps 2019, cet impressionnant immeuble contemporain a été élu «plus bel immeuble d'habitation du monde» en 2020. Situé sur les bords du Lez, il est doté de balcons-terrasses suspendus donnant l'illusion de feuilles accrochées à un arbre, une esthétique surprenante qui attire les regards. Au 17e étage, le bâtiment accueille un bar panoramique qui offre l'une des plus belles vues de Montpellier. Jusqu'à 300 personnes peuvent y grimper, jusqu'à 1h du matin. En bas, un restaurant et une galerie d'art ont également ouvert.

CHÂTEAU DE FLAUGERGUES ★★

1744, avenue Albert-Einstein

✆ 04 99 52 66 37

www.flaugergues.com

Qualité Sud de France. Qualité Tourisme. Visite guidée. Restauration (le midi du lundi au vendredi, à réserver). Cave

Splendide « folie » du XVIIIe siècle, le château est édifié à une encablure de Grammont. Transmis de génération en génération, il témoigne aujourd'hui du mode de vie des notables montpelliérains de l'époque (mobiliers, documents, tapisseries...). Désormais propriété de la famille Colbert, le monument, sa cave et ses jardins ont bénéficié d'une belle réhabilitation. Outre la bâtisse, les cinq hectares de verdure qui servent d'écrin au château hébergent une variété étonnante d'arbustes, plantes et vignes de la région. Le domaine possède son restaurant, Le Folia.

© VE VIGA

Vue sur les toits de Montpellier.

HÉRAULT

LE CORUM

Esplanade Charles-De-Gaulle
✆ 04 67 60 19 99
www.opera-orchestre-montpellier.fr
Programme et tarifs en ligne. Restauration. Animations.

A la fois palais des Congrès et opéra, le Corum est né en 1990. Dessiné par l'architecte Claude Vasconi, ce bâtiment d'une cinquantaine de mètres de hauteur, aux allures de bunker, est habillé de granit rose. On le rejoint de l'esplanade Charles-de-Gaulle ou de la route de Nîmes pour une vue plus complète. Son intérieur est particulièrement apprécié, notamment grâce au travail de la lumière et la belle acoustique de la salle opéra. Par ailleurs, la scène de 20 mètres d'ouverture de la salle permet d'accueillir les mises en scène les plus extravagantes.

LA HALLE TROPISME

121, rue de Fontcouverte
✆ 04 67 04 08 10
www.tropisme.coop
Événements. Accueil enfants. Restauration. Animations.

Ouvert fin 2018, la Halle Tropisme est la première pierre de la future Cité Créative de la ville. Ce projet de la coopérative «Illusion & Macadam» prend la forme d'un village inspiré des «tiers-lieux». Au cœur de l'ancienne halle mécanique de 4 000 m², sont accueillis plus de 200 résidents spécialisés dans des secteurs divers tels que le spectacle vivant, le jeu vidéo, la 3D, l'architecture, le patrimoine ou encore la communication. Spot vivant et culturel, la Halle organise aussi des animations et possède son propre café-restaurant.

ÉGLISE SAINT-ROCH

Place Saint-Roch
Accès libre.

Resplendissante, l'église Saint-Roch s'admire de la place du même nom et domine le cœur historique de la ville avec superbe. Édifiée au XIXe siècle, dans un style néogothique, elle s'élève à l'emplacement de l'ancienne église Saint-Paul dont il subsiste l'abside à ciel ouvert, au même niveau que la sacristie. Avec son nom, l'église rend hommage au Saint Patron de la ville, natif de Montpellier et guérisseur des pestiférés. Tout au long de l'année, le lieu accueille les croyants, les curieux et les pèlerins en chemin vers Saint-Jacques de Compostelle ou vers Rome.

JARDIN DES PLANTES DE MONTPELLIER

1, boulevard Henri-IV ✆ 04 34 43 36 20
www.umontpellier.fr/patrimoine/jardin-des-plantes
Basse saison : du mardi au dimanche de 12h à 18h. Haute saison : du mardi au dimanche de 12h à 20h. Gratuit. Visite

Le Jardin des Plantes repose à deux pas de l'université de Médecine avec lequel il noue un partenariat. L'espace vert est né en 1593 à la demande d'Henri IV qui commanda à Pierre Richer de Belleval, enseignant en botanique et anatomie, la création d'un Jardin royal. Au fil des siècles, il s'est développé et diversifié, accueillant serres tropicales, orangerie, jardin à l'anglaise et bien d'autres variétés. De nos jours, le jardin est composé d'une mosaïque de plantes de toutes origines

FACULTÉ DE MÉDECINE ★

2, rue de l'École-de-Médecine
✆ 04 67 41 74 00
www.umontpellier.fr/patrimoine
Visite guidée (organisée par l'office du Tourisme).

La faculté de Médecine de Montpellier est l'une des plus anciennes du monde occidental. Le bâtiment qui l'abrite aujourd'hui fut édifié en 1364 à la demande du pape Urbain V afin d'accueillir le monastère Saint-Benoît-et-Saint-Germain. A l'époque, il faisait partie du même ensemble que la cathédrale Saint-Pierre. C'est seulement en 1795 que la faculté en fit sa résidence mais avant cela - dès le XIIe siècle - des enseignements informels y étaient menés. Le pape Nicolas IV décerna à l'ensemble des maîtres et étudiants le titre d'université en 1289.

MIKVE MEDIEVAL

1, rue de la Barralerie
Tramway : ligne 1 et 2 arrêt Comédie.
Ce lieu est visitable uniquement dans le cadre des visites guidées organisées par l'Office de Tourisme. Visite guidée.

La communauté juive de Montpellier était, au XIIIe siècle, particulièrement importante. Certains vestiges subsistent de cette époque, le plus étonnant est le Mikvé. Ce bain rituel juif permettant des ablutions de purification, notamment avant la Pâques juive, est alimenté naturellement par une nappe d'eau souterraine. Il se constitue d'une baie géminée à colonnettes, aux chapiteaux à décor végétal qui relie le déshabilloir et le bain. La synagogue et les salles attenantes, de même époque, font de cet ensemble un patrimoine unique en Europe.

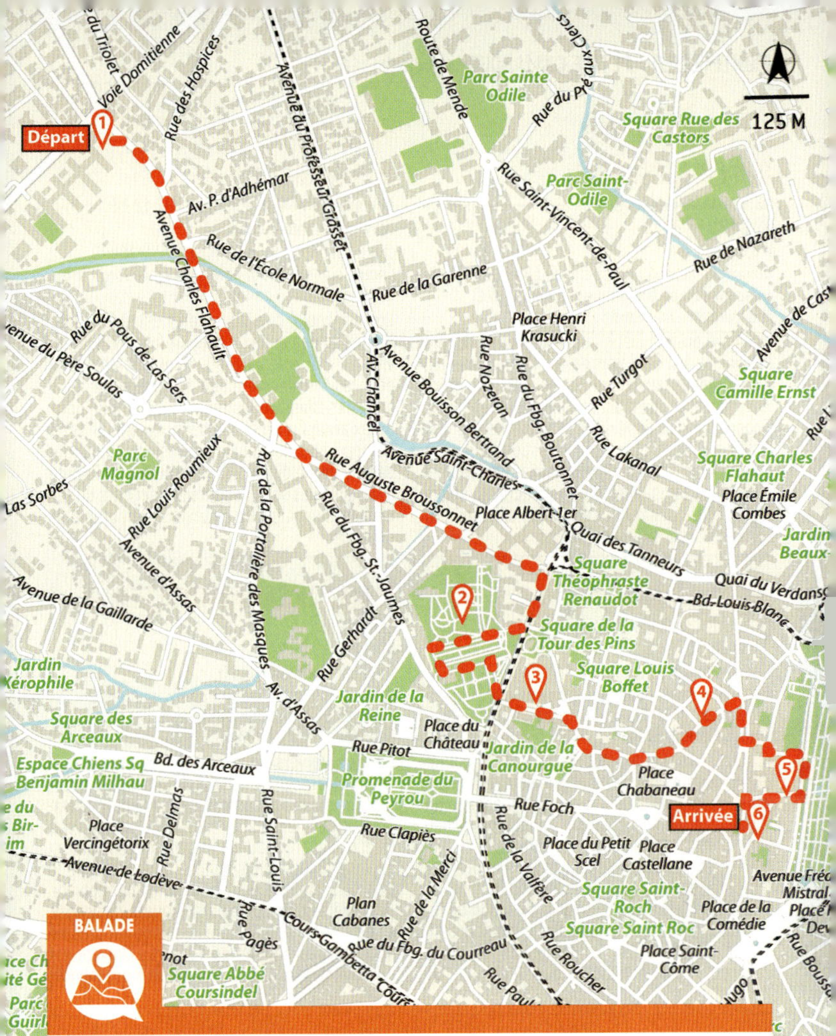

VILLE DE MÉDECINE

Montpellier compte de nombreux lieux passionnants qui vous permettront de mieux comprendre pourquoi on lui attribue le titre de « berceau de la Médecine ». On vous propose de commencer votre circuit - d'une heure ou plus en fonction des visites - par le Musée de la pharmacie (1). Hébergé dans les locaux de la Faculté de pharmacie, il raconte l'histoire de la discipline, sous toutes ses formes. En continuant votre route, vous arriverez au Jardin des Plantes (2), le premier jardin botanique français. Créé en 1593 à des fins médicinales, il continue d'être utilisé par les membres de l'Université de Médecine (3). En 2020, cette dernière a célébré ses 800 ans, confirmant son statut de plus ancienne faculté du monde occidental encore en activité ! A l'intérieur, prenez le temps de visiter le Conservatoire d'Anatomie. Poursuivez ensuite vers la Panacée (4), le musée contemporain abritait autrefois le Collège Royal de Médecine. La suite de la visite vous mènera devant le Musée Fabre (5), un des grands rendez-vous de la ville (8€ l'entrée). C'est à son emplacement que les médecins passaient autrefois leur Licence.

En complément, vous pouvez vous rendre à la Pharmacie et Chapelle de la Miséricorde (6), elle renferme une collection rare de pots de pharmacie en faïence montpelliéraine (3€).

MO.CO. HÔTEL DES COLLECTIONS

13, rue de la République
✆ 04 99 58 28 10
www.moco.art
Ouvert du mardi au dimanche de 12h à 19h (jusqu'à 22h en haute saison). Adulte : 8 €. Restauration. Boutique.

Inauguré en juin 2019, l'hôtel des collections a intégré le MO.CO (Montpellier Contemporain), l'écosystème artistique de la ville. Il rejoint la Panacée, centre d'art contemporain, et l'École Supérieure des Beaux-Arts. Il accueille des collections privées et publiques issues du monde entier. Dédié à l'art contemporain, le lieu articule ses expositions autour de collections spécifiques et thématiques. Le musée, son jardin et son restaurant sont des lieux conviviaux.

MO.CO. PANACÉE

14, rue de l'École-de-Pharmacie
✆ 04 34 88 79 79
www.moco.art
Pictos : mobilité réduite.Ouvert du mercredi au samedi de 12h à 20h, le dimanche de 10h à 18h. Gratuit. Restauration.

Véritable cité des artistes, le monument est un lieu de découverte, d'expression et un terrain de jeu sensationnel pour les créatifs. Il engage un dialogue enrichissant entre différentes disciplines : les arts visuels, l'écriture et le numérique. Centre d'art contemporain de premier ordre, il a rejoint la famille du MO.CO (Montpellier Contemporain) en 2016 sous la direction de Nicolas Bourriaud. Cette structure « multi-sites » inédite, dédiée à l'art contemporain, réunit la Panacée, l'École supérieure des Beaux-Arts de Montpellier et l'Hôtel Montcalm.

MUSÉE FABRE ★★★

13, rue Montpelliéret
✆ 04 67 14 83 00
museefabre.montpellier3m.fr
Ouvert du mardi au dimanche de 10h à 18h. Gratuit jusqu'à 6 ans. Entrée à partir de 4€ et visite guidée à partir de 8€

Le musée Fabre est réputé localement et nationalement. Rénové en 2007, il représente l'un des plus importants fonds de France. Au sein de ses salles, le public découvre des collections flamandes, hollandaises, italiennes, espagnoles et françaises représentées par les peintres de grandes écoles européennes du XVIe au XVIIIe siècle, des céramiques et sculptures, ainsi que des peintures contemporaines. Le célèbre peintre Pierre Soulages a fait don d'une partie de sa collection au musée, elle est présentée dans un pavillon dédié.

PARC ZOOLOGIQUE DU LUNARET ★★

Domaine Saint-Martin ✆ 06 23 30 12 22
www.agdaventure.com
Ouvert du mardi au dimanche : 9h30-18h30 (haute saison) et 10h-18h (basse saison, 17h du 1/11 au 31/01). Gratuit

Le parc zoologique du Lunaret est sans aucun doute l'un des endroits les plus fréquentés de la ville. Le matin, les joggers arpentent les allées, puis les familles viennent se perdre sur les 9 km de chemins pédestres et découvrir de nombreux animaux en semi-liberté. Au sein de cette nature riche, les enclos semblent se fondre dans le décor, disparaître, une qualité qui ajoute à la magie des lieux. Arpenter les sentiers du zoo devient une aventure où enfants et parents se pressent.

PLANET OCEAN MONTPELLIER ★

Allée Ulysse
✆ 04 67 13 05 50
www.planetoceanworld.fr
Ouvert 7j/7 de 10h à 18h d'avril à août et du mercredi au dimanche de septembre à mars. Vacances : 7j/7 de 10h à 19h.

C'est un univers qui s'offre à vous avec Planet Ocean Montpellier, ou plutôt deux ! Depuis la réunion de l'Aquarium Mare Nostrum et du Planétarium Galilée, l'endroit est devenu le rendez-vous idéal des aventuriers de l'espace et des océans. Exploration des fonds marins, ouverture vers le ciel, ce complexe est immersif et permet une découverte ludique. La partie aquarium dispose d'une trentaine de bassins hébergeant près de 400 espèces différentes. La partie Univers est une invitation à la découverte d'un autre monde, la tête dans les étoiles.

SITE LATTARA - MUSÉE HENRI PRADES

390, route de Pérols - **LATTES** ✆ 04 67 99 77 20
www.museearcheo.montpellier3m.fr
En semaine (hors mardi) : ouvert de 10h-12h et de 13h30-17h30. Week-ends/jours fériés : 14h-18h (19h en haute saison)

Ce musée est un centre archéologique aménagé dans un ancien mas, près de l'antique Lattara. Bâti au VIe siècle avant notre ère, ce port fut actif pendant près de 800 ans et fut un lieu d'échange important. Le musée présente le résultat des fouilles menées sur le site par Henri Prades et les différents groupes d'étude. Les vestiges remontent de l'époque Néolithique au Moyen Âge et prennent la forme de céramiques, d'objets usuels, de monnaies, d'objets de la nécropole Saint-Michel...

APPART HOTEL SMART LIVING €€

25, rue Subleyras ✆ 06 76 20 84 70
www.smartliving.fr
Du studio au T2 (quartiers Arceaux, Jeu de Paume, Antigone, Gambetta et autres). Tarifs dégressifs. Terrasse.

Offre novatrice en matière de logement, les appartements « prêts à vivre » de chez Smart Living en séduiront plus d'un. Situés à divers endroits stratégiques de la ville, ces appartements individuels mettent à disposition tout l'équipement moderne. Décorés de manière contemporaine et plutôt haut de gamme, ils permettent de répondre aux attentes d'une clientèle diverse. Que ce soit pour quelques jours, semaines ou mois, vous trouverez un logement qui correspond à vos attentes.

LES CABANES DE L'ARBOUSIER €€

Domaine Saint-Jean-de-l'Arbousier - **CASTRIES**
✆ 04 67 87 04 13
www.cabane-arbousier.fr
Ouvert toute l'année. Accueil jusqu'à 19h. Chambre double 140€. Petit déjeuner inclus. Parking fermé. Excursions.

Le domaine accueille depuis près de dix ans les clients à la recherche d'une expérience inédite. Au cœur de ce vignoble, les propriétaires invitent les voyageurs à se reposer au sein de leurs quatre cabanes. Suspendues à plus de 7 mètres de hauteur, elles offrent une vue dégagée sur les montagnes, le vignoble et la mer Méditerranée. Ces chambres d'hôtes insolites s'intègrent parfaitement à la nature. Éthiques et responsables, elles sont bien espacées les unes des autres.

HÔTEL OCEANIA LE MÉTROPOLE MONTPELLIER €€

3, rue du Clos-René
✆ 04 67 12 32 32
www.oceaniahotels.com
Chambre double à partir de 100€. Petit déjeuner : 16€. Restauration. Spa. Piscine extérieure. Jardin. Bar. Fitness.

L'hôtel Océania est l'une des plus belles offres du centre-ville. Rénové en 2017, l'établissement est aujourd'hui synonyme de modernité, d'élégance et de style. La majestueuse bâtisse du XVIIIe a retrouvé tout son cachet d'antan et sert d'écrin à un établissement de très haut standing. La décoration des chambres et suites de l'hôtel associe les teintes chaleureuses et le style Art déco, tandis que le restaurant et le salon s'inspirent de la Belle Epoque.

HÔTEL PULLMAN MONTPELLIER CENTRE €€

1, rue des Pertuisanes ✆ 04 67 99 72 72
www.accorhotels.com/fr/hotel-1294-pullman-montpellier-centre/index.shtml
Chambre double à partir de 120€. Parking. Restauration. Bain bouillonnant. Navette aéroport. Piscine. Bar. Fitness.

Accolé au Polygone, à quelques minutes du centre historique, l'hôtel Pullman associe le plaisir de la proximité avec le haut standing des établissements 4-étoiles. Les 86 chambres et 2 suites aménagées en ses murs allient confort douillet et nouvelles technologies, tandis que sa décoration générale puise son inspiration dans l'éveil des sens. Enfin, on apprécie le service voiturier, son *rooftop* en bord de piscine avec restaurant panoramique et espace bien-être.

DOMAINE DE VERCHANT €€€

1, boulevard Philippe-Lamour
CASTELNAU-LE-LEZ ✆ 04 67 07 26 00
www.domainedeverchant.com
26 chambres. Studio/appartement à partir de 700€, suite à partir de 390€. Restauration. Cave à vins. Spa. Jardin. Tennis

Ce Relais et Château vous propose une halte luxueuse dans un sublime écrin de verdure. Avec son immense parc classé et ses vignes, Verchant attire par son éclat, sa sérénité et son grand nombre de prestations. Le domaine se compose d'un hôtel de très haut standing proposant pas moins de trois piscines, d'un spa immense donnant sur les vignes, d'un court de tennis, de deux restaurants, d'une salle de séminaires et peut accueillir des événements privés. Très sobres et épurées, les chambres disposent de tout le confort nécessaire.

SUSHI KAWAII €

58, rue saint Guilhem
✆ 04 67 82 88 28
www.sushi-kawaii.fr
Ouvert tous les soirs et du lundi au samedi le midi. Carte : 15€ environ. Sur place, à emporter ou en livraison.

Niché au cœur de l'Ecusson, ce petit restaurant vous attend dans une ambiance cosy pour partager une cuisine japonaise, généreuse et pleine de créativité. Vous pourrez y déguster d'excellents sushi, mais aussi toutes sortes de spécialités nippones : chirashi, sashimi, yakitori, ramen, gyoza, nouilles sautées… Les petits plus : des jeux pour grands et petits à disposition pour manger dans la convivialité et une carte qui s'adapte aux régimes spéciaux (vegan, sans gluten ou sans lactose…). On apprécie la gentillesse de l'équipe et le cadre très « Kawaii ».

DOMAINE DU GRAND PUY €€

411, rue du Mas Nouguier
✆ 04 11 28 22 30
www.domainedugrandpuy.fr
Ouvert du lundi au samedi le midi ; le vendredi et le samedi le soir. Carte : 34€ environ. Terrasse.

Inauguré en 2019, le Domaine du Grand Puy est le résultat de plusieurs années de travail. Implantée dans un agriparc de 17 hectares, cette bâtisse du XVIIIe siècle est aujourd'hui gérée par les Compagnons de Maguelone, une association de l'Économie Sociale Solidaire. Ils ont aménagé ce lieu afin de recevoir des séminaires et disposent d'un restaurant à l'avenir très prometteur. Orienté vers la cuisine méditerranéenne, il articule sa carte autour des circuits-courts, des produits locaux et de la créativité du chef Christophe et ses équipes.

LECLÈRE €€

41, rue de la Valfère ✆ 04 67 56 90 23
www.restaurantleclere.com
1 au Guide Michelin. Ouvert du lundi au samedi soir et du jeudi au samedi le midi. Menu unique à 40€.*

A deux pas du Carré Sainte-Anne, Leclère est une perle gastronomique. Si sa façade n'attire pas les regards aux premiers abords, sa réputation et sa qualité font salle comble. Cette réussite, l'établissement la doit à son chef passionné : Guillaume Leclère. Le jeune chef champenois - formé auprès de Gérard Cabiron et Marc Veyrat - a fait de son petit espace de l'Écusson le spot gastronomique du centre-ville. Au sein d'un décor contemporain composé de boiseries claires et de casiers à bouteilles, son équipe distribue sa cuisine de saison et d'arrivage.

LES FRÈRES POULARDS €€

27, rue du Faubourg-du-Courreau
✆ 04 67 86 94 96
Ouvert le lundi midi, du mardi au samedi midi et soir. Café dès 7h30 (8h30 le samedi). Carte : 32€ environ. Terrasse

Romain et Thibaud Poulards - deux frères passionnés et passionnants - ont ouvert leur bistrot-rôtisserie dans la rue du Faubourg-du-Courreau. Si le décor de l'établissement allie de manière subtile les styles industriel et vintage, il a conservé le charme de l'histoire des lieux en préservant les crochets à saucisse de l'ancienne boucherie ainsi que quelques photos de l'activité. Dans les assiettes, c'est le plaisir et la générosité sous toutes ses formes : cassolette de poulet, poulet rôti, os à moelle, pied de cochon, rognons...

MAS DE LAFEUILLADE €€

281 bis, rue Fra Angelico
✆ 06 77 18 29 69
www.mas-de-lafeuillade.com
Ouvert du lundi au vendredi le midi, du mardi au samedi le soir. Menus : 30€/35€. Formules du midi : 23€/25€. Jardin

Situé à mi-chemin entre le centre-ville et Odysseum, ce restaurant a pris ses quartiers dans une bastide du XIXe. Malgré les années, elle a conservé son impressionnant jardin français et tout son caractère. A l'intérieur, la décoration est très soignée, elle se compose de belles pièces sculptées, de photos et de tableaux d'artistes. Ici, il n'y a pas de carte, seulement les propositions du chef José Castro. Sa cuisine est raffinée, de saisons et célèbre le terroir. Sur la terrasse, les soirs d'été, ce mas est un vrai paradis.

LE LAB €€

47, rue de l'Aiguillerie
✆ 04 34 11 83 45
lelabrestaurant.business.site
Ouvert du mercredi au dimanche le soir. Réservation impérative. Menu unique à 39 €. Accueil des groupes. Terrasse.

Ce discret restaurant porte bien son nom. En effet, ce laboratoire à saveurs réalise des alliances originales et raffinées, donnant naissance à des créations du plus bel effet. Si la cuisine y est gastronomique, elle est à la portée de tous, sans complexité. Afin de faciliter les choix et d'utiliser des produits saisonniers, le chef a décidé de limiter sa carte à un menu unique. Très créatives, les assiettes sont pleines d'harmonie et surprenantes ! Les associations sont atypiques et on se plait à découvrir leur résultat la fourchette à la main.

LE PAT DANIEL'S €€

31, rue de la Méditerranée
✆ 06 58 63 73 01
Ouvert du mardi au samedi de 19h30 à 21h30. Réservation recommandée. Menu unique à 27€. Carte : 33€ environ.

Nature, plein de caractère, généreux : voici les adjectifs qui pourraient qualifier cet établissement et son patron, Patrice. Il sert une cuisine étonnante articulée autour de sa passion : le whisky du Tennessee, le célèbre Jack Daniel's. Il s'invite derrière les fourneaux et dans les assiettes. En entrée, nous avons craqué pour le foie gras aromatisé au Jack Daniel's Fire, avant d'enchaîner avec la souris d'agneau confite au cidre et Jack Daniel's Honey. Pour clôturer ce formidable repas, nous avons jeté notre dévolu sur le tiramisu au Gentleman Jack.

HÉRAULT

REFLET D'OBIONE €€

29, rue Jean-Jacques Rousseau ✆ 04 99 61 09 17
www.reflet-obione.com

1 au Guide Michelin. Ouvert du mardi au samedi le soir et du mercredi au vendredi le midi. Formule du midi : 26€*

Le Reflet d'Obione est l'un des trésors de la ville. Le restaurant fait partie de ces tables qui laissent des souvenirs impérissables et qui sont synonymes de bons moments. Son nom s'inspire de la nature de la région, tout comme sa cuisine. Derrière les fourneaux, le chef Laurent Cherchi fait appel à sa créativité pour mettre en valeur le terroir et réaliser des assemblages surprenants. Les produits qui habillent ses assiettes sont soigneusement sélectionnés auprès de producteurs locaux et sont issus de l'agriculture raisonnée ou biologique.

LE PETIT JARDIN €€€

20, rue Jean-Jacques-Rousseau ✆ 04 67 60 78 78
www.petit-jardin.com

Ouvert du mardi au samedi le midi et le soir. Menus de 41€ à 57€. Carte : 54€ environ. Jardin. Terrasse. Glacier.

Avec son ambiance chic et contemporaine, cette adresse séduit les ventres et les esthètes de la ville. Son agréable terrasse ombragée devient le repère des gourmands aux beaux jours et sa salle élégante offre de l'intimité et de la chaleur. A travers les propositions à la carte, le chef Fabrice Amar célèbre la fraîcheur et les saveurs des produits de saison. Il vous invite dans deux ambiances différentes : côté restaurant, vous pourrez déguster des plats bistronomiques inspirés du terroir, tandis que l'espace bistrot promet un voyage culinaire autour du Monde.

SOULENQ €€

469, rue de la Theriaque
✆ 04 67 41 38 74

Ouvert du lundi au vendredi de 12h à 14h, le jeudi et le vendredi de 19h30 à 22h. Carte : 36€ environ. Terrasse. Cave.

Soulenq a fait son apparition à la mi-août au niveau de la rue de la Thériaque, dans le quartier Euromédecine. Aménagé dans une ancienne pépinière, l'établissement est une nouvelle offre bistronomique de la zone. A la fois restaurant et cave à vin, il repose sur une cuisine créative de saison et sur les bouteilles des meilleurs producteurs de la région. Côté repas, on peut compter sur Arthur Lahmy (ex-Anga) et Camille Rigal (Alexandre à Garons, Ritz à Paris) pour afficher une carte courte pleine de saveurs : haddock au thym, orecchiette aux courgettes...

LA RÉSERVE RIMBAUD €€€

820, avenue Saint-Maur
✆ 04 67 72 52 53
www.reserve-rimbaud.com

1 étoile. Ouvert du mardi au vendredi midi/soir, samedi soir et dimanche midi. Menus de 50€ à 95€. Formules : 32€/40€

Tel un rêve, la Réserve Rimbaud semble flotter à même le Lez, légère, délicate... Nichée dans un océan de verdure, elle dévoile sa terrasse avec l'intention de vous charmer et c'est réussi. Loin de l'agitation de la ville, le restaurant offre une pause culinaire reposante, une vraie parenthèse de douceurs. Le cadre - comme la cuisine de Charles Fontès - allie à merveille la tradition et la modernité. La vieille bâtisse et son extérieur deviennent les vitrines d'assiettes inventives et modernes qui mettent en valeur le terroir.

HÉRAULT

EBULLITION €€€

10, rue du Pila Saint-Gély
✆ 09 86 10 84 84
restaurant-ebullition.fr

Ouvert du mardi au samedi midi et soir. Réservation recommandée. Menus de 36€ à 55€. Carte : 55€ environ. Terrasse.

Ouverte en 2019, cette adresse gastronomique se distingue de ses voisins à l'aide de sa cuisine créative et de sa douce ambiance conviviale. Dirigé par Boris et Coralie, deux habitués des belles maisons (Maison Troisgros, Le Petit Nice, Casadelmar...), le restaurant profite d'une alliance solide de savoir-faire. Avec cet établissement, le couple a souhaité créer un rendez-vous moderne et chaleureux, articulé autour d'une cuisine gourmande et locavore. Ici, les produits frais se déclinent au sein d'assiettes originales, teintées par les saveurs et couleurs du Sud.

COLDRIP

4, rue Glaize
coldrip-food-and-coffee.business.site

Ouvert du vendredi au lundi de 9h à 16h ; le jeudi de 11h à 16h. 20€ environ. Pas de réservation. Wifi. Terrasse.

Charmant et lumineux, ce coffee shop séduit grâce à sa terrasse ensoleillée, sa proximité avec la place de la Comédie et son étonnante tranquillité. Si son concept initial est australien, l'adresse a été reprise par deux sœurs jurassiennes exilées sur le Clapas, Diane et Zoé. Elles livrent une carte pleine de propositions gourmandes (parfois vegan et sans gluten) : toasts, œufs, bagels, pancakes... Lors de notre passage, nous avons cédé aux pancakes matcha accompagnés de chantilly au chocolat blanc et de fruits frais, une avalanche de gourmandises et de saveurs !

GEORGES CAFÉ

11 bis, rue de La Loge
✆ 04 67 66 01 63
Ouvert du lundi au samedi de 12h à 19h ; le dimanche de 15h à 19h. Terrasse. Boutique.

S'il est niché au sein d'un discret cul-de-sac, le Georges Café fait toujours salle pleine. Il faut dire qu'il s'agit certainement du salon de thé le plus original de la cité. En terrasse ou au sein de sa salle joliment décorée, les visiteurs trouvent confort, calme et de multiples gourmandises (cheesecake, cookie, banoffee pie...). Des délices de bonne portion réalisés sur place pour encore plus de plaisir. A l'heure du repas, l'adresse fait également restaurant et propose trois plats à l'ardoise. En bonus, l'établissement propose sa gamme de thé à la vente.

INFUSE

2, rue Montpeliéret
✆ 04 99 06 08 81
infusemontpellier.fr
Ouvert du mardi au samedi de 10h à 19h. Ateliers. Animations. Wifi. Boutique.

C'est à deux pas du Musée Fabre qu'Infuse a ouvert ses portes en 2020. Tenue par Nathalie et Géraldine, deux docteurs en pharmacie, l'adresse vise non seulement à vous offrir des moments gourmands mais aussi à prendre soin de vous d'une toute autre façon. En effet, le bar à tisanes dépoussière le concept d'herboristerie et fait le pari de reconnecter nature et santé ! Grâce à leurs conseils vous pourrez découvrir une tisane qui conviendra à merveille à vos besoins. Elle pourra s'accompagner de douceurs réalisées par Les Demoiselles de Montpellier ou Ikonka.

PAUL

JACOU
✆ 04 99 67 63 91
Ouvert du lundi au samedi de 7h30 à 19h30 ; le dimanche de 8h à 13h.

A Jacou et Juvignac, les boulangeries Paul portent de belles promesses. Côté pain, les adresses présentent de jolies gammes composées de farines de qualité, de pains originaux et de toutes tailles, habillés du label «bien manger». Les viennoiseries ne sont pas en reste, les pains au chocolat et croissants sont délicieux. A l'heure du déjeuner, les établissement proposent aussi des formules salées (salades, pizzas, tourtes...). Les grands gourmands pourront aussi craquer pour leur chocolat chaud et leur collection de pâtisseries.

AIGUELONGUE GOURMET

467, rue de la Roqueturière
✆ 04 67 72 24 22
www.aiguelongue-gourmet.fr
Ouvert du lundi au samedi de 8h à 14h et de 16h à 20h ; le dimanche de 8h à 13h. Terrasse.

Aiguelongue Gourmet est une adresse à conserver précieusement. Cet impressionnant magasin de plus de 300m² célèbre les bons produits avec qualité et sourire. En coulisse, Frédéric Crespin veille au grain et communique son dynamisme à ses équipes. On s'affaire sur la terrasse afin de satisfaire les clients venus savourer un verre ou dévorer une bavette, ainsi que dans l'espace vente. Celui-ci est aménagé et achalandé de manière époustouflante : caviste (450 références), pâtisserie, épicerie fine... et surtout le rayon boucher-charcutier qui est un incontournable.

LE COMPTOIR GOURMAND

1, rue de la Loge
✆ 06 75 07 12 64
lecomptoirgourmand-montpellier.com
Ouvert du lundi au jeudi de 9h-13h et de 16h-19h (10h le lundi), non-stop vendredi et samedi, dimanche de 10h-13h.

Le Comptoir Gourmand est l'une des institutions des Halles Castellanes et des Halles Laissac. Depuis plus de dix-sept ans, Lory Caselli privilégie des produits d'exception au sein de son épicerie fine. Ces derniers - toujours AOC ou AOP - lui arrivent en direct des producteurs. S'ils sont principalement locaux, ils viennent aussi d'ailleurs. Résultat : sur son étal, les lucques noires de l'Hérault, les truffes noires melanum sporum et les anchoïades côtoient le poivre de Madagascar, celui du Cameroun et quelques épices rares comme le safran d'Iran.

COSTE PEINTURES

561, rue Sainte-Hilaire ✆ 04 99 52 65 26
www.coste-peintures.fr
Ouvert du lundi au samedi de 9h à 12h et de 14h à 18h. Accueil aux professionnels dès 7h30 le matin.

Cette enseigne centenaire est le repaire des professionnels et des particuliers qui souhaitent relooker des murs et des sols. Elle est composée de trois espaces : une zone pour les entreprises, un showroom et un coin dédié aux artistes. Les rayons de cet espace consacré aux beaux-arts sont remplis de supports variés (châssis, cartons toilés...), de matériel de peinture (pinceaux, peinture à huile, gouache...), de calligraphie, etc. On trouve également le nécessaire pour encadrer et transporter les œuvres. L'entreprise possède une seconde adresse vers Euromédecine.

L'EPICERIE ITALIENNE ALBERT

4, rue de la Vieille
✆ 04 67 66 00 75
www.epicerie-italienne-albert.fr

Cette boutique est une institution depuis 1961 ! Derrière son comptoir, Elsa poursuit l'aventure et nous régale avec ses douceurs transalpines. Elle propose toute une variété de pâtes fraîches, chacune avec des couleurs et un goût différents. On passe du rayon jambon aux ravioles à la truffe, des tomates confites aux vinaigres balsamiques, du limoncello au panettone. On est séduit par la variété de sauces, d'huiles d'olive et de vinaigres qui s'accommodent à merveille avec les pâtes.

AUX GRANDS VINS DE FRANCE

1-3, rue de l'Argenterie
✆ 04 67 60 75 48
www.auxgrandsvinsdefrance.com

Ouvert le lundi de 15h à 19h30 ; du mardi au samedi de 10h à 19h30. Livraison possible. American Express.

La maison est sans doute une des plus anciennes caves de la région. Ici, Jean et son équipe perpétuent la tradition de caviste-liquoriste à l'origine de cette adresse. Ses armagnacs millésimés sur 60 ans valent le détour ainsi que les whiskies. Mais ces passionnés du bien boire mettent un point d'honneur à présenter ce que les vignobles français comptent de meilleur. Les nectars proviennent des terroirs du Languedoc, de Provence, des Côtes-du-Rhône… et de Champagne.

LE MARCHÉ DU LEZ

1348, avenue Raymond-Dugrand
www.marchedulez.com

Brocante : mardi au dimanche de 10h à 19h. Restaurants : lundi au dimanche midi et soir. Streetfood : tous les jours.

Véritable village dans la ville, le Marché du Lez se pose comme l'alternative complémentaire qui manquait à la métropole. Hot-spot énergique, il regroupe les brocanteurs du Lez, des commerces, des start-up... Loin d'être figé, il exprime son désir de conserver un certain dynamisme grâce à la mise en place d'événements, d'expositions, de performances et d'ateliers. Incontournable, la gastronomie occupe également une place centrale au Marché puisque plusieurs restaurants, les *foodtrucks* et les halles gourmandes du Lez sont accessibles aux amateurs de bons produits.

ATELIER DE COIFFURE VALÉRIE HEBDA

467, rue de la Roqueturière
✆ 04 67 79 14 04
www.atelier-coiffure-montpellier.com

Ouvert du mardi au vendredi de 9h à 19h30 ; le samedi de 8h à 17h30. Salon. Conseil en image.

Le salon de Valérie Hebda est un rendez-vous incontournable du quartier d'Aiguelongue. Depuis plus de 30 ans, l'experte et son équipe de coiffeurs-visagistes embellissent une clientèle toujours plus fidèle et curieuse des nouvelles tendances. Les coupes vont du plus classique au plus branché et tiennent compte de votre personnalité et de votre visage. En plus des coups de ciseaux et du conseil en image, le salon propose un service basé sur la détente.

OPÉRA COMÉDIE

11, boulevard Victor-Hugo
✆ 04 67 60 19 99
www.opera-orchestre-montpellier.fr

Billetterie ouverte du mardi au samedi de 10h à 13h et de 14h à 18h. Tarifs variables. Programmation visible en ligne.

Montpellier est très fière d'avoir deux opéras. L'Opéra Comédie est le plus ancien de Montpellier, érigé en 1755. Le bâtiment actuel, inauguré en 1888, est l'œuvre de Joseph-Marie Cassien Bernard, élève de Charles Garnier, auteur du Palais-Garnier de Paris. Dans un cadre somptueux tout en dorures et en draperies - qui n'est pas sans rappeler justement l'Opéra Garnier - la programmation fait la part belle à de grands titres d'opéras, à des solistes et à des chefs d'orchestre dont le talent n'est plus à prouver, mais aussi à des créations et des découvertes.

ZÉNITH SUD

2733, avenue Albert-Einstein
✆ 04 67 64 68 83
www.montpellier-events.com/Le-Zenith-Sud

Horaires et tarifs en fonction des spectacles. Parking. Restauration.

Créé en 1986, le Zénith de Montpellier reçoit plus de 220 000 spectateurs chaque année. Depuis sa création, sa scène a accueilli les plus grands artistes de la variété nationale et internationale : Elton John, Tina Turner, James Brown, Johnny Hallyday... Mais ce n'est pas tout puisque l'envergure de la salle et sa configuration permettent d'accueillir d'autres types d'événements tels que des *one man show* (Muriel Robin, Jamel Debbouze…), des comédies musicales (*Le Roi Soleil, Notre-Dame de Paris*…) et des spectacles populaires (*Lord of the Dance, Bharati*…).

MAUGUIO

Mauguio est située à quelques minutes des plages, baignée par le soleil et elle possède les traits d'un village ancien. Son architecture est celle d'une circulade, un modèle emblématique de la région qui consiste en des édifications autour d'un lieu de pouvoir religieux ou politique. Ici, la commune est blottie autour de sa "motte" actuel jardin public et ancienne résidence seigneuriale. Ancien chef-lieu du comté, enrichie par la viticulture, c'est une commune qui symbolise à merveille les différents cycles vécus par le territoire languedocien. C'est aussi un lieu de villégiature agréable pour les vacanciers qui recherchent le calme.

LE CHÂTEAU DES COMTES-ÉVÊQUES DE MELGUEIL

23, rue Diderot
✆ 04 67 29 65 35
www.mauguio-carnon.com/mes-loisirs/envie-d-histoire/chateau-de-melgueil

Visite guidée.

Au pied du Jardin de la Motte, caché entre le plan Izard et la rue Diderot, le château des comtes de Melgueil laisse discrètement entrevoir ses vestiges. Construit sur la même terre d'alluvions que la Motte, il a très certainement été bâti à l'endroit même où se trouvait le premier château en pierres des Comtes de Melgueil (XIIe siècle). Racheté par la Ville en 2007, sa réhabilitation finalisée en 2019 permet désormais de contempler une partie de ses éléments.

LES ÉTANGS

Accès libre.

Les étangs situés entre Frontignan et La Grande-Motte ne sont séparés les uns des autres que par une étroite bande littorale. Longtemps ignorés, ils font désormais l'objet de mesures de protection, notamment parce qu'ils abritent une faune et une flore remarquables. Les plus fameux hôtes sont les flamants roses, ils partagent ces étendues d'eau avec de nombreux oiseaux et rongeurs. Les sentiers de la Petite Camargue, comme ceux du Petit Marais sur la commune de Candillargues ou à La Capoulière, mènent à la découverte de ce bel écosystème.

GÎTE L'ATRIUM €€

31, rue du Mistral
www.booking.com/hotel/fr/l-39-atrium-carnon-plage

Pour 2 personnes (1 chambre). Wifi. Terrasse. Cuisine. Salle de bain privative. Tv satellite.

Cet appartement se situe à seulement 400 mètres de la plage, il bénéficie d'une localisation et d'une exposition idéales pour des vacances au soleil. Ce gîte de Carnon-Plage dispose d'un balcon où les résidents viennent profiter de l'ensoleillement. Les vacanciers ont accès à une cuisine équipée, à un lit double, à un canapé convertible, à une salle de bain avec une douche et à une télévision à écran plat. Les voyageurs seront ravis d'apprendre que la résidence est à seulement 4 km de l'aéroport Montpellier-Méditerranée et à 10 minutes de la grande ville.

LE NEPTUNE €€

1, rue de L'Etang-de-l'Or
✆ 04 67 50 88 00
www.hotel-neptune.fr

Fermé du 18 décembre au 11 janvier. Chambre double de 80€ à 150€, triple de 100€ à 160€. Petit déjeuner buffet : 12€.

Situé à seulement 300 mètres de la plage, Le Neptune invite au farniente méditerranéen. Sa piscine tout récemment rénovée est prête à vous accueillir. Les 53 chambres respirent l'air de la mer et le confort à la manière d'aujourd'hui. Des couleurs naturelles, apaisantes, pour des nuits agréables et sereines. Un petit déjeuner est servi sous forme de buffet. Quant au restaurant, tenu par la chef Cecilia Ribeiro, on y propose une cuisine fondée sur les produits frais. N'oublions pas la location de vélos électriques pour vos balades sur le littoral.

LE PLAGE PALACE €€€

336, avenue Saint-Maurice - **CARNON**
✆ 04 34 08 63 00
plagepalace.com

72 chambres. Chambre double à partir de 300 €. Room service. Restauration. Tv satellite. Piscine. Accès direct plage

Construit entre Palavas-les-Flots et Carnon, cet établissement 5-étoiles a les pieds dans l'eau. Dans les 70 chambres et suites de leur hôtel, les frères Costes ont misé sur l'élégance, la simplicité, les teints chauds et le confort. Elles donnent sur la mer ou sur le jardin des lieux, des vues dégagées et agréables que les clients peuvent savourer sur les terrasses privatives de leurs chambres. En parallèle, le palace abrite un excellent restaurant, une grande piscine chauffée, un spa et - bien évidemment - une plage privée !

ANISETTE & BROCHETTES €€

37, avenue Grassion-Cibrand
✆ 06 12 19 17 31

Ouvert toute l'année. Ouvert tous les jours midi et soir. Réservation recommandée. Brochettes de 4,50 € à 6 €. Jardin.

Anisette & Brochettes, c'est l'adresse festive et familiale de Carnon ! Si tout le monde s'y presse, c'est bien parce qu'ici la brochette est reine. A base de viandes et de poissons, ces merveilles sont grillées au feu de bois et dignement accompagnées de légumes ou frites maison. Côté cadre, on aime profiter du jardin recouvert de vigne vierge. En hiver, on n'hésite pas à se réfugier dans la salle intérieure, réchauffée par un doux feu de cheminée. Dans tous les cas la qualité est là et la convivialité est tout à fait remarquable.

L'ENCIERRO DEL PUEBLO €€

10, place de la Libération - Charles-de-Gaulle
✆ 04 67 58 38 02
www.lencierrodelpueblo.com

Ouvert du mardi au samedi de 18h à 1h, du mardi au vendredi de 9h à 14h30, le dimanche de 9h à 15h. Carte : 35€ environ.

Au bar, l'équipe vous propose des tapas chaudes ou froides : calamar et bacon frits, chorizo poêlé, haricots rouges gratinés au cheddar, tarte flambée au Jack Daniels... Si votre estomac gronde toujours, la partie restaurant est tout indiquée. Les tapas changent quotidiennement et la carte tous les deux mois mais voici quelques exemples de délices : côte de bœuf, rôti de veau, magret de canard farci au saint-marcellin et souris d'agneau confite au thym, à la réglisse et au miel. Tout cela au centre de la ville et dans la bonne humeur, que demander de plus ?

MARCEL & CO €€

285, rue Hélène Boucher
✆ 04 67 15 37 22
www.marcelandco-resto.com

Ouvert du lundi au samedi le midi, vendredi et samedi le soir. Carte : 30 € environ. Chèque Restaurant. Terrasse.

Cette adresse connait un beau succès depuis son ouverture. Une réussite qui peut s'expliquer par son identité moderne mais chaleureuse, sa décoration qui joue avec la lumière ou encore sa carte brasserie généreuse. Quelques petites touches ici et là rappellent qu'on est à proximité des pistes de l'aéroport, c'est notamment le cas des avions métalliques issus d'anciens manèges forains qui se fondent à merveille dans le décor. En cuisine, l'équipe prépare des plats simples, frais et faits maison : burger, tartare, fish & chip, salades, planches...

MAS DU MINISTRE €€

Chemin du Ministre ✆ 04 99 63 05 94
www.le-mas-du-ministre.fr

Ouvert du lundi au samedi midi, du jeudi au samedi soir. Carte : 38€ environ. Formule du midi : 14,90€. Caveau.

Cet établissement est un incontournable des soirées estivales. Ouvert toute l'année, il attire beaucoup plus de monde lorsque le soleil commence à pointer son nez car son grand jardin est le théâtre de nombreuses activités. Au sein du «mas», les responsables ont monté un restaurant dans lequel est servie de la cuisine maison de qualité. Le midi les formules évoquent de nombreux délices de saison tels que le wok aux champignons ou les gambas en persillade. Le soir, l'adresse poursuit avec sa carte mais propose également des planches à partager et des tapas.

LE TRIDENT €€

1, rue de la Tramontane
✆ 04 67 50 92 57

Ouvert du lundi au samedi le soir et le dimanche midi. Réservation recommandée. Formule : 36€. Brunch 25€. Terrasse.

Dans cette référence de Carnon, l'équipe mitonne une cuisine bistronomique à base de produits du marché. Dans les assiettes : poissons, viande d'Aubrac, cuisson à la plancha, légumes bio et locaux... Le résultat est soigné et réalisé avec précision. On a été séduit par l'œuf bio du Pic Saint Loup façon florentine servi avec de la crème de comté et focaccia, la queue de baudroie rôtie accompagnée de pommes fondantes, champignons sauvages et sauce bourride, et la pomme de douze heures façon tatin proposée avec de la glace au lait entier de la ferme Marguerite.

UPSIDE

83, rue François Coli
✆ 04 34 40 21 88
www.upside-vr.fr

Ouvert mardi/jeudi de 17h à 23h, mercredi de 14h à 23h, vendredi 17h à 0h, samedi de 14h à 0h et dimanche de 14h à 22h

La meilleure façon de s'éduquer sur la réalité virtuelle est de se rendre à Upside, un parc de loisirs *indoor* dédié à la réalité virtuelle. Ouvert cette année, l'espace de 700 m² invite ses visiteurs à revoir leur conception du réel et les limites de leur esprit. Les expériences sont inédites, prenantes et font appel à tous les sens. Upside propose quatre univers virtuels et immersifs : Arcade (bibliothèque de jeux à jouer seul ou à plusieurs), Sensation (simulateurs divers) et Aventure, entre cinéma, *escape game* et jeu de rôle.

LA GRANDE-MOTTE ★

A une époque où l'audace était prioritaire sur l'intégration au paysage, la mission interministérielle pour l'aménagement touristique du littoral languedocien confia à Jean Balladur la création de La Grande Motte. Une vaste bande de terre, entre mer et étang, voilà à quoi se résumait la ville aux pyramides en 1965. De nos jours, la ville bien équipée en infrastructures touristiques rassemble notamment un golf international, un centre aquatique, un palais des congrès, un casino, un minigolf, un tennis et un institut de thalassothérapie. Vingt kilomètres d'allées piétonnes et verdoyantes sillonnent la station en reliant places et avenues.

LES PLAGES DE LA GRANDE MOTTE ★

✆ 04 67 29 03 03

www.lagrandemotte.com/plages

Accès libre. Restauration. Animations.

La station balnéaire de La Grande Motte est un incontournable pour les vacanciers à la recherche de soleil et de sable chaud. Sur toute sa côte, la ville accueille de nombreuses plages de rêve sur lesquelles il est bon de s'installer dès les premières lueurs de l'été. La Grande Motte, c'est 7 kilomètres de plages, un décor de conques et une température des plus agréables. En plus des espaces privés réservés aux hôtels et restaurants, le littoral est partagé entre 5 plages publiques.

LA GRANDE PYRAMIDE

256, avenue Robert-Fages

Impressionnant par ses courbes et sa hauteur, c'est l'ouvrage le plus imposant de la station, si bien qu'il en est devenu l'emblème. Dessiné par Jean Balladur en 1974, ce bâtiment fascinant est en réalité bien plus complexe qu'il ne le laisse entrevoir à première vue. Sa forme tout d'abord : un «Y» incurvé, abritant un hôtel et des appartements, figure la « liaison » entre les parties masculine (les pyramides hautes du centre-ville) et féminine (quartier du couchant aux pyramides arrondies). Cette architecture de la ville marque l'allusion au Pic Saint-Loup.

BELAMBRA CLUBS PRESQU'ÎLE DU PONANT €€

Rue Saint-Louis ✆ 04 67 56 51 55

www.belambra.fr

Demi-pension et pension complète. Jeux. Aire pour camping-cars. Service de ménage. Restauration. Animations.

Situé sur la presqu'île du Ponant, le Belambra apparaît comme un mirage au milieu d'une oasis de verdure et l'horizon bleuté de la mer Méditerranée. Ce club très nature de 23 hectares possède des logements design et contemporains parfaitement équipés. Le lieu dispose d'un espace aquatique de plus de 1 000 m^2 au cœur d'un parc fleuri avec plusieurs bassins, des terrains de sport, deux bars (dont un bar piscine), un restaurant et de nombreux équipements de loisirs.

La Grande-Motte.

HÉRAULT

HÔTEL SAINT-CLAIR €€

Avenue de l'Europe ✆ 04 67 56 57 77
www.hotelsaintclair.com

Fermé de janvier à mars. Chambre simple à partir de 75€, chambre double à partir de 80€, chambre triple à partir de 100€

Dans le cadre silencieux d'un parc ombragé, cet hôtel jouit d'un emplacement idéal. Situé à 20 m de la plage, sans aucune route à traverser, il est à deux pas du sable fin et des commerces. Les vastes chambres lumineuses et climatisées, peintes aux couleurs méditerranéennes, offrent un endroit de relaxation frais et chaleureux. Et si tout cela ne suffit pas, divers loisirs et activités se tiennent à proximité, notamment le golf international, le centre aquatique l'Espace Grand Bleu, le centre nautique (piscine, sauna, bain bouillonnant…) et le port de plaisance.

HÔTEL LA PLAGE - ART ET ÉMOTIONS €€€

52, allée du Levant ✆ 04 67 29 93 00
laplage-artetemotions.com

Chambre double à partir de 150 € ; suite à partir de 300 €. Demi-pension. Petit déjeuner inclus. Jardin. Climatisation.

L'Hôtel La Plage-Art et émotions est une rareté dans la région. Ce cinq-étoiles dispose d'une trentaine de chambres dont cinq suites luxueuses. Les chambres localisées à l'étage disposent de larges baies offrant une vue à couper le souffle sur la mer Méditerranée, et celles du rez-de-jardin - plus spacieuses - s'ouvrent sur un jardin privatif de 35 m². Le restaurant et l'espace détente sont également de grands atouts. Enfin, la plage privée est devenue un incontournable !

L'ENTRE-POTES €€

35, avenue Pierre-Racine
✆ 04 67 84 36 60
www.restaurant-grandemotte.com

Ouvert tous les jours de 12h à 14h et de 19h30 à 0h. Menus de 17€ à 29,90€. Accueil des groupes. Terrasse.

Très prisé par une clientèle locale, l'Entre-Potes ne désemplit pas et on comprend pourquoi. A la fois convivial et gourmand, ce restaurant/comptoir à vin allie le confort du lieu et la qualité de son accueil à une cuisine méditerranéenne authentique et néanmoins innovante. La carte, rythmée par les saisons, s'appuie sur une déclinaison de couleurs et de saveurs à partir de produits frais. Le comptoir à vin est propice à la dégustation et à la découverte des sens et expressions d'un certain nombre de crus régionaux. Une vraie bonne adresse !

GUS - KITCHEN BY LA DUNE €€

Route des plages du Grand-Travers
✆ 04 67 84 49 28
www.complexe-la-dune.com/restaurant

Fermé d'octobre à mars. Ouvert du mardi au dimanche de 19h30 à 2h. Menus de 37 € à 55 €. Terrasse. Animations.

La cuisine du chef Marco Martini possède des parfums exotiques, elle est présentée dans des assiettes délicates et précises. Ici tous les plats traditionnels sont revisités, peaufinés, afin de trouver leur identité propre, celle du Gus. Ce talent serait gâché sans d'excellents produits, c'est pour cela que les propriétaires ont misé sur la qualité. Cinq menus sont proposés : «Terre», autour du canard et du bœuf, «Mer», avec poissons et crustacés, «Champêtre», tourné vers le terroir, «Végan» et «Confiance», qui laisse place aux inspirations du cuisinier.

L'INSTANT PRÉSENT €€

104, allée des Jardins
✆ 04 67 58 24 25
linstant-present-restaurant.business.site

Ouvert du mercredi au dimanche de 12h à 14h30 et de 19h à 23h. Réservation recommandée. Carte : 35€ environ. Terrasse.

Ce lieu très sympathique de La Grande Motte se situe un peu en retrait des autres affaires de la station. On y sert une cuisine de qualité assez raffinée à prix abordable. Dès l'arrivée, on apprécie l'atmosphère et l'accueil, c'est comme si nous étions des habitués, on se sent tout de suite à l'aise. Tout du long le service est impeccable, à la carte on découvre des produits frais et de saison, le tout pour une addition plus que raisonnable. Ce petit restaurant est rythmé par la cuisine du chef Benjamin Moulina, un des disciples d'Escoffier... Rien que ça !

L'ESPACE GRAND BLEU

195, rue Saint-Louis ✆ 04 67 56 28 23
www.lagrandemotte.com/grand-bleu

Entrée : 5,20 €. Gratuit pour les moins de 4 ans. Bonnets de bain obligatoires. Maillots-shorts interdits.

Les 1 000 m² du complexe aquatique vous garantissent de belles sensations fortes. Ils s'articulent autour d'une piscine intérieure et d'une piscine extérieure entourée d'une pelouse arborée. Derrière les grandes baies vitrées, on peut contempler les cinq bassins du centre : un sportif de 25 mètres, un récréatif d'une profondeur variant de 0,40 à 0,90 mètres, un « aventure » et deux bassins consacrés aux toboggans et au pentagliss. Si le volume sonore devient trop dérangeant, nous vous conseillons de rejoindre l'espace extérieur et son parc de 3 ha.

LE GOLF DE LA GRANDE MOTTE

Avenue du Golf ✆ 04 67 56 05 00
www.lagrandemotte.fr

Ouvert toute l'année. Stage. Boutique. Greenfees : 18-trous dès 36€, 6-trous dès 24€. Restauration. Deux hôtels. Bar.

Au golf de la Grande-Motte, sur près de 67 ha d'espaces verts et 20 ha de plans d'eau, s'étendent 3 parcours pour tous les niveaux dont le fameux 18-trous Flamant Rose pour les champions. Il accueille les cartes de circuit européen depuis 1991... Deux autres parcours sont là pour apprendre ou se perfectionner : Les Mouettes (6-trous) et Les Goélands (18-trous). On peut bénéficier de stages pour les débutants « Premier Swing » ou pour le perfectionnement « Carte verte ».

PONANT AVENTURE

Avenue du Général-Leclerc
✆ 06 24 59 18 20
www.ponant-aventure.com

Fermé de novembre à février. Eté : 7j/7 de 10h à 20h. Hors saison : ouvert de 14h à 19h le mercredi et le weekend.

Installé entre la mer Méditerranée et l'étang du Ponant, ce parc d'aventure propose cinq parcours sportifs et plus de 115 ateliers ludiques entre ciel et mer. Parmi eux, des mâts de bois de plusieurs mètres de diamètre culminent jusqu'à 25 mètres de hauteur, ils offrent une vue exceptionnelle sur les alentours. Mais ce n'est pas tout puisque les Tarzan pourront affronter d'autres défis : tyroliennes, ponts de singe, sauts du lémurien, lianes volantes, filets d'embûches, passerelles... En été, vous pourrez profiter d'une spéciale nocturne sur réservation.

PASINO LA GRANDE MOTTE

335, allée des Parcs
✆ 04 67 56 46 46
www.casinograndemotte.com

Ouvert tous les jours de 10h à 4h. Restauration. 2 salles de séminaire. Spectacle.

Déplacé à l'entrée de la station, le Pasino de La Grande Motte est une belle salle de spectacle. Depuis son ouverture, de nombreuses têtes d'affiche de la variété et de grands comiques s'y sont produits : Julien Clerc, Franck Dubosc, Elie Semoun... S'y ajoutent des pièces de théâtre et des créations diverses. Mais ce qui fait quotidiennement battre le cœur de cet établissement c'est l'espace casino. Plus de 200 machines à sous sont disponibles, on trouve aussi des jeux traditionnels, des tournois de poker, il y a de quoi se divertir !

LUNEL ★

Creuset des traditions camarguaises, pays des taureaux et des chevaux, Lunel est au carrefour de la culture languedocienne et provençale, célèbre pour ses courses camarguaises et pour sa fête, si appréciée des locaux. Sur son territoire se succèdent manades, vergers et vignobles qui donnent naissance notamment au célèbre muscat. Le centre historique regorge de ruelles au détour desquelles on peut y découvrir le riche patrimoine de la ville, du passage voûté des Calandons, vestige de la Commanderie des Templiers, à l'Hôtel de Bernis, vestige de l'école juive de médecine du XIIIe siècle, sans oublier l'église Notre-Dame-du-Lac, rebâtie à la fin du XVIIe.

ARÈNES FRANCIS SAN JUAN

277A, rue Tivoli
www.arenesdelunel.com

Programme et billetterie en ligne et sur place. Restauration. Animations.

Situées en périphérie du centre-ville, les arènes remontent à 1861. Depuis leur dernière restructuration en 2018, elles peuvent accueillir près de 4 000 spectateurs. Haut lieu de la tradition taurine, elles sont le théâtre de nombreuses courses camarguaises, corridas et autres divertissements tels que le « toro piscine » pendant les mois d'été. Tous les grands cocardiers ont foulé cette piste de légende, reine de la course libre, réputée très difficile par les raseteurs. En parallèle, les arènes servent de décor à bien d'autres spectacles et à des concerts.

L'EGLISE NOTRE-DAME DU LAC

Eglise Notre-Dame-du-Lac
www.ot-paysdelunel.fr

Accès libre.

Après avoir souffert des années et des conflits, la belle façade de style baroque de l'église fut restaurée en 1984, révélant aux visiteurs toute sa beauté. A l'intérieur, on peut observer la présence de pièces inscrites au titre du Mobilier historique telles que les fonts baptismaux du XIXe siècle et le grand orgue construit en 1856 par Aristide Cavaillé-Colls. Etonnement, le clocher de l'église repose sur une ancienne tour de guet, lui donnant une silhouette rarement observée.

LA MAISON GOTHIQUE

Rue du Capitaine Ménard
www.ot-paysdelunel.fr

Surnommée à tort « Hôtel Philippe le Bel », cette maison gothique possède le plan caractéristique des demeures médiévales. Sa façade et ses éléments de décor sont représentatifs de l'architecture civile des XIIIe et XIVe siècles. L'extérieur de la maison est parsemé de fenêtres ogivales et la majorité d'entre elles possède un décor sculpté. Ces derniers sont difficilement interprétables en raison de la complexité de l'iconographie médiévale. L'un des éléments présents est un personnage figuré tenant deux fleurs de lys, il s'agirait d'une référence à la monarchie.

MUSÉE MÉDARD

71, place Martyrs-de-la-Résistance
✆ 04 67 87 83 95
www.museemedard.fr

Ouvert du mercredi au vendredi de 14h à 18h ; le samedi de 10h à 18h. Gratuit.

En janvier 2014, la Ville de Lunel a ouvert le Musée Médard. Cet équipement culturel permet de découvrir l'histoire du livre et les arts et métiers qui lui sont liés, notamment grâce à la mise en valeur des collections : fonds Médard, archives municipales, fers à dorer... Situé face à l'église Notre-Dame-du-Lac, dans un immeuble daté du début du XVIIIe siècle, le musée consacré au patrimoine écrit, dont la collection se compose de 5 000 ouvrages rares et précieux, a été léguée par Louis Médard (1768-1841) à ses concitoyens de Lunel.

MUSÉE PAUL-PASTRE

3, avenue Gabriel-Péri - **MARSILLARGUES**
✆ 04 67 65 41 58
www.marsillargues.fr

Ouvert de mai à octobre. Ouvert le mercredi de 15h à 18h. Toute l'année sur rendez-vous pour les groupes. Adulte : 2€.

On appelle ce lieu le château de Guillaume de Nogaret, mais de ce dernier, construit vers 1305, ne subsiste plus qu'une partie du sous-sol et une tour carrée du XIVe siècle. C'est sur ces vestiges que fut construit en 1576 un château Renaissance avec une remarquable façade décorée de bas-reliefs portant des amours joufflus. C'est dans ce cadre riche en histoire que le musée Paul-Pastre prend place. Admirablement aménagé par l'association les Amis du Musée, on y aperçoit une collection d'objets variés à l'intérieur des salles basses du château.

LE SITE D'AMBRUSSUM

Chemin d'Ambrussum - **VILLETELLE**
✆ 04 67 02 22 33
www.ambrussum.fr

Basse saison : du mardi au dimanche de 14h à 17h30. Haute saison : du mardi au dimanche de 10h à 12h30 et de 14h30 à 19h

Ville et place forte à l'époque préromaine, puis étape de la voie domitienne qui menait d'Italie en Espagne, Ambrussum a connu pendant plus d'un demi-millénaire, une activité importante due à sa situation sur les rives du très capricieux Vidourle. Il reste de la voie pavée, rue principale qui traversait la ville, une portion d'environ 200 m, dans laquelle les roues des chars ont par endroits laissé de profondes ornières. Nous recommandons la balade romaine qui dure 1h30 sur une boucle de 2,3 kilomètres. L'été, on oublie pas sa bouteille d'eau et son chapeau.

CAMPING DU PONT DE LUNEL €€

126, chemin des Nouguiés ✆ 04 67 71 10 22
www.camping-du-pontdelunel.com

Fermé d´octobre au 15 mars. Emplacement à partir de 18€. Mobil-homes de 200€ à 550€/semaine. Jeux pour enfants.

Sur 2 hectares, ce petit camping familial propose 81 emplacements pour planter sa tente, poser sa caravane ou son camping-car, ainsi que des locations de mobil-homes. Outre les couchages, le camping dispose de deux blocs sanitaires, d'aires de jeux, d'un terrain multisports et d'une buvette en haute saison. A proximité d'un centre commercial et de restaurants, il permet de profiter pleinement de son séjour aux portes de la Camargue. Grâce aux grands axes routiers situés à proximité, c'est un bon point de base pour partir à la découverte de la région.

MAS SAINT-ANGE €€

629, chemin des Saintes-Mariés
✆ 04 99 92 04 61
www.massaintange.com

Chambre simple de 65€ à 75€, chambre double de 69€ à 85€, chambre triple de 82€ à 99€. Petit déjeuner et parking inclus.

Le mas Saint-Ange, ancien domaine viticole implanté au milieu des vignes, a été entièrement rénové par Christine et Bernard Gayet pour en faire une maison d'hôtes à la décoration soignée. Sur place, tout est prévu pour du farniente au bord de la piscine, une partie de tennis, ou bien une balade à vélo. Et pour prendre soin de soi, une thérapeute aux compétences reconnues par Christine et Bernard délivre des soins énergétiques sur rendez-vous. Les petits déjeuners sur la terrasse sont gourmands, avec confitures et pâtisseries maison.

LE RELAIS D'ANGÉLIQUE €€

35, rue des Cèpes ✆ 06 24 17 81 15
www.lerelaisdangelique.com

5 chambres. Chambre double de 90€ à 110€. Petit déjeuner inclus. Tennis de table. Barbecue. Balançoire. Baby Foot.

Entre Nîmes et Montpellier, le Relais d'Angélique vous accueille dans une demeure de caractère. Cet ancien relais de diligence, entièrement restauré, dispose en annexe de 5 chambres d'hôtes baptisées Angélique, Ève, Inès, Marie et Océane ; 5 demoiselles aux caractères très variés alliant modernité et tradition, couleurs vives et chaudes, décorées avec délicatesse et goût, vous permettant de profiter en toute indépendance de la sérénité de l'endroit. Angélique & Marie, à l'étage de la dépendance vous offriront en plus une terrasse privative avec transat...

LE BISTROT DE CARO €€

129, cours Gabriel-Péri
✆ 04 67 15 14 55

Ouvert lundi et mardi, jeudi et vendredi, ainsi que le dimanche le midi, et vendredi et samedi le soir.

C'est à deux pas des halles que le Bistrot de Caro dévoile tous ses charmes. C'est sous sa belle pergola, au calme d'un Lunel festif et vivant, que Benji, le cher mari de Caro, et son équipe nous accueillent amicalement. Chez Caro, c'est pas du lard ou du cochon... On ne badine pas avec les bons produits ! Travaillant essentiellement avec des producteurs locaux, la chef se plaît à dire qu'elle ne cuisine que ce que la nature veut bien lui donner. Et pour déguster avec le café rien de tel que la fougasse d'Aigues-Mortes dont Caro détient le secret.

PLAZA LUNAE €€

901, chemin de la Vidourlenque
✆ 04 99 54 62 02

Ouvert du samedi au lundi le soir, tous les jours le midi. Menus de 29,50€ à 34,50€. Terrasse.

Au Plaza Lunae, le chef vous propose une gamme de plats essentiellement régionale, basée sur l'utilisation de produits frais de la terre et de la mer. Il crée des alliances basées sur des épices douces et suaves avec les plantes aromatiques de son potager (menthe poivrée, mélisse, thym citron...). Tout le florilège de la gastronomie française est revisité par un chef confirmé qui allie sincérité et passion à son savoir-faire. Ses best-sellers incontournables sont le croustillant de rouget à la tapenade ou la pastilla de canard.

PALAVAS-LES-FLOTS ★

Bordé par 7 km de plage de sable fin d'un côté, par des étangs sauvages de l'autre, Palavas-Les-Flots tire son histoire et son identité des hommes qui lui ont donné toute sa raison d'être : les pêcheurs. Classée station balnéaire en 1924, Palavas s'adapte à la clientèle des congés payés puis au tourisme de masse au début des années 50. La ville crée en 1997 un nouveau port de plaisance pour faciliter le tourisme maritime, secteur en plein essor. La ville est entrée dans le IIIe millénaire avec la création du Phare de la Méditerranée, issu de la réhabilitation de l'ancien château d'eau. Unique en France, il offre un panorama exceptionnel sur la région.

ARÈNES DE PALAVAS

Avenue de l'Abbé-Brocardi
✆ 04 67 50 39 56
www.vincentribera-spectacles.com

Ouvert toute l'année. Agenda en ligne. Animations.

A seulement quelques kilomètres de Montpellier, la station balnéaire de Palavas-les-Flots est un incontournable du littoral. Très animé en été, le village organise de nombreuses festivités propres à la région et à son histoire, les arènes servent de décor à certaines d'entre elles. Derrière leurs murs, le public pourra notamment contempler une série de ferias. Mais ce n'est pas tout ! Grâce à sa sonorité, l'endroit accueille aussi de nombreux concerts et spectacles. La programmation des arènes est disponible en ligne, certaines de ces animations sont gratuites.

MUSÉE ALBERT-DUBOUT ★

Rue de l'Abbé-Brocardi ✆ 04 67 68 56 41
www.ot-palavaslesflots.com/fr/tradition/musee-albert-dubout

Basse saison : ouvert du mardi au dimanche 14h-18h. Été : 7j/7 10h-13h et 16h-20h. Hiver : mercredi/week-end 14h-17h30.

Sur une île, un fortin militaire du XVIIIe siècle abrite le musée Albert-Dubout. La Redoute de Ballestras a été démontée pierre par pierre et remontée au centre de l'étang. Le musée renferme les œuvres du célèbre dessinateur et ses caricatures particulièrement hautes en couleur. Attiré par Palavas dès 1922, Albert Dubout avait le don de faire jaillir le comique de n'importe quelle chose ou situation. Outre les dessins, l'exposition présente des objets personnels de Dubout (table de dessin, pipe, correspondance avec Pagnol et Dard...).

HÉRAULT

© FRÉDÉRIC DE BAILLIENCOURT

Palavas-les-Flots.

MUSÉE DU PATRIMOINE JEAN-ARISTIDE RUDEL

533, avenue de l'Evêché-de-Maguelone
✆ 04 67 68 56 41
www.ot-palavaslesflots.com
Haute saison : 7j/7 de 10h à 13h et de 16h à 20h. Fermé en basse saison, sauf réservation par des groupes.

Ce musée atypique relate l'histoire de Palavas, ou plutôt des «cabanes de Ballestras », nom qu'on a attribué au lieu jusqu'aux années 60. Cartographies, projection, objets en tout genre et salle pédagogique interactive mettent l'accent sur cet esprit si singulier. A travers les toiles majeures de Jean-Aristide Rudel et de son fils Jean, peintre montpelliérain du début du XXe siècle, le musée se pare de couleurs, laissant découvrir dans ses tableaux la lumière languedocienne.

PHARE DE LA MÉDITERRANÉE

Place de la Méditerranée
Tous les jours de 10h à 0h. Gratuit jusqu'à 3 ans. Adulte : 3€. Enfant : 1€. Restauration. Animations.

Verrue pour les uns, symbole des années 1940 pour d'autres, le château d'eau de Palavas a alimenté bien des conversations. Et puis, une idée est venue à un conseiller municipal : le conserver, le rénover et transformer sa partie supérieure en observatoire tournant… et rentabiliser le tout en y installant un restaurant également mouvant. Le succès est vite venu ! Deux ascenseurs extérieurs conduisent en quelques secondes les visiteurs sur le pont promenade. Ce vaste espace circulaire avec bar, restauration rapide et animation vidéo, offre un panorama à 360°.

LE PETIT TRAIN DE PALAVAS

Place Docteur-Clément
✆ 06 17 98 57 17
www.ot-palavaslesflots.com
D'avril à octobre : départs toutes les 30 minutes. Adulte : 3,50 €. Visite guidée.

Décoré dans le pur style Albert Dubout, ce petit train vous garantit une promenade dans la décontraction ! Il faut le faire au moins une fois pour découvrir autrement les charmes de Palavas, tout en savourant un moment de détente au son des explications du guide. Sur ses parois peintes aux couleurs criardes, les personnages fétiches du dessinateur humoriste s'animent. Parfois, l'itinéraire n'en fait qu'à sa tête, quitte à négliger les rails, mais c'est aussi cette audace qui séduit.

CAMPING DES ROQUILLES €€

267 bis, avenue Saint-Maurice
✆ 04 67 68 03 47
www.camping-les-roquilles.fr
Fermé de septembre à avril. Emplacement + véhicule + 2 personnes de 20,70€ à 38,40€. Bungalows de 270€ à 985€/semaine.

Installé entre la mer Méditerranée et l'étang de Palavas, ce camping vous permet d'aller piquer une tête et de profiter du soleil en quelques minutes. Il faut dire que la Grande Bleue se situe à seulement 100 m ! A proximité vous trouverez également tous les commerces nécessaires à votre séjour car les stations de Palavas et Carnon sont situées à côté du camping. L'établissement propose lui-même des services de pointe : restaurant, parking fermé, activités, parc aquatique avec plusieurs bassins et toboggans, aire de jeux, animations…

LE BRASILIA €€€

9, boulevard Maréchal-Joffre
✆ 04 67 68 00 68
www.brasilia-palavas.com
Chambre double de 72 € à 134 €. Petit déjeuner : 10 € (en buffet ou en chambre). Sauf chambre vue phare.

Le Brasilia est idéalement situé puisqu'il se trouve à proximité du port, juste devant le Phare de la Méditerranée. La plage s'ouvre à ses pieds et Montpellier n'est qu'à quelques kilomètres de route. On appréciera la vue sur la mer qu'offrent les terrasses avec salon de jardin et chaise longue d'une bonne partie des 25 chambres, parfait pour un petit-déjeuner face à la Grande Bleue. L'accueil est efficace et souriant et le rapport qualité-prix des plus intéressants. Intimiste et élégant, convivial et moderne, l'ambiance y est détendue, confortable.

LES SAVEURS DE MAG ET CHRISTIAN €€

2, rue Carriere
✆ 04 67 68 24 95
Basse saison : 7j/7 le midi. Haute saison : 7j/7 le midi et le soir. Carte : 26€ environ. Terrasse. Traiteur.

Mag et Christian sont de véritables magiciens. En effet, les années passent et leur établissement de la rive gauche ne cesse d'attirer les gourmands en mal de bons petits plats. Mag est la reine de l'accueil et Christian le roi des fourneaux, ensemble ils régalent les clients, peu importe leur sensibilité de départ. Les produits sont frais, savoureux et le chef sait mettre en valeur ses assiettes. Champion de la cuisson, il propose de la viande hyper tendre et des moules succulentes.

LE DIOUFY'S €€

19, rue Maguelone
✆ 04 67 68 88 26
Ouvert du mardi au dimanch midi et du mardi au samedi soir. Carte : 28€ environ. Terrasse. A emporter.

C'est une adresse qu'on aurait pu ne pas mettre dans ce guide, pas parce qu'elle ne vaut pas le coup mais bien parce qu'on souhaiterait la garder juste pour nous. Cet égoïsme tire son origine du formidable talent du chef et des délicieuses saveurs qu'il fait découvrir. Sur place tout est « géant », le patron comme ses plats. La cuisine n'hésite pas à mettre la dose et à remplir ses assiettes copieusement, une bonne chose puisqu'elles sont toutes délicieuses. Les plats varient tous les jours et des tapas viennent parfois jouer les entrées.

AQUA'TITUDE

1, avenue de l'Abbé-Brocardi
✆ 04 99 54 67 41
www.paysdelor.fr
Horaires en ligne. Entrée : 4,10€. Abonnement : 135€ (annuel, adulte). Enfant : 3,50€.

Cet espace aquatique à Palavas a tout : un bassin sportif de 25 mètres pour la nage libre ou en cours, l'aquagym, l'aquabike, un bassin ludique, des toboggans, des pataugeoires, ainsi que des jeux extérieurs... Ouvert tous les jours même les jours fériés, vous pourrez louer une ligne d'eau pour nager à votre rythme, ou faire une initiation au sauvetage et au secourisme à partir de 13 ans. C'est un rendez-vous détente et plaisir de la jolie et sportive Palavas. C'est parfait, surtout si vous voulez éviter les plages bondées et avoir des jeux.

LE PAS-SAGE €€

Centre Commercial Port de Plaisance
✆ 04 67 68 23 96
Ouvert du mercredi au lundi le midi et le soir. Carte : 28 € environ. Menu : 21,90€. Terrasse.

Michèle Larmignat a jeté l'ancre dans le port de Palavas en 2017. Les pieds dans l'eau, son grand restaurant invite les gourmands à un instant de régal au son des mouettes et des mâts de bateaux. Le chef s'inspire de la richesse du pays et de sa côte pour réaliser une carte fraîche et très iodée. Parmi les propositions, nous avons été séduits par le gratiné de moule, le risotto de Saint-Jacques, la parillada de poissons et par l'ananas rôti et son caramel. La jolie vue, le cadre et la belle ambiance familiale contribuent à la bonne réputation des lieux.

CASINO DE PALAVAS

1, boulevard du Maréchal-Foch
✆ 04 67 68 00 01
casino-palavas.partouche.com
Ouvert du dimanche au jeudi de 10h à 3h et vendredi et samedi de 10h à 4h. Restaurant (7j/7, midi et soir).

Le Casino de Palavas a pris ses quartiers sur le port de la ville. Face à la mer, l'établissement propose à ses visiteurs de se divertir au sein d'un cadre refait à neuf rythmé par le son des machines à sous. Ouvert tous les jours, le casino dispose de 125 machines à sous et vidéo-poker, de 24 postes de roulette anglaise électronique, d'un salon de jeux (roulette anglaise, ultimate poker...), ainsi qu'une terrasse de jeux en extérieur. A l'intérieur, l'établissement possède également une brasserie et un restaurant afin de redonner des forces aux joueurs affamés.

VILLENEUVE-LÈS-MAGUELONE

A part leur proximité géographique, Villeneuve-lès-Maguelone et Palavas-les-Flots n'ont pas grand-chose en commun. Ici, pas de grands immeubles et de grandes infrastructures touristiques mais un village typiquement languedocien, une côte sauvage et un patrimoine historique préservé. La commune, située dans la plaine de la Mosson, au bord des étangs et de la mer Méditerranée, comprend une partie du massif de la Gardiole et a opté pour un développement modéré du tourisme et c'est justement ce qui en fait aujourd'hui son principal attrait. En poussant vers la presqu'île de Maguelone, vous pourrez découvrir son impressionnante cathédrale.

CATHÉDRALE DE MAGUELONE ★★★

Domaine de Maguelone ✆ 05 67 50 49 88
www.compagnons-de-maguelone.org
Ouvert toute l'année. Tous les jours de 9h à 18h. Visite guidée (audio-guide recommandé). Restauration. Boutique.

Entre l'étang du Prévost et la mer, se dresse la cathédrale de Maguelone. Cet édifice roman fut le siège de l'évêché de Montpellier du Ve au XIe siècle. Le monument d'origine fut détruit après sa reconquête sur les Sarrasins mais reconstruit au début du XIIe siècle. Seul ornement, le tympan du portail ouest est sculpté dans un marbre blanc très pur et représente un Christ en majesté entouré des symboles des évangélistes. Récemment, la cathédrale s'est vue ornée de vitraux contemporains dont le style épuré convient à l'architecture des lieux.

ÉGLISE SAINT-ÉTIENNE

Place de l'Eglise ✆ 04 67 69 47 02
www.paroisses-stellamaris.com/st-etienne-de-villeneuve
Accès le mercredi et le vendredi de 10h30 à 12h et pendant les offices. Juillet-Août : messe tous les vendredis à 18h.

L'église fut édifiée sur la butte qui dominait l'Arnel au XIIe siècle. Elevée au centre du castrum, elle faisait partie du domaine de l'évêché de Maguelone. D'aspect massif et austère, elle est souvent considérée comme l'esquisse de la cathédrale de Maguelone. Son histoire a marqué sa silhouette qui - d'un mur à l'autre - passe du style roman (la base de l'édifice) au gothique (les baies). Sa structure d'origine en croix latine fut modifiée au cours des siècles en raison de l'ajout de plusieurs chapelles mais elle a conservé sa nef à trois travées.

LA PLAGE DE MAGUELONE

Chemin du Pilou
✆ 04 67 69 75 75
www.villeneuvelesmaguelone.fr/cadre-de-vie/plage
Accès libre. Parking. Petit train.

Située à Villeneuve-lès-Maguelone, cette plage offre un cadre idyllique pour une évasion de quelques heures. Cet espace vierge et protégé dispose d'une faune et d'une flore riches, conservées grâce aux différentes campagnes de la ville et de la région. Entre dunes, sables fins et flamants roses, les visiteurs trouvent facilement leur bonheur. Surnommée «la Presqu'île de Maguelone», on la rejoint via une passerelle mobile (horaires en ligne) ou à bord du Petit Train qui parcourt les alentours. Une excursion magique hors des murs de Montpellier.

LES SALINES DE VILLENEUVE

Avenue René Poitevin

Les Salines constituent un espace protégé de près de 300 hectares, partagé entre l'eau douce et l'eau salée, ce qui lui confère son originalité et la grande diversité de ses paysages. Exploité dès le Moyen-Âge pour le sel, sa production a été abandonnée à la fin des années 1960, rendant petit à petit le site des Salines à la nature... Une randonnée permet de parcourir ces anciens salins appartenant au Conservatoire du littoral et de découvrir un milieu d'une grande richesse écologique.

LA CHAPELLE €€

110, rue des Anémones
✆ 04 67 07 95 80
www.restaurantlachapelle.fr
Ouvert tous les jours le midi, du mercredi au samedi le soir. Réservation recommandée. Formule du midi : 13€. Terrasse.

A Villeneuve-lès-Maguelone, une jolie chapelle réaménagée en restaurant et une ferveur toute profane vous mettront rapidement l'eau à la bouche. Le cadre extérieur est à essayer s'il fait beau grâce à la présence d'un petit jardin. A la carte, le chef David Jaillon propose des recettes bien de chez nous et des délices traditionnels : tempura de gambas en salade d'avocat et pamplemousse, magret de canard, filet de loup rôti au sésame et petits légumes de saison... Pour le dessert, les profiteroles au chocolat et le savarin aux agrumes raviront les gourmands.

HÉRAULT

AGDE ★★

A la fois tournée vers la mer et vers les plaines viticoles, cette terre se rappelle une histoire séculaire. Fondée au VIIe siècle avant notre ère, par les Phocéens, Agathé, Agde la bienheureuse de son nom grec, fut la seconde colonie romaine après Marseille. Construite sur un site volcanique, cette fille de l'eau est restée ancrée dans ses traditions maritimes. Au fil de vos promenades, vous découvrirez l'histoire de cette ville à travers un riche patrimoine qui vous transportera de l'Antiquité grecque au Moyen Âge et à la Renaissance. Chaque rue, monument et rempart est un morceau de son histoire. Ils vibrent au rythme des traditions locales.

LE CHÂTEAU LAURENS

5, chemin de la Vallée

Fin des travaux en 2022. Jardin : accessible.

Racheté par la ville d'Agde en 1994, ce château classé par les Monuments historiques est niché sur l'îlot de Belle-Isle, sur un domaine de 12 ha délimité par le bras de l'Hérault et le canal du Midi. Ce chef-d'œuvre de l'Art nouveau est entouré de mystère et de légende, à l'image de son constructeur et propriétaire initial qui connaîtra une destinée étonnante de grandeur et décadence. Les jardins du domaine sont aujourd'hui un parc public avec ses champs d'amandiers, son plan d'eau et ses magnolias centenaires. Le château est actuellement en cours de rénovation.

CATHÉDRALE SAINT-ÉTIENNE ★

3, rue Hôtel du Cheval Blanc

Accès libre pendant les offices et les visites guidées.

Ne quittez pas Agde sans avoir poussé les portes de ce monument sacré pour les Agathois. Construite au IXe siècle, fortifiée au XIIe siècle, la cathédrale est l'un des plus beaux édifices fortifiés de la région, bien qu'elle ressemble plus à un château fort qu'à une église avec son donjon culminant. Dominant la place, sa particularité réside dans le fait qu'elle a été construite en pierre volcanique noire provenant du Mont Saint-Loup, ce qui accentue le caractère imposant de ses fortifications et lui donne sa couleur si atypique.

L'ÉCLUSE RONDE

Avenue Raymond Pitet ✆ 04 67 94 23 09

www.capdagde.com

En service (horaires et conditions disponibles sur le site des Voies Navigables de France : www.vnf.fr).

Unique écluse ronde du Canal du Midi, elle était la première au monde au moment de sa construction en 1676. Sa prouesse technique et architecturale s'appuie sur le fait qu'elle réunit trois niveaux d'eau différents et non deux comme la majorité des écluses. Cet aménagement permet aux bateaux de tourner sur eux-mêmes pour prendre l'une des trois issues proposées : vers Béziers (en direction de Toulouse), vers l'étang de Thau par le fleuve Hérault et vers la cité d'Agde par le Canalet qui assure depuis 300 ans la liaison du Canal du Midi avec l'Hérault.

HÉRAULT

© EBERHARD - STOCK.ADOBE.COM

Cathédrale Saint-Étienne.

GALERIE DE LA PERLE NOIRE

6, place Molière
✆ 04 67 26 94 12
www.metiersdart.cahm.net

Ouvert du mardi au samedi de 10h à 13h et de 14h à 18h. Visite guidée. Animations.

Les créateurs et artisans d'art qui investissent la galerie attenante à l'office de Tourisme d'Agde participent à la richesse artistique de la ville. Ouverte en 2012, elle encourage à la mise en valeur des savoir-faire via des expositions thématiques et des visites régulières. La Galerie de la Perle Noire est également le point de départ d'un circuit numéroté enrichissant qui permettra de découvrir les ateliers disséminés dans le centre historique de la ville.

MUSÉE AGATHOIS JULES BAUDOU

5, rue de la Fraternité
✆ 04 67 94 92 54
www.museeagathois.fr

Basse saison : du mardi au samedi de 10h à 17h. Haute saison : tous les jours de 10h à 18h30. Adulte : 6€.

Ce musée retrace la vie d'Agde du XVIIIe siècle à nos jours. Implanté au sein de l'Hôtel de la Charité, un sublime bâtiment d'inspiration Renaissance, il est divisé en 26 salles et s'attaque à plus de 25 siècles d'histoire. L'exposition s'articule autour de 3 grands thèmes : folklore et vie quotidienne, mer et terre, et le monde de la vigne et du vin. Du mobilier Art nouveau issu du château de Laurens et des tableaux des Frères Azéma sont également présents.

LES BATEAUX DU SOLEIL

6, rue Chassefières
✆ 04 67 94 08 79
www.bateaux-du-soleil.fr

Basse saison : du lundi au vendredi de 9h à 12h et de 14h à 17h. Haute saison : du lundi au samedi de 8h30 à 18h30.

Les Bateaux du Soleil, le Capitan et le Santa Maria proposent moult façons de découvrir la région, de la simple balade aux alentours d'Agde et de l'étang de Thau jusqu'aux croisières sur le Canal du Midi à la journée. Vous pouvez partir en balade depuis Agde jusqu'à Marseillan, en naviguant sur une petite portion de l'Hérault et en traversant la réserve naturelle du Bagnas. A moins que vous ne préfériez rallier Béziers par le canal du Midi avec ses fameux ouvrages d'art (le pont des trois yeux, le pont du canal sur l'Orb, écluses…).

LES HAUTS DE BALDY €€

Mont Saint-Loup Nord ✆ 06 63 53 70 58
www.hautsdebaldy.com

Fermé de novembre à avril. Chalets de 230€ à 1 050€ la semaine. Restauration. Bain bouillonnant. Spa.

Un panorama exceptionnel sur la région, un parc résidentiel de qualité et un personnel souriant : voilà ce que vous propose les Hauts de Baldy. Posé sur le Mont Saint-Loup, le parc résidentiel de loisirs est un lieu à ne pas manquer. Déjà parce qu'il jouit d'une vue imprenable sur la région, permettant la découverte de la richesse environnante, puis parce que ses 20 chalets équipés allient confort et fonctionnalité. Enfin, parce que la piscine extérieure chauffée, le bain bouillonnant, le littoral et les randonnées environnantes n'attendent que vous.

YSERIA HOTEL €€

2, place Jean-Jaurès
✆ 04 67 11 40 90
www.yseria.fr

Ouvert toute l'année. Chambre double de 54€ à 130€, chambre triple de 69€ à 145€. Petit-déjeuner : 10€ (15€ en chambre).

Il suffit d'apercevoir la silhouette massive et solennelle de cet établissement du centre historique d'Agde pour comprendre que nous sommes ici dans un lieu d'histoire. Ancienne caserne du XVIIe siècle, la bâtisse accueille désormais un charmant hôtel trois-étoiles. Rénovée, elle a conservé sa belle silhouette en pierre et arbore désormais les atouts d'une alliance entre tradition et modernité. Ses seize chambres se présentent en double, triple, quadruple et suite, de quoi s'assurer un bon confort. On ajoute à cela un accueil très sympathique !

LE BISTRO D'HERVÉ €€

47, rue Brescou
✆ 04 67 62 30 69
www.lebistrodherve.com

Ouvert du mardi au samedi midi et soir. Réservation recommandée. Menu : 32€. Formules : 16€/28€. Terrasse.

Avec sa silhouette et son décor de bistrot, on se plait à découvrir la table d'Hervé, l'une des plus célèbres du pays agathois. Dans cette maison aux multiples visages, Hervé Dos Santos, un chef formé dans de grandes maisons, propose une carte généreuse et gourmande. Ses délices sont là pour vous faire vivre un grand moment, à la fois harmonieux et plein de goûts. Parmi les assiettes concoctées on trouve notamment le cappuccino de potiron, le jarret d'agneau confit au thym, un filet de bar servi avec du houmous, une pavlova aux framboises... Un délice.

LA TABLE DE STÉPHANE €€€

2, rue du Moulin-à-Huile
✆ 04 67 26 45 22
www.latabledestephane.com

Ouvert du mardi au samedi soir (et le dimanche l'été) et du mardi au vendredi et dimanche midi. Menus de 30€ à 95€.

Le restaurant gastronomique de Stéphane Lavaux est une valeur sûre dans l'Hérault. Les maîtres mots de cet établissement : le bon, le beau, le frais. Stéphane distille une cuisine qui s'échappe des frontières locales pour nous apporter des goûts et des parfums des autres provinces dans un restaurant élégant, raffiné sobre et un brin moderne. Il aurait pu jouer la carte de la mer mais il a préféré la conjuguer avec d'autres plaisirs comme le macaron de foie gras à la truffe d'été, le tataki de bœuf au sésame ou le magret de canard et sa galette forestière.

ARCHIPEL DE LA CITÉ DE L'EAU

Chemin de Notre-Dame à Saint-Martin
www.centre-larchipel.com

Ouvert toute l'année. Tous les jours de 10h à 19h. Entrée : 5,50 €. Abonnement : 78 € (le trimestre). Enfant : 4,50 €.

Ce centre aquatique s'étend sur 10 000 m² et propose trois espaces de sports, de loisirs et de bien-être réunis autour de différentes activités basées sur l'eau. Ainsi, à « l'Archipel », vous pourrez bénéficier d'un espace piscine, d'un espace de loisirs aquatiques et de soins avec Spa et espace forme. L'espace ludique se compose de nombreux jeux d'eau avec des toboggans, une marche à contre-courant, des bains bouillonnants, des lits à bulles... Des cours sont également proposés.

LE CAP-D'AGDE

Le Cap d'Agde est loin de se limiter à son quartier naturiste. Belle station balnéaire, la destination est un lieu de fête, de loisirs et de détente remarquable. Edifiée au pied du mont Saint-Loup, la ville s'étend sur un sublime littoral fait de roches noires, de plages de sable fin et de mer azure. Moderne, le Cap d'Agde a été construit afin de satisfaire les besoins touristiques. Encore aujourd'hui, ses équipements font qu'il est impossible de s'y ennuyer, particulièrement en été : grand port de plaisance, golf dix-huit trous, centres sportifs (nautisme, tennis), île aux loisirs (casino, parc d'attraction, bars, trois boîtes de nuit...).

AGD'AVENTURE

Domaine Saint-Martin
✆ 06 23 30 12 22
www.agdaventure.com

Ouvert de Pâques à la Toussaint. Basse saison : mercredi et week-end de 13h à 18h30. Haute saison : 7j/7 de 10h à 19h.

Niché dans le domaine Saint-Martin, ce parcours accrobranche permet de jouer les aventuriers en toute sécurité. Dans un cadre 100% nature, Agd'Aventure invite les petits et grands sportifs à s'élancer sur neuf parcours et plus de 120 ateliers. Parmi eux : tyrolienne, saut de Tarzan, pont de singe, poutre de l'ours... Certains circuits sont adaptés aux enfants et adolescents, dont le Ninja Juniors. De quoi s'occuper une bonne partie de la journée ! Sur place, vous trouverez aussi de la petite restauration, une aire de pique-nique et un parking gratuit.

DINOLAND / DINOPARK / PRÉHISTOGOLF ★★

Ile des Loisirs
✆ 04 67 26 65 13
www.dinolandpark.com

Fermé de novembre à mars. Dinoland : 12€ enfant et 10€ adulte. Dinopark : 9€. Préhistogolf : 8€ enfant et 10€ adulte.

Ce parc de loisirs est articulé autour du thème de l'ère préhistorique et des dinosaures. Il se compose de trois espaces distincts : le Préhistogolf, le Dinopark et le Dinoland Aquadino. Le premier prend les traits d'un minigolf gigantesque. Le second permet de découvrir de manière ludique des grottes et des automates grandeur nature. Enfin, le troisième est un parc de 7 000 m² composé d'un espace de jeux d'eau, de trampolines, de tyroliennes, de kartings à pédales...

LE FORT DE BRESCOU

Association «Les Amis de Brescou»
✆ 06 24 38 48 10
www.ville-agde.fr

Fort fermé à la visite. Visible depuis les plages et en bateau.

Construit sur la seule île du littoral languedocien, le Fort fut érigé en 1586 sur ordre du Vicomte de Joyeuse. Après avoir servi de repère aux pirates, le roi exigea sa destruction mais celle-ci fut empêchée par le Cardinal Richelieu qui voyait en ce lieu l'occasion d'installer un port militaire. C'est sa mort qui entraîna la fin des travaux. Par la suite, le fort servit de prison d'État (de 1680 à 1852), puis fut déclassé et attribué aux Ponts et Chaussées en 1889. Classé Monuments historiques, il fait partie de l'identité de la Ville d'Agde.

MUSÉE DE L'ÉPHÈBE ★★★

Avenue des Hallebardes ✆ 04 67 94 69 60
www.museecapdagde.com
Basse saison : ouvert du lundi au vendredi 10h-17h30, le week-end 10h30-17h. Été : 7j/7 de 10h-18h30. Adulte : 6€.

Ce musée retrace l'histoire d'Agde, de la préhistoire aux temps modernes, à partir des découvertes faites en mer ou dans le lit de l'Hérault. Il propose de découvrir ces récits dans trois sections. La première est « moderne » avec des céramiques, des pièces d'armement et des cargaisons d'épaves du XIIe au XIXe siècle ; la seconde est « antique » comprenant amphores et mosaïques illustrant le commerce et la navigation dans l'Antiquité ; enfin les « bronzes » qui présentent des statues romaines et la pièce maîtresse du musée qui lui a d'ailleurs donné son nom.

LES PETITS TRAINS DU CAP D'AGDE

Esplanade Pierre Racine ✆ 06 61 10 90 81
www.lepetittrain.fr
Fermé de novembre à avril. Ouvert tous les jours pendant la saison. Tarif adulte : 7,50 € (5,50 € dès la deuxième visite).

Les Petits Trains vous proposent de partir à la découverte du Cap. Réparties en trois itinéraires, ces visites sont accompagnées de commentaires historiques et scénarisés. Le premier circuit privilégie le bord de mer. Le deuxième est axé sur le volcanisme du Cap, mettant en valeur la richesse du littoral agathois. Depuis 2016, un 3e circuit permet d'aller jusqu'en haut du Mont St-Loup où vous attend un exceptionnel panorama sur la plaine et le littoral, de Sète jusqu'aux Pyrénées.

DOMAINE DES 7 FONTS €€

23, chemin François-Fédou
✆ 06 09 71 50 69
domainedes7fonts.com
Ouvert toute l'année. La semaine à partir de 350 €.

Vous prévoyez de passer quelques jours au Cap d'Agde mais la nuit vous souhaitez vous préserver de l'activité parfois bruyante du village naturiste ? Alors le Domaine des 7 Fonts est fait pour vous. Situé à 5 minutes du Cap d'Agde, et proche de toutes commodités, vous avez le choix entre trois studios qui tous, offrent tout le confort dont vous aurez besoin pour un séjour agréable. Chacun bénéficie d'un thème : le New-York avec ses 22 m², idéal pour 2 personnes, le studio Bois avec ses 35 m² et le studio Thalasso avec ses 45 m².

CAMPING HÉLIO-MARIN RENÉ OLTRA €€€

1, rue des Néréïdes ✆ 04 67 01 06 36
www.centrenaturiste-oltra.fr
Ouvert d'avril à octobre. Emplacement à partir de 39,80€/jour pour 2 personnes. Location de tente, chalet et mobil-home.

Vivre le naturisme au Cap d'Agde n'aurait peut-être pas été possible si les frères Oltra n'avaient pas eu l'ingénieuse idée de créer leur camping naturiste. C'est ici sur 39 hectares que tout a commencé il y a une cinquantaine d'années. Aujourd'hui, on y pose sa tente ou sa caravane, à moins de louer une tente rigide ou un mobil-home. On peut aussi opter pour un hébergement en Pearl Luxury Cottage, un superbe bungalow équipé d'un bain à bulles extérieur et d'un solarium sur le toit.

HÉRAULT

Fort de Brescou.

L'AMI LOUIS €€

11, rue de la Gabelle
✆ 04 67 26 25 48
www.ami-louis.com

Ouvert du jeudi au mardi le soir ; le mardi, le jeudi, le samedi et le dimanche le midi. Menus de 24,90€ à 44€.

Cette table est une institution depuis près de 90 ans ! Créée en 1931, elle est aujourd'hui tenue par la quatrième génération de restaurateurs de la famille Abadie. Accrochée au port, rue de la Gabelle, elle offre une jolie vue sur les bateaux et la Grande Roue du Cap. Dans un cadre assez moderne, fait de tons clairs et pastels, l'équipe élabore une cuisine délicate à partir de produits de grande qualité. Particulièrement inspirés par la Méditerranée et le terroir de la région Occitanie, les cuisiniers concoctent des assiettes savoureuses, pleines de caractère.

HÔTEL CAP PIRATE - RESTAURANT O'PIRATA €€

Chemin des Dunes ✆ 06 43 07 50 48
www.restaurant-opirata.fr

Ouvert tous les jours le midi et le soir. Buffets à volonté : 39 à 49€. Animations. Escape Game. Bar. Hôtel.

Restaurant de l'hôtel Cap Pirate, «O'Pirata» est - comme son nom l'indique - inspiré des brigands des mers. Ils ont ramené de leurs pillages les meilleurs produits de la région, désormais exposés sous forme de buffets à volonté. Le chef du restaurant a puisé dans des productions de talent afin de proposer des victuailles dignes des flibustiers : fromages AOP, poissons de la Méditerranée, coquillages de Bouzigues... Le format buffet permet de contenter les gourmands de tout ventre.

SENTIER SOUS-MARIN

Avenue des Sergents
✆ 06 79 46 78 31
www.capdagde.com/a-faire/le-sentier-sous-marin

Le parcours est accessible et balisé du 17 juin au 10 septembre. À partir de 8 ans. Prêt de matériel.

Entre les plages de la Grande Conque et du Môle, un circuit balisé sur 200 mètres par 5 bouées écolo permet d'approcher 5 types de milieux sous-marins entre 0 et 5 mètres, en plongée libre. Chaque jour de la saison, un moniteur diplômé d'Etat fait des visites guidées. Le matériel, tuba et masque vous seront prêtés pour l'occasion. Même si vous n'êtes pas bon nageur, vous pouvez vous aventurer sur ce parcours, n'excédant jamais 3 m ou 4 m de profondeur, le long duquel des bouées et des balises signalent les différentes formes de substrat et d'habitat.

PALAIS DES CONGRÈS CAP D'AGDE MÉDITERRANÉE

Avenue des Sergents
www.capdagde-congres.fr

Ouvert toute l'année.

Inauguré en 2019, le Palais des Congrès Cap d'Agde Méditerranée arbore une silhouette très contemporaine. Central, il est implanté à deux minutes du port et ses commerces, le rendant facilement accessible. Moderne, son architecture lui permet d'accueillir toutes sortes d'événements : colloques, expositions culturelles, soirées de gala, spectacles, concerts... Son corps se compose d'un auditorium, d'un espace panoramique, d'une salle d'exposition et de 6 salles modulables.

BALARUC-LES-BAINS ★★

Entre garrigues et Méditerranée, Balaruc-les-Bains offre un point de vue dominant sur l'étang de Thau. Plaisante petite station balnéaire, elle séduit par ses nombreuses infrastructures sportives, culturelles et de loisirs mais surtout par ses cures de rhumatologie et de phlébologie, pour lesquelles, chaque année, plus de 45 000 curistes font le déplacement. Première station thermale du Languedoc Roussillon, son dynamisme, ses structures et sa situation privilégiée – les pieds dans l'eau – lui ont permis de se classer au deuxième rang au niveau national. La promenade Georges Brassens permet de profiter de la tranquillité des rives de la commune.

© STÉPHAN SZEREMETA

Bords de l'étang de Thau.

JARDIN ANTIQUE

Rue des Pioch ✆ 04 67 46 47 92
patrimoine.agglopole.fr/jardin-antique-mediterraneen

Ouvert du 1er mars au 30 novembre. Ouvert du mardi au dimanche de 10h à 12h et de 14h à 18h. Adulte : 5€.

Conçu selon les archétypes de l'Antiquité, ce jardin est dédié à la connaissance des essences végétales méditerranéennes et à leurs usages au travers de sept créations originales. Le long d'un chemin, elles font découvrir l'agriculture et l'horticulture, le sacré, la médecine, la magie, la cuisine ou la cosmétique. Outre les 40 000 plantes fleuries qui agrémentent les 60 jardins de la station, ceux-ci recèlent de petites merveilles. C'est le cas du jardin botanique qui permet de découvrir les plantes de l'Antiquité, dont certaines sont particulièrement rares.

MUSÉE DE L'ÉTANG DE THAU ★

Quai du Port-de-Pêche - **BOUZIGUES**
✆ 04 67 78 33 57
www.bouzigues.fr/musee

Basse saison : du mardi au dimanche de 10h à 12h et de 14h à 17h. Haute saison : 7j/7 de 10h à 13h et de 15h à 19h.

Visiter ce musée, c'est partir à la découverte des habitants du village à travers leur activité principale : les petits métiers de la pêche, la culture des huîtres et des moules. Au cours de la visite, on se retrouve plongé dans cette ambiance grâce à une mise en scène originale des objets et outils de la culture et de la pêche. Des aquariums, des vidéos, des maquettes viennent illustrer ce parcours. Récemment une interface interactive a été déployée, elle permet de découvrir l'histoire de l'huître de Bouzigues et des familles qui travaillent sur l'étang.

HÔTEL DU GOLFE - RESTAURANT CHEZ DÉDÉ €

7, avenue de Montpellier ✆ 04 67 48 58 38
www.hotel-du-golfe.fr

Fermé de mi-décembre à mi-janvier. Chambre double à partir de 50€. Pension complète. Demi-pension. Restauration.

Situé en plein centre-ville, à deux pas des thermes, ce petit hôtel de 11 chambres – entièrement relooké – ne manque ni de charme, ni de bon accueil. Tenu par Christine et André, il accueille souvent des curistes mais le voyageur de passage pourra y faire une halte très agréable. Cet établissement a tout de la pension de famille : chambres personnalisées, confort complet. Des formules demi-pension et pension sont même à consommer en face, au restaurant Chez Dédé.

HÔTEL-RESTAURANT MARTINEZ & FILS €€

2, rue Maurice-Clavel
✆ 04 67 48 50 22
www.hotelmartinez-balaruc.fr

Fermé de décembre à mars. Chambre simple de 50€ à 75€, chambre double de 70€ à 100€. Restauration (menus à 22€ à 34€).

Situé à quelques minutes des thermes et des plages, Martinez & Fils est une ancienne maison de maître transformée en confortable petit hôtel familial. Les chambres sont décorées avec goût et bien équipées : colonne d'air, téléphone avec ligne directe, TV, salle d'eau. Certaines sont mêmes dotées d'un balcon ou d'une terrasse. Le principal atout est son jardin, un véritable havre de paix. Le restaurant est aussi un régal, il sert une cuisine de qualité à base de produits frais.

LES DEMOISELLES DUPUY €€

Chemin de la Catonnière - **BOUZIGUES**
✆ 04 67 43 87 34
www.lesdemoisellesdupuy.com

Ouvert de mai à octobre. Ouvert tous les jours le midi ; du jeudi au samedi le soir. Carte : 30€ environ. Terrasse.

Sur les bords de l'étang, Romain Dupuy et son épouse Olivia vous accueillent depuis 1993 dans un endroit simple et dépaysant, au physique de ryad tout en couleurs et de mas ostréicole sous influence architecturale mauresque. Le duo vous invite à une dégustation de leurs coquillages dont vous vous souviendrez, sur place ou à emporter, accompagnés de vins locaux. Vous pouvez venir déguster ces excellentes « demoiselles » tous les jours, sur réservation. Huîtres, moules, crevettes, tapas de la mer, brasucade à tomber, c'est bien simple : c'est notre adresse !

L'ARÔME €€

22, Avenue du Port
✆ 04 67 48 48 27
restaurant-larome.eu

Maître Restaurateur. Du mardi au samedi le soir ; du mercredi au dimanche le midi. Menus de 30€ à 45€. Terrasse.

Jean-Jack Monti vous invite à découvrir son établissement à l'ambiance zen avec son magnifique patio ensoleillé. Les assiettes proposées sont très belles, les cuissons parfaites et les assemblages très créatifs. Les recettes varient en fonction des saisons mais voici quelques délices à titre d'exemple : foie gras maison travaillé, risotto crémeux et gambas, pâtisseries généreuses faites maison... Pour un après-midi gourmand, Jean-Jack vous invite également à découvrir la carte de ses pâtisseries généreuses et de glaces créatives en été.

CENTRE NAUTIQUE MUNICIPAL MANUREVA

Avenue de la Gare
✆ 04 67 48 55 63
www.balaruc-les-bains.com/centre-nautique-manureva.html
Stages. Cours particuliers. Sortie en mer.

Le centre nautique Manureva se situe dans une pinède magnifique au bord de l'étang de Thau. Ce plan d'eau offre les conditions de sécurité maximum pour l'initiation et le perfectionnement. Tous les stages et cours particuliers sont par ailleurs encadrés par des moniteurs diplômés et expérimentés. Parmi les activités : Jardin de mer à partir de 6 ans, optimist/Electrons pour les 7-10 ans, fun Boat (petit catamaran) pour les 10-14 ans, catamaran à partir de 14 ans...

O'BALIA

Allée des Sources
✆ 04 67 18 52 05
www.obalia.fr
Ouvert du lundi au jeudi de 11h à 19h ; du vendredi au dimanche de 10h à 19h45.

Idéalement situé sur les bords de l'étang de Thau, O'Balia est le premier spa thermal de la Méditerranée. Il bénéficie de l'eau thermale de Balaruc-Les-Bains, réputée depuis l'Antiquité pour ses propriétés bienfaisantes. Bruits naturels, effluves d'huiles essentielles, boissons relaxantes et même un jardin tropical, tout vous plonge ici dans un bain de sérénité. L'eau s'y décline sous toutes ses formes : brumes, jets, bassins, vapeurs… dans un esprit ludique. Bref, un cadre paradisiaque avec une gamme de soins et de massages variés à découvrir !

LES THERMES DE BALARUC-LES-BAINS

Allée des Sources
✆ 04 67 51 76 01
www.thermesbalaruclesbains.com
Ouvert de février à décembre. Cures médicalisées (de 1 à 18 jours) et soins libres.

Premier établissement thermal de France, Balaruc-les-Bains, spécialisé en rhumatologie et phlébologie, propose différents soins à base de l'eau thermale riche en oligo-éléments, dont un soin d'application de boue thermale brevetée, de l'hydrothérapie et des massages… Retrouvez également les cures libres jambes légères ou des soins de médecine naturelle (diététique, ostéopathie aquatique, activité sportive, réflexologie plantaire). Des conférences gratuites sont aussi organisées.

FRONTIGNAN ★

L'antique « Frons stagni » est située au bord de l'étang d'Ingril, au pied d'une colline de vignobles donnant le prestigieux muscat. Aujourd'hui, cette eau-de-vie est mondialement connue. Mais ce n'est pas le seul atout de la commune. Frontignan possède aussi un superbe et élégant hôtel de ville, avec son petit beffroi qui rappelle ceux du Nord de la France. La Chapelle des Pénitents, où est installé un petit musée non dénué d'intérêt, et l'église fortifiée Saint-Paul sont quant à eux classés aux Monuments Historiques. Ils sont propices à des arrêts. Quelques maisons, dont certaines de la Belle Epoque, contribuent au charme de cette douce cité.

BOIS DES ARESQUIERS

30, boulevard des Aresquiers - **VIC-LA-GARDIOLE**
✆ 04 67 78 94 43
www.agglopole.fr
Protégé depuis 1980. Site Natura 2000 « Etangs Palavasiens ». Accès balisé. Animations.

Un sentier balisé de 9 km permet de parcourir les landes, les « sansouires «, dominées par la végétation des salicornes, et de flâner dans le bois des Aresquiers, belle pinède typiquement méditerranéenne, sur fond de massif de la Gardiole. Cette balade est parfaitement balisée et ne présente aucune difficulté pour les petits crapahuteurs comme pour les grands marcheurs. Comptez un peu plus de deux heures pour faire le tour de ce parcours et prévoyez une paire de jumelles, une gourde et une casquette. En été, des visites supplémentaires sont organisées.

L'ÉGLISE SAINTE-LEOCADIE

15, Grand Rue - **VIC-LA-GARDIOLE**
Classée « Monument historique « en 1920. Accès libre.

Construit au XIIe siècle, ce véritable vaisseau de pierre est l'une des plus anciennes églises fortifiées du littoral. Dominant le village, l'étang et la plaine, elle est sans nul doute le joyau d'architecture romane de Vic-la-Gardiole. Construite sans fondation, en énormes blocs taillés dans du calcaire coquillier, Sainte-Léocadie assurait la défense de la côte qui, au Moyen Age, était souvent menacée par les Sarrasins. Au XIXe siècle, une horloge a été ajoutée sur la façade et la sacristie, un élément qui contribue à sa belle esthétique.

MUSÉE DE FRONTIGNAN ★

4B, rue Député Lucien Salette
✆ 04 67 18 50 05
www.frontignan.fr
Fermé de novembre à mars. Gratuit. Une exposition temporaire est organisée chaque année, à l'étage.

Ce petit musée se situe dans l'enceinte de l'ancienne chapelle des pénitents blancs. Derrière sa porte sculptée construite en 1642, vous aurez le plaisir de découvrir l'histoire de la ville et la culture locale. De nombreuses traditions sont notamment abordées : la tonnellerie et le muscat, l'activité maritime, les joutes nautiques, des témoignages sur la raffinerie qui anima la cité pendant quelques décennies, etc. Il rassemble aussi de nombreux objets d'archéologie sous-marine, en provenance des vaisseaux napoléoniens échoués au large de la cité.

LE CAMPING DES ARESQUIERS €€

36 bis, route des Aresquiers - **VIC-LA-GARDIOLE**
✆ 07 69 94 12 36
www.campingaresquiers.com
Fermé d´octobre à mars. Emplacement + véhicule + 2 personnes de 21 € à 26 €. Gîte : 590€/semaine. Jardin. Jeux.

Cette oasis de verdure et d'air iodé est l'emplacement idéal pour des vacances entre amis ou en famille en pleine nature. A la tête de cette jolie entreprise : Claire Lise, Henri et Manon Boissié, des passionnés dont l'envie est de vous faire découvrir leur région et son terroir. En effet, en plus de proposer un ensemble d'emplacement de tente et de la location de gite à la semaine, ils proposent à la vente des produits issus de la ferme (Muscat de Mireval, jus de raisin, miel...).

GÎTES JEAN-LUC MARTINEZ €€

36, route de Frontignan - **VIC-LA-GARDIOLE**
✆ 07 81 23 08 62
www.sylvetteetjeanluc.fr
Gites : de 400€ à 600€/semaine. Draps fournis. Week-end : à partir de 120€. Nuit : à partir de 60€. Jardin.

Jean-Luc vous accueille au sein d'un domaine d'un hectare où «calme» et «convivialité» sont les maîtres-mots. Chaque gîte possède un salon avec la télévision, un canapé convertible, une cuisine équipée, une salle d'eau et une chambre tout confort. Une laverie est également à la disposition de la clientèle. Le lieu est vraiment charmant, encadré par un terrain bien entretenu et équipé en barbecue et terrasse, l'idéal pour les beaux jours. Dehors, on apprécie tout particulièrement le panorama qu'offre le jardin, une vue imprenable sur une bonne partie de la région.

HÔTEL-RESTAURANT LE GOÛT DES HÔTES €€

18, boulevard Gambetta ✆ 04 67 48 15 34
www.restauranthotel-frontignan-legoutdeshotes.fr
Chambre double de 75€ à 85€. Petit déjeuner buffet ou en chambre : 9,90€ (15€ en chambre). Restaurant. Soirée Etape.

Ce charmant hôtel se dissimule au sein d'une demeure joliment rénovée. Votre séjour dans l'établissement sera rythmé par le sourire et la bonne humeur de l'accueil. Il faut dire que les hôtes savent se rendre disponibles et qu'ils sont d'excellents conseils en matière de sortie dans la région. Le charme se poursuit avec l'agréable terrasse à l'ombre des platanes et le restaurant. Ici on prend le temps de faire dans la qualité, le local et on met l'accent sur la Méditerranée.

MARÉE HAUTE €€

87, route de Montpellier
✆ 09 51 31 22 61
Ouvert du mardi au dimanche le midi ; du mardi au samedi le soir. Menus de 24 € à 29 €. Terrasse.

Situé à l'entrée de la ville, le restaurant de M. Pembroke possède une salle spacieuse au cadre épuré. Ne vous fiez pas aux simplissimes intitulés des plats sur la carte, la créativité et le talent sont dans les produits et dans l'assiette. Les associations sont pertinentes et judicieuses, parfois même surprenantes. Parmi les suggestions : risotto de saumon au citron et pistou de roquette, choux fleur brûlé accompagné d'une crème de céleri aux œufs de harengs fumés, rillettes de saumon et grenade, tartare de tête de veau, carbonara d'encornets...

RESTAURANT HÔTELLERIE DE BALAJAN €€

41, route de Montpellier - **VIC-LA-GARDIOLE**
✆ 04 67 48 13 99
www.hotel-balajan.com
Ouvert du lundi au samedi le soir ; du mercredi au vendredi et le dimanche le midi. Menus de 32€ à 57€. Terrasse.

Ce restaurant appartient à l'Hôtellerie de Balajan, l'un des beaux logis de la ville. En plus de proposer des services complets et un accueil charmant, l'hôtel a décidé de faire plaisir à ses clients et aux passants en mettant en avant une cuisine maison et des produits du terroir. Un pari réussi puisque la maison dispose aujourd'hui de la distinction «Maître Restaurateur». Restaurant semi-gastronomique, la carte des lieux est alléchante et les assiettes travaillées avec soin.

MARSEILLAN ★

Marseillan a un charme particulier qu'elle doit à son histoire. Elle possède la parfaite panoplie des petites villes qui savent être heureuses. On se croirait tantôt dans le quartier de Triana à Séville, tantôt dans la vieille ville de Lisbonne ou dans un quartier populaire de Naples. Avec tous les attributs indispensables à une communauté qui se respecte : un hôtel de ville pimpant, d'anciennes halles en pierre noire à la charpente impeccable, et un petit théâtre admirable. L'un des détours obligés quand on passe ici, ce sont les chais Noilly-Prat, à deux pas du petit port. Cet apéritif de réputation nationale, voire mondiale, date de 1813.

L'ÉGLISE SAINT-CYR ET SAINTE-JULITTE

Plan de l'Eglise - **POMÉROLS**
www.pomerols.fr
Accès libre.

Cette église est un édifice hybride dont le chœur et les chapelles latérales datent du XIIIe siècle. Lors des guerres de religion, le village et le monument furent incendiés. Elle fut reconstruite en 1600 et modifiée au XVIIIe siècle, on lui adjoint notamment un portail. Elle héberge un retable baroque en bois sculpté et doré créé en 1676 par le sculpteur agathois Jean Cannet. Il est consacré aux saints patrons qui ont donné leurs noms à l'église : saint Cyr et sa mère sainte Julitte.

CHÂTEAU ERMENGAUD

Rue Achille-Baille
www.ville-marseillan.fr

Le château, ou « Castrum », Ermengaud était autrefois la demeure des seigneurs de Marseillan. Construit en pierre de taille, comme un véritable château-fort, ce monument possède des sous-sols du XIe siècle qui sont encore visibles à ce jour. Si l'on se fie aux registres des lieux et de la ville, Louis XIII y a séjourné en 1642. L'une des spécificités de ce château est le fait qu'il est construit sur une motte féodale, à l'origine c'est son jardin qui occupait le premier étage. Cette caractéristique si particulière mérite un arrêt.

RÉSERVE NATURELLE DU BAGNAS

Réserve naturelle nationale du Bagnas
✆ 04 67 01 60 23
www.adena-bagnas.com
Accès libre. Gratuit. Visite guidée. Animations.

Sur les communes de Marseillan et d'Agde s'étend le site du Bagnas. Zone humide méditerranéenne de 567 hectares, le Bagnas a échappé aux grands aménagements touristiques des années 70, il fut par la suite classé en réserve naturelle en 1983. La grande diversité des milieux (dunes, roselières, lagunes et sansouïres), ainsi que l'abondance et la diversité de la faune (plus de 500 espèces dont 232 espèces d'oiseaux) et de la flore sont les principaux intérêts du site.

HÉRAULT

Port de Marseillan.

LE RICHMONT €€

Allée André-Filliol ✆ 04 67 21 97 79
www.hotel-marseillan.com
Ouvert toute l'année. 34 chambres. Chambre double de 90€ à 120€. Demi-pension. Petit déjeuner : 12€. Soirées étape.

Entre Sète et le Cap d'Agde, à proximité des animations du village de Marseillan plage, le Richmont est idéalement situé sur les plages de sable fin. Toutes les chambres sont agrémentées d'une grande terrasse ouverte soit sur la mer soit sur le port ou d'une simple vue sur le canal. Entre billard, baby-foot et pétanque, centres équestres et golf, les activités proposées ne sont pas en reste. Dans les alentours, l'étang de Thau, Bouzigues et ses célèbres huîtres, le canal du Midi ou, un peu plus loin, le cirque de Mourèze vous réservent des vacances idéales.

LE CHÂTEAU DU PORT €€

9, quai de la Résistance
✆ 04 67 77 31 67
www.lechateauduport.com/
Basse saison : du jeudi au lundi midi et soir. Haute saison : tous les jours le soir ; du jeudi au lundi le midi.

Ne vous laissez pas impressionner par ce bel hôtel particulier du XIXe siècle, si le lieu est très chic, les patrons, Jasmine et Patrick, sont humbles et les prix corrects. A table, on se délecte d'une assiette fraîcheur autour du saumon ou de saint-jacques et épinards au beurre, on enchaîne avec un turbotin aux endives et huître gratinée. Les produits sont frais, le service impeccable, la mer à l'honneur. La carte change en fonction du marché et de l'inspiration de Patrick. Jasmine veille en salle et s'affaire sur cette belle terrasse face aux bateaux.

LE SAINT-BARTH - ETS TARBOURIECH €€

Chemin des Domaines ✆ 04 99 43 97 58
www.lestbarth.com
Fermé d´octobre à avril. Eté : 7j/7 midi et soir. Mai/juin : vendredi soir, week-end midi et soir. Carte : 30€. Terrasse

En pleine nature sauvage, cet établissement du bord de l'étang de Thau vous offre une vue sur le bassin et sur le mont Saint-Clair exceptionnelle. C'est ici que sont produites, se dégustent et se vendent au détail les huîtres roses solaires « spéciales Tarbouriech » au goût sucré de noisette, qui bénéficient aujourd'hui d'une réputation internationale. On y déguste des huîtres spéciales (petites, moyennes ou grosses) mais aussi des brasucades de moules accompagnées de vin local.

MAISON NOILLY PRAT ★

1, rue Noilly
✆ 04 67 77 20 15
www.noillyprat.com
Visites : en basse saison, de 10h à 12h et de 14h30 à 17h30, et de 10h à 12h et de 14h30 à 19h, en haute saison

Implantée sur le port de Marseillan depuis plus de 150 ans, la Maison Noilly Prat offre un accès exclusif à son patrimoine et au savoir-faire de son maître de chai. Au programme : la découverte de la Maison Noilly Prat grâce aux visites guidées, initiation à la dégustation des différents Noilly Prat, apprentissage de l'art des cocktails, etc. Vous pourrez y découvrir d'impressionnants foudres en chêne, un musée où resplendissent les cuivres des machines d'antan, la «salle des secrets» où prend forme l'ultime étape de macération et d'assemblage...

MÈZE

Premier port de petite pêche de la mer Méditerranée, Mèze est blottie entre vignes et étang. Située au nord de l'étang de Thau, une escale dans la commune est tout à fait indiquée. Elle permettra de découvrir le vieux village, les remparts, le château de Girard, la chapelle des Pénitents construite au XIIe siècle, l'ancienne chapelle de Notre-Dame-de-Pallas (Xe siècle) et bien d'autres monuments et vestiges. En été, les fêtes traditionnelles font danser Mèze avec leur ronde de joutes, leurs animaux totémiques, les brasucades et le jeu de tambourins. Prenez le temps de quitter Mèze pour une journée afin de flâner dans la garrigue, sur les traces des dinosaures, et revenez le soir déguster des huîtres, les pieds dans le sable.

CHAPELLE SAINT-HIPPOLYTE ★

Place Charles-de-Gaulle - **LOUPIAN**
www.loupian.fr/patrimoine
Juin : du mercredi au dimanche de 14h à 18h. Juillet-août : du jeudi au dimanche de 10h à 12h et de 16h à 19h.

Classée par les Monuments historiques, la chapelle Saint-Hippolyte est un édifice roman datant de la seconde moitié du XIIe s, à l'époque elle était probablement associée au château seigneurial. Elle fut surmontée au XIVe siècle par une tour polygonale à créneaux, un élément à vocation défensive. Ses chapiteaux offrent un rare exemple de sculpture romane en Pays de Thau. Son abside est quant à elle tout à fait remarquable : de forme polygonale, elle est couverte par une voûte en cul-de-four, réalisée à l'aide de petits blocs rectangulaires assemblés en épis.

ABBAYE DE VALMAGNE ★★

RD5 - **VILLEVEYRAC** ✆ 04 67 78 06 09
www.valmagne.com

Gratuit jusqu'à 4 ans. Adulte : 8,50 €. Enfant (de 5 à 18 ans) : 6 €. Visite guidée. Restauration. Boutique.

L'abbaye de Valmagne constitue l'un des témoignages les mieux conservés de l'art cistercien. Transformée en domaine viticole, elle contient des foudres vieux de près de 200 ans, deux d'entre eux servant encore à la vinification de la production. La visite se poursuit par un jardin de plantes médicinales et par un conservatoire des cépages utilisés par le domaine viticole. En été, les vénérables murs de l'abbaye vibrent depuis vingt ans au son d'un festival tourné vers la musique classique du Moyen Age jusqu'à notre époque. Sublime.

MUSÉE DES DINOSAURES ★

D 613 ✆ 04 67 43 02 80

www.dinosaure.eu

Du 1/02 au 30/06 et du 1/09 au 31/10 : 7j/7 de 14h à 18h. Été : 7j/7 de 10h à 19h30. Hiver : 7j/7 de 14h à 17h.

La Plaine des Dinosaures invite le promeneur à remonter le temps. Tout au long d'un sentier qui court dans une pinède de 5 ha, il traverse sans vous perdre les années et millions d'années sur un parcours jalonné de squelettes, de reconstitutions, de vitrines exposant les collections et de panneaux explicatifs. Les enfants et leurs parents font ainsi connaissance avec le plus grand squelette complet de dinosaure qui soit au monde, une grande gigue de 12 m de haut et 25 m de long. Pour jouer aux paléontologues, une réplique d'un chantier de fouille a été aménagée.

VILLA LOUPIAN - MUSÉE GALLO-ROMAIN ★

RD 158 – E4 - **LOUPIAN**

✆ 04 67 18 68 18

www.patrimoine.agglopole.fr/musee-villa-loupian

Fermé en décembre et janvier. Ouvert du mercredi au lundi de 10h à 12h (fermeture à 13h en haute saison). Adulte : 5€.

Sur la rive nord de l'étang de Thau, on peut admirer, entre autres, des mosaïques du Ve siècle et découvrir l'historique des fouilles archéologiques dans la région. Ce musée de site est l'un des très rares exemples français de conservation et de présentation in situ. Maquettes, dessins et objets de la vie quotidienne permettent de mieux comprendre les anciennes activités et l'organisation de la villa. Ne manquez pas les superbes mosaïques restaurées.

HÔTEL DE LA PYRAMIDE €€

8, promenade Sergent Jean-Louis-Navarro

✆ 04 67 46 61 50

www.hoteldelapyramide.fr

Chambre double de 70 € à 98 €. Petit déjeuner : 11 €. Parking fermé inclus. Solarium. Jardin. Climatisation.

Ce bel établissement trois-étoiles est installé au bord de l'étang, offrant ainsi une vue imprenable sur le Mont Saint-Clair et la ville de Sète. Implanté sur un terrain de 6 000 m^2, parsemé d'oliviers et agrémenté d'une piscine, il offre une ambiance très méditerranéenne, faite de bois et de fer forgé, notamment sur sa terrasse où l'on prend avec plaisir un café ou un rafraîchissement. Les chambres bénéficient de tout le confort d'un établissement de ce type avec en prime un accueil souriant et une ambiance très conviviale.

LES PALMIERS €€

31 bis, avenue de Montpellier

✆ 04 34 53 55 65

www.villa-lespalmiers.fr

Ouvert toute l'année. 5 chambres. Chambre double de 82 € à 125 €. Petit déjeuner inclus. Restauration.

Les Palmiers est une belle maison de maître de la fin du XVIIIe siècle avec un adorable jardin paysagé doté de palmiers. Le lieu a été entièrement rénové pour accueillir cinq chambres d'hôtes à la décoration sobre et raffinée dans lesquelles on se sent bien. Chaque chambre dispose d'un maximum de confort : salle d'eau, chauffage, ventilateur, tv... Le petit déjeuner est servi dans la salle à manger ou en terrasse au rez-de-jardin sous les palmiers. Au rez-de-chaussée, un restaurant gastronomique propose une cuisine créative élaborée à partir de produits du marché.

L'ABRI CÔTIER €€

28, quai Augustin-Descournut

✆ 04 67 51 20 71

Ouvert du mardi au dimanche le midi et du mardi au samedi le soir. Carte environ 30 €. Formule du midi : 15 €. Terrasse.

Clarisse et Laurent tiennent ce restaurant du port de Mèze depuis juillet 2017. On adore l'aménagement des lieux, avec la baie et le patio. Dans l'assiette, on trouve de belles spécialités de la mer à l'image de la soupe de poisson, de la choucroute de la mer, de la rouille de seiche... L'Abri Côtier dispose d'un excellent rapport qualité-prix comme en témoigne le menu du soir que nous avons découvert. On se sera régalés de calamars au chorizo et d'une seiche à la plancha fondante à souhait et, pour terminer, d'un baba au rhum servi avec sa bouteille de rhum.

L'EAU SEL €€

13, chemin de l'Étang

✆ 04 67 74 63 81

Ouvert du mardi au samedi midi et soir, le dimanche midi. Réservation recommandée. Carte : 35€ environ. Terrasse.

Une vue magnifique sur l'étang, un personnel accueillant, une belle terrasse, une salle au décor épuré mais chaleureux, un patron qui connaît la chanson : l'Eau Sel est une adresse à conseiller ! En cuisine, le chef propose une cuisine élaborée à base de produits frais de la mer : plancha de Saint Jacques et foie gras, thon rouge, parillade de poisson... La viande a également trouvé une petite place sur la carte avec ce tournedos fondant à souhait. Côté cave, les bons crus du Languedoc sont présents. Une adresse qui donne envie de revenir.

PÉZENAS ★★

Pézenas est une halte indispensable pour qui veut connaître la culture du Languedoc. La cité, bâtie sur une plaine fertile où s'étendent les vignobles, a hérité de son passé un riche patrimoine. Ville de foires, ville d'Etats, elle fut également un lieu de séjour de prédilection pour Molière et son théâtre. Ses rues et placettes portent encore en elles les traces de cette existence prospère. En flânant dans la ville, vous découvrirez ces bijoux architecturaux, les cours intérieures, les tourelles d'escaliers, les façades ornées, les rues restaurées où abondent les échoppes d'artisans et les magasins d'antiquaires, ainsi que d'étonnants musées.

MUSÉE DE VULLIOD-SAINT-GERMAIN ★

3, rue Albert-Paul Alliès
✆ 04 67 98 90 59
www.ville-pezenas.fr
Fermé de novembre à février. Ouvert mardi, mercredi, vendredi et samedi 10h-12h et 15h-19h, jeudi et dimanche 15h-19h.

Créé en 1942, ce musée d'arts décoratifs est installé dans le bel hôtel particulier du XVIe siècle de la comtesse de Saint-Germain. On y trouve des pierres tombales et des sculptures provenant de divers édifices de la ville, des tapisseries d'Aubusson du XVIIe siècle représentant le triomphe d'Alexandre, du mobilier, une collection de faïences du Midi et des pots à pharmacie datant du XVIIIe siècle. La pièce maitresse : une exposition sur les souvenirs locaux de Molière.

L'A-MUSÉE BOBY LAPOINTE

1, place Gambetta
✆ 04 67 21 02 87
www.bobylapointe.fr
Basse saison : du mardi au dimanche de 14h à 18h. Haute saison : 7j/7 de 11h à 12h30 et de 14h à 18h30. Adulte : 2€.

Madam' Mado m'a dit, la Maman des poissons, Ta Katie t'a quitté... la carrière de Boby Lapointe est composée d'une multitude de succès. A la fois auteur, compositeur, interprète et mathématicien, cet enfant de Pézenas a parsemé ses chansons de jolis calembours, contrepèteries et allitérations, tout au long de sa vie, mettant en lumière son amour des mots. Son petit musée, au cœur du centre historique, présente l'artiste et raconte de manière ludique l'histoire de ses œuvres : exhibition, contenus vidéo, spectacles, l'homme est abordé de bien des façons.

MUSÉE DU JOUET

2 bis, rue Montmorency
✆ 04 67 35 92 88
www.museedujouetpezenas.com
Basse saison : ouvert du mardi au dimanche de 14h à 18h. Haute saison : tous les jours de 10h à 19h. Adulte : 5€.

Au cœur de ses 300 m², l'espace présente près de 6 000 pièces au sein de cinq salles riches en surprises. On doit l'existence de ce drôle de rendez-vous à un passionné : Valter Musso. Il vous invite dans son univers de collectionneur hors norme et vous aide à remonter le temps. Destiné à tous les âges, le musée permettra aux anciens de faire découvrir leur enfance aux plus petits et de faire remonter leurs plus beaux souvenirs. Jouets en tôle, vieilles voitures, miniatures, toupies mais aussi vieux objets. La collection est impressionnante.

COLLÉGIALE SAINT-JEAN ★

Rue des Chevaliers-Saint-Jean
✆ 04 67 98 88 04
www.ville-pezenas.fr
Exposition d'Art sacré.

La Collégiale Saint-Jean est inscrite au titre des Monuments Historiques depuis 1935. En 1733, la chute de son clocher entraîne la reconstruction totale de l'édifice. Le bâtiment initial, une église romane fortifiée, avait été élevée par les Templiers. En 1746, Jean-Baptiste Franque, célèbre architecte avignonnais, achève les travaux. Aujourd'hui encore, l'intérieur de la Collégiale présente un plan d'une église à trois nefs de trois travées et une abside semi-circulaire, sa nef est voûtée d'arêtes sur doubleaux et ses bas-côtés sont dotés d'une série de coupoles.

CHÂTEAU LES SACRISTAINS €€

MONTAGNAC ✆ 04 67 43 49 89
www.chateau-les-sacristains.fr
Gîte : de 399€ à 2 500€ la semaine selon saison. Chambre à partir de 95€ la nuit. Restauration. Réceptions et mariages.

Fondé au XIVe siècle par les bénédictins de l'abbaye de Valmagne, cet ancien domaine viticole vous accueille dans un paysage vallonné entre vignes et forêts de pins. Tous les appartements [maison ou studio] disposent de cuisines équipées, de petits jardins privatifs et d'entrées séparées. Le château offre également des chambres d'hôtes dans des bâtisses aux pierres apparentes, bel exemple de l'architecture rurale du sud de la France. Les bâtiments, dont l'apparence actuelle date du XIXe siècle, ont été entièrement rénovés, ce qui leur confère un grand standing.

LA DISTILLERIE DE PEZENAS €€

6, rue Calquières Hautes
✆ 04 67 11 51 10
garrigae.fr/etablissements/distillerie-de-pezenas
Chambre double à partir de 85€, suite à partir de 95€, appartement à partir de 130€/nuit. Hammam, bain bouillonnant.

Située en plein centre-ville, l'ancienne distillerie de Pézenas a été réhabilitée en établissement hôtelier et bien-être en 2012. S'il a gardé la silhouette de son cadre unique, le bâtiment arbore désormais une décoration élégante et de caractère, qui puise dans les couleurs de la région. Dans les chambres, l'harmonie est conservée. Il en est de même pour l'espace bien-être. Côté restaurant et bar à vin, l'établissement a choisi de mettre en valeur le terroir et ses produits.

HÔTEL DE VIGNIAMONT €€

5, rue Massillon
✆ 04 67 62 96 35
www.hoteldevigniamont.com
Chambre double de 125€ à 185€. Petit-déjeuner : 12€. Wifi. Restauration. Bain bouillonnant. Terrasse.

En plein cœur de Pézenas, cette superbe maison de maître du XVIIe siècle est l'un des plus beaux hôtels particuliers de la ville. Elle s'articule autour d'un joli patio intérieur, dominé par une terrasse sur les toits, lieu privilégié des petits-déjeuners et apéritifs. Dans les étages, chacune des chambres a été décorée d'une manière différente mais toujours avec le meilleur des goûts. Parquets de bois, terres cuites, poutres apparentes, tous les matériaux utilisés sont en totale harmonie avec l'histoire et l'esprit de ce véritable petit palais.

LES CHAMBRES DU PRIEURÉ €€€

Prieuré de Saint-Jean de Bébian
✆ 04 99 47 05 39
www.restaurant-delauzun.com/hotel
Chambre double de 150 à 190€, suite de 330 à 350€. Appartement : de 250 à 290€/nuit. Restaurant De Lauzun.*

Les Chambres du Prieuré sont établies au sein du prieuré de Saint-Jean de Bébian, un domaine unique en son genre implanté au milieu des vignes centenaires de Nizas et Pézenas. Cerclée de murs de basalte, la propriété d'un hectare abrite également le restaurant De Lauzun, une étoile au Guide Michelin. Côté hébergement, le somptueux petit hôtel se compose de dix chambres décorées avec élégance par l'architecte Raymond Morel. Elles permettent de s'évader et se ressourcer dans un cadre prestigieux. A l'extérieur, une piscine vient perfectionner l'offre des lieux.

MAISON CONTI €€

27, rue Conti
✆ 04 99 41 11 12
Ouvert du lundi au vendredi le soir, du lundi au samedi le midi. Carte : 30 € environ. Formule du midi : 13€.

Dans ce cadre typique du Languedoc, plein de chaleur et d'humeur, les habitués se pressent et les chanceux s'installent. L'amabilité du personnel, le décor des lieux et les doux parfums qui s'élèvent de la cuisine sont pleins de promesses. Une fois servi, on est obligé de constater qu'elles n'étaient pas faites en l'air : prises en formule du midi, la hampe de veau du Ségala et la brioche perdue servie avec du caramel maison nous ont conquis. Il n'y a pas de doute à avoir : le restaurant possède l'un des meilleurs rapports qualité/prix de la ville !

CHEZ PAUL €€

9, rue Albert-Paul Alliès
✆ 04 67 26 61 99
Ouvert du lundi au samedi midi, vendredi et samedi soir. Carte : 32€ environ. Formule du midi : 16,90€. Terrasse.

Considérée comme l'une des plus jolies adresses de la ville, Chez Paul est un incontournable. Son accueil chaleureux, son cadre reposant et sa cuisine garantissent un délicieux moment. Aux fourneaux, l'équipe prépare des plats originaux et des planches variées. On succombera par exemple à une planche de couteaux à la crème, à un camembert au four, à une entrecôte et son os à moelle, à des seiches à la plancha, etc. En dessert, on cède sans retenue au moelleux au chocolat ou aux profiteroles maison. C'est beau, frais et bon, alors que peut-on demander de plus...

PILGRIM €€

6, rue Four de la Ville
✆ 06 14 24 17 03
Fermé de janvier à février. Ouvert du mercredi au dimanche de 12h à 16h. Formule : 14,50€. Terrasse. Vente à emporter.

Au cœur du centre historique, en descendant depuis l'ancien château, les chanceux et connaisseurs tombent sur une discrète adresse nommée le Pilgrim. Dans le jardin caché ou la salle épurée, on profite d'une certaine sérénité en dévorant les propositions du jour. Oubliez les clichés ridicules sur la cuisine végétarienne, ici on fait du gourmand et du copieux. A titre d'exemple : gratin de patates douces à la crème d'ail, kitchari (riz, patate douce, lentilles), soupe thaïe aux poireaux et gingembre, fondant au chocolat et écorce d'orange... On en redemande !

LE PRÉ SAINT-JEAN €€

18, avenue du Maréchal Leclerc
✆ 04 67 98 15 31
www.restaurant-leprestjean.fr

Ouvert du mardi au dimanche le midi. Mardi, mercredi, vendredi et samedi soir. Menus de 33€ à 68€. Terrasse.

Le chef Philippe Cagnoli est tombé dans les marmites quand il était petit. Fils et petit-fils de restaurateur, son destin semblait tout tracé. A Pézenas, il régale tout son petit monde depuis plus de 20 ans. Sa cuisine est comme le personnage, discrète, sans esbroufe, pensée simplement pour faire plaisir au client et rien d'autre. A table, il sert des spécialités de la ville telles que le petit pâté mais il concocte également des assiettes traditionnelles à l'image de la saladine de caille mi-confite, de la lotte et des moules farcies, du pélardon...

RESTAURANT DE LAUZUN €€€

Prieuré de Saint-Jean-de-Bébian
✆ 04 99 47 63 91
www.restaurant-delauzun.com

Ouvert du mardi au samedi le midi et le soir. Réservation recommandée. Menus de 60€ à 105€. Formule du midi : 32€.

Située entre les communes de Pézenas et de Nizas, cette adresse est logée au beau milieu des vignes. Pied-noir d'origine, le chef, Matthieu de Lauzun mélange saveur orientale avec tact aux grands classiques de la cuisine française comme en témoigne la carte des plats : côte de veau de l'Aveyron et du Ségala grillée et servie rosée, roulade de courgette orientale, cumin, pruneaux et artichauts ou encore le Saint-Pierre accompagné de grosses ravioles crevette, de citron, de coriandre et de condiment sucré/salé, d'un couscous Tfaya et textures de poivrons…

ATELIERS D'ART DE FRANCE

6, place Gambetta
✆ 04 67 98 16 12
www.ateliersdart.com

Basse saison : ouvert du mardi au samedi de 10h à 18h. Haute saison : du mardi au dimanche de 10h à 19h.

Difficile de qualifier ce lieu tant il nous paraît être une boutique dans sa forme, mais un musée dans son contenu. Prenant place dans un édifice du XVIIe siècle, la Maison des métiers d'Art présente des créateurs de la région et d'ailleurs qui travaillent aussi bien le textile que le marbre. Dans cet espace de 300 m², vous découvrirez une large gamme de créations allant de la sculpture à la peinture, du bijou au luminaire. Sans cesse renouvelées, les collections constituent de véritables chefs-d'œuvre qui sont tous uniques et produits en séries limitées.

SÈTE ★★★

Lovée au pied du mont Saint-Clair, reliée à la terre par deux étroites langues de sable, Sète, l'île singulière comme certains l'appellent, porte fièrement le titre de premier port de pêche du littoral. Deuxième port de pêche français en Méditerranée, Sète offre tous les matins un joyeux spectacle sur la Criée avec la valse des chalutiers. Ainsi, en découle une richesse gastronomique avec des recettes succulentes, à forte personnalité. Parler de Sète, c'est évoquer ses quartiers de caractère, la Pointe courte et le Quartier haut représentés lors des traditionnelles joutes nautiques de la Saint-Louis, avec ses jolies barques rouges ou bleues.

ESPACE GEORGES BRASSENS

67, boulevard Camille-Blanc ✆ 04 99 04 76 26
www.espace-brassens.fr

Ouvert du mardi au dimanche de 9h à 12h et de 14h à 18h. Adulte : 5,90€. Enfant : 2,40€. Groupe : 3,90€.

C'est par l'intermédiaire d'un casque d'écoute que Georges Brassens vous guide sur ce parcours muséographique d'une heure. Il vous entraîne sur le chemin de sa vie, des premiers pas à la consécration. L'Espace comprend dix salles interactives retraçant l'enfance et la jeunesse à Sète, l'impasse Florimont avec Jeanne et Marcel, le temps des cabarets, l'écriture poétique et musicale, les femmes avec un regard sur sa compagne Püppchen, Brassens le libertaire et l'homme de scène... Vous pouvez prolonger la visite du côté du cimetière le Py, où repose l'artiste.

LES HALLES DE SÈTE

Rue Gambetta
✆ 04 99 04 74 00
www.halles-sete.fr

Ouvert toute l'année. Fermeture le 1er janvier. Tous les jours de 7h à 15h. Restauration. Boutique.

Élues troisièmes plus belles halles d'Occitanie, elles sont les ambassadrices de la réputation de la gastronomie sétoise. L'ancien bâtiment des années 70 a laissé la place en 2014 à un splendide édifice signé par l'architecte François Fontès. Ouvert tous les matins, il abrite 75 commerçants passionnés de terroir et de produits de qualité. On découvre, goûte et déjeune les spécialités locales tout en discutant avec des producteurs fiers de faire découvrir leurs produits. Bouchers, boulangers, fromagers, poissonniers, maraîchers, cavistes, traiteurs, tout est là !

Les joutes de Sète.

MOLE ET PHARE SAINT-LOUIS

www.tourisme-sete.com/visite-du-phare-saint-louis

Ouvert de février aux vacances de Toussaint. Horaires en ligne. Adulte : 3,50€.

Le Môle Saint-Louis est un ouvrage chargé d'histoire, en effet il s'agit de la première construction effectuée lors de la fondation de la ville en 1666. Cette jetée longue de 650 mètres offre une promenade rafraîchissante en bord de mer. A son bout on trouve un autre monument incontournable de Sète : le Phare Saint-Louis. Sa création remonte vers 1680 et, malgré sa démolition par les Allemands en 1944, il fut reconstitué en 1948. Aujourd'hui il est encore en activité et se visite.

MONT SAINT-CLAIR ET CIMETIÈRE MARIN ★★

Accès libre.

Le mont Saint-Clair culmine à 175 m, c'est un peu l'âme de Sète, son phare... Du centre-ville, on peut observer sa grande croix qui semble embrasser les nuages. Au sommet de ce haut piton calcaire la vue est magnifique, elle s'étend de l'étang de Thau aux Pyrénées, en passant par les Cévennes et l'Espiguette. En haut une table d'orientation aide à se repérer. Le site abrite le cimetière chanté par Paul Valéry qui y repose. Jetez un œil sur le panorama de la forêt des Pierres Blanches.

MUSÉE PAUL-VALÉRY ★

Rue François-Desnoyer ✆ 04 99 04 76 16

www.museepaulvalery-sete.fr

Basse saison : du mardi au dimanche 10h-18h. Haute saison : 7j/7 de 9h30-19h. Gratuit moins de 10 ans. Adulte : 9,90€.

Accolé au mont Saint-Clair, le musée Paul Valéry réunit environ 4 000 œuvres datées du XIXe siècle à nos jours. Aux collections des Beaux-Arts – qui comptent plus de 700 peintures et plus d'un millier de dessins – viennent s'ajouter deux fonds spécifiques : le fonds Paul Valéry, où sont regroupées près de 300 œuvres de l'artiste, dont 80 manuscrits (notamment celui de son poème *Le Cimetière marin*), et une collection d'arts et de traditions populaires, contenant de nombreuses représentations des joutes nautiques, intimement liées à la ville de Sète.

THÉÂTRE DE LA MER

Promenade Maréchal Leclerc

✆ 04 99 04 76 00

Ouvert toute l'année. Voir programmation. Animations.

Ce théâtre de plein air a la particularité d'avoir pour toile de fond la mer Méditerranée. A l'origine, il s'agissait d'un fort, le fort Saint-Pierre. Il est devenu une caserne, une prison, un lieu de quarantaine et, pour finir, il sera dynamité par les Allemands. Il sera transformé en théâtre dans les années 60 grâce à Jean Deschamps, grand homme de théâtre. Depuis, les plus grands artistes se sont produits sur cette scène magique et fascinante. L'été, des dizaines de concerts se succèdent au cours des festivals de Sète, créant des clichés étonnants.

MIRA CETI YURT €€€

850, chemin des Pierres-Blanches
✆ 06 03 13 60 87
www.miracetiyurt.com

Ouvert à partir du mois d'avril jusqu'à la mi-octobre. 3 chambres. Chambre double de 115€ à 130€. Petit déjeuner inclus.

Perchées sur les hauteurs du mont Saint-Clair, dans un jardin méditerranéen, ces trois yourtes tout confort ont été construites par Emilie et Sébastien. En harmonie avec leurs principes de vie écolo, le couple a pensé chaque détail, de la construction des yourtes en perche de châtaignier à la savonnette bio au lait d'amande, jusqu'au petit déjeuner avec les jus de fruits et confitures confectionnées par une amie du coin. Chaque yourte est équipée d'un lit hyper confortable, d'un cabanon privatif pour les sanitaires et d'une bouilloire pour se faire du thé.

HALLES ET MANGER €€

Halles de Sète
✆ 06 62 82 55 22

Ouvert du vendredi au mardi de 12h à 14h30. Carte : 20 € environ.

En plein cœur des halles de Sète, Magali et Joël proposent une belle cuisine méditerranéenne, colorée, fraîche et croquante. Magali travaille à l'ardoise avec les produits des étals voisins, parmi les propositions : salade de poulpe sur lit de pommes de terre Agatha, velouté de topinambour, seiche au chorizo et ses petits légumes, padrones, pavé de bonite aux graines de sésame à la plancha et une tarte au pamplemousse qui est à tomber ! Les assiettes généreuses font la part belle au Sud. Joël sert et présente le vin qui va bien avec ce que vous avez commandé.

LE VERADIER €€

1, promenade Jean-Baptiste-Marty
✆ 04 67 74 49 70

Tous les jours le midi et le soir. Menu unique à 26,50€. Formule du midi : 21,90€.

Premier restaurant de la promenade Jean-Baptiste Marty, ce véritable établissement sétois – tenu par Patrick en cuisine et Christine en salle – propose de belles spécialités de la mer : tartare de thon, la bouillabaisse royale pour deux personnes (sur commande), macaronade de la mer avec cigales de mer, parillada et *fideoa*, etc. On aura adoré la plancha royale avec brochette de gambas, thon, accras de poisson et *rabas* d'encornets. La qualité suit alors on ne résiste pas. Le très beau menu gourmand à moins de trente euros est un incontournable de Sète.

LE GRAND HÔTEL-RESTAURANT QUAI 17 €€€

17, quai de Tassigny ✆ 04 67 74 71 77
www.legrandhotelsete.com

Fermé du 23 décembre au 5 janvier. Ouvert du lundi au vendredi midi et soir, le samedi soir. Menus de 32 € à 48 €.

Dans la très jolie salle à la décoration raffinée avec vue sur le canal, vous découvrirez une carte qui ravira les plus exigeants. Généreuse, la cuisine est gourmande, on dégustera avec plaisir un tartare de tomates anciennes, sorbet poivrons, wakamé sésame, huile verte pour prendre comme suite des encornets rouges déglacés au vinaigre de Kalamansi, aubergines et olives taggiasches puis, pour finir, une mini-tropézienne, crème diplomate vanille, confit d'agrumes.

THE MARCEL €€€

5, rue Lazare-Carnot
✆ 04 67 74 20 89
www.the-marcel.fr

Ouvert du mardi au samedi midi et soir. Carte : 75€ environ. Formule à partir de 30€. 1 étoile au Guide Michelin.*

En mai 2018, The Marcel a changé de main, devenant le nouveau projet de Garance et Julien Bernard. Seulement 7 mois après sa réouverture, l'établissement a obtenu sa première étoile au Guide Michelin... Extraordinaire ! Une récompense qui vient saluer le travail d'une équipe d'une quinzaine de personnes qui œuvrent autour de Fabien Fage, chef de cuisine, et Franck Gros, directeur de l'établissement. Un comptoir culturel, décor de nombreux événements, vient compléter l'offre de cette institution sétoise qui met le terroir au centre de sa table.

FROMAGERIE DES HALLES

✆ 06 61 17 65 32

Ouvert tous les jours de 7h à 13h30.

Très en vogue, cette fromagerie des halles est un petit espace bien pensé et géré par Alexia et Alexandra. Elles vous conseillent sur les achats, compositions de plateaux apéritifs, boîte « finger food » ou plateau de fin de repas. On trouve ici toutes sortes de fromages venus des quatre coins de l'Hexagone. Mais surtout des petits producteurs locaux, des produits d'artisans, fromagerie de Loubès, le pavé du Larzac, la faisselle du Mazet et le délicieux yaourt fermier de Lozère. Au lait de vache, brebis ou chèvre, au lait cru ou pasteurisé, laissez-vous tenter.

BÉZIERS ★★

Enserrée entre mer et montagne, la ville domine la plaine viticole qui s'étend à ses pieds. Riche de vingt-sept siècles d'histoire, marquée par les révoltes, les destructions et les massacres, Béziers, fière et tolérante s'est toujours relevée, bâtissant ses richesses sur l'exploitation de la vigne. A qui sait être curieux, Béziers dévoile son patrimoine, précieusement sauvegardé, au détour d'une rue ou à l'ombre d'une placette, au gré de promenade à travers les vieux quartiers. Eglises romanes, hôtels particuliers de l'époque classique, musée des Beaux-arts et du Biterrois… la visite de la ville vous replongera dans 65 siècles d'histoire.

CANAL DU MIDI

Surnommé « le canal des deux mers », le canal du Midi relie l'océan Atlantique à la mer Méditerranée. Sa construction requit des travaux de grande ampleur entrepris en 1666 par le Biterrois Pierre-Paul Riquet, offrant à la France une nouvelle voie de communication. Aujourd'hui, il s'agit de l'un des plus anciens canaux d'Europe, inscrit sur la liste du Patrimoine mondial de l'UNESCO. Les neuf écluses de Fonséranes sont également classées. Elles ont contribué à façonner l'identité locale et le paysage, tout en permettant le développement économique.de Béziers.

LES ARÈNES DE BÉZIERS

1, avenue Jean-Constans
www.arenes-beziers.com
Agenda en ligne. Visites guidées. Animations.

Les arènes de Béziers font partie des édifices les plus impressionnants de la ville. Débutée en 1897 et achevée en 1905, leur construction sur le « Plateau de Valras » a demandé d'importants travaux. Réalisées en brique et en pierre, elles possèdent des gradins concentriques et une piste circulaire de plus de 50 mètres de diamètre. Cet aménagement en fait un haut lieu des spectacles taurins. Elles sont aussi très appréciées pour leur acoustique et accueillent de nombreux concerts, ainsi que des événements culturels réguliers.

CATHÉDRALE SAINT-NAZAIRE ✝ ★★

Plan des Albigeois
www.beziers-in-mediterranee.com
Basse saison : ouvert tous les jours de 9h30 à 12h30 et de 14h30 à 17h30. Haute saison : tous les jours de 9h à 19h

Imposante, la cathédrale Saint-Nazaire est installée sur un promontoire rocheux qui lui permet de dominer la ville dont elle est le symbole. L'édifice actuel, de style gothique méridional, a pris la suite d'un temple romain dédié à Auguste et d'une église de style roman détruite en 1209 lors de la prise de Béziers par les croisés. Son intérieur est surprenant par son vaste volume. Il renferme des fresques du XIVe siècle, de magnifiques portes et un buffet d'orgues du XVIIe siècle, ainsi qu'une crypte du XIIe siècle qui abrite sarcophage et chapiteaux antiques.

HÉRAULT

© KARL THOMAS

Vue sur la ville de Béziers et la cathédrale Saint-Nazaire.

CHÂTEAU-ABBAYE DE CASSAN ★

RD 13 - **ROUJAN** ✆ 04 67 24 52 45
D13, entre Roujan et Gabian.
www.chateau-cassan.com
Fermé du 1er novembre au 30 avril. Gratuit jusqu'à 7 ans. Adulte : 8€.

Cassan fut dévolu au culte religieux par Charlemagne en 805. Il fut pourvu d'une chapelle en 1080. A partir du XIIe siècle, la prospérité du lieu est telle que les vicomtes de Béziers le choisissent comme lieu de sépulture de leur dynastie. De nos jours, une église romane du XIIe siècle, dernier vestige du Prieuré, et un palais épiscopal, édifié au XVIIe siècle, s'y côtoient. Prenez le temps de le visiter, la vue sur la façade ouest, imposante avec ses 65 mètres de long et ses multiples fenêtres vaut, à elle seule, le détour.

ÉGLISE DE LA MADELEINE ★

Place de la Madeleine
✆ 04 67 76 50 80
Mercredi et vendredi 10h-12h / 15h-17h, le dimanche 10h-12h (haute saison : du lundi au samedi 10h30-12h30 / 16h-18h)

Cet édifice des XIe et XIVe siècles a servi de décor à l'un des événements les plus sanglants de Béziers : le massacre de ses habitants en 1209 par l'armée de la «croisade des Albigeois» menée par Simon de Montfort. Il semblerait que la nef et le chœur datent de cette période. L'église a subi de nombreux remaniements au XIVe, notamment la surélévation de son clocher, et au XVIIIe siècle, principalement à cause de sa transformation en fabrique de baïonnettes après la Révolution. En 1999, son style roman lui a été rendu après d'importants travaux.

ÉGLISE SAINT-JACQUES

51, Plan Saint-Jacques
✆ 06 98 85 00 97
www.beziers-in-mediterranee.com
Juin/Septembre : ouvert le lundi et le vendredi de 14h30 à 17h (en été : également le mercredi de 10h à 20h)

Baptisée Saint-Jacques en raison de son emplacement sur le chemin de Compostelle, cette ancienne abbatiale du couvent des Augustins est un bel exemple du second art roman méditerranéen. Remodelé au XIIe siècle, endommagé au XVIIIe, l'édifice a récemment recouvert son identité romane. A l'extérieur, l'abside est remarquable par son équilibre et le raffinement des chapiteaux d'inspiration wisigothique, semblables à un travail de vannerie. De son jardin, on profite d'un sublime panorama sur la plaine de l'Orb et la cathédrale St Nazaire.

LA MOUCHE

Route de Corneilhan
✆ 04 67 30 63 52
www.lamouche-art.com
Accès libre. Ouvert du lundi au samedi de 10h à 12h et de 14h à 19h. Boutique en ligne.

La Mouche, c'est l'alliance harmonieuse de la nature et de la culture. Implanté entre les oliviers et la vieille pierre, sur le domaine de Pradines le Bas, cet espace dédié à l'art contemporain vise à promouvoir la diversité culturelle au niveau local. Créé par la philanthrope passionnée Francine Buesa, le lieu est composé de trois salles d'expositions et d'un parc de sculpture. Sur place, on découvre, partage, échange, c'est un bouillonnement des plus plaisants. C'est une offre moderne qui vient compléter la longue liste des musées historiques de la ville.

MUSÉE DU BITERROIS ★

Rampe du 96e Régiment d'Infanterie
✆ 04 67 36 81 61
www.ville-beziers.fr/culture/musee-du-biterrois
Basse saison : ouvert le samedi de 9h30 à 12h et de 13h30 à 17h30. Haute saison : le samedi de 11h à 17h30. Adulte : 3€

Situé dans une caserne du XVIIIe siècle, ce musée présente la vie culturelle et sociale du Biterrois à travers toutes les époques, de l'âge de fer à nos jours. Regroupées par thème – la vigne et le vin, la pêche, l'urbanisme, la fête aux arènes –, ses galeries permettent de se plonger dans la vie passée et présente des locaux.

A savoir : En raison de travaux de restructuration, le Musée du Biterrois n'ouvre ses portes que le samedi, ses collections rejoindront celles du musée Fayet au sein du Palais Épiscopal de Béziers à l'horizon 2025.

MUSÉE FAYET ★

✆ 04 67 49 04 66
www.ville-beziers.fr/culture/musee-fayet
Basse saison : du mardi au samedi de 9h30 à 12h et de 13h30 à 17h30. Haute saison : du mardi au samedi de 11h à 17h30

L'Hôtel Fayet renferme près de 1 500 œuvres léguées par le sculpteur Jean-Antoine Injalbert à sa ville natale. Au rez-de-chaussée, vous rencontrerez plusieurs études de l'artiste en terre cuite ou en plâtre, notamment celle qui permit de faire la fontaine du Titan, située au plateau des Poètes. L'hôtel Fayet abrite également une collection de peintures des XIXe et XXe siècles. Le jardin d'hiver accueille des expositions d'artistes contemporains. Après une belle rénovation en 2019, ce musée possède un nouveau parcours culturel tout à fait appréciable.

HÉRAULT

MUSEE TAURIN

7, rue Massol

uniontaurinebeziers.com

Fermé de septembre à juin (visites organisées sur rendez-vous). Haute saison : ouvert du mardi au samedi de 12h à 17h

Ville de tradition taurine depuis le XIXe siècle, Béziers se devait d'avoir un lieu consacré à la tauromachie. Ce musée, installé depuis 2015 dans l'ancien couvent des Dominicains, présente une exposition permanente sur la culture taurine. Il rassemble un bon nombre d'objets issus des collections de l'Union taurine biterroise : têtes de « toros », « costumes de lumière » légués par de grands toreros, photographies des légendes des arènes biterroises (El Cordobès, Nimeno II, Luis Miguel Dominguin...). Il contient aussi un espace pour les expositions temporaires.

LES NEUF ÉCLUSES DE FONSERANES

Rue du Canal Royal

✆ 04 99 41 36 36

www.beziers-in-mediterranee.com/les-9-ecluses-de-fonseranes

Basse saison : du mercredi au dimanche de 10h à 12h30 et de 13h30 à 17h. Haute saison : tous les jours de 10h à 19h

© GILLES_DELERUE - TOURISME HÉRAULT

Les 9 écluses de Fonséranes, véritables merveilles de génie civil uniques au monde, sont un site exceptionnel classé au patrimoine mondial de l'Unesco ainsi qu'aux Monuments historiques. Ouvrage majeur du canal du Midi créé par Pierre-Paul Riquet, il comporte huit bassins de forme ovoïde et neuf portes qui permettent de franchir une dénivellation pouvant aller de 21,6 mètres sur une longueur de plus de 300 mètres. Aujourd'hui, seules sept de ses écluses sont encore en service.

BATEAU CAP AU SUD

9, écluses de Fonseranes ✆ 07 82 09 13 51

www.capausud.eu

Fermé d´octobre à mars. 5 croisières sont proposées : de 13 à 27€ la place adulte et de 8 à 15€ pour les enfants.

Au départ du site exceptionnel des 9 écluses de Fonséranes, 5 croisières (1h à 3h) vous sont proposées. Pour la plus longue, vous embarquerez à la découverte du tunnel du Malpas (173 m de long), naviguerez sur une partie sauvage du canal pour atteindre le charmant petit port de Colombiers et vous terminerez l'aventure par la descente des 9 écluses, un dénivelé de 21.50 m très impressionnant lorsqu'on est à bord ! Grâce à cette sortie ludique, vous deviendrez un expert sur les manœuvres à réaliser pour passer une écluse et sur l'histoire du canal du Midi !

CIRCUIT LES 14 FRESQUES MURALES

www.beziers-in-mediterranee.com/decouvrir-beziers-mediterranee

Le plan du parcours est à télécharger sur le site de l'office de tourisme de Béziers. Durée : 1h30.

Cette boucle permet de découvrir Béziers à travers des fresques colorées. Parmi elles, la belle fresque « Compostelle » rappelle que la commune se trouve sur le chemin du piémont menant à l'Espagne et qu'elle constitue une alternative à la montagne. Une autre rend hommage aux fantassins qui ont refusé de tirer sur les manifestants de Béziers lors des révoltes des vignerons (XXe siècle). Plus légère, on trouve aussi une fresque à la gloire de l'ASB-H, le club de rugby de Béziers.

LE PETIT TRAIN DE BÉZIERS

Départ : les Allées Paul-Riquet ou sur le site des 9 écluses de Fonseranes.

✆ 04 67 80 34 63

www.lepetittraindebeziers.com

Fermé de novembre à mars. Visite commentée en 9 langues. Adulte : 7 €.

Envie de sillonner la cité bittéroise de manière ludique et reposante ? Du printemps à l'automne, le Petit Train vous embarque pour des circuits d'environ 45 minutes. Grâce à ces parcours, vous aurez le plaisir de contempler les monuments de la ville, son centre historique, ses cours d'eau, ses commerces... Les départs s'effectuent depuis les allées Paul Riquet, entre l'Espace Taurin et le théâtre, ou à partir des écluses de Fonséranes, chefs-d'œuvre de la ville.

LE CHÂTEAU DE L'HERMITAGE DE COMBAS €€

Château Hermitage de Combas - **SERVIAN**
✆ 04 67 21 28 78
hermitagedecombas.com
Studio / appartement à partir de 120 €. Piscine. Jardin. Tennis.

C'est sur les bases d'une ancienne forteresse moyenâgeuse, également siège d'un prieuré, que ce château du XIVe s'élève. Au cours des siècles, il n'a eu de cesse d'évoluer mais il a pu conserver toute sa superbe grâce à la présence d'esprit des différents propriétaires qui se sont succédé. Aujourd'hui, ce sont Alexandre et Fabienne Rech qui vous ouvrent ses chambres. Le jardin à la française, ses essences de bois centenaires et l'allée d'oliviers salueront votre arrivée.

DOMAINE DE LA GOURGASSE VIEILLE €€

Lieu-dit La Gourgasse-Vieille ✆ 06 03 13 53 59
www.la-gourgasse-vieille.com
4 locations de tourisme pour 2 à 6 personnes. Tarifs selon la saison : se renseigner sur le site internet.

Ancienne villa vigneronne de caractère, construite sur les berges du canal du Midi, la vieille Gourgasse à l'allure désuète d'antan s'est fait un joli lifting depuis quelques années. Nichée au fond d'un magnifique parc arboré, avec piscine, la bâtisse languedocienne offre quatre appartements de charme et quatre chambres d'hôtes. L'ensemble est décoré avec un goût certain. Vous y apprécierez le confort de ses espaces, l'équipement proposé et l'accueil de ses hôtes.

HOTEL-CAFÉ LE XIX €€

19, place Jean-Jaurès
✆ 04 67 48 04 00
www.hoteldixneuf.com
12 chambres. Tarifs chambres : «Classique» de 95 à 110€, «Confort» de 115 à 130€ et «Supérieure» de 130 à 145€.

Les lignes élégantes et épurées de cet hôtel citadin viennent épouser les contours de l'ensoleillée place Jean-Jaurès, en plein centre de Béziers. Ouvert depuis 2016 et repris en 2019, il combine un doux mélange d'Art déco et de design contemporain, ponctué de quelques tableaux du peintre Sébastien Bayet. Le ton est harmonieux de l'accueil aux chambres. Lumineux et convivial, l'ensemble crée un cocon chaleureux et chic. Les douze chambres de cet hôtel offrent d'ailleurs un confort digne d'un trois-étoiles, s'approchant d'un quatre.

HOTEL IN SITU [BOUTIQUE ART HÔTEL] €€€

67, avenue du 22-Août ✆ 04 67 80 08 07
www.insituhotel.com
Chambre double à partir de 110 € ; suite à partir de 190 €. Petit déjeuner : 15 €. Piscine, hammam et sauna.

Située dans une rue calme proche des arènes, cette somptueuse maison de maître de la fin XIXe siècle et son imposante sculpture bleue attirent tous les regards. Ses propriétaires, de grands passionnés d'art, ont donné une âme à la bâtisse en associant art contemporain et élégance haussmannienne. A l'intérieur, les 24 chambres sont baignées de lumière et disposent pour la plupart de balcons donnant sur la cour intérieure. Ses deux bâtiments enveloppent un superbe bassin de nage.

LA VILLA GUY €€€

2, rue Giuseppe-Verdi
✆ 04 67 35 26 49
www.lavillaguy.com
Chambre double à partir de 160 € ; suite à partir de 185 €. Petit déjeuner inclus. Piscine. Hammam, sauna. Spa.

La Villa Guy est un lieu digne d'un conte ! Avec son parc d'un hectare, comprenant jardin classé et piscine, c'est un havre de paix au milieu de la cité biterroise. Ici, le confort est au rendez-vous : hammam, sauna, bibliothèque, salle de billard, fitness et massage... Avec ses trois chambres et deux suites, sa capacité d'accueil est remarquable mais vite atteinte. Lumineuses et raffinées, les chambres donnent sur le parc de la villa. Les styles décoratifs se rencontrent comme le montrent le salon napoléonien ou le jardin mixant le style anglais au néo-mauresque.

CQFD CE QU'IL FAUT DÉVORER €

Place du Forum
✆ 06 68 20 11 65
Ouvert le lundi, le mardi, le jeudi et le vendredi de 11h à 17h30 ; le mercredi et le samedi de 11h à 15h. Terrasse.

Découvert au hasard d'une chasse aux fresques murales dans Béziers, cette adresse, à la fois salon de thé et établissement de petite restauration, est située sur la petite place des Trois Six, en face de la mairie. Attirés par sa décoration moderne aux couleurs tendres, nous avons décidé de nous y installer pour une pause déjeuner rapide. A l'ardoise, étaient affichés : un plat du jour, un plat de pâtes, des quiches, des wraps, des salades, des pâtisseries...

À LA MAISON €€

Place Pierre Sémard ✆ 06 01 82 56 83

Ouvert du mercredi au dimanche le midi, le vendredi et le dimanche le soir. Formule du midi : 16,50€. Terrasse.

« A la maison », c'est le nom d'un restaurant situé au cœur des halles où la convivialité est de mise. Et comme on vous reçoit ici comme à la maison, il va de soi que les plats proposés sont 100 % maison et que les produits utilisés suivent les saisons de près. Sa cuisine est assez traditionnelle, mais elle accueille quelques parfums d'ailleurs : tataki de bœuf, salade de poulpe, terrine de foie de volaille, côte de bœuf, magret d'un petit producteur de sud-ouest, gambas sauce vierge, tiramisu à la crème de marrons... C'est un plaisir à chaque coup de fourchette !

BISTROT L'ORANGERIE €€

5, rue Guibal

✆ 04 67 49 07 20

www.lorangeriebeziers.fr

Ouvert du mardi au samedi le midi, du jeudi au samedi le soir. Menus de 22€ à 32€. Plat du jour : 13,50€. Terrasse

C'est sur la jolie cour Guibal que le bistrot l'Orangerie a déployé sa terrasse chaleureuse et tendance. A l'extérieur ou dans la salle cosy du premier étage, Mélanie et Romain – frère et sœur – assurent un service de qualité et proposent une cuisine généreuse. Si les plats changent au rythme des saisons, le soin apporté à la présentation, l'équilibre des saveurs et les produits frais sont une constante. Au menu : gravlax de saumon confit, burger gourmet *pulled pork*, thon mi-cuit, entrecôte de cochon, Tatin revisitée avec un sablé pur beurre caramel...

L'ECLUSE €€

16, avenue Pierre-Bérégovoy

VILLENEUVE-LÈS-BÉZIERS ✆ 04 28 31 69 50

www.restaurant-ecluse-beziers.fr

Ouvert du lundi au dimanche midi et soir. Terrasse. Formules du midi de 15,50 à 19,50 €. Menu enfant : 13€.

Ce restaurant est un enchantement pour les yeux et les papilles. Ici, on vous propose une cuisine de saison composée de produits de qualité subtilement travaillés. Lors de notre dernier passage nous avons choisi la salade de légumes crus marinés et fromage frais aux herbes en entrée, le risotto de Saint-Jacques aux girolles et lard paysan en plat, et l'entremets au chocolat, cacahuètes et crémeux caramel en dessert. Un coup de cœur pour l'Ecluse qui, en plus d'offrir une cuisine de qualité, dispose d'un cadre bucolique des plus agréable.

LA MAISON DE PETIT PIERRE €€

22, avenue Pierre-Verdier

✆ 04 67 30 91 85

www.lamaisondepetitpierre.fr

Ouvert tous les jours le midi, du jeudi au samedi le soir. Menus de 45€ à 75€. Formule du midi : 25€. Terrasse.

Pierre Augé, dit Petit Pierre, deuxième du nom, ça vous dit peut-être quelque chose... Mais si ! C'est le grand gagnant du concours Top Chef 2014 et du Choc des champions en 2014, 2015 et 2016. Tout le biterrois se presse chez lui ! Le Chef prépare uniquement des menus surprise composés de produits frais et locaux. A titre d'exemple : poisson en croûte de tomates, pièce de bœuf au whisky tourbé et fleur de courgette farcie pied de veau échalote...

PICA PICA €€

20, boulevard Jean Jaurès ✆ 04 48 11 03 40

www.pica-pica.fr

Ouvert tous les jours midi et soir. Réservation recommandée. Carte : 45€ environ. Formule du midi : 18€. Terrasse.

Fabien Lefebvre, meilleur ouvrier de France 2004 et ancien étoilé, est revenu dans sa ville d'origine en juin 2019 pour titiller nos papilles avec le Pica-Pica. Dans un univers industriel à la décoration extrêmement soignée, il propose un concept de bistronomie où les petites faims comme les gros appétits sont comblés. Ouvert 7 jours sur 7, le Pica-Pica, le bien nommé, permet de picorer des plats aux accents méditerranéens concoctés par le chef Julien Bousquet. Rachel, l'épouse de Fabien et chef sommelière, saura vous guider pour des accords mets et vins parfaits.

ÄPONEM - L'AUBERGE DU PRESBYTÈRE €€€

1, rue de l'Église - **VAILHAN** ✆ 04 67 24 76 49

www.aponem-aubergedupresbytere.fr

Ouvert du samedi au lundi midi et soir, le vendredi soir. Menu unique à 105€. 1 étoile au Guide Michelin. Terrasse.*

C'est un nouvel Eden culinaire qui a ouvert ses portes en juillet 2018 dans la petite commune de Vailhan. Dans ce village de 160 âmes, Amélie Darvas et Gaby Benicio ont ouvert APONEM («bonheur» en langue Pataxo) dans une auberge nichée au sein d'un ancien presbytère du XVIIe siècle. A table, elles ont conservé leur esprit moderne, leur style graphique et leur passion du terroir et des bons produits. Dans l'assiette comme dans les verres, c'est une déclaration d'amour à la région.

HÉRAULT

PAS COMME LES AUTRES

3, rue Porte-Olivier
✆ 04 67 48 53 05
wwww.pascommelesautres-beziers.com
Ouvert du mercredi au samedi de 18h30 à 0h. Caviste. Bar à vin. Terrasse. Restauration.

Romain Henry Niess a créé un lieu qui lui ressemble, « Pas comme les autres ». Dans son bar à vins, également cave à manger, Romain propose une sélection de produits d'exception pour vous régaler. A la cave, des vins vivants, bio ou biodynamiques, à emporter ou bien à déguster au comptoir. Ils peuvent se découvrir avec des tartines minutes concoctées avec des produits frais et de saison, ainsi qu'une belle sélection de charcuteries et fromages. Et si l'envie d'un repas chaud vous prend, vous pourrez savourer un plat typique de la région.

LA GORGE FRAÎCHE

2, avenue Joseph Lazare
✆ 04 67 37 06 97
www.lagorgefraiche.fr
Ouvert du lundi au samedi de 10h à 20h. Bar. Brasserie artisanale (production sur place).

C'est sur les berges du canal du Midi que se dresse fièrement la brasserie artisanale du Canal du Demi-La Gorge Fraîche. Prenant place dans une ancienne raffinerie à sucre, le barboutique à l'ambiance industrielle permet une pause idéale pour découvrir toute la gamme de bières du lieu : la blanche, qui chatouille légèrement avec ses notes d'épices et d'agrumes, la blonde, qui possède une belle robe dorée, et l'ambrée, véritable délice en bouche de saveurs caramélisées. Les gérants proposent également les vins des copains et des spiritueux de la région à la vente.

GOLF SAINT-THOMAS

Route de Bessan
✆ 04 67 39 03 09
www.golfsaintthomas.com
Parcours de golf 18-trous. Cours. Stages. Abonnement : 1 840€. Green Fees : 18-trous de 64 à 69€, 9-trous de 47 à 52€.

Au beau milieu d'un environnement typiquement méditerranéen, le golf Saint-Thomas constitue un véritable espace privilégié pour les golfeurs confirmés ou néophytes. Le parcours de 18 trous (dessiné par Patrice Lambert) sillonne la garrigue biterroise sur plus de 6 kilomètres. Ne vous fiez pas à son apparente facilité, vous aurez besoin de tous vos clubs, de toute votre tête et d'un jeu solide pour scorer. Tout au long de l'année, on participe à des stages pour débuter ou se perfectionner. Ce golf est également doté d'un restaurant.

NISSAN-LEZ-ENSERUNE ★

En flânant dans le village de Nissan-lez-Enserune, vous pourrez découvrir les témoignages d'un riche passé. Votre visite pourra débuter avec la tour de l'Horloge - ou beffroi - qui constitue l'entrée du Plô, un quadrilatère de rues qui forme le cœur ancien de Nissan. L'église du XIIIe siècle, les façades XIXe siècle de la mairie et l'ancien beffroi pourront faire l'objet d'un arrêt. L'extérieur du village réserve d'autres curiosités : deux chapelles d'origine wisigothique, Notre-Dame-de-la-Miséricorde et Saint-Christol, le site du Palpas et ses trois tunnels superposés, trois moulins à vent datant des XVIIe et XVIIIe siècle et le pont de Parazols.

CHÂTEAU DES ARCHEVÊQUES DE NARBONNE ★

CAPESTANG
✆ 04 67 37 51 23
Ouvert toute l'année. Du mardi au vendredi de 9h à 12h et de 14h à 18h. Gratuit. Visite guidée (3,50 sur rendez-vous).

Ce château qualifié de palais, à la fin du Moyen Âge, a subi de nombreux aménagements entre le XIIe et le XVe siècle, notamment par le puissant archevêque de Narbonne. Aujourd'hui, des quatre tours d'angle de la forteresse philippienne (fin XIIIe), il ne subsiste que celle du nord-ouest ainsi que la courtine au Nord et à l'ouest partiellement masquée par des aménagements postérieurs. La partie la plus prestigieuse du logis, est toujours là pour témoigner de la splendeur passée.

COLLÉGIALE SAINT-ÉTIENNE ★

Place Jean-Jaurès - **CAPESTANG**
✆ 04 67 37 85 29
www.capestang.fr/fr/tourisme/patrimoine
Ouvert toute l'année. Visite libre gratuite. Visite guidée sur rendez-vous : 5€ par adulte et 2,5€ pour les 12-18 ans.

Au cœur du village, l'imposante collégiale Saint-Etienne se repère de très loin. Construite à la fin du XIIIe siècle sur l'ordre de l'archevêque de Narbonne, elle doit son style gothique à son architecte, maître Deschamps, également responsable de la cathédrale Saint-Just de Narbonne. A l'intérieur, se trouvent plusieurs tableaux de Loÿs (XVIIIe siècle), un autel en marbre polychrome, ainsi qu'une jolie statue de saint Roch en bois doré. Les visites guidées permettent de contempler les gargouilles, sa tour-clocher de 43 m de haut et un panorama époustouflant.

SITE ARCHÉOLOGIQUE ET MUSÉE D'ENSÉRUNE

Ensérune
✆ 04 67 37 01 23
www.enserune.monuments-nationaux.fr

Basse saison : tous les jours de 9h30 à 12h30 et de 14h à 17h30. Haute saison : fermeture à 18h30.

Ce site, classé aux Monuments historiques, est composé d'une partie en extérieur au milieu des fouilles et d'un musée, certainement l'un des plus beaux musées archéologiques de la région, renfermant la totalité des trouvailles faites sur le site. Sur deux étages, il expose tout le travail des fouilles effectuées sur la nécropole. La partie la plus intéressante est le parcours découverte audio-guidé qui permet d'observer l'évolution de la ville par période.

LE TUNNEL DU MALPAS

Tunnel du Malpas

Le tunnel du Malpas est le premier tunnel du canal du Midi et un symbole de l'obstination de Pierre-Paul Riquet, son instigateur. Percé en 1679 dans les grès sableux de la colline d'Ensérune, il est long de 170 mètres. Cet ouvrage d'art exceptionnel rassemble trois passages : le canal du Midi (le plus haut), la voie ferrée Bordeaux-Sète (2 mètres en-dessous) et l'aqueduc souterrain évacuant l'eau de l'étang asséché de Montady. Des aménagements qui expliquent le surnom de « montagne percée » donné à la colline. A l'intérieur du tunnel, vivent de nombreux oiseaux.

CAMPING LES PEUPLIERS €€

7, promenade de l'Ancien-Stade - **COLOMBIERS**
✆ 04 67 37 05 26
www.camping-colombiers.com

Emplacements de 14,50€ à 25€. Mobil-homes de 240€ à 740€ la semaine. Chalets de 230€ à 604€. Piscine. Restauration.

Situé près du charmant village de Colombiers, le camping Les Peupliers propose des mobil-homes récents (de 2 à 8 places), des chalets climatisés (2/6 places) et des emplacements pour les tentes, caravanes et camping-cars. Le camping est ouvert à l'année, une rareté dans cette partie du département. Pendant la saison estivale, la piscine et un espace bar-restaurant sont accessibles. Implanté au cœur des vignes et à 300 mètres des berges, le camping permet de découvrir les villages environnants, les rives du canal du Midi, les vestiges du vieux Languedoc...

HÔTEL RÉSIDENCE €€

35, avenue de la Cave ✆ 04 67 37 00 63
www.hotel-residence.com

Chambre double à partir de 63€, suite à partir de 121,50€. Pension complète : 82€. Piscine. Restauration.

Cet hôtel-restaurant est aménagé dans les murs d'une maison vigneronne du XIXe siècle. Ses propriétaires ont équipé et décoré les chambres avec goût et chaleur. En été, les hôtes peuvent se rafraichir dans la piscine, parfait pour se détendre dans les meilleures conditions. A table, ce sont de beaux menus, récompensés par 3 marmites Logis de France, qui sont affichés. A titre d'exemple : gaspacho de betterave au balsamique de Modène, glace Cabécou et assortiment de chips de légumes, tarte citron aux zestes verts meringuée et flambée... On recommande !

LA GALINIERE €€

37, rue Gambetta - **CAPESTANG**
✆ 04 67 26 14 77

Ouvert les mercredi, jeudi, samedi et dimanche le midi et le soir, le vendredi midi. Menus de 27€ à 37€. Terrasse.

Niché à quelques pas de la place du village, face au bassin rond, La Galinière est un rendez-vous convivial. Dans sa salle aux couleurs solaires, le passé fait de l'œil aux convives avec les multiples photos accrochées aux murs. Elles racontent leurs histoires tout au long du repas. A la carte, le Chef propose des plats tantôt traditionnels, comme la gardiane de taureaux ou la côte d'agneau et son jus à l'ail, tantôt créatifs, comme le flan aux carottes. Le service est très avenant et la musique nous transporte au pays de Brel et de Brassens. Une belle échappée !

LE POURQUOI PAS €€

Pont de Malviès - **CAPESTANG**
✆ 06 79 36 05 33
lepourquoipas.eu

Ouvert du mercredi au samedi le soir, du jeudi au dimanche le midi (fermé le mardi en haute saison). Carte : 30€ environ

Pour rejoindre Le Pourquoi Pas, il faut s'aventurer sur une route qui serpente entre les vignes. Ce périple est récompensé dès l'arrivée : la bâtisse semble tout droit sortie d'un conte ! Historiquement, cette auberge servait de halte aux bateliers qui voyageaient le long du canal du Midi. De nos jours, ce sont Renaud et Mathieu qui assurent l'accueil et la cuisine des lieux. Préparée à l'aide de produits de saison, elle témoigne de la générosité du Chef : velouté de Butternut et sa chips de lard, ris de veau à la crème de Muscat, tiramisu à la framboise...

HÉRAULT

CROISIÈRES LE BONPAS

Port de Plaisance - **COLOMBIERS**
✆ 06 17 54 95 57
bonpasmidi.com
Croisière découvert d'une heure : 8 € (6 € / enfants). Croisières repas 2h30 : 34 € (25 € / enfant).

Amarrées aux quais de Colombiers, les péniches «Bonpas I» et «Bonpas II» permettent d'effectuer des croisières sur le canal du Midi en journée ou le soir. Le bateau principal peut accueillir jusqu'à 12 personnes, un effectif réduit qui permet de ne pas être les uns sur les autres. Au cours de la balade, les commentaires sont excellents : ils délivrent l'histoire du lieu et des anecdotes ici et là. On a adoré la formule Croisière-repas, on y sert du simple et du bon : suprême de canette, gardiane de taureau, souris d'agneau...

VALRAS-PLAGE ★

Située sur la rive droite de l'Orb, Valras-Plage est l'une des meilleures stations balnéaires du littoral héraultais. En plus de proposer les espaces de loisirs et d'hébergement nécessaires pour un tel classement, la destination a gardé son caractère traditionnel d'ancien village de pêcheurs. Cette atmosphère typique se ressent dans toute la ville, même si le quartier du port de plaisance apporte un aspect plus moderne. De nos jours, Valras-Plage abrite toujours des chalutiers le long des berges et accueille un magnifique marché aux poissons. Prenez le temps d'admirer le front de mer et son immense plage qui s'étend jusqu'à l'embouchure de l'Aude.

LA COLLÉGIALE NOTRE-DAME-DE-GRÂCE

Rue du 11-Novembre - **SÉRIGNAN**
✆ 04 99 41 36 36
www.beziers-mediterranee.com

Cette ancienne collégiale a été construite entre les XIIe et XVe siècles, elle porte les traces de fortifications et de meurtrières. Son clocher est composé d'une tour de 30 m à section carrée. Construite au XIIe siècle, elle avait un but défensif, le mâchicoulis protégeant le portail aux voussures romanes le prouve. Les dimensions intérieures sont impressionnantes : les plafonds à caissons, peints à la gloire de Saint-Louis, culminent à 16,40 mètres.

MRAC - MUSÉE RÉGIONAL D'ART CONTEMPORAIN OCCITANIE

146, avenue de la Plage - **SÉRIGNAN**
✆ 04 67 17 88 95 - mrac.laregion.fr
Basse saison : mardi au vendredi 10h-18h, week-end 13h-18h. Haute saison : mardi au vendredi 11h-19h, week-end 13h-19h

Depuis son ouverture en 2006, ce musée géré par la Région présente une collection permanente et des expositions temporaires. Implanté dans une ancienne cave viticole et déployé sur une surface de 2 700 m², il reçoit des artistes français et internationaux contemporains. Grâce à de grandes ouvertures, la lumière naturelle entre dans les volumes des différentes salles d'exposition. Après la visite, les curieux peuvent se rendre dans la librairie-boutique pour repartir avec un souvenir.

MUSÉE ARCHÉOLOGIQUE JEAN SALUSTE

Boulevard Frédéric Mistral - **PORTIRAGNES**
✆ 04 67 09 95 75 - www.ville-portiragnes.fr
Été : lundi au vendredi 9h30-12h30/15h-18h30, dimanche 10h-12h30. Juin/Septembre : lundi au vendredi 9h30-12h30/14h-18h

On a découvert des traces d'activité remontant à la préhistoire lors de fouilles réalisées à Portiragnes. Au cours des recherches, un impressionnant patrimoine archéologique a été sorti de terre. Ouvert en 2003, ce musée vise à rassembler ces collections en un même lieu. Il traite ainsi de l'histoire de ce territoire, de la préhistoire au Moyen-Age, en présentant des milliers de silex, des outils de chasseurs nomades, des objets usuels et bien d'autres éléments du passé de la ville.

LES ORPELLIERES

Domaine des Orpellières - **SÉRIGNAN**
Accès libre.

Situé à l'embouchure de l'Orb, sur les communes de Valras et de Sérignan, le domaine de l'Orpellières est un espace naturel protégé. Grand de 170 hectares, il abrite une plage, une zone de pré salé et des dunes qui atteignent parfois huit mètres de haut, un record en Languedoc. Des sentiers pédestres qui longent, ici et là, des rondines et des gourgues de salicorne et de tamaris, permettent de découvrir le site exceptionnel et l'étang de la Grande-Maïre. L'été, le secteur et la plage sont accessibles à partir de Valras-Plage en empruntant un passeur.

RÉSERVE NATURELLE NATIONALE DE ROQUE-HAUTE

Réserve naturelle de Roque-Haute - **PORTIRAGNES**
✆ 04 67 90 98 73
www.capdagde.com
La réserve se trouve sur une propriété privée dont l'accès est réglementé. Pas de visite possible.

Bien connue pour la richesse de sa flore et de sa faune, la Réserve naturelle nationale de Roque-Haute s'étend sur plus de 100 ha couverts de garrigues rocailleuses et de chênes verts. Le plateau présente de nombreuses petites dépressions en forme de cuvettes occupées par des mares temporaires. C'est autour de ces mares que se sont développées des fougères, pour certaines uniques en France, dont la Marsilea Strigosa et l'Isoete Setacea, et que s'installent les flamants roses.

LES BATH'O DU CANAL

Chemin de Halage - **PORTIRAGNES**
✆ 06 60 43 73 52
www.les-batho-du-canal.com
Fermé du 15 septembre au 15 juin. Ouvert tous les jours de 10h à 21h sur réservation. Location : à partir de 30€/l'heure

On retrouve cette entreprise de location de bateaux électriques au niveau du chemin de Halage, au nord de la ville. Elle invite les adeptes de navigation et les novices à découvrir le Canal du Midi à bord de leurs petits bateaux discrets et non polluants. Disponibles de la demi-heure à la journée, ils contiennent cinq ou sept places. Ils sont faciles d'utilisation, même les plus jeunes pourront s'installer aux commandes ! Les escapades écologiques seront organisées selon des parcours préétablis, ils pourront être adaptés en cas de demande spécifique.

DOMAINE DE LA YOLE - WINE RESORT & SPA €€

Avenue de la Méditerranée ✆ 04 67 37 33 87
www.campinglayole.fr
Emplacements de 21€ à 75€. Bungalows à partir de 375€/la semaine. Piscine. Restauration. Hammam, bain bouillonnant.

Le Domaine de la Yole a joué dès le départ la carte du haut de gamme. A travers ses 20 ha de verdure, à 500 m de la plage, ce camping propose des emplacements d'environ 100 m2, raccordés à l'eau, à l'électricité et à l'égout. Les hébergements vont du plus simple au plus confort, permettant aux vacanciers d'accéder à une variété de prix et de services. Sur place, on trouve des boutiques, des restaurants et de nombreuses activités (piscines, terrains multi-sports, tir à l'arc...).

LE DELPHINIUM €€

13, avenue des Elysées
✆ 04 67 32 73 10
Ouvert du lundi au mercredi, le vendredi et le samedi le midi et le soir, le dimanche midi. Menus de 32€ à 39€

Le Delphinium est l'une des grandes tables de Valras. Derrière ses fourneaux, la cheffe Evelyne Deroche, Maître Restaurateur, travaille des produits frais, locaux et d'exception afin de proposer de magnifiques assiettes à ses clients. A titre d'exemple : tartare de poisson au yuzu et baies de la passion, panaché de la mer, brunoise de légume et coulis de homard bleu, choucroute de poisson au beurre nantais… À noter que les poissons cuisinés ici sont exclusivement sauvages. La carte présente un grand choix de vins d'ici et d'ailleurs pour accompagner le repas.

L'ÔDACIEUSE €€

7, avenue du Casino
✆ 07 77 67 40 72
Ouvert du mercredi au dimanche midi et soir. Réservation recommandée. Menus de 20€ à 25€. Terrasse. Vente à emporter.

Les amateurs de poissons et coquillages ne s'y trompent pas : l'Odacieuse est le temple de la mer à Valras. A la fois poissonnerie et restaurant, l'établissement encourage la dégustation sur place via des assiettes gourmandes et se charge également de vous proposer des produits d'une rare fraîcheur à emporter. Dans une jolie ambiance de bord de mer, à la décoration digne d'une cabane de pêche, l'équipe s'affaire pour réaliser des plateaux et des marmites de belles compositions. Du bon, du frais et du copieux. Réservation plus que recommandée !

CASINO DE VALRAS-PLAGE

4, avenue des Elysées
✆ 04 67 32 60 60
www.casinostranchant.com/valras-plage

Au casino de Valras-Plage, le rendez-vous de la chance et des machines à sous (120 en place), le jackpot est roi, mais les joueurs qui le souhaitent peuvent aussi s'essayer à la boule ou aux grands jeux : roulettes, black jack et stud poker. Dans les salons voisins, on se retrouve pour fêter ses gains, danser ou prendre un verre. Situé en plein cœur du Casino, le restaurant est l'endroit idéal pour passer une soirée agréable. Dîners spectacles, orchestres, artistes de variété, assurent une animation permanente dans ce cadre élégant, confortable et feutré.

BÉDARIEUX

Bédarieux est une ville industrielle et minière du XIXe siècle construite au confluent de l'Orb et de la Vèbre, conservant les témoignages d'un passé florissant. Le paysage urbain est marqué par les grands bâtiments des biscuiteries, les tanneries, les fabriques de matériel agricole et vinicole de jadis. Les passionnés d'architecture prendront plaisir tout en marchant sur les pas de l'écrivain Ferdinand Fabre ou du sculpteur Francisque Duret à découvrir le patrimoine de Bédarieux : la chapelle Saint-Raphaël, l'église Saint-Louis qui abrite l'orgue romantique classé monument historique, l'église Saint-Alexandre fondée au XIIe siècle...

ESPACE CURIOSITATS MUSÈU

15, place Pasteur ✆ 04 67 23 16 56
www.haut-languedoc-vignobles.com
Appeler de préférence avant la visite. Entrée libre pour la collection permanente. Collection temporaire : 2,50 €.

Logé dans la maison Royo, berceau de l'implantation de la famille Galtier à Bédarieux, ce musée est consacré à l'artisanat et aux anciens métiers. Trois espaces sont à découvrir : l'ancien atelier de charron et ses machines d'époque, l'ancienne écurie et ses expositions temporaires, le premier étage dédié au patrimoine textile, au folklore et à l'histoire locale. Chaque hiver, l'ancienne écurie accueille aussi une crèche réputée. Dehors, sur la façade de l'ancienne échoppe de cordonnier d'Albert Galtier, il est possible d'admirer la copie de la vieille enseigne.

CHAPELLE SAINT-RAPHAËL

Route d'Hérépian
Classé aux monuments historiques. Accessible de l'extérieur toute l'année, l'intérieur reste fermé.

Nichée au bord de l'Orb, au cœur du vignoble de Bédarieux, la chapelle Saint-Raphaël est classée aux Monuments historiques. Accessible depuis le sentier de la boucle d'Orb, ce site préroman, composé d'une nef unique terminée par une abside quadrangulaire, date du XIIe siècle. La chapelle veille sur une petite grotte, au fond de laquelle les anciens recueillaient l'eau. La tradition veut que chaque année, à la Saint-Jean, des pèlerins venaient y tremper leurs mouchoirs pour appliquer cette eau miraculeuse sur leurs yeux malades.

CAMPOTEL DES TROIS VALLEES €€

8, boulevard Jean Moulin ✆ 04 67 23 30 05
www.bedarieux.fr
Gîtes de France. Ouvert toute l'année. De 266 € à 455 € la semaine selon saison. Wifi. Parc. Animations.

Ce village vacances est une invitation à la détente ! Implanté dans un parc boisé, au bord de l'eau, il comprend douze gites parfaitement équipés. Composés de deux chambres, un salon, une cuisine et une salle de bain, ils sont adaptés à des groupes de quatre personnes. Ils s'ouvrent tous sur une jolie terrasse. Une salle commune permet également de faire des rencontres et de participer à des activités. Une ambiance très familiale se dégage de cet établissement proche du centre-ville.

CHÂTEAU DE DIO

Château de Dio - **DIO-ET-VALQUIÈRES**
✆ 04 67 23 23 47
www.chateaudedio.com
Haute saison : visite le dimanche à 16h30. Ouvert toute l'année pour les groupes. Gratuit jusqu'à 6 ans. Adulte : 7€.

Niché sur les montagnes de terres rouges du Haut-Languedoc, le château de Dio est unique en son genre. Sa spécificité tient dans le fait qu'il est l'un des rares édifices du Moyen Âge qui a traversé le temps sans modification profonde de son architecture extérieure. Cette préservation est l'œuvre de Bertrand, le propriétaire des lieux. Sur place, il propose des visites pédagogiques, accueille des événements (concerts classiques, fêtes médiévales...) et met trois gites à la disposition des voyageurs. De quoi vivre une vie de château !

FAUGÈRES

Haut perché sur les premiers contreforts du Caroux et de l'Espinousse, Faugères, fleuron du vignoble languedocien dont le terroir produit des vins AOC, jouit d'une vue imprenable sur la mer Méditerranée. Ce village, où l'on respire les odeurs de garrigues regorge de traces du passé, comme, privilège rare, ces trois remarquables moulins du XIIe siècle restaurés. En parcourant les ruelles de Faugères bordées d'anciennes maisons, une tour-temple atteste que la cité fut un des hauts lieux du Protestantisme, et, tout autour, dans la campagne on admire les capitelles et des vestiges de remparts d'anciens châteaux féodaux.

MOULINS À VENT DES TROIS TOURS

Lieu-dit «Les Trois Tours»
✆ 06 45 73 49 82
www.avant-monts.fr
Ouvert tous les jours de 10h à 13h et de 15h à 18h. Visite guidée.

Autrefois tours de guet gallo-romaines, ces constructions ont été transformées en moulin à bled au cours du XVIe siècle, à l'époque de l'abondance céréalière. Dans les années 90, une série de restaurations a permis de redécouvrir leurs mécanismes et usages. Il est possible de les visiter et d'en apprendre davantage sur leur histoire pendant les journées portes ouvertes et les visites guidées par Christopher White. Une table d'orientation donne accès à un panorama sur le Faugérois.

LES TROIS MOULINS €€

38, rue Droite
✆ 04 67 23 16 65
www.les3moulins.fr
3 chambres d'hôte : à partir de 84€/nuit. Petit-déjeuner inclus. Patio. Terrasse. Soirées dégustations vins et terroir.

Dans le village de Faugères, on ne manque pas de remarquer la demeure des Trois Moulins. Cette ancienne maison, dont les fondations remontent au XIIe siècle, a été restaurée quatre siècles plus tard. Aujourd'hui, elle conserve un cachet pittoresque. En témoigne l'aménagement de ses chambres d'hôtes : qu'elles soient voûtées, marbrées ou boisées, celles-ci sauront vous charmer. Au soleil, sur la terrasse, vous apprécierez la quiétude qui règne alentour. Un accueil chaleureux, de belles prestations, une adresse à recommander vivement.

LE RELAIS DES OLIVIERS €€

3, Les barraques d'amans
✆ 04 67 93 45 53
lerelaisdesoliviers.business.site
Ouvert du mercredi au dimanche le midi, du mercredi au samedi le soir. Carte : 28€ environ. Terrasse.

Situé juste à côté du circuit de karting, on peut avoir au départ quelques préjugés sur l'établissement… quelle erreur ! Le Relais des Oliviers est une petite oasis au milieu des vignes où la nourriture y est d'une qualité surprenante. Récemment repris par un jeune couple, la cuisine est similaire à l'accueil qui est réservé à la clientèle : chic et décontracté. Ainsi, les plats proposés semblent sortis du quotidien, d'une remarquable finesse en bouche. On a adoré la selle d'agneau rôtie au beurre et son jus à l'ail, accompagnée de petits légumes.

LAMALOU-LES-BAINS ★

La légende raconte qu'au Moyen Age, un paysan souffrant de douleurs s'était baigné dans la mare boueuse formée par les sources de la ville, et que peu à peu son mal fut soulagé. Mais, ce n'est qu'au XIXe siècle, que Lamalou-les-Bains fut exploité pour le pouvoir sédatif de ses eaux. Cette absence d'histoire et de patrimoine est compensée par un charme naturel dû à sa situation à 200 m d'altitude dans un vallon ombragé, au pied du Caroux-Espinasse, et à une architecture du XIXe siècle. Depuis les Thermes en passant par les grands hôtels jusqu'au théâtre et au casino avec ses vitraux classés, tout l'éclectisme architectural de l'époque y est représenté.

MUSÉE DE LA CLOCHE ET DE LA SONNAILLE

Espace Campanaire André Malraux - **HÉRÉPIAN**
✆ 04 67 95 39 95
www.grandorb.fr
Fermé du 20 octobre au 20 avril. Ouvert du mardi au dimanche de 14h à 19h. Adulte : 5€. CB non acceptée.

Cela fait 20 ans que ce musée nous conte l'histoire des cloches et des sonnailles et il n'a pas prix une ride ! Logé dans l'ancienne gare d'Hérépian, aux abords de la voie verte, il possède une scénographie moderne faite de sons et lumières. Si on en apprend beaucoup de la conception à l'installation de ces instruments à percussion, on apprécie le fait de pouvoir les manipuler et de les faire tinter. Mesurez vos gestes sur la cloche à la fin de l'exposition, elle peut vous surprendre !

MUSÉE SAINT-GRÉGOIRE

Église Saint-Grégoire - **VILLEMAGNE-L'ARGENTIÈRE**
✆ 04 67 95 64 17
www.saintgervais-hautlanguedoc.fr
Fermé de novembre à mai. Ouvert le mercredi, le samedi et le dimanche de 15h à 18h. Adulte : 2 €. Visite guidée.

Occupée depuis des temps immémoriaux, cette vallée de la Mare recèle de nombreux trésors archéologiques. Au fil des époques, des fouilles et des découvertes, de belles trouvailles ont été réalisées. Nichée dans l'église désaffectée Saint-Grégoire, la société archéologique y présente, sous forme d'expositions à thème, les résultats de ces années de recherche réalisées dans cette partie du département. Ces vestiges couvrent une large période allant du néolithique au Moyen Âge. La Société Archéologique propose des visites commentées du musée et de la cité abbatiale.

HÉRAULT

NOTRE-DAME-DE-CAPIMONT

Notre-Dame de Capimont
✆ 04 67 95 82 47

Surplombant la vallée de l'Orb, perchée à 400 mètres au-dessus de Lamalou-les-Bains et d'Hérépian, le sanctuaire de Notre-Dame-de-Capimont, dédié à la Vierge, est le témoin du passé religieux des villages avoisinants. On découvre au milieu des chênes verts une chapelle romane datant du XIIe siècle et son ermitage construit beaucoup plus tard, au XVIIe siècle. Un autre monument se dévoile à vous, en empruntant le sentier qui mène à un escalier monumental : la chapelle Saint-Anne. Arrivés au sommet vous serez récompensé par la vue qui s'étend de Carlencas au Caroux

LA CHEMIN'HÔTE €€

11, avenue de la Gare ✆ 04 67 97 39 08 - Gares de Bédarieux ou Béziers ou Montpellier puis bus.Autoroute A9, sortie Béziers puis direction Bédarieux
www.lacheminhote.com

Chambre double de 65 € à 70 €. Petit déjeuner inclus. Gîte : à partir de 280€/semaine. Tarif spécial curiste. Piscine.

Implantée dans une ancienne gare du XIXe siècle, cette belle chambre d'hôtes offre charme, calme et confort. Les hébergements possèdent des vues sur le jardin et la forêt plus loin. Sobres et très joliment décorés, ils ont tout pour plaire. Dehors, l'ancien quai a été transformé en jardin avec piscine, les propriétaires ont choisi de garder la belle structure en fer qui abritait jadis les voyageurs, même la grosse horloge trône toujours sur le mur ! Les sportifs seront ravis d'apprendre que l'établissement borde la voie verte.

LE COUVENT D'HÉRÉPIAN €€€

2, rue du Couvent - **HÉRÉPIAN**
✆ 04 67 97 16 24
www.couvent-herepian.com

Studio/Appartement de 175€ à 305€. Formule résidence (à partir de 3 nuits) : de 105 à 265€/nuit. Spa. Piscine.

Au cœur du village d'Hérépian, cet ancien petit couvent du XVIIe siècle est aujourd'hui un lieu de villégiature très apprécié. Une dizaine de suites chaleureuses et confortables a été créée au sein de la demeure de caractère, alliant l'aspect monastique des lieux aux exigences d'aujourd'hui. On apprécie aussi de se promener dans ses jardins, celui d'hiver, derrière sa grande verrière, comme le méditerranéen. A l'abri sous les voûtes, on trouve le spa et sa carte de soins basée sur des produits 100 % naturels. Une oasis de bien-être.

LA MÉCANIQUE DES FRÈRES BONANO €€€

Lieu-dit La Mécanique Sainte-Colombe
COLOMBIÈRES-SUR-ORB ✆ 04 67 97 30 52
www.lamecaniquedesfreresbonano.fr

Ouvert du jeudi au mardi le soir ; du vendredi au dimanche le midi. Menus de 45 € à 115 €. Menu enfant : 20 €. Jardin.

La Mécanique des Frères Bonano - Benjamin le sommelier et Clément le chef - est un de ces lieux magiques que nous aimons particulièrement ! Dans le cadre enchanteur d'une ancienne filature rénovée avec goût, ce lieu abrite un restaurant gastronomique Le Granit, un bistrot Le Trou du Kru, ainsi que des chambres d'hôtes. En été, vous déjeunerez sur la magnifique terrasse au son du chant des oiseaux, en hiver, la salle superbement décorée vous attend.

AUBERGE DE L'ABBAYE €€

4, Place de l'Abbaye - **VILLEMAGNE-L'ARGENTIÈRE**
✆ 04 67 95 34 84
www.aubergeabbaye.com

Ouvert mardi, jeudi, vendredi et dimanche le midi ; du jeudi au samedi le soir. Menus de 33€ à 55€. Terrasse.

Au cœur d'un village médiéval, dans les murs d'une ancienne abbaye, cette auberge est un petit bijou de raffinement et de gourmandise. Les assiettes sont comme le décor, présentées avec beaucoup de goût et avec le sens du détail. En fonction de votre appétit, vous composez votre menu en piochant dans la carte. La cuisine proposée est entièrement basée sur le travail soigné et créatif de produits frais, de saison et de terroir. La carte des vins met en avant le travail des vignerons de notre région. Une fois par mois, l'auberge propose des soirées thématiques.

LE YUCCA €€

Boulevard de Mourcayrol
✆ 04 67 95 28 78

Fermé de décembre à février. Ouvert du mardi au samedi le soir, du mardi au vendredi le midi. Carte : 28€ environ.

Yucca, c'est l'invitation à un voyage direction l'Italie ! Cette valeur sûre de Lamalou repose entièrement sur le bouche-à-oreilles et ça marche ! S'il est parfois difficile de trouver l'établissement, ce dernier fait généralement salle comble. Les locaux et les curieux s'y pressent pour dévorer des plats charnus et des pizzas bien garnies. Les produits utilisés et les recettes servies sont principalement issus de nos voisins transalpins, même côté dessert. Ces assiettes ont tout pour convaincre, y compris des petits prix. Bref, on est conquis.

LES THERMES DE LAMALOU-LES-BAINS

Avenue Georges Clemenceau ✆ 04 67 23 31 40
www.chainethermale.fr/lamalou-les-bains

Fermé de début décembre à mi-février. Brochure en ligne. Tarifs : cure thermale rhumatologie à partir de 523,49€.

C'est au cœur du Haut-Languedoc, à proximité des Cévennes et des vignobles, que les cures de Lamalou-les-Bains ont acquis leur belle réputation. Les bienfaits de ses eaux thermales ont été mis en lumière par le docteur Charcot et aujourd'hui Lamalou est l'un des rares centres thermaux avec une double spécialité : la neurologie et la rhumatologie. Les soins sont accessibles selon plusieurs formules : les cures traditionnelles, les semaines de remise en forme, les journées découvertes...

CHAPELLE NOTRE-DAME DE CENTEILLES

Notre-Dame de Centeilles - **SIRAN**

Visites sur rendez-vous.

L'édifice du XIIIe siècle possède un extérieur austère mais, une fois franchi le portail, vous serez subjugué par l'élégance des lignes de la voûte du chœur. L'intérieur de l'église a conservé des fresques très anciennes (XIV-XVe siècles) : David jouant de la harpe, l'arbre de Jessé, la Crucifixion... Elles ont malheureusement été détériorées par les émanations du fumier de mouton, car cette chapelle désaffectée à la Révolution a longtemps servi de bergerie !

MINERVE ★★

Haut lieu de la résistance cathare, la cité de Minerve s'élève au-dessus de deux rivières : la Cesse et le Brian. Au cœur d'un décor sauvage et grandiose de garrigues, de gorges et de falaises dénudées, Minerve est l'un des sites les plus extraordinaires de l'Hérault, il figure sur la liste des cent Plus Beaux Villages de France et est l'un des plus marqués par l'Histoire. En effet, cette cité a été témoin du drame cathare en 1210, une épopée des croisades racontée au musée Hurepel. Mais sa vie ne se limite pas à cet épisode et son patrimoine est encore bien vivant. Il se fond dans le décor naturel de la cité, apportant de la majesté à l'ensemble.

MUSÉE D'ARCHÉOLOGIE ET DE PALÉONTOLOGIE

Place Monument-aux-Morts
✆ 04 68 91 22 92

Fermé de décembre à février. Ouvert tous les jours de 10h à 13h et de 14h à 18h. Adulte : 3 €. Enfant : 1,50 €.

Les érudits locaux ont mis en commun leurs collections privées pour donner vie à ce musée. Petit par la taille, mais grand par ses collections, il retrace l'histoire de la région à travers ses minéraux, l'évolution de l'humanité par ses fossiles (dont des traces de pas trouvés dans l'argile de la grotte d'Aldène, située dans les gorges de la Cesse, qui datent du paléolithique supérieur) et quelques informations sur les dinosaures. Un arrêt passionnant.

Village de Minerve cerné de gorges profondes.

LA BASTIDE DES ALIBERTS €€

✆ 04 68 91 81 72
www.aliberts.com
De 900 € à 2 600€ la semaine. Logements équipés avec barbecue, chaises et tables de jardin, hammam et bain bouillonnant.

Plantée au cœur d'un impressionnant patrimoine historique, tournée vers les monts du Minervois, la Bastide des Aliberts, toute de pierres vêtue, est habillée d'un cadre enchanteur fait de pinède, vignes et garrigue. La Bastide, dont les vieilles pierres datent du XIIe siècle, a été rénovée avec sensibilité et aménagée avec charme. Dans cette oasis de silence, Barbara et Wendel ont aménagé cinq gîtes haut de gamme. Chacun possède son caractère et préserve l'intimité. La superbe piscine, ancrée à son rocher, vous invite à savourer l'harmonie avec la nature.

HÔTEL RELAIS CHANTOVENT €€

17, Grand-Rue ✆ 04 68 91 14 18
www.relaischantovent-minerve.fr
Chambre simple 48€ ; chambre double 55€. Demi-pension. Garage (à réserver). Restauration. Terrasse.

Composé de plusieurs maisons médiévales, l'hôtel, planté au cœur du village cathare, a conservé son charme d'antan. Ses dix chambres nichées dans la vieille pierre, toutes personnalisées sont très confortables et aménagées avec goûts. Dans le restaurant, les convives seront enchantés par les associations savoureuses, confortablement installés dans une salle aux murs habillés d'œuvres contemporaines. Un plaisir pour les yeux et pour les estomacs ! La vue sur les gorges du Brian ajoute une touche de charme supplémentaire, pensez à réserver en terrasse.

LE VOYAGEUR €€

3, avenue d'Homps - **OLONZAC**
✆ 06 84 86 41 47
www.voyageurolonzac.fr
5 chambres. Chambre double à partir de 95 €. Petit déjeuner inclus. Wifi. Restauration. Jardin.

C'est dans un ancien relais de poste du XVIIIe siècle, niché au cœur du village d'Olonzac, que les propriétaires vous accueillent pour des séjours de courtes ou longues durées. Derrière la façade des lieux, on découvre cinq chambres situées à l'étage de la belle bâtisse de caractère. Sol en terre cuite, mobilier au charme vieillot, teintes douces, toutes offrent confort, espace et même climatisation pour certaines. A l'abri des regards, un charmant jardin intérieur invite à déguster le petit-déjeuner ou la cuisine de la table d'hôte à l'ombre des bambous.

RELAIS CHANTOVENT-LE RESTAURANT €€

17, Grand-Rue ✆ 04 68 91 14 18
www.relaischantovent-minerve.fr
Ouvert du jeudi au mardi le midi, le lundi et du jeudi au samedi le soir. Carte : 45€ environ. Terrasse. Chambres d'hôte

En préambule, pensez au moment de réserver à préciser que vous souhaitez une table en terrasse. La raison ? Parce que vous déjeunerez au-dessus des gorges du Brian et le spectacle vaut la chandelle. Pour autant, ne délaissez pas le contenu des assiettes. Nous savons qu'un magnifique panorama peut en perturber plus d'un mais là, il s'agit de se concentrer et d'apprécier la cuisine du chef qui décline ses menus en deux thèmes notamment, la truffe (en saison) et le terroir.

CHÂTEAU DE SIRAN €€€

1, avenue du Château - **SIRAN** ✆ 04 68 91 55 98
www.chateau-de-siran.com
Fermé en janvier et février. Ouvert tous les jours le soir (uniquement sur réservation). Menu à partir de 43€. Terrasse.

Dans une magnifique demeure, Nadège et Gérard Blet vous proposent une cuisine « identitaire » qui s'appuie sur des produits de qualité de producteurs identifiés. Ainsi l'huile d'olive, la tapenade et les olives viennent de l'Oulibo à Bize-Minervois, les fromages de la chèvrerie de Combebelle à Bize-Minervois et les truffes du marché de Villeneuve-Minervois... Sans oublier évidemment les crus locaux qui sont mis en avant. Les menus varient selon le marché de saison et restent hautement gastronomiques. Côté hôtel, on vous propose onze chambres décorées avec goût.

OLARGUES ★

Le petit village d'Olargues s'élève sur une butte rocheuse et verdoyante, offrant un panorama superbe sur la montagne de lumière du Caroux et les monts de l'Espinouse. Classé parmi les Plus Beaux Villages de France, il dispose d'un environnement et d'un patrimoine à couper le souffle. Enjambant les eaux du Jaur qui coulent paisiblement, le Pont du Diable - imposant pont en marbre en dos-d'âne - permet de se faufiler dans ses ruelles pavées, dont certaines sont si étroites que les toits semblent se toucher. Elles permettent d'accéder aux vestiges de son castrum, château médiéval du XIIe siècle, surmonté de sa tour clocher emblématique.

GORGES D'HÉRIC ★★

Le Verdier Haut - **MONS**
✆ 04 67 23 02 21
www.minervois-caroux.com/fr
Accès libre. Parking payant aménagé. Restauration.

Ce site naturel classé, situé au cœur de la montagne du Caroux, est sans conteste l'une des destinations immanquables lors d'une visite de l'arrière-pays héraultais. Dès le début de la balade sur le sentier découverte, le ton est donné : dans un décor de roches déchirées, l'eau dévale le gneiss en formant une multitude de cascades. Au fil de vos pas, contemplez les formes féminines de la montagne du Caroux. La légende murmure que ses reliefs seraient ceux de Cebenna, fille de Titans, qui fut condamnée par Zeus à chercher l'amour sans jamais le trouver.

KALÉIDOSCOPE GÉANT ★

Avenue du Champ-des-Horts ✆ 04 67 97 88 00
www.cebenna.org
Basse saison : ouvert mardi, mercredi et vendredi de 9h-12h et 14h-18h. Été : du lundi au samedi 9h-12h30 et 16h-19h.

Conçu par le photographe montpelliérain Pierre Reimbold, le kaléidoscope géant du centre multimédia Cebenna permet d'entrer dans un monde magique, celui de l'image éclatée, décomposée à l'infini dans une mosaïque vertigineuse. Sur fond musical, vous êtes invités à vous plonger dans un autre univers, celui des techniques, celui du métal, du verre ou du plastique à travers les engrenages, les tuyaux et les machines, de la pierre taillée aux circuits imprimés. Tous les trimestres, des expositions sur des thèmes liés à l'environnement et au patrimoine sont dévoilées.

MUSÉE D'ARTS ET TRADITIONS

Escalier de la Commanderie
✆ 04 67 23 02 21
Fermé du 15 septembre au 1er juin. Ouvert du mardi au dimanche de 15h à 18h30. Gratuit.

Abrité dans une vieille maison bourgeoise, ce musée raconte une bonne partie de l'histoire d'Olargues. Réparti sur trois étages, il aborde tous les thèmes qui ont fait la vie de la ville, de la préhistoire aux métiers d'autrefois. On peut admirer des expositions sur la vigne, la châtaigne, la ruche, les vieux métiers et découvrir des outils anciens. Au dernier étage, une salle des maquettes permet de mieux comprendre le fonctionnement de la forge et le coin des lavandiers.

CAMPING DU CAROUX €

Le Verdier - **MONS**
✆ 06 42 16 28 63
www.campingducaroux.com
Fermé d'octobre à avril. Emplacement + véhicule de 7€ à 8€. Bungalows de 570€ à 720€/semaine. Caravanes de 245€ à 315€.

Situé au pied des Gorges d'Héric, le camping du Caroux est «*the place to be*» si vous voulez vous mettre au vert. Ici, il n'est pas nécessaire d'amener sa tente, le camping met à disposition un «kit dodo» constitué d'une tente pour 4 personnes, de tapis auto-gonflants, d'un réchaud à gaz, d'un kit petite vaisselle et d'une lampe dynamo. Pour un séjour plus insolite, le camping propose une caravane vintage, une tente bivouac et un géodome avec spa extérieur. Autre alternative, plus confortable et spacieuse, la location d'un écolodge.

LES QUATR' FARCEURS €€

Rue de la Comporte
✆ 04 67 97 81 33
www.olargues.net
Chambre triple 82€, chambre double 69,50€, chambre simple 57€ (petit-déjeuner compris).

Tenue par Pauline Giles depuis une trentaine d'années, cette propriété est située à deux pas du centre du bourg médiéval. Elle se compose de deux chambres confortables et parfaitement aménagées : salle de bain moderne et indépendante, literie de qualité, décoration efficace... Une table d'hôte de qualité est aussi accessible. Pauline et Didier sont également les propriétaires de deux gîtes : l'Arbre Tort, maison de caractère rénovée et aménagée pour quatre personnes, et la Fumade, une grande maison de ferme installée à Saint-Etienne d'Albagnan.

FLEURS D'OLARGUES €€

Pont du Diable
✆ 04 67 97 27 04
www.fleursdeolargues.com
Fermé de janvier à mars. Basse saison : ouvert du jeudi au dimanche. Haute saison : du mardi au dimanche midi et soir.

Installée à Olargues depuis 2002, cette famille danoise a su insuffler à la cuisine méditerranéenne une touche nordique qui ne laissera personne indifférent. Tout en étant raffinés, les classiques danois tels que le « smørrebrød » et le « rødgrød med fløde » se parent d'accents du sud inattendus grâce à des aromates sortis tout droit du jardin. Pour accompagner votre repas, le chef mise sur un pain fait maison et une carte des vins 100% locaux. Si la météo vous le permet, réservez une table en terrasse, elle offre une vue sur le pont du Diable et le clocher.

ROQUEBRUN ★

Ce village médiéval chargé d'Histoire est surnommé le Petit Nice de l'Hérault. Bénéficiant d'un microclimat qui lui permet non seulement la culture de la vigne, mais aussi des mimosas, des agrumes et de l'olivier, il offre une porte d'entrée sur le Parc régional du haut Languedoc. Il grimpe à flanc de montagne depuis les bords de l'Orb, que se partagent les vieux moulins du XVIIe siècle et la plage, jusqu'aux ruines de l'ancien village et de la tour carolingienne du XIIe siècle, au pied de laquelle le jardin s'est installé. La montée passe devant une église sobre, en partie romane ; depuis la place, le panorama s'ouvre largement sur la vallée de l'Orb.

JARDIN MÉDITERRANÉEN

Rue de la Tour ✆ 04 67 89 55 29
www.jardin-mediterraneen.fr

Fermé de novembre à mars. Gratuit jusqu'à 6 ans. Adulte : 6€. Enfant : 3,50€. Label «Jardin remarquable». Visite guidée.

Niché sous la tour médiévale du village de Roquebrun, le Jardin méditerranéen a été créé en 1986. Surplombant l'Orb, ses terrasses exposées plein sud diffusent les parfums de la Méditerranée. Le long d'un sentier, protégé de la tramontane, on découvre la plus importante collection de plantes du Languedoc. Ici, succulentes, cactées et une superbe collection de mimosas offrent un spectacle extraordinaire, le tout se développant dans des conditions naturelles grâce à la protection des orgues dolomitiques qui captent la chaleur la journée et la restituent la nuit.

HÉRAULT

© BRIGITTE MERZ

Le village de Roquebrun dominant l'Orb.

LA CARRIÈRE DE COUMIAC

Route de Causses-et-Veyran
CESSENON-SUR-ORB
✆ 04 67 37 85 29
www.tourismecanaldumidi.fr

Accès libre.

Cette ancienne carrière de marbre, issue du calcaire griotte, a été le théâtre d'une activité intense au XIXe siècle et s'est vue classée Réserve naturelle volontaire. La roche extraite, surnommée « marbre griotte », est d'une très grande qualité ornementale et connaît un succès international. Elle a été utilisée pour la décoration d'édifices de prestiges comme la Maison-Blanche à Washington. Outre la production de marbre, le site permet de remonter le temps : on y découvre de nombreux fossiles d'espèces aquatiques datant de plusieurs millions d'années.

LES MOULINS A EAU

Roquebrun
✆ 04 67 89 79 97
www.roquebrun.fr

Accès libre.

L'architecture massive et la construction robuste des moulins de Roquebrun laissent penser qu'ils ont été bâtis au milieu du Moyen Age, époque dont sont issus la plupart des moulins à eau encore visibles dans notre région. Alors présents sur tous les cours d'eau, ils étaient nécessaires à tous pour broyer les graines des céréales ou fabriquer de l'huile. Abandonnés au fil du temps, ils se dressent toujours sur les berges de l'Orb, au pied du vieux village. Pour admirer ces majestueux bâtiments, il faut aller sur la berge sud.

CAMPING LE NICE - CAMPOTEL DE L'ORB €€

Rue du Temps-Libre ✆ 04 67 89 61 99
www.camping-lenice.com
Gîtes et chalets : toute l'année. Camping de mars à novembre. Emplacement : à partir de 13€. Chalets dès 406€/semaine

Posé sur les berges de l'Orb, au Nord-Ouest de Béziers, ce camping profite d'un micro climat méditerranéen exceptionnel. Il vous héberge entre monts et vallées, aux portes du parc national du Haut Languedoc, un retour à la nature enchanteur. Perché sur une colline, l'établissement est agréablement ombragé. Dans son enceinte, il propose des chalets et des gîtes à la location en plus de ses emplacements de tentes. Ces derniers sont disponibles à l'année et sont bien équipés.

RESTAURANT DE L'ORB €€

2, rue du Moulin à huile - **CESSENON-SUR-ORB**
✆ 04 67 89 43 52
www.restaurantdelorb.fr
Ouvert du mardi soir au dimanche midi. Menu unique à 29,50€. Formule du midi : 18,50€. Terrasse.

Qu'il est charmant le petit restaurant de Stéphane et Patricia ! C'est sa jolie façade bien restaurée avec sa terrasse qui nous a donné envie de pousser la porte et quelle bonne idée de l'avoir fait. Stéphane, en cuisine, taille, coupe, émince les petits légumes de saison qui garniront votre plat. Ici, on cuisine absolument tout, on suit les saisons et on se régale ! Au programme : blanc-mangé au fromage de chèvre, brandade de morue, coupe de l'Orb... Tout est bon, fait maison et généreux. Une adresse bien tenue à enregistrer.

BASE DEPARTEMENTALE DE RÉALS

CESSENON-SUR-ORB

Face à un décor naturel somptueux, la base de Réals est un lieu idéal pour pique-niquer, se détendre et voir les sportifs jouer de la pagaie. Activité phare de la base départementale en saison estivale, le canoë kayak se pratique également hors saison. Cette discipline d'eau vive est le moyen de s'immerger dans un gigantesque décor naturel et de découvrir les multiples facettes de ce fleuve. En passant au pied des villages, vous apercevrez sûrement un héron cendré ou une aigrette.

GRANDEUR NATURE

Chemin de Laroque ✆ 04 67 89 52 90
www.canoeroquebrun.com
Fermé du 15 octobre au 15 avril. Ouvert tous les jours de 9h à 19h. Canoë : à partir de 39€. Kayak : 24€.

Pour s'engager sur la rivière la plus sportive de la Méditerranée, rien de mieux qu'un canoë ou qu'un kayak. Grandeur Nature vous propose de voguer sur cette eau en toute sécurité et selon vos envies. Les moins téméraires pourront louer un canoë biplace ou un kayak pour canoter et flâner sur le plan d'eau. Pour les autres, les parcours varient de 5 km à 35 km, le plus long s'étale sur 3 jours. Entouré de moniteurs vous découvrirez des paysages incroyables, un calme charmeur mais aussi des zones avec rapides, un barrage avec glissière à franchir... Une belle balade !

SAINT-CHINIAN ★

Saint-Chinian se niche dans la verdoyante vallée du Vernazobres. Le village a longtemps vécu de l'industrie textile, en témoignent ses moulins foulons, son commerce de drap et sa tannerie. Bien plus connue, la vigne a été exploitée dès l'installation en 826 de deux monastères, l'un dédié à saint Laurent, l'autre à saint Anian, devenu par déformation saint Chinian. Classé AOC depuis 1982, les vins de Saint-Chinian font partis des meilleurs crûs du Languedoc-Roussillon. A ne pas manquer : l'abbaye bénédictine du XVIIIe siècle reconvertie en mairie et l'église paroissiale qui renferme des orgues remarquables de la fin du XVIIIe siècle.

ABBAYE DE FONTCAUDE ★

Abbaye de Fontcaude - **CAZEDARNES**
✆ 04 67 38 23 85
abbaye-de-fontcaude.pagesperso-orange.fr
Ouvert du lundi au samedi 10h-12h et 14h30-17h30, et dimanche après-midi (été : de 10h à 19h en semaine et le dimanche)

Cette abbaye est l'ultime exemplaire de l'architecture romane dans la région ; elle remonte au XIIIe siècle. Suite aux conflits religieux et malgré les reconstructions, l'abbaye déclina et fut vendue à la Révolution. De l'église, il ne reste que le transept, l'abside et les absidioles, en très bon état. Les vestiges du cloître sont éblouissants et la salle de travail, intacte, a été transformée en musée pour présenter des fragments d'arcs, des colonnettes et des chapiteaux décorés. Au milieu de cette salle a été retrouvée une fonderie de cloche du XIIe siècle.

HÉRAULT

COL DE FONJUN ET ROCHER DE LA CORNE

Col de Fonjun
www.saintchinian.fr
Accès libre.

En suivant un sentier qui débute au village de Saint-Chinian, vous accèderez au sommet du Col et pourrez admirer un superbe panorama qui englobe l'ensemble du cirque. Plus loin, sur la route d'Assignan, perchée sur le rocher de la Corne, on trouve la chapelle Notre-Dame-de-Nazareth. Le monument actuel a été reconstruit au début du XVIIe siècle et comporte une partie habitable où résidaient des ermites. Autrefois, en cas d'épidémie, les voyageurs y étaient maintenus en quarantaine.

MUSÉE DE CRUZY

6, rue de la Poste - **CRUZY** ✆ 04 67 89 35 87
www.musee-cruzy-acap.fr
Ouvert de 14h à 18h le samedi, lors des congés scolaires, pendant la période de fouilles et lors de manifestations.

Créé en 1975, ce musée a pour but de préserver les richesses patrimoniales locales et régionales, ce qui n'empêche pas certaines pièces en provenance du monde entier d'y être présentées. A l'intérieur, on trouve des vestiges archéologiques, près de 2 500 y sont exposés. Parmi les pièces maîtresses on trouve des silex et des vestiges romains (poteries, monnaies de bronze, objets provenant de tombes...). Le musée comporte aussi une section de paléontologie et propose des expositions consacrées à l'histoire du village, à la viticulture et aux anciens combattants.

CHÂTEAU DE QUARANTE €€

25, avenue du Château - **QUARANTE**
✆ 04 67 89 40 41
www.chateaudequarante.com
Chambre double à partir de 75€, suite à partir de 105€. Petit déjeuner inclus. Jardin. Dîner sur réservation.

Cette petite folie édifiée au XVIIIe siècle appartient à Nicole et Klaus Neukirch. Entièrement rénové, le château a conservé son charme, ses moulures, ses rosaces et ses carrelages. Il abrite quatre magnifiques chambres et une suite somptueuse. Spacieuses et lumineuses, les chambres s'ouvrent sur les jardins fleuris et le parc ombragé, certaines d'entre elles ont des balcons. La table d'hôte n'a rien à envier aux restaurants gastronomiques, les propriétaires proposent une cuisine du terroir mijotée à leur façon en fonction du marché et de l'humeur du jour.

CHÂTEAU LES CARRASSES €€€

Route de Capestang - **QUARANTE**
✆ 04 67 93 12 33
www.lescarrasses.com
Chambre double à partir de 140€. Petit déjeuner : 20€. Restaurant. Jardin. Climatisation. Piscine. Tennis.

Ce superbe château du XVIIIe siècle possède une architecture très originale. Particulièrement dépaysant, il surprend dès l'arrivée par sa beauté et ses lignes. Contrairement à beaucoup d'endroits similaires, ici le luxe n'est pas ostentatoire, c'est un endroit réfléchi pour les familles. Dans ce cadre stupéfiant, Karl O'Hanlon a ouvert un établissement comprenant hébergement, brasserie et piscine à débordement. Au restaurant, le chef concocte une cuisine méditerranéenne qui s'adapte au gré des produits du marché. De belles prestations !

RESTAURANT LE VILLAGE €€

54, Grand-Rue
✆ 06 99 14 06 39
Ouvert du mercredi au lundi le midi et le soir. Carte : 26 € environ. Formule du midi : 13 €. Vin au verre. Terrasse.

Voilà près de six ans qu'Adrien, Champenois distillateur de saveurs, a repris cette adresse de Saint-Chinian. Tout au long de l'année et de la semaine, il invite ses convives à découvrir sa cuisine sur sa terrasse ou dans sa salle tout en longueur. Ici, on bosse à l'ardoise et aux suggestions du jour. Les propositions s'inspirent de la cuisine traditionnelle et du terroir, c'est simple et gourmand, à l'image du faux-filet de charolais accompagné de champignons ou de la salade de gésiers de canard et magret. On rince évidemment l'ensemble avec du Saint-Chinian.

LE TERMINUS €€

Avenue de l'Ancienne-Gare - **CRUZY**
✆ 04 67 89 71 26
restaurantleterminus.com
Basse saison : ouvert du mardi au samedi. Haute saison : ouvert du mardi au dimanche midi. Carte : 42€ environ.

Dans l'ancienne gare de Quarante-Cruzy, Gaëlle et Sébastien Caille vous accueillent au chant des cigales, dans un beau parc ombragé. A l'heure du déjeuner, on se plaît à dévorer les assiettes de la maison à l'extérieur. Le soir, l'endroit change d'ambiance au son de la fontaine et à la lumière des bougies. Les véritables spécialités de la maison, ce sont le croustillant de pied de cochon et l'épaule d'agneau braisée, à découvrir absolument ! L'été, Le Terminus se fait bar à tapas et à vins, avec des dégustations, tous les week-ends, en présence d'un vigneron.

Vignoble de Saint-Chinian.

MAISON DES VINS DE SAINT-CHINIAN

Avenue Charles Trenet
✆ 04 67 38 11 69
www.saint-chinian.pro
Ouvert du lundi au vendredi 9h-12h15 et 14h-18h30, samedi 10h-13h (ouvert samedi après-midi et dimanche matin l'été).

C'est dans cette maison que le père de Charles Trenet exerça autrefois sa charge de notaire. Aujourd'hui propriété du syndicat du cru Saint-Chinian, elle abrite une boutique des producteurs assez remarquable : plus de 300 références d'AOC Saint-chinian y sont présentes. De quoi (se) faire plaisir ! La maison propose aussi des stages d'initiation à la dégustation et des circuits de découverte culture, tourisme, vigne et gastronomie... Tout un programme !

LE PELICAN DU LIROU

Route de Cazedarnes
PUISSERGUIER ✆ 04 67 93 79 81
Sur réservation. Evénements.

Voler dans le ciel, comme les oiseaux ou Icare, mais sans se brûler les ailes, voilà ce que propose Le Pélican du Lirou qui a fêté en 2020 ses 30 ans d'existence. Montez à bord de ces machines volantes que sont les ULM et découvrez la région vue d'en haut. Aucune aptitude de pilote n'est nécessaire, il suffit juste de ne pas avoir le vertige et d'être attentif. Le club propose des stages et des baptêmes de l'air, en ULM et en paramoteur (aéronef à la voilure souple, ressemblant à celle d'un parachute). Un sport réservé à tous les amateurs de sensations fortes !

SAINT-PONS-DE-THOMIÈRES ★

Blottie dans la vallée du Jaur, aux pieds du Somail et des avant-monts, Saint-Pons-de-Thomières séduit les amoureux de la nature. Les pentes boisées qui entourent la ville sont une invitation à la randonnée ou à la cueillette des champignons. Au fil des promenades, on découvre le passé de Saint-Pons à travers ses monuments. La cathédrale en marbre rouge, assez étonnante, a été maintes fois remaniée : elle fut fortifiée au XIIe et XIIIe siècles, on lui ajouta une abside gothique au XVe siècle, qui fut détruite en 1567, puis remplacée au XVIIIe siècle par la nouvelle façade classique. Prenez le temps de la visiter, elle vous livrera ses secrets.

GROTTE DE LA DEVÈZE - LA FILEUSE DE VERRE ★★

Esplanade de la gare - **COURNIOU**
✆ 04 67 97 03 24
lafileusedeverre.fr
Fermé du 1er octobre au 1er avril. Été : ouvert 7j/7 de 11h à 18h. Basse saison : horaires en ligne. Adulte : 9,50€.

Découverte en 1886 lors de travaux de construction du chemin de fer, la grotte de la Devèze est surnommée le « Palais de la fileuse de verre » pour la finesse remarquable de ses concrétions : « fleurs d'aragonite », grande cascade pétrifiée, impressionnante et imposante stalagmite, puis un « autel » et son cierge d'une blancheur éclatante, des stalactites véritables sculptures minérales (anneaux, faucille, papillon...) et d'étonnantes draperies teintées du blanc à l'ocre foncé.

MUSÉE DE PRÉHISTOIRE RÉGIONALE ★★★

8, Grand Rue
✆ 04 67 97 22 61

Fermé d´octobre à mai. Ouvert du jeudi au dimanche de 10h à 12h. Adulte : 3,50€. Enfant : 2€. Groupe sur réservation.

Ouvert en 1985 suite à la donation du préhistorien Gabriel Rodriguez, ce musée est divisé en 3 espaces : l'accueil, qui peut accueillir d'importantes expositions temporaires, un espace administratif et le musée lui-même, réparti sur un seul niveau. Il abrite du mobilier découvert dans les grottes Haut Languedociennes, particulièrement de Camprafaud et Resplandy, site éponyme de la civilisation saint-ponienne, qui est à l'origine de la statuaire mégalithique la plus ancienne d'Europe.

PARC NATUREL REGIONAL DU HAUT-LANGUEDOC ★

1, place du Foirail
✆ 04 67 97 38 22
www.parc-haut-languedoc.fr

Accès libre. Maison du Parc : ouvert du lundi au vendredi de 8h30 à 12h30 et de 13h30 à 17h.

Le Parc naturel régional du Haut-Languedoc s'étend sur 260 000 hectares. Sa double influence climatique (atlantique et méditerranéenne) lui confère une diversité biologique et paysagère exceptionnelle. Ainsi y trouve-t-on les monts de l'Espinouse, le haut pays des lacs, le Sidobre et ses fantômes de granit, les monts de Lacaune ou la Montagne Noire. La faune et la flore, particulièrement riches, comptent plus de 2 500 espèces et en font un carrefour de la biodiversité.

VOIE VERTE PASSA PAÏS

1, place du Foirail
✆ 04 67 97 38 22

Accès libre.

Entre Bédarieux et Mazamet, cette voie verte d'environ 80 km suit le parcours d'une ancienne voie ferrée. C'est un itinéraire magnifique ouvert à toutes les formes de randonnées (pédestre, cycliste, équestre). Un livret très complet dédié à cette Passa Païs a été édité par le Parc naturel régional du Haut Languedoc. A l'intérieur, vous trouverez l'histoire des sites traversés, un recensement de leur patrimoine et une liste de leurs bonnes adresses. Il est disponible en ligne en téléchargement et en vente dans les offices du tourisme de la région.

LES ENCLAUSES €€

Les Enclauses - **COURNIOU** ✆ 04 67 97 03 58
www.lesenclauses.fr

5 chambres. Chambre double à partir de 48 €. Petit déjeuner inclus. Chalet à partir de 250€/semaine. Restauration.

A la fois ferme d'élevage, pension de chevaux, chambre d'hôte, gite et camping, la Ferme des Enclauses est de tous les fronts. Les propriétaires, Thérèse et Yves Walrave, animent avec bonne humeur leurs terres peuplées d'une faune et d'une flore typiques du Piémont héraultais. Entourés de nombreux animaux (brebis, chevaux, lamas, chiens, poules....), vous pourrez vous installer dans cet écrin forestier en profitant de modes d'installation variés : cinq chambres d'hôte (disponibles en format gite 12 personnes), un chalet (5 personnes) et 6 emplacements de camping.

HÔTEL-RESTAURANT LE SOMAIL €€

2, Avenue de Castres ✆ 04 67 97 00 12
hotel-restaurant-lesomail.com

Chambre double de 30 € à 65 €. Petit déjeuner : 6 €. Soirée étape VRP : 60€. Wifi. Restauration (menus de 14 à 32€).

Cet hôtel-restaurant propose des solutions d'hébergement de bon prix et une carte de délices plutôt alléchante. L'espace hôtelier contient une quinzaine de chambres allant des profils «économique» à «confort», elles disposent toutes de WC et salles de bain indépendantes. Si elles manquent de charme particulier, le tarif appliqué fait vite oublier ce genre de considérations... L'adresse possède également un restaurant du même nom, sa carte intègre des incontournables bistrotiers.

LA SALVETAT-SUR-AGOUT ★

Dans un paysage montagnard qui est déjà celui du Massif Central, le village campe sur un promontoire cerné par une rivière. Foi et eau ont marqué l'histoire de la Salvetat. Le nom « salvetat » se rapporte à la sauveté médiévale, un espace protégé par l'église qui attirait les paysans défricheurs en leur garantissant une sécurité et une liberté que le monde de la féodalité n'assurait plus. On pense aussi aux pèlerins qui interrompent leur marche vers Compostelle pour adorer une Vierge noire. Quant à «l'agout » cela signifie «l'eau indispensable à la vie» en langue d'oc. Une eau qui, désormais mise en bouteille, est l'avenir de La Salvetat.

DOMAINE DÉPARTEMENTAL DES RIVES DE L'ARN

A l'Ouest, sur le secteur des monts du Somail, l'Arn s'écoule au cœur du Parc naturel régional du Haut-Languedoc. Ici, les influences atlantiques et montagnardes s'affirment, offrant des paysages verdoyants ceinturés de vastes forêts. Le long de l'Arn se succèdent de magnifiques prairies de montagne, des vallons boisés et des formations plus humides. Les espaces lumineux accueillent des plantes typiques, tels l'orchis tacheté ou les renouées bistortes.

DOMAINE DE BELAMAN €€

Hameau de Belaman - **FRAISSE-SUR-AGOUT**
✆ 04 67 97 59 54
www.belaman.fr

Camping fermé de novembre à mars. Chambre simple à partir de 46€, double de 58€ à 64€, triple à partir de 84€.

Iris et Markus Kreitner vous accueillent dans cette maison de campagne du XIXe siècle entièrement rénovée et ses chambres avec vue sur Fraïsse. La maison met à disposition de ses hôtes une bibliothèque et un salon réchauffé par une cheminée où il fait bon lire les soirs d'hiver, tandis que l'été le jardin baigné de soleil se prête parfaitement au farniente. A l'heure du dîner, vous dégusterez les spécialités de la maison, notamment le pain de seigle cuit au four. Le domaine dispose également d'un petit camping ouvert de la Pentecôte à la Toussaint.

HÔTEL-RESTAURANT LA PLAGE €€

Route du Lac ✆ 04 67 97 69 87
www.hotel-la-salvetat-sur-agout.fr

Chambre double 69 €. Demi-pension : 77 €. Petit déjeuner : 10 €. Garage. Restauration (de 14 à 36 €).

Embrassant l'immense lac de la Raviège, l'adresse promet un séjour calme et proche de la nature. Martine et Jean-René Pons y ont aménagé douze chambres classées deux étoiles, tout confort avec une vue imprenable. En cuisine, le chef laisse vagabonder son inspiration au gré des saisons en restant fidèle aux produits du terroir. Voici quelques-unes de ces spécialités : le délice salvetois, une charcuterie tiède en salade et œuf frit ou encore le foie chaud aux fruits de saison.

LA PETITE TABLE TRANQUILLE €€

Place des Troubadours
✆ 04 67 97 24 11

Fermé de novembre à mars. Ouvert du lundi au vendredi midi, samedi midi et soir, dimanche midi (été : 7j/7 midi et soir)

Tout le monde vous le dira, la PTT est l'une des meilleures tables du village. Décorée avec quelques objets anciens trouvés ici et là, la salle est bien accueillante, à l'étage c'est un univers boisé qui vous attend. En terrasse au soleil ou en salle près de la fenêtre la détente est assurée surtout avec ces beaux paysages. Côté cuisine, Fafi est le roi des crêpes, grillades, fondues et raclettes. La PTT est une adresse simple et authentique comme on les aime.

LAC DE LA RAVIÈGE

Base nautique des Bouldouïres
www.tourisme-montsetlacsenhautlanguedoc.com

Accès libre. Base nautique : fermée de septembre à mai, ouvert le week-end en basse-saison et 7j/7 en haute-saison.

Lové sur le plateau des lacs, le lac de la Raviège est issu d'un barrage d'une hauteur de 35 m situé sur l'Agoût. Les 410 ha d'eau permettent d'y pratiquer de nombreuses activités. Petits et grands peuvent s'initier à la voile, pratiquer la planche à voile et même naviguer en bateau à moteur. Et, grand classique des plans d'eau, des bateaux à pédales sont à la location. Autour du lac d'autres activités attendent les vacanciers... Il existe même un espace détente avec sauna, spa et bain à remous sur la commune de Nages. Un très joli endroit !

AVÈNE

Avène, station thermale dermatologique et touristique, est nichée au cœur du Pays des Monts et des Sources. Village blotti dans les méandres de la vallée de l'Orb, il s'intègre parfaitement dans le parc naturel du Haut Languedoc, entre les monts de l'Espinouse et de l'Escandorgue. Avec le dédale des maisons en quinconce, la petite église, l'ancienne tannerie et le vieux pont de pierre, la commune confirme son appartenance au paysage languedocien. Avène, c'est aussi la magie de cette eau secrète aux vertus curatives qui jaillit des terres chaudes. Dans les années 1860, sa renommée a conduit à l'aménagement d'un établissement thermal.

HÉRAULT

BASE DE LOISIRS DE LA PRADE

Route de Bédarieux - **LUNAS**
✆ 04 67 23 30 90
Ouvert de juin à septembre à juin : tous les jours et les jours fériés de 11h à 19h. Adulte : 4,50€. Restauration.

La base nautique de la Prade est nichée au cœur de la vallée, entre Lodève et Bédarieux. Nombreux sont ceux qui s'y rendent pour profiter des multiples activités proposées : toboggans, bateaux à pédales, randonnées en VTT, piscine ludique... Pour les pauses-détente, le snack-bar est à votre disposition. Il vous propose pizzas et poulet rôti à consommer sur place ou à emporter en pique-nique. Un joli programme pour les familles pendant la saison d'été.

LE VILLAGE OCCITAN DE CAMARIERE

Chemin de Nize - **LUNAS**

Le peintre Henri Galtier a fait revivre, sur sa propriété, tout un village avec sa mairie, son église, ses commerces, ses artisans... Plus de 40 personnages grandeur nature animent la colline, tels des mannequins mis en scène dans leur environnement, rappelant l'activité qui régnait autrefois à Lunas. Ce village ne se visite pas, l'ensemble ayant été conçu par son créateur pour être vu de loin ; mais, du chemin montant au Redondel, vous pouvez en observer toute la richesse.

ÉGLISE SAINT-JEAN-BAPTISTE DE CEILHES

Grand Rue - **CEILHES-ET-ROCOZELS**
Accès libre.

L'église Saint-Jean-Baptiste est un monument remarquable, elle résulte d'un mélange d'architecture romane et gothique. Elle est également l'une des plus imposantes églises de la région, par ses importantes dimensions. Dans les archives, elle est mentionnée dès 1135. A la fin du XIVe siècle, elle fut fortifiée dans la partie est du chœur par deux contreforts épaulant un arc brisé à mâchicoulis de type assommoir. Elle se prête à de jolies découvertes.

MANOIR DE GRAVEZON €

5, route de Bédarieux - **LUNAS** ✆ 04 67 23 89 79
www.hotel-manoir-gravezon-lunas.com
Fermé de mi-décembre à mi-février. Chambre simple de 47 € à 50 € ; chambre double de 52 € à 55 €. Restaurant.

Ce bel hôtel de caractère est installé dans une ancienne maison de maître, construite il y a plus de 200 ans mais entièrement rénovée. Très old-school, le mobilier moderne est inspiré des meubles d'antan. Cela confère une classe et un charme indéniables à l'établissement, mais ne sera pas au goût de tous. Cette même atmosphère se retrouve également dans les salons et la salle de restaurant à la décoration discrète. On vous y servira une cuisine traditionnelle, qui fait une large place aux produits locaux, comme une blanquette de veau maison.

LES LUMIÈRES DE LA MINE

2, chemin de Saint-Martin - **LE BOUSQUET-D'ORB**
✆ 04 67 23 78 03
www.grandorb.fr
Ouvert du lundi au samedi de 10h à 12h et de 14h à 18h30, dimanche de 10h à 12h. Basse saison : sur rendez-vous. Gratuit

L'espace muséographique du Bousquet-d'Orb accueille une exposition permanente consacrée à l'évolution de l'éclairage minier depuis le XVIIIe siècle jusqu'à nos jours. Plus de 150 lampes de mine, objets du quotidien du mineur, cartes postales et autres documents anciens, issus de la collection privée de Philippe Estang, y sont exposés, constituant d'authentiques témoignages du travail de mineur. Des panneaux illustrés complètent la collection et racontent l'histoire de l'ancien bassin minier de Graissessac, des premières concessions jusqu'à la fermeture des mines.

ÉTABLISSEMENT THERMAL

Les Bains
✆ 04 67 23 41 87
www.avenecenter.com
Ouvert de fin mars à début novembre.

L'établissement perpétue la tradition du premier établissement installé en 1743. Ici pas de thermalisme de remise en forme, mais un thermalisme médical, uniquement consacré à la dermatologie. Les cures naturellement durent 21 jours et vous bénéficierez d'un environnement magnifique, entièrement consacré au repos. Pour les accompagnants ou autres touristes désirant prendre soin de leur peau, l'établissement propose la « SensiCure », un programme spécialement conçu pour les peaux sensibles s'étalant sur 6 jours et utilisant de l'eau d'Avène.

LE CAYLAR

Assis au pied du Roc Castel, une curieuse colline hérissée de rochers dolomitiques, Le Caylar est un lieu magique. Au sommet du relief, on peut encore observer les ruines de l'ancien village. Ses sentiers historiques et botaniques sont jalonnés de panneaux racontant l'histoire du site où Romains et Wisigoths, seigneurs et évêques, s'y sont succédé, fortifiant le sommet. À ne pas manquer : la Chapelle Notre Dame, l'église Saint-Martin et l'arbre sculpté. Une fois arrivé au sommet du Roc castel, la vue est incomparable, le plateau du Larzac s'offre aux yeux du promeneur, et par temps clair, on peut apercevoir les Pyrénées.

PARC ANIMALIER LE THEIL

Rue de la Lavogne ✆ 06 25 10 91 94
parcletheil.com
Ouvert d'avril à octobre : week-end et tous les jours des vacances scolaires de 11h à 18h30. 7,50€/adulte, 5,50€/enfant.

Le parc du Theil est un espace dédié aux animaux domestiques du monde entier. Au total, plus de 20 races issues des cinq continents et deux volières sont à observer au sein de ces 10 ha. S'ils sont originaires des quatre coins du monde, ils sont essentiellement domestiques. En suivant les sentiers, vous découvrirez le mouton du Texas, le nez noir du Valais, la vache Highland, le taureau des steppes de Hongrie ou encore le lama d'Amérique du Sud. Vous pourrez aussi découvrir une partie de la flore du Larzac grâce à des fiches placées à proximité des plantes.

SENTIER BOTANIQUE

Roc Castel
Accès libre. Circuits pédestres aménagés.

Le Roc Castel est une curieuse colline de 760 m, hérissée de rochers dolomitiques, dont le sommet conserve avec les ruines de l'ancien village les traces d'un passé riche. Là-haut, la vue est incomparable sur le plateau du Larzac et, par temps clair, sur les Pyrénées. Le sentier botanique du Roc Castel, c'est une balade pour prendre son temps et observer la flore. En effet, sur les 1 400 espèces végétales que compte le Larzac, plusieurs centaines sont présentes sur le site. Tout au long du chemin, ce sera un plaisir de découvrir la multitude d'essences végétales.

LES 4 TEMPLIERS €

Avenue de Millau D609 ✆ 04 67 44 90 90 - Sortie n° 49 de l'A75 direction La Couvertoirade.
www.camping-resto-le-caylar.com
Ouvert d'avril à novembre. Mobil-homes à partir de 280€/semaine, chalets à partir de 200€/semaine. Restaurant. Sauna.

C'est sur la route qui mène à Millau que ce camping vous invite à poser vos bagages. Son nom - hommage aux célèbres chevaliers fondateurs de La Couvertoirade toute proche - agit sur les esprits et fait voyager les vacanciers vers des temps anciens. Aménagé avec goût, il dispose d'un jardin particulièrement agréable. Côté hébergements, le camping offre la possibilité de louer des emplacements, de faire venir des camping-cars, de s'installer dans des mobil-homes ou des chalets et de poser sa tente. C'est un établissement complet et agréable, un réel plaisir.

HÔTEL-RESTAURANT DU ROCHER €

Aire du Village ✆ 04 67 44 99 10
www.millau-larzac.com
Chambre double à partir de 49€ ; chambre triple à partir de 62€ ; suite à partir de 85€. Petit déjeuner buffet : 7€.

L'hôtel du Rocher est composé d'une trentaine de chambres confortables. Au rez-de-chaussée de l'établissement, deux chambres ont été spécialement aménagées pour accueillir les personnes en situation de handicap. La salle du petit-déjeuner (servi sous forme de buffet) et le restaurant sont également accessibles. C'est un hôtel plein de charme, calme, au cœur d'un village typiquement méridional, proche de l'axe A75. Parfait pour faire étape sur le long chemin des vacances.

AUBERGE DE LA CASCADE €€

SAINT-MAURICE-NAVACELLES
✆ 04 67 81 50 95
www.auberge-de-la-cascade.fr
Fermé du 1er novembre au 1er avril. Chambre double à partir de 60€. Restaurant. Carte : 24€ environ.

Située sur les hauteurs de la Vis, l'Auberge de la Cascade est la seule adresse du village de Navacelles. On apprécie de s'installer sur sa terrasse, sous sa belle glycine. On y retrouve généralement les bons marcheurs qui ont tenté les ascensions voisines. Lorsque le temps se rafraîchit, c'est dans la salle avec cheminée qu'on trouve tout le réconfort souhaité. Enfin, c'est à la cuisine généreuse du chef de compléter l'opération séduction. Elle fait dans le traditionnel et le terroir. Il n'y a pas de surprise, ni bonne, ni mauvaise.

CLARET

Claret est une petite commune perdue sur le causse de l'Orthus. On adore se perdre dans son centre historique magnifiquement restauré. Ses ruelles pittoresques sillonnent le village et conduisent les touristes de l'église romane Saint-Félix (XIe siècle) à la place de l'Hermet, en passant par de nombreux lieux emblématiques de la verrerie d'art. C'est sur cette activité ancestrale que Claret a bâti une partie de son économie. De nos jours, la commune mise sur la renaissance de cette tradition pour redynamiser le tourisme, notamment via la présentation des « gentilshommes verriers », détenteurs sous la Royauté du privilège de souffler le verre.

CLERMONT-L'HÉRAULT

Ancienne ville des tanneurs et des drapiers, c'est pour permettre aux artisans de développer leur savoir-faire que la ville s'entendit au-delà de ses remparts dès le XIVe siècle, sur les berges du Rhonel. C'est à cette époque que sont construits les édifices les plus emblématiques : l'hôpital, le monastère des dominicains et l'abbaye des bénédictins. Les guerres de Religion et l'épidémie de peste touchent sévèrement la ville qui s'endormira pour plusieurs siècles. C'est seulement au XVIIIe siècle que la fabrication de draps, de manière industrielle cette fois-ci, permet à Clermont de connaître une nouvelle période de grande prospérité.

HALLE DU VERRE

50, avenue du Nouveau-Monde
✆ 04 67 59 06 39
www.grandpicsaintloup.fr
Fermé de décembre à avril. Eté : 7j/7 10h-12h30 et 14h-19h. Mai/Juin + Septembre/Décembre : mercredi au dimanche 14h-18h

Historiquement, la région est une terre d'artisanat et l'un des principaux savoir-faire valorisés au cours des siècles est celui des verriers. Abrité dans une ancienne verrerie, ce musée atypique vous propose de découvrir les origines de leurs techniques, de l'Antiquité à aujourd'hui, et de comprendre le lien qui unit le territoire, ses hommes et le verre. L'espace d'interprétation retrace cette histoire grâce à des visites, des expositions, des animations... Un joli jeu de lumières et de couleurs met en scène les différents éléments.

IN VINA TERRA

Z.A, Plaine de Lacan - **SAUTEYRARGUES**
✆ 04 67 06 57 16
www.invinaterra.com
Ouvert du mardi au samedi de 10h à 19h30. Boutique en ligne. Livraison.

Située au pied du Pic Saint Loup et du massif de l'Hortus, cette maison des vins propose de découvrir les vins produits dans les dix-sept communes autour du Pic Saint Loup. Ainsi qu'une gamme de produits d'épicerie fine du terroir salés et sucrés, élaborés localement. Attenant à la maison des vins et boutique du terroir, In Vina Terra propose également pour le déjeuner, une cuisine traditionnelle «100 % fait maison» avec un joli patio en saison. A toute heure de la journée, il est possible de se désaltérer ou de grignoter en douceur.

CHÂTEAU FÉODAL DES GUILHEM

Visite guidée (avec l'office de tourisme).

Cette enceinte fortifiée du XIIe siècle est l'une des mieux conservées du Languedoc. Placé stratégiquement sur le plateau Le Pioch Castel, le château dominait la vallée de l'Hérault et offre une vue impressionnante sur Clermont-l'Hérault. Bâti sur une ancienne forteresse érigée par les Wisigoths au Ve siècle, par le premier membre de la famille Guilhem, seigneur de Clermont, le château présente un rempart face à la vallée construit en pierres est flanqué de sept tours semi-circulaires.

CIRQUE DE MOURÈZE ★★

MOURÈZE
Accès libre.

Le cirque de Mourèze est un chaos d'énormes blocs de roches, il constitue le plus important site dolomitique de France. En s'érodant, la pierre a pris des formes aussi extraordinaires que surprenantes. Certains pitons mesurent plus de 100 m de hauteur et leurs esthétiques fantastiques ont pris l'apparence d'un singe, d'un meunier, d'un sphinx, d'un serpent... Le lieu se remplit de magie au lever et au coucher du soleil, les rochers revêtent alors des couleurs enchanteresses. Un spectacle féerique à ne rater sous aucun prétexte.

DOMAINE DÉPARTEMENTAL DU SALAGOU

Issu d'événements géologiques remarquables, modelé par le travail des paysans méditerranéens et récemment enrichi d'un lac, ce domaine départemental offre à tous le spectacle de décors exotiques, où la roche rouge affleure de toutes parts. Cette roche, qui donne aux paysages ses couleurs splendides, est appelée localement « ruffe ». La terre est donc par endroits si rouge qu'on la croirait baignée de sang. Elle offre un spectacle magnifique lorsqu'elle contraste avec le bleu du lac.

AUBERGE DE VAL MOURÈZE €€

56, Route de la Dolomie - **MOURÈZE**
✆ 04 67 96 06 26
www.aubergedevalmoureze.com
Fermé de novembre à mars. Chambre double à partir de 65€, suite à partir de 125€. Petit déjeuner : 12€. Restaurant.

Cet hôtel-restaurant familial est implanté au cœur de Mourèze, à quelques minutes seulement du lac du Salagou. Il offre de la tranquillité à ceux qui en ont besoin et une bonne dose de découvertes pour les actifs. Côté hébergement, les 18 chambres de l'établissement ont été rénovées au cours des dernières années. Les clients pourront donc séjourner dans des chambres modernes à la décoration épurée et au confort satisfaisant. La plupart d'entre elles possèdent une vue sur le patio, la piscine ou les reliefs environnants. L'hôtel possède aussi son propre restaurant.

© M.STUDIO - STOCK.ADOBE.COM

Domaine départemental du Salagou.

MANUFACTURE ROYALE DE VILLENEUVETTE ★

Manufacture royale - **VILLENEUVETTE**
www.destination-salagou.fr

Cette cité fut pendant deux siècles l'une des plus florissantes manufactures textiles de la région. Aujourd'hui, elle est classée au titre des monuments historiques. La visite de ce village unique en son genre comporte 9 curiosités : la porte principale, la place Louis-XIV, la maison de maître, la rue de la Calade, le grand bassin, le buffet d'eau dit « Grand Guillaume », les bâtiments industriels, les logements ouvriers et l'ancienne chapelle de la famille Maistre.

KINOA €

29, boulevard Gambetta
✆ 04 30 40 58 70
Ouvert du lundi au vendredi le midi. Carte : 16 € environ. Terrasse. Vente à emporter. Traiteur.

Adresse de produits frais et de fait maison, Kinoa articule son ardoise autour de propositions végétariennes pleines de sens et de goût. Voyez plutôt : lasagnes aux poireaux et blettes rouges, salade de couscous au radis noir, burger espagnol (poivrons, carotte et paprika, sauce raïta à la pomme), tartelettes de panais et oignons frais, gâteau de courgette et chocolat avec une crème aux marrons, sablés à la cerise confite... Si ces énoncés ne suffisent pas à vous mettre l'eau à la bouche, rendez-vous sur place. En bonus : les mets sont disponibles à emporter.

HÔTEL-RESTAURANT LA SOURCE €€

La Source - **VILLENEUVETTE**
✆ 04 67 96 05 07
www.hoteldelasource.com

Ouvert du mardi soir au dimanche midi (le dimanche soir en été). Carte : 30€ environ. Menu : 35€. Menu enfant : 15€.

D'un côté, on trouve l'hôtel, il est niché dans une ancienne manufacture royale. De l'autre, dans la salle voûtée Colbert du XVIIe siècle, il y a le restaurant et ses propositions aux accents méditerranéens. Ici, la cuisine se veut délicate, parfumée et audacieuse, chaque énoncé de plat est une invitation à la gourmandise. Voyez plutôt : nougat de chèvre frais, tournedos de magret de canard à l'orange, tiramisu citron Limoncello et coulis mélisse...

O'CIRQUE €€

6, rue de la Dolomie
MOURÈZE
✆ 04 67 88 77 26

Fermé d´octobre à mai. Ouvert tous les jours le midi et le soir. Carte : 26€ environ.. Terrasse.

L'Ami Paradis s'en est allé pour laisser la place au O'Cirque. Posée au pied du cirque et du belvédère du même nom, l'adresse a vite convaincu les locaux et les passants de sa belle qualité. Dans un cadre fait de roche et de végétation, la cuisine propose des assiettes articulées autour de délicieux produits : ballottines de volaille au foie gras maison et cèpes, pavé de veau du Segala, gigot d'agneau, salade burrata... Sans parler de la formule tapas qui ne fait jamais défaut. C'est un moment de bonheur souvent renforcé par l'organisation de concerts en saison.

GANGES ★

A la frontière du Gard et du sud des Cévennes, cette place médiévale, ancien refuge des Camisards, a une forte personnalité marquée par sa situation géographique et son histoire. Village fortifié au Moyen Age, le vieux centre - avec ses belles maisons du XVIe et du XVIIe, ses placettes, ses fontaines et ses passages voûtés - témoigne du riche passé de cette petite capitale de la soie (réputation qu'elle a acquise au XVIIIe siècle). Du système défensif de la ville ne subsiste que l'ancien beffroi du XVIIe transformé en tour de l'horloge ; son campanile supporte une cloche de 1531. Restauré, le Pont-Vieux du XIIe permet aux piétons d'enjamber l'Hérault entre la Clinique et Cazilhac.

DOMAINE DÉPARTEMENTAL DU MOULIN NEUF

BRISSAC

Accès libre.

Un petit sentier traversant la garrigue mène tout droit sur une plage au bord de l'Hérault. Le temps s'y écoule doucement, tout comme l'eau qui berce les amateurs de canoë. Le site doit son nom à la petite usine hydro-électrique de Brissac, encore en activité, appelée Moulin neuf. Située sur l'Avèze, un affluent de l'Hérault, elle symbolise les temps nouveaux où les machines modernes ont, peu à peu, remplacé les « vieux moulins » traditionnels, mus par la force de l'eau.

GROTTE DES DEMOISELLES ★★★★

Route départementale 986/108e - **SAINT-BAUZILLE-DE-PUTOIS** - www.grotte-des-demoiselles.com

Eté : tous les jours. Horaires flexibles selon les saisons (généralement de 11h à 17h30). Adulte : 12€. Visite guidée.

L'endroit est un créateur de sensations et d'émotions, il donne naissance à un véritable instant de poésie. Les visiteurs qui s'aventurent au sein de la merveille peuvent apprécier son spectacle grâce aux installations intelligentes du gouffre.Tout a été pensé pour les satisfaire. Durant la visite, on explore un décor sculpté par l'eau, mis en valeur par des jeux de lumières et de sons. Au fil de nos pas, on découvre des « grandes orgues », un « baldaquin » et la pièce maîtresse de la cavité : une stalagmite incomparable baptisée « la Vierge et l'Enfant ».

SOULEYOURT €€

998, chemin d'Agones - **CAZILHAC**
✆ 06 69 39 07 32
www.souleyourt.com

Ouvert toute l'année. Une personne : à partir de 50€/nuit. Deux personnes : à partir de 100€/nuit. Sauna. Animations.

Karine et Philippe ont construit ce village de yourtes en pleine nature, avec leurs mains et des matériaux sains. Les noms des habitations sont déjà une invitation au voyage : il y a « Couleurs Indiennes » et « Fleur de Désert », « Douceur Latine », avec sa terrasse immense, ou encore « Romances Nippones », une yourte cabane perchée dominant la vallée de l'Hérault. Chaque yourte dispose d'un petit jardin ombragé, sous les chênes, entre lesquels sont suspendus des hamacs. En option : sauna, massages, soins, stages... Tranquillité est le maître mot.

LE JARDIN AUX SOURCES €€

30, avenue du Parc - **BRISSAC** ✆ 04 67 73 31 16
www.lejardinauxsources.com
Ouvert le mardi et du jeudi au samedi midi et soir, le dimanche midi (ouvert le mercredi en été). Menus de 37€ à 59€.

Dans cet ancien relais de diligence, le chef prend un plaisir évident à manier les produits de saison sans jamais les dénaturer. Derrière ses fourneaux, il prépare des plats bistronomiques tels que le millefeuille de pomme, légumes, canard et foie-gras avec purée de topinambours à la châtaigne. Les desserts sont de vrais compositions artistiques, comme cet entremet tout chocolat et granité au saveurs des Garrigues. Une belle carte de vins régionaux vient compléter le repas. Le sourire et la gentillesse du personnel rendent le contexte d'autant plus agréable.

LE SAINT-BONHEUR €€

634, avenue du Chemin-Neuf - **SAINT-BAUZILLE-DE-PUTOIS** ✆ 04 67 65 73 44
www.lesaintbonheur.com
Basse saison : ouvert du jeudi au dimanche midi et soir. Haute saison : du jeudi au lundi le midi et tous les soirs.

Restaurant et bar à vins, le Saint-Bonheur propose une cuisine de saison et de terroir. A l'extérieur, une grande terrasse dans les jardins vous attend, avec vue sur la rivière et les gorges de l'Hérault. La salle de restaurant mêle quant à elle l'ancien et le moderne à travers l'utilisation de matériaux nobles. Une grande cave à vin vitrée donne sur l'entrée de la salle, on peut admirer la diversité des breuvages. L'établissement propose 400 références, principalement des vins bio et biodynamiques. Ces bouteilles accompagnent à merveille les propositions du chef.

LODÈVE ★★

Pays de transition entre les Grands Causses et la plaine viticole, Lodève et la vallée de l'Hérault recouvrent une large diversité de paysages. Terre de garrigue, la vallée de l'Hérault est dominée par la Séranne et le pic Saint-Loup, qui fait face à la montagne et offre un magnifique panorama. Les rivières y ont découpé des abîmes et des dentelles de pierre. La terre est par endroits si rouge qu'on la croirait baignée de sang. Elle offre un spectacle magnifique lorsqu'elle contraste avec les eaux bleues du lac du Salagou et le camaïeu de verts de la végétation. Les hommes s'en sont servis pour construire des hameaux vers Saint-Jean-de-la-Blaquière.

CATHÉDRALE SAINT-FULCRAN ✝ ★

7, boulevard Gambetta ✆ 04 67 44 06 32
www.paroissesaintfulcran.com
Accès libre. Basse saison : ouvert tous les jours de 9h à 12h et de 14h à 18h. Haute saison : tous les jours de 8h à 20h

Cette cathédrale témoigne de l'importance qu'eut l'évêché de Lodève entre le IVe siècle et 1790, date de sa dissolution. Classée au rang des cathédrales fortifiées du Languedoc, l'édifice, construit une première fois au Xe siècle, le fut à nouveau au XIIIe siècle. La cathédrale actuelle, de style gothique avec des parties flamboyant, fut édifiée entre le XIIe et le XIVe siècle. C'est le monument le plus ancien et le plus remarquable de Lodève. Les destructions des guerres de religion ont conduit à de grands travaux de restauration entre 1634 et 1643.

HÉRAULT

Lodève.

MANUFACTURE NATIONALE DE LA SAVONNERIE ★★★★

Impasse des Liciers
✆ 04 67 88 86 44
www.tourisme-lodevois-larzac.fr
Visites guidées uniquement. Entrée : 7€, gratuit pour les moins de 12 ans.

Unique annexe de la célèbre manufacture des Gobelins à Paris, la visite de cet atelier est spectaculaire et originale. Dans les locaux de l'ancienne manufacture royale, instaurée au XVIIe siècle par Colbert, on assiste au minutieux travail des artisans. Ils sont focalisés sur d'immenses tapis anciens et contemporains, réalisant notamment des copies d'anciens modèles destinés aux services du Mobilier national. Certaines œuvres et rénovations peuvent parfois durer plus de dix ans.

MUSÉE DE LODÈVE ★

1, place Francis Morand ✆ 04 67 88 86 10
www.museedelodeve.fr
Ouvert du mardi au dimanche de 10h à 18h. Exposition événement : 10€. Autres expositions : 7€. Hors expositions : 6€.

Après des travaux considérables, le nouveau musée de Lodève a ouvert ses portes au public en juillet 2018. Le bâtiment a été entièrement repensé et s'impose comme l'un des grands rendez-vous culturels de l'Hérault. Un projet muséographique est en place depuis l'ouverture, il comprend des parcours immersifs et des multimédias novateurs. Les collections du musée présentent 540 millions d'années d'histoire, c'est l'un des très rares musées en France à couvrir une période aussi vaste de l'histoire de la Terre, à partir de collections uniquement prélevées localement.

CAMPING LES VALS €€

2000, route du Puech
✆ 04 30 40 17 80
www.camping-les-vals.org
Fermé d'octobre à mars. Emplacement de 18€ à 26€. Mobil-homes de 270€ à 760€/la semaine. Animations. Restauration.

Henri a relevé et rénové avec goût ce camping trois étoiles au sud de Lodève, sur la rive la plus tranquille de la Lergue. Familial, il présente de nombreux avantages : un restaurant, deux piscines, des spectacles… Il est aussi à 5 min du lac du Salagou. Dans l'assiette, on découvre une cuisine du marché : terrine de poulet au pesto, camembert rôti, burger maison, cuisse de canard confite, fraisier, café gourmand… Pour bien digérer, on peut se laisser tenter par les nombreuses randonnées et balades en VTT qui se trouvent à proximité.

PRIEURÉ SAINT-MICHEL-DE-GRANDMONT ★

Domaine de Grandmont - **SOUMONT**
✆ 04 67 44 09 31 - www.prieure-grandmont.fr
Basse saison : du mardi au dimanche de 10h à 17h. Haute saison : tous les jours de 10h à 19h. 7€ l'entrée. Visite guidée

© F.BEC

Près de Lodève, sur un site occupé depuis la préhistoire, le Prieuré domine un paysage grandiose. Classé Monument historique, ce bijou de l'architecture romane est le seul monastère de l'Ordre de Grandmont conservé dans son intégralité depuis les XII-XIIIe siècles. Très sobre, son église est le type-même de l'église grandmontaine avec sa nef en berceau brisé et son chevet en cul-de-four. Éclairée par un triplet, son acoustique est remarquable, d'ailleurs des concerts y sont programmés.

HÔTEL-RESTAURANT DE LA PAIX €€

11, boulevard Montalangue ✆ 04 67 44 07 46
www.hotel-dela-paix.com
Chambre simple à partir de 70€, chambre double à partir de 80€, chambre triple à partir de 95€. Petit-déjeuner : 8€.

Depuis 1888, les générations Escudié se succèdent à la tête de cet établissement. Entièrement rénové, l'ancien relais des postes est un véritable havre de tranquillité. Ses chambres soigneusement équipées présentent un maximum de confort. Le patio aux couleurs chaudes offre un coin de fraîcheur pour l'été, avec une piscine agréablement aménagée. Au bord de l'eau ou dans la salle à manger, on goûte une cuisine délicate et généreuse d'un chef passionné comme on en trouve peu aujourd'hui.

SAINT-GUILHEM-LE-DÉSERT ★★★

Saint-Guilhem-le-Désert est l'un des plus beaux villages de France. Son inscription au Patrimoine mondial de l'Humanité par l'Unesco prouve son intérêt majeur. Cette vallée, où Guilhem se retira en 806 après y avoir fondé le monastère de Gellone, était un désert que seuls les bergers du néolithique avaient déjà fréquenté. Écrin de pierre aux falaises vertigineuses où s'accrochent le thym, le chêne et le pin, ce paysage fait de pierre et de ciel est enchanteur. En son cœur est blottie la légendaire cité de Saint-Guilhem, qui apparaît alors comme une véritable oasis. Développé autour de l'abbaye de Gellone, le village constitue un ensemble harmonieux.

ABBAYE DE GELLONE ✝ ★★

2, grand chemin du Val-de-Gellone
✆ 04 67 57 58 83
www.saintguilhem-valleeherault.fr
Ouvert tous les jours de 8h à 18h. Fermé entre 12h et 14h (jusqu'à 14h30 l'été, dimanche et jours fériés). Gratuit.

Joyau de l'art roman, ce sanctuaire fondé au début du IXe siècle est l'un des plus importants foyers spirituels et culturels du Languedoc. Situé sur le chemin de Saint-Jacques, abritant un morceau de la Vraie Croix, il fut prospère jusqu'au début du XVe siècle. Après avoir été mis à sac pendant les guerres de Religion, une partie de son cloître a été démantelée au XIXe siècle. Il ne reste aujourd'hui du monastère que le réfectoire et l'église abbatiale. On peut les visiter tous les jours gratuitement. Prenez le temps de déambuler dans les ruelles.

LA GROTTE DE CLAMOUSE 📷 ★★★

Route de Saint-Guilhem-le-Désert
SAINT-JEAN-DE-FOS ✆ 04 67 57 71 05
www.clamouse.com
Visites guidées tous les jours (toutes les heures en haute saison). Adulte : 11,60€. Enfant : 6,80€.

Clamouse est située non loin d'Aniane. La grotte doit sa renommée à la richesse et la diversité de ses concrétions : couloir blanc, superbes cristaux d'aragonite semblables à des piquants d'oursins, majestueux buffets d'orgues et gigantesque méduse peuplent ce monde souterrain. Avant de pénétrer dans cette caverne aux merveilles, un film de 7 minutes vous donnera les clés pour comprendre l'histoire géologique de la grotte et de ses stalactites vieilles de plus d'un million d'années. Depuis 2005, Clamouse est classée « site scientifique et pittoresque ».

LE PONT DU DIABLE ★

SAINT-JEAN-DE-FOS
www.saintguilhem-valleeherault.fr/la-legende-du-pont-du-diable
Accès libre.

© STÉPHAN SZEREMETA

Inscrit au Patrimoine mondial de l'Unesco, cet ouvrage romain fut édifié au XIe siècle par les moines d'Aniane et de Gellone pour faciliter le franchissement du fleuve aux pèlerins se rendant à Saint-Jacques de Compostelle. Son nom est tiré d'une légende qui raconte que lors de la construction, le Diable venait détruire les travaux à la tombée de la nuit. Après un accord passé avec le Diable et Guilhem, les hommes firent preuve de malice ce qui causa la colère de Satan, une acte qui l'irrita au point qu'il tomba dans le fleuve et fut englouti à jamais.

LA MAISON DU GRAND SITE 📷

Pont du Diable - **ANIANE** ✆ 04 67 56 41 97
www.saintguilhem-valleeherault.fr
D'avril à juin et en septembre : 10h30-13h et 14h-18h. Juillet/Août : 10h-19h. Octobre/Novembre : 10h-13h et 14h-17h.

La «Maison du Grand Site» regroupe un point d'information touristique, un espace d'interprétation, une boutique de produits dérivés, un magasin de produits locaux, ainsi qu'un restaurant-brasserie du terroir. Les différents sites (Maison du Site, plage, Pont du Diable, parking) sont reliés entre eux par des circulations douces et des cheminements piétons. Le sentier principal qui mène à la Maison puis au Pont du Diable traverse un talweg grâce à une passerelle de 72 m de long. Un système de navette gratuite permet d'accéder à Saint-Guilhem.

HÔTEL-RESTAURANT LE GUILHAUME D'ORANGE €€

2, avenue Guilhaume-d'Orange ✆ 04 67 57 24 53
www.guilhaumedorange.fr

Chambre double à partir de 75€. Demi-pension : 75€. Petit déjeuner : 12€. Etape VRP : 92€. Restaurant La Table d'Aurore.

Aurore, la patronne, accueille les touristes et les locaux dans un cadre chaleureux et authentique, celui d'un bel hôtel de charme. Côté hébergement, chaque chambre est spacieuse et décorée dans des tons doux. Elles portent toutes le nom d'un lieu emblématique du village : «Les Moulins de Brunan», «Le Château du Géant», «La source du Cabrier»... A la même adresse, le restaurant La Table d'Aurore propose une cuisine simple mais raffinée, élaborée avec les produits du marché.

SOUKA €€

36, boulevard Saint-Jean - **ANIANE**
✆ 04 67 57 44 83
www.soukarestaurant.com

Ouvert du jeudi au lundi midi et soir. Menus de 35€ à 46€. Menu enfant : 16€. Formules du midi : 17€ et 20€. Terrasse.

Il y a les tables à suivre, puis il y a celles qu'on aimerait ne jamais avoir à quitter... Souka est de celles-là. Ouverte au printemps 2019 par un duo riche en idées et en talent, l'adresse est une pépite. A deux pas de Saint-Guilhem, l'établissement de Laureen et Philippe épate. Son joli cadre, la bonne humeur de son équipe, l'utilisation des circuits courts et les belles inspirations du chef séduisent sans équivoque. Afin de préserver la qualité des plats servis et suivre la saisonnalité, le chef se retreint à une ardoise légère et à un menu surprise le soir.

GOÛT D'AVENTURE

141, avenue des Treillesoie - **ANIANE**
✆ 04 34 48 02 39
www.gout-aventure.fr

Ouvert tous les jours de 9h à 19h. Ouverture sur réservation de 4 personnes minimum.

Vous aimez l'eau, la roche et les paysages à couper le souffle ? Laissez-vous tenter par l'une des nombreuses propositions du centre de loisirs Goût d'Aventure. Installée à Aniane, l'entreprise vous propose de participer à des activités à sensation ou des sorties relaxantes en compagnie de son équipe. La question n'est pas de savoir si vous allez passer un bon moment mais plutôt dans quel contexte... Via ferrata, escalade, spéléologie, hydrospeed : vous avez l'embarras du choix ! Tout ça dans un environnement naturel extraordinaire.

SAINT-MARTIN-DE-LONDRES ★

Oasis au milieu des garrigues, niché au pied du pic Saint-Loup, ce village aux ruelles intimes dissimulées derrière une première muraille s'est développé autour de son église dédiée à Saint-Martin. L'église primitive du village fut donnée en 1088 à l'abbaye de Gellone qui édifièrent à sa place une église plus en adéquation avec la puissance de leur abbaye. Après restauration, le village a retrouvé son aspect du Moyen Age marqué par ses arcades, ruelles et les vestiges de ses remparts. La tour de l'Horloge, symbole du village, est de la deuxième période de fortification (XVe s.). L'ensemble a conservé quelques belles maisons des XVIe et XVIIIe siècles.

LE DOMAINE DÉPARTEMENTAL DE ROUSSIÈRES

RD113 - **VIOLS-LE-FORT**
✆ 04 67 86 37 94

Ouvert toute l'année. Gîte 12 €/personne. Avec repas : à partir de 24 €. Petit-déjeuner : 5 €.

A la sortie de Viols-en-Laval, ce domaine de plus de 600 ha de garrigues, chênaies et pelouses sèches pâturées, combine accueil du public et activités pastorales. Partez sur les chemins traditionnels tracés par les bergers et leurs moutons. Un troupeau de 500 brebis installé à Roussières perpétue une tradition d'élevage millénaire. Vous ne les verrez pas pendant les fortes chaleurs, car le berger quitte alors les plaines pour aller rejoindre les verts pâturages du Mont Aigoual.

ÉGLISE SAINT-MARTIN ✝ ★

1, place de l'Eglise
✆ 04 67 55 00 10
www.tourisme-picsaintloup.fr

Ouvert tous les jours de 9h à 18h.

Construite au XIIe siècle, cette église est un pur joyau de l'art roman languedocien, elle est à plan tréflé. Une coupole d'inspiration byzantine permet de passer du plan carré au cercle. Au sud, le portail du XIIIe siècle est surmonté d'un tympan décoré d'une sculpture : un homme à cheval représentant Saint-Martin partageant son manteau avec un pauvre qui mourait de froid… L'édifice a eu la chance d'être épargné lors des guerres de religion et la Révolution. Maladroitement agrandi au XIXe siècle, elle sera bien restaurée en 1932.

RAVIN DES ARCS ★★

Ravin des Arcs
✆ 04 67 55 09 59
www.tourisme-picsaintloup.fr
Accès libre.

A seulement quelques kilomètres de Saint-Martin-de-Londres, en direction de Ganges, le Ravin des Arcs constitue l'une des balades favorites des Montpelliérains, presque aussi populaire que l'ascension du pic Saint-Loup. Un sentier balisé longeant un affluent de l'Hérault, le Lamalou, s'enfonce et dévale la pente jusqu'à venir au ras de l'eau pour finalement atteindre une magnifique arche naturelle. Les eaux, tantôt impétueuses, tantôt murmurantes, du cours d'eau ont creusé des arches et des grottes et taillé une sorte de chemin de part et d'autre de son cours.

LE GRIMPADOU €€

Le Village - **SAINT-JEAN-DE-BUÈGES**
✆ 04 34 46 91 84
www.vignobles-coulet.com
4 chambres. Chambre double à partir de 58 €. CB non acceptée. Chèque Vacances. Jardin. Cuisine commune.

Dans l'une des minuscules ruelles de Saint-Jean-de-Buèges se cache le Grimpadou. M. et Mme Coulet mettent à la disposition des visiteurs de la vallée quatre chambres bien entretenues à la décoration assez sommaire. Certaines d'entre-elles bénéficient d'une vue sur les toits du village et la campagne environnante. Au rez-de-chaussée une agréable salle commune aux murs blanchis à la chaux sert de lieu de détente et permet de faire connaissance avec les autres hôtes de la maison, comme d'ailleurs sur le très agréable jardin-terrasse.

LE BAR DU CHÂTEAU €€

Quai du Garrel
SAINT-JEAN-DE-BUÈGES
✆ 04 67 73 13 73
Ouvert toute l'année. Tous les jours le midi et le soir. Carte : 22 € environ. Terrasse. Animations.

Au cœur du village, ce restaurant a disposé ses tables à l'ombre des lauriers et des platanes. En terrasse ou dans la salle voûtée du restaurant on se régale d'une cuisine simple à base de produits de la vallée. De délicieuses salades repas font le bonheur des touristes les chaudes journées d'été. Les pressés opteront pour les classiques pizzas, steaks-frites ou simples burgers. Les plus affamés pourront opter pour une copieuse pièce de bœuf Aubrac du Puech Séranne, pour la savoureuse saucisse de Brissac ou pour une savoureuse truite pêchée dans la Buèges.

SAINT-MATHIEU-DE-TRÉVIERS ★

Entre le pic Saint-Loup et les falaises de l'Hortus, le vieux village de Saint-Mathieu-de-Tréviers se dresse fièrement au sein d'un paysage d'une beauté saisissante. Le site est habité par l'homme depuis des millénaires, la présence d'un village fortifié construit en 2400 ans avant notre ère, mis à jour en 1954, en est la preuve. Érigé au milieu d'une végétation épaisse, les ruines de l'autre place forte du village, le château Montferrand (XIIe siècle), veillent sur les alentours. En écho, la « dent du loup » culmine à 658 m, sa face nord, abrupte, laisse paraître les couches de calcaires qui composent le pic et domine le ravin. Un sublime panorama.

LAC DE CECELÉS

Lac de Cécélés
Accès libre. Baignade non surveillée.

Le lac de Cécélès est une réserve d'eau agricole privée située au pied du pic Saint-Loup. Le lac, d'une couleur turquoise ou émeraude suivant la luminosité, peut être le point de départ d'une promenade (30 min à 40 min pour en faire le tour), d'une journée baignade ou pique-nique. Mais attention afin de respecter et préserver l'environnement les chiens et chevaux, les feux, le camping, la pêche et les engins à moteur sont strictement interdits. Cécélès c'est aussi la Guinguette des Amoureux, un restaurant qui surplombe le lac.

MAISON DES CONSULS - MUSÉE D'ARTS ET D'ARCHÉOLOGIE

Rue des Consuls - **LES MATELLES**
✆ 04 99 63 25 46
www.cc-grandpicsaintloup.fr/vivre-ici/culture/maison-des-consuls
Fermé de décembre à mai. Basse saison : du mercredi au dimanche de 14h à 18h. Été : tous les jours 10h-13h et 14h-19h.

Deux années de travaux auront été nécessaires pour transformer le musée de la préhistoire (créé en 1952) en musée d'arts et d'archéologie. 3 500 objets issus des fouilles effectuées dans les garrigues environnantes, datant pour la plupart du néolithique, sont présentés dans douze vitrines thématiques. On peut y voir des outils en silex et en os, des céramiques, des flèches, etc. Des films projetés expliquent comment ils ont été fabriqués et un écran tactile diffuse des clips.

Pic Saint-Loup.

PIC SAINT-LOUP ★★

Pic Saint-Loup
www.tourisme-picsaintloup.fr
Accès libre.

Visible de partout avec sa silhouette si particulière, le pic Saint-Loup est le point culminant d'une longue arête dominant la garrigue. Il se dresse verticalement et rompt de façon surprenante la monotonie des étendues alentours. De son sommet, la vue est panoramique : montagne de l'Hortus au nord, plaine de Nîmes, Ventoux, Luberon à l'est, Montpellier et son littoral au sud, le Canigou et les corbières au sud-ouest. Plusieurs itinéraires existent pour y accéder, la plus classique consiste à partir de Cazevieille et de suivre alors le fléchage.

LA GUINGUETTE DES AMOUREUX €€

Lac de Céceles ✆ 04 67 55 31 16
www.laguinguettedesamoureux.fr
Haute saison : ouvert tous les jours de 10h à 1h. Réservation recommandée. Carte : 25€ environ. Terrasse. Animations.

Perchée au-dessus du Lac de Céceles, dans un environnement exceptionnel fait de garrigue, d'eau et de roc, cette guinguette de bois est un véritable petit paradis. En 2020, l'adresse a été rachetée par le groupe Drapeau Bleu, une transition qui a conduit à un changement de cadre et de carte. Désormais, c'est le chef Jean qui est chargé de transformer les produits de la région en assiettes généreuses et savoureuses. Au programme : des grillades, du traditionnel et du gourmand.

VILLAGE LES MATELLES

LES MATELLES
Accès libre.

Ce village sorti tout droit du Moyen Age est entouré de remparts qui permettent de se souvenir de son passé de place forte protestante. On entre dans l'enceinte par une porte percée dans les murs, bien conservés par endroits. Rues pavées et passages voûtés mènent de la partie basse du village, des XIVe et XVe siècles, à la partie haute qui remonte au XIIIe siècle où les maisons serrées les unes contre les autres se sont bâties directement à sec sur le rocher et élevées sur une ou plusieurs voûtes. A ses pieds, le Lirou se montre parfois capricieux.

LE PIC SAINT-LOUP €€

176, route de Montpellier - **LES MATELLES**
✆ 04 67 84 35 18
www.lepicsaintloup.fr
Ouvert du mardi au samedi le soir, du mercredi au dimanche le midi. Carte : 35€ environ. Formule : 16,50€. Terrasse.

C'est dans un ancien chai tout de poutres et de pierres, mis en valeur par deux terrasses - l'une ensoleillée et l'autre à l'ombre de micocouliers centenaires - que vous serez accueilli par un sourire vrai. Ici, les chefs Eric Valois et Claire Zirah pratiquent une cuisine bistronomique, alliant la gastronomie à l'esprit bistrot. Pleine de saveurs inédites, elle est renouvelée en permanence et teintée de produits locaux, frais et de saison. On a adoré les moules au jus de concombre brûlé et anis, ainsi que le lapin accompagné de ravioles et girolles.

LOZÈRE

Terre de légendes, de grands espaces sauvages et de villages de carte postale, la Lozère affiche une grande richesse humaine et naturelle. Sur ce territoire peu urbanisé -le département est le moins peuplé de France avec un peu plus de 75 000 habitants- les belles personnes et les paysages extraordinaires donnent en effet une coloration intense aux vacances. Des forêts profondes de la Margeride à l'Aubrac basaltique, des Cévennes verdoyantes aux méandres des Gorges du Tarn, en passant par la vallée du Lot, la Lozère est un terre d'expériences et de gastronomie, aussi variées que ses terroirs. Les activités de pleine nature (randonnées, canoë...), les découvertes (parcs animaliers singuliers, dégustations gourmandes...), les pauses culturelles et les moments de bien-être (stations thermales) y sont rythmées par les nombreux festivals et manifestations qui entretiennent les rencontres et la convivialité.

Lozère
Faverolles
Neuvéglise
Paulhenc
Cantoin
Lacalm
La Garde
FOURNELS
SAINT-CHÉLY-D'APCHER
SAINT-ALBAN-SUR-LIMAGNOLE
PEYRE EN AUBRAC
Serverette
Malbouzon
NASBINALS
SAINT-AMANS
Saint-Chély-d'Aubrac
MARVEJOLS
LES SALCES
Chirac
Le Monastier
Saint Geniez d'Olt et d'Aubrac
Saint-Geniez-d'Olt
Le Bruel
CHANAC
Cruéjouls
Saint-Martin-de-Lenne
LA CANOURGUE
Banassac
Coussergues
Campagnac
Vimenet
LA TIEULE
Laissac
Buzeins
GORGES DU TARN CAUSSES
Sévérac-l'Église
Lapanouse de Sévérac
Recoules-Prévinquières
Sévérac-le-Château
MAS-SAINT-CHÉLY
MASSEGROS CAUSSES GORGES
LA MALÈNE
Ségur
20 KM
LE ROZIER
Saint-Beauzély
Compeyre
Paulhe
LANUÉJOLS

Saugues
Cayres
Freycenet-Latour
Costaros
Alleyrac
Les Estables
Chambon-le-Château
Le Béage
Landos
Barges
Coucouron
GRANDRIEU
Pradelles
Saint-Cirgues-en-Montagne
Auroux
Naussac
Lanarce
LANGOGNE
Mayres
ARZENC-DE-RANDON
CHAUDEYRAC
CHÂTEAUNEUF-DE-RANDON
LA BASTIDE-PUYLAURENT
LAUBERT
P.N.R. des Monts d'Ardèche
Bagnols-les-Bains
ROCLES
MONT LOZÈRE ET GOULET
LANGLADE
Le Bleymard
PIED-DE-BORNE
Parc National des Cévennes
VILLEFORT
Gravières
Les Vans
PONT DE MONTVERT - SUD MONT LOZÈRE
ISPAGNAC
GÉNOLHAC
Bédouès
VIALAS
Saint-Paul-le-Jeune
Parc National des Cévennes (Cour)
Chamborigaud
Gagnières
Bessèges
CASSAGNAS
Le Collet-de-Dèze
Gammal
Champclauson
Les Mages
SAINT-GERMAIN-DE-CALBERTE
Trescol
SAINTE-CROIX-VALLÉE-FRANÇAISE
Saint-Martin-de-Valgalgues
SAINT-ÉTIENNE-VALLÉE-FRANÇAISE
Cendras
ALÈS

PAGES

MENDE ★★

L'histoire de Mende fut longtemps guidée par l'influence de ses évêques. Au temps de la domination romaine, Viculus Mimatensis ne comptait que quelques villas, alors que Gaballum (Javols) était la capitale administrative de la province des Gabales. Mais, au IIIe siècle, les Alamans pourchassèrent l'évêque Privat jusqu'à Mende, où il trouva refuge dans la grotte du mont Mimat. Cet ermitage, lieu de prière, ne lui permit pas d'échapper aux barbares. Il fut mis à mort. Dès lors, son tombeau (crypte de la cathédrale) fit l'objet d'un pèlerinage dans la vallée. La ville prit de l'importance et, avec elle, le pouvoir de l'autorité religieuse. L'évêque du moment, Aldebert III de Tournel, entreprit alors un voyage jusqu'à Paris et fit hommage à Louis VII pour le Pays de Gévaudan en 1161. Le roi vit en lui un allié pour affermir son autorité et, par une charte scellée d'or, il attribua à l'évêque de Mende la domination temporelle sur tout le Gévaudan : l'acte resta connu sous le nom de bulle d'or. Les évêques durent transiger d'abord avec les bourgeois, puissants marchands, qui obtinrent une participation aux affaires communales ; puis avec le roi, à nouveau. Malgré son envie, Philippe le Bel ne put revenir sur la bulle d'or, et les parties finirent par s'entendre en 1307 sur l'organisation de l'administration du Gévaudan, dorénavant en paréage : une partie sous l'autorité exclusive du roi, une partie sous celle de l'évêque exclusivement, une troisième serait terre commune. L'état de fait se maintient jusqu'à la Révolution. Au XIVe, la ville devint prospère grâce à l'importante industrie lainière et son commerce dans toute l'Europe. Tout juste si elle se mit en sommeil quand la ville passa, deux années durant, aux mains des protestants et du capitaine Mathieu Merle, en 1579. La cathédrale fit les frais de cette occupation, mais le marché reprit. La ville ne cessa de s'étendre, débordant largement ses murailles dont l'entretien fut peu à peu abandonné. Les Mendois en obtinrent la démolition en 1768. L'autorité épiscopale tomba enfin et Mende devint chef-lieu du département créé au début de la Révolution. Le XIXe siècle ne démentit pas le développement, favorisé par de grands travaux routiers et surtout l'arrivée du chemin de fer vers 1880. Aujourd'hui, elle est devenue une cité essentiellement commerciale et administrative, très animée l'été par un apport de population touristique. Toute la visite se concentre dans le cœur de ville délimité par un boulevard circulaire aménagé à l'emplacement des anciens remparts. Il faut commencer par l'imposante masse de la cathédrale et la place Urbain V, avec sa statue du pape, à droite l'hôtel

La ville de Mende.

Plagnes, à gauche l'ancien palais épiscopal, détruit par un incendie en 1887 et rebâti à la Mansart par un de ces architectes de la fin du XIXe siècle qui interprétaient le passé à leur manière. A partir de là, il est très agréable de flâner et de découvrir fontaines et maisons de caractère : la fontaine Notre-Dame à l'entrée de l'ancien ghetto dont il reste la synagogue (XIIIe siècle), aujourd'hui la plus ancienne maison de Mende qui conserve sa cour intérieure à deux étages de galeries. Plus loin, l'ancienne maison consulaire, le lavoir de Calquière, la chapelle Saint-Dominique (lieu d'expositions culturelles), la maison à pans de bois, la fontaine du Griffon et ses quatre jets, l'hôtel de ville, ancien hôtel particulier du XVIIIe siècle qui possède un escalier monumental et renferme plusieurs tapisseries d'Aubusson…

OFFICE DE TOURISME INTERCOMMUNAL CŒUR DE LOZÈRE

Place du Foirail ✆ 04 66 94 00 23
www.ot-mende.fr
Hors saison : voir site Internet. En juillet et août : du lundi au samedi de 9h à 18h et dimanche de 10h à 13h.

Ses vastes locaux, chaleureux et accueillants, ne sont pas les seuls atouts de l'office de tourisme Mende Coeur de Lozère. Sur place, une petite armée de professionnels se démène, parfois au pied levé, pour apporter des réponses à vos questions, et promouvoir, avec une sincérité affichée, son petit bout de territoire. Outre les informations, les conseils, la structure propose aussi plans, brochures et audioguides, qui permettent de découvrir la ville en toute autonomie et à son rythme.

AUTOCAR HUGON

Rue de la Tendelle
✆ 04 66 49 03 81
www.hugon-tourisme.com

Depuis plus de 55 ans, Hugon Tourisme propose ses services de voyagiste et autocariste en France et à l'étranger : organisation de voyages de groupe, transport en autocar, agence de transport en autocar grand tourisme, hébergement et restauration dans les meilleurs établissements. Hugon Tourisme assure également les lignes régulières (Mende-Langogne, Mende-Paris via Le-Puy-en-Velay...), ainsi que des navettes touristiques chaque été pour rejoindre les plus beaux spots du département (Le Mont Lozère, Le Rozier, La-Garde-Guerin...).

HÔTEL DE FRANCE €€

9, boulevard Lucien-Arnault
✆ 04 66 65 00 04
www.hoteldefrance-mende.com

Chambre double de 80 € à 130 €. Restauration (menus de 33 € à 59 €, menu enfant à partir de 17 €).

Cet ancien relais de poste a fièrement traversé les décennies. Derrière ses murs chargés d'âme, l'établissement dissimule une trentaine de chambres, à la décoration chaleureuse. Partie intégrante des lieux, le restaurant propose une cuisine juste et généreuse, qui met en valeur les produits. Attenante à l'hôtel, la villa des jardins abrite également huit chambres qui s'agencent le long d'un magnifique escalier. Plus loin dans la ville, les loges, un hôtel particulier du XVIe siècle, abrite d'autres charmantes alcôves ainsi qu'un appartement en duplex.

HÔTEL-RESTAURANT SPA LE PONT ROUPT €€

2, avenue du 11-Novembre ✆ 04 66 65 01 43
www.hotel-pont-roupt.fr

Ouvert toute l'année. Chambre double à partir de 78 €. Spa : soins du visage, modelage bien être, soins du corps, etc.

Au coeur de la ville, mais épargné par ses murmures, cet établissement affiche trois étoiles pour une parenthèse. Un spa, une piscine intérieure chauffée, un restaurant raffiné et vingt-cinq chambres qui rivalisent d'élégance et de bon goût, invitent en effet à un repli total entre les murs de cette maison familiale. Toutefois, sa situation si près de tout, ainsi que la bienveillance de l'équipe font aussi de cet hôtel un camp de base idéal pour découvrir le territoire et ses atouts.

AUBERGE DES LAUBIES €

SAINT-ETIENNE-DU-VALDONNEZ
✆ 04 66 48 01 25
www.auberge-des-laubies.fr

Fermé de mi-novembre jusqu'à Pâques. Menus de 29 € à 22 €. Possibilité de commander des colis de viande.

De la générosité et de la simplicité, c'est ce que la famille Romain-Salles a souhaité pour son gîte et son auberge rurale. Sur cette exploitation agricole, où l'on élève porcs et veaux et fait pousser légumes et pommes de terre, on reçoit dans un gîte de 70 m², dont le seul panorama sur le Causse et l'Aigoual, donne déjà l'impression de prendre un grand bol d'air. Au restaurant, la cuisine de terroir est reine. L'Auberge des Laubiès compte de nombreuses spécialités dont les fameuses cuisses de grenouilles et pommes de terre cuites dans le saindoux.

Le pont de Notre-Dame, à Mende.

LOZÈRE

LA CANTINE €

25, rue du Collège
✆ 04 66 32 86 12
http://restaurant-la-cantine.fr

Ouvert du mardi au samedi le midi ; du mercredi au samedi le soir. Formules de 18 à 24 €. Option veggie.

Dans sa petite salle au décor simple et chaleureux, cette Cantine à la clientèle fidèle aligne des assiettes de saison particulièrement alléchante. Ici le menu est unique et principalement élaboré avec des produits bio et locaux : il change ainsi en fonction du marché. On a toutefois le choix des formules : plats du jour et desserts à conjuguer selon les goûts et les appétits. A noter, la proposition systématique d'une assiette végétarienne. Le rythme du service est tout simplement parfait et attentif. Idéal pour les pressés de midi.

NOTTO'S €

✆ 04 66 65 93 74
www.notto.fr

Menu enfant : 8 €. Pizzas de 9 à 15 €.

Son décor délicieusement rétro et ses inspirations italiennes en font l'une des tables les plus séduisantes de la préfecture. On s'imagine en effet sous le soleil transalpin, les narines chatouillées par les odeurs mélangées de l'huile d'olive, du basilic et des tomates bien mûres. Avec Notto's, Isabelle et Jacky ont voulu partager leur dolce vita et une cuisine aussi savoureuse que généreuse. Pizzas évidemment mais aussi salades, pastas et autres spécialités : risotto, antipasti, osso bucco… Jusqu'aux incontournables tiramisu et panna cotta !

LES VOÛTES €€

13, rue d'Aigues-Passes
✆ 04 66 49 00 05
www.les-voutes.com

Ouvert du lundi au vendredi le midi ; le lundi, le mardi et du jeudi au samedi le soir. Terrasse.

Dans le centre historique de Mende, ce restaurant émerveille ses hôtes autant par la qualité de sa carte que par son décor de toute beauté : les murs en pierre voûtés d'un ancien couvent du XVIIIe siècle. En cuisine, Jérôme se fait plaisir et ça se ressent dans les assiettes généreuses servies en salle ou sur la terrasse. Entre les pizzas, les salades, les plats (lasagnes de joue de porc confite, aligot saucisse…), les desserts gourmands, le goût est toujours au rendez-vous. On apprécie aussi le service, jeune, souriant et indiscutablement professionnel.

IRISH PUB

12, place de la République
✆ 06 10 79 21 91
http://irishpubmende.fr

Basse saison : du mardi au samedi. Haute saison : tous les jours. Comptez à partir 15 € pour un repas.

Ce pub-restaurant est le repaire incontesté des amateurs d'ambiance et de nourriture conviviale. L'été vous vous installerez sur la grande terrasse, où il vous sera proposé une sélection de bières pression ainsi que des mousses à siroter au goulot. Pour accompagner leur dégustation, le maître des lieux propose une formule brasserie rassemblant les meilleures spécialités lozériennes cuisinées à partir de produits locaux : viande de l'Aubrac - planches de charcuterie ou de fromages, salades du pays, hamburger, bœuf d'Aubrac confit et sa poêlée de cèpes…

MAISON MAJOREL

2, rue de la République
✆ 04 66 65 17 85

Ouvert du mardi au samedi de 7h45 à 12h30 et de 14h15 à 19h15 ; le dimanche de 7h30 à 12h15.

La Maison Majorel est un grand nom de la gourmandise, dont la recette vedette a été créée dans les années 1900 ! Aujourd'hui, le croquant -un biscuit saveur vanille parsemé d'amandes et de noisettes- tient toujours une place de choix dans cet atelier où l'on confectionne aussi d'autres produits. Bruno, arrière-petit-fils de l'inventeur du croquant, tient aujourd'hui la boutique avec sa femme Sylvie. Ensemble, ils mettent leur grain de sucre dans cette histoire séculaire pour perpétuer le savoir-faire familial : cakes à la châtaigne, crackers aux cèpes…

CHEZ LES FILLES

8, rue du Pont Notre-Dame
✆ 06 28 63 45 61

Ouvert du jeudi au samedi de 16h à 20h.

Dans ce bar à vins inauguré au cœur de l'été 2020, Caroline et Emilie partagent leur passion pour les jolis canons et les nourritures vraies. Les deux copines, que leurs proches surnomment les «agitées des papilles», sélectionnent avec un goût très sûr des vins de Bourgogne, du Languedoc et d'ailleurs, qui s'accompagnent de savoureuses planches de produits locaux : fromages, charcuterie, pains et pâtisseries des copains artisans et producteurs du coin. Les bières de la Brasserie d'Olt et d'autres boissons sans alcool fabriquées dans la région complètent la carte.

CHANAC

Le site de Chanac était déjà occupé à l'époque romaine et les rois d'Aragon y firent bâtir un château fort au XIIIe. Mais ce sont les évêques de Mende, devenus centre du pouvoir, qui l'embellirent au XVIe. Le lieu était si agréable qu'ils en avaient fait leur résidence d'été. Cette preuve de richesse indisposa les révolutionnaires qui brûlèrent le château. Aussi n'en reste-t-il aujourd'hui que le donjon carré. Quelques éléments des fortifications subsistent : les tours de l'Horloge, Reversat et du Pourtalou. L'église, du XIIIe, possède une nef à trois travées voûtées en berceau. On peut y admirer un maître-hôtel du XVIIe, sauvé de la destruction du château.

PARC DU CHÂTEAU DE RESSOUCHES

✆ 04 66 48 20 09

En juillet, août et septembre, visite sur rendez-vous. Sans rendez-vous : Journée du Patrimoine ou Journées des Jardins.

Le château de Ressouches est situé sur la commune de Chanac dans la vallée du Lot en Lozère. Les jardins aménagés en terrasses déploient leurs buis taillés, des murs de rosiers en pleine floraison en juin ainsi qu'une végétation méditerranéenne (figuiers...) adaptée aux 600 m d'altitude du parc. À voir, le totem de 2,50 m de haut sculpté par Patrice Lesage dans le tronc d'un majestueux chêne de 200 ans tombé ces dernières années, lui redonnant ainsi une seconde vie.

LA FERME FORTIFIÉE DU CHOIZAL ★

On ne peut être que saisi par la beauté de ce castel de petites dimensions mais d'un aspect majestueux et en parfait état. On admire cette magnifique demeure qui nous transporte d'un coup au siècle de Louis XIII. Tout ce qu'on en sait c'est qu'elle servait de guérite aux sentinelles royales et que le roi lui-même y a résidé plusieurs fois. C'est donc sans doute un poste, une redoute ou un relais militaire. C'est en tout cas une magnifique architecture vieille de quatre siècles.

LE VILLARD ★

Le Villard est un site dominant la vallée du Lot. Au Moyen Âge, le Villard appartient, comme le château de Chanac à l'épiscopat. Les évêques le développent pour se protéger des troupes royales. Endommagé par les guerres de religion, le site du Villard est délaissé au profit de Chanac, et il est totalement abandonné au XVIIIe siècle. Restaurés dans les années 80, église, remparts, porte fortifiée et maisons constituent un ensemble typique de forteresse épiscopale du Moyen Âge. Cette partie est accessible toute l'année et se visite librement.

LES MÉGALITHES DES CAUSSES

Venant de la côte Atlantique, la pratique d'ériger des mégalithes a atteint le sud de la France vers 3 600 ans avant J.-C. Le territoire de la Lozère, et la région des Causses, s'est alors couvert de menhirs et de dolmens, constructions funéraires ensevelies sous des tumulus. La Cham-des-Bondons (au nord-est de Florac) possède un nombre de menhirs qui n'a rien à envier au site de Carnac. Sous l'égide du Parc national des Cévennes, plusieurs circuits de découverte ont été établis.

FERME AUBERGE DU MONTET €

Le Montet - **LES SALELLES** ✆ 04 66 48 24 42

www.lemontet.com

Chambre double à partir de 60 €. Petit déjeuner inclus. Repas à l'auberge : 15 €/personne. Wifi gratuit.

Ouverte depuis fin 2000, cette ferme-auberge produit légumes, volailles, agneaux et cochons que l'on retrouve dans l'assiette des hôtes. Dans un corps de ferme imposant, Lise, Marcelle et Régis s'occupent de tout, de la cuisine à l'entretien des chambres d'hôtes, en passant par le soin aux animaux. Le menu est unique et préparé avec passion, avec des produits exceptionnels : charcuterie maison, viande de l'exploitation, légumes du potager accompagnés d'aligot ou truffade. Les vendredi de l'été, place au cochon grillé et au pain cuit sur place dans le four dédié.

LA CANOURGUE ★

La Canourgue doit son essor à une petite rivière, l'Urugne, qui traverse la ville. Canalisée, elle alimenta moulins, filatures et usines de tissage, tanneries et mégisseries qui firent le renom et la prospérité du lieu. Aujourd'hui, tous les canaux qui sillonnent le centre, passant sous les maisons, font son charme, valant à la cité le nom de petite Venise lozérienne. Siège d'un monastère au VIIe siècle, elle se protégea par un château dont la tour de l'Horloge est le seul vestige. De sa période faste, elle conserve des maisons bourgeoises de la Renaissance, avec fenêtres à meneaux et encorbellement. L'église collégiale Saint-Martin, malgré des remaniements au XIVe et surtout au XVIIe siècle, suite à l'effondrement du clocher-porche, a conservé la majesté du XIIe siècle, son plan caractéristique des grandes églises de pèlerinage. A 1 km de La Canourgue, nichée dans un écrin de verdure, Saint-Frézal est une petite chapelle romane qui contient un sarcophage où se trouveraient les restes du saint, pieux vieillard assassiné vers 820 par son neveu influencé par le démon, si l'on en croit la légende ! Près de la chapelle, se trouve une source dont on dit qu'elle ne tarira jamais et guérirait les affections cutanées. De ce point de départ, on emprunte un sentier verdoyant qui s'ouvre sur de beaux panoramas ; les berges de l'Urugne forment un autre itinéraire de promenade, qui peut conduire jusqu'au causse de Sauveterre. De là, on peut voir une curiosité naturelle, le sabot de Malepeyre : roche percée à la forme caractéristique, elle serait la marque de quelque géant passé par là.

LA MAISON JEANANIE €€

Laval-du-Tarn
✆ 04 30 11 77 39
www.lamaisonjeananie.fr
Chambre double de 60 € à 80 € petit déjeuner inclus. Restauration (dîner sur réservation).

À l'entrée du village de Laval-du-Tarn, entre la Canourgue et Sainte-Enimie, Geneviève Mirmand-Le Floch accueille ses hôtes dans ses trois chambres récentes. Décoration simple et chaleureuse dans un esprit campagne contemporain, beaux espaces reposants : les chambres sont parfaites, pouvant accueillir de deux personnes jusqu'à quatre adultes dans la grande alcôve aux tons doux de gris. Au petit déjeuner, confitures maison et miels accompagneront la fouace. Le soir, c'est autour de la table familiale que l'on se retrouve pour déguster les spécialités régionales.

HÉ PAPÉ €€

5, avenue des Gorges du Tarn
✆ 04 66 47 03 76
www.pizzeria-hepape.fr
Ouvert du jeudi au dimanche le soir. Pizza à partir de 7 €.

Hé Papé ! Tu nous fais une pizza ? La philosophie très conviviale de cet établissement est affichée en lettres capitales sur sa façade, et présage d'une certaine convivialité à l'intérieur. Hé Papé reçoit en effet avec le sourire, et ne se départit jamais de sa bonne humeur quand il confectionne ses pizzas qui font l'unanimité à la ronde. Pétrie sur place, chaque jour où l'adresse est ouverte, la pâte est cuite à l'ancienne, sur une sole en pierre réfractaire, et agrémentée de bons produits : sauce tomate maison, légumes frais, charcuterie et fromage de qualité.

HÔTEL-RESTAURANT LES 2 RIVES €€

La Mothe - **BANASSAC-CANILHAC**
✆ 04 66 32 99 97
www.hotel-les2rives.com
Chambre double de 65 € à 125 € ; suite de 110 € à 145 €. Pension complète. Demi-pension. Petit déjeuner buffet : 10 €.

Dans le petit village de Banassac, Les 2 Rives est un camp de base idéal pour ressentir le pouls d'un territoire incroyablement préservé. Situé sur les bords du Lot, l'établissement affiche un environnement idyllique et une démarche écotouristique avancée. Les chambres de l'hôtel sont modernes, confortables, et dotées d'un espace extérieur. Laetitia et son équipe cultivent ici une ambiance familiale, ainsi que le goût des choses simples, jusque dans les assiettes du restaurant.

DU HAUT DES ARBRES

54, avenue des Gorges-du-Tarn ✆ 04 66 49 37 92
www.accrobranches.com
Système clic-it 100% sécurité. Haute saison : ouvert tous les jours et les jours fériés de 10h à 19h. A partir de 11 €.

A la sortie de La Canourgue, ce parc de 10 hectares offre sept parcours et plus d'une centaine de jeux haut perchés. Parmi les points forts de la structure, signalons les tyroliennes, ponts de singe, cage malaisienne, poutres mobiles, passage en filets, passages en croix, pendules, tunnel infernal, pont suspendu, passerelle vertigineuse ! Certains circuits sont très impressionnants -le «frisson +» porte bien son nom ! - tandis qu'un itinéraire est spécialement dédié aux tout-petits de 2 à 6 ans, qui seront accompagnés par des équipes compétentes et diplômées.

LOZÈRE

MARVEJOLS ★★

Marvejols ne joue un rôle historique de premier plan qu'à partir de 1307, année où un acte de paréage partagea le Gévaudan entre l'évêque de Mende et le roi de France, Philippe le Bel. Marvejols devint capitale des terres de la couronne face à sa grande rivale, Mende, dominée par le pouvoir ecclésiastique. Cette rivalité se poursuivit lors des guerres de Religion, pendant lesquelles la population s'était convertie au protestantisme ; la ville subit maints assauts, et les dégâts furent considérables. Devenu roi, Henri IV attacha un soin particulier à sa reconstruction comme en témoignent les trois portes fortifiées, flanquées de deux tours, qui subsistent encore. Les siècles suivants virent le retour de la prospérité grâce aux industries de la laine installées tout au long de la Colagne : traitement, teinture, filature et tissage. La visite de la ville commence par le passage sous une des portes monumentales au sud celle des Chanelles, au nord celle de Soubeyran, à l'est celle du Théron. A l'intérieur, les différents quartiers ont gardé leurs passages voûtés, leurs maisons à encorbellement et à fenêtres ouvragées, leurs montées en escalier vers l'église. Il y a encore de très beaux hôtels particuliers du XVIIIe siècle, entourés de verdure (mairie, bibliothèque municipale). Et comme la ville ne vit pas de son seul passé, elle a choisi l'art moderne pour s'illustrer ; les statues d'Auricoste évoquent son histoire, tandis que, installée à la sortie de la ville, la statue du Troisième Millénaire (Yann Bost et André Wintergerst) est une allégorie de la place de l'homme dans l'univers.

HÔTEL L'EUROPE €€

11, place du Barry
✆ 04 66 47 16 35
www.hotel-marvejols.fr

Logis. Chambre double de 59 € à 90 €. Petit déjeuner : 9,50 €. Wifi gratuit. Restauration.

Bien ancrée dans sa ville, cette charmante -mais non moins imposante- bâtisse en pierre est une adresse de choix qui combine hôtel et restaurant dans une ambiance contemporaine et épurée. Avec 35 chambres, dont 4 sont adaptées à l'accueil des personnes handicapées, L'Europe redonne du sens à l'hospitalité, d'autant plus que les tarifs sont largement abordables. La décoration, qui allie murs blancs et tonalités de bois, déploie en effet un charme tout à fait dans l'air de notre temps, et un confort très appréciable lorsqu'on est en vacances.

LE MANOIR DE L'ESPLANADE €€

✆ 04 66 45 76 04
www.manoir-esplanade.fr

Chambre double de 112 € à 142 €. Petit déjeuner inclus.

Protégé par un parc arboré vaste de 1 hectare, le Manoir de l'Esplanade abrite cinq chambres d'hôtes de charme. Grâce à cet environnement idyllique, en plein centre de la ville royale de Marvejols, et à l'architecture de la bâtisse bourgeoise qui témoigne de l'histoire de la cité, la magie opère dès que l'on passe les grilles du domaine. A l'intérieur, les chambres, décorées avec goût et classicisme, déroule literie haut de gamme, linge de qualité et salle de bain privative. Un endroit idéal pour des vacances au vert et au calme.

FERME RESSOUCHE

Le Mazet - **LACHAMP**
✆ 06 73 87 55 40
ferme-ressouche.e-monsite.com

Vente directe à la ferme

Sur leur exploitation, entre Mende et Marvejols, Nadège et Olivier élèvent un troupeau d'une soixantaine de vaches montbéliardes, nourries en grande partie au bon foin de la ferme. Le couple transforme lui-même le lait de ses bêtes. Grâce à un savant tour de main pour mouler et affiner, Nadège et Olivier donnent naissance au Mazet - une tome fermière-, au bleu du Mazet, à des P'tit frais - un fromage à pâte molle - à du fromage blanc et à une confiture de lait nature ou au chocolat. Tous les produits sont en vente directe sur l'exploitation et par correspondance.

GRANDRIEU

Le bourg n'a conservé que très peu de témoignages de son passé : le monastère et son donjon, les remparts et les poternes ont complètement disparu. Mais l'église, construite au XIIe, semble toujours s'accroupir pour offrir moins de prises au vent ; son clocher carré et massif seul dépasse. Elle conserve des peintures murales et un ancien baptistère en granit orné d'une croix de Malte. Bien qu'elles soient très abîmées, ces fresques du XVe montrent distinctement une Crucifixion et les quatre évangélistes. Depuis le village, 2 itinéraires de randonnée : l'un mène jusqu'à un petit pont romain, l'autre vers l'Echine-de-l'Ase, en dos d'âne comme le dit son nom.

MAZIMBERT €€

Lieu-dit Mazimbert

✆ 04 66 46 45 09

www.mazimbert.fr

Ouvert tous les jours sauf dimanche soir et lundi. Menus de 14,50 € à 34 €. Menu enfant : 10 €.

Un peu au milieu de nulle part, à quelques kilomètres de Grandrieu, l'ancienne ferme était endormie depuis des années avant que Christine, ancienne journaliste, et son époux, tombent sous le charme et décident d'y implanter leur restaurant. La rénovation est particulièrement réussie et mêle vieilles pierres et décoration sobre et moderne. En cuisine, le terroir est mis en avant. En été, c'est en terrasse qu'on appréciera de prendre son temps pour déguster les spécialités maison tout en profitant du calme et de la beauté de l'environnement.

RANCH DE LA BRUGÈRE

✆ 06 18 35 90 80

Location de chevaux : 1/2 journée 25 €, journée 35 €, semaine 120 €.

Depuis des dizaines d'années, cette structure élève des chevaux et des poneys qu'elle loue aux cavaliers, avec une clientèle fidèle qui suit depuis les débuts. Quelle que soit la durée choisie (à l'heure, à la journée, à la semaine ou même plus) les prix sont très doux, et les chevaux habitués au plein air. Mais attention, vous n'aurez pas de moniteur, ni d'accompagnateur : les chevaux sont donc réservés aux cavaliers déjà expérimentés ! Parfait pour une balade à cheval au cœur de la Margeride. La réservation est obligatoire.

CHÂTEAUNEUF-DE-RANDON ★

Alors que ce site gallo-romain avait été délaissé, le seigneur de Randon, de retour des croisades, y construisit son nouveau château et quitta l'ancien, au signal de Randon. Aux environs du XIe siècle, le Châteauneuf prit la forme d'une citadelle qui dominait la région de ses 1 286 m d'altitude et contrôlait les axes de passage depuis Mende vers Saint-Flour et Le Puy. Pendant la guerre de Cent Ans, pour chasser les mercenaires, soutenus par les Anglais, qui ravageaient le Gévaudan et le Vivarais, le roi envoya Bertrand Du Guesclin, son célèbre connétable, à la rescousse. Le guerrier fit le siège de la citadelle, mais ne vit pas sa victoire : on dit qu'il serait mort de congestion en 1380 après avoir bu l'eau glacée de la fontaine de La Glauze à l'Habitarelle. De ce lieu, qui servit souvent de refuge aux habitants, il ne reste que la tour dite des Anglais car le château fut détruit par ordre de Louis XIII, pendant les guerres de Religion, et les pierres réutilisées pour la construction des maisons environnantes. Bien plus tard, en 1828, Châteauneuf honora son libérateur et fit construire un cénotaphe à Du Guesclin sur le site de l'Habitarelle. Il fut remplacé en 1911 par l'actuel cénotaphe, fidèle reproduction de son tombeau qui se trouve à la basilique Saint-Denis. Une statue à son effigie fut aussi inaugurée en 1894, et depuis, le connétable étend sa main de bronze protectrice sur la place du village. Autrefois, la ville était aussi connue pour ses antiques foires qui diffusaient l'artisanat du fer et des tissus.

HÔTEL-RESTAURANT DE LA POSTE €€

L'Habitarelle

✆ 04 66 47 90 05

www.hoteldelaposte48.com

Chambre double de 64 € à 110 €. Petit déjeuner : 10 €. Restauration (menus de 22,50 à 45 €).

Cet établissement à taille humaine profite de paysages magnifiques et de la tranquillité des campagnes lozériennes. A l'intérieur, seize jolies chambres font la part belle au confort et à la lumière. Toutes parfaitement équipées, elles font face à trois gîtes, qui abritent sept autres chambres. Le restaurant se décline en deux salles : l'une vouée aux petits-déjeuners et l'autre, majestueuse, où l'on prend place sous une belle charpente pour goûter à une cuisine de terroir revisitée.

LANGOGNE ★

La ville située dans la haute vallée de l'Allier, aux confins de l'Ardèche et de la Haute-Loire, compte 3 200 habitants, mais elle est au centre d'un bassin de vie de 20 000 personnes réparties sur les trois départements. La naissance de Langogne remonte à la fondation d'un monastère, en 998, qui abritait des moines bénédictins. Ce sont eux qui, un siècle plus tard, firent édifier l'église que l'on peut voir aujourd'hui. De l'ancienne enceinte qui protégeait le monastère, il ne reste que cinq des six tours rondes formant « le petit tour de ville », dont certaines sont encore habitées. Sur la place, les murs de l'ancien monastère détruit ont été matérialisés au sol. Tout autour, plusieurs maisons présentent des détails architecturaux intéressants : fenêtres à meneaux, portail en pierres appareillées, têtes sculptées... Au long des siècles, Langogne a vécu principalement de l'exploitation forestière, de l'élevage, mais aussi du tissage de la laine. Aujourd'hui encore, elle conserve une vocation commerciale, avec son traditionnel marché aux bestiaux. Depuis la création du lac de Naussac, la ville s'est tournée vers le tourisme et fait partie du réseau des stations vertes de vacances. Elle est aussi une étape possible sur les GR 70 (Stevenson) et GR 700 (la voie Régordane, reliant Le Puy-en-Velay à Saint-Gilles-du-Gard). Ses nombreux commerces, sa piscine couverte et son cinéma en font un lieu de villégiature très apprécié.

LE LAC ET LE BARRAGE DE NAUSSAC ★

NAUSSAC-FONTANES

Les richesses de la Lozère sont inestimables ! La situation géographique du département lui permet en effet de proposer aussi bien la pratique des sports de neige ou des activités de pleine nature que celle des disciplines nautiques ! Le lac de Naussac offre un terrain de jeu idéal pour ceux qui aiment évoluer sur ou dans l'eau ! Il s'étend sur 1 050 ha (la retenue de Naussac est la plus étendue du département) et ses rives à la fois aménagées et naturelles offrent un point de chute très agréable l'été ! On y pratique toutes sortes d'activités sportives. Sur l'eau glissent les Optimists, véritables petits bolides très agréables et relativement facile à maîtriser, mais aussi des planches à voile, des catamarans, des dériveurs, des bateaux à pédales et pour ceux qui préfèrent se mouvoir à la force de leurs bras : avirons, paddles et kayaks ne sont pas en reste... Une plage permet aussi de s'adonner au plaisir du farniente et du bronzage ; la baignade y est surveillée en été. Idéal pour les journées au grand air avec les plus jeunes ! Une fois sortis de l'eau, vous pourrez aussi chausser vos chaussures de randonnée et partir explorer les alentours. Notez aussi la possibilité de découvrir les paysages et le patrimoine alentour en trottinette électrique ou à cheval. Plusieurs bars ou restaurants permettent de déguster des tapas, une pizza, des grillades, un déjeuner complet ou bien de prendre un verre en profitant de cet environnement exceptionnel.

L'ÂNE ET LA MULE €€

6, place de la Halle
✆ 04 66 46 28 92

Ouvert toute l'année. Menu unique à 19,50 €. Menu enfant : 10 €. Formule : 17,50 € (entrée + plat ou plat + dessert).

Cet établissement fait partie des belles adresses à découvrir à Langogne. Avec une carte simple et chaleureuse, des préparations maison et une ambiance très souriante, L'Ane et la Mule régale les épicuriens dans un cadre agréable et lumineux. On se retrouve ainsi à table autour d'une planche de charcuterie de pays, d'une fondue auvergnate (saint-nectaire, pomme de terre, poitrine grillée), d'un onglet de bœuf ou d'une andouillette 5A... La convivialité et le goût servis sur un plateau ! Notez aussi qu'on se gare très facilement à proximité de ce restaurant.

LA TABLE DU LAC €€

Lac de Naussac - **NAUSSAC-FONTANES**
✆ 04 66 46 91 86
www.table-lac.fr

Ouvert toute l'année. Réservation recommandée. Formule du midi : 14 €.

On vient manger dans ce restaurant avec le sentiment de déjeuner ou dîner à la maison. Parce que le chef ne cuisine pas à moitié et se met en quatre pour transformer produits frais et locaux en de savoureux plats traditionnels. Servies dans une salle baignée de lumière, et dont la salle s'ouvre sur les lacs, les assiettes sont en effet le goût d'une Lozère authentique : lasagnes aux légumes de saison, quasi de veau aux écrevisses, tête de veau, mignon de proc au cidre, aligot... A noter, un coin lounge permet de siroter confortablement l'apéro ou le café.

MA CAB'ANE BIEN-ÊTRE

✆ 07 63 11 57 47
www.macabane-bienetre.com
Bain bouillonnant pour pieds : 10 € les 10 minutes, 17 € les 20 minutes.

Au volant de son camping-car, reconverti en institut de bien-être, Camille roule de Naussac à Chaudeyrac, de Châteauneuf-de-Randon à L'Herm, pour dispenser à ses clients des petits moments de bonheur : soins du visage et modelages corporels de bien-être et de confort, avec des produits naturels et bio. Mention spéciale pour le bain bouillonnant pour pieds aux huiles essentielles, qui devrait soulager bon nombre de randonneurs éreintés après une journée de vadrouille. Camille se déplace sur le lieu de vos étapes, sur simple coup de fil.

ROCLES

A 1 150 m d'altitude, au milieu de belles forêts de pins et à proximité de la Clamouse et du Donozau, le village possède une église à clocher ajouré typique de la région, que l'on aperçoit de fort loin. Elle fut en partie réédifiée à la fin du siècle dernier. Destination prisée des amoureux de la nature, Rocles propose de nombreuses activités en lien avec son environnement de montagne : randonnée, pêche, accrobranche... Chaque année, le premier dimanche qui suit le 24 septembre, le village célèbre la Sainte-Thècle, à qui l'on vient demander la guérison des maux de dents. La célébration est l'occasion de déguster la maoutcho, un dessert traditionnel.

RELAIS DE PALHÈRES €€

Hameau de Palhères
✆ 04 66 69 21 41
www.relais-palheres.com
Chambre double 60 €. Petit déjeuner : 8 €. Restauration (menus à partir de 17 €, pique-nique 8 €).

Dominique et Patrick Poyeton sont à la tête d'une auberge bien située, au-dessus du lac de Naussac où l'on déguste une cuisine, familiale, faite au gré de la saison et de l'inspiration de la cuisinière (salades et charcuteries de pays, pavé de bœuf, aligot...). Deux bâtiments de bois reçoivent les visiteurs ; les chambres sont spacieuses et confortables et conçues pour accueillir tout type de randonneurs, avec un local pour vélos et motos, ainsi que paddock et box pour les chevaux. Sur place, balades et cours d'équitation, randonnées équestres, promenades...

SAINT-ALBAN-SUR-LIMAGNOLE

S'il ne reste que peu de chose de la forteresse occupée par les Anglais en 1364, le haut de la butte de Saint-Alban est toujours occupé par un château médiéval, dont la première mention est faite au XIVe siècle, mais de construction plus ancienne. Les routiers, qui dévastèrent le Gévaudan pendant la guerre de Cent Ans, ne réussirent pas du premier coup à prendre possession de la demeure du baron d'Apcher. Ils y parvinrent au début du XVe siècle et abattirent alors son donjon. L'ensemble de l'édifice a été largement reconstruit à la Renaissance puis au XVIIe siècle. La cour avec ses galeries intérieures est splendide et, sur la façade restaurée d'ocre jaune, l'encadrement des fenêtres et le fronton triangulaire du portail tranche de leur arkose rose, cette sorte de grès local. L'ensemble a conservé le plan défensif du Moyen Age, mais présente de nos jours l'aspect d'une riche demeure d'agrément, aux ornements très travaillés. L'intérieur montre encore des décors peints, lambris, plafonds et parquets anciens en accord avec le mode de vie de la famille de Morangiès qui l'a habité à partir de 1608 et l'a vu ériger en marquisat. Au XIXe siècle, le château a été transformé en asile d'aliénés par un curieux personnage, Hilarion Tissot. L'établissement psychiatrique, qui a aussi été un lieu de résistance poétique avec le passage de Paul Eluard et d'autres surréalistes, s'est maintenu à Saint-Alban dans des formes modernes. Quant au château, victime d'un incendie en 1973, il a depuis été restauré par le conseil départemental et a retrouvé sa splendeur. Plus bas, au centre du bourg, une église, dont le chevet date du XIe siècle, présente une belle voûte en berceau et une abside parfaite, percée d'ouvertures à colonnettes. A l'extérieur, on peut voir un antique sarcophage et l'imposant clocher-peigne à trois baies. Le village porte le nom d'un saint martyr anglais du IVe siècle dont les disciples sont venus fonder un monastère en Margeride, à l'emplacement de l'actuelle église. Depuis, Saint-Alban a compté nombre de moines et religieux en ses murs, qui ont notamment pris en charge l'accueil des pèlerins sur le chemin de Saint-Jacques-de-Compostelle. Les contrées alentour offrent de délicieuses promenades au bord de la Truyère et de la Limagnole, l'une vers le pont des Anglais (toujours eux !), l'autre vers le moulin du Franquet. Plus au nord, Lajo (chapelle et fontaine de Saint-Roch sur le chemin de Saint-Jacques-de-Compostelle) permet en hiver une activité de ski de fond.

CHÂTEAU DE SAINT-ALBAN ★★

Route de l'Hôpital ✆ 04 66 31 57 01
www.margeride-en-gevaudan.com
Ouvert toute l'année. L'intérieur du château ne se visite pas car il n'est toujours pas réstauré. Gratuit.

Situé sur la *Via Podensis*, l'un des chemins de Saint-Jacques-de-Compostelle, ce château est d'implantation fort ancienne : il est mentionné dès le XIIe siècle et une forteresse existait très probablement auparavant. Le château devint un hôpital psychiatrique en 1821, avec l'arrivée de Joseph Tissot, dit Frère Hilarion, dont la vocation était de servir les aliénés. Lui-même avait été interné. En 1824, le Département en fit l'acquisition ; la loi obligeant chaque département à avoir son hôpital psychiatrique ne fut votée qu'en 1838. Il fut souvent à l'avant-garde en matière de soins psychiatriques. En 1941, l'arrivée de François Tosquelles, psychiatre catalan et républicain marxiste condamné à mort par Franco, marquera profondément cette institution qui, par la suite, a conservé son nom. En plus de ses patients, l'hôpital sert alors de refuge à des clandestins et à des résistants. On y trouve Paul Eluard (poète qui a aussi contribué à la réflexion sur la condition des malades mentaux), Tristan Tzara (écrivain, poète et fondateur du mouvement dada), Gaston Baissette (médecin et écrivain) ainsi que le philosophe Georges Canguilhem. Tosquelle dut reprendre l'ensemble de sa formation, en repassant par les statuts d'infirmier et d'interne avant de devenir médecin-chef, en 1952. A Saint-Alban, fut fondée la Société du Gévaudan, mouvement qui jeta les bases de la psychothérapie institutionnelle. Depuis plus de 25 ans, les journées de rencontres sur la psychothérapie institutionnelle s'y déroulent en juin.

RÉSERVE DES BISONS D'EUROPE ★

Sainte-Eulalie-en-Margeride - **SAINTE-EULALIE**
✆ 04 66 31 40 40
www.bisoneurope.com
Basse saison : ouvert du vendredi au lundi et le mercredi de 10h à 17h. Haute saison : tous les jours de 10h à 18h.

En calèche ou en traîneau en hiver, escorté par des guides aussi savants que sympathiques, la balade d'une heure à travers le parc est en elle-même un grand moment, avec ses points de vue sur la Margeride ! En traversant la forêt, on pourra découvrir quelques spécimens du plus grand mammifère d'Europe. Réintroduit dans les années 1990 alors qu'il avait disparu depuis les années 50 des paysages de Lozère et était en voie d'extinction en Europe, ce bison-là a des racines polonaises, ce qui lui a permis de s'adapter parfaitement aux rudes conditions de vie de la Margeride. Selon la saison on rencontrera plus facilement les mâles, plus rarement, quelques femelles accompagnées de leurs « petits ». Bien qu'en captivité et nourris par le personnel de la réserve, ils restent sauvages et ne se laissent pas facilement approcher. C'est pour cela, entre autres, que le parc abrite quelques cousins américains légèrement plus domestiqués, aux différences morphologiques très marquées. En complément de la visite, un espace muséographique permet de mieux connaître cet animal qui a traversé les siècles depuis la préhistoire. Sur place également, un restaurant sert essentiellement des produits issus du terroir lozérien, qui se renouvellent selon les saisons. En été, pâté de campagne, jambon sec du pays, fromages s'accompagnent de salades généreuses, tandis qu'en hiver, les soupes viennent réchauffer ceux qui ont choisi de découvrir le parc sous son beau manteau blanc.

SAINT-DENIS-EN-MARGERIDE

Saint-Denis-en-Margeride est un petit village de 160 habitants qui possède une église du XIIe siècle. Vous pouvez admirer son très bel arc à l'entrée du chœur et un imposant clocher à quatre arcades. Le village est aussi un excellent lieu de départ pour explorer les alentours. Durant l'été, partez à pied ou en vélo découvrir la forêt de Margeride, véritable mer de hêtres et d'épicéas. Vous pourrez également admirer les lacs et la faune sauvage (parc des loups du Gévaudan, bisons de Margeride). N'ayez crainte, si le mystère de la bête du Gévaudan reste entier, les forêts ont retrouvé leur calme...

SAINT-AMANS

Le bourg de Saint-Amans - où l'on pourra visiter l'église du XIIIe siècle avec son imposant clocher-mur et un très curieux toit qui descend presque jusqu'au sol - est entouré de nombreux villages du pays de Randon : Estables, qui s'enorgueillit de posséder sur son territoire le point culminant de la Margeride, le Signal de Randon (1 551 m ; l'un des autres hauts sommets de la Margeride) ; Lachamp et ses carrières d'ardoise ; la Villedieu et les Laubies dont les églises témoignent de l'intense activité religieuse de la région au Moyen Âge. Le coin est donc particulièrement attractif pour les vacanciers avides de découvertes et de grands espaces.

RIEUTORT-DE-RANDON

Situé à une petite vingtaine de kilomètres de Mende, Rieutort-de-Randon a rejoint en 2019 la commune nouvelle de Monts-de-Randon, qui compte aussi les communes d'Estables, Saint-Amans, Servières et La Villedieu. Au centre du Rieutort-de-Randon, en hauteur, la belle église du XIXe siècle occupe la place dominante. On n'en voit que mieux son clocher et les trois étages qui supportent sa flèche. Dans le prolongement de l'église, une petite place est bordée de maisons anciennes bien restaurées. A l'angle de l'une d'entre elles, à hauteur d'homme, un des blocs dépasse légèrement et semble sculpté d'un visage aujourd'hui rongé par le temps.

AUBERGE DE SALTEL €

RD806

✆ 04 66 47 38 51

5 chambres. Chambre double de 60 € à 68 €. Appartement : 100 € pour 2 personnes. Restauration (menus de 19 à 31 €)

Ce gîte - auberge est une référence en Lozère. Car c'est ici que depuis près de 30 ans, on régale ses clients avec des spécialités de canard à la boutique ou mieux à déguster sur place ! Les confits, charcuterie, aligot, fromages du pays et superbes desserts ne déméritent pas, et on peut se laisser séduire par les spécialités normandes. Pour ceux qui désireraient prolonger leur séjour, d'autant que l'accueil y est très chaleureux, trois chambres d'hôtes spacieuses et confortables sont proposées sur place, ainsi que deux appartements.

HÔTEL RESTAURANT Ô MINEOLA €

✆ 04 66 48 63 04

www.hotel-omineola.fr

Chambre double de 55 € à 65 €. Petit déjeuner : 8 €. Menus formules de 18 à 23 €.

A l'entrée du village, cette grande maison cultive ses airs de chalet par des balcons en bois fleuri. Anna et Cyril (l'enfant du village) installent leurs hôtes dans l'une des 17 chambres confortables de l'établissement, tout en s'attachant à promouvoir leur territoire. A table, le couple sert notamment des brochettes (agneau, poulet, bœuf ou porc) accompagnées de frites maison ou de croquettes d'aligot. Original ! Les pizzas sont l'autre spécialité de la maison.

SAINT-CHÉLY-D'APCHER ★

S'il fallait une exception dans un département essentiellement agricole, Saint-Chély est bien celle-là. Avec l'arrivée du chemin de fer à la fin du siècle dernier, la petite ville est devenue le centre industriel de la Lozère, où toute la vie, tournant le dos à l'histoire, s'est organisée autour de l'usine sidérurgique. Celle-ci a pris naissance d'un gisement de quartz dont on extrait du silicium ; grâce à l'hydroélectricité, produite par les centrales du Vergne et du Ranc, l'usine a fabriqué de l'acier jusqu'en 1969. Passé récent, avenir incertain… cela suffit à une poignée de passionnés pour créer un musée destiné à recueillir et surtout transmettre la mémoire de cette activité, au travers du vieux matériel et des gestes si souvent répétés. L'activité se poursuit dans l'usine, qui façonne maintenant du métal produit ailleurs. Au sein du groupe Usinor, Saint-Chély est la seule usine française à produire des tôles électriques à grains non orientés, qui sont ensuite utilisées en automobile, dans l'électroménager et les centrales électriques. L'histoire plus ancienne de la ville, on la retrouve dans so nom, Chély ne serait que la déformation dans le patois local du nom de Hilaire, évêque du IIIe siècle, qui évangélisa l'Auvergne. S'y ajouta au XIIe siècle le patronyme des seigneurs locaux, les barons d'Apcher dont les possessions s'étendaient sur tout l'Aubrac. Une belle histoire, tenue pour vraie, dit que le nom de Barrabans, donné aux habitants de Saint-Chély, perpétue le souvenir de la charge victorieuse menée en 1362 contre les Anglais par les paysans, armés de barres de bois, qui se sont élancés au combat aux cris de : « Barres en avant ! ». De cette époque glorieuse, il ne reste qu'une croix, dite croix des Anglais, des vestiges de remparts, l'ancienne fontaine des Âniers, quelques maisons anciennes et l'église Notre-Dame. Et si vos enfants commencent à se lasser des églises romanes, musées et autres châteaux, pensez à les amener à Atlantie, le superbe centre aquatique de la ville. Sinon, d'autres idées sont à glaner à l'Office de Tourisme, qui, pendant la belle saison, concocte des programmes hebdomadaires d'activités sportives et culturelles.

ECOLE HOTELIERE COEUR D'APCHER €€

43, avenue de la Gare
✆ 04 66 31 00 99
www.ensemble-sacre-coeur.fr
Fermé pendant les vacances scolaires. 8 chambres. La chambres 45 €, la suite 70 €.

A l'hôtel comme au restaurant d'application, les services sont haut de gamme. Les 8 chambres sont tenues avec soin et les hôtes privilégiés ont accès à la piscine et au sauna. Avec des parrains prestigieux, comme Bocuse, l'établissement enseigne la passion et l'excellence. L'accueil est toujours souriant ; les menus du restaurant, de la brasserie et du salon de thé explorent toutes les facettes de la gastronomie, de la cuisine classique aux dernières tendances avec qualité.

LES SALCES

Sur le versant sud de l'Aubrac, avant le col de Bonnecombe, le massif tombe vers la vallée du Lot ; le paysage change, les vallées s'encaissent, les versants se couvrent de hêtres. Même la géologie s'en mêle : le granit se fait rare et les techniques de construction s'adaptent, comme en témoigne l'église du village des Salces construite entièrement en schiste.

En empruntant une petite route à flanc de vallée, on atteint le petit village pittoresque des Hermaux, où l'on peut admirer une originale fontaine abreuvoir. En poussant plus loin, on peut revenir sur La Canourgue par Trélans, par une petite route qui longe la limite du département.

CHÂTEAU D'ORFEUILLETTE €€€

La Garde - **ALBARET-SAINTE-MARIE**
✆ 04 66 42 65 65
www.chateauorfeuillette.com
Chambre double de 85 € à 195 € ; suite de 195 € à 390 €. Petit déjeuner buffet : 17 €. Lit supplémentaire : 25 €

Ce château, à l'origine un relais de chasse transformé en établissement de charme, est pelotonné au cœur d'un parc de 12 hectares qui lui offre un environnement paisible et idyllique. A l'intérieur, onze chambres, onze décors plutôt design, contrastent avec l'allure princière du bâtiment. Les prestations sont haut de gamme : lits ronds, baignoire deux places, bains bouillonnants, petits salons… Et se prolongent dans le restaurant gastronomique, bio et locavore des lieux, offrant à ses hôtes une expérience luxueuse hors du commun et un peu hors du temps.

GÎTES DU RAJAS €

✆ 04 66 32 60 73
www.gite-lozere-aubrac.com
Gîtes de France. Ouvert du 20 avril au 20 novembre. Pour 16 personnes. Gîtes de séjour de 180 € à 600 € la semaine.

Situé sur le l'itinéraire du Tour des Monts d'Aubrac, du St-Guilhem, et d'Urbain V, le gîte d'étape est une étape magique au cœur de l'Aubrac. Il a du reste servi de décor au film St-Jacques… la Mecque. Tous les randonneurs sont accueillis, qu'ils soient à vélo, à pied ou à cheval, et il est même possible de planter sa tente. La famille Pignol, propriétaire de ce bel endroit, propose également des gîtes ruraux tout aussi agréablement rénovés, pour 6 à 12 personnes, au hameau du Brouillet à Saint-Pierre de Nogaret, et à l'excellent rapport qualité-prix.

BRASSERIE DE LA NAINE

3, avenue des Entrepreneurs
✆ 04 66 31 94 84
www.brasseriedelanaine.fr
Ouvert le mardi, le jeudi et le vendredi de 10h à 13h et de 15h à 18h30 ; le mercredi et le samedi de 10h à 18h30.

Gwendoline et Florian ont rassemblé leurs connaissances en biologie végétale et en qualité de l'eau pour ouvrir La Brasserie de la Naine à Saint-Chély-d'Apcher, et opté pour un approvisionnement via les circuits les plus courts possible. Le houblon est français ; le malt, la gentiane et autres herbes aromatiques et médicinales, départementaux. Gwendoline et Florian ont aussi fait le choix du bio pour leurs trois bières blanches, blondes et ambrées ; et leurs spéciales. Toutes sont en vente directe à la brasserie du mardi au samedi.

AUBERGE DU RADAL €€

Col du Trébatut
✆ 06 81 85 76 65
www.aubergeduradal.com
Chambre double de 62 € à 66 € ; chambre triple 77 €. Demi-pension : 58 €. Petit déjeuner : 7 €. Menus 23 € à 30 €.

Au carrefour de trois chemins de randonnée (Saint-Guilhem, Urbain V, tour des monts d'Aubrac), au coeur de l'Aubrac, l'auberge offre le gîte et le couvert. Cinq chambres d'hôtes, chambres et dortoirs pour le gîte d'étape où calme et confort s'ajoutent à la chaleur de l'accueil et aux bons conseils dispensés par le maître des lieux pour découvrir une région chère à son coeur. Le salon commun réservé aux hôtes abonde de documentation touristique et suggestions de circuits. L'adresse est aussi un temple du bien-manger dédié aux produits du terroir.

FOURNELS ★

Petit centre administratif du nord du département, Fournels attire l'œil du voyageur avec son château qui occupe un petit promontoire. Construit au XVIe siècle, puis remanié au XVIIe, il forme un quadrilatère flanqué de trois tours en poivrière, mais il ne se laisse admirer que de l'extérieur. On peut s'en consoler en admirant le chœur de l'église du XIIe siècle, voûté en plein cintre, et son clocher-mur si typique. Les environs sont une invitation à la promenade bucolique, d'abord sur les traces des moulins à eau, qui servaient autrefois à moudre le grain. Sur la Bédaule, l'un d'entre eux est encore en activité. En continuant ce périple verdoyant, la route mène jusqu'au pied du rocher de Cheylaret, table basaltique circulaire qui domine les environs et sur laquelle une carte d'orientation fournit quelques points de repère. De là, on peut se diriger vers La Fage-Montivernoux, ses quarante-quatre croix en granit et son clocher-peigne qui supporte une cloche de 1736, puis remonter, au nord, vers Termes : le village est coiffé de son église du XIIIe siècle, qui fut agrandie à la période gothique, puis ornée de ce clocher pointu au XIXe siècle. Outre la visite de son intérieur (Pietà du XVIe siècle, statues et Christ monumental en bois), elle vaut le détour pour le panorama que l'on a depuis cette éminence : si le ciel le permet, on distingue d'ici les monts de la Margeride, le Plomb du Cantal et les monts d'Aubrac.

NASBINALS ★

La capitale de l'Aubrac lozérien, située à 1 200 mètres d'altitude, est une petite ville très animée. La beauté de son environnement, la proximité des espaces de ski, la réputation et le dynamisme de ses commerçants et la qualité de ses hébergements en font un centre de séjour très fréquenté par les touristes, même en hiver. L'église, remarquable exemple de l'art roman auvergnat du XIe siècle, impressionne par son dépouillement et son curieux clocher octogonal.
Nasbinals était une étape importante sur le Chemin de Saint-Jacques-de-Compostelle. A partir de Nasbinals, on empruntera la « Route des Lacs » qui fait découvrir les curiosités glaciaires de l'Aubrac : la Cascade du Déroc, le lac des Salhiens, et ceux de Souveyrols, Saint-Andéol, le Born. Soyez prudent car la route des lacs est très étroite et très fréquentée en été. À proximité, un séjour s'impose dans la petite station thermale de La Chaldette. Vers 1900, le village compte quatre hôtels, dont l'hôtel thermal de soixante-dix chambres, avant un déclin inexorable jusqu'à sa fermeture en 1968. La Société d'équipement de la Lozère rachète l'établissement en 1988 et décide de faire de la Chaldette le deuxième pôle thermal de la Lozère et revitaliser ainsi le massif de l'Aubrac. La station renaît véritablement en 1994 à l'ouverture du nouveau centre thermal, superbe réalisation de l'architecte Jean-Michel Wilmotte.

LA TABLE FOURNELAISE €€

Place de la Mairie
✆ 04 66 42 99 75
www.latablefournelaise.fr

Restaurant ouvert midi et soir sauf dimanche soir et lundi soir. Menu soir et week-end : 28 €

Fraîcheur et présentation soignée caractérisent ce restaurant sans prétention qui propose une cuisine traditionnelle variant au fil des saisons. Parmi nos plats préférés, on notera le feuilleté de ris d'agneau aux champignons des bois, l'aumônière de foie gras mi-cuit maison, les galettes de tête de veau panée, des fleurs de courgettes farcies à la mousseline de poisson, la pièce de bœuf poêlée à la crème de morilles... Le service est enjoué et prévenant ; la jolie salle aux tons bordeaux donnent une ambiance chaleureuse et conviviale à cette adresse sympathique.

L'église de Nasbinals.

LE RELAIS DE L'AUBRAC €€

Le Pont-de-Gournier - **RECOULES-D'AUBRAC**
✆ 04 66 32 52 06
www.relais-aubrac.com

Ouvert de mi-mars à mi-novembre. Chambre double de 62 € à 78 €. Petit déjeuner buffet : 10 €.

Voilà une bien belle adresse sur l'Aubrac pour passer un séjour des plus agréables. De superbes chambres rénovées, dans une ambiance cosy, vous y attendent... En bas, une grande salle de restaurant vous accueille ; le panorama sur l'Aubrac y est exceptionnel. Le chef Laurent Pagès vous propose charcuteries, aligot traditionnel, saucisses aux champignons, salade du buron, gigot d'agneau de Lozère, viandes bovines labellisées, tête de veau sauce ravigote... Des incontournables du terroir lozérien qui tiennent bien au corps et marquent les esprits pour toujours.

SÉJOURS BASTIDE €€

✆ 04 66 32 50 03
www.bastide-nasbinals.com/hebergements

Chambre double de 45 € à 69 € (tarifs identiques pour les 3 hôtels La Route d'Argent, La Randonnée, Le Bastide)

En plus de proposer un ensemble d'activités éco-touristiques (raquettes, ski, randonnée...) et des restaurants locaux qui feront le plaisir des gourmands, les Séjours Bastide possède une belle offre d'hébergement composée de trois hôtels (le Bastide, la Randonnée, la Route d'Argent) et d'une charmante maison de village (Maison Bouchard). Ils offrent une gamme de prestations pour tous les goûts et toutes les bourses. En deux ou trois étoiles, en chambres simples ou doubles, plus ou moins spacieuses, familiales ou en formule gîte, vous trouverez votre bonheur.

LA BORIE DE L'AUBRAC €€€

La Grange des Enfants ✆ 04 66 45 76 97 - A 4 km de Nasbinals, sur le chemin de Saint-Jacques-de-Compostelle. - www.borie-aubrac.com

5 chambres de 100 € à 170 €. Animaux acceptés (10 €). Table d'hôtes à 30 € (boissons comprises, sur réservation)

Sur le chemin de Saint-Jacques-de-Compostelle, cette maison d'hôtes est un repaire pour les amateurs d'étape buissonnière. Plantée au beau milieu de la campagne, à quelques pas de Nasbinals, la bâtisse en pierre centenaire abrite cinq belles chambres à l'authenticité préservée et au confort moderne. La Borie de l'Aubrac offre ainsi une expérience unique de repos, de détente et de convivialité. Chaque soir, Pat et Laurent vous invitent à leur table généreuse : poire de bœuf Aubrac et Retortillat -pommes de terre au laguiole, pounti... De quoi réchauffer les corps !

LE BURON DE BORN €€

D52 - **MARCHASTEL**
✆ 04 66 32 52 20
www.bastide-nasbinals.com

Fermé d´octobre à mai. Ouvert tous les jours le midi et le soir. Fermé le dimanche soir.

Le Buron de Born à Machastel, ce sont soixante-dix couverts à l'intérieur, le double avec la terrasse dès que le temps le permet, pour goûter à une cuisine aussi abondante que frugale : charcuterie de pays, aligot au chaudron, pièce de bœuf de l'Aubrac, rétortillat, fromage de montagne et tarte maison, qui témoignent d'une volonté de partager le goût des nourritures campagnardes. Ici, les clients -gens du pays, familles, pèlerins, Parisiens... - viennent chercher de la convivialité avant tout, et un panorama unique sur le lac de Born.

À L'ENTOUR

Place du Foirail
✆ 06 81 63 21 23

Basse saison : du mardi au dimanche, 10h à 12h30 et 14h à 19h. Haute saison : tous les jours, 10h à 12h30 et 14h à 19h.

François a investi le cœur du village pour y déployer A L'Entour. Dans cet espace, moitié librairie, moitié boutique d'artisanat régional, il conjugue une sélection généraliste de livres et de savoir-faire ancrés sur le territoire. Au milieu des parapluies d'Aurillac, des couteaux de Laguiole, des chapeaux du Tarn-et-Garonne et autres vestes de montagne (avis à ceux qui auraient sous-estimé le climat de l'Aubrac), on découvre les mots du jeune homme, crayonnés à la main sur de petites feuilles cartonnées, pour guider les clients dans leur choix de lecture.

L'OCCITAN

place de la Mairie
✆ 04 66 32 98 35

Ouvert toute l'année. Tous les jours. Burger à partir de 10 €.

Le bar tabac presse brasserie d'Isabelle et Franck désemplit rarement. On y trouve pêle-mêle les journaux, le Petit Futé de la Lozère, des bières et limonades artisanales... Et surtout, de la bonne humeur ! La terrasse, l'été, un peu en retrait, est abritée et sert le casse-croûte du marcheur : un burger Occitan à la truffade, au cantal et au bleu, ou encore un mixed grill très couleur locale (saucisse de bœuf Aubrac, merguez Aubrac, bavette d'Aloyau Aubrac, nuggets avec sauce barbecue, frites et coleslaw), assiettes de charcuteries et de fromages...

CHARCUTERIE DE L'AUBRAC

Route de Marvejols
✆ 04 66 32 50 07
www.charcuteriedelaubrac.com
Basse saison : ouvert du mardi au samedi. Haute saison : tous les jours.

Patricia Souchon règne en maîtresse sur cette vénérable maison qui porte haut et fort la réputation de la charcuterie de l'Aubrac depuis cinq générations. Elaborés selon les recettes familiales, pâtés et terrines, sacs d'os, fritons, manouls et tripous ont régulièrement les honneurs des trophées de la Lozère gourmande. La boutique Charcuterie de l'Aubrac se situe à l'entrée de Nasbinals et bénéficie d'un grand parking. L'offre décline la plupart des spécialités lozériennes. Mention spéciale pour cette charcuterie faite maison : jambon de pays, saucisse sèche...

LA GRANGE AU THÉ

Place du Foirail
✆ 06 33 96 60 56
www.lagrangeauthe.com
Hors saison : Vente en ligne. Livraison possible.

Au cœur du village de Nasbinals, cette boutique à la déco authentique comble toutes les envies, gourmandes ou cosmétiques. On y trouve pêle-mêle des savons, des baumes, des parfums, des petits pavés au chocolat, des sablés, des guimauves, des meringues et même un apéritif... Tous ces produits ont en commun un ingrédient : le thé d'Aubrac ou Calament à grandes fleurs, une plante locale qui pousse à l'état sauvage. Ils peuvent se déguster sur place, dans l'espace salon de thé de la boutique, où un accueil chaleureux sera assuré en saison.

CENTRE ÉQUESTRE DES MONTS D'AUBRAC

Route de Sainte-Urcize ✆ 04 66 32 50 65
www.equitation-aubrac-lozere.fr
Tous les jours. Chambres de 2 à 5 lits avec sanitaires privatifs. De la balade d'une heure à rando à la journée.

Le centre équestre des Monts d'Aubrac met ses bêtes, chevaux et poneys, au service de découvertes sur-mesure. Outre les séances d'initiation, les cours et leçons, elle propose des randonnées accompagnées à travers les grands espaces, ainsi que des stages. Dans ces cas-là, on dort au gîte de la ferme équestre. La maîtresse de maison, aussi à l'aise en cuisine qu'à l'accueil, fournit les repas : saucisse et truffade, viande de l'Aubrac aligot, thé d'Aubrac, myrtilles...

STATION THERMALE LA CHALDETTE

La Chaldette - **BRION**
✆ 04 66 31 68 00
www.lachaldette.com
Massages à partir de 28 €.

Le centre thermal recueille les eaux des volcans, chaudes (35 °C) et riches en minéraux, dont les bienfaits étaient connus dès le Moyen Âge, et en dispense les bienfaits *via* des cures médicales et des soins de remise en forme. Les premières traitent des problèmes ORL et d'appareil digestif. Les deuxièmes prennent la forme de douches à jet ou à affusion, de bains bouillonnants, de soins de bien-être et esthétiques, à bases d'huiles essentielles et... de thé d'Aubrac !

PEYRE EN AUBRAC

Commune nouvelle issue de la fusion d'Aumont-Aubrac, La Chaze de Peyre, Fau de Peyre, Javols, Sainte-Colombe de Peyre et Saint-Sauveur de Peyre, Peyre en Aubrac correspond à l'ancienne communauté de communes de la Terre de Peyre (les communautés de communes ont aussi fusionné, on ne parle pas de la fusion des Régions, bref on a l'impression de jouer aux poupées russes). Cependant cette fusion n'est pas si artificielle que ça, les barons de Peyre avaient peu ou prou le même territoire au XI° siècle. La commune nouvelle, traversée par l'autoroute A75 et cernée de part et d'autre par l'Aubrac et la Margerdie, représente désormais environ 2400 habitants.

MUSÉE ARCHÉOLOGIQUE DE JAVOLS

Rue Principale ✆ 04 66 42 87 24 - A75 sortie Aumont Aubrac, RN806 via Serverette ou Saint-Amans.
www.archeologie-javols.org
Tarifs : 3€ adulte, 2€ 12-18 ans. Juillet et août : du lundi au samedi. Hors saison : voir site Internet

Depuis le début des fouilles, au XIXe siècle, Javols n'en finit pas de découvrir les vestiges de son passé gallo-romain. Le musée abrite des objets de la vie quotidienne et propose régulièrement des animations et ateliers à destination des plus jeunes, ainsi que des actions de sensibilisation à l'archéologie. Les 40 ha du site se visitent en parcours extérieur, balisé de panneaux, qui ont pour but de localiser les emplacements des vestiges réenfouis pour des raisons de protection.

À LA FERME DU BARRY €€

9, rue du Barry
✆ 04 66 42 90 25
www.ferme-du-barry.com

Formule Resto-Grill : 24 €. Gîte : 18 €/nuitée, 48 € en demi-pension. Petit-déjeuner : 8€.

La ferme de Barry devenue une auberge polyvalente possède une belle terrasse adossée à une vieille bâtisse, à la sortie d'Aumont-Aubrac, en direction de Javols. Un gîte rénové avec goût déroule une dizaine de chambres confortables (1 à 5 personnes) et un restaurant-grill, proposant viande d'Aubrac et agneau de pays, permet de se restaurer à bon compte. Tout vient du local : œufs, charcuterie, viande aubrac... Charles fait simple en cuisine mais tout est fait maison, notamment l'incontournable aligot de la maison, les frites ou la ratatouille.

CYRIL ATTRAZIC €€

10, route du Languedoc
✆ 04 66 42 80 22
www.camillou.com

Qualité Tourisme. Logis. 37 chambres. Restauration. Hammam, sauna.

Aux confins de l'Aubrac et de la Margeride, au cœur d'un environnement naturellement préservé, cette institution familiale depuis 1928 marie élégance, chaleur et convivialité. Dans ce véritable havre de paix et de goûts, vous choisirez de faire un somme dans une chambre aussi jolie que cosy, de paresser au spa ou de rejoindre le restaurant du chef Cyril Attrazic. Amoureux de la Lozère et de ses bons produits, le jeune homme a développé une cuisine créative, originale, mais pas moins sincère. Cette table gastronomique vous en mettra plein les papilles.

HÔTEL LINETTE €€

10, avenue du Languedoc
✆ 04 66 42 85 88
www.hotel-restaurant-linette.com

Fermé du 15 décembre au 15 janvier. Chambre double 70 €. Petit déjeuner : 9 €. Chambre familiale : 130 €.

Les chambres à la décoration épurée, sont très lumineuses et confortables. Et on y fait volontiers une halte pour une nuit ou plus. Le restaurant joue la carte de la simplicité et de la fraîcheur, tout en mettant en vedette le terroir avec des salades composées, assiettes de charcuterie, cocotte de tripoux, des burgers maison revisités à la mode lozérienne et un savoureux gâteau de châtaignes. Sur le chemin de Compostelle, c'est une étape agréable, façon auberge de famille, au rapport qualité-prix qui plus est plutôt intéressant.

LE TRIBOULIN €€

La Chazotte
✆ 06 84 50 36 30
www.letriboulin-gitelozere.com

Le tarif varie en fonction du nombre de personnes, la période ainsi que la durée du séjour.

Sylvie est infirmière, et Claude, agriculteur. Ensemble, ils vous accueillent au sein du Triboulin : une somptueuse bâtisse des années 1800, transformée en gîte d'exception au terme de quatre années de travaux et de sueur. Aujourd'hui l'ancienne ferme de 400 m², située à La Chazotte, un petit village entre Aubrac et Margeride, abrite trente-huit couchages, répartis en huit chambres et dortoirs. Les prestation sont plutôt haut de gamme, avec des lits doubles en 180, deux cuisines aussi spacieuses que modernes et un environnement magique.

LA TUILE EN AUBRAC €€

La Tuile
✆ 07 89 44 18 85

De 512 € à 1 540 € la semaine selon saison. Tarifs week-end possible.

Cette maison de famille, une ancienne ferme typiquement aubracienne, mêle le charme des vieilles pierres à la magie de paysages coupés du monde. Ségolène, propriétaire de ce petit trésor lozérien, partage son histoire sur Instagram à travers un compte particulièrement documenté en mots et images. La jeune femme ouvre aussi les portes de cette maison de vacances aux amoureux de grands espaces. La bâtisse, vaste de 150 m², abrite quatre chambres et deux salles de bains. Dans cette guest-house, on profite aussi d'un jardin et des commodités du bourg d'Aumont.

FROMAGERIE BENOÎT CHAPERT

5, route d'Auvergne
✆ 04 66 42 80 24
www.fromagerie-benoit-chapert.fr

Boutique en ligne.

Depuis ses débuts en 1924, l'entreprise Benoît Chapert s'abreuve en lait de vache sur les verts pâturages de la Margeride, pour fabriquer des fromages savoureux et haut de gamme : l'Aubrac, la tome aligot fraîche, la tome de grand-mère et le fameux bleu d'Aumont. Des productions maison qui ont amplement contribué à la réputation de cette fromagerie lozérienne, qui propose aussi sur ses étals, des produits du terroir et un beurre particulièrement apprécié.

ISPAGNAC ★★

Ville active durant le Moyen Âge et la Renaissance (quelques belles maisons à admirer), Ispagnac possède une belle église romane, bâtie au XIe siècle mais remaniée depuis. Bien qu'Ispagnac ait subi les assauts du capitaine huguenot Mathieu Merle en 1580, le bâtiment a persisté. Très bien restauré, il se distingue par sa coupole, son clocher octogonal et sa nef à trois travées. Le porche, haut et profond, protège un portail roman et une niche encastrée dans la muraille qui accueillait les enfants abandonnés. Le choix du matériau, un beau calcaire doré, donne une teinte claire à l'édifice, notamment à la façade occidentale qui présente un portail à deux vaisseaux et une rainure, peut-être destinée à recevoir un élément de défense. Quelques adjonctions du XVIIe siècle sont venues modifier la forme purement romane sans pourtant dénaturer l'ensemble.
En suivant le Tarn, l'imposant pont gothique de Quézac enjambe la rivière. Son importance ne s'explique que par la nécessité d'assurer le passage en toute saison aux nombreux pèlerins qui, au Moyen Age venaient vénérer la Vierge de Quézac. La statue, détruite par les huguenots, a été remplacée et fait toujours l'objet d'un pèlerinage en septembre. Le village de Montbrun, perché sur une butte dominant la vallée a pu garder un caractère authentique en étant un peu à l'écart du flot touristique des gorges. Ses maisons, étroitement construites en cercles concentriques formaient une sorte de rempart qui protégeait le village ; bien conservées, elles constituent un très bel ensemble architectural.

CHEZ MAMIE THÉ €€

19, rue des Barrys ✆ 07 85 06 04 92
www.gitechezmamiethe.jimdo.com
Gîtes de France (3 épis). Pour 8 personnes (140 m², 3 chambres). De 280 € à 890 € la semaine selon saison.

On est tombé sous le charme de ce gîte, qui allie le confort d'aujourd'hui à une charmante décoration écologique. Les trois chambres et les espaces de vie, qui peuvent accueillir jusqu'à huit personnes, ont en effet été rénovés avec des matériaux respectueux de l'environnement : laine de chanvre, bois locaux... qui confèrent à l'adresse ce petit supplément d'âme. Depuis la terrasse privative de cette ancienne maison de cordonnier, posée en plein cœur du village, il n'y a plus qu'à laisser vagabonder ses pensées et à profiter pleinement de vacances à la campagne.

LA TIEULE

Il faut traverser le désertique causse de Sauveterre pour découvrir le petit hameau typique de la Tieule, chef-lieu d'une vaste commune à l'habitat caussenard dispersé. Cela est vrai quand on y vient par le sud. Mais en réalité, il se trouve à une poignée de kilomètres de l'échangeur 41 de l'A75. Une occasion unique de quitter pour quelques heures ou plus, la vie moderne et trépidante pour se replonger dans la sérénité des grands espaces. Cette proximité avec l'autoroute est aussi à l'origine d'un beau dynamisme économique. De belles entreprises (bienmanger.com ; La Bergerie de Lozère) se sont installées dans la zone d'activités toute proche.

DISTILLERIE ARTISANALE ESSENCIAGUA

✆ 04 66 48 45 06
www.essenciagua.fr
Ouverture tous les jours. Appeler de préférence avant de passer. Visite guidée.

La société Essenciagua développe à La Tieule un projet 100 % bio et écoresponsable autour des huiles essentielles. L'entreprise, créée en 2005, s'approvisionne en plantes fraîches dans un rayon de 150 kilomètres autour de la distillerie, chez les agriculteurs ou les cueilleurs certifiés en mode agrobiologique. Cette matière première est ensuite raffinée à l'eau de source de Lozère dans des alambics en inox alimentaire. Une pratique qui reste encore fortement imprégnée du geste artisanal et de toute la patience qui y est associée. Ce n'est en effet qu'au terme d'une distillation lente et complète qu'Essenciagua capte la richesse et la complexité de ces plantes : achillée, aneth, basilic, bergamote, ciste, mélisse, menthe, ravintsara, rose de Damas, ylang... Ainsi transformées en huiles essentielles ou hydrolats, elles livrent alors l'étendue de leurs bienfaits. Ces « grands crus » comptent des dizaines de parfums, pour soulager les douleurs physiques (migraine, aphte, arthrose...) comme les bleus à l'âme (trac, angoisse, fatigue intellectuelle...). L'entreprise, qui privilégie la très haute qualité dans son travail de producteur et distillateur, recommande aussi une utilisation éclairée de ses « trésors » médicinaux ou cosmétiques, selon le principe « une personne, un moment, une plante ». N'hésitez pas à pousser les portes de cette honorable maison ; vous pourrez en effet visiter la distillerie et son espace de production, doté de deux alambics.

MASSEGROS CAUSSES GORGES

La commune de Massegros-Causses-Gorges est le résultat de la fusion du Massegros, Les Vignes, Le Recoux, Saint-Rome-de-Dolan et Saint-Georges-de-Lévéjac. Ce territoire de carte postale situé au bord du Tarn dispose d'un patrimoine riche et d'une architecture tout en voûtes, pierres et ponts. Entre Causse de Sauveterre et Gorges du Tarn, il détient quelques joyaux, comme les Détroits et le Point Sublime, à travers une vingtaine de hameaux. La commune s'étend en hauteur et s'élève 500 m plus haut, cela permet d'admirer davantage la région et sa beauté. Autre détour obligé si vous êtes de passage : le Causse de Sauveterre, un vaste plateau calcaire.

LE POINT SUBLIME

✆ 04 66 48 81 18

Qu'il porte bien son nom, le Point Sublime ! Le plus célèbre point de vue des Gorges du Tarn est un site touristique incontournable. Ce belvédère surplombant le Cirque des Baume offre un panorama à couper le souffle : des Détroit au Pas de Soucis, le Tarn suit son cours quelque 400 mètres plus bas. Sur place, en saison, un snack-bar ainsi qu'une Maison du Tourisme accueillent les visiteurs. On y trouve spécialités locales, produits du terroir, objets artisanaux et souvenirs, ainsi qu'une antenne de l'Office de Tourisme de l'Aubrac aux Gorges du Tarn.

CAMPING LA BLAQUIÈRE €€

RD 907 bis

✆ 04 66 48 54 93

www.campinggorgesdutarn.fr

Emplacement + véhicule + 2 personnes de 14 € à 25 €. Mobil-homes de 280 € à 730 €/semaine ; bungalows de 160 € à 520 €.

Ce camping 3 étoiles offre un cadre idyllique pour les touristes à la recherche de naturel et de tranquillité. Son terrain -1,5 hectare idéalement ombragé- s'étire le long de la rivière et s'ouvre sur une plage, parmi les plus belles des Gorges du Tarn. La Blaquière, c'est aussi un choix d'emplacements et d'hébergements locatifs particulièrement variés et attractifs. Outre des espaces nus pour planter la tente ou garer caravane et camping-car, l'établissement est équipé de mobil-homes et de tentes lodges confortables, dont certains regardent vers la rivière.

CHEZ RICOU €€

Place de la Mairie

✆ 04 66 48 80 07

www.hotel-poujol.com

Chambre double à partir de 40 €. Petit déjeuner : 8 €.Restauration (menus de 15 à 25 €).

Depuis quatre générations, la famille Poujol reçoit ici de manière décontractée. La cuisine y est plutôt de très bonne facture, généreuse et goûteuse, surtout les week-ends où ris d'agneau, tête de veau et autre pièce de bœuf s'invitent à table. En semaine, un menu complet renouvelé permet de se remplir la panse à moindre frais, sans oublier de se régaler. A l'étage, une quinzaine de chambres à la déco quelque peu vintage, mais au confort optimal permettent de se poser dans cette maison de famille dont la simplicité et l'hospitalité sont les principales valeurs.

LE PARISIEN €€

2, rue de la Tieule - **LES VIGNES**

✆ 04 66 41 01 20

www.leparisiendesvignes.com

Menu unique à 24 € (entrée + plat ou plat + dessert : 19 €). Menu enfant : 12 €. Pique-nique : 10 €.

Ce Parisien est installé au cœur des Gorges du Tarn, dans une charmante et ancienne bâtisse, qui a connu plusieurs vies : relais de poste, pompe à essence, boîte de nuit, cinéma, pizzeria… Aujourd'hui, l'établissement accueille une dizaine de chambres lumineuses, décorées avec des objets chinés, et un restaurant, qui se décline en trois ambiances : une salle chaleureuse et deux terrasses. Conscient de la richesse de son territoire, le chef privilégie les producteurs tout proches pour se ravitailler… Le menu du jour est ainsi fabriqué maison de l'entrée au dessert.

AQUA LOISIRS

Village - **LES VIGNES**

✆ 04 66 48 82 49

www.aqua-loisirs.com

Fermé du 15 octobre au 15 avril. Kayak 1 personne : de 24 à 27 €/journée. Canoë 2 personnes : de 48 à 54 €/journée.

Les gorges du Tarn sont sans conteste le spot idéal pour pratiquer kayak, canoë, paddle et autres embarcations aquatiques en Lozère. Aqua Loisirs a ainsi mis sur pied six circuits, au départ des Vignes, où est sa base, pour profiter des eaux tantôt agitées tantôt plus calmes de la rivière. Leur nom (L'inoubliable ; Le magnifique ; Le sensationnel…) annoncent la couleur de façon très claire : des paysages exceptionnels, des émotions, des surprises et du plaisir avant tout, accessible à tous les niveaux grâce aux longueurs et aux niveaux variés des circuits.

MEYRUEIS ★

Idéalement situé entre les Cévennes schisteuses et les causses calcaires, Meyrueis – au milieu des ruisseaux – se présente comme l'une des portes sud de la Lozère. Cette position intermédiaire entre la plaine languedocienne et les montagnes auvergnates en fit longtemps un centre très actif. Les Romains y construisirent sans doute un castrum et, aux alentours de l'an mille, les seigneurs de Sauve, à qui appartenaient ces terres, en firent don à l'abbaye bénédictine de Saint-Guilhem-le-Désert ; après l'installation d'un établissement de l'ordre de Saint-Jean-de-Jérusalem, la ville a été partagée en deux paroisses. Prospères, ses foires étaient dédiées à la production locale : les céréales et le bétail, les draps de laine, le cuir et, à partir du XVe siècle, les chapeaux de feutre, vendus dans toutes les Cévennes ; on y voyait les muletiers de la région. La ville se fortifia, mais ne fut pas épargnée par la guerre de Cent Ans. Les troubles les plus graves, ceux qui ont marqué le plus profondément la petite cité, sont liés à la religion : la foi protestante a trouvé là un terrain favorable, au point que la ville entière s'est déclaré pour la religion réformée ; elle restaura ses fortifications et entreprit de résister, bastion calviniste face aux causses catholiques. Elle y perdit sa citadelle, rasée sur ordre du roi en 1629, mais s'embrasa à nouveau et participa à la guerre des camisards. De nombreuses destructions ne sont pourtant pas venues à bout des industries qui ont repris à la paix retrouvée : les chapeaux de feutre, toujours, la filature de laine et de soie, la clouterie, les tanneries, autant d'activités inchangées jusqu'au XIXe siècle. La Révolution et l'organisation du territoire en département ne feront que rompre l'attachement séculaire qui existait entre Meyrueis et l'ancien diocèse de Nîmes. L'industrialisation et le développement des voies de communication oublièrent ce terroir dans la deuxième moitié du XIXe siècle ; l'exode rural s'y fit lourdement sentir jusqu'à ce qu'un dénommé Martel le mette sur la voie du tourisme. L'office du tourisme propose des circuits de visites et des explications sur les richesses de ses vieux murs.

© CLAUDE MAILLERET

Meyrueis.

LE CHÂTEAU D'AYRES €

Les Ayres
✆ 04 66 45 60 10
www.hotel-restaurant-meyrueis.com
Chambre double de 99 € à 185 € ; suite de 189 € à 209 €. Petit déjeuner : 15 €. Restauration.

Dans cet ancien monastère du XIIe siècle, Hélène et Jean-François de Montjou, proposent une trentaine de chambres chaleureuses et romantiques. Le grand parc de 5 ha planté d'arbres centenaires, confère une grande sérénité aux lieux. L'établissement est doté d'une piscine intérieure, d'un tennis et de plusieurs salons. Il offre aussi une cuisine de qualité avec comme chef Hélène de Montjou qui joue subtilement sur l'authenticité des produits du terroir. Le pélardon de la ferme des Oubrets et la noisette d'agneau grillée à la plancha sauce au curry sont des délices.

LES KASALAS €

Hyelzas - **HURES-LA-PARADE**
✆ 06 84 26 16 25 - Coordonnées GPS : 44°12'59.6"N 3°19'25"E
www.leskasalas.com
Chambre double 95 €. Petit déjeuner inclus.

En 2012, Monique, Daniel et leurs enfants ont eu l'idée de construire ces hébergements d'exception dans le village de Hyelzas et ont donné corps à deux chambres d'hôtes exceptionnelles et une cuisine commune ouverte sur l'extérieur. L'ensemble est bâti avec des matériaux sourcés dans le coin, et abrité sous un unique toit végétalisé qui épouse le relief du Causse Méjean tout autour. Semblables à l'antre d'un hobbit, ces chambres d'hôtes pas comme les autres, d'une capacité de 2 à 4 personnes, offrent une bulle d'oxygène aux vacanciers en quête de tranquillité.

LOZÈRE

LOGIS HÔTEL LE MONT-AIGOUAL €€

34, quai de la Barrière
✆ 04 66 45 65 61
www.hotel-mont-aigoual.fr

Chambre double de 60 € à 100 € ; chambre triple à partir de 95 €. 2 personnes. 2 personnes. Petit déjeuner : 11 €.

Cette affaire familiale est une véritable institution de la région, créée par l'arrière-grand-mère de l'actuel propriétaire, elle a su résister aux rouages du temps et a conservé une excellente réputation. Pour trouver la source de cette renommée, il suffit de se rendre sur place, de découvrir les chambres au cadre chaleureux, de s'allonger autour de la piscine, de déjeuner au sein du restaurant... Bref de profiter de l'expérience charmante qu'est l'Hôtel Le Mont-Aigoual !

GORGES DU TARN CAUSSES ★★★

En 2017, les villages de Sainte-Enimie, Quézac et Montbrun ont fusionné et ont donné naissance à la commune de Gorges-du-Tarn-Causses. Cette nouvelle entité s'étend au cœur de pentes abruptes, de routes escarpées et de hameaux de charme. La promenade dans le centre historique, par les rues médiévales, procure une agréable fraîcheur en été. Dans les hauteurs de superbes panoramas sont visibles, on admire notamment le paysage verdoyant et les gorges rugissantes. La commune dispose de plusieurs points d'intérêt de choix tels que la source de Burle, noyée de verdure, l'Ermitage, lieu du pèlerinage, et l'usine d'embouteillage de l'eau gazeuse « Quézac ».

UTOPIX - LES IGLOOS DU SAUVETERRE

La Sirvente ✆ 04 66 48 59 07
www.utopix-lozere.fr

Ouvert d'avril à octobre. Adulte : 8 €. Enfant (de 3 à 15 ans) : 6 €. Groupe (10 personnes) : 5 €. Scolaires : 4 €.

Ces cabanes de pierre, construites en cercle, sont comme le prolongement des capitelles languedociennes. Leur créateur en a fait un espace ludique (jeux artisanaux, minigolf) et un lieu d'exposition de sculptures, peintures et autres créations artistiques. On y admirera différentes de ses compositions en pierre : le dinosaure, l'automobile, la moto, l'œuf... Bref, un immense terrain de jeu de 11 ha, insolite, au service des énergies propres. Possibilité de pique-niquer sur place.

L'ABRACADA BAR

Route du Front du Tarn
✆ 04 66 47 79 15
labracadabar.business.site

Situé à Sainte-Enimie, L'Abracada Bar est un charmant repaire où il fait bon vivre. Dans cette taverne atypique, dont la terrasse offre un panorama unique sur la rivière et l'azur, vous aurez accès à une large gamme de vins, bières et apéritifs, tous régionaux ! Le principe ? On choisit son breuvage à la cave avant d'aller le consommer en salle ou à l'extérieur, avec les copains si possible. Pour accompagner ses jolis canons, L'Abracada Bar propose des tapas, des planches de charcuterie et de fromage, et un foie gras maison à la truffe de Lozère !

LOZÈRE

© ALAMER - ICONOTEC

Vue générale de Sainte-Enimie.

MAS-SAINT-CHÉLY

Le Causse Méjean, au-dessus de Sainte-Enimie, est parsemé de petits hameaux regroupés dans la commune de Mas-Saint-Chély. Ici, les moutons sont plus nombreux que les humains vivant à l'année dans ces grands espaces. Mas-Saint-Chély est ainsi une destination prisée des promeneurs solitaires. Plusieurs circuits de randonnée (à pied ou à VTT) permettent de prendre la mesure de ce territoire encore sauvage en bien des endroits. En 2003, 1 400 hectares avaient été ravagés par un incendie. Mais la nature a depuis repris le dessus. La chapelle Saint-Côme qui avait été épargnée par les flammes a été admirablement rénovée et mérite le coup d'œil.

LA FERME DU CAÏROU

Carnac ✆ 04 66 48 56 33

Ouvert toute l'année.

La ferme du Caïrou est établie sur le causse Méjean. Monique et Alain Vergely élèvent ici des canards en plein air, nourris avec les céréales produites à la ferme puis gavés au maïs en grain, avant d'être transformés en atelier collectif. On peut retrouver le foie gras, rillettes, magret séché en boutiques à Mende, mais c'est sur place qu'on est sûr de mettre la main sur le «pâté des abeilles», petite merveille d'équilibre entre le canard et le miel. En prime, l'accueil de Monique est un régal, on a plaisir à l'écouter parler avec passion de sa production.

LA MALÈNE ★

En suivant la route des gorges ou en venant de la Canourgue, le visiteur débouche brusquement sur ce petit village médiéval. Quand on vient du sud, il se laisse admirer, tantôt à gauche, tantôt à droite, le long de la descente en lacet à flanc de vallée. Lieu stratégique, il ne subsiste que peu de choses des ouvrages défensifs. Au XVIIe siècle, après les guerres de Religion, y fut construit un charmant manoir à tourelles, aujourd'hui transformé en hôtellerie. Belle église romane à la nef étroite à trois travées voûtées. La chapelle a été ajoutée au XIXe siècle pour recevoir les restes de 18 Malénais royalistes fusillés par les révolutionnaires en 1793.

MANOIR DE MONTESQUIOU €€€

✆ 04 66 48 51 12

www.manoir-montesquiou.com

Fermé du 20 octobre au 31 mars. Ouvert tlj à partir de 12h et jusqu'à 21h. Menus de 17 € à 36 €. Formule du midi : 17 €.

Edifiée aux XVeme et XVIeme siècles, cette demeure a été transformée dans les années soixante en un pittoresque hôtel de charme. On ne reste effectivement pas insensible à cette construction en pierre du pays avec ses tourelles, le tout abritant de jolies chambres dans un environnement fabuleux. Mais ce manoir de Montesquiou, c'est aussi une halte pour se sustenter, qui privilégie l'esprit brasserie, mêlant tradition et formules salades, moderne, simple et efficace. L'été, vous serez servis sur l'une des deux terrasses. A tester !

CANOË 2000

Route du Point-Sublime

✆ 04 66 48 57 71

www.canoe2000.fr

Horaires variables selon l'activité. De 19 € à 54 €/personne selon le parcours.

Cette structure familiale s'est appropriée les gorges du Tarn et leurs eaux vives pour développer une offre d'activités sportives et rafraîchissantes. Plusieurs descentes, de 8 à 47 kilomètres, de quelques heures à plusieurs jours, permettent de découvrir, à la force des bras, le territoire et ses panoramas époustouflants. Outre les canoës et les kayaks, les paddles offrent une perspective différente sur la rivière. Canoë 2000 propose à ses clients de télécharger une application, où sont répertoriés les parcours et les informations sur la rivière.

CANOE AU MOULIN DE LA MALÈNE

Le Moulin

✆ 04 66 48 51 14

www.canoeblanc.com

Fermé de novembre à mars. Canoë 2 places de 36 € à 54 €. Kayak une place de 19 € à 28 €. Paddle à partir de 45 €.

Pionnière du canoë dans les Gorges du Tarn, l'entreprise s'est appropriée la plus belle partie du cours d'eau, autrement dit celle qui file de La Malène au Cirque des Baumes ou au Pas de Soucy, à travers une petite dizaine de parcours adaptés à tous les profils. Et ce d'autant plus qu'il est possible d'interrompre la descente en différents endroits pour reprendre son souffle, se rafraîchir dans les eaux de la rivière, casser la croûte ou lézarder sur les plages.

LE ROZIER

Deux gorges (Tarn et Jonte), trois causses (Sauveterre, Noir, Méjean) aboutissent au Rozier, point de départ d'une belle randonnée (une demi-heure de marche) vers le rocher de Capluc qui porte les ruines d'un château et de vieilles maisons caussenardes. Par un escalier de pierre et des échelles de métal, les courageux peuvent atteindre le sommet qui porte une croix et d'où l'on embrasse un panorama extraordinaire sur la Lozère du Sud et ses beautés naturelles. N'oubliez pas de jeter un coup d'œil au monument élevé à la gloire d'Edouard-Alfred Martel, considéré comme le fondateur de la spéléologie moderne et l'un des initiateurs du tourisme lozérien.

HÔTEL DOUSSIÈRE €€

Le Bourg
© 05 65 62 60 25
www.hotel-doussiere.com
19 chambres. Chambre double à partir de 50 €. Wifi gratuit. Restauration. Bain bouillonnant, sauna.

De part et d'autre de la Jonte, à cheval sur les départements de la Lozère et de l'Aveyron, l'hôtel Doussière se compose de deux bâtiments qui regardent vers la rivière. Seize chambres, dont chacune profite du murmure des eaux, se partagent les lieux. Elles combinent habilement décoration chaleureuse et confort des maisons des familles, pour faire naître un sentiment d'aisance et de quiétude. Un espace forme avec bain bouillonnant et douche à jet, qui se prolonge en extérieur, avec un jardin romantique, complète ce tableau déjà bien attrayant.

ARZENC-DE-RANDON

Le village d'Arzenc borde le Chapeauroux, qui prend sa source au col de l'Ane, un peu plus haut. Son nom aurait pu lui être donné par les moines bénédictins qui ont construit l'église au XIIe siècle. Le mot d'Arzenc viendrait du mot pré-latin Arisa, qui veut dire rivière et du suffixe Inco qui signifie lieu, endroit. Arzenc voudrait donc dire lieu de la rivière. Les habitants de la paroisse ont accompli la restauration de l'église entre 1980 et 1982 et ont remis en valeur son style roman auvergnat. Aux alentours, de nombreuses croix en fer forgé ou en pierre parsèment les chemins, une petite randonnée disponible à l'office de tourisme leur est consacrée.

CHAUDEYRAC

En bordure de la N88, le village est dominé par son église et l'ancien presbytère. La date d'édification de l'église n'est pas connu, mais elle doit remonter à la fin du XIe siècle puisqu'elle est mentionnée dans une lettre du Pape Calixte II, écrite en 1123. Son portail est remarquable, avec ses chapiteaux sculptés. Son aspect actuel est le résultat de remaniements successifs. En 1380, le sud-est de la paroisse bénéficiant déjà d'une certaine sécurité grâce au château du Cheylard, la partie nord s'organisa elle aussi autour d'une imposante tour carrée, la Tour de Clamouse, dans le but de résister aux Anglais. Il n'en reste que quelques vestiges aujourd'hui.

LAUBERT

Dans le village, on peut voir une belle tour médiévale, reconstruite au XVIIIe siècle. Elle faisait partie d'un château du XIIIe, demeure des rois d'Aragon. La légende voudrait qu'une princesse aragonaise, atteinte de la lèpre, ait demeuré ici, retirée du monde. L'église a été construite en style roman en 1825, à la demande des habitants qui dépendaient jusque-là de la paroisse d'Allenc, que la neige empêchait parfois d'atteindre. Elle renferme quelques éléments de mobilier classés : un grand christ en bois polychrome du XVe siècle, un retable à colonnes torses et un atlante doré supportant la chaire, qui provient du jubé de la cathédrale de Mende.

LE LAC DE CHARPAL

En zone Natura 2000, le site du lac de Charpal évoque irrésistiblement le Canada. Son histoire très particulière (le lac était censé abriter des munitions entre les deux guerres mondiales et une voie ferrée y avait été construite), sa forêt, plantée dans les années 50, en ont fait un lieu unique abritant une faune et une flore assez exceptionnelles. Un sentier y est aménagé et on peut en parcourir les 9 kilomètres agrémentés des panneaux didactiques sur l'environnement, à pied ou en VTT. Si la pêche (no kill uniquement) est autorisée, la baignade est interdite.

LA BASTIDE-PUYLAURENT

La Bastide-Puylaurent est née du regroupement de deux paroisses au XIXe siècle. Puylaurent, jadis village important est aujourd'hui un hameau presque déserté. Seul témoin de son passé, la belle église romane qui s'élève au milieu du plateau à plus de 1 000 m d'altitude et dont les vitraux abstraits ont été réalisés par Vincent Bioulès, un des animateurs du mouvement supports-surfaces. La Bastide s'est développée grâce à l'arrivée de la ligne Paris-Nîmes, qui s'arrête ici à son point le plus élevé, transformant ainsi le hameau en petite station d'altitude entre forêts et pâturages. Les possibilités de randonnées sont nombreuses grâce aux GR (7, 70 et 72),

L'ÉTOILE MAISON D'HÔTES €

Route de Mende
© 04 66 46 05 52
www.etoile.fr

Chambre double de 60 € à 70 € ; dortoir 50 €. Petit déjeuner inclus. Restauration (panier-repas : 8€).

Ancien hôtel de villégiature construit dans les années 30, l'endroit dégage un charme prenant, avec sa véranda et son parc en bordure d'Allier. Philippe, voyageur sympathique, l'a rénové de façon simple, offrant des chambres (2 ou 4 lits) ou des dortoirs, des coins détente, une grande salle à manger avec une belle cheminée. Des échanges avec de nombreux pays ont fait de l'Etoile un rendez-vous cosmopolite, rassemblant des randonneurs du monde entier, qui apprécient la convivialité et la bonne bière... Une adresse idéale pour une étape ou un séjour prolongé.

MONT LOZÈRE ET GOULET

Entre Lot et montagnes, entre massif du Goulet et Mont Lozère, la commune regroupe les anciennes communes de Bagnols-les-Bains, Belvezet, Le Bleymard, Chasseradès, Mas d'Orcières et Saint-Julien-du Tournel. Dotée de sérieux atouts touristiques avec les thermes de Bagnols, la station de ski du Mont Lozère, le château du Tournel, sans compter le charme incomparable de ses hameaux de caractère, elle offre une qualité de vie toute particulière grâce à un maillage complémentaire d'associations culturelles, festives, foyers ruraux, association sportives, animant le territoire toute l'année : cinéma, spectacles, foires, et fêtes variées rythment les saisons.

LE MONT LOZÈRE ★★★

www.lemontlozere.com

Bordés par le Lot et l'Allier au nord, le Tarn au sud, le massif du mont Lozère domine le département auquel il a donné son nom ; le Tarn y prend d'ailleurs sa source, tandis que les deux autres rivières trouvent la leur un peu plus au nord. Cette masse granitique, aux formes douces, culmine au sommet de Finiels, à 1 699 m d'altitude. Le massif, part intégrante du Parc national des Cévennes, abrite une faune et une flore particulièrement riches. En toute saison, le mont Lozère ouvre ses chemins à la randonnée, à pied ou à ski, et à la découverte.

LE VALLON DU VILLARET ★★

© 04 66 47 63 76
www.levallon.fr

En juillet et août, ouvert tous les jours. Hors saison, voir site Internet. De 12,50 € à 13,50 € selon la saison.

Le Vallon du Villaret, à Bagnols-les-Bains, s'apparente à une vaste cour de récréation, ludique et pédagogique, naturelle et culturelle. Depuis son inauguration en 1993, les enfants -de tout âge ! - se pressent dans ce parc de loisirs qui ne ressemble vraiment à aucun autre. Implantée sur une friche agricole, où trône la tour du Villaret, un monument historique, la structure a choisi la création contemporaine pour en mettre plein la vue à ses visiteurs. Sur un parcours en boucle long de deux kilomètres, jalonné d'une centaine de surprises, on chemine à pied dans les sous-bois, en franchissant passerelles, filets et toboggans, les sens aux aguets. De nombreuses installations, sonores et tactiles, font en effet appel à l'imaginaire des petits et grands enfants. Les expositions d'art contemporain, organisées dans le Vallon et dans la tour notamment, prolongent la découverte et l'émerveillement. Tandis qu'un magasin, baptisé Boutique des fantasmes, permet de poursuivre l'exploration à la maison, à travers de beaux livres et des objets marrants. La visite, qui dure de 2 à 5 heures selon l'endurance et la capacité de chacun à papillonner, séduit chaque année plus de 35 000 visiteurs. A votre tour donc de vivre cette expérience hors du commun ! Sur place, des aires de pique-nique et une auberge, qui sert de copieuses assiettes dont les saveurs évoluent avec les saisons (priorité aux producteurs locaux pour l'approvisionnement), permettent de se restaurer et de passer la journée entière au grand air.

LES CHEMINS FRANCIS €€

9, place du Pont
✆ 04 66 47 60 04
www.hotel-cheminsfrancis.com
Chambre simple de 55 € à 67 € ; chambre double de 65 € à 75 € ; chambre triple de 78 € à 91 €. Petit déjeuner : 10 €.

Avec Les Chemins Francis, l'expérience se vit dans la haute vallée du Lot. Hôtels, séjours, activités… La structure familiale propose en effet la découverte de son pays, à travers une aventure sportive, culturelle ou gourmande. Trois établissements, parfaitement équipés -le Modern'hôtel, le Moreau et le Malmont- accueillent les hôtes entre leurs murs. On s'y déconnecte et on s'y ressource, au bord de la piscine ou au sauna, sous le regard bienveillant d'un personnel aux petits soins. De plus, un restaurant permet de goûter à une cuisine régionale savoureuse.

ATELIER S €

39, avenue du soleil
✆ 04 66 45 08 57
https://latelier-s.hostingerapp.com
Repas complet à 19 €. Chambres doubles : 65 €. Tarif dégressif au-delà de 2 nuits.

Cette adresse, dissimulée derrière les murs d'un ancien relais de diligence, est une pépite. Aux commandes, Stéphane et Pauline ont bâti un lieu à leur image : mi-atelier d'artiste mi-maison d'hôtes. Stéphane exerce ses talents en cuisine, au service des locataires des cinq chambres abritées au deuxième étage de la maison, et d'autres épicuriens chanceux. Dans l'assiette, des produits locaux et des recettes originales ou plus traditionnelles selon l'inspiration. Pauline, maître verrier, partage sa passion du vitrail à travers des stages et séjours thématiques.

STATION DU BLEYMARD

Mont Lozère
✆ 04 66 48 66 48
www.lemontlozere.com
Ouverture en fonction des conditions de neige. Tarifs détaillés sur le site Internet.

Les plaisirs de la glisse sont à découvrir en famille dans cette station traditionnelle située au point culminant du mont Lozère ! Le domaine propose 7 pistes de ski alpin et 5 de ski de fond. Les amateurs de randonnée à raquettes ont désormais deux boucles de 2,5 et 5 km (location de raquettes sur place) à leur disposition. Pour les novices ou les amateurs souhaitant perfectionner leur style, l'école de ski de la station vous propose de prendre des cours avec des moniteurs professionnels. Les enfants ne sont pas oubliés avec une piste de luge.

FLORAC TROIS RIVIÈRES

La récente réforme des communes a uni La Salle-Prunet à Florac, devenues désormais Florac-Trois-Rivières, un nom qui tombait sous le sens puisque le lieu se trouve à la confluence de la Mimente, du Tarnon et du Tarn. Sa situation sur une ancienne voie de circulation importante a favorisé son rayonnement et lui a permis d'être le siège de marchés et de foires réputées. Dès la belle saison, la ville s'anime et prend des airs méridionaux. On peut arpenter la grande esplanade ombragée de platanes (on y verra le buste de Léon Boyer, enfant du pays qui fit les premiers plans du viaduc de Garabit) et y prendre un verre à l'une des terrasses de café.

PARC NATIONAL DES CEVENNES ★★★★

6 bis, place du Palais
✆ 04 66 49 53 00
www.cevennes-parcnational.fr
Accès libre. Sentiers balisés.

Cette oasis naturelle du Sud de la France constitue l'un des onze parcs nationaux du pays. C'est en septembre 1970 que l'espace fut officiellement désigné comme tel afin de garantir sa préservation et de protéger sa richesse. Aujourd'hui ce vaste territoire de moyenne montagne s'étend sur la Lozère, le Gard et l'Ardèche (938 km² de superficie), il comprend une population permanente de 67 000 habitants (il est d'ailleurs le seul parc national en France métropolitaine dont la population permanente est vraiment significative) et est composé de 118 communes. Comme tous les parcs nationaux, ce joyau de nature se compose d'un cœur, espace remarquable, protégé et réglementé, et d'une aire d'adhésion, constituée des communes qui ont adhéré à la charte du Parc national et à ses valeurs. Le parc a été distingué par l'Unesco à deux titres : en tant que « Réserve de biosphère » pour l'équilibre particulier entre l'homme et la nature et en tant que « Bien inscrit sur la liste du patrimoine mondial de l'humanité » pour les paysages culturels de l'agro-pastoralisme des Causses et des Cévennes. De nombreux professionnels du tourisme (hébergement, restaurants, sites de visites…) ou de l'agriculture (viandes, miels, vins produits de la ruche) adhèrent par ailleurs à la marque Esprit Parc Naturel, qui promeut des valeurs essentielles comme l'engagement, l'authenticité, le partage, la vitalité et bien sûr, le respect de l'environnement et des patrimoines locaux.

LOZÈRE

© GENEVIÈVE MARX - FOTOLIA

Les Cévennes.

SITE DES EMPREINTES DE DINOSAURES ★

✆ 04 66 49 53 00

www.cevennes-parcnational.fr

Ouvert toute l'année. Gratuit.

Le site fait partie de l'écomusée de la Cévenne : des panneaux explicatifs aident le visiteur dans sa découverte de cet espace naturel situé, sur un socle rocheux dominant la vallée du Tarnon. La grosse bête s'appelle *grallator minusculus*, les empreintes sont celles de ses orteils (50 cm). Quant à l'animal lui-même, il aurait été d'une longueur totale de 7 à 8 m. Un petit dinosaure donc, qui a laissé ses traces dans l'argile calcaire, il y a de ça 200 millions d'années.

MAISON WINA €€

Pont de Barre

✆ 04 66 34 18 82

www.maisonwina.com

Chambre double 75 €. Lit supplémentaire : 30 €. Restauration (table d'hôtes sur demande : 25 €).

La maison Wina est abritée dans un authentique mas cévenol. A l'intérieur, 2 chambres d'hôtes conjuguent le charme rustique de la construction à un confort contemporain. Les murs en pierre, les petites ouvertures, les boiseries anciennes et les poutres notamment donnent un côté très chaleureux et cosy aux lieux. Chaque chambre peut accueillir jusqu'à trois personnes et bénéficie d'un accès indépendant. La maison Wina sert aussi à manger. Outre le petit-déjeuner, à base de produits frais, locaux ou maison, une table d'hôte déroule un menu généreux et savoureux.

LE SUBVERS

7bis, rue du Four

✆ 07 69 00 38 37

www.lesubvers.com

Formules de 7,90 à à 9,90 € (sandwiches et chips).

Originaires de Marseille, Camille et Mickaël ont noué des liens solides avec les producteurs du coin pour se fournir en circuits très courts : truite fumée de la pisciculture toute proche ; pélardon AOP du Montméjean, ou farine du Moulin de la Borie. Chaque jour, les deux jeunes gens fabriquent leur propre pain qu'ils servent en sandwichs garnis et toastés. Engagé en faveur de l'environnement et d'une agriculture biologique ou raisonnée, le couple s'attache à réaliser de A à Z l'ensemble des mets proposés à sa carte (desserts, glaces et sorbets compris).

L'ADONIS - HÔTEL DES GORGES DU TARN €€

48, rue du Pêcher

✆ 04 66 45 00 63

www.hotel-gorgesdutarn.com

Fermé de novembre à mars. Menus de 29 € à 47 €. Menu enfant : 12 €

Légèrement à l'écart du centre-ville, l'Adonis offre calme et confort propices à la dégustation. La carte met en valeur le terroir : raviole ouverte de pélardon des Cévennes à la crème aux champignons, parmi les entrées, ou en dessert, l'omelette lozérienne à la mûre sauvage, ou le millefeuille de tuiles à la châtaigne, en sont de parfaits exemples. Et parce que l'apprentissage de la gastronomie doit commencer tôt, les menus enfants sont une invitation à la découverte des saveurs.

ATELIER TUFFERY

ZA Saint-Julien du Gourg
✆ 04 66 45 00 94
www.ateliertuffery.com
Atelier-boutique ouvert du lundi au samedi de 9h à 19h.

Julien Tuffery, 4e génération de maîtres tailleurs-confectionneurs, a su tirer profit du regain d'intérêt pour le made in France et son savoir-faire, pour bâtir une image tendance à son activité. Atelier Tuffery ne sélectionne que des matières nobles : des toiles Denim de haute qualité, et françaises, qui sont cousues à la main. La gamme de jeans Tuffery se décline en pantalons, bermudas et chemises pour les hommes, ainsi qu'en pantalons, chemises, jupes et shorts pour les dames. La griffe de Florac propose également quelques accessoires : bretelles, ceintures...

BIKING FARM

Le Cros - **LES BONDONS**
✆ 04 66 45 44 60
www.bikingfarm.com
Location vélo électrique : 40 €/journée.

Elle, titulaire d'un Master en Finance, lui moniteur guide VTT, ils ont monté en 2018 une ferme en agriculture raisonnée aux Bondons, au cœur des Cévennes. Un gîte, aménagé dans l'ancienne grange à foin, accueille les vacanciers. La table d'hôtes s'alimente directement au potager, et chez les producteurs voisins. Côté loisirs, Jean-Philippe accompagne ses invités sur les routes et sentiers cévenols en deux-roues : VTT, gravel et vélo à assistance électrique. Sur l'exploitation, Élise propose des ateliers de transformation fruitière (confitures, sorbets, coulis).

FERME-JARDIN CÉVENOLE

Solpérières - **VÉBRON**
✆ 06 85 61 29 40
www.ferme-jardin-cevennes.fr
Les jeudis de l'atelier gourmand, sur réservation, les jeudis de l'été de 10 à 17h.

A Solpérières, Evelyne et François ont façonné un jardin qui raconte leurs convictions. Leur ferme-jardin cévenole est tout entière dédiée à la production biologique de fleurs, plantes et fruits, et à la promotion de la biodiversité. Evelyne et François reçoivent leurs hôtes, pour plusieurs jours, dans un gîte à l'architecture traditionnelle ; ou le temps de quelques heures, pour découvrir leur ferme végétale. Ils proposent ainsi une balade au milieu des fleurs, avant de s'attabler au salon d'été du jardin pour goûter aux produits de l'exploitation.

PONT DE MONTVERT - SUD MONT LOZÈRE

La commune de Pont-de-Montvert-Sud-Mont-Lozère est née de l'union de Pont-de-Montvert, Fraissinet-de-Lozère et Saint-Maurice-de-Ventalon. La commune accueille en juillet le festival des métiers d'art et s'active au cours de la belle saison autour de nombreux marchés, concerts et festivités. Plusieurs curiosités touristiques : le chaos lunaire de Rocmusel, les villages abandonnés de Paillasse et Peyreguy utilisés comme décor pour des tournages de films, mais aussi ses fours restaurés (Racoules, Runes, Le Viala, Finialettes...), ses moulins (Runes, Fraissinet...). Côté paysage, les randonneurs se feront une joie de parcourir un terrain riche et varié.

GÎTES DU CHASTEL €

Quartier de la Moline
✆ 06 80 21 14 10
www.cevennes-gites.com
De 320 € à 580 € la semaine selon saison. Nuitée à partir de 24 € par personne.

Randonnée à pied, avec ou sans âne ; escalade en salle ou en pleine nature ; tennis, sports d'eau ou pétanque... L'environnement des gîtes du Chastel est riche de beaux paysages et d'activités. Outre ce décor exceptionnel, les huit gîtes du village sont équipés de manière remarquable : cheminée, télé, DVD, lave-linge, lave-vaisselle, réfrigérateur et congélateur. La décoration est plutôt rustique, dans la lignée des belles maisons lozériennes traditionnelles : poutre en chêne et châtaignier, meubles en bois blond, carrelages et crédences artisanaux...

VIALAS

Au siècle dernier, Vialas a connu son heure de gloire. A cette époque, de ses mines de plomb argentifère, on extrayait un quart de la production française d'argent. Vers 1895, la renommée du guérisseur protestant Vignes suscita un véritable pèlerinage. C'est par centaines que des Suisses faisaient le voyage en train pour le consulter. Aujourd'hui, si on se déplace toujours de loin c'est plus pour l'étape gastronomique. Le temple, construit en 1612, est, avec celui du Collet-de-Dèze, l'un des deux plus anciens édifices protestants de la région. Depuis Vialas, un sentier permet d'atteindre le hameau abandonné de Gourdouze par un versant abrupt du Mont Lozère.

LA DONZELENCHE €€€

Mas Donzelenche
✆ 04 66 41 08 23
www.donzelenche.com

Chambre double à partir de 90 €. Petit déjeuner inclus. Tarif dégressif à partir de la 2e nuit.

Eva et Hans, qui est architecte, sont tombés amoureux de ce mas alors qu'il n'était que ruines. Ils l'ont magnifiquement restauré et obtenu le 1er prix de la Sauvegarde du patrimoine rural en Lozère des maisons paysannes de France. C'est là qu'ils accueillent leurs hôtes dans leurs gîtes et chambres, qui allient les vieilles pierres et la création contemporaine. Le gîte «escalier» affiche notamment une décoration traditionnelle d'un raffinement extrême - un vrai tour de force. Le séjour au mas est un dépaysement total, une mise hors du temps baignée de culture.

SAINT-GERMAIN-DE-CALBERTE

Un siècle plus tard, Stevenson ne renierait pas ses lignes : « Saint-Germain a conservé ses bancels ou faïsses qui sculptent les flancs de la montagne, ses châtaigniers… ». C'est ici, en plein cœur des Cévennes protestantes, que l'abbé du Chayla, venu diriger les missions qui devaient convertir les huguenots, avait établi sa résidence et aménagé un séminaire. Il est enterré dans le tombeau, qu'il s'était fait lui-même creuser, à l'entrée du chœur de l'église. Sur la place du village, une statue rend hommage aux Cévenols, une œuvre d'une jeune artiste iranienne, charmée par les Cévennes, qui représente un homme massif aux prises avec les pierres du pays.

FERME DE LANCIZOLLE €€

Lancizolle
✆ 04 66 45 92 82
www.lancizolle.com

Chambre simple 60 € ; chambre double 70 €. Restauration (repas : 23 €).

Au pied de Saint-Germain-de-Calberte, Anne et Stéphane ont créé un espace unique en profitant de la beauté de leur environnement. En roulotte, dans une cabane perchée dans un châtaignier ou dans la chambre aménagée dans l'ancienne magnanerie, le séjour est de toute façon poétique, à l'unisson de la nature. Lancizolle est aussi le point de départ pour visiter le château de Saint-Pierre, et a un accès direct au Gardon et à ses plaisirs. Le soir, Stéphane propose à sa table la cuisine qu'il prépare avec les produits de la ferme.

CASSAGNAS

Adossé au flanc méridional du massif du Bougès, le village de Cassagnas surplombe la vallée de la Mimente. Stevenson, le célèbre écrivain et grand voyageur, qui marchait alors de Florac à Saint-Germain-de-Calberte, est passé à Cassagnas, qu'il décrit comme un brelan de toits noirs au versant de la montagne dans cette sauvage vallée, parmi les plantations de châtaigniers. C'est aussi à Cassagnas qu'est né Pierre Séguier, dit Esprit Séguier, une grande figure de la révolte des camisards né en 1650, comme l'indique une plaque sur sa maison natale. Aujourd'hui, le village compte à peine plus de 100 âmes, qui profitent de l'authenticité des lieux.

ESPACE STEVENSON €

✆ 04 66 45 20 34
www.relais-stevenson.fr

Chambre simple : 35 €. Demi-pension : 53 €. Petit déjeuner inclus. Gîte d'étape 19 €. Camping 13 € l'emplacement.

Au bord du ruisseau la Mimente, Annabel vous accueille dans une ancienne gare reconvertie en chambre d'hôtes, gîte d'étape et même camping avec 20 emplacements tentes et mobil-homes. La décoration sobre et mettant en valeur les matériaux se retrouve aussi bien dans les chambres d'hôtes que dans les dortoirs. Que l'on soit randonneur, pêcheur ou adepte du farniente, ici chacun trouve la formule qui lui convient. A l'heure des repas, midi et soir, on prend place dans la grande salle de restaurant, autour d'une formule buffet froid et chaud, qui fait l'unanimité.

SAINTE-CROIX-VALLÉE-FRANÇAISE

Dans ce haut lieu historique de la Guerre des Camisards, se trouve une ancienne filature de soie, toujours en état. Au centre, les vieilles maisons sont groupées de part et d'autre du Gardon. Sur une haute terrasse, l'église romane, bâtie en schiste, conserve son caractère malgré les destructions et restaurations. Le temple existe depuis 1560, ce qui en fait le plus ancien de Lozère. A son origine, c'était une chapelle consacrée à la Vierge Marie construite en 1063. A la révocation de l'Edit de Nantes, il redevient église, puis incendié par les camisards. Vendue comme bien national à la Révolution, elle sert de nouveau le culte protestant après le Concordat.

SAINT-ETIENNE-VALLÉE-FRANÇAISE

En retrait de la vallée, Saint-Etienne est situé sur une petite hauteur. Là, l'olivier côtoie le mûrier, et la vigne, le châtaignier. Le bourg, qui comptait plus d'habitants que Florac avant l'édit de Nantes, n'en conserve aujourd'hui que 500. Saint-Etienne est aussi l'autre Rome des Cévennes, selon l'appellation de Stevenson d'abord consacrée à Saint-Germain, où l'abbé du Chayla avait installé un séminaire. Un noyau de catholiques a toujours subsisté autour du château de la baronne de Molembaix. Au sommet du village, le château dresse sa tour carrée, sa tourelle d'angle au toit conique. Il a été remanié au XIXe, puis incendié en 1944 par les Allemands.

LE MAS STEVENSON €€

Lebou ✆ 04 66 47 06 12
www.lemasstevenson.fr

Demi-pension avec le petit déjeuner à 46 €. Panier-repas pour le lendemain : 9€. Animaux acceptés (ânes 8 €).

La nature a son chemin... Telle est la devise du mas situé sur le GR « Chemin de Stevenson » et sur les pas des huguenots. Isabelle et Christian viennent de Savoie ; ils ont rénové ce mas et installé une superbe véranda largement ouverte sur la nature. Le gîte d'étape propose une vingtaine de lits pour les marcheurs, en demi-pension (avec une table d'hôtes qui fait profiter des bons produits en direct du potager) ainsi qu'une pâture pour les ânes et les lamas. Isabelle et Christian sont aussi producteurs de miel et de safran. Une très belle adresse.

LE VILLAGE FORTIFIÉ DE LA GARDE-GUÉRIN ★★

PRÉVENCHÈRES
✆ 06 74 97 22 32
www.lagardeguerin.fr

Ce village fortifié est bâti à près de 900 mètres d'altitude, sur un plateau que traversait le Chemin de Régordane, voie de communication qui reliait la Méditerranée à l'Auvergne. A l'intérieur des remparts s'élèvent la haute tour de guet et la Chapelle Saint-Michel. Aujourd'hui encore l'histoire du village et sa position dans un paysage naturel confèrent à La Garde-Guérin une beauté sauvage et mystérieuse. C'est un des Plus Beaux Villages de France qui en période estivale s'anime.

MAISON FORESTIÈRE MAS DE LA BARQUE €

Mas de la Barque ✆ 04 66 46 92 72
www.lemasdelabarque.com

Ouvert toute l'année. Pour 24 personnes. 14 € durant l'année et 17 € en juillet et août et vacances de février.

Le Mas de la Barque se compose d'un centre d'accueil et d'information et d'un village de gîtes. Une belle bâtisse de granite parfaitement restaurée abrite notamment un confortable gîte d'étape de 24 places (cuisine, salle à manger sèche-chaussures) idéalement placé au carrefour des GR 72 et 68. Le lieu est parfait pour les randonneurs qui sillonnent le massif ! Sur place les activités sont nombreuses été comme hiver : balades en calèche ou ski, randonnées à pied ou à vélo.

VILLEFORT ★

Dotée d'une importante infrastructure touristique, la ville profite de la présence du lac où l'on peut se baigner et pratiquer différents sports nautiques. La ville elle-même conserve un certain cachet grâce à quelques maisons anciennes, principalement situées dans la rue de l'Église et la rue de la Bourgade qui suivent l'ancien chemin de Régordane. Signes du passé marchand de la ville, les deux grands portails en arcs de cercle, qui abritaient échoppes et étals, sont caractéristiques. Un élégant hôtel du XVIIe siècle, doté d'un bel escalier en hélice, abrite aujourd'hui la mairie. On peut également voir le pont Saint-Jean.

PIED-DE-BORNE

Site étonnant au confluent des 3 vallées de la Borne, de l'Altier et du Chassezac, la commune réunit plusieurs municipalités anciennes de ces vallées, en grande partie désertées. Les hameaux s'accrochent sur plusieurs niveaux aux pentes abruptes. A Planchamp, berceau de la famille Barrot depuis le XIVe, la chapelle de la Madeleine domine la vallée de la Borne et abrite le cœur d'Odilon Barrot, chef de la gauche réformiste et ministre sous Louis Napoléon. Le château du XIXe, de style néo-Renaissance (restauré par son neveu) paraît tout à fait insolite dans ce pays où domine l'architecture paysanne. A Saint-Jean-Chazorne, on peut voir la petite église Saint-Jean.

PYRÉNÉES-ORIENTALES

La tête dans la poudreuse et les pieds dans l'eau ! Peut-être parce que ce territoire est baigné de soleil plus de 300 jours par an et qu'en 1h de route on passe des cimes enneigées aux plages de sable blond, tout est possible et plus intense. Rares sont les endroits au monde où un si petit territoire vous offre une fascinante diversité. Ce manteau d'Arlequin est un petit résumé géographique de la France. Grands moments de l'histoire, nature omniprésente préservée et traditions séculaires bien vivantes, Musée du vivant et des siècles passés à ciel ouvert, le Pays Catalan ne se découvre pas, mais plutôt se vit. Il y a un lien fort entre les hommes et la nature dans cette contrée et le XXIe siècle s'écrit à l'aune du respect et de la valorisation de cette terre.

Pyrénées Orientales
Quillan
Tuchan
Opoul-Périllos
Fitou
Leucate Plage
Paziols
Port Leucate
Saint-Paul-de-Fenouillet
Salses-le-Château
Caudiès-de-Fenouillèdes
Maury
Tautavel
Port-Barcarès
Latour-de-France
Cases-de-Pène
Le Barcarès
Luzenac
Rasiguères
Rivesaltes
Torreilles
Ansignan
Estagel
Pia
Caramany
Baixas
Sainte Marie le Mer
Corneilla-la-Rivière
Canet-en-Roussillon
Bélesta
Perpignan
Mosset
Le Soler
Cabestany
Ille-sur-Têt
Fontrabiouse
Molitg-les-Bains
Eus
Vinça
Bouleternère
Ponteilla
Alénya
P.N.R. des Pyrénées Catalanes
Marquixanes
Thuir
Bages
Formiguères
Prades
Castelnou
Saint-Cyprien
Ponteilla
Fourques
Elne
Matemale
Villefranche-de-Conflent
Banyuls-dels-Aspres
Mer Méditerranée
Les Angles
Corneilla-de-Conflent
Tresserre
Palau-del-Vidre
Olette
Oms
Saint-André
Porté-Puymorens
Escaro
Vernet-les-Bains
Saint-Génis-des-Fontaines
Argelès-sur-Mer
La Llagonne
Nyer
Valmanya
Sorède
Casteil
Le Boulou
Collioure
Saint-Jean-Pla-de-Corts
Font-Romeu
Mont-Louis Planès
Laroque-des-Albères
Port-Vendres
Céret
Maureillas-las-Illas
Eyne
Corsavy
Amélie-les-Bains-Palalda
Le Perthus
Banyuls-sur-Mer
Saillagouse
Arles-sur-Tech
Sainte-Léocadie
Err
Bourg-Madame
Cerbère
Osséja
Le Tech
Prats-de-Mollo-la-Preste
Colera
Bellver De Cerdanya
Valcebollère
Maçanet De Cabrenys
El Pla
Saint-Laurent-de-Cerdans
La Molina
Garriguella
El Port De La Selva
Palau-Saverdera
Parc Naturel de Cadí-Moixeró
10 KM
Massís de les Salines

PAGES

LE BOULOU ★

À 25 km au sud de Perpignan et à 10 km de la frontière espagnole, Le Boulou est une petite cité thermale située au pied des Pyrénées. Les eaux du Boulou, qui jaillissent au pied des Albères, sont froides et gazeuses et possèdent des vertus thérapeutiques incontestables. L'accès autoroutier est idéal, tout comme sa position de carrefour permettant aux 5 000 habitants d'accéder facilement à Perpignan, Montpellier, Toulouse, Barcelone et aux plages d'Espagne. Son centre-ville est très agréable et riche de jolis petits commerces. N'oublions pas que dès l'Antiquité, la ville a été un point de passage important – pour Hannibal et ses éléphants, entre autres.

OFFICE DE TOURISME

6, rue Arago
✆ 04 68 87 50 95
www.tourisme-leboulou.fr

Ouvert du lundi au samedi toute l'année. Le dimanche matin en haute saison.

Une vraie mine d'informations. Le souriant personnel, très professionnel vous donnera toutes les clés pour appréhender au mieux votre séjour dans la ville thermale et organiser vos escapades dans les environs. Toute l'année, il organise une visite guidée gratuite du vieux Boulou. Des fascicules concernant les promenades, à pied, avec un VTT ou à cheval, autour du Boulou sont à votre disposition. Les passionnés d'histoire pourront randonner sur les traces de la bataille du Boulou. Le Boulou est une ville chargée d'histoire et de « petites histoires » à découvrir.

MAISON DE L'EAU ET DE LA MÉDITERRANÉE M.E.M.

4, rue Arago
✆ 04 68 87 50 95
www.mem-leboulou.fr

Ouvert toute l'année. Forfaits familles et tarif réduit pour les curistes.

Sans eau il ne peut y avoir de vie. la MEM est un lieu culturel de divulgation scientifique sur la thématique de l'eau. Sa muséographie innovante met l'accent sur la transmission des savoirs au sein d'espaces expérimentaux, immersifs et interactifs qui font appel à tous les sens. Tout au long du parcours sur 3 niveaux, l'eau est expliquée sous toutes ses formes : la saga de l'eau, Sublime Méditerranée, Terre Catalane, l'Odyssée de l'eau d'ici et Source de Bien-être.

HÔTEL LE NÉOULOUS €€

Zone de l'Autoport
✆ 04 68 87 52 20
www.leneoulous.com

Ouveret toute l'année. 47 chambres. Restaurant. Séminaires, réceptions.

A deux pas d'une sortie d'autoroute, Il est situé à un endroit stratégique au carrefour de la route des plages, de la frontière espagnole, de Céret et des thermes du Boulou. Bien que classé en 2 étoiles, il en vaut 3 tant les efforts sont faits pour le surclasser. Les chambres sont refaites, la literie est neuve, la décoration est sobre mais cosy, un superbe bain à remous est à la disposition de la clientèle à côté de la piscine et de la cuisine d'été spéciale grillades. Vous pourrez y séjourner pour les cures aux thermes du Boulou, organiser vos séminaires.

MAISON DE L'HISTOIRE CASA DEL VOLÓ

Avenue Léon-Jean-Grégory
✆ 04 68 83 75 01

Ouvert toute l'année. Du mercredi au vendredi de 10h à 12h et de 14h à 17h ; le samedi de 9h à 13h. Gratuit. Animations.

A la Casa del Voló, on vous fera découvrir Le Boulou autour d'une exposition permanente retraçant toutes les périodes de son histoire, du Paléolithique à nos jours. Une part très importante est consacrée à la bataille du Boulou et à la frise du Maître de Cabestany sculptée pour l'église Sainte-Marie. Vous découvrirez aussi la partie industrielle de la ville avec le liège et son eau qui en ont fait sa renommée ainsi que l'histoire de l'ancien pont suspendu.

LE RELAIS DES CHARTREUSES €€

106, avenue d'en Carbouner
✆ 04 68 83 15 88
www.relais-des-chartreuses.fr

Fermé du 1er janvier au 1er mars. Restauration.

Ce relais du XVIIe siècle est une demeure de charme érigée en havre de repos. Entièrement rénové et relooké, ici, vous ne trouverez que raffinement et bon goût. Les nouveaux propriétaires ont voulu des chambres personnalisées de façon à ce qu'on s'y sente comme chez soi. Et si vous souhaitez prolonger cette douce quiétude qui vous envahit, nous vous conseillons vivement de dîner sur place. Vous y découvrirez une cuisine fine et délicate, préparée avec des produits frais du marché.

LE COMPTOIR JOA €€

Route du Perthus

✆ 04 68 83 01 20

Ouvert à l'année. Menu unique le soir. Ne pas oublier sa CNI. Pour accéder au restaurant il faut traverser le casino.

Au sein même du casino du Boulou, dans un cadre inspiré par le célèbre architecte Gaudi, le Cédrat est une table « bistrot » appréciée dans les Pyrénées-Orientales. Le chef Wesley Durand, membre des Toques Blanches du Roussillon et des disciples d'Escoffier propose une cuisine créative avec les meilleurs produits d'ici ! Les suggestions suivent les saisons. Viandes, poissons et crustacés suivent la tendance. On aime le caractère authentique, le cadre très tendance et l'originalité des plats. On se régale toujours à cette table considérée comme très délicate.

CHÂTEAU PLANÈRES

Lieu dit Château-Planères

SAINT-JEAN-LASSEILLE ✆ 04 68 21 74 50

www.chateauplaneres.com

Accueil, visite et dégustation du lundi au vendredi. Livraison possible (commande en ligne sur le site).

Au cœur des Aspres basses, « la petite Toscane du Roussillon », le Château Planères apparaît tel un balcon donnant sur les Albères, la mer et le Canigó. Le vignoble s'étend sur 100 ha, autour d'un mas catalan sur le plateau de Planères. Les propriétaires revendiquent leur caractère paysan catalan et vous accueillent dans le superbe caveau de dégustation du domaine pour vous enivrer de leurs flacons régulièrement récompensés par la presse spécialisée. Gamme de prix éclectique : I y en a pour tous les goûts et les budgets. Un beau retour aux sources !

SENTIER HISTORIQUE DE LA BATAILLE DU BOULOU

1, rue du Château

✆ 04 68 87 50 95

www.tourisme-leboulou.fr

Deux circuits pédestres jalonnés de panneaux explicatifs.

Parler de la « bataille du Boulou » serait un tout petit peu erroné puisque le site connut en fait deux batailles, l'une en 1793 et l'autre en 1794. Toutes deux se sont produites lors de la guerre du Roussillon, pendant les guerres de la Révolution française de la Première Coalition. Voilà pour les quelques mots introductifs ; pour le reste, référez-vous aux 18 panneaux explicatifs qui jalonnent le parcours, ils permettront à tout un chacun de bien comprendre l'histoire des lieux.

LES THERMES DU BOULOU

RD 900

✆ 04 68 87 52 00

www.chainethermale.fr/le-boulou.html

Gluten-free friendly. Ouvert de début février à début décembre. Navette gratuite entre la ville et les Thermes.

Connues depuis le Moyen Age, les eaux du Boulou, qui jaillissent au pied des Albères, ont la particularité d'être froides et gazeuses, ce sont les seules sources bicarbonatées sodiques des Pyrénées. Exploitées depuis le XVIIIe siècle, elles ont des vertus thérapeutiques incontestables, notamment dans le traitement des affections digestives, des maladies cardio-artérielles et du métabolisme. Profitez également des bienfaits des eaux du Boulou dans l'espace Spa ou l'institut de beauté pour un moment de bien-être rien qu'à vous.

CASINO JOA DU BOULOU

Route du Perthus

✆ 04 68 83 01 20

www.joa-casino.com

Ouvert toute l'année. Tenue correcte exigée. DNI obligatoire. Restaurant.

Les gamblers les plus exigeants peuvent s'adonner aux plaisirs de jeux de table tels que le blackjack, le poker cash game, des tournois de poker et bien sûr la roulette anglaise mais aussi la roulette anglaise électronique et le blackjack électronique, on arrête plus le progrès... Plus de 100 machines à sous vous feront rêver au jackpot sans que vous ne preniez trop de risque, on peut miser 1 centime ! Dîner-spectacle ou dîner dansant le samedi soir, sans oublier que vous pouvez déguster la cuisine du chef Wesley Durand, un délice pour un prix raisonnable.

LE PERTHUS

Petite commune frontalière à 9 km au sud du Boulou, Le Perthus n'a que très peu d'habitants et pourtant le petit bourg est souvent plein à craquer de touristes. Prévoyez en haute saison des risques importants de bouchons, et une fois sur place un mal fou pour se garer. C'est le premier marché libre d'Espagne avec 60 000 m² de surfaces commerciales ouvertes tous les jours jusqu'à 20h. Tous les commerces sont représentés, mais c'est surtout pour l'alcool et le tabac que les taxes sont réduites. Mais Le Perthus, c'est aussi et surtout depuis plus de 2 000 ans un lieu de passage historique. Le site de Panissars et le Fort de Bellegarde en sont les témoins.

LE FORT DE BELLEGARDE ★★

✆ 04 68 54 27 53
www.le-perthus.com
Ouvert tous les jours en saison. Sur RDV hors saison.

Sis sur la colline de Bellegarde à 423 m d'altitude, idéalement située sur la frontière entre les cols de Panissars et du Perthus, le fort de Bellegarde fut d'abord une tour à signaux édifiée par Jaume II de Majorque (pour surveiller les terres de son ennemi le roi d'Aragon) puis un château médiéval qui ne connut que peu d'épisodes guerriers. C'est à partir de 1659 et du rattachement du Roussillon, de la Cerdagne et du Conflent au Royaume de France par le Traité des Pyrénées, que va naître la réelle importance stratégique de ce fort placé exactement sur la nouvelle frontière, époque à partir de laquelle une série de guerres ininterrompues entre l'Espagne et la France va enflammer notre région pendant plus de cent ans. En 1679, Vauban fera raser le château et récupéra les pierres du prieuré pour la construction du fort d'où l'on pouvait surveiller le plus ancien passage connu des Pyrénées-Orientales.

Le panorama est exceptionnel et s'ouvre à la fois sur la France et l'Espagne, de la baie de Rosas aux Pyrénées. Un pont-levis permet de pénétrer dans la bâtisse. Le circuit passe par les impressionnants remparts, la chapelle et le fameux puits de 63 m de profondeur. Un système de chaîne avec godets servait à puiser l'eau déversée ensuite dans une canalisation. La place d'armes du fort est si grande qu'elle pourrait accueillir un terrain de football !

A noter que des cinéastes s'y installèrent dans les années 1970 pour y tourner *La Scoumoune* avec Jean-Paul Belmondo et Claudia Cardinale, et Charles Bronson pour *L'Évadé*

POINT INFO ESPACE CULTURE

28, avenue de France
✆ 04 68 54 27 53
www.le-perthus.com
Ouvert du lundi au samedi de 9h à 12h et de 14h à 18h. CB et chèques non acceptés.

Situé à l'entrée de la ville, sur votre droite en venant de France (eh oui, quelques mètres plus bas sur le trottoir d'en face c'est l'Espagne !), c'est ici que vous trouverez le Point info et son espace culturel. L'équipe est là pour vous renseigner sur les randonnées qui s'offrent à vous, serpentant des deux côtés de la frontière. De nombreux ouvrages retraçant l'histoire du fort de Bellegarde, du site des Panissars ou encore des chemins des « Trabucayres » sont à votre disposition.

MAUREILLAS-LAS-ILLAS

Le village de Maureillas-las-Illas (2 700 habitants) conserve dans sa grande rue quelques jolis exemples d'architecture rurale du Vallespir. Le centre est très agréable, animé de nombreux commerces. Vivant et paisible, le village se situe dans un environnement agréable où cerisiers, vignes, vergers et chênes-lièges se disputent le territoire. Comme Le Boulou, Maureillas a pendant longtemps travaillé le liège et y possède un petit musée du liège. Ce village est le point de départ de nombreuses randonnées pour explorer les collines frontalières. La petite route qui serpente jusqu'à la frontière pour rejoindre La Vajol en Espagne est de toute beauté.

PYRÉNÉES-ORIENTALES

© LAURENT PIERSON

Le fort de Bellegarde.

LA CHAPELLE SAINT-MARTIN-DE-FENOLLAR ✞ ★

Chemin Saint-Martin-Fenollar
✆ 04 68 87 73 82 - Sur la route du Perthus, à 5 min du village.
Fermé en décembre et janvier. Entrée payante. Aire de pique-nique, Parking, Point d'eau, Toilettes.

Sur la route du Perthus, à 5 min du village, se trouve cette jolie chapelle préromane du IXe siècle, qui mérite vraiment un détour. Construite par des moines bénédictins venus d'Arles-sur-Tech, son style architectural est typiquement carolingien d'inspiration mozarabe. Elle doit sa notoriété aux remarquables fresques murales anonymes que l'on peut admirer dans l'abside, et dont certains ont dit que « des artistes aux mains d'or ont ici reproduit les plus belles images de la Bible. »

LE MUSÉE DU LIÈGE 🏛 ★

2, avenue Maréchal-Joffre
✆ 04 68 83 15 41
Fermé du 1er décembre au 31 janvier

Il y a à peine 50 ans, le travail du liège était la principale activité du village, employant plus de la moitié de la population. Créé par d'anciens bouchonniers et par les habitants du village, ce petit musée abrite le plus grand bouchon du monde haut de 2,40 mètres et d'un diamètre de 1,30 mètre. Ce musée part du chêne liège pour arriver au bouchon et aux multiples utilisations du liège. Il permet de retrouver les outils et les machines que les anciens ont utilisé pour écorcer le chêne liège en forêt, travailler ce liège et assurer la production des bouchons.

CAMPING LES PINS LE CONGO ⛺ €€

Route de Céret
✆ 09 65 01 13 50
www.campinglespinslecongo.com
Fermé entre décembre et mars. Terrain de 1.6 ha. 70 emplacements. Snack.

Petit camping familial au milieu des pins, idéal pour passer des vacances au calme, tout proche de Céret et de l'Espagne. Les agréments sont nombreux : belle piscine de 18x7m, terrain de pétanque, salle de sport, jardin d'enfants et salle de jeux avec billard et jeux vidéo. Au snack bar, on sert des plats catalans traditionnels (cochon de lait, fideua, paella...) selon l'air du temps, et c'est très agréable lors des soirées dansantes. Un endroit convivial qui vaut le détour.

DOMAINE DES HÉLIANTHÈMES 🛏 €€

Les Burguères ✆ 06 77 34 39 74
www.domainecasanove.fr
Ecogîte 50m2. Ouvert toute l'année. Wifi gratuit. Piscine hors-sol. Salon de jardin, lave-linge, lave-vaisselle.

Dans un cadre chaleureux, entre mer et montagne, Olivier, vigneron de profession, vous accueille dans son petit bijou de facture écologique pour des vacances reposantes et ressourçantes : l'Esprit du Lieu, un gîte de 45 m² en construction bioclimatique. Olivier est ingénieur en construction écologique, aussi il a su allier à merveille la terre, la paille et le bois. Olivier, en vrai agriculteur engagé, vous fera découvrir sa production écologique : vin, safran, miel, coulis de tomates, huile d'olive, jus de grenade… Le bonheur est dans le pré !

LE MAS CABANIDS 🛏 €€

Le Cortal d'en Baptiste
✆ 06 84 72 06 66
www.mascabanids.com
Hébergements insolites : cabane perchée, yourte, visio-bulle, tipi et pyramide de verre.

Vous aimez la nature, le calme et les hébergements insolites ? Le Mas Cabanids est fait pour vous ! Yourte avec vue sur le Canigó, pyramide de verre en lisière de forêt, cabane perchée au-dessus de la rivière, bulle dans les arbres pour être un peu plus près des étoiles ou encore tipi pour être le roi des indiens, tout est calme et sérénité. En famille, entre amis, pour des stages de méditation ou simplement en couple, on adore cet endroit en pleine nature où l'on vous accueille avec le sourire. Sans oublier le calme et la gentillesse de la propriétaire.

MAS D'EN BACH 🛏 €€

Mas d'en Bach
✆ 04 68 83 04 10
www.masdenbach-ceret.net
Ouvert toute l'année. Accueil 24h/24. 6 chambres

Entre mer et montagne, à deux pas de l'Espagne, découvrez ce petit coin de paradis, à l'abri des regards. Vous serez séduits dès votre accueil par le charme de l'endroit, l'escalier ombragé par la sublime tonnelle qui mène à la salle à manger, le jardin où sont dressées les tables du petit déjeuner, la cascade, la piscine cachée dans les buissons, le parc magnifiquement arboré. Vos hôtes vous raconteront l'histoire de ce lieu enchanteur avec leur doux accent anglais et vous livreront des souvenirs, actés dans le livre d'or, de leurs multiples rencontres.

TAVERNE DE RIUNOGUES €

Hameau de Riunogues

✆ 04 68 83 06 42

Ouvert toute l'année. Menus midi et soir. Spécialités catalanes. réservation recommandée.

La taverne de Riunoguès, c'est l'auberge du bout du monde (mais pas l'Auberge Rouge !). Un petit trésor hors du temps et bien caché, certains diront. La cuisine est très généreuse et fort goûteuse dans cette auberge de montagne où les maîtres mots sont convivialité et bonne humeur. La Catalogne de terre ou de mer est mise à l'honneur dans les assiettes, à un prix vraiment raisonnable. La grande salle de restaurant et son immense cheminée ou la terrasse avec sa vue imprenable sur les montagnes frontalières ne laissent personne indifférent.

66 SUR VINS €€

10, place de la République

✆ 04 68 81 66 69

https://website-66-sur-vins-restaurant.eatbu.com

Ouvert toute l'année, réservation recommandée.

Situé en plein cœur du village sur la place où l'été on danse la Sardane, ce restaurant de style bistrot moderne s'accorde parfaitement avec le style culinaire local. L'accueil chaleureux est sans contexte un plus, ainsi que les conseils dans nos choix pour marier savamment plats et vins. Les produits sont frais et cuisinés maison et c'est plutôt raffiné. Une formule simple et minimaliste mais qui garantit la fraîcheur des produits ! Deux mots nous viennent à la bouche : goûteux et harmonieux. A noter une belle sélection des vins de la région.

HOSTAL DELS TRABUCAYRES €€

Place du village de Las Illas ✆ 04 68 83 07 56

www.hostal-dels-trabucayres.fr

Fermé en janvier. Réservation recommandée. Hôtel et gîte d'étape.

Tout ce qu'il y a de plus rustique pour cette auberge familiale typiquement catalane dont le nom fait référence aux célèbres bandits de grands chemins qui terrorisaient le Vallespir au XIXe siècle. Adresse bien connue dans le département, l'Hostal ne fait pas dans la fantaisie, les plats sont traditionnels, bons et copieux. Et c'est ce qui fait tout le charme de cette auberge chaleureuse et hors du temps qui fleure bon le terroir. L'établissement fait aussi hôtel de passage et propose 5 chambres et un gîte d'étape pour les randonneurs.

TRESSERRE

Au pied des Aspres, à mi-chemin entre Thuir et le Boulou, Tresserre est une petite commune de 1 000 habitants qui vit au rythme de la vigne et de sa fête des Sorcières, célébrée tous les ans fin octobre. La fête des *Bruixes* met le village en effervescence durant deux jours: spectacles, ateliers, concerts, contes... A quelques km de là vers le sud, un sentier balisé vous conduit sur les traces de la Bataille du Boulou, dont les furieux combats bouleversèrent la région en 1794. Le site nommé Pla del Rey, point culminant de la commune, est agrémenté de panneaux didactiques et d'une table d'orientation à caractère historique, géographique et stratégique.

DOMAINE DES DEMOISELLES

Mas Mulès

✆ 06 83 04 34 62

100% Bio. Accueil, dégustation et visite sur RDV. prestations en oenotourisme. Gite 4 pers.

Le domaine des Demoiselles est un vieux mas catalan qui surplombe les collines. Isabelle et Didier, un beau duo de vignerons passionnés vous parlera de vin et d'amour. Elle vinifie les vins et lui assure les travaux de la vigne, et tous deux réalisent un des meilleurs flacons du département selon les connaisseurs. Elégants, fins et parfois puissants, les nectars du Domaine ne laissent personne indifférent tant ils sont singuliers. On déguste dans le vieux chai aux murs de pierre épais et aux barriques alignées dans la pénombre. Coup de cœur pour le Futé !

DOMAINE VAQUER

1-2, rue des Écoles

✆ 04 68 38 89 53

www.domaine-vaquer.com

Accueil, visite et dégustation tous les jours sur RDV. prestations en oenotoursime : balades vigneronnes, repas...

Les 15 ha du domaine sont situés à 200 m. d'altitude sur des balcons depuis lesquels on voit la mer. Fernand Vaquer, le beau-père de Frédérique fut un des premiers vignerons à mettre son vin en bouteille à la fin des années 60. Une idée folle à l'époque, car seuls les vins doux avaient ce privilège, mais que beaucoup ont suivi par la suite. « J'ai la volonté de vinifier des vins qui ressemblent à leur terroir et qui me ressemblent », commente-t-elle. Un domaine à découvrir aussi pour son histoire inséparable de l'ascension des vins du Roussillon.

THUIR ★

Au cœur des Aspres, et pourtant proche de Perpignan, Thuir, ville de 7 500 habitants, est la capitale viticole et économique de cette région. Petite ville coquette très animée, cette ancienne cité médiévale fortifiée, berceau du célèbre apéritif « Byrrh », est une ville culturelle, active et dynamique. Après l'incontournable visite de la cave Byrrh et son impressionnant foudre de chêne, prenez le temps d'entrer dans un bon restaurant, de déguster un verre en terrasse et de découvrir cette jolie petite ville en vous laissant guider par vos pas. Ruelles étroites et placettes ombragées de grands platanes vous mèneront jusqu'à la Cellera, quartier fondateur de Thuir, bâti autour de l'actuelle église Notre-Dame de la Victoire. La balade autour de la vieille ville vous permettra d'admirer de nombreux éléments de remparts, des portes médiévales et des tours de guet. A la sortie, les chapelles Saint-Sébastien et de la Piéta entourées d'oliviers raviront les amateurs de photo. Quant aux gourmands et gourmets, ils ne manqueront pas de noter dans leurs agendas le marché fermier de printemps et la foire au gras en décembre. Sans oublier le célèbre marché hebdomadaire du dimanche matin qui regroupe un bel éventail de producteurs BIO de la région. Thuir constitue un excellent point de départ pour découvrir les Aspres, cette petite région sauvage de piémont du Canigó, riche de sites, de monuments d'art roman et d'une production viticole de qualité. Enfin, le petit hameau de Sainte-Colombe-de-la-Commanderie, à deux pas de Thuir, est un vrai bijou d'architecture et un charmant havre de calme en été.

OFFICE DE TOURISME INTERCOMMUNAL ASPRES THUIR

Boulevard Violet ✆ 04 68 53 45 86

www.aspres-thuir.com

Ouvert tous les jours en haute saison.

Entre patrimoine naturel, édifices et lieux historiques, les Aspres vous réservent de belles découvertes. Laissez-vous guider par le charmant personnel de l'Office de tourisme qui vous proposera, selon vos goûts, des dégustations chez les vignerons, des randonnées ou encore quelques lieux magiques et pittoresques à découvrir. Connectez vous sur son site Internet et téléchargez ou flasher des QR codes de brochures. Toute l'équipe vous attend pour vous enrichir vos vacances.

MAS DE LA VILLE €€

Traverse du Soler

✆ 04 68 53 10 11

Gîtes de France 3 épis. Ouvert toute l'année. Hors juillet et août possibilité de louer au week-end.

Si vous êtes à la recherche du calme absolu, c'est ce mas perdu dans les Aspres qu'il vous faut : les dépendances rénovées offrent de superbes prestations haut de gamme. Confort et charme sont omniprésents. La belle piscine sécurisée et bordée de transats sera la bienvenue aux beaux jours car l'été est chaud en pays catalan. Vous aurez aussi tout le loisir de gambader sur les 25 ha de la propriété, et aussi dans les vignes car vos hôtes sont vignerons et vous feront goûter leurs nectars. Accueil chaleureux et vue splendide sur le Canigó.

MAS DU DOMAINE DE MONTCALM €€

Route de Saint-Feliu

✆ 06 76 08 02 56

www.lemasdudomainedemontcalm.com

Gite de France 3 épis. Ouvert toute l'année. Domaine privatisable pour réceptions, séminaires, mariages...

Vous aimez le beau et le calme, alors venez au Mas du Domaine de Montcalm. Choisissez votre chambre d'hôtes, suite romantique, suite marine ou orientale, chacune décorée avec le souci du détail. Tout est dans le raffinement, la subtilité. Pour les gîtes, même luxe, avec en prime le jardin privatif avec accès direct à la piscine. Une salle est réservée aux jeux, billard français et snooker, un espace bien-être avec son sauna vous attend. Une vraie pépite !

MAS PEU DEL CAUSSE €€

6, Carrer del Canigo
(Sainte-Colombe-de-la-Commanderie)

✆ 06 62 72 96 19

Gite de France 3 épis. petit déjeuner inclus. Offres et promotions sur le site internet.

Dans une ancienne commanderie de Templiers sur les premiers contreforts des Aspres, avec ses façades de pierre et ses ruelles pavées, Pascal vous accueille dans un mas catalan joliment restauré. De l'extérieur, les hauts murs de l'enceinte cachent un jardin secret, un lieu intime et verdoyant. Cette maison d'hôte de charme est située à moins de 30 minutes des sites touristiques majeurs de la région. Le lieu dispose d'un espace bien-être installé dans d'anciennes cuves à vin et d'un grand espace bain bouillonnant sur la terrasse extérieure. Un régal de détente !

CASA9 HÔTEL €€€

Route de Corbère

✆ 07 78 80 54 35

www.casa9hotel.fr

Qualité Tourisme. Fermé de mi-novembre à fin février. Bain bouillonnant, sauna.

Niché dans un écrin de verdure, cet atypique mas catalan des XIe et XVe siècles, vous séduira par sa douceur de vivre. La piscine, le grand salon, la végétation luxuriante et la personnalité des chambres en font un lieu d'exception et de grand confort. Uniques, confortables et spacieuses, chacune des 9 chambres donne sur le jardin et ses patios méditerranéens. Ici, tout est conçu pour se ressourcer dans le luxe d'un confort moderne et personnalisé au cœur d'une maison aux parfums du Sud. Une parenthèse privilégiée au cœur du Pays Catalan.

ARBEQUINA €€

21, place de la République

✆ 04 68 34 46 64

www.arbequina-restaurant.com

Ouvert toute l'année. Du mercredi au dimanche le midi et le soir.

Le jeune chef Guillaume Franco nous propose ici une cuisine raffinée de créateur aux saveurs harmonieuses et équilibrées. Ses recettes inédites explorent la richesse de l'art culinaire méditerranéen – ou même asiatique – sublimé par des produits frais et locaux. Il le dit lui-même « j'aime que ma cuisine soit fluide et limpide comme l'huile d'olive ». La présentation dans les assiettes est peaufinée et travaillée dans les moindres détails. On admire avant de se régaler, c'est un festival de couleurs et de saveurs. Très bon rapport qualité/prix au déjeuner.

CAN MARTY €€

13, boulevard Léon-Jean-Grégory

✆ 04 68 53 61 40

Ouvert toute l'année sauf 3 semaines en janvier. Midi et et soir du mardi au samedi. Terrasse.

Ambiance bodega catalane dans l'air et dans l'assiette pour cet établissement en cœur de ville... moules gratinées à l'aïoli, calamars à la planxa, escargots à la catalane, parillade de poissons frais sont des valeurs sûres, tout comme le riz noir à l'encre de seiche. Les amateurs de viande pourront déguster de succulentes viandes grillées. Le chef cuisine aussi selon la saison des plats sympathiques qui s'adaptent aux saisons. L'été, la jolie terrasse permet de profiter du soleil des Aspres. Une valeur sûre très prisée des Thurinois.

LA TAVERNA DEL GALET €€

2, rue Dugommier

✆ 04 68 53 14 83

Ouvert midi et soir sauf dimanche soir, lundi midi et soir et mardi soir. Vin au verre. Plats entre 15 et 25€.

Un peu à l'écart du centre de Thuir, on découvre un resto de village au cadre rustique et à l'ambiance chaleureuse. Peu de touristes, et beaucoup d'habitués été comme hiver. On vient ici pour déguster des grillades de viandes et de poissons. Les assiettes sont plutôt bien garnies et très goûteuses. Cuisine généreuse et convivialité vont de pair ici, on vient autant pour les pièces au feu de bois que pour l'atmosphère. Les murs de pierre, les voûtes basses et le mobilier ancien nous font penser à une auberge du *Seigneur des Anneaux* ou un film de cape et d'épée.

CAVES BYRRH ★★

6, boulevard Violet

✆ 04 68 53 45 86

www.caves-byrrh.fr

Qualité Tourisme. Qualité Sud de France. Ouvert toute l'année. visite nocturne tous les vendredis en juillet et août.

Initialement vendu en pharmacie, le Byrrh s'exporte vite au-delà des frontières sous le titre de « vin tonique et hygiénique ». Cet apéritif est élaboré grâce à des dosages savants de diverses plantes aromatiques, lui donnant des saveurs douces-amères, puis vieilli deux à trois ans dans des foudres de chêne, dont l'un est la plus grande cuve en chêne du monde : 1 200 000 litres ! Les caves se visitent et dès les beaux jours, des sons et lumière, des visites théâtralisées ainsi que des visites contées vous retracent l'incroyable histoire des frères Violet.

DOMAINE DE L'ARCHITECTE

FOURQUES

✆ 06 87 16 19 39

https://domainedelarchitecte.fr

100% Bio. Accueil et dégustation sur rendez-vous.

Le domaine est situé dans les collines des Aspres entre mer et montagne sur un sol argilo-calcaire très minéral avec des quartz et des grès. Conduite du vignoble très stricte : label HVE, pas de labours ni d'insecticides... Patrick est un homme qui préserve la biodiversité et respecte la terre. Exclusivement vendangés à la main, les raisins produisent l'emblématique cuvée Grand Large, qui fait la notoriété du domaine. Le *Petit Futé* a tout adoré, autant les vins que le personnage d'une extrême gentillesse et d'une folle passion pour son vin. Une belle rencontre !

LES GOUTEURS DE FROMAGE

5, Place Gabriel Péri

✆ 09 81 47 20 53

Ouvert du mardi au samedi. Restauration le midi. Plateaux à emporter.

Voilà une cave à fromages comme on en fait plus. On y trouve des merveilles aux noms audacieux et farfelus : brebis corse frais aux herbes du maquis, fromage de brebis à la graisse de porc ibérique et enfin une tomme de brebis au chocolat. Comme ça va bien ensemble, vous avez un large choix de bières et vins locaux. Les meilleurs restaurants du département font confiance à cette adresse. Vous pouvez également déguster ses fromages avec un petit verre en terrasse sous le porche. On vous sert aussi de belles tartines et des salades. A découvrir !

MOULIN DE CANTERRANE €€€

✆ 04 68 38 85 75

www.moulindecanterrane.com

Gîtes de France 4 épis. Ouvert toute l'année. Gîtes de France (4 épis). 10% de remise pour deux semaines consécutives.

Insoupçonnable depuis la route, le Moulin de Canterrane est un lieu unique et magique où le temps s'est arrêté. Un véritable hameau avec son moulin, son pont de pierre enjambant la rivière et ses bâtisses. Vous rencontrerez dans cet espace préservé et surtout très bien caché deux superbes gîtes, des immenses terrasses, un parc arboré avec hamacs et une piscine de 14 m de longueur. Les prix sont élevés mais au regard des prestations, de l'environnement sauvage et de l'accueil des propriétaires, ce lieu porte bien son nom de gîte de charme et d'exception.

CASTELNOU

Superbe ensemble médiéval, labellisé Plus beau village de France, à moins de 5 km de Thuir. Enfermé dans ses fortifications médiévales du XIIIe siècle, le village, étagé à flanc de montagne, ne se visite qu'à pied. Fondé au Xe siècle, Castelnou semble avoir été oublié par le temps. Pourtant, cette cité de moins de 300 habitants aujourd'hui, fut la capitale de la Vicomté du Vallespir pendant plus de 3 siècles. Les seigneurs du village furent les maîtres incontestés de la région jusqu'au XIVe. De cette période faste, le village conserve son apparence médiévale, avec ses remparts, rythmés par huit tours et quatre portes, disposés aux quatre points cardinaux.

L'HOSTAL €€

Carrer-Na-Patore

✆ 04 68 53 45 42

www.lhostal.com

Fermeture annuelle de début janvier à fin mars. De mi-juin à fin septembre ouvert tous le jours non-stop.

Cela fait 50 ans que l'Hostal existe, autrefois une auberge de village, un lieu d'hospitalité. De nos jours, Stéphane, Nathalie et Paul se plient en 4 pour nous offrir les meilleures spécialités du terroir. Aux beaux jours, vous profiterez de la terrasse avec son magnifique panorama en dégustant des grillades cuites au feu de bois, les seiches persillées à la plancha ou encore une très typique cargolade. Et si, au retour de randonnée, une petite faim vous venait, laissez-vous tenter par une crêpe maison, une glace sous la tonnelle avec son petit verre de rosé.

LE CHÂTEAU DE CASTELNOU ★

✆ 04 68 53 22 91

www.chateaudecastelnou.fr

Récemment acquis par le Département, le château fait l'objet de gros travaux de restauration. Ouverture été 2021 ?

La forteresse fait l'objet actuellement d'importants travaux de rénovation avant sa réouverture au public. Une partie de notre patrimoine va donc vers une nouvelle vie évitant ainsi un abandon certain. L'édifice occupe le sommet d'une colline rocheuse aux parois escarpées. Construit au Xe siècle et restauré au XIXe siècle, il demeure l'exemple le plus archaïque de forteresse médiévale en Roussillon, puisqu'il ne fut que très peu remanié jusqu'à sa restauration. Il offre une belle vue panoramique sur le village et les collines moutonnées des Aspres.

LE PORCHE DU GOUT

9, place de l'École

Ouvert du 1er avril au 15 octobre de 9h à 18h sans interruption.

Une vraie épicerie bretonne en pays catalan, quelle idée ? ! Eh oui, Nicole la Bretonne vous accueille dans sa petite échoppe à l'entrée du village médiéval et saura vous ravir avec ses pâtisseries bretonnes et sa brioche au beurre. Vous trouverez aussi des glaces, des sorbets naturels, du gaspacho ou des milkshakes faits devant vous. Pour les petites faims, Nicole vous fait un sandwich à la demande, ou bien n'hésitez pas à déguster les pâtisseries catalanes, les charcuteries, les fromages de nos montagnes et plein d'autres bonnes choses.

PRADES ★

Sise à l'endroit où la Têt sort du goulet du Haut Conflent et pénètre dans une vaste plaine couverte de vergers et de fruitiers, Prades est une petite ville vivante de 7 000 habitants, blottie au pied du majestueux Canigó. A mi-chemin entre montagne et plaine, Prades est le lieu idéal pour rayonner et découvrir tout le Conflent. Prades possède un charmant centre-ville piéton autour de l'église Saint-Pierre et offre diverses manifestations, comme son petit festival de cinéma et surtout le festival de musique classique Pablo Casals. N'oubliez pas de visiter les deux chefs-d'œuvre de l'art roman que sont Saint Michel de Cuxa et Saint Martin du Canigó.

Prades est une petite ville blottie au pied du Canigou.

JOYAUX CATALANS - MANUFACTURE DU GRENAT

62, avenue Guy-Malé
✆ 04 68 96 21 03
www.joyaux-catalans.fr
Entreprise du Patrimoine Vivant.

La famille Privat est spécialiste du grenat catalan depuis 1945. Un circuit vous mène du hall d'expo (400 m²) où sont exposés d'anciens outils, à la mine de grenat reconstituée. Un guide vous accompagne et vous raconte l'histoire de ce bijou. Une vidéo vous en dira davantage sur les processus de fabrication : le grenat est une pierre mythique qui symbolise culturellement la Catalogne et représente vérité et fidélité. Enfin, les ateliers où la famille Privat travaille devant vous.

OFFICE DE TOURISME

10, place de la République
✆ 04 68 05 41 02
www.prades-tourisme.fr
Visite guidée de la ville de Prades. Visite guidée gratuite de l'Eglise de Prades.

Tous les mercredis à 10h30, l'Office vous propose une visite guidée gratuite de la ville, vous serez surpris de découvrir toutes les richesses que recèle Prades et en particulier son retable baroque, le plus grand de France. La sous-préfecture du département est non seulement célèbre pour son festival Pablo Casals, son Université Catalane d'Eté, mais également pour les 10 jours de Ciné-Rencontres ou encore des journées de Terres romanes. Enfin, à Prades, vous êtes au pied du Canigó, et nombre d'activités de montagne vous ouvrent les bras !

FESTIVAL PABLO CASALS

33, rue de l'Hospice
✆ 04 68 96 33 07
www.prades-festival-casals.com
Durant 3 semaines entre juillet et août. La programmation, les horaires et tarifs sont disponibles sur le site internet.

Fondé en 1950 par le célèbre violoncelliste catalan Pablo Casals, le festival de Prades accueille chaque année de grands solistes qui interprètent le répertoire de musique de chambre classique et contemporain. Les concerts se déroulent à l'abbaye de Saint-Michel-de-Cuxa, à l'église Saint-Pierre-de-Prades, dans les grottes de Grandes Canalettes à Villefranche-de-Conflent... Depuis 2018, le festival s'exporte tous les ans au théâtre des Champs-Elysées à Paris. Une véritable reconnaissance pour la ville de Prades et surtout un festival international.

VILLA DU PARC €€

49, route de Ria
✆ 04 68 05 36 79
www.villa-du-parc.com
Fermé entre novembre et février inclus. Petit déjeuner inclus sauf pour les studios et appartements.

Manoir des années 1930 soigneusement restauré avec un parc de 1 ha et sa vue époustouflante sur les montagnes. Chambre d'hôte, gîte ou studios, à vous de choisir ! Le soir venu, la table d'hôtes vous proposera une cuisine méditerranéenne à fort accent catalan. Du fait maison avec des produits de saison locaux comme la salade Collioure, la pintade au banyuls ou le bras de gitan. Un vrai régal à déguster sur la terrasse, devant la piscine, avec pour panorama le Canigó. Un tableau qui invite au lâcher prise, aux vacances tout simplement. Le Petit Futé adore !

AVENTURE ACTIVE

✆ 06 19 36 16 47

www.aventure-active.com

Descente de canyon, rafting, hydro speed. Tous niveaux. Tarifs dégressifs.

Amateurs de sensations fortes, vous avez trouvé votre guide ! Dominique ne collectionne pas seulement les diplômes et les qualifications, il sait aussi vous faire partager sa bonne humeur et sa passion. Quand ce grand bonhomme trapu et souriant vous emmène dans un canyon ou en randonnée, il sait de quoi il parle. Et son terrain de jeu, ce sont les gorges du Llech ou les canyons du Vallespir. Aventure Active possède aussi une base nautique dans les gorges de l'Aude et vous invite à de belles descentes en rafting, *hydro-speed* ou kayak dans des décors de rêve...

EXTÉRIEUR NATURE - BASE EAUX VIVES

Route d'Eus - **MARQUIXANES**

✆ 04 68 05 72 12

www.exterieur-nature.com

Ouvert tous les jours de l'année selon les activités. parcours aventure, canyoning, rafting, hydrospeed...

La plus importante base d'eaux vives du département vous propose le canyoning, avec ses glissades et ses sauts, le rafting, ou encore l'hydrospeed et le tubbing, descente en bouée individuelle sur la Têt. Glisse et émotions garanties. Mais les petits ne sont pas oubliés, car il existe plusieurs parcours accrobranches pour les «pitchounes» de 3 à 6 ans (et aussi pour les grands). Une aire de pique-nique vous accueille au bord de la rivière. Un lieu 100% nature et sport !

EUS

Le petit village d'Eus (environ 400 habitants), situé à 5 km à l'est de Prades bénéficie du prestigieux label Plus Beaux Villages de France. Déjà, de la nationale 116, entre Marquixanes et Prades, il interpelle tous les regards. Ses maisons construites en gradins épousent le flanc d'une colline dominant la vallée de la Têt, le tout ressemble à une pyramide colorée ou à une pièce-montée surmontée, cerise sur le gâteau, d'une imposante église. Se contenter de le voir de loin serait se priver d'arpenter de pittoresques ruelles pavées (le village est piéton), bordées de charmantes petites maisons et de nombreux mimosas et cactées. De passages voûtés en carrers empedrats, vos pas vous mèneront jusqu'au point culminant du village, l'église Saint-Vincent. Bâtie au XVIIIe siècle sur l'ancien château aujourd'hui en ruine, elle dresse sa fière stature. Considéré comme un des plus typiques villages fortifiés du Roussillon, son site fut choisi pour sa position défensive exceptionnelle. En redescendant, il serait dommage de ne pas visiter l'église « d'en bas ». De style roman du Xe siècle, l'église Sant-Vicens est entourée de cyprès séculaires qui veillent sur un petit cimetière. Après cette visite, on comprend pourquoi de nombreux artistes s'y sont posés, sensibles à la beauté des lieux. D'ailleurs Ursula Kubler Vian, l'épouse de Boris Vian, vécut ici quelques années, ce qui a motivé la création d'une Fondation Vian. Exposé plein sud, Eus est également réputé pour être la commune la plus ensoleillée de l'Hexagone.

Village d'Eus.

LES CALENDULAS €

2, rue Ribeilles
✆ 04 68 96 36 21
Gîtes de France (3 épis). Ouvert toute l'année. Gîte de 2 à 4 personnes à partir de 450€ la semaine.

Un gîte tout confort, dont les chambres, sur 2 niveaux, sont creusées en partie dans la roche, le tout décoré avec amour par Marie-Claude. Votre hôtesse vous fera aussi découvrir le jardin extérieur (privilège rare à Eus car les maisons se touchent et ne possèdent pas de jardin), planté d'essences résistantes à la sécheresse, car elle et son mari sont des passionnés de botanique et d'écologie responsable. Elle vous renseignera également sur les nombreuses randonnées autour du village et les meilleurs restaurants alentour. Un endroit qui mérite d'être connu.

CASA ILICIA - MAISON D'HÔTES €€

7, carrer del Moli-de-l'Oli ✆ 06 95 34 15 32
www.ilicia.fr
Ouvert toute l'année. 4 chambres (et 2 gîtes tout confort pour 4/5 pers.). Location VTT électrique (équipement fourni).

Maison bioclimatique, construite pierre par pierre par Nuno, dans un des Plus Beaux Villages de France, la Casa Ilicia est simplement magique ! Une vue à vous couper le souffle sur le Canigó, des chambres et deux gîtes décorés avec goût par Claudia. Les plus audacieux se feront plaisir sur le toit-terrasse de 40 m², sans vis-à-vis, avec un panorama à 360°, aménagé en chambre ouverte pour des nuits à la belle étoile, le confort en plus, car la baignoire est aussi sur la terrasse !

EXTÉRIEUR NATURE - BASE EAUX VIVES

Route d'Eus - **MARQUIXANES** ✆ 04 68 05 72 12
www.exterieur-nature.com
Ouvert tous les jours de l'année selon les activités. parcours aventure, canyoning, rafting, hydrospeed...

La plus importante base d'eaux vives du département vous propose le canyoning, avec ses glissades et ses sauts, le rafting, ou encore l'hydrospeed et le tubbing, descente en bouée individuelle sur la Têt. Glisse et émotions garanties. Mais les petits ne sont pas oubliés, car il existe plusieurs parcours accrobranches pour les «pitchounes» de 3 à 6 ans (et aussi pour les grands). Une aire de pique-nique vous accueille au bord de la rivière. Un lieu 100% nature et sport !

MOLITG-LES-BAINS

A 7km au nord de Prades, au débouché d'une gorge que fait à cet endroit la Castellane, voici les Bains de Molitg, la plus ancienne station de la Chaîne Thermale du Soleil, créée il y a une soixantaine d'années par le visionnaire Adrien Barthélémy. Déjà connues des Romains, ses eaux ne furent réellement exploitées qu'à partir du XVIIIe siècle. Réputés pour les affections dermatologiques, mais aussi respiratoires, les bains occupent un site ensoleillé, bien abrité, où s'est épanouie une flore exceptionnelle. L'endroit est dominé par les ruines du château médiéval de Paracolls. L'église romane en belles pierres de taille, achevée au XIIe siècle, a été agrandie du XVIIe au XVIIIe siècle de chapelles latérales, et enrichie de mobilier baroque. Préservée, la belle muraille d'enceinte qui protège l'ensemble médiéval du château et de son ancienne chapelle joignait, par un chemin de ronde quatre tours défensives dont la dernière sert aujourd'hui de clocher. On notera de petits commerces et restaurants sympathiques, ce village n'est pas endormi et ne vit pas seulement au rythme des touristes - il est vivant toute l'année. Molitg a quelque chose de magique car ce village est sur la frontière entre deux mondes climatiques: la Méditerranée et la montagne. Au départ du village, de nombreux sentiers de randonnées invitent à la découverte de ce territoire de transition paysagère. N'oublions pas de vous parler des petites gorges taillées dans le granit et qui se descendent en canyoning. L'aventure est courte, mais vaut le détour.

LE CHÂTEAU DE RIELL €€€

Route des Bains ✆ 04 68 05 04 40
www.chateauderiell.com
Relais & Châteaux. Ouvert de fin-mars à mi-novembre. 17 chambres (dont 3 suites). Spa thermal.

Faites une halte chic-champêtre et succombez sans retenue à l'enchantement de cette folie baroque. A l'abri de ses puissantes murailles, entouré d'un parc boisé, ce bel édifice du XIXe siècle propose 20 chambres et suites spacieuses et raffinées. Luxe, calme et volupté aussi dans les jardins en terrasses, auprès des piscines et dans les salons secrets où crépite un feu en automne. Délassez-vous au Spa Thermal. Le programme de la journée s'achève sur une note gourmande dans la belle salle à manger baroque. Un chef talentueux prépare une cuisine fine et délicate.

LE GRAND HÔTEL €€€

✆ 04 68 05 00 50

www.grandhotelmolitg.com

Ouvert tous les jours, de début avril à début décembre. Spa Thermal.

Dans le parc thermal, le Grand Hôtel s'impose avec son style chic des années 50. Les chambres lumineuses tendues de « Toiles du Soleil » ont des accents méditerranéens. Dans le grand salon, le piano est celui de Pablo Casals, l'illustre violoncelliste venait ici en cure, il a orchestré le « chant des oiseaux » qui égrène les heures au carillon du domaine. Vous pourrez vous prélasser dans la piscine extérieure chauffée ou sur la grande terrasse. Vue superbe au-delà des jardins exotiques en bordure du Spa Thermal jusqu'aux coteaux boisés.

THERMES & SPA

Groupe Chaîne Thermale du Soleil

✆ 04 68 05 00 50

Ouvert de début avril à début décembre. Soins avec ou sans hébergement, demi-journée ou journée. Plusieurs formules spa.

Molitg a connu un nouvel essor avec sa reprise par la « Chaîne Thermale du Soleil » et protège pour vous, sur un domaine de 60 ha, les eaux sulfurées sodiques, onctueuses et riches en plancton thermal : souveraines dans le traitement des affections rebelles de la peau (eczéma et psoriasis), elles soulagent également les rhumatismes et dégagent les voies respiratoires. Au-delà des cures médicalisées, la station propose des mini-cures idéales pour allier plaisir et santé. Les Thermes sont reliés au Grand Hôtel où sont proposées des formules séjour/soins et dîner.

LE RELAIS DE SCEAURY €€

1, rue du Centre

RASIGUÈRES

✆ 04 68 63 33 42

Ouvert midi et soir. Fermé le mercredi toute la journée, le lundi soir et le dimanche soir. Terrasse.

Petit village mais grand restaurant dont la renommée ne cesse de grandir. Qu'on se le dise, le Relais de Sceaury flirte avec la gastronomie ! On sent que Frédéric et Céline sont des amoureux du bon goût et du raffinement. Tout est maîtrisé de bout en bout, du producteur à l'assiette. Le service est impeccable, les assiettes très bien dressées et c'est divinement bon. La qualité des produits est irréprochable. Frédéric et Céline privilégient une cuisine fraîche et de saison avec des produits locaux et BIO si possible. Une belle philosophie que le Petit Futé salue.

MOSSET

Classé parmi les plus beaux villages de France, Mosset, est un village perché sur un éperon rocheux à plus de 600 m d'altitude. Il domine la Vallée de la Castellane et se trouve au cœur d'un environnement naturel remarquable sur la route du col de Jau et ses immenses forêts et plus loin vers l'Aude. Ancien village fortifié, dominé par les ruines de son château féodal, il semble barrer la vallée. Jolie petite cité médiévale, avec ses ruelles pentues et des restes de fortifications, dans un site protégé idyllique, elle a connu ces dernières années l'arrivée de quelques artistes et artisans. L'on y vient chaque été pour son festival L'opéra Mosset.

RESTAURANT LE CAFÉ CASALS €€

✆ 04 68 05 00 50

www.grandhotelmolitg.com

Ouvert tous les jours sauf dimanche d'avril à décembre. Réservation recommandée. Menus de 29 à 35€.

L'esprit « industriel » du XIXe siècle imprègne la salle de restaurant. Dans l'assiette, une « Cuisine Santé Nature® » légère et savoureuse réservée aux résidents, et une « Cuisine d'Appétit® » au goût du Sud pour des escapades gourmandes, toutes deux signées Michel Guérard et préparées par le chef Paul Chau-Phat. A découvrir également, la nouvelle formule « Picoti Picota », proposée à l'heure du déjeuner (ou le soir sur réservation) pour un repas « tout tapas ». Belle carte des vins.

LA TOUR DES PARFUMS ★

Balco de la Solana

✆ 04 68 05 38 32

http://latourdesparfums.fr/

Fermé en mars. Ouvert tous les jours en haute saison et vacances scolaires. Visite guidée. Ateliers enfants.

Un petit musée interactif où l'on teste ses capacités olfactives à travers un parcours thématique. Donnez l'opportunité à vos narines de se réveiller, vous vivrez des émotions simples et étonnantes. Educatif et ludique, ce musée propose à travers ses expositions, ses ateliers et visites guidées de découvrir notre environnement par les cinq sens. Il est plaisant de continuer cet éveil sensoriel en empruntant le sentier forestier des cinq sens qui est destiné à faire découvrir la forêt communale de Mosset à travers les 5 sens. Ludique et éducatif.

ALTIPYR

Moli d'Oli
✆ 06 83 47 52 04
www.altipyr.com

Randonnées à dos d'âne et à pied avec un guide diplômé. Yourte à la location et camping à la ferme au bord du ruisseau.

Envie de découvrir la montagne et le Parc naturel régional des Pyrénées catalanes autrement ? Bienvenue chez Altipyr qui propose tout un éventail d'activités pour une belle communion entre l'homme et l'animal dans un cadre époustouflant. Pierre, votre hôte ou votre guide est un fou amoureux de sa région et saura vous faire partager sa passion à dos d'âne ou à pied. A noter que sur ses terres, au bord du ruisseau, il a aménagé un charmant camping à la ferme, un tipi et une yourte. Tous les détails sur le site Internet, les formules classiques ou à la carte.

MONT-LOUIS ★

La citadelle et les remparts sont inscrits au patrimoine mondial de l'Unesco depuis le 7 juillet 2008. Une reconnaissance que Mont-Louis partage avec Villefranche-de-Conflent. N'ayant jamais subi de siège, hormis lors d'une incursion espagnole en 1794 qui fut vite repoussée par le général Dagobert (1736-1794), la place forte est parvenue jusqu'à nos jours dans son état originel. L'histoire remonte au traité des Pyrénées, signé en 1659, lorsque les hauts cantons de Cerdagne et du Capcir devinrent définitivement français. Au bout de 20 ans, n'ayant pu échanger cette province du Roussillon contre un territoire plus important des Flandres, Louis XIV décida de faire édifier une place forte au carrefour des voies de communication entre Capcir, Cerdagne et Conflent, pour marquer la nouvelle frontière avec l'Espagne. En 1679, il confia le projet de construction à Vauban, qui choisit ce site stratégique sur un promontoire dominant la vallée de la Têt. En moins de 2 ans, la cité devint ce qu'elle est encore aujourd'hui, la plus haute ville fortifiée de France, et prit le nom de Mont-Louis, en l'honneur du Roi Soleil. Eté comme hiver, la ville est animée de nombreux commerces et restaurants. L'emplacement de Mont Louis n'est pas seulement stratégique, il est aussi à la confluence de trois régions: le haut Conflent, la Cerdagne et le Capcir. point de départ pour de belles randos vers les hauteurs (Cambre d'Aze, Carlit ou Puigmal) mais aussi à la découverte d'une région du département plutôt méconnue: les Garrotxes. Un chapelet de petits villages où le temps semble s'être arrêté.

LE FOUR SOLAIRE DE MONT-LOUIS ★★★

Résidence Vauban ✆ 04 68 04 14 89
www.four-solaire.fr

Fermé du 1er mai au 15 juin. En juillet et août, visite toutes les heures. Durée : 45 mn. Visite guidée. Animations.

On ne peut pas venir à Mont-Louis sans visiter le premier four solaire expérimental du monde, édifié ici en raison de l'ensoleillement unique. La visite est à la fois ludique et didactique. Il est ainsi possible de vivre des expériences fascinantes grandeur nature, comme celle de la concentration solaire. Découverte unique et passionnante d'un site qui œuvre pour le développement des pays du Sud : le soleil est une source d'énergie inépuisable, gratuite, et surtout non polluante.

OFFICE DE TOURISME

6, boulevard Vauban
✆ 04 68 04 21 97
www.mont-louis.net

Ouvert tous les jours en été. Visite guidée de la citadelle tous les jours en été.

L'équipe de l'office de tourisme vous accueille au cœur de la cité de Mont Louis. Vous trouverez sur place une foule de renseignements sur la citadelle mais aussi sur le Haut Conflent, le Capcir et la Cerdagne car Mont Louis se trouve à la confluence de ces trois régions. A ne rater sous aucun prétexte pendant la saison estivale, les visites commentées d'édifices romans « sur les chemins de St Jacques en Pyrénées Cerdagne ». Si vous trouvez l'OT fermé pendant les heures d'ouverture, pas d'inquiétude, ils accompagnent des visites guidées et reviennent vite.

GITE ECOLOGIQUE L'ORRI DE PLANÈS €€

Cases del Mitg - **PLANÈS** ✆ 04 68 04 29 47
En haut du village, au-delà des maisons appelées Cases del Mitg, à proximité de la fromagerie et de l'église. - www.orrideplanes.com

Ecolabel européen. La Clef Verte. Ecogîtes. Ouvert toute l'année. Gite d'étape et chambre d'hôtes. Table d'hôtes.

Tout proche des GR 10 et 36, les randonneurs sont accueillis dans le Refugi. Après une bonne journée de marche, vous apprécierez d'y trouver un dortoir de 16 lits en mezzanine, ainsi qu'un salon et une cuisine équipée. Dans le gîte de l'Orri, vous attendent 9 confortables chambres. La table d'hôtes est d'inspiration locale, généreuse, goûtue et BIO. En été, les clients du refuge et du gîte ont accès à une piscine traitée au sel et chauffée à l'énergie solaire.

PYRÉNÉES-ORIENTALES

LA CRÊPERIE DES REMPARTS €

6, boulevard Vauban

✆ 04 68 04 74 79

Ouvert tous les jours midi et soir en saison. Plats entre 8 et 15€.

Au cœur de la cité Vauban, la Crêperie des Remparts ne vous proposera pas que des crêpes : les spécialités sont la tartiflette, le camembert au four et les pizzas. Il y a bien sûr le cadre inimitable de la cité, la grande salle de restaurant voûtée ou la terrasse qui donne sur une rue piétonne, mais surtout nous avons aimé le choix de miser sur des farines BIO pour offrir de délicieuses galettes. Les prix sont très raisonnables au regard de la qualité (fromages et charcuteries en provenance de producteurs locaux). Et en plus, c'est copieux !

EYNE

Petite commune de 150 habitants nichée à 1 500 m d'altitude au pied du Cambre d'Aze, Eyne est un joli village étagé dans une conque et qui vit au rythme du tourisme. Les mordus de neige seront comblés avec le domaine skiable du Cambre d'Aze (23 pistes jusqu'à 2 400 m d'altitude), quant aux amoureux de la nature, ils s'émerveilleront dans la vallée d'Eyne, paradis sauvage de la flore et de la faune. Réputée comme une des vallées les plus fleuries d'Europe, c'est en mai ou juin qu'il faut la découvrir. Pour les plus courageux, le chemin qui remonte la vallée rejoint l'Espagne et permet aussi de découvrir le sanctuaire de Nuria, haut lieu de la catalanité.

LES BAINS DE SAINT-THOMAS

Village Saint-Thomas

FONTPÉDROUSE

✆ 04 68 97 03 13

www.bains-saint-thomas.fr

Fermé 3 semaines en novembre. Sinon ouvert tous les jours en haute étroite basse saison. Soins. Snack et boutique.

Au fond de la vallée, à 1 150 mètres d'altitude, surgit un amphithéâtre en pierres abritant des bassins d'eau chaude thermale sulfureuse naturelle. En extérieur, 3 bassins vous attendent. Toute la famille peut profiter d'un moment de bonheur unique en se relaxant dans ces bassins où la température de l'eau est en moyenne de 37 °C. L'espace bien-être offre une gamme très variée de soins En hiver, environnés de neige et au clair de lune, les bains deviennent absolument magiques !

CAL PAI - LE PRESBYTÈRE €€

1, cami del ventador et Carrer Esglesia

✆ 06 08 82 00 99

www.gite-calpai.com

Ouverts à l'année sauf novembre et avril. 30 places réparties sur 9 chambres et gîte du Presbytère. Restauration

Vos hôtes, Xavier et Yumy, deux amoureux des métiers de bouche (lui est cuistot et elle pâtissière) font également table d'hôtes et sauront vous ravir avec une cuisine familiale réalisée avec des produits de terroir. Tout est fait maison. On prend ses repas sur une immense et longue table de ferme. Dans le séjour, vous découvrirez un coin cheminée, dans les chambres des meubles rustiques et des grosses couettes sur les lits. Et puis surtout, vous êtes à Eyne, à deux pas d'une des plus belles vallées des Pyrénées, un paradis pour les randonneurs !

ECO BIKE

Gare de Mont Louis

✆ 07 87 71 64 72

www.rent.ecobike.fr

VTT et VTC électrique, VTT de descente. Points relais pour récupérer un vélo dans toute la Cerdagne et le Capcir.

Envie de flâner sur les petites routes de montagne ou de dévaler des pentes comme un fou ? Eco Bike vous livre un vélo à domicile ou en point relais sur l'ensemble du terroir de la Cerdagne et du Capcir. Le casque et l'antivol sont fournis, assistance dépannage incluse. Tous les renseignements et les différentes formules sont sur leur site. Le Petit Futé a aimé ce concept innovateur qui démocratise le vélo électrique. L'espace VTT-FFC Pyrénées Catalanes compte plus de 40 circuits homologués sur plus de 690 km de pistes et sentiers… alors, en selle !

FROMAGERIE CAL GILET

Route de Llo

✆ 06 88 47 88 73

Ouvert tous les jours de 17h30 à 20h. Sur RDV en octobre et novembre. Fromages entre 15 et 25 €/kg.

Arnaud a décidé il y a quelques années de reprendre l'exploitation de son aïeul. Cet amoureux de la nature est très attaché aux traditions : « Je fais l'agriculture comme mon grand-père, réalise tout de A à Z, de la sélection des animaux à la naissance à la fabrication du fromage ». L'alimentation des bêtes et les volumes (les vaches ne produisent pas plus de 25 litres de lait par jour) sont très soignés. Les fromages sont vendus à un prix très raisonnable et sont tout simplement délicieux : tomme, bleu ou pâte molle sont réellement à tomber.

MAISON DE LA VALLÉE

Cal Martinet - Avinguda de Cerdanya
✆ 04 68 04 97 05
www.valleedeyne.wordpress.com/category/accueil

Fermé en avril et novembre. Infos sur les événements sur le site. Aire de pique-nique, bar-restaurant, point d'eau, wc.

La *Maison de la Vallée* est un musée et un centre d´interprétation, en bref un lieu de découverte et de sensibilisation au patrimoine naturel. L'association propose des visites guidées sur le thème de la botanique. Des balades sont organisées pour découvrir la réserve naturelle floristique de la vallé d'Eyne, surnommée « la vallée aux 1 000 fleurs ». Ces diverses espèces sont étudiées depuis près de trois siècles et aujourd'hui elle sert de références aux botanistes du monde entier. Un après-midi dans la vallée d'Eyne est un pur enchantement !

VILLEFRANCHE-DE-CONFLENT ★★

Inscrite depuis 2008 au patrimoine mondial de l'Unesco, 6 km à l'ouest de Prades et à 45 min de Perpignan, se cache derrière des remparts pluri-centenaires une superbe cité médiévale qui compte parmi les plus Beaux Villages de France. À la croisée du Cady et de la Têt, Villefranche est un verrou stratégique qui servit longtemps de poste avancé du royaume d'Aragon. Outre l'enceinte avec son double chemin de ronde couvert, il faut voir la superbe église romane Saint-Jacques, édifiée au XIIe siècle et une vingtaine de façades d'hôtels particuliers. Le marbre rose de Villefranche, visible dans le mur de soutien des tours de la ville a été utilisé pendant des siècles pour toutes les églises et les monastères de la région. Le fort Libéria, magnifique exemple d'architecture militaire, dominant la ville ceinte, mérite une visite. reconnaissant l'importance stratégique de la ville, Vauban fit édifier le fort , restaura et déplaça les remparts. Construit en marbre rose, le fort expose aux visiteurs ses murs en brique molle (faites pour encaisser les boulets de canons) et ses corridors intérieurs - épais murs d'où on faisait feu sur les assaillants. Avec des hébergements de qualité, des restaurants tout aussi honorables, un patrimoine architectural exceptionnel, la cité est une halte quasi obligatoire pour toute personne visitant le département. On se plaît à déambuler dans les rues piétonnes où nombre d'artisans et boutiques de produits locaux ont élu domicile.

FORT LIBERIA ★★

✆ 04 68 96 34 01
www.fort-liberia.com

Ouvert tous les jours en haute et basse saison. Restauration. Navette 4x4 possible.

Situé sur les hauteurs de Villefranche-de Conflent, le Fort Libéria offre un remarquable regard sur l'histoire.

Edifié par Vauban au XVIIe siècle (1681) à la suite du Traité des Pyrénées qui entérinait la division de la Catalogne entre la France et l'Espagne, ce château constituait initialement un point stratégique, un verrou sur la vallée. Classé monument historique en 2009, le fort s'offre aujourd'hui au regard de nombreux touristes venus observer chapelle, bastions, pont-levis et déguster les petits plats proposés par le restaurant du château.

GROTTE DES GRANDES CANALETTES ★

Route de Vernet-les-Bains ✆ 04 68 05 20 20
www.grottescanalettes.com

Ouvert tous les jours mais horaires variables selon saison. Temp. intérieure de 14°c. Frais l'été et chaud l'hiver !

La découverte de la Grotte des Canalettes, considérée parmi les plus belles de France, s'effectue à son rythme. On commence par la Draperie, un ensemble de concrétions spectaculaires d'une blancheur étincelante. On parvient ensuite à la salle blanche, découverte en 1982. La visite se poursuit par le lac aux Atolls, puis la grandiose salle du temple d'Angkor, d'une féerie incomparable. L'ensemble est mis en valeur par des éclairages judicieux et des musiques bien choisies.

L'ANCIENNE POSTE €

31, rue Saint-Jacques (intra-muros)
✆ 04 68 05 76 78
www.ancienneypostedelacite.com

Ouvert toute l'année. 3 chambres. Petit déjeuner inclus. Wifi gratuit. Sauna.

L'ancien bureau de poste de Villefranche-de-Conflent, a été transformé en une superbe maison d'hôtes classée « 4 Clés Vacances ». Elle est idéalement située au cœur du village fortifié. Vous profiterez du charme d'une demeure avec une âme, dans laquelle ont été aménagées trois chambres spacieuses au luxe moderne avec douche à jets, baignoire à remous et sauna. La décoration des lieux est particulièrement réussie. Les propriétaires possèdent également le gîte du Donjon, en plein village. Un autre endroit magique et douillet. Un vrai petit château !

LE TRAIN JAUNE ★★★

✆ 04 68 96 63 62
https://www.ter.sncf.com/occitanie/loisirs/patrimoine-culture/train-jaune
Horaires en fonction des saisons. Tarifs selon votre gare de destination.

© MATTEO SCARANO - ISTOCKPHOTO

Emblème de la région, le train jaune sillonne la montagne des Pyrénées-Orientales depuis un siècle : 1 000 m de dénivelé et 63 km, entre Villefranche-de-Conflent et Latour-de-Carol, au cœur d'un environnement exceptionnel. Sur votre parcours, vous passerez par Bolquère, la gare la plus haute de France, à 1 593 m d'altitude ! Côtoyez le vide avant de traverser les vallées de la Têt et d'Eyne au pied du massif du Canigou. Profitez des panoramas uniques depuis le Viaduc et le Pont Gisclard, dernier pont ferroviaire suspendu de France.

LE SAINT JEAN €€

31, rue Saint Jean
✆ 04 30 45 61 93
Ouvert toute l'année. Carte : 30 € environ pour 3 plats. Menus entre 15 et 30€. Fine sélection de vins locaux. Terrasse.

Au cœur du dédale de rues piétonnes de la cité fortifiée se cache une bien belle adresse. Rien d'extraordinaire vu de l'extérieur. Poussez la porte du Saint-Jean pour découvrir la cuisine de François et Valentine, comme une ode au mariage entre la Catalogne et le Portugal. Au menu, les grands classiques des deux pays, savoureux et fort copieux. Cadre rustique, pierres apparentes, longue salle très bien ventilée car donnant sur un patio caché (idéal en été) et petite terrasse sur la rue. Les prix sont très ajustés et feront le bonheur des familles au budget serré.

LA SENYERA €€

81, rue Saint-Jean
✆ 04 68 96 17 65
www.lasenyera.fr/le-restaurant
Toques Blanches. Disciple d'Escoffier. Ouvert du vendredi au lundi le midi et le soir ; le mardi et le jeudi le midi.

Au cœur de la cité fortifiée, le chef émérite, Julien Blaya, vous fera découvrir une cuisine empreinte d'esprit local qu'il mâtine de touches personnelles. Les produits de saison et les petits producteurs des environs sont à l'honneur dans ses créations culinaires qui affichent sa jeunesse et sa personnalité, sans toutefois jamais trop dénaturer les recettes traditionnelles dont il s'inspire. L'alchimie opère et ravit les papilles. Une adresse qui fait de nombreux émules et dont la réputation dépasse nos frontières, il est donc plus prudent de réserver.

VERNET-LES-BAINS ★★

A 700 m d'altitude, cette petite station thermale et climatique est connue depuis des siècles. Ses sources naturelles d'eau chaude, jaillissant directement des entrailles du Canigó, sont réputées pour le traitement des affections rhumatismales et respiratoires. Elles furent exploitées par les moines de l'abbaye Saint-Martin-du-Canigou jusqu'à la Révolution française, puis le comte de Burnay – riche banquier portugais – construisit par la suite un élégant complexe thermal. Au début du XXe siècle, la ville s'élève au rang des plus belles stations thermales françaises. De nombreuses personnalités et aristocrates étrangers viennent y séjourner, notamment l'anglais Rudyard Kipling, auteur du *Livre de la Jungle*. De nos jours, le tourisme thermal s'est démocratisé et de nombreux marcheurs aiment à grimper dans le vieux quartier aux ruelles pittoresques et aux maisons fleuries. Au sommet se trouve la jolie église Saint-Saturnin, adossée au château reconstitué au XIXe siècle. Un panorama d'où l'on peut contempler les montagnes environnantes, le village et la petite place de la République – cœur de la cité, animée les jours de marché –, les thermes, son casino (le plus petit de France, avec seulement vingt machines à sous), et son petit lac paisible au milieu du parc. Vernet-les-Bains est aussi le point de départ de nombreuses randonnées vers les belles gorges du Cady ou le célèbre Canigó, accessible en 4h de marche depuis le refuge de Mariailles (piste carrossable depuis le col de Jou).

L'ABBAYE SAINT-MARTIN DU CANIGOU ★★

✆ 04 68 05 50 03
La montée se fait à pied depuis Casteil.
www.stmartinducanigou.org
Fermé en janvier et tous les lundis du 1er oct. au 31 mai. En saison, service de Jeep au départ de Casteil (0468059989)

L'abbaye apparaît au visiteur comme un nid d'aigle posé sur un éperon rocheux dominant un ravin au fond duquel gronde le Cady. Plus que ses sœurs Saint Michel de Cuxa ou le prieuré de Serrabone, Saint Martin fascine autant par son architecture que son site grandiose et « vertigineux ». Ce haut lieu de l'art roman, plus particulièrement du premier art roman méridional, fut fondé au XIe siècle par Guifred II, comte de Cerdagne et Conflent et son frère Oliba, évêque de Cuxa et Ripoll. Culminant à 1098 mètres d'altitude, Il se présente sous la forme de deux églises superposées et jouxtées d'un cloître. L'abbaye, aujourd'hui classée Monument historique et « pépite » du Grand Site de France Canigó Grand SIte, est occupée par la communauté des Béatitudes. On accède au site en moins de 45 min à pied depuis Casteil par un très beau chemin qui grimpe vers le ciel. Les visites sont uniquement guidées (et si passionnantes !) et durent environ 1h. Le site internet est riche de renseignements pour préparer sa venue. Pour les personnes en quête de spiritualité, une retraite de 2 à 6 jours est possible. Elles participeront à la vie spirituelle et fraternelle de la communauté, le reste de la journée étant consacré à la méditation et au silence. Outre l'aspect architecturale et religieux, la visite de l'abbaye est prétexte à une très belle randonnée en sous bois qui mène au lieu saint. Il existe différentes boucles qui passent par le site et offrent des points de vue somptueux.

OFFICE DE TOURISME

2, rue de la Chapelle
© 04 68 05 55 35
www.vernet-les-bains.fr
Ouvert du lundi au samedi de 9h à 13h et de 14h à 18h. Dimanche et jours fériés de 9h à 13h. balades guidées. Musée.

Tous les bons plans, l'agenda de l'été, les activités et les hébergements à ne surtout pas manquer pourront vous être communiqués. En saison, des balades guidées sont organisées tous les jeudis à 16h – durée 1h30 – sur des thématiques telles que le vieux village, le quartier thermal et la Belle Epoque ou le village arborétum. Par ailleurs, la Maison du Patrimoine (au 1er étage) présente Vernet-les-Bains qui se dévoile pour nous à travers le regard d'un journaliste venu au début du XXe siècle. Un espace scénographie qui vaut le détour !

L'EAU VIVE €€

Avenue Saint-Saturnin
© 06 18 92 63 48
www.leauvive-camping.com
Ouvert d'avril à octobre. Chalets et mobil homes. Lodge, eco lodge et bivouac. Restaurant. Bain bouillonnant et sauna.

Idéal pour les amateurs de randonnées à pied, à cheval ou en VTT et tous les amoureux de la nature. Un camping calme en semi-montagne, à quelques pas de tous commerces. Un univers verdoyant et régénérateur avec son accès direct à la rivière où toute la famille y trouve son compte. Ce camping est doté d'une piscine extérieure chauffée si vous trouvez l'eau de la rivière trop froide. N'oublions pas de souligner la création d'un espace zen (jacuzzi, sauna et spa) et des tentes «améliorées» façon écolodge et bivouac comme dans les grands parcs d'Afrique.

HÔTEL-RESTAURANT PRINCESS €€

Rue des Lavandières © 04 68 05 56 22
www.hotel-princess.com
38 chambres. Petit déjeuner continental buffet. Séminaires. Restaurant Princess 2 cocottes Logis. Petits chiens admis.

Au pied de la montagne sacrée des Catalans, l'hôtel offre une vue magnifique sur le village de Vernet-les-Bains et sur le Canigó. Autre atout, le confort du séjour : des parties communes très agréables et de jolies chambres lumineuses parfaitement bien entretenues et équipées d'une literie de qualité, d'un écran plat et d'une salle de bains complète. A la carte et sur les menus, une cuisine gourmande et ensoleillée faisant la part belle aux produits catalans de saison.

L'ENTRACTE €€

Allée du Parc-du-Casino © 04 68 96 05 08
www.casino-vernet.com
Ouvert le soir du mercredi au samedi, midi et soir le dimanche. Menu unique à 35 €. Carte : 40 € environ.

Le plus ancien casino de France vous ouvre les portes de son restaurant... de beaux et spacieux volumes dont la hauteur sous plafond est juste sublime, une décoration surannée mais raffinée et élégante, de grandes tables bien espacées les unes des autres... C'est somptueux, non seulement pour les yeux, mais aussi pour le palais. Le nouveau chef Julien vous propose une cuisine inventive et toute en fraîcheur. La carte est minimaliste et bien évidemment la qualité des produits est au rendez-vous, car Julien et son équipe ne travaillent qu'avec les meilleurs artisans.

LE JARDIN DU JASMIN €€

1, boulevard de Cady
© 04 68 96 51 30
www.le-jardin-du-jasmin.com
Fermé le mardi. Ouvert le soir du lundi au jeudi. Midi et soir du vendredi au dimanche. Carte : 30 € (pour 3 plats).

Lisa et Ian ont osé transporter les saveurs de l'Inde jusqu'aux pentes du Canigó. Ouvrir un restaurant indien au pays de l'escargot et de la rousquille ! Quelle idée folle et surtout merveilleuse ces deux Anglais ont eu après avoir quitté « la Brick Lane » de Londres. Sur la carte, on trouve des plats orientaux tout comme des classiques européens : menu indien, bistrot ou street food. Le petit plus qui nous a fait craquer, ce sont les cours de cuisine indienne proposés sur réservation. Un beau voyage et une belle expérience gustative.

THERMES DE VERNET-LES-BAINS

Avenue des Thermes
© 04 68 05 52 84
www.thermes-vernet.com
Ouvert de fin mars à fin novembre. Toutes les formules sur le site internet.

C'est l'unique établissement thermal indépendant du Languedoc-Roussillon ! Situé au pied du Canigó, le centre est spécialisé en rhumatologie et ORL. Mais si vous voulez des moments de détente en formules journée, l'espace Bien-Etre prend soin de vous et vous chouchoute. Sont proposés : bain bouillonnant, hammam, aquagym, sauna, piscine, musculation, cardio-training, bain avec hydromassage, différentes techniques de modelage, Yoga, pressothérapie, réflexologie plantaire, chromasonic...

LES ANGLES

Devenu station de sports d'hiver en 1965, ce village a conservé son charme d'antan. Les maisons sont restées telles quelles dans le centre ancien autour de l'église romane. Côté sport, les Angles accueillent de nombreux vacanciers qui trouvent à leur disposition 55 km de pistes situées entre 1 600 et 2 400 m d'altitude, soit 45 pistes de différents niveaux sillonnant entre forêt de pins et grandes étendues blanches. Un snowpark, des pistes de ski de fond et de nombreuses autres activités complètent l'offre. Les Angles, c'est aussi un étonnant parc animalier, des lacs pour la pêche et un vaste maillage de sentiers de randonnée pour tous les niveaux.

LE PARC ANIMALIER DES ANGLES ★

Pla del Mir
✆ 04 68 04 17 20
www.faune-pyreneenne.fr

Fermeture annuelle trois semaines en novembre. Parking gratuit. Animaux domestiques interdits. Aires de pique-nique.

Ce n'est ni un zoo avec des animaux confinés dans des espaces restreints hors de leur milieu naturel, ni une réserve où seraient présentes et visibles toutes les espèces pyrénéennes regroupées. C'est tout d'abord un espace montagnard forestier typique de la région : 37 ha de pins à crochets, situés sur un des versants orientaux du massif du Carlit, entre 1 700 et 1 800 m d'altitude. Inauguré en 1994, ce parc animalier est l'un des plus hauts de France. Avec de bonnes chaussures, ses deux parcours de 1,5 et 3,5 km permettent, en toute sécurité, de voir évoluer dans de spacieux enclos en milieu naturel, les principales espèces de la faune pyrénéenne. Des aires de pique-nique sont aménagées. Les visiteurs peuvent s'attabler, avec en point de mire un bison ou une biche galopant dans les sous-bois. Cette faune typique offre aux petits et grands une vision saisissante, qu'il n'est habituellement donné de découvrir que dans les livres ou à l'écran. Parmi les espèces exceptionnelles, les ours bruns que vous observerez d'une terrasse au-dessus de leur enclos, ou encore des loups. Et si vous n'avez pas eu l'occasion de l'entrevoir sur une crête, vous pourrez approcher l'élégant isard, symbole des Pyrénées. Des rencontres exceptionnelles pour qui sait observer, n'hésitez pas à vous munir d'une paire de jumelles et d'un appareil photo pour des souvenirs inoubliables. Le site offre de superbes vues sur le plateau du Capcir et le lac de Matemale en contrebas.

GÎTE EQUISUD €€

Route Forêt
✆ 04 68 04 43 62
www.equisud.com

Demi-pension pour 1 nuit : 45€/p. A partir de 2 nuits : demi-pension en chambre 42€/p, 33€ par enfant. Table d'hôtes

Au cœur de la forêt de pins sylvestres de Matemale et de son lac éponyme, dans un environnement boisé magnifique, Kerstin et Olivier vous accueillent dans leur gîte essentiellement construit en bois et composé de 4 chambres (avec salle de bains et toilettes) et d'un dortoir. La décoration est simple et rustique, façon chalet de montagne avec parquet et poutres apparentes mais il n'en faut pas plus pour apprécier les lieux. Toutes les chambres ont une vue sur les montagnes. La table d'hôte réalisée en majorité avec des produits locaux est très appréciée.

CHEZ ANTOINE €

11, avenue de Mont-Louis
✆ 04 68 30 09 21 - Au pied des pistes

Ouvert toute l'année. Midi et soir. Plats à la carte. Terrasse.

Antoine, c'est le catalan incontournable aux Angles ! L'endroit lui ressemble, l'ambiance est à la bonne humeur. Evidemment les spécialités régionales sont bien rodées, de la belle charcuterie du Capcir, l'escalivade, de la terrine maison, des escargots, des joues de porc, des boules de picoulat, des gambas... et des grillades au feu de bois : agneau, belles pièces de bœuf et de veau des Pyrénées. Tous les produits sont de saison et locaux. Vous ne serez pas déçus, et les bons mangeurs apprécieront les généreuses portions. Valeur sûre 100% esprit catalan !

LA RAMBALLADE €€

1, rue de la Ramballade
✆ 04 68 04 46 32

Ouvert tous les jours le soir à partir de 19h. Spécialités locales, cuisine de montagne, grillades.

Au cœur du village, cette bâtisse reconvertie en restaurant avec sa grande cheminée et son cadre rustique offre un beau contraste avec l'esprit un peu trop « fun » de la station de ski. Ici, c'est traditions montagnardes et valeurs sûres dans l'assiette. Les patrons travaillent dans la mesure du possible avec des producteurs locaux et revendiquent une cuisine d'altitude, simple mais réussie. La spécialité du chef est le camembert au feu de bois sur lit de pommes des terres et lardons mais nous avons craqué pour leurs viandes - qualité et cuisson irréprochables !

ANGLEO

Avenue de Mont Louis
✆ 04 68 04 39 33
https://angleo.com

Massages, baignades, soins esthétiques, aquagym. Plusieurs formules. Horaires variables selon saisons.

Angléo est le nouveau centre de balnéothérapie de la station des Angles. Un lieu unique, comme dans un rêve où se mêlent l'eau, la pierre, le bois, la neige, l'imaginaire et le plaisir. Massages, baignades, soins esthétiques, aquagym, c'est à vous de choisir… et pourquoi pas tout essayer ? L'architecture résolument moderne est superbe, l'accueil et l'attention sont irréprochables, nous avons eu un coup de cœur pour ce lieu de détente et de relaxation qui tend les bras aux sportifs après une bonne journée de ski ou de randonnée. A découvrir absolument !

SNAKE GLISS

✆ 06 87 08 06 75
www.snake-gliss.com/stations/lesangles

Départ au pied des télécabines. Se pratique aussi aux stations de Font Romeu et Pyrénées 2000. Ouvert de fin nov. à mars

Des luges attachées les unes aux autres pour former un serpent articulé, un moniteur dans la première luge et aux commandes… et en avant la descente ! Le Snake Gliss est une activité ultra ludique, quelque part entre le bobsleigh et la luge. Sensations garanties pour les grands et les petits car l'activité est ouverte à partir de 3 ans. Votre pilote, c'est Julien, enfant du pays qui va vous faire passer un bon moment en toute sécurité. Différentes formules sont proposées, même une nocturne avec un bon repas ou la découverte du site lacustre des Camporells.

FONTRABIOUSE

Ces deux petits villages, à 6 kilomètres au nord de Formiguères ne connaissent pas l'animation et l'activité des autres communes du Capcir. Ici, tout est authenticité, peu de chalets récents, pas de stations de sports d'hiver, la nature est parfaitement préservée, l'habitat rural traditionnel y est préservé avec ses maisons un peu austères, aux fenêtres surmontées de linteaux. Authenticité on vous dit ! Deux véritables villages de montagne. Si Espousouille est connue pour être le point de départ de la vallée sauvage du Galbe à la flore et faune exceptionnelles, Fontrabiouse l'est pour ses grottes, parmi les plus intéressantes des Pyrénées.

LA GROTTE DE FONTRABIOUSE ★

Rue des Soulanets ✆ 04 68 30 95 55
www.fontrabiouse.com

Fermeture en novembre. Visites toutes les 45 mn en haute saison. Boutique. Pensez à vous couvrir - température fraîche.

La grotte de Fontrabiouse vaut le détour pour la beauté et la variété de ses concrétions toujours en activité. C'est la partie du réseau supérieur de la grotte qui a été aménagée. Suivez le guide ! A travers un cheminement en deux niveaux, la visite sur plus de 1 km, vous offre un rendez-vous avec une véritable cathédrale de style gothique flamboyant ! Un éclairage bien étudié, ainsi que la proximité des concrétions donnent une sensation de « vraie » découverte du monde souterrain.

FORMIGUÈRES

Située à 5 km au nord des Angles, au centre du rude plateau du Capcir et à 1 500 m d'alt. Formiguères est une petite station qui attire un public familial. Nature, neige naturelle de qualité et un patrimoine préservé au cœur du Parc naturel Régional des Pyrénées, c'est dans cet écrin qu'elle a gardé tout son charme et son authenticité. En été tous les amoureux de la nature y trouvent leur bonheur à travers les activités sportives et culturelles. Formiguères est considérée comme la petite capitale de la région. L'âme de ce village de montagne est sans doute sa convivialité et le savoir-faire que tous les artisans et commerçants mettent à votre service !

OFFICE DE TOURISME

1, place de l'Église
✆ 04 68 04 47 35
www.formigueres.fr

Ouvert en haute et basse saison du lundi au samedi.

Dès les premières neiges, c'est avec plaisir et dynamisme que la station de Formiguères vous ouvre ses pistes. Des événements ponctuent la saison hivernale, vous retrouverez tous les services de la station : navette gratuite en vacances scolaires, restaurant et point chaud au pied de pistes, espaces ludiques… Quand les jours s'allongent et les températures se font plus douces, alors randonnée, VTT, cueillette de champignons ou pêche vous font découvrir l'autre visage de ce paysage grandiose qui ne perd rien de sa splendeur. Le Petit Futé adore le Capcir !

LA DEVÈZE €€

Route de la Devèze ✆ 06 37 59 73 89 - A 10 km de Font-Romeu.
www.campingladeveze.com
Ouvert toute l'année. 30 emplacements. Chalets, roulottes, tentes trappeur, tipis. restauration.

Presque du camping sauvage ! En pleine nature, posez votre tente sur des parcelles à l'état vierge sans terrassement afin de préserver la flore environnante. Les chalets sont équipés de chauffages dans toutes les pièces et l'isolation est renforcée. La nouveauté qui s'intègre encore plus dans le paysage naturel sont les roulottes et tentes trappeur, en bois ou toile et entièrement équipées. Un lieu idéal pour les randonneurs et les amoureux de la nature, le magnifique lac de Matemale est à quelques minutes avec sa base ludique pour la plus grande joie des enfants.

FERME PERARNAUD

Cami de Fontrabiosa
✆ 06 16 12 53 08
Vacances scolaires : ouvert tous les jours de la semaine de 18 à 20h. Autres périodes : tous les soirs de 18h30 à 19h30.

Dans la famille Pérarnaud, on est fier d'être paysan de père en fils avec le même souci de faire perdurer une tradition qui s'inscrit dans la modernité. A la ferme, on vous propose une succulente viande de bœuf et de veau (on ne vous ment pas, on l'a goûtée !) au détail ou en colis, du lait cru et des fromages frais. Le tourisme devenant un moteur économique de l'agriculture, les Pérarnaud vous ouvrent leurs portes tous les jours à l'heure de la traite des vaches pour vous faire découvrir ce monde paysan de l'intérieur. Un beau voyage au pays de l'authentique.

STATION DE FORMIGUÈRES

1, place de l'Église ✆ 04 68 04 47 35
www.formigueres.fr
Station ouverte de fin novembre à début avril. Baby club, boutique, navette. Jardin des neiges et garderie enfant.

Situé au cœur des pins, entre 1 500 et 2 400 mètres d'altitude, le petit village de Formiguères jouit d'un environnement naturel exceptionnel. Les skieurs de tous niveaux trouveront facilement leur bonheur à travers les 65 ha skiables répartis sur 19 pistes et une zone de free-ride. Alliant la vie traditionnelle de montagne à la culture catalane, la station vous garantie une ambiance joviale. De nombreuses activités vous sont proposées tout au long de l'année comme la pêche au lac des Camporells, le VTT, l'escalade et plus récemment la location de VTT électriques.

LA LLAGONNE

Depuis le XIe siècle, ce petit village fait communiquer le Haut Conflent avec le Capcir par le col de la Quillane. Encadré de forêts et dominé par son église fortifiée et sa tour à signaux, le village s'est aggloméré autour de ces deux édifices. Le presbytère garde des traces de l'ancien château. Au col de la Quillane, on peut profiter d'une petite station de ski, ainsi que d'un aérodrome. A partir du village, on peut également faire de belles randonnées et accéder au lac des Bouillouses, l'écrin des Pyrénées. Pour la petite histoire, La Llagonne est une terre de sportifs puisque Simon et Martin Fourcade sont nés ici et viennent souvent au village.

ESPACE NORDIQUE - MAISON DU CAPCIR

Col de la Quillane ✆ 04 68 04 49 86
www.capcir-pyrenees.com
Ouvert toute la semaine en saison été et hiver. Du lundi au vendredi hors saison. Salle hors sac et toilettes.

Point de départ des randonnées pédestres l'été et du domaine nordique l'hiver, la maison du Capcir est une adresse précieuse pour vos vacances. Vous y trouverez les brochures nécessaires à votre séjour mais aussi les guides pour vos randonnées en raquettes, les moniteurs pour le ski de fond, les balades en chiens de traineau ou encore les circuits de pistes VTT. Vous êtes au cœur d'un véritable paradis protégé, préservez la nature en toute saison et respectez-la !

LA FERME DU RIALET

2, carrer de la Quillane
✆ 04 81 89 90 19
www.la-ferme-du-rialet.com/fr
Ouvert tous les jours. Fromagerie. Visite de la ferme pédagogique : 4€.

Pendant que papa et maman dégustent le fromage, les enfants visitent la ferme pédagogique. Voilà l'idée originale de la Ferme du Rialet. Une exploitation de vaches laitières qui produit du lait et transforme sa production en fromages, brousses, yaourts et faisselles. Pour les plus jeunes, au programme de la visite : 30 races et plus de 150 animaux à admirer. Parcours éducatif, panneaux explicatifs... Le must, pour revenir à la vocation première de l'exploitation, c'est assister à la traite des vaches à 17h et au biberon des petits veaux à 17h30.

MATEMALE

A mi-chemin entre les Angles et Formiguères, Matemale est un village de montagne typique, à 1 500 mètres d'alt. sur le plateau du Capcir aux portes d'un vaste lac artificiel. Véritable « petit Canada », c'est un site sportif grâce en hiver, à ses dizaines de km de pistes de ski de fond qui sillonnent la forêt de la Matte, en bordure du lac. Sentiers nordiques, pistes damées et balisées pour les raquettes aussi... qui deviennent à la belle saison des sentiers fréquentés par les amateurs de randos pédestres, équestres ou VTT. Baignade surveillée, base nautique, parcours d'arbre en arbre, location de vélos, etc., vous attendent autour du lac.

REFUGE DU COL DEL TORN €

✆ 06 31 11 97 84

www.refugeducoldeltorn.fr

Refuge gardé à l'année. Réservation obligatoire. Nuitée en dortoir (12 places) et cuisine excellente ! Astronomie.

Situés au cœur du site Natura 2000 Madres Coronat, à 1870 mètres d'altitude, le refuge du Col del Torn est un petit bijou d'authenticité et de calme avec vue panoramique sur les montagnes du Capcir. La piste d'accès étant fermée en été, comptez environ 1 h de marche sur un chemin souvent plat depuis le col de Creu. Ce refuge n'est pas seulement l'endroit idéal pour se ressourcer et renouer avec la nature, c'est aussi un lieu de rencontres et d'échanges autour d'une table toujours bien garnie. Ouvert aussi en hiver, on peut y accéder en raquettes ou à ski.

CHEVAL RANDO

✆ 06 82 09 54 24

www.cheval-rando66.com

Balades à cheval et location de poneys. Circuits sur mesure.

Sur la route entre Mont Louis et les Angles se nichent les écuries de Sabine. Cette cavalière vous propose des cours d'équitation, la location de poneys et enfin des balades à cheval pour découvrir la forêt de la Matte ou les rives du lac de Matemale. Nous avons été autant touchés par le sérieux et le professionnalisme de ce centre équestre que par l'attention apportée au bien-être animal. Sabine y met un point d'honneur. On sent dans son écurie que les animaux sont heureux et ne sont pas là pour plaire aux touristes. Vive le respect de la dignité animale.

FONT-ROMEU-ODEILLO-VIA ★★

A 90 km à l'ouest de Perpignan, étagée entre 1 600 mètres et 1 800 mètres d'altitude, orientée plein sud, Font-Romeu est probablement la station pyrénéenne la plus connue des Français. Le climatisme y a vu le jour au tout début du XXe siècle, mais c'est en 1914, avec la construction de l'imposant Grand Hôtel, que la station se fait un nom. Construit sur les hauteurs de la ville, embrassant tout le plateau cerdan, ce palace de deux cents chambres attire de toute l'Europe des personnalités aisées, venues s'amuser et se refaire une santé en respirant le bon air des Pyrénées. Après la seconde guerre mondiale, la cité cerdane retrouve un second souffle grâce à la démocratisation des sports d'hiver, mais aussi grâce à sa vocation climatique. Un air pur et sec, bénéfique, notamment, aux asthmatiques. La ville héberge plusieurs centres médicaux et résidences dédiés à ce type de pathologie. Mais Font-Romeu est aussi une ville sportive. Sa consécration est notamment venue de la création du lycée climatique et sportif ainsi que du centre national d'entraînement en altitude. Cet air sans pollution atmosphérique et au faible taux d'humidité a favorisé l'implantation de ces installations pilotes, uniques en France. Très apprécié des sportifs de haut niveau, le lieu est fréquenté depuis le début des années soixante. On trouve dans la ville, tout au long de l'année, des sportifs de haut niveau, de toutes les disciplines et de toutes les nationalités. Font-Romeu est aussi bien sûr une station de sports d'hiver de premier plan dans la chaîne pyrénéenne!

OFFICE DE TOURISME DE FONT-ROMEU

38, avenue Emmanuel-Brousse ✆ 04 68 30 68 30

www.font-romeu.fr

Qualité Tourisme. Ouvert tous les jours De 9h à 12h et de 14h à 18h. Vacances Scolaires été de 9h à 12h et de 14h à 19h.

Situé au pied de la télécabine des Airelles, l'office sera votre allié pour « changer d'altitude », comme le clame le slogan. Ils vous renseigneront sur les activités de la station été comme hiver ainsi que sur les hébergements disponibles. Bon à savoir : des « skibus » gratuits circulent tous les jours pendant la saison de ski entre Via-Odeillo et Font-Romeu. Sur leur site Internet, visualisez les pistes avec la webcam, tenez-vous informé de l'enneigement et de la météo en temps réel.

CAL XANDERA €€

49, route de Font-Romeu - **ANGOUSTRINE-VILLE-NEUVE** ✆ 09 54 50 41 47 - www.calxandera.com

Ouvert toute l'année. réservation conseillée. 2 chambres et 2 suites. Restauration.

A la sortie d'Angoustrine en direction de Font Romeu, Cal Xandera est un petit bijou de vieille pierre : une ferme cerdane du XVIIIe superbement restaurée avec goût et amour. Dans son enceinte vous attend un grand jardin et sa terrasse ombragée sur laquelle vous passerez de belles soirées d'été les yeux tournés vers les étoiles.

Le restaurant et les 4 chambres allient confort, modernisme et matériaux écologiques (bois, pierre, ardoise, chaux). Cal Xandera, c'est aussi une auberge de montagne avec ses tables en bois et ses murs épais de granit comme dans les films.

LE CARLIT HÔTEL €€

Avenue d'Espagne

✆ 04 68 30 80 30

www.carlit-hotel.com

Ouvert toute l'année. Réceptions, séminaires et mariages. Spa. Club enfant durant les vacances scolaires.

L'imposante bâtisse de l'hôtel est située en cœur de ville. Le Carlit propose des chambres très propres et plutôt bien équipées. Les chambres familiales en duplex avec mezzanine sont vraiment sympathiques. Côté cuisine, une carte variée, qui se décline en plusieurs formules. Aux beaux jours, on se laissera ravir par le charme des extérieurs. Une piscine d'été chauffée vous permettra de vous détendre après vos randonnées. Eté comme hiver, on apprécie l'espace sport et bien-être et l'accueil chaleureux, attentionné des propriétaires et du personnel.

HÔTEL LE GRAND TETRAS €€

14, avenue Emmanuel-Brousse ✆ 04 68 30 01 20

www.hotelgrandtetras.fr

Ouvert toute l'année. 36 chambres (dont 4 suites familiales). Animaux acceptés. Séminaires. Bain bouillonnant, sauna.

Les chambres très coquettes, rénovées aux dernières normes dont certaines sont exposées plein sud avec un balcon. Petits déjeuners servis en chambre ou sous forme de buffet. 2 appartements neufs pour 4 à 5 pers, cuisine équipée, ouverte sur le salon à la déco montagnarde et vue sur les Pyrénées. Un espace bien-être vous attend à tout moment – terrasse solarium panoramique, piscine, sauna, bain bouillonnant et une douche massante chromathérapie dans l'espace fitness. Le restaurant la Poule au Pot vous accueille directement dans l'hôtel pour une cuisine raffinée.

LA CHAUMIERE €€

96, avenue Emmanuel-Brousse

✆ 04 68 30 04 40

https://restaurantlachaumiere.fr/

fermé en très basse saison. Maître Restaurateur. Toques Blanches. Disciple d'Escoffier. Cuisine gastronomique. Terrasse.

Nous vous recommandons cette adresse tant pour la carte, gourmande et soignée, que pour l'accueil. François accommode si bien les produits du terroir montagnard et ceux de la mer qu'on y revient toujours, ne serait-ce que pour goûter ses nouveaux plats « coup de cœur » ! A la carte, pêle-mêle : le risotto noir au homard et ses copeaux de fromage, le fameux tartare de thon et son escalope de foie gras frais, les couteaux à la planxa, subtilement iodés et déglacés au vin blanc. François est un orfèvre et il emballe nos papilles à toutes les étapes du repas !

PYRÉNÉES-ORIENTALES

© IAIN FRAZER - SHUTTERSTOCK.COM

Font-Romeu.

RESTAURANT EL FOC €€

Avenue du Docteur-Capeille

✆ 04 68 30 80 30

Ouvert uniquement le soir pour les saisons été et hiver. Cuisine de montagne. Réservation recommandée.

Il y a déjà bien des années que le Petit Futé connaît le restaurant de l'Hôtel Carlit et nous ne sommes pas les seuls... De nombreuses sportifs de haut niveau qui viennent profiter des infrastructures à Font-Romeu ont fait de leur résidence le Carlit et de leur « cantine » El Foc. Une cuisine avec des produits frais, de saison, une pêche du jour, des viandes et des fromages de Cerdagne, irréprochable ! Si le XV de France, Martin Fourcade ou les sportifs du monde entier en stage d'oxygénation ont pris pour habitude de manger ici, allez-y les yeux fermés.

LA TABLE DES SAVEURS €€

5, avenue Maréchal-Joffre

✆ 04 68 04 88 49

www.tabledessaveurs.fr

Ouvert toute l'année. Du lundi au samedi et les jours fériés. Réservation recommandée. Terrasse.

Voilà un restaurant qui s'est fait un nom en Cerdagne. La qualité des produits servis y est pour beaucoup, mais également l'accueil toujours souriant, la décoration raffinée, tout comme l'imprenable vue panoramique sur les Pyrénées. L'ambiance chaleureuse vous invite à la dégustation des petits plats mitonnés par Pierre. Installés sur du mobilier comme on en trouve qu'en montagne, laissez-vous aller à vos envies. A la carte, viande, ou pourquoi pas un poisson, car ici, vous pouvez aussi déguster les produits de la mer, les arrivages sont journaliers.

OZONE 3

38, avenue Emmanuel-Brousse

✆ 04 68 30 36 09

www.ozone3.fr

Activités sportives en cadre naturel. Ouvert tous les jours en saison et sur RDV hors saison.

Chez Ozone 3, il y en a pour tous les goûts du débutant au confirmé, mais toujours du sport et de la nature. Des activités les plus paisibles en hiver : raquettes, astro-randos, ski nordique, canyon en eaux chaudes, balades avec des chiens de traîneaux – aux plus extrêmes : rafting sur neige, plongée sous glace, quad-VTT sans moteur... En été, place aux randos, VTT et quad-VTT, via ferrata, rafting, hydrospeed, canyoning. A savoir, qu'Ozone 3 met aussi son expérience au profit de personnes en situation de handicap avec des moniteurs formés et expérimentés. Bravo !

CASINO CINÉMA DISCOTHÈQUE

46, avenue Emmanuel-Brousse

✆ 04 68 30 01 11

www.casino-font-romeu.fr

Ouvert toute l'année. Horaires sur le site internet. Le Casino est interdit aux mineurs. Restauration.

1 lieu, 4 ambiances ! Font Romeu est une des rares stations de montagne à posséder un casino : salles de jeux, boule 2000, Texas Holden poker et 45 machines à sous. La programmation du cinéma change toutes les semaines. quant à la discothèque le Papagayo, c'est « the place to be » pour faire la fête. Enfin, le restaurant le Llat vous accueille dans une ambiance boisée et propose des assiettes traditionnelles et semi-gastro. Le bar est ouvert en même temps que les jeux.

BOURG-MADAME

Bourg-Madame, qui n'était qu'un hameau au XIXe siècle, est aujourd'hui un gros village de 1 500 habitants. Pour l'anecdote, en 1815, lorsque le duc d'Angoulême entra en France par cet endroit, il lui donna le nom de Bourg-Madame, en hommage à son épouse Madame Royale, fille de Louis XVI. A voir, l'église de Caldégas et ses 6 retables baroques du XVIIIe; et l'église d'Hix bâtie sur une pente douce descendant vers Le Sègre. Ville frontière avec l'Espagne, Bourg-Madame est un lieu de passage toujours animé. Puigcerdá, la plus grande ville de la région avec 7 000 habitants, se trouve juste de l'autre côté de la rivière en Catalogne espagnole.

MONTGOLFIÈRES DES PYRÉNÉES

11, Rue du Torrent

✆ 07 69 16 48 64

www.montgolfieresdespyrenees.com

Ouvert toute l'année. De 189€ /personnes pour une nacelle jusqu'à 10 personnes vol 1h30.

Tel un oiseau, prenez de la hauteur, à deux en amoureux, ou dans une nacelle de dix personnes. La Cerdagne vue d'en haut quelle que soit la saison est d'une beauté insolente. Des pilotes chevronnés vous feront découvrir, en toute sécurité, les fabuleux paysages de montagne au gré des vents, d'un massif à l'autre, tout en traversant librement la frontière des Pyrénées. Un cadeau merveilleux à offrir ou à partager pour de superbes photos et des souvenirs inoubliables.

PORTÉ-PUYMORENS

A 1 600 mètres d'altitude, le village bénéficie d'une exposition plein sud qui lui procure un ensoleillement important. Le village, à l'habitat montagnard typique, est dominé par la tour de Cerdagne, édifiée au XIe siècle pour défendre l'entrée de la vallée. La station proprement dite possède une vingtaine de pistes que l'on peut dévaler jusqu'aux premiers jours du printemps, grâce à un enneigement important et en cas de grand beau temps les canons à neige prennent le relais. Balades en raquettes et ski de fond du côté du village. En été, les randonneurs seront comblés en découvrant la vallée du Lanoux et ses trois lacs. Un coup de cœur!

STATION PORTÉ PUYMORENS

Col de Puymorens
✆ 04 68 04 82 41
www.porte-puymorens.net
Ouvert tous les jours de 8h30 à 17h.

Sur la route qui relie l'Ariège et l'Andorre, Porté Puymorens est un petit village d'altitude d'une centaine d'habitants au cœur du parc des Pyrénées catalanes. Un domaine skiable de 50 km, 10 remontées mécaniques qui en font une station familiale, mais aussi sportive, car le dénivelé entre le haut et le bas des pistes est de 900 m, et surtout un cadre unique au cœur d'un cirque de montagnes culminant à plus de 2 800 m d'altitude. En été, la station devient le rendez-vous incontournable des amoureux de nature : étang de Lanoux et Font Vives, pic Nègre ou Carlit...

SAILLAGOUSE

Situé au cœur de la Cerdagne entre Font Romeu et Bourg Madame, la situation et l'environnement de ce gros village de près de 1 000 habitants, en font le lieu idéal pour rayonner sur la région. Avant la Seconde Guerre mondiale, la terre et l'élevage étaient les seules véritables activités. Aux cultures du seigle, des pommes de terre et du blé, on associait quelques bêtes, moutons, cochons, vaches ou chevaux. Les choses ont bien changé, le village s'est agrandi, mais une chose se maintient, la charcuterie traditionnelle cerdane. Une petite ville très dynamique, remplie de commerces, fleurie, pleine de charme et qui ne demande qu'à vous séduire.

OFFICE DE TOURISME COMMUNAUTAIRE PYRÉNÉES CERDAGNE

1, place del Roser ✆ 04 68 04 15 47
www.pyrenees-cerdagne.com
Ouvert du lundi au samedi. En basse saison fermé le samedi après-midi. Guide rando et jeu de rôle/piste à la vente.

Entrez faire le plein d'informations à l'Office de tourisme Pyrénées Cerdagne et profitez de conseils personnalisés dans le bel espace accueil. Que vous soyez en famille, en duo, seul ou entre amis, venez vivre des activités de pleine nature accessibles à tous, grâce à la station Err-Puigmal. Loisirs, patrimoine, bains d'eaux chaude sulfureuse, sports de sensation, gastronomie, produits du terroir, hébergements, les lieux et les acteurs de ce fabuleux territoire n'attendent que vous !

LE MUSÉE DE CERDAGNE

Ferme Cal Mateu - **SAINTE-LÉOCADIE**
✆ 04 68 04 08 05
www.pyrenees-cerdagne.com/decouvrir/lart-et-les-traditions-populaires/le-musee-de-cerdagne
Ouvert toute l'année. 7/7 en juillet et août. Expositions permantentes et temporaires. Animations.

Installé dans une très belle ferme du XVIIIe siècle, le musée de Cerdagne n'est pas un musée pas tout à fait comme les autres. Il narre au visiteur la grande et la petite histoire, les gestes et les paroles des hommes et des femmes qui depuis 300 ans ont donné vie à ce lieu et à la Cerdagne. Véritable lieu vivant avec sa collection ethnologique qui réunit 20 000 pièces mises en valeur au gré des expositions temporaires ou permanentes et son instructif jardin potager. Coup de cœur pour les ateliers enfants vraiment très pédagogiques qui raviront aussi les parents.

MAS RONDOLE €€

✆ 04 68 04 00 51 - A partir de la RN 116 sur la gauche juste après le camping illisa
2 chambres d'hôtes (30m2) avec petit déjeuner inclus. Roulotte 2 pers.en autonomie (coin cuisine, salle d'eau et WC).

Sophie et Philippe vous accueillent dans une authentique ferme cerdane du XVIIIe siècle toujours en activité. Amateurs de vacances authentiques dans le monde rural et non dans un musée de la vie paysanne, vous avez trouvé votre bonheur. Les deux chambres d'hôtes sont spacieuses, fraîchement rénovées et équipées d'un joli petit coin salon. Elles jouissent d'un beau panorama sur les montagnes. Coup de cœur pour la roulotte, un peu à l'écart et posée au cœur d'un vaste jardin et son beau noisetier... face aux seigneurs cerdans – le Cambre d'Aze et le Puigmal !

LE VEDRIGNANS €€

Route de Vedrignans ✆ 04 68 04 04 79
www.levedrignans.com
4 étoiles. Ouvert toute l'année. réservation recommandée. départ de nombreuses randonnées. 65 chalets de 2 à 8 pers.

Proche des bains d'eau chaude de Llo et du parc aquatique de Err, le Vedrignans est un endroit idéal pour des vacances nature. Ce parc résidentiel de taille humaine est situé en plein parc régional des Pyrénées catalanes à 1 300 mètres d'altitude. Le Vedrignans est un havre de paix, tout est fait pour votre repos, les parcelles délimitées mesurent au minimum 240 m^2. Mais quelle que soit la saison, vous tomberez réellement amoureux de la Cerdagne, vous succomberez à la beauté des paysages, à la gentillesse naturelle des habitants et au confort de votre location.

CHEZ PLANES €€

6, place des Comtes-de-Cerdagne
✆ 04 68 04 72 08
www.chezplanes.com
Maitre restaurateur. Ouvert tous les jours en haute saison. Terrasse. Hôtel 3 étoiles. Label tourisme et handicap.

Autrefois, un relais de diligences devait apporter le coucher et le souper. C'est toujours le cas aujourd'hui dans ce charmant village proche de Font-Romeu. Qui dit montagne dit cuisine traditionnelle et Jean-Luc Planes en est un grand défenseur. Dans sa jolie salle typique, on attaque les festivités par une assiette de charcuteries du pays avant l'arrivée de la brandade de morue à l'huile d'olive, croustillant de poitrine fumée et coulis de crustacés. Et puis on termine par une crème catalane. Une institution depuis des lustres et on adore !

CHARCUTERIE BONZOM

Avenue des Comtes-de-Cerdagne
✆ 04 68 30 14 27
www.charcuterie-catalane-bonzom.com
Ouvert tous les jours. Visite du séchoir à jambon en haute saison. Vente à ligne.

La famille Bonzom vous accueille dans une vieille ferme cerdane rénovée de 1808. Cette charcuterie est devenue une véritable institution. 200 m^2 sont consacrés à la vente, vieilles pierres apparentes et jambons sous les voûtes, et pas moins de 70 spécialités toutes plus tentantes les unes que les autres : saucissons secs, fuets, longanisses, soubressade… La dégustation se fait dans les étables rénovées, avec du bon pain de campagne et un vin du Roussillon. A noter que les Bonzom ne travaillent que des viandes du Conflent, de Cerdagne et du Capcir.

LA LÉGENDE DE PYRÈNE

2, Pla de Dalt
✆ 04 68 04 63 69
www.lalegendedepyrene.fr
Condiments naturels. Ouvert du lundi au samedi de 14h à 18h.

Tous deux fous de cuisine et anciens restaurateurs, Corinne et Laurent vous entraînent dans le monde merveilleux des condiments naturels. Car depuis l'Antiquité, les condiments ont toujours accompagné nos plats préférés ! Ils proposent une belle gamme ensoleillée, riche et originale : moutardes, confitures, olivades, vinaigres, sels et… le fameux ketchup catalan. Le petit plus : Corinne et Laurent vous donnent de précieux conseils sur l'utilisation des condiments et surtout de bonnes recettes. Tous les ingrédients viennent de producteurs ou de maraîchers locaux.

PUIGMAL PYRENEES CERDAGNE

ERR ✆ 04 68 04 15 47
www.pyrenees-cerdagne.com/la-randonnee/puigmal-pyrenees-cerdagne
Espace outdoor pour activités 4 saisons. Renseignements à l'office de tourisme de Saillagouse.

Nous sommes heureux de vous annoncer la réouverture de la station du Puigmal. Un espace outdoor 4 saisons qui combine la marche nordique, le trail, le ski de randonnée et le VTT autour d'itinéraires balisés. Accessible à tous les niveaux, l'aventure commence au cœur d'une flore et d'une faune préservées où aigles, vautours, isards et marmottes cohabitent dans leur milieu naturel. La nature vous invite à découvrir ce lieu magique et ses panoramas fabuleux. *Definitely into the wild* !

LES BAINS DE LLO

Route des Gorges - **LLO**
✆ 04 68 04 74 55
www.bains-de-llo.com
Ouvert tous les jours. Forfait famille. Soins. Restaurant.

Dans le cadre exceptionnel des Gorges du Sègre, ressourcez-vous en toutes saisons aux Bains de Llo, dans ses eaux chaudes sulfureuses à 35 °C, aux qualités reconnues pour la relaxation, la peau, et les douleurs musculaires. Avec 3 bassins extérieurs et 2 bassins intérieurs, adonnez-vous aux plaisirs et aux bienfaits de l'eau. Hammam et sauna complètent l'ensemble. Faites-vous du bien avec l'espace balnéo, un lieu de détente et de bien-être où vous sont proposés des soins du corps et du visage. L'offre du SPA très complète est à découvrir sur le site Internet.

ARGELÈS-SUR-MER ★

Dernière plage de sable blanc avant les criques de la Côte Vermeille, cette station balnéaire familiale bénéficie d'une situation exceptionnelle, au pied des Albères, derniers maillons de la chaîne des Pyrénées. Argelès-sur-Mer est en fait le vieux village, avec ses commerces et une activité dynamique tout au long de l'année. Argelès-Plage, la station balnéaire, 2 km plus à l'est, voit affluer durant les deux mois d'été des milliers de touristes des quatre coins d'Europe. Plus au sud, le port de plaisance de Port-Argelès, et, enfin, avant d'attaquer la Côte Vermeille, la dernière plage de sable blanc du Racou et ses charmantes maisonnettes.

LA CASA DE L'ALBERA

4, place des Castellans
✆ 04 68 81 42 74
www.argeles-sur-mer.com
Ouvert toute l'année du mardi au samedi. balades gourmandes et musicales en été. Infos et tarifs à l'OT d'Argelès.

La Casa de l'Albera est un centre d'interprétation qui a pour vocation de présenter la montagne de l'Albera. Véritable trait d'union entre les Pyrénées et la Méditerranée, ce massif regorge de trésors cachés que vous découvrirez dans ce centre qui lui est dédié. A travers expositions temporaires et permanentes, vidéos, photos, cartes, maquettes et objets vous permettront de comprendre comment vivaient et vivent toujours les habitants de ce massif. La Casa de l'Albera organise également des visites guidées de la vieille ville et des premiers quartiers de la plage.

L'ABBAYE DE SAINT-GÉNIS DES FONTAINES

SAINT-GÉNIS-DES-FONTAINES ✆ 04 68 89 84 33
www.ville-saintgenisdesfontaines.fr
Ouvert toute l'année. Horaires variables selon les saisons.

Majestueux édifice de pierre ocre se détachant sur la chaîne des Albères, avec son clocher en forme de tour crénelée et la petite tour située devant, l'abbaye bénédictine de Saint-Génis-des-Fontaines a été construite en 780 par Sentimir.

- **L'église abbatiale.** Dédiée à saint Michel, elle suit un plan de croix latine aux bras très prononcés. Lors de son remaniement, voire de sa reconstruction, au XIIe siècle, a été intégré à la façade autour de la porte, un linteau particulièrement remarquable. Initialement autel, ce linteau mondialement connu est une œuvre majeure de la sculpture romane du XIe siècle. Finement ciselée dans du marbre blanc de Céret, c'est la première sculpture romane datée dans la pierre (entre 1019 et 1020).
- **Le cloître.** Celui-ci a été construit à l'extrême fin de l'âge roman catalan (fin du XIIIe siècle). Elégant, aéré, c'est presque un carré parfait de 14 m de côté. Il se caractérise par la polychromie de ses marbres : le blanc de Céret, le rose de Villefranche et le noir de Baixas ainsi que par les motifs de ses chapiteaux : faune et flore locales, et éléments fantastiques. Celui que nous visitons aujourd'hui a été en partie reconstitué avec ses éléments d'origines qui avaient été dispersés. Il faut dire qu'il a vécu de sacrées aventures, pour le moins rocambolesques. Seuls les quatre piliers authentiques vendus avec la copie du cloître à la ville de Philadelphie n'ont jamais été restitués à l'abbaye, ils ont été refaits à l'identique.

Le Racou.

OFFICE DE TOURISME D'ARGELÈS-SUR-MER

Place de l'Europe
✆ 04 68 81 15 85
www.argeles-sur-mer.com
Basse saison du lundi au vendredi et le samedi matin. Tous les jours en haute saison.

Quelle que soit votre langue, une documentation très variée est à votre disposition sur les hébergements, restaurants et animations de la station balnéaire. Vous y trouverez également toutes les précisions concernant la plage labellisée « Handiplage » et des informations sur les randos, à pied ou à VTT, les animations ou le patrimoine. Enfin, Argelès, entre mer et montagne, accueille en juillet un des plus grands festival de musique en France pendant 4 jours : les Déferlantes !

CAMPING CLUB LE FRONT DE MER €

35, avenue du Grau ✆ 04 68 81 08 70
www.camping-front-mer.com
Fermé du 1er octobre au 31 mars. Réservation recommandée. 590 emplacements. Hammam, bain bouillonnant, sauna. Animations

Ce camping haut de gamme, à 200 m de la plage, reste à taille humaine grâce à ses charmants propriétaires. Les amoureux de l'eau apprécieront les cascades et le cadre tropical du parc aquatique. Pour les adultes, un espace détente avec spa et salle de musculation est prévu. Les enfants ne sont pas en reste, car outre le club gratuit pour les 6-12 ans, ils pourront profiter du terrain multi-sport ou du golf miniature. Le moindre détail est pensé pour que votre séjour reste inoubliable !

CAMPING LA COSTE ROUGE €€

Route de Collioure
✆ 04 68 81 08 94
www.lacosterouge.com
Fermé du 1er octobre au 31 mars. Réservation recommandée. 185 emplacements, bain bouillonnant, sauna. Animations.

Au pied du massif des Albères, à 900 mètres de la mer, ce camping vous offre des emplacements spacieux au milieu des chênes-lièges et des pins, et toutes les commodités d'un 3 étoiles. 29 mobil-homes et 7 studios sont à la location. Vous y serez au calme ; pour la détente et la convivialité, un coin piscine bien structuré avec 2 bassins et une pataugeoire. Et pour que les vacances soient synonymes de repos, le mini-club (de 6 à 12 ans) est gratuit. Sans oublier le petit resto sympathique et le point chaud. Un charmant camping familial !

DOMAINE DE CASTELL DE BLES €€

SAINT-GÉNIS-DES-FONTAINES ✆ 09 53 33 30 36
www.castelldebles.fr
Gite de France 4 épis. 5 chambres. 2 gites. Piscine, parc, bain bouillonnant, jeux pour enfants. Lieu magnifique !

Entre mer et montagne, au pied des Albères et à proximité immédiate de l'Espagne, le Domaine Castell de Blés dispose d'un jardin aux arbres centenaires, d'une piscine extérieure chauffée avec son jacuzzi et d'un petit ruisseau qui court en bordure de la propriété. La superbe bâtisse offre confort et douceur tout en conservant le charme de l'ancien. Elle propose 4 chambres et une suite, toutes climatisées. Une cuisine est mise à disposition. Trois gîtes complètent l'offre de séjour.

GRAND HÔTEL DU GOLFE €€€

Route de Collioure-la-Corniche
✆ 04 68 81 14 73
www.grandhoteldugolfe.com
36 chambres dont 6 «prestige». restauration «le Bistro à la mer». Spa, hammam et espace beauté et soins du corps.

Des prestations haut de gamme pour ce 3 étoiles aussi élégant que confortable, relooké par un artiste catalan. Situé sur la corniche à 150 m de la mer, face aux criques de Porteils entre le centre historique de Collioure et la plage mythique du Racou, l'Hôtel du Golfe offre la Méditerranée à perte de vue. Vous serez séduit par cet hôtel contemporain, épuré et design où style et bien-être s'harmonisent subtilement. Côté table, le Bistrot à la Mer présente une belle carte bistronomique ainsi que de superbes formules. Un hôtel incontournable.

SIRÈNE HOLIDAYS CAMPINGS CLUBS €€€

Route de Taxo à la mer ✆ 04 68 81 04 61
www.camping-lasirene.fr
Fermé d´octobre au 15 avril. 741 emplacements sur 22ha. 3 espaces : La Sirène, L'Hippocampe, Le Bois de Valmarie.

Amateurs de vacances actives et vivifiantes, La Sirène vous attend avec ses 23 ha de terrain dans un environnement privilégié : nouveau complexe aquatique tropical, le plus grand d'Europe avec ses 10 000 m² de bains bouillonnants, piscines dont deux bassins couverts et, à l'extérieur, 3 toboggans géants. Et ce n'est pas tout, lits bouillonnants, jets d'hydromassage, banc d'hydrothérapie, pentagliss, et une multitude d'autres activités vous attendent. Vivez au rythme des plaisirs !

LES ENFANTS TERRIBLES €€

33, rue Louis-et-Michel-Soler - **LAROQUE-DES-ALBÈRES** ✆ 04 68 89 40 51

Ouvert le soir du lundi au mercredi et le samedi. Midi et soir : jeudi, vendredi et dimanche. Plats végétariens et vegan

Sur la belle terrasse (et sous la voûte de ses deux palmiers) ou dans la salle aux murs de pierres apparentes de cette ancienne maison de maître où tous les styles se mélangent, vous vous régalerez d'une cuisine française aux accents méditerranéens, mais jamais sans tomber dans la facilité.Les Enfants Terribles, à mi-chemin entre le resto de terroir et le bistro chic, est un lieu très convivial où règne la passion de la bonne chère et un certain penchant pour les ambiances familiales et chaleureuses. Une vision de la vie chère aux nouveaux propriétaires.

LA BARTAVELLE €€€

24, rue de la République
✆ 06 19 25 70 13
www.restaurant-labartavelle.fr

Disciple d'Escoffier. Toques Blanches du Roussillon. fermé le dimanche soir et le lundi. réservation impérative.

Situé au cœur du village, la Bartavelle tiendrait dans un mouchoir de poche. Mais attention : émotions culinaires garanties ! Le chef Thibaut nous comble de plaisir en proposant une cuisine créative, rythmée par les saisons et les produits du terroir. Il interprète et revisite les recettes traditionnelles et nous surprend par sa grande justesse des saveurs, des textures. Vous l'aurez compris, à la Bartavelle et son joli nom d'oiseau, on a tôt fait d'avoir envie d'y faire son nid. C'est une table très prisée, alors n'oubliez surtout pas de réserver.

LE COUP DE FOURCHETTE DU CAYROU €€€

18, rue du 14-Juillet
✆ 04 68 81 34 08
www.le-cayrou.net

Ouvert du lundi au samedi midi et soir. réservation recommandée. menus midi et soir.

Une cuisine de caractère, qui va à l'essentiel, nous entraîne dans une ronde des saveurs où finesse et inventivité se conjuguent à la générosité. Ici pas de carte, juste un menu du midi et un menu du soir qui changent selon les saisons. Créativité, délicatesse, goût, cuisson maîtrisée et présentation soignée sont omniprésents dans les copieuses assiettes. Loin des « attrapes touristes » si nombreux sur notre côte, le Coup de Fourchette du Cayrou est une table à prix doux et sûre.

DROP IN WATER JUMP

Impasse Copernic
✆ 04 68 95 41 66
www.dropinwaterjump.fr

Ouvert tous les jours entre juin et septembre. Horaires variables hors saison. A partir de 5 ans.

Après Paradise Aventure, Canyoning Park et la tour de l'extrême, petits et grands vont se régaler avec ces jeux de glisse en eau douce du Drop'in. 18 pistes pour rigoler avec vos enfants ou vos amis, Drop'in Donuts, Crazy Jump, Crazy Slide ou encore Drop'in tracks. Pour les plus âgés je vous dois une explication : il s'agit de jeux de glisse sur bouée, surf, planche ou ski avec des tremplins pour tous les niveaux. Les ados en raffolent. Bien sur tout est sécurisé et surveillé, aussi, les petits peuvent s'amuser dès 5 ans. Succès garanti.

PARADISE AVENTURE PARC - CANYONING PARC

7, impasse Copernic
✆ 04 68 95 41 66
www.argeles-aventures.com

Ouvert tous les jours. Horaires variables selon les saisons.

Un espace de loisirs pour des sensations plurielles ! Argelès Aventure est un parc acrobatique forestier où, surveillé par des moniteurs vous pouvez évoluer en toute sécurité dans les jeux aériens. Mais si vous avez envie d'un parcours plus rafraîchissant, foncez au canyoning parc et découvrez son concept unique au monde : sensations d'un canyon naturel, la sécurité maximale en plus. Pour les plus téméraires, il y a la « Tour de l'extrême » pour des sauts dans le vide !

RIVERSIDE PADDLE

✆ 07 62 06 86 98
www.riversidepaddle.com

En haute saison les descentes se font au départ des différents campings d'Argelès. Plusieurs formules : zen ou sportives

Du stand-up paddle sur une rivière, c'est simple mais il fallait y penser ! RiverSide Paddle vous propose d'explorer l'embouchure du Tech (le bocal du Tech) ainsi que la réserve naturelle du Mas Larrieu au rythme de votre pagaie. La glisse pure et silencieuse du stand-up paddle ou du kayak est idéale pour observer les oiseaux marins et les nombreux poissons... une balade « Découverte » très zen. Ecolo et fun, voilà une façon bien originale pour découvrir autrement les richesses naturelles de la côte Radieuse. Attention, chaussures obligatoires, pas de tongs !

LAROQUE-DES-ALBÈRES

Laroque-des-Albères s'est constituée autour d'un promontoire entouré de cours d'eau et le noyau du village est établi autour du château. D'un passé très riche, à moins d'un quart d'heure de la mer et au pied du massif des Albères, cette petite commune d'un peu plus de 2 000 habitants recèle un vrai charme, étagé sur les vestiges de ses anciens remparts. Le vieux village est constitué d'un lacis de ruelles étroites et pentues et son atmosphère est toute catalane avec des accents cosmopolites. Au sommet du village, les restes du château et du donjon, écroulé en 1890, offrent un belvédère plutôt saisissant sur la plaine du Roussillon.

LE COMPTOIR ROCATIN

10, rue Louis et michel Soler
✆ 04 68 53 83 28

Ouvert du lundi au samedi de 8h à 0h. Service en continu. Soirées dégustation tapas et vins hors saison.

Bar à vin, tapas et restaurant. Voilà le nouveau couteau suisse de Laroque des Albères. Belle terrasse extérieure surélevée, harmonie du métal et du bois dans les deux salles : des mange-debout en bas et une belle salle de resto à l'étage avec son ciel étoilé (les luminaires). Petites ou grandes portions, c'est toujours du *mar i munt* : des tapas de la mer ou de la montagne dans la plus pure tradition catalane. Les produits sont soignés, goûteux et les vins pour les accompagner sont toujours issus de petits domaines triés sur le volet. Une adresse qui monte.

SORÈDE

Sorède, la « perle des Albères », est une commune dynamique qui compte un peu plus de 3 000 habitants. Bâtie au pied des Albères, elle se niche entre la vallée de Lavail et la vallée Heureuse, dans un site pittoresque et verdoyant. Sur la place Padre Himalaya, vous pourrez admirer l'un des cinq plus beaux cadrans solaires de France. La rando mythique à faire en famille est sans doute celle de l'ermitage de Notre-Dame du Château. A pied ou à vélo, cette très belle balade vous mènera en un lieu paisible et aménagé pour pique-niquer qui offre une vue imprenable sur la plaine et la côte. Enfin, n'oubliez pas de visiter le site de l'arboretum du Mas del Ca.

CANET-EN-ROUSSILLON ★

Considéré à juste titre comme la plage des Perpignanais, Canet n'est séparé de Perpignan que de 12 km. Le vieux Canet ne manque pas d'attraits : rues étroites, joli clocher et ancien château. Canet-Plage, plus saisonnier, offre aux visiteurs une promenade de près de 3 km le long de la plage de sable fin avec ses clubs de plage et ses jeux nautiques. Allez jusqu'à l'étang de Canet-Saint-Nazaire, classé dans le Réseau écologique des sites européens Natura 2000, il est une halte appréciée des flamants roses mais aussi de 200 autres espèces d'oiseaux migrateurs. Des cabanes de pêcheurs y ont été réhabilitées, dans des matériaux traditionnels.

ONIRIA LES MÉTAMORPHOSES DE L'EAU ★

2, boulevard de la Jetée
✆ 04 68 86 72 92
www.oniria.fr

Ouverture en cours d'année 2021. Visite guidée. Restauration. Boutique. Animations.

En 2021, sera inauguré Oniria qui vous contera de façon ludique les métamorphoses de l'eau. Vous suivrez l'histoire d'une petite goutte d'eau depuis sa naissance à près de 3 000 mètres au sommet du Canigó jusqu'aux profondeurs de la Méditerranée. D'une superficie de 3 500 m², le nouveau bâtiment accueillera l'aquarium, une jungle, une salle d'exposition, des salles pédagogiques dotées des toutes dernières technologies et plusieurs commerces, dont une brasserie.

OFFICE DE TOURISME

49, avenue de la Méditerranée ✆ 04 68 86 72 00
www.ot-canet.fr

Fermé le dimanche uniquement en basse saison. Présentation du Château vicomtal et de son puits à glace (payant).

Grâce à Imagine Canet, un office de tourisme flambant neuf et plus facile d'accès, vous pourrez découvrir tous les secrets et de toutes les merveilles que cette jolie commune recèle côté village ou côté plage. Avec la carte « Canet Club », véritable sésame à acheter à l'O.T pour des vacances réussies, vous aurez droit à une multitude d'avantages.

Découvrez à Canet le nouvel espace « Quai des Loisirs » qui regroupe des prestataires d'activités nautiques originales et ludiques. En saison, 2 points infos supplémentaires sont à votre disposition en bord de mer.

CHÂTEAU DE REY €€

Route de Saint-Nazaire
✆ 04 68 73 86 27
www.chateauderey.com
Vignobles et Découvertes. 2 gîtes (9 et 7 pers). Apéros du Château les mercredis soirs en été sur réservation.

Au cœur d'un vaste domaine de 40 ha planté de vignes séculaires qui dominent la mer toute proche, Cathy et Philippe vous accueillent dans 2 gîtes attenant à leur habitation, un authentique mas catalan. Du charme et de la fantaisie, des tons chauds ou acidulés vous donneront l'envie d'y demeurer longtemps. Le château de Rey, à l'architecture très particulière, construit par Petersen en 1875, se plaît à développer un art de vivre bien à lui. La visite du chai vaut vraiment le détour (foudres centenaires aménagés en espace de jeu et de réception).

LES FLAMANTS ROSES €€€

Voie des Flamants-Roses
✆ 04 68 51 60 60
www.hotel-flamants-roses.com
Ouvert toute l'année. 63 chambres. Combinaison hôtel + cure, club enfant, séminaires, réceptions, mariages. Restaurant.

Le temps d'un week-end ou plus, abandonnez-vous aux plaisirs suprêmes de la thalasso dans le luxueux écrin 4 étoiles des Flamants Roses. Directement relié à l'hôtel, vous accueille un somptueux espace de 1 200 m² entièrement dédié au bien-être absolu, à la beauté, à la forme. Côté restaurant, le chef propose des plats gourmands revisités. Salon de coiffure, club enfant, piscine, plage de sable fin et une boutique où tout est beau, rendront votre séjour inoubliable. Du luxe en toute simplicité..... le Petit Futé ne sait pas y résister.

LE MIRAMAR €€

12, promenade Côte-Vermeille ✆ 04 68 80 21 70
www.lemiramar66.com
Ouvert toute l'année. Midi et soir du lundi au samedi. Midi le dimanche. Réservation recommandée. Terrasse. Animations.

Une valeur sûre face à la plage, ça devient rare. Ce restaurant au nom évocateur, le Miramar (regarde mer), a tout pour vous charmer. Si vous êtes plutôt « mar », vous pourrez déguster des coquillages et crustacés d'une fraîcheur irréprochable ou plutôt « munt », des viandes de race vous attendent : veau Vedell des Pyrénées, pluma iberica, cochon Tirabuxo... La justesse des assemblages est telle que vous serez surpris par les saveurs qu'il en ressort. L'accord mets et vins est réussi également avec une belle sélection de vignerons locaux et indépendants.

O'BISTRO €€

1, promenade Charles Trenet ✆ 04 68 62 91 55
www.obistrobychris.eatbu.com
Ouvert toute l'année. Service à table non-stop face à la mer. Formule découverte autour du Jack Daniel's. Terrasse.

A Canet sud, vous trouverez l'endroit facilement grâce aux motos américaines garées sur la place, devant la terrasse. Plus de 90 % des produits frais sont issus de circuits courts, travaillés sur place, comme les travers de bœuf mijotés 19h à basse température, ou encore d'autres plats « signature » avec foie gras fait maison ou la formule découverte autour du Jack. Ajoutez à cela plus de 80 références de vins et 12 Jack Daniel's à la dégustation parmi les 40 variétés présentées en vitrine. Enfin, à O'bistrot, le service est non-stop. Coup de cœur de l'année !

LE PETIT CHEZ SOI €€

Voie de la Crouste
✆ 04 34 12 31 56
Basse saison : ouvert du jeudi au dimanche le soir. En haute saison tous les jours le soir. Jardin. Animations.

Le Petit Chez Soi, c'est comme à la maison ! On ne se lasse jamais de cette adresse incontournable de Canet. Une fois attablé dans le superbe jardin méditerranéen où trônent aussi quelques yuccas et bananiers, on sent vite que lui et sa femme Caroline partagent un amour du produit pour mieux le sublimer : calamars de la pêche locale, boeuf Fleuron des Pyrénées ou thon Albacore de Méditerranée. Mais ne croyez pas qu'on vous dévoilera tous les secrets qui font la réputation de cet établissement chaleureux. Il faut venir le découvrir et savourer un précieux moment.

CHATEAU DES HOSPICES

13, Avenue Joseph Sauvy ✆ 04 68 80 34 14
www.chateau-des-hospices.fr
Accueil et dégustation à la boutique du lundi au samedi de 9h à 19h. (vente en ligne sur le site internet).

Marc est issu d'une longue tradition vigneronne. Continuellement, les entrées maritimes viennent rafraîchir la vigne et lui offrir une précieuse humidité. Le mariage entre le climat méditerranéen et les sols très caillouteux confèrent à ses vins une typicité forte. Nous avons adoré la cuvée Grande Terre Rouge issue de deux parcelles voisines de vieilles vignes (syrah et grenache noir). N'oublions pas de mentionner la nouvelle cuvée « version originale » sans sulfites – que du fruit en bouche ! Un vin souple et gourmand plein de fraîcheur. Une valeur sûre !

MAS BAUX

Chemin du Mas-Durand ✆ 04 68 80 25 04
www.mas-baux.com

100% Bio. Ouvert tous les jours en été sauf le dimanche. Sur rdv en hiver. Animations en oenotourisme pendant l'été

Le Mas Baux est un domaine de 20 ha dont 12 ha de vignes plantées parmi la garrigue. La bâtisse du XVIIe se distingue de loin tel un navire voguant sur un océan de vignes. « La sélection commence sur le pied et elle se poursuit jusqu'à la mise en bouteille », insiste Marie Pierre. Agricuture BIO, vendanges manuelles et en caissettes, travail d'orfèvre en acceptant la lenteur pour obtenir des vins profonds et expressifs très remarqués par la presse spécialisée. Vous dégusterez tous ces beaux flacons au chai où équipement contemporain et murs centenaires se mêlent.

CATAMARAN NAVIVOILE

✆ 06 23 20 69 76 - Embarcadère situé à l'entrée du port. Accéder par le parking Bastia (derrière l'aquarium situé sur le boulevard de la jetée.
www.navivoile.com

Fermé du 25 octobre au 1er avril. Plusieurs formules. Voir le site internet.

Navivoile, c'est un catamaran à la coque de couleur jaune, de 24,70 x 10 m à bord duquel trois marins diplômés vous accueillent tout l'été. Pour une journée inoubliable au cours de laquelle vous aurez l'opportunité de longer la côte Rocheuse, nous vous conseillons d'opter pour la « baignade et grillade ». Les romantiques pourront en effet choisir de profiter de la douceur méditerranéenne en choisissant l'option « coucher de soleil ». De plus, une nouvelle croisière a été créée « A la rencontre du Grand dauphin » au départ/retour Port-Vendres en été.

PASSION VERTICALE

17, carrer del Boter
✆ 06 76 71 35 67
www.canyoning-pyreneesorientales.fr

Canyoning, Escalade, via ferrata. Possibilité de programme sur mesure et sur plusieurs jours.

Amateurs de sensations fortes et de vertige, vous avez trouvé votre guide. Michel Mondié (30 ans passés dans l'élite du secours en montagne) vous invite à une découverte sportive et ludique du beau Pays Catalan : escalade, via ferrata, canyoning, randonnées. Il y en a pour tous les niveaux et tous les publics. Attention : petite structure donc encadrement chouchouté et sécurité absolue ! Et on peut vous le dire, il privilégie vraiment les relations humaines et sait s'adapter au niveau de chacun. Le Petit Futé a vraiment adoré et passé des moments inoubliables !

SEA BIKE AND SUN

Camping Mar Estang, Voie des Flamants Roses
✆ 06 12 48 57 75

Ouvert de mai à septembre tous les jours. VTT, VTC et VAE, remorque enfant et chien, vélo cargo... tarifs pour famille.

Les loueurs de vélo sont légion sur la côte, mais nous avons choisi Sea Bike and Sun pour 3 raisons : Fabien est installé dans l'enceinte du camping Mar Estang à deux pas (aux sens littéral) de la piste cyclable qui longe la côte et se faufile le long des étangs. L'offre est vaste et le service est très pro : du VTT au vélo électrique en passant par la remorque ou le vélo cargo, Fabien a tout pour vous séduire. Enfin, intarissable sur la région et les idées d'excursions, il saura vous conseiller, vous guider et partager ses petits secrets de balades.

LE BARCARÈS ★

A environ 25 km au nord-est de Perpignan, voici la station balnéaire la plus septentrionale du département. Longtemps petit hameau de pêcheurs, c'est à partir des années 1960 et 1970 que Le Barcarès commence à se transformer en la station balnéaire que nous connaissons aujourd'hui. Du sud au nord, le long de la mer, on trouve le village du Barcarès, puis son port de pêche et de plaisance, suivis des quartiers limitrophes de l'Aude, à savoir le Lido et la Grande Plage, royaumes du farniente. Côté étang, trois zones lagunaires : la Presqu'île, la Coudalère et le Cap de Front, zones de marinas très prisées des touristes du nord de l'Europe.

OFFICE DE TOURISME DE BARCARÈS

Place de la République
✆ 04 68 86 16 56
www.portbarcares.com

Horaires sur le site internet. Accès aux personnes handicapées et toilettes aménagées.

Tout l'été des animations sportives, culturelles, des bals ainsi que des jeux et spectacles de rue pour toute la famille animent la station, c'est une tradition qui reflète bien la convivialité du Barcarès depuis de longues années avec désormais l'incontournable festival de musique techno, l'Electrobeach. Enfin, l'immense et populaire Village de Noël, sans doute le plus beau de tout le sud de la France, qui déplace les foules de décembre à janvier, à ne manquer sans aucun prétexte !

Le Barcarès, port de la Côte Radieuse.

LA BELLE AUDE

Port de Plaisance
© 06 08 58 94 41
www.ctm-croisieres.com
Ferme entre novembre et mars. Toutes les infos sur le site internet.

La *Belle Aude* est une vedette à passagers monocoque bois (tek et iroko), d'une longueur de 20 m. Ancien navire de transport, il a été rénové en 2012. Son capitaine et l'équipage vous feront découvrir le littoral en mer ou sur l'étang de Leucate. La *Belle Aude* a plus d'un tour dans son sac : croisière jusqu'à Collioure, pêche en mer, appâts, matériel et casse-croûte compris, promenade sur l'étang avec une dégustation d'huîtres, crevettes, bulots... Enfin, vous pouvez désormais assister aux feux d'artifice des côtes roussillonnaises en direct de la mer !

HÔTEL DE LA MER €

43, avenue Annibal
© 04 68 86 08 07
www.hotel-port-barcares.fr
fermé en janvier (après les fêtes) et en février. 17 chambres. Restauration.

Ce charmant hôtel a gagné tout récemment et haut la main ses 2 étoiles. Les 17 chambres sont agréables et claires, équipées d'écrans plats, la literie est neuve et l'accueil y est chaleureux et souriant, grâce à une équipe jeune et dynamique. La cuisine, bien que traditionnelle et familiale, y est très bonne. Là, vous pourrez profiter du salon, du bar ou simplement de la terrasse ombragée par les mûriers-platanes. La plage est à 100 mètres, le port de plaisance à 300 mètres, parfait pour les vacances, mais aussi idéal pour les VRP tout au long de l'année.

CAMPING LE FLORIDE ET L'EMBOUCHURE €€

Route Saint-Laurent © 04 68 86 07 50
www.floride.fr
Fermé entre novembre et mars. Restauration. Hammam, bain bouillonnant, sauna. Animations. Excursions.

Un complexe unique avec crèche «baby-club», club enfant, activités ados, mais aussi centre de beauté avec massages, hammam, soins du corps... Accès direct à la plage mais aussi diverses piscines extérieures ou intérieures, toboggans, bains bouillonnants à débordement, espace zen, solarium, rivière à courant ou encore, aquabike... Pour l'hébergement : mobil-homes classique, cottages grand format, hébergements insolites et les «Farés» du Tiki Village ou les roulottes Far-West. Un must !

OH ! KAKOU €€

12, Boulevard de la Côte Vermeille
© 04 68 73 74 49
Ouvert du mardi midi au dimanche midi. Menus. Carte : 45 € environ (pour 3 plats). Terrasse.

Véro et Eric sont une valeur sûre au Barcarès. Oh Kakou ne cesse de nous séduire grâce à son esprit familial et convivial qui a fait la réputation des lieux. Accueil chaleureux et quantités généreuses dans les plats. Qualité des produits, du frais, du local et du fait maison, pêche locale pour certains plats. Pas d'attrape-touristes ici, on aime le client et on le lui fait savoir. Tout est réuni pour passer un bon moment en terrasse face à la plage. Le rapport qualité/prix est excellent, notamment la formule du midi, ce qui devient trop rare en bord de mer...

SAINT-CYPRIEN ★

Tout le charme de Saint-Cyprien résulte de son éclectisme : sérénité de son vieux village et effervescence du front de mer. Flâner le long des quais de pêche ou rêver du grand large face aux voiliers amarrés dans le port, troisième port de plaisance européen et deuxième du bassin méditerranéen. Ecouter un concert à la terrasse d'un des nombreux petits restaurants face au port ou se ressourcer dans la fraîcheur du jardin des Plantes, oasis de calme à 5 minutes, longer les 6 km de plage de sable ou sillonner la station en empruntant les sentiers aménagés. Saint-Cyprien est apprécié pour son dynamisme, son côté sportif et familial en toute saison.

L'ÎLE DE LA LAGUNE €€€

Boulevard de l'Almandin
✆ 04 68 21 01 02
www.hotel-ile-lagune.com
Relais & Châteaux. Ouvert toute l'année. 24 chambres. Restauration (l'Almandin et l'Aquarama).Espace Thalasso-Spa.

C'est une île privée verdoyante et fleurie, entourée de lagune, qui se fait l'écrin de cet hôtel intimiste et haut de gamme. La piscine et le petit port privé où l'on peut s'amarrer, constituent un cadre enchanteur. Les chambres, vastes et personnalisées, sont un refuge au confort très cocooning et high-tech. Le plaisir se prolonge à la table de l'Almandin avec les recettes subtiles du chef Frédéric Bacquié. L'espace thalasso, au dernier étage et son élégante piscine chauffée sur le toit sont un must. Tout simplement vivre autrement entre le ciel et l'eau.

COLLECTION FRANÇOIS DESNOYER ★

Rue Emile-Zola
✆ 04 68 21 06 96
www.collectionsdesaintcyprien.com
Ouvert du mardi au dimanchel'après-midi. Visites guidées gratuites pour groupes.

La collection François Desnoyer est un lieu ouvert sur les arts et la création. Son fond de réserve s'est constitué à partir du legs de François Desnoyer de plus de 700 pièces en 1972. Ce voyage dans le monde de l'art se poursuit avec des peintures des XIXe (E. Boudin, Ecole de Barbizon) et XXe siècles (plusieurs Utrillo, Marquet et Modigliani). Outre la richesse des expositions (notamment temporaires et de belle facture), la scénographie est superbe. A découvrir sans faute !

LES GANIVELLES €€

Avenue Armand Lanoux ✆ 04 68 21 24 24
www.lesbullesdemer.com/fr/restaurant-saint-cyprien-ganivelles
Toques Blanches. Fermé de novembre à mars inclus. Ouvert tous les jours midi et soir. Jardin. Terrasse.

Le restaurant Les Ganivelles est le miroir gastronomique de l'hôtel les Bulles de Mer. Même gentillesse, attention et soins apportés aux gourmets. Peu de choix, une carte courte et saisonnière qui fait honneur aux petits métiers de bouche. Bravo chef pour le choix des produits et l'exécution des plats ! Et enfin n'oublions pas de vous parler du cadre enchanteur : à la fois protégée du vent et aérée, la grande salle aux vastes baies vitrées donne directement sur une plage sauvage. Levez un peu la tête, vous verrez la grande Bleue !

LES BULLES DE MER HÔTEL SPA €€€

28, avenue Armand-Lanoux
✆ 04 68 21 24 24
www.lesbullesdemer.com
Fermé de novembre à avril. 50 chambres. 3 salles de séminaires ultra modernes. Spa. Restaurant (Toques Blanches)

Peu de béton autour, un site préservé, vue sur le chenal et la lagune, accès direct à une plage surveillée et encore un peu sauvage. Voilà un hôtel et éco lodge dans le style chic-bohème. Bravo pour la démarche environnementale. On peut tout faire aux Bulles de Mer sans avoir à quitter les lieux : bar, restaurant, piscine, spa, location de paddle... L'offre est si généreuse qu'on y vivrait à l'année ! Un lieu de rêve, un conte de fées qui respire les vacances inoubliables.

L'ALMANDIN €€€

Boulevard de l'Almandin
✆ 04 68 21 01 02
www.hotel-ile-lagune.com
Ouvert toute l'année. 1 étoile au guide Michelin. Réservation recommandée.Jardin, terrasse.

A l'Almandin, le chef étoilé Frédéric Bacquié sublime son art avec les produits locaux, de la terre, de la mer et de nos éleveurs. Les recettes épurées et subtiles dont il a le secret sont axées autour des produits de saison. Cela nous donne des assiettes riches en couleurs avec la précision du détail et un grand équilibre visuel semblable à un tableau de maître. En bouche, une explosion de saveurs met les papilles en émoi. Quant aux vins, le sommelier saura proposer le meilleur accord avec vos plats et vous surprendre aussi. Tout est émotion à l'Almandin.

TORREILLES ★

Torreilles est un joli petit village bien restauré, et sa plage sauvage attire depuis des décennies bien des convoitises. Un des rares endroits de la côte sablonneuse n'ayant pas souffert des affres de l'urbanisation. Torreilles est une commune authentique de la Salanque, avec ses 4 km de plage de sable fin, protégés des excès par le Conservatoire du Littoral. Prisée par les amoureux de la nature et notamment les naturistes, qui ont trouvé là l'endroit rêvé. A l'écart du vieux village, bordé par les berges de l'Agly, la petite chapelle Notre-Dame-de-Juhègues est citée dès le XIe siècle. Le *Futé* a depuis toujours un coup de cœur pour cette «enclave».

DINOSARIUM

Chemin de l'Aranal ✆ 06 69 33 69 07 - Torreilles village, non loin du stade.
www.dinosarium.fr/

Ouvert tous les jours en été. Nocturne mardi et jeudi. Hors saison, voir horaires sur le site. escape game. restauration

Voilà un lieu de découverte pluridisciplinaire dans une serre tropicale de 400 m². Une multitude d'espèces végétales : bananiers, cannes à sucres, hibiscus, frangipanier... Avec Dinosarium, voyagez dans l'ère jurassique à la rencontre de dinosaures. Sur plus de 600 m² des reproductions articulés (animatronics) à l'échelle, au cœur d'un jardin botanique. On s'y croirait, les enfants vont tout simplement adorer ! Quant à l'escape game vous plonge dans un décor et un scénario inspirés du film *Jurassic Park*. Garderez-vous votre sang froid ? Survivrez-vous ?

OFFICE DE TOURISME

Place des souvenirs d'enfance
✆ 04 68 28 41 10
www.torreilles.com

En saison et durant les vacances de Printemps, visites commentées du village et de la plage. Infos sur le site internet.

Une mine de renseignements ! Mise à disposition d'informations touristiques locales, brochures Torreilles éditées en français, anglais, allemand, catalan ainsi que des documents sur le département et la région. Informations et conseils sur les nombreux loisirs et évènements de tout le département, consultation des disponibilités des hébergements locaux, billetterie spectacles, excursions, espace Wifi gratuit, boutique souvenirs. A découvrir à Torreilles hors des sentiers battus : la découverte des anciens blockhaus et les pistes cyclables sur le littoral.

LE BUENA BOCA €€

29, avenue Joffre
✆ 04 68 64 63 54
www.buena-boca.com

Ouvert en basse saison le soir du mercredi au dimanche et en haute saison tous soirs. Patio et terrasse.

Cave à vins et bar à tapas, le Buena Boca respire l'Espagne et la Catalogne ! Les jambons de cochon noir, les chorizos, Cecina de León (jambon de veau) arrivent tout droit de chez nos voisins. Servies avec du *pan con tomate*, des vins espagnols ou locaux (à prix serrés) et le sourire, les tapas sont généreuses : *planxas* de la mer, tortillas, poulpes à la gallega et à chaque saison de nouvelles inspirations savoureuses. On aime l'esprit taverne de la déco avec de vieux tonneaux en guise de tables, on aime l'ambiance chaleureuse et festive. On aime tout court !

LA MAISON SECALL - LA TABLE €€

Place du Maréchal-Joffre
✆ 04 68 53 15 92

En été ouvert tous les soirs et le dimanche midi, et hors saison, le soir du jeudi au dimanche midi. Jardin, terrasse.

Cette maison qui a connu tant de vies est aujourd'hui un restaurant, et quel resto ! La cuisine se fait en famille et ces fous de bonne chère concoctent des recettes emblématiques de Catalogne. Tous les jours est mitonné un nouveau plat : morue à la catalane, boles de picoulat, bouillinade (sans anguille), poulet aux gambas... La table est authentiquement généreuse, l'accueil est chaleureux « comme à la maison ». Le cadre bucolique a quelque chose de magique. Coup de coeur du Futé !

DOMAINE PAGNON

3, rue du Roussillon
✆ 06 17 56 35 92
www.domaine-pagnon.com

Accueil, visite et dégustation sur RDV au caveau toute l'année et à Torreilles Plage tout l'été. Oenotourisme.

La famille Pagnon installée depuis 5 générations entre mer et montagne sur des terrains limono-calcaires, a fait le noble choix de l'agriculture BIO pour ses vignes et de se diversifier en plantant des abricotiers et 3 ha d'oliviers. On se régale autant avec leurs cuvées que leur jus d'abricot et surtout leur huile d'olive extra vierge issue de la variété arbequine. Parce qu'ils sont jeunes, souriants et pleins de vie, Marie, Pierre et Jules organisent en été des soirées vigneronnes, apéros et concerts dans le magnifique parc du domaine. On adore !

BANYULS-SUR-MER ★

Banyuls « la Lumineuse » est une charmante petite ville de près de 5 000 habitants sur la Côte Vermeille... vous savez, là où les Pyrénées ont rendez-vous avec la Méditerranée. A moins de 40 km de Perpignan, et tout près de la frontière espagnole, la cité bercée par les flots de la Grande Bleue respire au rythme des plus pures traditions catalanes. Station balnéaire appréciée pour ses belles plages, ses criques intimistes à l'abri du vent ainsi que pour son art de vivre, elle a su préserver son riche patrimoine. Port de pêche pittoresque aux ruelles typiques qui s'élèvent en escalier, Banyuls est surtout connu pour le célèbre vin doux naturel que l'on déguste en contemplant la mer. Banyuls-sur-Mer a aussi vu naître Aristide Maillol (1861-1944), l'un des plus grands sculpteurs français du siècle dernier, un petit – mais magnifique – musée lui est consacré ainsi qu'un itinéraire intitulé « Dans les pas d'Aristide ». Le front de mer et son allée de palmiers mérite une balade, voire une halte déjeuner. Du fait de son éloignement relatif, Banyuls est moins fréquentée que Collioure, l'atmosphère y est plus paisible, moins touristique et tous les visiteurs s'accordent à dire que cette ville est plus authentique. banyuls est depuis longtemps notre chouchou de la côte Vermeille, été comme hiver. L'arrière-pays est aussi à découvrir, promenades et randonnées offrent des panoramas d'exception sur la Méditerranée et les vignes plantées en terrasses vertigineuses. On peut même gagner l'Espagne par la petite route qui grimpe à flanc de colline jusqu'au Col de Banyuls.

BIODIVERSARIUM

1, avenue Pierre-Fabre
✆ 04 68 88 73 39
www.biodiversarium.fr

Ouvert toute l'année. visites guidées et libres. Détails pour visites aquarium et jardin sur le site internet.

Le Biodiversarium présente la biodiversité marine et terrestre des Pyrénées-Orientales, notamment celle de la Côte Vermeille. Ce lieu a la particularité de présenter des espèces uniquement locales. Daurades et mérous évoluent dans des décors naturels identiques à ceux que l'on peut trouver sur la côte rocheuse. Mais l'aquarium est aussi – et surtout – une vitrine du laboratoire Arago. En prolongement de la visite de l'aquarium, ne manquez pas le Jardin Méditerranéen du Mas de la Serre, situé sur les hauteurs de Banyuls dans un cadre splendide.

JARDIN MÉDITERRANÉEN DU MAS DE LA SERRE

1, Avenue Pierre Fabre ✆ 04 68 88 73 39
www.biodiversarium.fr/index.php/biodiversarium/jardin-mediterraneen.html

Visite guidée (2h). Voir le site internet pour horaires et réservations. Plus de 500 espèces végétales à découvrir.

Situé dans un cadre exceptionnel, le Jardin Méditerranéen du Mas de la Serre constitue la facette terrestre du Biodiversarium. Ce parc de 3 ha vous promet un agréable moment de détente et de découverte. Les visiteurs découvrent trois espaces en extérieur et intérieur : les terrasses surplombants la vallée de la Baillaury et leurs thématiques ornementales, le sentier de découvertes et sa gestion naturelle des milieux et les espaces d'expositions temporaires et permanentes.

Banyuls-sur-Mer

OFFICE DE TOURISME

Avenue de la République
✆ 04 68 88 31 58
www.banyuls-sur-mer.com

Ouvert tous les jours en haute saison. Moyenne et basse saison du lundi au samedi.

Toujours prête à partager sa passion pour notre terroir, l'équipe de l'office de tourisme de Banyuls « la Lumineuse » vous propose chaque année de belles activités à inclure dans votre programme : de mai à octobre, venez découvrir le vignoble au travers de balades vigneronnes animées par les vignerons. En juillet et août, équipé tout simplement d'un tuba, d'un masque et de palmes, explorez les petits fonds rocheux et laissez-vous émerveiller par la beauté de la vie sous-marine du parcours balisé du sentier sous-marin dans la Réserve marine Cerbère-Banyuls.

CÔTE THALASSO €€

Avenue de la Côte-Vermeille ✆ 0825 125 145
www.thalacap-catalogne.fr

Fermeture annuelle de fin novembre à mi décembre.70 chambres. Restauration. Hammam, bain bouillonnant, sauna.séminaires.

Dominant la magnifique baie de Banyuls, cet établissement, intégré à l'institut de thalasso, propose 70 chambres climatisées sur quatre étages avec ascenseur. Confortables et chaleureuses, elles sont toutes équipées de salles de bains spacieuses, et surtout, elles ont toutes été rénovées. Le plus de cet hôtel, c'est l'accès gratuit à tous les équipements du centre de thalassothérapie : bassin d'eau de mer, piscine, hamac, jacuzzi, sauna... Blotti entre mer et montagne, Côté Thalasso est un lieu féerique pour des vacances *farniente* et une cure de remise en forme !

HÔTEL LE CATALAN €€

1, rue du balcon de la Méditerranée
✆ 04 68 88 02 80
www.hlecatalan.com

Ouvert toute l'année, 35 chambres. Hammam, bain bouillonnant, sauna. Restauration : le Miradou avec vue sur mer.

Vue exceptionnelle depuis les hauteurs de Banyuls, au calme près d'une petite crique, nous avons été charmés par cet hôtel qui ne manque vraiment pas de charme et qui jouit d'un panorama privilégié sur la baie de Banyuls et les Albères. Nous avons aimé les espaces extérieurs avec vue plongeante sur la baie – l'endroit idéal pour admirer le lever du soleil ! Les chambres sont spacieuses et agréables. Enfin, on doit vous dire que l'on mange très bien au Miradou, le restaurant de l'hôtel, les plats méditerranéens sont revisités à chaque saison avec goût et talent.

LA GANOTTE €

Espace Méditerranée
✆ 04 68 88 01 25

Ouvert toute l'année sauf novembre et janvier. Fermé le lundi. Spécialités de poissons et de burgers gourmets. Terrasse.

La Ganotte, ce snack installé à côté du port de plaisance de Banyuls, où le service se fait au bar, est une belle surprise et un vrai coup de cœur, car il vous propose non seulement de délicieux burgers gourmets, mais aussi de succulents plats de la mer, copieux à un prix abordable. La spécialité de Moïse, ce sont les grillades de poisson : thon, calamar, moules, sardines, morue... selon l'arrivage. Derrière ses allures de restauration rapide, la Ganotte est une pépite à découvrir à Banyuls pour celui qui recherche l'authentique, la qualité et la générosité.

EL XADIC DEL MAR €€

11, avenue du Puig-del-Mas
✆ 04 68 88 89 20

Ouvert de 10h à 15h et de 17h à 2h. Réservation fortement conseillée

Manu a un caractère bien trempé et rugueux comme un cep de vigne, mais en vous accueillant dans sa petite cave à manger et bar à vins nature, il vous fera découvrir un nouveau monde de saveurs et de délicatesse. A El Xadic Del Mar, on salive déjà au moment de la commande ! Tout est si original, savoureux, un brin décalé et très inventif : à titre d'exemple on peut citer la mozzarella aux figues ou les couteaux à la vapeur au jambon Bellota ! Chaque visite au Xadic del Mar est une surprise... avec un vrai petit air de resto gastronomique.

LE FANAL €€

Avenue de Fontaulé
✆ 04 68 98 65 88
www.pascal-borrell.com

*Ouvert toute l'année tous les jours midi et soir.1 * au Michelin. 3 menus. Réservation recommandée*

L'illustre chef étoilé Pascal Borrell nous reçoit dans son bel établissement à la déco contemporaine recherchée. Il déploie là toute la richesse de sa palette gastronomique. L'art culinaire est un tout, et ici rien n'est négligé, les tables sont irréprochables et les assiettes joliment dressées. De bout en bout du repas, le chef nous régale de créations de saison, légères et colorées, aux saveurs marquées et subtiles. C'est une cuisine « Signature » qui a une vraie empreinte. Un grand chef au service de la « vraie » gastronomie avec un accueil sans faille !

LE MIRADOU €€

Route de Cerbère
✆ 04 68 88 02 80
www.hlecatalan.com
Fermé entre novembre et mars. Ouvert tous les jours midi et soir. Réservation recommandée. Jardin et terrasse.

Depuis 1968, le Miradou domine la baie de Banyuls, avec aux commandes Pascale qui a succédé à son père et qui n'en finit pas d'innover. Deux solutions pour apprécier ce lieu : passer à l'heure du déjeuner, dénicher une table près de la piscine avec vue sur mer et prendre une formule tapas. Ou venir le soir pour découvrir une cuisine plus élaborée où les parfums du terroir croisent ceux de la Méditerranée. La finesse de la cuisine du Miradou fait l'unanimité de la clientèle, tout comme la terrasse et sa vue exceptionnelle sur la baie de Banyuls.

LA TABLE DE JORDI €€

5, place Paul-Reig
www.latabledejordi.com
Ouvert toute l'année. Spécialité de fruits de mer. Superbe terrasse ! Animations. Vente de vin du domaine «Sant Jordi».

Changement de propriétaire en 2018. Avec Josy et Luc aux commandes, la cuisine a été repensée entièrement avec du matériel flambant neuf, réaménagement de la salle avec extension pour un côté cocooning, terrasse avec vue sur la mer, équipe jeune et dynamique. Ajoutez à cela une cuisine onctueuse où la spécialité reste le poisson de Méditerranée, tout en proposant grillades, charcuterie, tapas et viandes du pays catalan et de haute qualité. Les plats sont divinement cuisinés et on se délecte des vins du domaine. Indiscutablement un de nos coups de cœur de l'année !

CLOS CASTELL

Chemin du Mas-Guillaume
✆ 06 07 36 80 45
100% Bio. Accueil, visite et dégustation sur RDV. balades dans les vignes, dégustations avec accord mets et vins...

Sur les hauteurs de la baie de Banyuls, Jean Christophe écrit l'histoire du Clos Castell jour après jour. « Un bon vin commence à la vigne », commente cet orfèvre qui élabore des vins de niche que seuls les plus chanceux pourront déguster car il ne fait que 8 000 bouteilles ! L'effet en bouche de ses flacons est aussi saisissant que la vue sur les sommets environnants ! L'absence de traitement mécanique et chimique préserve les arôme de ses nectars. Nous avons découvert un personnage au grand cœur comme on les aime au *Petit Futé*, un puriste, une pépite...

DOMAINE BERTA MAILLOL

Route des Mas
✆ 04 68 88 00 54
www.bertamaillol.com
Ouvert toute les jours en haute saison. Et du mercredi au samedi en basse saison.

Les Maillol sont implantés sur leur terroir et vinifient des banyuls depuis 1611. Lorsque l'on emprunte la route des Mas, au milieu de ses pentes puissantes dans lesquelles les vignes s'enracinent, et qui interdisent toute mécanisation du travail, on comprend mieux ces sculpteurs de montagnes que sont les vignerons d'ici ! La cave et le caveau de dégustation sont encore dans leur jus ce qui fait tout le charme. Les deux frères organisent des ateliers de dégustation et vous proposent des visites du vignoble. Des vignerons passionnés à découvrir absolument.

DOMAINE MADELOC

1 bis, avenue Général-de-Gaulle ✆ 04 68 88 38 29
www.domainespierregaillard.com/vins_madeloc.php
Accueil, visite et dégustation du mardi au samedi. Oenotourisme.

16 ha de vignes sur des pentes abruptes et schisteuses face à la mer qu'Élise bichonne en suivant les conseils avisés de son père. Perfectionniste, elle a cherché la fraîcheur et l'élégance dans ses cuvées en rouge et en blanc. Une réception chaleureuse vous attend à la cave et non au caveau. Ainsi, le visiteur peut contempler le travail quotidien d'Élise et son équipe. Il faut absolument rencontrer cette jeune femme et goûter ses nectars que la presse spécialisée encense chaque année et que les grands restaurants s'arrachent. De vrais poèmes en bouche.

LES OLIVERAIES DE LA BAILLAURY

2, rue Rouget-de-l'Isle
✆ 06 07 34 27 80
Moulin ouvert d'avril à septembre du lundi au vendredi. Visites gratuites le jeudi. Info sur le site internet.

Les oliveraies les plus méridionales de France sont dans les Pyrénées-Orientales ! Olivier vous invite à découvrir son exploitation d'oliviers plantés en terrasse. 7 variétés réparties sur 12 ha et cultivées sans aucun pesticide pour faire revivre une tradition éteinte depuis le terrible gel de 1956. Au bar à huile, vous goûterez une sélection d'huiles comme l'Authentique, l'Argoudeil ou bien la Courbeil. La visite guidée des oliveraies et du moulin est suivie d'une dégustation.

TERRES DES TEMPLIERS

Route du Mas-Reig
✆ 04 68 98 36 92
www.terresdestempliers.fr
Horaires selon les saisons sur le site internet. visite gratuite. Circuits et animations autour de l'oenotourisme.

Le vignoble de Banyuls et Collioure existe depuis 26 siècles, la grande Cave Terres des Templiers est un hommage au travail des hommes. Le clou de la visite guidée est la découverte de la superbe et grandiose salle des foudres, ces cuves d'une capacité allant de 800 hl à 1 000 hl, l'allée des cuves bicentenaires et à l'extérieur les demi-muids contenant les banyuls secs, exposés au vent et au soleil pendant 12 mois. Vous bénéficierez également d'une dégustation privilégiée des Grands Vins des Terres des Templiers. A découvrir absolument.

PLONGÉE BLEUE

Port de Plaisance ✆ 07 85 75 67 45
www.plongeebleue.com
Initiation, plongée explo. Randonnée palmée... et séances adaptées aux malentendants et malvoyants.

Plongée Bleue est un centre de plongée orienté vers la protection de l'environnement marin par des actions et des démarches quotidiennes concrètes visant à minimiser son impact sur le milieu pour être en accord avec ses valeurs et son éthique. Toute l'équipe se met en quatre pour que vous vous sentiez comme un poisson dans l'eau. Le petit plus qui nous a touchés chez eux, c'est l'accueil d'un public «extra ordinaire» : jeunes autistes, jeunes en activité de réinsertion, public sourd et malentendant, handicap moteur et cognitif... Une belle philosophie !

RÉDERIS PLONGÉE

✆ 04 68 88 31 66 - Entre la plage et le port de Banyuls.
www.rederis.com
Ouvert toute l'année. Initiation, plongée exploration avec guide, randonnée palmée, location de matériel.

Gérard et Pascale Puig et leur équipe vous font découvrir et aimer la Grande Bleue, que vous soyez débutant ou confirmé. Les sites d'exception sont toujours choisis selon la météo du jour. Vous pourrez ainsi parcourir la Réserve naturelle marine de Banyuls Cerbère en toute sécurité et les plongeurs confirmés (niveau 2 minimum) plongeront sur des épaves à deux pas des eaux espagnoles. L'hiver, rendez-vous dans les Pyrénées catalanes où le centre propose des stages de plongée sous la glace à la station des Angles (janvier et février).

CERBÈRE ★

La ville s'offre à nos yeux, après avoir effectué un parcours de 10km depuis Banyuls-sur-Mer. Bâti sur les pentes ensoleillées des derniers contreforts des Albères, au fond d'une étroite baie, Cerbère, 1 500 habitants, connaît une ambiance toute méridionale. Station balnéaire et centre de plongée réputé, c'est aussi le siège d'une gare internationale, plaque tournante d'où partent les grands express européens. Anecdote pour les cinéphiles, Jean-Pierre Mocky, enfant terrible du cinéma français, avait choisi Cerbère pour y tourner des scènes de son film L'Etalon. A la distribution, deux maîtres de l'humour de l'époque : Bourvil et Francis Blanche.

OFFICE DE TOURISME

Avenue Général-de-Gaulle
✆ 04 68 88 42 36
www.cerbere-tourisme.com
Ouvert en haute saison tous les jours et le dimanche matin. Horaires sur le site internet pour la basse saison.

Un petit bout de France tout au sud qui a de nombreuses histoires à vous raconter, à une époque pas si lointaine où l'on devait changer de train pour passer d'un côté à l'autre et décharger à la main les marchandises, vous revivrez alors la vie des transbordeuses d'oranges, l'histoire émouvante de la « Retirada », renseignez-vous, c'est passionnant. Ce petit office de tourisme vous conseillera sur les randonnées, très nombreuses, qu'elles soient pédestres, à vélo, les balades en mer ou la randonnée palmée dans la réserve naturelle de Banuyls-Cerbère.

HÔTEL-BISTROT LA DORADE €€

Avenue Général-de-Gaulle (front de mer)
✆ 04 68 88 41 93
www.hotel-ladorade.com
Ouvert de Pâques à fin septembre. 18 chambres. Tarif des chambres en fonction de la saison et de la vue. Restauration.

Face à la mer, La Dorade nous fait frétiller comme des gardons. C'est un établissement convivial, tel qu'aurait pu le décrire Marcel Pagnol dans l'un de ses romans. Ici, le temps est suspendu, installé en terrasse, on se laisse bercer par le clapotis des flots, et à toute heure on peut boire et grignoter, et le soir une vraie table vous accueille. A l'intérieur le mobilier de style catalan est composé de meubles de famille ce qui contribue au charme de l'établissement. Au final, le plus difficile sera certainement d'en partir !

COLLIOURE ★★★

Joyau de la côte catalane, Collioure a su garder intact le charme de la vieille cité historique, De vieilles rues aux balcons fleuris et entrecoupés d'escaliers, une église au clocher emblématique, un puissant château bordé par de petites plages, des barques catalanes reconnaissables à leurs couleurs vives et leurs mâture typique, un ciel bleu qui ne vous quitte jamais... Tout concourt à faire de Collioure le site le plus fréquenté du département. D'abord destination de marins grecs et romains, Collioure devient ensuite au XIIIème siècle possession des rois de Majorque. Elle subit l'occupation française à la fin de XVème siècle puis se défait définitivement de l'emprise espagnole en 1642. La ville (et tout le Roussillon) sera rattachée à la couronne de France par le traité des Pyrénées en 1659. C'est à cette période que Vauban, modifiant les fortifications françaises, donne à Collioure sa physionomie actuelle.
Collioure ouvre une page de l'Histoire de l'Art du début du XXe siècle. Le Fauvisme, grand mouvement artistique à la conquête de la couleur pure, est célébré par Henri Matisse et André Derain lors de l'été 1905. Collioure atteindra alors une renommée internationale qui perdure encore de nos jours. Henri Matisse, durant ses séjours successifs à Collioure de 1906 à 1914, nous donnera à voir la pleine maturité de son art, entraînant dans son sillage de nombreux artistes. *« Il n'y a pas en France de ciel plus bleu que celui de Collioure… Je n'ai qu'à fermer les volets de ma chambre et j'ai toutes les couleurs de la Méditerranée chez moi » Henri Matisse.*

LE CHÂTEAU ROYAL ★

Place du 8-Mai
✆ 04 68 82 06 43
www.cg66.fr/98-chateau-royal-de-collioure.htm
Voir le site internet pour les horaires selon saison. Gratuit pour les enfants jusqu'à 12 ans. Visite guidée.

Aménagé par les comtes du Roussillon et les rois d'Aragon aux XIIe et XIVe siècles, le château accueillera la cour des rois de Majorque durant le bref épisode de leur règne. Par la suite, il est occupé par les Espagnols jusqu'en 1642, puis retombe aux mains des Français. Vauban renforce alors la citadelle. Les amateurs d'architecture apprécieront les salles voûtées d'ogives, la chapelle, mais aussi les impressionnants remparts d'où l'on bénéficie d'une superbe vue sur la mer et la cité. Expositions et spectacles animent le château tout au long de l'année.

COLLIOURE 2CV TOUR

✆ 06 59 77 51 10
www.collioure2cvtour.com
Escapade insolite en 2 CV. 4 circuits à thème et circuits sur mesure. Réservation obligatoire.

Collioure 2CV Tour, bien plus qu'une visite, c'est une balade hors des sentiers battus sur les hauteurs de la côte Vermeille, en authentique 2CV d'époque (et décapotable !), refaite entièrement à neuf. C'est aussi une parenthèse gourmande si vous choisissez un tour combiné à une dégustation des produits du terroir catalan ou des vins du Roussillon. Petites routes qui serpentent entre les vignes et panoramas sublimes au programme. Si vous êtes en quête d'expériences exclusives, faites comme nous, montez à bord et embarquez pour une folle balade inoubliable !

LE FORT SAINT-ELME ★★★

✆ 06 64 61 82 42
www.fortsaintelme.com
Fermeture entre novembre et janvier. Ouvert tous les jours de 10h30 à 17h. visite guidée 1€. Animations.

Situé sur un pic à 160 mètres d'altitude, entre Collioure et Port-Vendres, « la sentinelle de la Cote Vermeille », fut érigée au XVIe siècle sous Charles Quint (le Roussillon appartenait à l'époque au royaume d'Espagne) sur les bases d'une tour de guet pour lutter contre les razzias des Maures. Ce chef d'œuvre de l'architecture militaire remanié par Vauban est aujourd'hui un lieu de culture consacré au Moyen Age et à la Renaissance qui permet de découvrir des centaines d'armes du XVIe et dans le jardin, des dizaines de plantes exotiques. Du Fort Saint-Elme, et tout particulièrement des terrasses au sommet de la tour de laquelle, vous aurez une vue imprenable à 360 degrés sur toute la côte de Collioure jusqu'à Sète, mais aussi jusqu'au Canigó et aux chaînes des Albères et des Corbières. Pour apprendre le fort en s'amusant, des animations et jeux sont proposés aux groupes d'enfants. L'accès aux souterrains est même possible (sur rdv pour les deux activités, détails des prestations sur le site). On peut se rendre au fort Saint-Elme en voiture depuis Port Vendres mais la découverte à pied vaut le détour (environ 30 min de marche et de grimpette) au départ de Collioure en empruntant le chemin qui part du musée d'Art moderne. Autre alternative très agréable, c'est d'y accéder avec le petit train touristique et ensuite de redescendre tranquillement par le chemin du moulin. On peut redescendre en suivant le sentier de crête vers le nord puis en virant à droite à travers les vignes en terrasses (sentier balisé jaune).

MAISON DU FAUVISME

10, rue de la Prud'homie
✆ 04 68 82 15 47
www.collioure.com

Ouvert du lundi au samedi. Visites guidées de 1h30. 7€, tarif réduit 5€, enfant 2€. 7 expériences différentes

En mai 1905, Matisse et Derain découvrent Collioure. De cette rencontre naît le fauvisme. Un circuit a été créé dans les rues de la ville, ponctué par une vingtaine de reproductions de tableaux sur les lieux mêmes où ils ont été peints. Grâce à ce musée vivant, on assiste à la naissance d'un des mouvements les plus importants de la peinture du XXe siècle. choisissez l'expérience qui vous ressemble ! Le chemin du fauvisme, l'exploration des forts, Collioure insolite... Toutes les visites guidées ont lieu le matin (10h) et l'après-midi (15h30).

PETIT TRAIN TOURISTIQUE COLLIOURE - PORT-VENDRES

Parking de la Poste
✆ 06 84 95 11 09
www.petit-train-touristique.com

Ouvert de fin mars à la Toussaint. Départ de Collioure toutes les heures entre 10h et 18h.

Au départ de Collioure (parking de la poste) ou de Port-Vendres (parking du port), le petit train vous emmène à travers les vignobles en terrasse par des chemins pittoresques, avec un arrêt au Fort Saint-Elme pour admirer le superbe panorama sur les baies de Collioure et Port-Vendres. Le trajet est captivant car il emprunte des chemins escarpés difficilement praticables avec une voiture classique. Un vrai dépaysement avec la Grande Bleue en toile de fond. Comptez 45 min pour la balade.

© VILAINECREVETTE - SHUTTERSTOCK.COM

Collioure.

OFFICE DE TOURISME

Place du 18-Juin
✆ 04 68 82 15 47
www.collioure.com

Ouvert tous les jours en été. Du lundi au samedi hors saison. Circuit découverte « les chemins du Fauvisme «.

Toutes les informations utiles sont à votre disposition : les parcours de visite en ville, l'art et la culture, la gastronomie, le programme des animations, les loisirs et les sports, l'hébergement et les éléments pratiques. Toute l'équipe se met en quatre pour vous offrir les plus belles vacances avec la nouvelle marque «Absolument Collioure» qui est l'engagement de toute la vile pour renseigner le touriste. L'OT de Collioure a pour vocation de coordonner tous les prestataires qui offrent des activités de tourisme ou de loisirs dans la ville. On les adore !

ERMITAGE NOTRE DAME DE CONSOLATION €

Route de la Madeloc
✆ 04 68 82 17 66
www.ermitage-notre-dame-de-consolation.fr

Ouvert toute l'année. 3 chambres. Planches de dégustation. Animaux acceptés

Se promener, pique-niquer, boire un verre, manger et même dormir... Tout cela dans un même lieu à 5 minutes des plages ? Bienvenue dans un monument historique qui abrite une chapelle du XIIe siècle, des bâtisses attenantes et des fontaines en pierre. Le lieu est idéal pour venir déguster des huîtres ou proposer une échappée insolite à son amoureuse le temps d'un week-end. C'est très vert et ombragé, l'eau court et les enfants peuvent jouer en toute liberté.

CASA PAÏRAL €€€

Impasse des Palmiers
✆ 04 68 82 05 81
www.fr.hotel-casa-pairal.com
Fermé de novembre à février. 27 chambres. Parking fermé.

Dans une petite impasse calme, la Casa Païral est l'hôtel de charme par excellence. Une vieille demeure catalane à la façade ocre, dans laquelle on pénètre par un hall dallé de tomettes anciennes. Vous aimerez le jardin méditerranéen avec fontaine et cyprès, vous vous enivrerez de son odorant magnolia centenaire ; la piscine est nichée dans la verdure. Certaines chambres évoquent les années 1930, d'autres vous plongent dans l'univers fauve. Varier pour mieux séduire : tous les ans, la déco de deux chambres de l'hôtel est revisitée en accord avec l'histoire.

L'ESCALE BLEUE €€

1, Avenue du général de Gaulle
✆ 04 68 85 37 82
www.lescale-bleue.fr
Ouvert midi et soir du mercredi au lundi. Carte restreinte car pêche locale. Réservation obligatoire.

L'escale Bleue affiche la couleur d'entrée : c'est un restaurant de poisson frais. Pas de bla-bla ou d'entourloupe, ici tout est local et du coin ! L'extérieur n'est pas des plus aguichants mais poussez la porte et vous aurez l'impression de vous retrouver dans un aquarium... ou au fond de la mer. On ne plaisante pas avec la qualité, ce resto est un des rares de Collioure où le patron fait lui-même la tournée des pêcheurs locaux pour vous ramener le meilleur poisson... et extra frais. Accueil irréprochable et familial. A découvrir sans faute !

CHEZ SIMONE €€

Boulevard du Boramar
✆ 04 34 29 93 47
Fermé en hiver. Ouvert tous les jours midi et soir en saison. Deux terrasses, une au soleil et l'autre à l'ombre.

Ne cherchez pas les moules frites ou les assiettes de charcuterie chez Simone. Une bonne adresse à Collioure pour les fins gourmets : classiques tapas revisités avec originalité et assiettes gourmandes qui font le tour du monde des saveurs avec une prédilection pour la cuisine fusion. La carte change régulièrement selon les saisons et l'humeur du chef, mais les tonalités restent les mêmes. Pensez à réserver car ce qui fait le charme du lieu avec sa vue imprenable sur l'église de Collioure, à deux pas de la plage, c'est son cadre intimiste et apaisant.

RESTAURANT LA BALETTE €€€

Route de Port-Vendres
✆ 04 68 82 05 07
www.relaisdestroismas.com
Toques Blanches. Ouvert tous les jours en haute saison. 1 étoile au Guide Michelin. Hôtel «le Relais des 3 Mas».

Le chef étoilé Laurent LEMAL éclaire cette jolie maison de son brio gastronomique. Et elle mérite son étoile qui brille. D'une part pour la beauté du site : la mer à perte de vue et l'élégance de la salle. Et d'autre part, pour la qualité des mets proposés par le talentueux chef. Nul ne reste indifférent à la cuisine inventive, d'une insolente sobriété, de ce chef hors du commun. Les intitulés des plats sont un peu à rallonge, mais on sait à quoi s'attendre, sublime de bout en bout... Et on ne vous parle même pas du dessert ! Le site est merveilleux.

CASA GALA

18, rue de la Fraternité
✆ 06 21 94 53 07
Ouvert tous les jours midi et soir en haute saison. Tapas et spécialités ibériques. Plats spéciaux sur commande.

Tous les autochtones connaissent la Casa Gala et les formidables soirées qu'on y passe été comme hiver, « improbables, imprévues et incontournables », nous confient les habitués. La salle n'est pas très grande, quelques mange-debout et des tabourets face au bar, mais la terrasse installée dans la plus belle rue piétonne de Collioure vaut le détour. Nico sert une cuisine ibérique faite d'amour et de produits fins. Côté cave, votre hôte saura déboucher la pépite parfaite parmi un joli choix de vignerons catalans. On en raffole ! Coup de cœur du *Petit Futé*.

ANCHOIS ROQUE

17, route d'Argelès
✆ 04 68 82 04 99
www.anchois-roque.com
Ouvert tous les jours. visite et dégustation gratuite. Livraison possible.

Saleurs à Collioure depuis 1870, l'entreprise familiale travaille toujours dans le respect de la tradition artisanale. Ces spécialités sont fameuses et se déclinent salés, au vinaigre, nature, ou en anchoïade et tapenades. Dans les ateliers du premier étage, vous pourrez discuter avec les anchoyeuses qui s'efforcent de perpétuer des gestes ancestraux. La visite des ateliers et les dégustations sont gratuites et valent vraiment le détour. Qu'on se le dise, dans cet établissement, de l'anchois au sel à l'olive farcie aux anchois, tout est délicieux !

CASINO DE COLLIOURE

Avenue Carignan ✆ 04 68 98 42 42 - Sortie 14, au rond-point direction Espace Cap-Dourats.
www.casino-collioure.com

Ouvert toute l'année du lundi au samedi. Restaurant « l.Atelier 66 » ouvert midi et soir du mercredi au dimanche.

Facile d'accès, disposant d'un grand parking, récemment modernisé, le casino de Collioure offre le programme idéal pour une sortie réussie. Vous serez comblés par la diversité de ses offres. Chacun de ces espaces est privatisable pour vos événementiels. Le restaurant l'Atelier 66 vous propose une cuisine bistronomique du chef sublimant les produits frais et locaux cuisinés maison. Tous les jours à partir de 10h, les softs et boissons chaudes sont offerts aux joueurs. Et tout au long de l'année le complexe du Casino de Collioure vibre d'une multitude d'animations.

PORT-VENDRES ★

A 2 km au sud de Collioure, Port-Vendres, Portus Veneris pour les romains est le plus important port de pêche des Pyrénées-Orientales. Autrefois délaissée des touristes au profit de son élégante voisine, cette petite ville d'environ 5 000 habitants offre pourtant une ambiance toute méditerranéenne, avec ses restaurants de poissons et ses petits bateaux de pêche qui se balancent dans cette anse naturelle. La ville constitue aussi un important bassin de commerce, spécialisé dans les fruits et légumes. Les paquebots de croisière et autres luxueux yachts privés y accostent également toute l'année car c'est le seul port en eaux profondes du Département.

© YVANN K

Le village de Port-Vendres.

LE SITE CLASSÉ DE L'ANSE DE PAULILLES ★

24, quai Sadi-Carnot
✆ 04 68 95 23 40
www.ledepartement66.fr/60-le-site-de-paulilles.htm

Ouvert toute l'année. Horaires du Site 9h-19h. Horaires de la Maison de Site selon saisons.

Symbole de la beauté sauvage de la Côte Vermeille, le site classé de l'Anse de Paulilles est désormais un havre de paix. Cette grande anse baignée de verdure abrite 3 belles plages séparées par des promontoires rocheux. Le site qui nous est donné à voir de nos jours est le résultat d'une volonté sans faille du Conservatoire du Littoral en partenariat avec le Département, qui en assure désormais la gestion. Des visites guidées vous permettront de découvrir le passé industriel de Paulilles et d'apprécier la réhabilitation paysagère de ce site exceptionnel. Un espace muséographique présente l'histoire de cette ancienne dynamiterie. Une nouvelle visite guidée d'une heure intitulée « Cap au Sud » vous permettra de vous immerger dans le quotidien des ouvriers de la dynamiterie dans les années 1970. N'oubliez pas de passer par L'atelier des Barques, des charpentiers de marine vous présentent le travail de restauration des barques catalanes. Depuis la vigie, vous aurez un panorama à 360° sur l'anse de Paulilles. C'est le site préféré des Catalans quand les beaux jours pointent leur nez. Un conseil en haute saison, venez tôt le matin ou tard le soir. Un magnifique sentier de randonnée permet de longer les criques et grimper jusqu'au phare du cap Béar. En chemin, belle découverte de la flore locale et de petites anses cachées. Du sommet, le point de vue est à couper le souffle sur la côte Vermeille au sud et le golfe du Lion au nord. Tout simplement magique !

REFUGE MADELOC €€

Chemin de Taillefer ✆ 06 18 81 92 75 - Prendre la N114 sortie 14 (Collioure) et tournez immédiatement à gauche vers Madeloc, puis les appeler, ils vous guideront. - www.refugemadeloc.com

Gites de France (2 épis). Fermé de décembre à mars. Gîte pour 10 pers. (4 chambres). Location à la semaine en saison.

Situé en pleine garrigue, le gîte n'a ni piscine ni court de tennis, mais offre la vraie nature préservée. Sur les hauteurs de Collioure et de Port-Vendres, au pied de la Tour Madeloc, David et son épouse ont restauré l'ancienne Caserne Taillefer en gîte écologique et autosuffisant en énergies. La piste d'accès en corniche, taillée dans la montagne arrive jusqu'au site et domine la Méditerranée du haut de ses 460 m : un panorama à couper le souffle ! Sur place : randonnées (GR10 ou boucles), observation faune et flore (matériel d'observation).

LES CABANONS DE MÉMÉ JEANNETTE €€€

1, bis rue de Madeloc
✆ 07 50 66 40 03
www.memejeannette.com

Ouvert toute l'année. 4 chambres. Domaine viticole «Les Tines» à découvrir sur RDV.

Les chambres d'hôtes de Mémé Jeannette, noyées au milieu des vignes, surplombent la baie de Paulilles. Ces 4 « cabanons » de 37 m² fraichement sortis de terre, sont finement aménagés et décorés, et orientés à l'est... face à la Grande Bleue. Chaque cabanon possède sa terrasse privative avec douche extérieure, sans vis à vis avec vue dégagée, les vignes familiales du domaine Les Tines à vos pieds et ce ciel bleu catalan éternel au-dessus de vos têtes. Une petite idée du paradis !

LE PORT DE VÉNUS €€

12, rue Jules-Pams
✆ 04 68 39 73 89

Ouvert toute l'année. Menu végétarien. Terrasse

Les maîtresses des lieux l'affirment ouvertement « on élabore et on sert une cuisine de plaisir ». Le lieu est petit, peu de couverts aussi vous ne trouverez que des produits ultra frais et des poissons issus de la pêche locale. La cuisine est raffinée, originale et très inventive. Entre cuisine du monde, espagnole et fusion, vous trouverez votre bonheur à un prix très correct. Le Port de Vénus est un petit îlot sur la côte, un pied de nez aux bailleurs de fond du tourisme de masse. On adore tout simplement autant la cuisine que l'atmosphère.

LE CHANT DU POULPE €€

13, Quai Pierre Forgas
✆ 09 72 82 41 79

Ouvert tous les jours en saison. Hors saison fermé le mardi. Cuisine locale à base de poissons frais.

Voilà un nouveau resto qui nous a fait craquer. Une autre idée de la cuisine locale avec des recettes originales et toutes à base de produits ultra frais et issus des petits métiers de la pêche. Belle terrasse face au port et salle intimiste fraîchement repensée. Le poulpe est à l'honneur bien entendu mais aussi des classiques de la cuisine catalane et espagnole avec toujours un petit brin d'originalité et de folie dans l'exécution des recettes. On apprécie la gentillesse et l'attention des propriétaires. Un resto dont on parle de plus en plus à Port-Vendres.

DOMAINE DE LA TOURASSE

5, avenue Castellane
✆ 06 80 03 05 59
www.latourasse.com

Accueil visite et dégustation sur rendez-vous.

Sur ce terroir de schistes béni des dieux, Sophie et Alain font grandir et bichonnent leurs vignes et les immortelles «le plus naturellement possible». Culture en bio-dynamie et vinification et élevage nature sans souffre ajouté sont leur crédo. Ce choix de maintenir un sol vivant (sans aucun intrant chimique) s'exprime dans leurs cuvées qui sont juste délicieuses. Si vous voulez vous initier à l'oenotourisme, Sophie et Alain proposent un itinéraire de découverte à travers les vignes, les plantes médicinales et leur suberaie (chênes lièges).

LA CÔTE VERMEILLE €€

Quai du Fanal
✆ 04 68 82 05 71
www.restaurantlacotevermeille.com

Toques blanches du Roussillon. Ouvert du mardi au samedi. Terrasse. Menus classiques et gastronomiques.

Ce restaurant se trouve à l'emplacement de l'ancienne criée. Belle renaissance pour un lieu symbolique de la ville. A peine sortis de l'eau, les poissons sauvages sont cuisinés à la Côté Vermeille. Difficile de résister à la queue de lotte « baudroie » rôtie, riz à l'encre, jus de homard au safran des Aspres ou aux saint-Jacques gratinées. Côté douceurs, le saint-honoré revisité aux fruits rouges est une magnifique ponctuation sucrée posée en toute légèreté. Sur la Terrasse Grill panoramique à l'étage, les poissons et les viandes sont servis grillés à la plancha.

SCUBA PASSION

9, chemin des Tamarins
✆ 06 07 56 03 73

Ouvert d'avril à octobre. Baptêmes, plongées découverte, découverte des épaves... Et plein de surprises !

Alain, un fou de montagne et de mer, n'a d'égal sur la côte pour partager ses découvertes et ses émerveillements avec les plongeurs confirmés ou les débutants. En juillet et août, le club vous propose la randonnée palmée et guidée dans l'anse de Paulilles au cœur du parc marin. Ce que l'on a vraiment adoré chez Scuba Passion, c'est une ambiance unique, chaleureuse et conviviale (sans plaisanter sur la sécurité) et la personnalité du capitaine. Alain, entre deux plongées, a tellement d'histoires à raconter sur la région et les épaves... On en rêve encore !

SAINT-PAUL-DE-FENOUILLET ★

Saint-Paul-de-Fenouillet est, avec presque 2 000 âmes, l'incontestable capitale du Fenouillèdes. Dans un couloir nommé synclinal de Saint Paul, délimité au nord par les Corbières et au sud par les ondulations des collines des Fenouillèdes, la petite cité est à deux pas de l'Aude et des mythiques châteaux cathares. Le bourg fut au début du siècle dernier une ville ouvrière et industrielle. A quelques km au nord, les gorges de Galamus, qui figurent parmi les plus belles et profondes de France, valent le détour. La capitale du Fenouillèdes mise sur le tourisme vert et le sport: nombreux sentiers pédestres et VTT, canyoning et via ferrata.

TRAIN DU PAYS CATHARE ET DU FENOUILLÈDES

26, boulevard de l'Agly ✆ 04 68 20 04 00

www.tpcf.fr

Ouvert toute l'année. Réservation fortement conseillée. Toutes les infos (tarifs, horaires...) sur le site internet.

Original pour découvrir la région ! Au départ de Rivesaltes, d'Axat ou d'Espira-de-l'Agly, Cases-de-Pène, Estagel... un trajet de 60 km pour admirer sous un angle différent toutes les richesses de notre beau terroir. A chaque halte, vous pourrez descendre du train, visiter et prendre le suivant pour continuer le voyage ou rebrousser chemin. Voyages à thèmes : le train de la Peur pour Halloween, le meurtre du Catalan Express (énigmes à résoudre)... et des voyages gastronomiques.

DOMAINE DE LA PETITE BAIGNEUSE

Les Planels

✆ 06 35 97 81 99

100% Bio. Visite et dégustation sur rendez-vous.

Défenseur des vins naturels sans pousser le bouchon dans les extrêmes au chai, Philippe cultive sa vigne (12 ha) dans le respect des valeurs de la biodynamie, c'est à dire en refusant l'adjonction d'intrants chimiques. Les vignes installées un peu en altitude sur le terroir de Maury donnent un vin fin et frais assez éloigné de l'image que l'on se fait des vins secs du Cru Maury. Lorsque la petite baigneuse se dénude, elle nous révèle un vin minéral à la personnalité subtile.

MAS MUDIGLIZA

20 rue de Lesquerde

✆ 06 79 82 03 46

www.masmudigliza.fr

Accueil, visite et dégustation sur rdv hors saison. Ouvert tous les jours en été.

Sur le vignoble de 15 ha qui s'étend de Tautavel à St-Paul de Fenouillet, on retrouve notamment une grande variété de sols : schistes, marnes schisteuses et argilocalcaires. Dans les 3 couleurs, Dimitri et Muriel créent des vins au caractère concentré et gourmand. En exploitant des vieilles vignes situées en altitude, leur objectif est simple : vouloir faire progresser la qualité gustative chaque année et donc par essence se positionner comme une des valeurs sûres dans la région. Le pari est gagné car leurs vins sont régulièrement salués par la presse spécialisée.

BÉLESTA

A 10 km au nord d'Ille-sur-Têt, le petit village perché de Bélesta de la Frontera héberge dans son château un passionnant musée de la Préhistoire et le site du fameux Dolmen du Moli del Vent. De la Frontera, car il fut le village frontière entre la France et le Roussillon jusqu'au traité des Pyrénées. Fortifié tôt, le village constitue un ensemble médiéval intéressant, avec son église du XIIe siècle, ses maisons à linteaux et à escaliers, symboles de l'architecture rurale de la région. Le château, édifié en 1262, ruiné par la suite, habilement restauré dans les années 1980, demeure l'élément architectural le plus intéressant du village.

RIBERACH - HÔTEL, RESTAURANT ET CAVE €€€

2a, route de Caladroy

✆ 04 68 50 30 10

www.riberach.com

Toques blanches. 1 étoile au guide Michelin. Hôtel « eco-lodge et cave. Terrasse.

Entre marché du jour, produits locaux et créativité, Julien Montassie nous propose une cuisine passionnée, sensorielle et instinctive. Simple et raffinée, elle marie à merveille l'attendu et l'improbable. Cette ode culinaire a pour écrin un superbe ancien chai. Une journée qui se prolonge au caveau avec la dégustation des excellents vins du domaine puis pourquoi pas dans une des luxueuses chambres du superbe « eco lodge ». Un seul lieu pour trois merveilles. Exceptionnel !

CHÂTEAU-MUSÉE DE LA PRÉHISTOIRE ★★

5, rue du Château ✆ 04 68 84 55 55
www.belesta.fr

Ouvert toute l'année. En haute saison tous les jours de 14h à 19h. Voir site internet pour les horaires en basse saison.

Tout commence en 1983 avec la découverte d'une salle sépulcrale au fond la caune de Bélesta. Les fouilles mettront au jour un véritable trésor archéologique unique en Europe : une tombe collective néolithique de plus de 30 squelettes et 28 poteries en excellent état de conservation. Mais ce n'est pas tout : les recherches concentrées sur l'ensemble de la grotte livreront les vestiges de plusieurs occupations humaines accumulées sur une épaisseur de 8 m. Le château musée ouvert en 1992, apporte un éclairage captivant sur cette période de la préhistoire récente, dite du néolithique, soit environ 4 000 ans avant notre ère. « C'est une période cruciale dans l'histoire, une véritable révolution, car l'homme passe de prédateur à producteur », commente le conservateur du musée. Le château-musée de Bélesta est intégré à un véritable château royal du XIIIe siècle réhabilité avec soin et originalité. Véritable machine à remonter le temps, le lieu abrite, outre une scénographie dernier cri qui ravira les grands comme les petits, des reconstitutions grandeur nature comme celles d'un carré de fouilles, de la vie quotidienne de nos ancêtres du néolithique et cerise sur le gâteau, la salle sépulcrale de la grotte. Impressionnant et bluffant ! Ce musée n'est pas seulement pédagogique et ludique. Il est aussi une référence scientifique. En effet la diffusion de la culture néolithique est assurée grâce à l'étroite collaboration du musée avec le dépôt archéologique départemental.

CHÂTEAU DE CALADROY

Château de Caladroy
✆ 04 68 57 10 25
www.chateau-de-caladroy.com

Accueil, visite et dégustation. Ouvert tous les jours en haute saison. Et du lundi au vendredi en basse saison.

Entre Millas et Bélesta, juché à 354 m d'altitude, le château de Caladroy entouré de vignes, oliviers et garrigue, offre un bel horizon. Dès le XIIe siècle, il défendait la frontière franco-espagnole, et de destructions en reconstructions, son passé est chargé de faits de guerre et d'histoire. Propriété viticole depuis le XIXe siècle, de son passé tumultueux, il conserve une architecture spectaculaire qui marie harmonieusement les époques traversées. Le caveau de dégustation est aménagé sous les fondations du château, dans une chapelle construite au XIIe siècle.

CARAMANY

Caramany ou le *Grand Rocher* est une petite commune (150 habitants) située exactement au centre des Fenouillèdes. Caramany est célèbre pour son lac éponyme et ses nombreuses activités (rando, pêche, canoë...), ses vins avec l'appellation Côtes du Roussillon Villages Caramany mais surtout pour sa position sur éperon rocheux qui surplombe l'étendue d'eau: le lac comme un miroir dans son écrin de collines où s'accrochent les vignes, avec au loin le célèbre Pic de Bugarach. On aime Caramany pour son charme pittoresque et authentique. La vie est ici rurale et centrée autour du vin. Petit village, mais bien vivant et dynamique en saison estivale.

CAMPING DU LAC €

9000, rue de la Bade
✆ 04 68 29 24 50
www.campigdulac-caramany.com

Ouvert de début Avril à fin Octobre. 18 emplacements. Exposition : ombragé / mi-ombragé.

A l'orée du village de Caramany, ce petit camping intimiste et confidentiel est immergé dans la nature au cœur d'un vignoble réputé. Loin de toute agitation, il est le point de départ idéal pour de multiples randonnées ou de parties de pêche. Outre ses emplacements pour tentes, caravanes ou camping-cars, avec des sanitaires accessibles aux personnes à mobilité réduite, ce camping 2 étoiles offre également à la location 2 mobil-homes pouvant accueillir 5 à 6 personnes. Amateurs de nature et d'intimité, vous touchez du doigt le paradis à un tarif très abordable.

L'AUBERGE DU GRAND ROCHER €€

18, rue Eloi Tresserres
✆ 06 37 05 07 74
https://lauberge-du-grand-rocher.eatbu.com

Ouvert tous les jours en été. Hors saison appeler pour réserver.

L'auberge de Caramany fait peau neuve. Lucile et François ont craqué pour les étendues sauvages des Fenouillèdes et vous proposent une cuisine conviviale et gourmande. Au menu, on retrouve les classiques de la cuisine française ou catalane avec une liste des producteurs affichée. Local et ultra local pour mettre en avant les paysans de la région. Et puis, la vue sur les montagnes, les vignes et le lac depuis la terrasse panoramique est fantastique.

VIGNERONS DE CARAMANY

70, Grand Rue
✆ 04 68 84 51 80
www.vigneronsdecaramany.com
Ouvert matin et soir du lundi au samedi et le dimanche matin. vente en ligne.

Le village de Caramany domine ses vignobles de vieux ceps de carignan et de grenache plantés sur les coteaux de gneiss et d'arènes granitiques. Ici la vie est centrée autour du vin et cela se ressent quand on visite la cave. Les vignerons vous accueillent avec professionnalisme et passion du terroir. Les vins de l'AOP Côtes du Roussillon Villages Caramany sont très singuliers : ils sont puissants, épicés et charnus. Parmi les AOP du Roussillon, on reconnaît un «Caramany» de suite, on aime cette différence au nez et en bouche, ce caractère bien trempé de Catalan !

MAURY

Maury surprend et exalte le visiteur qui découvre le village posé sur des coteaux de marnes schisteuses et ceintes de deux superbes murailles calcaires. Douces collines couvertes de vignes ondulant à l'ombre du château de Quéribus et formant un long couloir vers l'ouest jusqu'au pied des Pyrénées. Ici les vignerons remercient la géologie et le choc des plaques tectoniques: le vignoble produit un célèbre Vin Doux Naturel et des cépages comme le Carignan ou le Grenache qui exhalent leurs arômes de fruit dans des vins secs à haute expression. Maury est aussi le point de départ de très belles balades sur les hauts lieux cathares: Quéribus et Peyrepertuse.

DOMAINE SEMPER

2, chemin de Rec
✆ 04 68 59 14 40
Accueil et dégustation tous les jours en été. Sur rdv hors saison.

Autant que ses vins qui figurent parmi les meilleurs flacons du Roussillon, c'est la personnalité et la philosophie de Mathieu qui nous a laissés pantois. Ce jeune vigneron à la bouille avenante est souriante est un poète de la vigne. L'écouter parler, c'est boire ses vins ! Très humblement, Il nous éclaire sur sa philosophie : « Le vigneron doit s'effacer devant le terroir. Je fais des vins qui ressemblent au lieu où ils naissent. L'âme de ce pays se doit d'être concentrée au fond d'un verre... ». Des jus exquis dans les 3 couleurs et en VDN. On en raffole !

LES VIGNERONS DE MAURY

128, avenue Jean-Jaurès ✆ 04 68 59 02 87
www.vigneronsdemaury.com
visite et dégustation du lundi au samedi matin et soir, le dimanche matin. vente en ligne. Oenotourisme et animations.

Réputé pour son Vin Doux Naturel, Maury propose une palette d'une vingtaine de vins, régulièrement encensés par la presse spécialisée, dont une très belle gamme de vins secs. Plus de 100 vignerons sont coopérateurs et ils ne passent pas seulement leur temps dans les vignes, ils sont investis dans la vie de la cave. Vous pourrez les rencontrer au cellier lors d'une dégustation et échanger avec eux autour d'une passion commune : la terre et les fruits qu'elle distille. Enfin, les Vignerons de Maury organisent chaque année des événements autour du vin.

PYRÉNÉES-ORIENTALES

© LAURENT PIERSON

La vallée de l'Agly, dans les environs de Maury.

TAUTAVEL ★★

A 30 km au nord-ouest de Perpignan, ce village des Corbières s'abrite dans un joli vallon protégé par de hautes falaises de calcaire bleu au milieu desquelles coule le Verdouble. Il séduit par ses places ombragées de platanes, ses venelles montantes, les ruines du château féodal qui domine le village du haut de son promontoire et sa tour à signaux, la Torre del Far, dont on perçoit la silhouette à plusieurs km à la ronde. Longtemps petit bourg tranquille entièrement dédié à la viticulture (et qui produit d'excellents vins!), Tautavel est devenu célèbre pour la découverte, il y a plus de quarante ans déjà, du crâne du plus vieil européen (450 000 ans).

LA CAUNE DE L'ARAGO

Route de Vingrau - Gorge des Gouleyrous, km 3.
www.450000ans.com

Sur la route de Vingrau. Accès libre pendant les fouilles (avril à août) et sur RDV pour les groupes toute l'année.

Cela fait maintenant plus de 50 ans que l'on fouille la grotte de la Caune de l'Arago. C'est une cavité préhistorique située sur la commune de Tautavel, creusée dans un massif calcaire, elle domine la vallée à environ 80 mètres de hauteur au-dessus des gorges du Verdouble et du site exceptionnel «le Gouleyrous». C'est un site préhistorique d'un intérêt exceptionnel qui est aujourd'hui devenu un haut lieu de recherches archéologiques, c'est l'un des plus importants gisements préhistoriques du monde. Fouillée depuis 1964 par le Professeur Henry de Lumley et ses équipes, la Caune de l'Arago est classée monument historique depuis 1965. Dans cette cavité, se sont accumulés plus d'une dizaine de mètres de sédiments dont l'âge va de 700 000 à 100 000 ans avant notre ère. Le 22 juillet 1971 fut mis au jour le fossile qui fit la réputation internationale de la Caune de l'Arago : une face humaine, Arago 21, attribuée à un *homo erectus* européen (*homo heidelbergensis*). Depuis, 141 restes humains appartenant à une vingtaine d'individus (hommes, femmes, enfants) composent cette remarquable collection à laquelle s'ajoutent les nombreux restes d'animaux. En 2015, le musée de la Préhistoire de Tautavel a annoncé la découverte par deux jeunes fouilleurs bénévoles d'une dent datant de 560 000 ans sur le site. Cette dent fossile a 110 000 ans de plus que le crâne de l'Homme de Tautavel, l'individu auquel elle a appartenu est d'ores et déjà baptisé Arago 149. Il devient donc, à ce jour, l'Homme le plus vieux découvert en France.

MUSÉE DE TAUTAVEL - CENTRE EUROPÉEN DE PRÉHISTOIRE ★★★

Avenue Léon-Jean-Grégory ✆ 04 68 29 07 76
www.450000ans.com

Ouvert toute l'année, non stop en juillet-août de 10h à 19h et le reste de l'année de 10h à 12h30 et de 14h à 18h.

Le musée de la Préhistoire de Tautavel est un complexe construit autour de... l'Homme de Tautavel. Il présente toute l'histoire de l'humanité en Europe depuis les premiers Européens jusqu'aux portes de l'Histoire. Tautavel est le site où ont été découverts les plus vieux restes humains de France 560 000 ans. Les animations et les activités pour la famille sont incontestablement un plus à la visite du musée. Ce site archéologique est un des plus riches du monde et, la collection présentée au musée reflète cette richesse, mise en valeur par de nombreuses reconstitutions spectaculaires. Pendant les vacances scolaires de la zone académique, les après-midi, des ateliers et des activités ludiques et culturelles permettent de donner vie à la préhistoire, et de créer une expérience propice à l'immersion de tous à la rencontre de nos ancêtres préhistoriques. Le musée propose tout au long de l'année un programme culturel (animations, rencontres, expositions...) qui place l'expérience du visiteur au cœur de l'action. Programme détaillé sur le site web du musée. Des panneaux et de fiches en plusieurs langues (anglais, allemand, néerlandais, espagnol et catalan) permettent l'accessibilité au public venu du monde entier. La grotte se visite toute l'année uniquement sur réservation pour les groupes, et l'été des visites accompagnées au départ du musée pour les individuels. Accès par un sentier très escarpé impossible pour les personnes à mobilité réduite et enfants de moins de 7 ans.

L'ABRI SOUS ROCHE €€

29, rue Gambetta
✆ 04 68 29 49 31
www.labrisousroche.com

Gîtes de France (2 épis). Ouvert toute l'année. 4 chambres. Petit déjeuner inclus.

C'est une grande maison catalane couleur brique avec des volets bleu intense à deux pas du musée de la Préhistoire. Amateurs de calme et nature, cet endroit est fait pour vous. Les petits déjeuners, servis sur la terrasse aux beaux jours sont très copieux, avec des pains différents, des confitures et des yaourts maison fabriqués par votre hôtesse. La majorité des autres produits est issue de l'agriculture BIO. Sylvie, qui vous accueille avec sourire met à votre disposition un plateau de courtoisie dans chacune des chambres rénovées avec de la peinture sans COV..

LA MAISON DU MAS €€

A proximité de la D69 entre Maury et Tautavel
✆ 04 68 38 08 64
www.masjaneil.com
Gite «premium» pour 6 personnes (120 m², 3 chambres) dans un petit hameau. Dégustation des Vin du Mas Janeil.

Vous serez charmés en arrivant à la Maison du Mas : blottie au cœur d'un petit hameau dont l'environnement sauvage n'a d'égal que la finesse de la restauration et de l'aménagement des pièces de ce gîte. Que ce soit dans le vaste salon ouvert sur le sud, la grande cuisine au rez-de-chaussée ou les 3 chambres, partout on retrouve une subtile alliance du bois et du fer dans les volumes. D'apparence campagnarde, mais sans sacrifier à la modernité, cette maison nous a littéralement charmés. Un petit havre de paix qui donne envie de tout plaquer et de s'installer ici !

ORIGINES €€

13, Place Gambetta
✆ 06 33 47 95 27
www.origines-tautavel.fr
4 chambres. Hammam, bain bouillonnant, sauna. Table d'hôtes (végétarien et vegan inclus), massages ayurvédiques. Jardin

« Immersion enchanteresse ». Voilà très humblement comment qualifier cette pépite inouïe. Rarement le *Futé* a visité une maison d'hôtes où le bien-être et le confort du visiteur sont érigés en religion. Réparties sur 3 étages, les chambres sont toutes plus surprenantes et envoûtantes les unes que les autres. La passion pour l'art et le mobilier infuse toutes les pièces et comme si ce n'était pas assez, vos hôtes vous bichonnent avec des repas (français, indiens ou végans) à base de produits ultra-locaux et bio. Origines est notre coup de cœur de l'été !

AUBERGE DU CELLIER €€€

1, rue Sainte-Eugénie - **MONTNER**
✆ 04 68 29 09 78
www.aubergeducellier.com
Ouvert du jeudi midi au lundi soir (ou dimanche selon saison). 1 étoile au guide Michelin. menus midi et soir.

On vient de loin pour s'asseoir à la table de Pierre-Louis Marin, chef étoilé. Il nous offre une cuisine d'instinct, inspirée par les produits du moment et du terroir. Une cuisine créative, élégante, séduisante et juste qu'on prend plaisir à découvrir à chaque saison. Les saveurs de chaque ingrédient exhalent toutes leurs richesses dans des assiettes à la présentation soignée. Dans le verre, on retrouvera des pépites locales de la vallée de l'Agly et d'un peu plus loin. La formule du midi très attractive mérite vraiment le détour par Montner.

DOMAINE DE LA DIFFÉRENCE

1, rue Jean Badia ✆ 04 68 66 89 38
www.ladifference-roussillon.com
100% BIO. Accueil, visite et dégustation tous les jours de 10h à 18h sauf le vendredi et le dimanche. Oenotourisme.

C'est l'histoire de 3 copains amoureux du vin qui rêvaient de faire un grand nectar en Roussillon. Le vignoble s'étend sur 12 ha au pied du cirque de Tautavel. Passion et savoir-faire font la différence dans le verre depuis une quinzaine d'années. Les cuvées Racine Carrée en blanc et rouge, élevées entre 8 et 12 mois en barrique sont tout simplement magiques. De l'émotion enfermée dans un flacon et aussi de l'émotion plébiscitée par la presse spécialisée ! Au caveau, l'adorable Ghislaine vous fera déguster les trésors du domaine et vous serez conquis !

DOMAINE VAL DE RAY

44-46, rue Gambetta
✆ 04 68 29 45 55
www.domainevalderay.fr
Accueil, visite et dégustation sur RDV. Prestations en oenotourisme.

Raymond et Caroline conduisent leur vignoble de 12 ha de la manière la plus naturelle possible, sans intrant chimique, juste un peu de soufre et des huiles essentielles. « Nous voulons laisser la biodiversité s'exprimer », insistent-ils. Ce couple amoureux de la vie au sens large et de l'amour tout court (lisez les étiquettes, l'art de la séduction est décliné en étapes pour chaque cuvée) propose des vins surprenants, si différents et tellement attachants : le *Petit Futé* a eu un coup de cœur pour ce domaine et ses flacons si sensuels et ravissants.

MAS DE LA DEVEZE

Route des Mas
✆ 04 68 61 04 58
www.masdeladeveze.fr
Dégustation et visite sur rendez-vous. Oenotourisme : soirées vigneronnes, balades dans les vignes (sur RDV).

Sur un terroir de schistes d'exception (Maury) et de calcaires (Tautavel), Nathalie et Simon produisent une gamme de vins qui reflètent ces deux terroirs différents. La dégustation se fait dans le superbe caveau situé à l'étage et qui offre derrière sa grande baie vitrée une belle vue sur le Canigou. Et quelle dégustation ! On en raffole tout comme la presse spécialisée ! Au mas de la Devèze, on adore cette image d'Epinal de la ferme catalane isolée au milieu des vignes. Le lieu possède un charme fou qui est complété par la gentillesse des vignerons. On adore !

ILLE-SUR-TÊT ★

Ille-sur-Têt est une petite ville fleurie de 5 000 habitants à 25 km à l'ouest de Perpignan, sur la route du Conflent, accessible par voie rapide en moins de 20 minutes. Située au carrefour de quatre pays, les Fenouillèdes, le Conflent, les Aspres et la plaine du Roussillon, la plaine d'Ille-sur-Têt est réputée pour la qualité et la saveur de ses pêches, nectarines et autres abricots gorgés de soleil. La ville et ses alentours regorgent de sites d'un grand intérêt, souvent méconnus, mis à part les orgues d'Ille de renommée internationale. À noter le marché nocturne estival qui fait la part belle aux artisans et créateurs d'art locaux.

L'HOSPICI D'ILLA ★

10, rue de l'Hôpital
✆ 04 68 84 83 96
www.ille-sur-tet.com

Fermé de novembre à janvier. Haute saison : ouvert du lundi au vendredi et le week-end l'après-midi seulement.

L'Hospici d'Illa est l'un des rares établissements hospitaliers conservés dans le Sud de la France. Fondé au XIIIe siècle, il accueillait les pauvres, les voyageurs et les pèlerins se rendant à Saint-Jacques-de-Compostelle. L'Hospici se compose d'un corps de logis divisé en deux niveaux d'alcôves qui ouvrent sur une chapelle. La collection permanente présente des peintures murales du XIIe siècle, un retable et un devant d'autel roman, des peintures et des sculptures des XVIIe et XVIIIe siècles. Des expositions thématiques y sont organisées régulièrement.

OFFICE DE TOURISME ROUSSILLON CONFLENT

Place Henry-Demay ✆ 04 68 57 99 00
www.tourisme-roussillon-conflent.fr

Ouvert en haute saison du lundi au samedi et le dimanche matin. Du lundi au vendredi en basse saison.

Une véritable mine d'informations, révélées par de véritables amoureux de leur région et passionnés d'histoire. Vous attendent diverses brochures spécifiques aux incontournables à découvrir : la curiosité géologique des Orgues d'Ille sur Têt, le musée de la préhistoire de Bélesta, le Prieuré de Serrabone, l'Hospici d'Illa, musée d'Art roman et baroque, le panorama à couper le souffle de Força Réal, mais aussi les divers ermitages, chapelles et églises qui jalonnent ce territoire.

LE SITE DES ORGUES ★★★

Chemin de Régleilles ✆ 04 68 84 13 13
http://lesorgues.ille-sur-tet.com

Ouvert en haute saison de 9h à 20h. En basse saison, le site est ouvert tous les jours mais les horaires sont variables.

Mère Nature fait des merveilles ! Il lui a fallu près de 5 millions d'années pour sculpter la roche tendre de ce site remarquable. A tout juste 2 km au nord d'Ille-sur-Têt sur la route du plateau granitique du Fenouillèdes en direction de Montalba, au milieu de la garrigue, les roches modelées par le temps et l'érosion donnent d'étonnantes cheminées des fées, tours de roches tendres, dominées par des terrasses plus dures. Au plan physique et géomorphologique, la site des Orgues illustre les mécanismes de l'érosion intense qui s'opère depuis le quaternaire sur les départs paléo-alluviaux de la Têt. Outre la spécificité géologique, il se dégage du lieu une certaine magie, une impression de baigner dans le fantastique. Ce site unique dans les Pyrénées et en France, avec ses allures de petit canyon ciselé par le vent et l'eau, le Canigó en arrière-plan, et toute cette palette en nuances de jaune, de rouge et d'ocre dans une lumière crue, est devenu une véritable image d'Epinal du Roussillon. Le lieu est parfaitement bien entretenu, une série de sentiers et ses panneaux explicatifs vous mènent d'une curiosité à l'autre. Il faut compter une bonne heure au minimum pour la visite, prendre le temps de faire des photos et tout simplement de s'extasier devant cette œuvre d'art naturelle. Prévoir des baskets ou chaussures de marche car ne l'oubliez pas, nous sommes en pleine nature et les chemins sont pierreux. Enfin, n'hésitez à poursuivre vers le nord en voiture pour découvrir de somptueux points de vue sur la plaine et le Canigó.

PYRÉNÉES-ORIENTALES

MAS SAINT JOSEPH €

82, route de Corbère
✆ 04 68 67 85 82
www.mas-saint-joseph.com
Ouvert toute l'année. 3 chambres et un studio équipé. Restauration.

La belle bâtisse construite en 1790 pour y héberger des moines a été entièrement rénovée au milieu des vergers de pêchers. Trois charmantes chambres pour 2 personnes où le bois à l'état brut donne le cachet de l'authentique avec un parquet qui invite à marcher pieds nus. Le copieux petit-déjeuner, pris dans la salle à manger ou sur la terrasse, est bien sûr bio et local avec des fruits frais et des confitures maison. Laissez-vous tenter par la cuisine de Kate et Adrian, et surtout n'ayez pas peur, ils cuisinent «français ou asiatique» fort bien. On adore !

GITE ET OLIVIERS €€

Route de Montalba (un peu avant le village à gauche en venant de Ille sur têt)
✆ 06 15 20 06 89
www.giteetoliviers.com
Gîtes de France (4 épis). Ouvert toute l'année. Pour 5 personnes (80 m², 2 chambres).

Perle rare ! Le seul gîte du pays catalan qui offre depuis sa piscine une vue sur la mer, le massif des Albères et le Canigó. Bienvenue dans un domaine oléicole situé dans un environnement naturel au cœur de la garrigue méditerranéenne à mi-chemin entre mer et montagne. Vous allez vivre vos plus belles des vacances : une plantation d'oliviers, une pinède et son ombrage, un gîte de caractère, une vaste terrasse et un four à pain. Pour l'accueil chaleureux de Maryse et Guy et la beauté fascinante du lieu qui jouit d'une vue inouïe. Le *Petit Futé* a adoré !

LA TABLE DE MAY LI €€

129, avenue Pasteur
✆ 04 68 28 70 43
Ouvert toute l'année. Lundi, mardi et du jeudi au samedi midi et soir. Terrasse et jardin.

La Table de May Li est une invitation au pays des saveurs. Ici point de mets préparés à l'avance, recettes à base de légumes crus obligent. Que du frais ! Le *Petit Futé* a adoré le Bo Nuong, viande ou poisson mariné grillé au barbecue (uniquement servi en terrasse). Pour tout dire, même les célèbres nems, les raviolis à la vapeur ou les Pho sont tout simplement exquis. Si vous préparez bien votre sortie resto, commandez par avance la fondue de viande ou de poisson. De surcroît, l'accueil est très cordial et les prix sont raisonnables. La meilleure adresse d'Ille.

LE COUVENT

100, route de Prades
✆ 04 68 84 15 65
www.boulangerie-poch.com
Ouvert du vendredi au lundi et les jours fériés de 6h30 à 13h et de 15h à 19h30.

Henri Poch, Meilleur Ouvrier de France, vous accueille dans sa boulangerie artisanale, ancien couvent franciscain. Artiste tout simplement, Henri vise à promouvoir le « tout fait maison » artisanal, valorise ainsi les farines locales d'exception et a un tour de main sans pareil. Les boulangers de France et de l'étranger viennent apprendre ici les secrets du bon pain. Considérez Henri comme un passeur de tradition qui partage sa passion sur les thèmes du pain de tradition française, des viennoiseries et des pâtisseries. Un seul mot en bouche : inimitable !

EARL LE TEMPS BIO

2, chemin des Serres-Basses
SAINT-FÉLIU-D'AVALL ✆ 04 68 53 22 07
www.letempsbio.fr
100% Bio. Label sud de France. Vente de fruits au domaine. Accueil de mai à octobre sur rendez vous.

Florence et Dominique vous accueillent sur leur exploitation pour vous faire découvrir le bonheur des fruits de saison, avec cette même priorité du respect de la nature. Et il y a le choix selon l'époque : cerises, abricots, nectarines, pêches, pommes, poires, nashis et kakis. Nos deux amis proposent aussi des produits transformés : jus, compotes, coulis et cerises au sirop. A table ! Si vous avez un peu de temps, ils vous inviteront à une promenade sur leurs terres parmi les vergers pour une vraie visite écologique et pédagogique !

LE MOULIN DES AUXELLES

10, rue Arago - **BOULETERNÈRE**
✆ 06 15 86 06 40
100% Bio. Hors saison ouvert du lundi au jeudi de 15h à 19h. De juin à septembre du lundi au vendredi de 14h30 à 19h30.

Suite à la découverte d'un ancien moulin à huile sur leur propriété, Jacqueline et Jean, producteurs de cerises et de pêches, ont décidé de le restaurer et de l'ouvrir à la visite. Ils vous en révéleront l'histoire avec passion… car ils adorent tous deux les pierres, les olives et l'histoire. 5 huiles sont produites : la lucques, l'olivière, la verdale et la cayon en monovariétales, et un assemblage de cornicabra et cipressino. Et pour compléter la gamme des plaisirs, Jacqueline et Jean vous feront goûter leurs grenades, amandes et cerises.

PYRÉNÉES-ORIENTALES

PERPIGNAN ★★★

« Benvinguts en Perpinya la catalana », bienvenue à Perpignan la catalane, pouvez-vous lire sur les panneaux aux entrées de la ville. La cité vous annonce la couleur ! Et quelles couleurs… Le sang et l'or de son drapeau tout d'abord avec sa légende de Guifré el Pelut, Comte de Barcelone qui trempa les doigts dans son sang pour les apposer sur son bouclier d'or, le bleu de son ciel, les ocres et rouges de ses façades, les verts, jaunes et orangés des étals de la place de la République ou de la place Cassanyes, et puis les couleurs de ses habitants, preuve s'il en fallait que Perpignan est une ville de métissages où les peuples se sont croisés ou bien encore sédentarisés. Une ville qui bouge, ouverte vers le monde avec son histoire tiraillée entre France et Espagne où l'identité est un credo. Oui, les Perpignanais sont fiers d'être Catalans et d'appartenir à ce peuple qui a toujours accueilli les apatrides, les gens sans terre et les persécutés. A la fois ancrée dans le passé et tournée vers l'avenir, Perpignan devient au fil des ans un lieu de plus en plus plébiscité par les touristes venus à l'origine se ressourcer dans les montagnes catalanes ou se détendre sur la côte. Le centre ville a plus d'un charme dans son sac : monuments classés, musées, commerces, bar et restaurants ne manqueront pas d'envouter le visiteur. Salvador Dali avait d'ailleurs surnommé la gare de Perpignan le centre du monde… Et puis écoutez cet accent rocailleux qui chante comme un vif torrent, régalez-vous, vous êtes dans le sud !

CAMPO SANTO ★

6, rue de l'Amiral-Ribeill

✆ 04 68 51 19 80

Ouvert d'octobre à fin juillet. Fermé le lundi, les jours fériés et de début août à début octobre (concerts). Gratuit.

Le Campo Santo est un cloître-cimetière qui se trouve à quelques pas derrière la cathédrale. Sa construction débuta dès le début du XIVe siècle. On peut y admirer les successions de portiques gothiques en marbre blanc qui ornent le pourtour ainsi que la chapelle. C'est le plus vaste et ancien cimetière du Moyen Age subsistant en France. Ayant perdu cette vocation depuis fort longtemps, il est à présent un lieu de visite très apprécié, et un superbe écrin pour les concerts d'été en plein air où les artistes internationaux aiment se produire.

CHAPELLE NOTRE-DAME DES ANGES ✝ ★

32, rue Maréchal-Foch

www.cg66.fr

Basse saison : ouvert tous les jours de 9h30 à 17h30. Haute saison : tous les jours de 10h30 à 18h30.

Ce monument du XIIIe siècle a été construit à l'initiative des rois de Majorque. Cette chapelle rattachée au couvent des franciscains demeure, au même titre que le palais des rois de Majorque, indissociable de Perpignan. Initialement chambre capitulaire du couvent, au début du XIXe siècle, ce bâtiment a été aménagé en chapelle de l'hôpital militaire. Cet édifice, propriété du Conseil Départemental, abrite aujourd'hui la maison du Patrimoine Catalan.

Perpignan.

CATHÉDRALE SAINT-JEAN-BAPTISTE ★

Place Gambetta
✆ 04 68 51 33 72
Ouvert du lundi au samedi de 8h à 18h – jusqu'à 19h de juin à septembre –, et le dimanche de 14h à 18h. Entrée libre.

C'est en 1324 que la première pierre fut officiellement posée, mais entre guerres, famines et épidémies, il fallut aux bâtisseurs 186 ans pour terminer leur chef-d'œuvre. Elle fut consacrée en 1509, et érigée en cathédrale en 1601. Elle mesure 80 m de long sur 18 m de large et 26 m de hauteur, elle comporte une seule nef, un transept à peine saillant et une large abside. Elle est caractéristique du gothique méridional, style architectural présent particulièrement en Catalogne aux XIVe et XVe siècle. Pour les historiens, deux églises l'auraient précédée sur ce site, une chapelle dédiée à la Vierge del Correch (du ruisseau, en catalan), et la cathédrale Saint-Jean-le-Vieux, consacrée en 1025. A l'intérieur, on peut admirer un magnifique buffet d'orgue (classé monument historique) d'une hauteur de 19,75 m et d'une largeur de 8,80 m, de style gothique flamboyant datant de la fin du XVe siècle, il est resté jusqu'à nos jours dans son état d'origine. Il est considéré comme l'un des plus anciens et des plus grands de l'histoire de la facture d'orgues. Quant à la porte extérieure, elle est ornée de sculptures romanes du XIIe siècle. Restaurée sur plusieurs années, la cathédrale Saint-Jean-Baptiste a enfin retrouvée toute sa superbe, ses ors et sa nouvelle horloge. Immanquable en quittant la cathédrale, est la place Gambetta et ses superbes bâtisses du XVIe siècle. Voilà un bon prétexte à une déambulation dans les rues piétonnes de Perpignan à la découverte de trésors cachés.

OFFICE DE TOURISME PERPIGNAN MÉDITERRANÉE

Place de la Loge
✆ 04 68 66 30 30
www.perpignantourisme.com
Ouvert du lundi au samedi et le dimanche (sauf entre novembre et janvier).

L'Office de tourisme Perpignan Méditerranée est désormais installé dans le magnifique bâtiment de la Loge de Mer contigu à la Mairie. La ville vous étonnera par son riche patrimoine culturel et son goût pour la fête. Vous serez accueilli par une équipe dynamique de professionnels du tourisme prête à vous donner les meilleurs conseils afin que votre séjour à Perpignan et ses environs soit des plus agréables. Sourire, disponibilité et compétences sont les mots qui résument cette équipe !

MUSÉE DES BEAUX-ARTS - HYACINTHE RIGAUD ★

21, rue Mailly
✆ 04 68 66 19 83
Ouvert toute l'année. Basse saison du mardi au dimanche. Haute saison tous les jours et les jours fériés.

Le *Petit Futé* ne se lasse jamais du musée Rigaud et à chaque nouvelle exposition, c'est un régal... Le peintre catalan Hyacinthe Rigaud, qui n'était autre que le peintre de la cour du roi Louis XIV, a ici une vitrine « royale » pour mettre ses œuvres en valeur. La Ville de Perpignan a donc réuni l'hôtel de Mailly et l'hôtel de Lazerme pour offrir aux visiteurs un espace de 4 300 m², sur 3 niveaux, dédié à l'art du XIIIe au XXIe siècle. Des artistes majeurs y sont exposés : Guerra, Maillol, Terrus, Lurcat, Daura, Ingres, Picasso... et Dufy, qui résida à Perpignan les dix dernières années de sa vie. Le niveau 2, sur 380 m², est réservé aux expositions temporaires qui chaque année proposent des œuvres majeures (Picasso et Perpignan, Rodin et Maillol...). En plus des collections classiques, cet événement rassemble des milliers de visiteurs. Soulignons que le musée Rigaud est un des lieux culturels les plus fréquentés et importants en Occitanie. Mais ceci n'aurait pas été possible sans le cabinet d'architecture Barbotin-Larrieu qui a conçu cet écrin alliant la modernité et l'ancien avec ce magnifique jardin suspendu aux essences méditerranéennes, pensé comme une pause zen dans la visite du « Nouveau Musée Rigaud ». N'oublions pas de souligner les programmes et visites spéciales pour les groupes ou les enfants. Le musée Rigaud a mis l'accent sur le caractère pédagogique de ses collections et les jeunes sont de plus en plus nombreux à visiter ce lieu. Bravo !

VINOHRANDO

33, rue Arago - **BOMPAS** ✆ 06 76 49 00 63
www.vinohrando.fr
Expériences de découvertes du vignoble. Plusieurs circuits. Tous les renseignements sur le site internet.

« Voyages secrets au cœur de la vigne ». C'est ainsi que Robert Martin, fondateur de Vinohrando, présente ses prestations. Ce professionnel de l'œnotourisme vous emmène sur des itinéraires choisis en fonction de vos envies pour associer le plaisir d'une randonnée dans le vignoble en petit groupe à celui de rencontres exclusives et de dégustations. Robert met à votre service 30 ans de passion et d'expérience. Pour le plaisir, la convivialité ou tout simplement l'amour du vin et du partage, Vinohrando est un concept rare d'œnotourisme à taille humaine. Chapeau !

PYRÉNÉES-ORIENTALES

MAS DE L'HORTE €

Traverse de Pezilla - **LE SOLER** ✆ 06 10 29 33 71
http://masdelhorte.fr

Fermé du 11 octobre au 9 mars. Pour 4 ps (2 chambres). De 700 € à 900 € la semaine selon saison. Jeux pour enfants.

Vacances en famille au Mas de l'Horte dans les 4 gîtes au milieu d'un parc de 3 ha d'oliviers, de cerisiers, d'agrumes et de bambous. Chaque gîte dispose de 2 chambres de plain-pied ou en mezzanine, toilettes, douche, cuisine équipée, TV et salon de jardin. Un lac ou la pêche est possible, avec relâché de poisson obligatoire et pour les mordus de pêche en mer, Claude vous emmène sur son bateau pour une belle sortie. Mais la cerise sur le gâteau reste l'immense piscine de 10m x 20m et une fois par semaine, la découverte de la cuisine catalane autour de la bodega..

HÔTEL MERCURE CENTRE-VILLE €€€

5-5 bis, cours Palmarole ✆ 04 68 35 67 66
www.mercure.com

Ouvert toute l'année. 60 chambres (dont 5 suites). Parking fermé. Restaurant partenaire «le Vienne».

Cet hôtel est idéalement situé sur le cours Palmarole, en plein centre-ville. Les chambres climatisées et entièrement rénovées ont été relookées dans un design contemporain, avec toujours le souci du confort. Elles sont équipées avec TV écran plat, coin bureau, wifi gratuit et salles de bains équipées de baignoire. Les petits déjeuners sont servis au buffet du premier étage. Pour la détente, une salle de remise en forme et un sauna sont accessibles au sein de l'hôtel.

MAS LATOUR-LAVAIL €€€

55, chemin del Vivès
✆ 06 73 93 74 30
www.maslatourlavail.com

Gîtes de France. Ouvert toute l'année. 5 chambres. Parking fermé. Piscine, hammam, salle de sport, bain bouillonnant.

Coup de coeur pour ce mas catalan du XVIe siècle situé au cœur des vignes. Il faut vous dire que vous êtes dans une des propriétés du domaine Cazes et que le sens de l'accueil vigneron n'est pas démenti. 3 chambres et 2 suites parentales décorées avec goût sur le thème du vin. Quant aux petits plus, un hammam, un spa et une salle de sport ont été aménagés dans les anciennes cuves. A l'extérieur, une piscine de nage vous donnera envie de profiter du soleil du Roussillon. Salon cosy, bibliothèque, salle de dégustation, possibilité de soins...

L'ATELIER DE JEAN PAUL €

14, avenue Julien-Panchot
✆ 04 68 21 42 45

Ouvert du lundi au samedi midi et soir. Le dimanche midi seulement. Réservation recommandée. Belle carte de rhums.

L'atelier de Jean-Paul nous régale d'une cuisine généreuse, savoureuse et qui fait le tour du monde sans tomber dans la facilité de l'exotique. Un lieu chaleureux à la déco design et un brin rustique. « Nous avons fait le choix de la transparence », explique Jean-Paul. Ce dernier vous propose viandes, poissons et crustacés, woks, plats végétariens et les spécialités du chef. Une cuisine délicieuse et copieuse qui fait des clins d'œil à l'Asie. Enfin, les origines antillaises de l'artiste Jean-Paul nous rappellent qu'il faut goûter ses rhums arrangés !

LE BAR À LAIT €

16, avenue Général-Guillaut
✆ 04 68 82 37 42
www.bar-a-lait.fr

Du lundi au vendredi toute la journée (nocturne jeudi et vendredi). samedi matin. Animations, stages et formations.

«Je t'inventerai un royaume où le fromage sera roi...» pardon Jacques, mais le Petit Futé a craqué pour la boutique restaurant de Pascale. Tout ce qu'il y a de plus convivial et d'insolitement bon. On y vient pour acheter ou manger fromages, salades fromagères, tartines du laboureur, etc. Le fromage se décline presque à l'infini. Les menus du jour sont composés avec des viandes de producteurs, des fruits et légumes de saison et du coin. Découvrez aussi le plateau de fromages géant à partager, les accords fromages et vin. Que du bonheur !

BRASSERIE LE FOULON €

6, rue pascal-Marie Agasse
✆ 04 34 10 13 57

Ouvert du lundi au vendredi midi et soir et le samedi matin. Terrasse.

Lorsqu'une enfant née à deux pas de la brasserie revient dans son quartier pour y acquérir le Foulon, le *Petit Futé* a adoré ça. Leslie et son mari ont la jeunesse pour eux et mettent toute leur énergie pour la brasserie. Levés tôt, couchés tard, mais une clientèle déjà conquise. Tous les midis on se bouscule pour déguster le plat du jour pour la valeur d'un ticket restaurant ou un menu complet avec des produits frais de saison. Cuisine fine, sans chichis, mais ô combien authentique. Bravo pour votre talent aux fourneaux et merci pour votre gentillesse.

PYRÉNÉES-ORIENTALES

LA CRÊPERIE DU THÉÂTRE €

12, rue du Théâtre
✆ 04 68 34 29 06
www.creperie-du-theatre.fr
100% BIO. Gluten-free friendly. En saison, ouvert tous les jours sauf dimanche. Menu midi et soir. Vente à emporter.

Si vous cherchez les meilleures galettes de la ville, n'allez pas plus loin car elles sont à La Crêperie du Théâtre. Des galettes exquises ! La majorité des ingrédients provient de l'agriculture BIO tout comme le sarrasin et le froment qui sont issus d'un moulin local et moulus à l'ancienne. Eric, passionné et convaincu, sait adapter ses recettes au fil des besoins et au cas par cas suivant les contre-indications médicales ou les sensibilités des personnes : cœliaques, végétariens et vegans sont les bienvenus. Délicieux et sain pour le corps !

Ô GRAIN DE SEL €

14, rue de la Fusterie
✆ 06 45 82 86 88
Ouvert le midi du lundi au samedi. Le soir du jeudi au samedi. Soirées à thème.

Ô Grain de Sel se distingue de ses confrères par son ambiance élégante et cosy. *A touch of class* et un côté *so british* dans la décoration. La salle de restaurant est apaisante et convient très bien à un petit dîner en amoureux. Ô Grain de Sel, c'est la rencontre entre Alexis et le concept de cuisine écoresponsable. « Ma cuisine est volontairement généreuse tout en étant épurée et authentique », nous confie-t-il. La carte change très souvent selon l'inspiration du chef, du marché et des saisons. Mention spéciale au menu du soir, innovant et inventif. Bravo !

LE 17 €€

1, rue Bartissol
✆ 04 68 38 56 82
Collège Culinaire de France. Ouvert du lundi au samedi le midi ; du jeudi au samedi midi et soir. Terrasse. menu le midi

A deux pas de la cathédrale Saint-Jean, Frédéric Marchand nous concocte des plats bistronomiques de haut vol. Une cuisine instinctive et passionnée qui recèle des trésors de savoir-faire. Tel un peintre, ses plats, il les imagine, les visualise et les réalise. Les saveurs sont soigneusement préservées avec des harmonies d'arômes impeccables. Poissons et fruits de mer, ses grandes spécialités, sont de la criée du matin. Pas de carte, juste un menu déjeuner qui change quotidiennement et un choix à l'ardoise le soir. Le choix des vins locaux est très judicieux.

LA 7ÈME VAGUE €€

327, rue Docteur-Parcé
✆ 04 68 81 81 00
www.boniface-coquillages.com
Disciple d'Escoffier. Maître Restaurateur. Ouvert toute l'année. Du lundi au samedi midi et soir. service traiteur.

Sandrine et Olivier ont créé un restaurant gastronomique avec pour thème les produits de la mer qui marie l'expérience d'un marin-pêcheur ostréiculteur et le savoir-faire d'un grand chef. Profitant des produits « extra frais » des viviers attenants, un seul crédo : « une cuisine au service de la mer » avec comme mot d'ordre : choisissez votre poisson, on vous le cuisine ! Les amoureux des fruits de mer auront quant à eux le choix entre les multiples plateaux proposés. Sans oublier les délicieux sushis. C'est plus que la 7ème Vague, c'est un tsunami de saveurs !

LES ATELIERS €€

Chemin de la Fauceille
✆ 04 68 55 04 67
www.restaurant-les-ateliers.com
Ouvert toute l'année. Réservation recommandée. Accueil des groupes. Terrasse. Grand parking.

Au cœur de l'espace commercial de la Fauceille, dans un décor industriel aux 3 ambiances : bistronomie, bar à tapas et lounge, vous découvrirez des plats généreux, exécutés avec brio, à base de produits locaux bio ou labellisés. « Chaque plat doit raconter une histoire » nous confie Yassine. La carte hebdomadaire est simple : 3 entrées, 3 plats, 3 desserts. Tout comme la carte des vins : des flacons de haute volée issus de petits vignerons. Le service est impeccable. Yassine est un homme de cœur, d'une profonde gentillesse et d'une grande simplicité.

EL COCO RICO €€

479, rue du Docteur Parcé
✆ 07 61 85 15 46
www.elcocorico.com
Ouvert toute l'année. Du lundi au samedi le midi ; du jeudi au samedi midi et soir. Menu midi et soir. Terrasse.

Il est français et elle est mexicaine, de leur amour est né El Coco Rico, une brasserie « branchée » et festive alliant la cuisine de tradition française mais aussi les tacos traditionnels, ceviche, esquite, pozole et autres spécialités mexicaines. Tous les plats sont élaborés avec des produits locaux et de saison avec un menu différent chaque midi. Nous avons aimé les « After Work » et les soirées DJ tous les vendredis soir, mais aussi les soirées aux rythmes latinos du samedi soir autour du bar à mezcal, tequilas, micheladas et autres saveurs à découvrir.

LA FAMILLE €€

3, rue François Marie Voltaire
✆ 04 48 89 13 29
Fermé dimanche soir et lundi toute la journée. Brunch le dimanche.

Enfin, on a trouvé un resto qui allie art et gastronomie. Une grande salle un peu dans son jus pour garder l'aspect brutal lié à la modernité, tableaux et photos accrochés au mur et petite terrasse en rue piétonne. Rodor et son équipe ont une obsession pour la qualité du produit : on vous présente la carte et on vous cite la variété des légumes et la provenance des viandes ou poissons. Tout est délice ! Côté cave, on ne vous propose que des produits rares et précieux et surtout des vins vivants qu'on ne trouve pas ailleurs. La rencontre entre Bocuse et Rabelais !

L'INTERMÈDE €€

3, rue Pierre-Rameil
✆ 09 52 07 40 65
www.lintermederestaurant.fr
Ouvert du lundi au mercredi le midi. Midi et soir du jeudi au samedi. Terrasse.

Voilà déjà quelques années que le Petit Futé suit ce Compagnon du Tour de France et ne le regrette pas. Dans la continuité de ses maîtres, Serge ne travaille que des produits frais et de saison avec savoir-faire hérité de ses années d'apprentissage auprès des meilleurs, mais avec cette touche personnelle qui sublime ses plats. A partir de la richesse et la variété des produits catalans, Serge se régale de faire des mariages de goûts et de saveurs qui vont titiller vos papilles. Nous espérons seulement que cet Intermède dure le plus longtemps possible !

MAISON ESPIAGO €€

6, Place Gabriel Peri
✆ 06 79 53 62 33
Ouvert du lundi au samedi le midi. Cave ouverte de 9h à 15h. Vins à prix domaine sans droit de bouchon ! Terrasse.

Le Carré Arago renaît de ses cendres grâce à la ténacité de Marie Odile et Claude. Ce vaste lieu, autrefois appelé les Halles Arago, très lumineux et à la décoration fine et variée selon les espaces séparés qui le composent, devient le restaurant en vue de Perpignan. Belle terrasse ouverte sur la ville et de beaux trésors dans l'assiette. Les plats sont finement dressés et fort délicieux. On en raffole ! On vient aussi pour découvrir de grands vins et composer sa cave selon des conseils avisés. La Maison Espiago est notre coup de cœur de l'année à Perpignan.

MISTINGUETT' €€

15, rue des Fabriques Couvertes
✆ 07 86 02 65 52
Ouvert du lundi au samedi non-stop de 10h à 2h du matin. A partir de 23h bar lounge. Evénements et soirées à thème.

Morgane et son équipe vous accueillent en été sur la plus belle terrasse de Perpignan où vous dégusterez des pastas de haute volée aux saint-jacques et au foie gras, une belle ardoise de charcuteries italiennes, un tartare de bœuf à tomber par terre et une burrata comme jamais. Service impeccable et attentionné avec un brin de classe qui est à l'image du lieu. Vers 23h, on pousse les tables et Mistinguett' se transforme en bar lounge : DJ de choix et cocktails à base de fruits. On rit, on danse et on t'adore Morgane... « La nuit est belle, elle est sauvage ».

LA GALINETTE €€€

23, rue Jean-Payra
✆ 04 68 35 00 90
www.restaurant-galinette.com
Toques Blanches. 1 étoile au guide Michelin. Ouvert du mardi au samedi midi et soir. Réservation impérative.

Christophe Comes, chef étoilé et Toque Blanche du Roussillon, est passionné par les produits de la terre. Sa devise : « Cueilli à l'aube, préparé le matin, dégusté le midi ». C'est un véritable festival de saveurs sorties de son verger et de son potager : tomates, courgettes, radis japonais... et beaucoup d'herbes aussi. La part belle est faite à son petit coin de terre qu'il cultive avec amour, à la pêche du jour, aux meilleures choses du moment. Il nous fait partager sa cuisine passionnelle au travers de recettes créatives et pleines d'une émouvante sincérité.

CÉMOI

2980, avenue Julien-Panchot
✆ 04 68 95 09 95
www.cemoi.fr
Ouvert du mardi au samedi de 10h à 12h30 et de 14h30 à 18h30.

Qui ne connaît pas le chocolat Cémoi ? Ce groupe qui s'est construit en deux siècles autour de nombreuses sociétés familiales est devenu le premier chocolatier français, célèbre sur tout le territoire pour son petit ourson guimauve. Un espace vidéo vous explique la traçabilité du chocolat depuis les lieux de production, se souciant de la qualité de vie du planteur en permettant aux petits producteurs de vivre dignement de leur travail, de la préservation de l'environnement jusqu'à la transformation pour un produit 100 % français.

LA RUELLE

2, rue de l'Ange
✆ 06 41 54 07 63
Ouvert toute l'année. Fermé le dimanche et le lundi. Animations et événements (infos sur la page Facebook).

La Ruelle est née d'une passion commune : celle de faire plaisir au client avec des produits simples et maison. On y déguste de vraies tapas maison accompagnées de flacons des producteurs locaux et à un prix très raisonnables. Question emplacement, ce bar à boire et à manger est idéalement situé dans la petite rue piétonne de l'Ange. C'est fin, très goûtu et plein de saveurs ! Le petit plus, c'est cette terrasse installée dans la rue avec ses tonneaux en guise de table haute. Il y a du passage, on croise des amis, on s'invite à boire un verre... la vie est belle.

CHÂTEAU NADAL HAINAUT

RD 37 - **LE SOLER**
✆ 04 68 92 57 46
www.chateaunadalhainaut.com
Ouvert du lundi au samedi. Oenotourisme, soirées vigneronnes et concerts. Salle de réception pour événements.

Au Château Nadal Hainaut, la viticulture est une histoire de famille depuis 5 générations. Les 125 ha convertis en BIO depuis 2013 sont cultivés sur des terrasses caillouteuses entourant la propriété familiale, un ancien prieuré cistercien du XIIe siècle. Le lieu est tout simplement sublime : le caveau de dégustation, la salle de réception, la chapelle ou le parc et son étang. On adore autant les vins de la famille que les lieux. Alors pourquoi ne pas passer vos vacances, dans le grand gîte installé dans une aile du prieuré au cœur du vignoble. Magique !

MAISON PARÉ

4, rue de Vernet-les-Bains
✆ 04 68 82 00 00
www.charcuterie-pare.com
Ouvert du lundi au samedi de 8h à 19h ; le dimanche de 8h à 13h. vente en ligne. Restaurant à l'heure du déjeuner.

Le meilleur de la charcuterie catalane est ici, c'est la réputation de cette maison fondée en 1929.... et maintes fois primée. Saucisson, Pa de fedge, terrines, fuet... A base d'ingrédients locaux et de haute valeur bien entendu. La Maison Paré présente également un beau rayon boucherie avec des viandes et volailles de l'Hexagone sélectionnées sur le volet. Un choix sélectif et alléchant que vous pouvez consommer sur place à la Fauceille dans leur restaurant attenant à la boutique, qui connaît un grand succès auprès des amateurs de bons produits.

CABESTANY

Cabestany est une ville de plus de 10 000 habitants dans l'agglomération perpignanaise, au sud-est de Perpignan. La ville comporte de nombreux commerces dans les rues piétonnes du centre, mais également dans la zone de chalandise du Mas Guérido. Cabestany est célèbre pour ses vins mais aussi pour un sculpteur anonyme du XIIe siècle au style singulier et facilement identifiable qui laisse des œuvres uniques en Catalogne du nord et dans tout l'arc latin : le Maître de Cabestany. Une belle collection que l'on peut découvrir dans le très beau Centre de sculpture romane qui nous plonge au cœur de l'œuvre d'un artiste atypique et résolument moderne pour l'époque.

CENTRE DE SCULPTURE ROMANE - MAÎTRE DE CABESTANY ★★★★

Parc Guilhem
✆ 04 68 08 15 31
www.maitre-de-cabestany.com
Ouvert toute l'année. Tous les jours en haute saison. Visite guidée. Spectacles et conférences.

Au XIIe siècle, un sculpteur anonyme au style singulier laisse des œuvres uniques dans les Pyrénées-Orientales et dans tout l'arc latin (de la Navarre à la Toscane). On l'appellera le Maître de Cabestany suite à la découverte en 1930 d'un tympan roman lors de la réfection de l'église de Cabestany. Artiste isolé ou atelier de sculpture, nous ne le saurons probablement jamais. On sait peu de choses sur lui sinon qu'il se distingua par un style d'une grande originalité, les œuvres d'alors étaient anonymes. Il se caractérise par son atypisme et sa « modernité » ; la grandeur des mains, les immenses yeux exorbités de ses personnages ainsi que les effets d'ombre et de lumière et le relief sont, entre autres, « sa patte ».
Le Centre de Sculpture Romane propose un voyage fascinant dans l'univers de cet artiste itinérant qui a essaimé ses œuvres sur les chemins de Compostelle et sur la route de Rome. De Navarre en Toscane, on retrouve à travers des sculptures, les traces de son passage. Les œuvres présentées sont des moulages mis en scène dans un espace ultra contemporain grâce à de savants jeux de lumière. Les malvoyants peuvent « visualiser » les sculptures, car ici on peut toucher, caresser les œuvres exposées. Déficients visuels ou non, toucher les sculptures et en suivre courbes et détails du bout des doigts ou avec la paume de la main procure des sensations extraordinaires... Des expositions temporaires toujours liées à l'art se déroulent tout au long de l'année à l'étage.

ELNE ★★

Elne se situe au sud-est de Perpignan et à seulement 4 km de la mer. Dans l'Antiquité, Elne, qui se nommait Illibéris, était l'un des seuls passages terrestres possibles entre le monde ibérique et la Gaule méditerranéenne. Capitale ecclésiastique du Roussillon de 568 à 1801, elle conserve de sa puissance passée une cathédrale romane jouxtée de son magnifique cloître de marbre. En se promenant dans les ruelles de la vieille ville, on se laisse séduire par des pans de l'ancien rempart, de belles demeures et par les ateliers des artisans installés dans la ville haute. Chaque été, Elne s'anime de festivals réputés et d'expositions à la Maternité Suisse.

MATERNITÉ SUISSE D'ELNE - CHÂTEAU D'EN BARDOU ★★

Château d'en Bardou Route de Montescot
✆ 04 68 95 89 03
www.maternitesuissedelne.com

Fermé en janvier. Ouvert tous les jours en haute saison. Visite guidée (ateliers et découvertes sur réservation).

S'il est un lieu de mémoire dans le département, symbole de l'espoir au milieu d'un océan d'horreur, d'injustice et de misère, c'est celui-ci. Dans ce château du début du XXe siècle (la Maternité Suisse d'Elne, est classé au titre des monuments historiques depuis 2013), une courageuse jeune femme suisse, Elisabeth Eidenbenz (1913-2011), permettra entre 1939 et 1944, à des femmes espagnoles, juives et tziganes de donner le jour, dignement, à près de 600 enfants. Pour être exact, de début décembre 1939 jusqu'à Pâques 1944, soit pendant 4 ans et demi, 595 enfants verront le jour dans cette maternité. Et malgré la surveillance de la Gestapo, des dizaines d'enfants y seront également cachés et sauvés en falsifiant leurs identités. En marge des camps d'Argelès, de Saint-Cyprien, du Barcarès ou de Rivesaltes et de leurs conditions précaires de survie, un millier de femmes et autant d'enfants seront accueillis. Une halte salvatrice de réconfort et de respect, en une période chaotique de l'histoire où le mot « humanisme » n'avait plus grand sens. Tombée dans un quasi oubli durant plus de 50 ans, la Maternité suisse d'Elne, est devenue aujourd'hui un fascinant musée. Au travers de photos, d'écrits, d'objets, de vidéos, on se replonge dans un pan obscur de notre passé. Un témoignage fort, nous rappelant que certains, à force d'obstination, de bonté et de courage, se refusèrent à considérer cette détresse humaine comme une fatalité. La lumière triomphe toujours de l'obscurité !

LE CLOÎTRE ET LA CATHÉDRALE D'ELNE ★★

2, rue du Couvent ✆ 04 68 22 70 90
www.elne-tourisme.com

Ouvert toute l'année. Tous les jours en haute saison et du mardi au dimanche en basse saison. Visite guidée.

La cathédrale Sainte-Eulalie-et-Sainte-Julie. Bâtie au XIe siècle, c'est une basilique sans transept, à trois nefs. Sa façade crénelée est dominée par un clocher carré et par une tour de brique. On y pénètre par un élégant portail de marbre, à l'intérieur, une nef voûtée en plein-cintre avec arcs doubleaux. La différence d'épaisseur entre le sommet et la base des piliers ainsi que la présence d'une archivolte supplémentaire, accentuent l'impression de longueur de l'édifice. Les chapelles du bas-côté sud abrite un gisant, une piéta en albâtre du XVe siècle et un retable en bois peint consacré à saint Michel.

Le cloître. Considéré comme l'un des plus beaux d'Europe, c'est un riche témoin de la sculpture médiévale roussillonnaise. Construit entre les XIIe et XIVe siècles, tout de marbre blanc veiné de bleu, il vous fait traverser deux époques, deux styles : le roman et le gothique, avec comme fil unificateur ses arcatures en plein-cintre romanes et l'extraordinaire luxuriance des motifs (animaux fantastiques, végétaux) de ses chapiteaux et piliers. Attenant à la cathédrale, il était destiné aux chanoines. Dans la galerie est, les trois sarcophages en marbre sont d'époque wisigothe (VIe et VIIe siècles). Un musée d'archéologie au sein même du cloître (chapelle Saint-Laurent) présente des vestiges provenant des divers sites d'Elne, datant du néolithique jusqu'au Moyen Age. Situé dans les salles capitulaires se trouve également un musée d'Histoire qui témoigne de l'histoire locale.

LE MUSÉE TERRUS ★

3, rue Porte-Balagué
✆ 04 68 37 34 23
www.elne-tourisme.com
Haute saison : tous les jours et les jours fériés. En basse saison, ouvert pendant les vacances scolaires toutes zones.

Dédié au peintre Etienne Terrus, le musée offre 3 niveaux d'exposition. C'est au rez-de-chaussée que nous pouvons admirer des œuvres de cet artiste, enfant du pays. Les étages supérieurs accueillent des œuvres de ses amis Aristide Maillol, Gustave Violet, Louis Bausil, Guillaume de Monfreid... Des expositions temporaires sont également régulièrement organisées durant l'été. Le musée propose des ateliers de peinture pour les enfants tout au long de l'année sur réservation. Prendre son temps, s'imprégner des œuvres et rêver... Ce musée mérite d'être connu.

LE TROPIQUE DU PAPILLON ★

Avenue Narcisse-Planas
✆ 04 68 37 83 77
www.tropique-du-papillon.com
Ouvert à partir des vacances de printemps à fin septembre. 7jours sur 7 entre juin et septembre.

A la sortie d'Elne, sur la route d'Argelès-sur-Mer, le Tropique du Papillon est une grande volière tropicale où évoluent en totale liberté plusieurs centaines de papillons aux couleurs chatoyantes en provenance d'Asie et d'Amérique du Sud. La serre de 800 m² reconstitue le parfait biotope original, avec sa végétation luxuriante et touffue ; la température affiche 30 °C avec un taux d'humidité de 90 %. C'est tout simplement magique, grands et petits vont adorer. Une sympathique sortie, onirique et dépaysante, à faire en famille. A ne manquer sous aucun prétexte !

AU REMP'ARTS €€

3, place Colonel-Roger
✆ 04 68 22 31 95
www.remparts.fr
Location à la semaine en haute saison et à la nuitée en basse saison. 3 studios. Restauration.

Situé dans le centre historique d'Elne, Au Remp'Art abrite derrière les murs d'une belle maison XVIIIe siècle des studios et appartements lumineux et agréablement décorés. Certains sont climatisés et comprennent lave-linge, lave-vaisselle et canapé. Tous sont pourvus d'une salle de bains privative et offrent une belle vue sur le Canigó. Côté restaurant, au n° 5 de la place Colonel-Roger, dans un décor très catalan ou sur la terrasse fleurie et ombragée, l'ardoise fait la part belle aux poissons de Port-Vendres, la carte est variée avec des produits de saison.

PALAU-DEL-VIDRE

A 4 km au sud d'Elne, Palau-del-Vidre est un village catalan typique réputé pour ses souffleurs de verre. Cette pratique date du Moyen Age et se perpétua jusqu'au XVIe siècle. Le verre est aujourd'hui à nouveau très présent dans le village, avec plusieurs artistes verriers qui ont investi des ateliers dans le quartier de la mairie et le quartier du Fort. Chaque été au début du mois d'août, le Festival International des Arts du Verre rend hommage à cet artisanat séculaire. Démonstrations, expositions et conférences animent le village. Palau possède aussi un plan d'eau aménagé, le lac Sant Marti, qui fait la joie des pêcheurs et des promeneurs.

VILLAS BLACK & WHITE €€€

8, rue des Camelias
✆ 06 37 72 12 56
www.villasblackandwhite.com
Ouvert toute l'année. Pour 8 personnes (3 chambres).

Le *Petit Futé* vous a trouvé le must pour vos vacances, deux villas de grand luxe à la location en toute saison à proximité des plages et de la frontière espagnole. Tout y a été pensé de l'agencement hi-tech à la décoration soignée. Vous n'avez plus qu'à poser vos valises et profiter de la magnifique vue sur la chaîne des Albères et des nombreuses possibilités de visites dans ce merveilleux Pays Catalan. Alors vous êtes style Factory ou Scandinave ? Laquelle choisirez-vous, la villa noire ou bien la blanche ? Des vacances de rêve à un prix raisonnable.

L'ANCIENNE ÉCOLE €€

20, avenue Joliot-Curie ✆ 04 68 22 34 09
www.ancienne-ecole.fr
Fermé entre fin décembre et début février. fermé le lundi et le mardi hors saison. Terrasse. Réceptions et banquets.

Dans une ancienne école à la déco soignée, Baptiste Gaillard nous propose une cuisine rythmée par les saisons et les produits du marché. Il déploie savoir-faire et touches personnelles pour nous délivrer une cuisine authentique rehaussée de notes créatives. Ses recettes sont concoctées avec des produits locaux de qualité et extra frais. Le tout est travaillé au moment. Les assiettes sont des œuvres d'art graphiques généreuses et riches d'une subtile harmonie de saveurs. La carte des vins sélective fait la part belle aux petits viticulteurs méconnus.

PYRÉNÉES-ORIENTALES

RIVESALTES ★

Charmante petite ville entourée de vignobles et vergers, « La capitale mondiale du muscat » est principalement connue pour son vin doux que l'on déguste dans les nombreuses caves et boutiques du centre-ville. Jolie cité fortifiée au bord de l'Agly, Rivesaltes recèle en son cœur historique un intéressant patrimoine entretenu avec soin. Dans un passé plus récent, le camp de Rivesaltes fut un lieu de transit et de rétention pour les Républicains espagnols. Un Musée-Mémorial dédié à cette page trouble de l'histoire a été édifié dans l'enceinte du camp. Dès l'arrivée des beaux jours, de nombreuses festivités ponctuent le calendrier de la ville.

© THELINKE - ISTOCKPHOTO.COM

Rivesaltes.

LA BELLE AURIOLE €

OPOUL-PÉRILLOS

✆ 04 68 29 19 26

www.labelleauriole.fr

100% BIO. 3 gites, 1 yourte. L'éco-domaine organise des stages pratiques centrés la vie en autonomie et la spiritualité.

15 min de route un peu chaotique au cœur d'un paysage sauvage... et puis la route s'arrête devant une grande bâtisse en pierre nichée dans un vallon sublime. Bienvenue à la Belle Auriole, où loin de tout, tout est possible pour ceux qui cherchent à se reconnecter avec la nature et leur Etre. Inutile de faire les courses avant de venir, vous pourrez vous procurer presque tout ici : pain, légumes, confitures... L'isolement et l'autarcie deviennent un paradis quand on arrive là bas, Cathy et Bertrand sauront partager avec vous leurs valeurs. Envoûtant et unique !

DOMAINE DE ROMBEAU €€

2, avenue de la Salanque

✆ 04 68 64 35 35

www.domaine-de-rombeau.com

Ouvert toute l'année. Accueil des groupes (mariages, réceptions, comités d'entreprise..) Jardin. Terrasse.

Une institution catalane et un cadre exceptionnel aux portes de Perpignan où vous serez accueilli par les paons qui se feront un plaisir de vous déployer leurs plus beaux plumages. Côté assiette, le choix des produits de qualité et de saison est la devise de la maison, un vrai régal. Si vous désirez un bœuf entier à la broche, un cochon ou encore quelques agneaux, il suffit de le prévoir à l'avance. Tout est possible. Le personnel chouchoute les clients tout en étant discret et est toujours souriant. Depuis toujours, le Petit Futé est un grand fan !

CAZES

4, rue Francisco-Ferrer ✆ 04 68 64 08 26

www.cazes-rivesaltes.com

100% Bio. Ouvert toute l'année du lundi au samedi. Restaurant la Table d'Aimé, 5 chambres d'hôtes avec piscine et spa.

Créée en 1895, la Maison Cazes a su s'imposer comme le porte-drapeau historique de la viticulture du Roussillon. Tout en restant vigilante sur l'excellence de ses vins produits avec des rendements limités, elle propose ainsi un large éventail de flacons issus de terroirs catalans qui s'étendent sur 220 hectares, convertis en agriculture BIO et biodynamique depuis 20 ans. Le temps d'une visite, découvrez l'espace dégustation chaleureux et authentique puis plongez dans les secrets de fabrication des vins du Roussillon, notamment une salle des foudres centenaire.

DOMAINE DU CLOS DES FÉES

1, rue Brillat-Savarin

✆ 04 68 53 40 00

www.closdesfees.com

Ouvert du lundi au vendredi matin et soir. Prise de RDV conseillée pour visite complète.

Hervé Bizeul, Perpignanais revenu en Roussillon après bien des périples, croit dur comme fer que ce terroir catalan est magique et qu'il peut faire naître des grands vins. Parti de rien mais avec beaucoup de rêves... Ses vins sont aujourd'hui considérés comme faisant partie du top 100 français. Hervé a choisi des noms poétiques qui aujourd'hui résonnent à l'oreille des meilleurs restaurateurs : la Petite Sibérie, Images Dérisoires ou De Battre mon Cœur s'est Arrêté. Des vins connus dans le monde entier et un personnage si simple et passionnant !

CÉRET ★★

Avec ses 7 600 habitants, la petite capitale du Vallespir est le principal foyer de la tradition et du folklore catalan. Ici plus qu'ailleurs, les drapeaux sang et or flottent aux fenêtres, ici plus qu'ailleurs l'espadrille se porte avec fierté. La sardane y est aussi la principale manifestation de cette tradition vivace et colorée. La feria de Céret, au mois de juillet, est un des points culminants de l'année festive dans les Pyrénées-Orientales. Mais la fête, c'est ici toute l'année, avec ses bars de nuit qui ferment plus tard qu'ailleurs et cette atmosphère déjà espagnole. On aime céret pour son célèbre marché du samedi matin, animé été comme hiver. La situation de la ville, à 30km au sud de Perpignan, à l'endroit où la vallée du Tech s'élargit pour former une vaste plaine, bien abritée de la tramontane par les contreforts des Aspres, a favorisé l'implantation de vergers, qui font de la région un important centre de primeurs. La ville mérite son nom de capitale de la cerise! Céret, c'est aussi et surtout une des capitales de l'art du XXe siècle. Tous les grands noms de la sculpture, de la peinture, et l'art graphique y ont séjourné à un moment ou à un autre : Picasso, Matisse, Soutine, Manolo, Dufy, Cocteau ou dans le domaine musical Saint-Saëns pour n'en citer que quelques-uns. On ne peut quitter Céret sans avoir visité le col de Fontfrède. Accessible en voiture par une petite route à flanc de colline, ce lieu culminant à plus de 1000m d'altitude est tout simplement magique. Le pic du même nom (juste au-dessus) offre un des plus beaux panoramas à 360° sur les deux Catalognes!

MUSIC : MUSEE DES INSTRUMENTS DE CERET

14, rue Pierre-Rameil ✆ 04 68 87 40 40
www.music-ceret.com

Ouvert tous les jours de juin à septembre D'octobre à mai du mardi au samedi. Visite guidée. Restauration. Animations.

MúSIC est un musée atypique car ici tout est vivant, sonore et en éveil. Il regroupe une superbe collection d'instruments de musiques du monde : 560 instruments répartis sur 3 niveaux en 12 univers géographiques. Tous les continents sont représentés car l'espace se veut un lieu d'échange entre les cultures d'Orient et d'Occident. L'expérience sensible se vit comme un préambule à toute autre forme de connaissance. Pour une après-midi culturelle et sensorielle, voilà une belle idée.

LE CASTELL DU VILA €€

Le Vila, Reynès
✆ 04 68 85 01 81
www.lecastellduvila.com

Gîtes de France (3 épis). 4 chambres (3 chambres de 20m² et un studio de 30m²).

Le Castell du Vila porte bien son nom car c'est un vrai château avec ses tours et ses créneaux. La bâtisse était à l'origine une villa romaine remaniée au cours des siècles. Située dans un environnement sauvage, tout près des rives du Tech, cette maison de caractère est un lieu ressourçant et reposant. Le mobilier et la décoration de chaque espace sont soignés, les parties communes respirent encore l'histoire. Prendre le petit-déjeuner sur la terrasse exposée au sud et surplombant le jardin arboré est un plaisir délicieux... C'est la vie de château !

LE MAS DES COLOMBES €€€

17, Chemin de Reynes - **OMS**
✆ 06 17 42 87 14
http://www.mas-des-colombes.com

5 chambres. Assiettes gourmandes de produits locaux et du jardin sur demande. Hammam, bain bouillonnant.

Le luxe, c'est avant tout le calme et la sérénité, Nadège et Eric ont tout fait pour que vous soyez en symbiose avec la nature. Au milieu d'un parc naturel de 1,5 ha, vous profiterez d'une piscine à débordement de 20 mètres traitée au sel et d'un spa, lui aussi. Avant le retour dans votre chambre vous ne résisterez pas à passer par l'espace fitness creusé dans la roche. Nous retiendrons aussi la convivialité de nos hôtes pour le repas du soir avec les légumes bio du jardin d'Eric et les produits naturels des éleveurs du Vallespir. Fabuleux !

L'ATELIER DE FRED €€

12, rue Saint-Ferréol
✆ 04 68 95 47 41

Fermé le dimanche et le lundi. Restaurant semi-gastronomique. Réservation fortement recommandée.

Les bonnes et les mauvaises langues disent que c'est le meilleur restaurant de Céret, et au fil des ans le Petit Futé constate qu'il est indétrônable et toujours aussi exquis. Dîner dans l'Atelier de Fred, c'est entrer dans la cour des grands. Et pourtant, notre homme est un personnage simple qui parle d'une cuisine faite « avec amour et créativité » par son associé David. Chez Fred et David, vous dégusterez une cuisine méditerranéenne inventive, gorgée de soleil et exquise. Une cuisine qui a du talent et de l'audace au pays de l'art moderne !

LE JARDIN €€

7, rue de la République

✆ 04 11 64 41 12

Fermé le dimanche soir et lundi en été, le mercredi soir hors saison. Menu midi et soir. Superbe jardin.

C'est un des plus beaux jardins de Céret, l'endroit idéal pour un repas entre amoureux un soir d'été. Un lieu de beauté à la décoration raffinée qui fait écho aux plats proposés et au service impeccable, toujours attentionné. On vous propose ici non pas une cuisine de la région mais de toutes les régions, des plats présentés comme des œuvres d'art, Vous vous en doutez, les circuits courts et les producteurs locaux sont mis à l'honneur, la qualité et les saveurs sont à l'image du lieu. Et puis ce jardin est si envoûtant.. C'est beau, délicieux et reposant.

LE MAS PY

Route de Llauro

✆ 04 68 87 45 25

100% Bio. Vente à la ferme du lundi au vendredi. Visites guidées.

Le Mas Py se distingue des autres exploitations BIO par la diversité des produits cultivés ou élevés. Il y a d'abord les cerises de Céret et notamment la cerise séchée qui est devenue le fleuron du domaine. Ensuite, la culture des oliviers de différentes variétés qui produisent une huile d'olive extra-vierge. Enfin, Brigitte et Erwin se consacrent à l'élevage de cochons noirs ibériques, qui gambadent en plein air sous les chênes-lièges et les taillis. Charcuteries incomparables ! Pour résumer, le Mas Py est une vraie caverne d'Ali Baba pour les épicuriens.

VALLES' RIDE

✆ 07 68 99 93 18

www.vallesride.fr

4 circuits en trottinette tout terrain pour découvrir le département : Vallespir (2), Côte Vermeille et Fenouillèdes.

Osez la découverte du Pays Catalan avec un nouveau moyen de locomotion : la trottinette tout terrain électrique. Balades insolites garanties. Laissez -vous transporter au gré du relief, sur les chemins, en forêt, sur les hauteurs frontalières, dans nos villages. Ces trottinettes ressemblent plus à des motos de trial ou des VTT qu'à l'engin de Fantomette. Le véhicule vite apprivoisé et c'est du bonheur en barre... sans forcer et sans un bruit ! Voilà pour le programme chargé mais ô combien merveilleux et si pétillant. Le *Futé* a tout simplement adoré !

ARLES-SUR-TECH ★

Au confluent du Tech et du Riuferrer, Arles-de-Tec, en catalan, est un village construit dans la vallée le long du Tech dans un site verdoyant et tempéré. Il constitue un agréable lieu de villégiature ou d'excursions. Riche en patrimoine architectural et historique, avec en particulier son abbaye millénaire, elle est aussi fière de ses fêtes – L'ours et les Médiévales – et de ses traditions artisanales – les ateliers de tissage catalan, d'espadrilles et les rousquilles.

L'ABBAYE SAINTE-MARIE ET SON CLOÎTRE ★★★

✆ 04 68 83 90 66

www.tourisme-haut-vallespir.com

Ouvert du lundi au samedi en basse saison et le dimanche après midi en haute saison. Entrée par l'office de tourisme.

La célèbre abbaye Sainte-Marie est une ancienne halte des pèlerins de Saint-Jacques-de-Compostelle. Fondée en 778 aux premières heures de la reconquête mettant fin aux incursions arabes au nord des Pyrénées, l'abbaye Sainte-Marie peut s'enorgueillir d'être la plus ancienne abbaye carolingienne de Catalogne. L'édifice, consacré en 1046, possède une particularité unique en Roussillon : un chevet orienté vers l'ouest, et non vers l'est à une époque où toutes les monuments religieux étaient orientés vers le tombeau du Christ. L'intérieur surprend par la hauteur de la nef (17 m) et une certaine austérité, ce qui valut à l'édifice d'être qualifié « d'imposant et sévère » par Prosper Mérimée. En pénétrant dans le cloître, accolé à l'église, on est tout de suite frappé par son élégante légèreté. Les ogives sont bâties en marbre de Céret, et le calcaire gris de Gérone fut choisi afin d'élancer les fines colonnes géminées. Le déambulatoire est non voûté. Outre le silence et la quiétude, c'est le jeu des ombres et de la lumière qui fait le charme de cet ensemble gothique sobre et gracile.

- **La Sainte Tombe :** sur le parvis de l'église, un sarcophage du IVe siècle contient une eau très pure depuis qu'il abrita les reliques des saints Abdon et Sennen, patrons d'Arles. Il produit en continu Environ 250 litres par an sans être alimenté par aucune source Ne pouvant expliquer l'origine de cette eau, il est devenu un objet de vénération qui, à lui seul, contribua à la renommée de l'abbaye.

LE MOULIN DES ARTS

Rue du 14-Juillet ✆ 07 72 17 64 90

www.ville-arles-sur-tech.fr/le-moulin-des-arts-et-de-lartisanat

Ouvert tous les jours de 10h à 18h. Pour les horaires de présence des artistes, voir sur le site Internet. Gratuit.

Au cœur du vieux Arles, le Moulin des Arts et de l'Artisanat, installé dans l'ancienne usine de tissage, est une authentique vitrine de la créativité locale. Les bâtiments de pierre ont repris vie, transformés en ateliers. Dans la salle des machines, les vieux métiers à tisser sont toujours là, comme prêts à reprendre du service et dans la claire et vaste boutique, vitrine de la création « Made in Vallespir », 18 artistes locaux se sont mutualisés pour présenter leurs œuvres en une exposition chaleureuse et colorée. C'est beau, vivant et superbement rénové.

MAS MANYAQUES €€

LE TECH ✆ 04 68 39 89 47

www.mas-manyaques.com

Gîtes de France (3 épis). 6 chambres. De 57 € à 71 €. Repas sur réservation terroir, végan ou végé à partir de 22€.

Cet ancien moulin a été restauré avec goût au milieu d'un parc arboré de 3 ha, bordé par le Tech et adossé à une petite chapelle. Endroit idéal pour les amoureux de la nature et des grands espaces, les adeptes de la randonnée et les inconditionnels du chant des oiseaux et du murmure de la rivière. La piscine, éclairée la nuit, est là pour vos après-midis de farniente, même les animaux de la propriétaire sont source d'apaisement tellement la vie au Mas Manyaques y est douce et reposante. Le Petit Futé y a passé un excellent séjour et vous vous y allez quand ?

CASE GUILLAMO €€

Case Guillamo - **SERRALONGUE**

✆ 04 68 39 60 50

www.caseguillamo.fr

Gîtes de France (3 épis). Ouvert toute l'année. 3 chambres (8 personnes). Table d'hôtes gastronomique.

Cette bâtisse tout en pierre peut accueillir jusqu'à 8 personnes réparties en 2 chambres et une suite. Et il faut vous dire que la déco est soignée, poutres apparentes, des cheminées jusque dans les chambres et des salles de bains presque « creusées » dans la pierre. La demi-pension offre un rapport qualité-prix assez rare au vu de la splendeur de cette demeure du bout du monde, de la qualité des produits des repas et petits déjeuners. les plats sont réalisés dans un four à pain ! Le paradis de Rabelais est sur terre et il est dans le Vallespir !

ELS SIMIOTS €

2, rue de la Place

✆ 04 68 36 45 24

Fermé du 1er décembre au 31 janvier. Ouvert du mardi au dimanche.

Dans la mythologie pyrénéenne, El Simiot est une créature diabolique mi-homme mi-singe qui sévissait dans les environs d'Arles au Moyen Age. Aujourd'hui, les deux créatures qui tiennent ce charmant « bistrot de montagne » sont Lily et Wim deux hollandais amoureux du Vallespir. Point de secret pour régaler vos papilles, juste du vrai et du frais : la petite carte fait la part belle aux produits locaux et bio. Les soirs d'été, le cadre intimiste et chaleureux de cette petite place fait inévitablement penser à l'ambiance typique de ces restos de village d'autrefois.

PYRÉNÉES-ORIENTALES

© MAGDALENA - FOTOLIA

Le cloître de l'Abbaye Sainte-Marie.

RESTAURANT CHEZ FRANÇOISE €€

Rue Baptiste-Pams - **CORSAVY**
✆ 04 68 39 12 04

Fermé de décembre à fin février. Ouvert du jeudi au mardi. Réservation recommandée. Menu unique à 33 € (vin compris).

Poussez la porte de la pittoresque épicerie, le restaurant est au fond de celle-ci. Depuis plus de 60 ans, on s'attable chez Françoise pour déguster un immuable menu unique mais pantagruélique... Charcuterie maison, puis les trois plats : une truite sauvage poêlée, de l'omelette aux cèpes, et la pintade fermière et ses accompagnements. Et, enfin, arrive le flan aux œufs, lequel, vous diront certains, se mange sans faim. Plus qu'un restaurant, c'est une institution. Unique ! ! !

PÂTISSERIE TOURON

6, 8, placette d'Avall
✆ 04 68 39 10 47
www.patisserie-touron.com

Ouvert du mardi au dimanche de 7h30 à 12h et de 16h à 19h.

Un ancien du village me disait en roulant les r : « Petit, il y a rousquille et Rousquille, mais là, c'est La Rousquille, elle est aussi connue que la Tour Eiffel à Paris ! » La clientèle vient de loin pour goûter les spécialités de cette pâtisserie familiale dont l'aïeul a initié la recette en 1850. Nous avons là un fleuron de la gastronomie du Pays Catalan que le monde entier nous envie, quelque fois copiée mais jamais égalée. Merci à la famille Touron de perpétuer cette tradition gourmande. Cette Maison est aujourd'hui un patrimoine culinaire bien vivant.

GAEC LA CAZETTE

Route de Batère - **CORSAVY**
✆ 04 68 39 29 63
www.fromagerielacazette.com

Vente de fromage à la ferme de 8h à 19h30 et traite des brebis de mi-avril à fin novembre.

Quelques km après Corsavy sur la route Batère, la bergerie de la Cazette est facile à trouver, c'est la première et unique ferme à main droite. Quel panorama sur la frontière avec l'Espagne et les sommets de la Alta Garrotxa ! Il faut dire qu'on est à plus de mille mètres d'altitude ici. Dans la bergerie installée sous la maison, vous aurez le choix entre la tomme, les fromages à pâte molle et les fromages frais : mato, yaourt et brousse. La cerise sur le fromage, c'est la visite de la petite cave d'affinage où les tommes sont alignées sur des planches d'épicéa.

AMÉLIE-LES-BAINS-PALALDA ★★

Epanouie le long de la rivière entre Méditerranée et contreforts des Pyrénées, la vivante cité d'Amélie-les-Bains combine, avec un accent souriant, air pur et microclimat, douceur des températures et ciel lumineux. Et pour rester en harmonie avec la nature, notez que dès le mois de février, le site environnant se pare des premiers mimosas en fleur et, phénomène unique en Europe, les premières hirondelles sont de retour. Amélie est la plus méridionale des stations thermales françaises. Ses eaux sont connues et réputées depuis l'occupation romaine. Des vestiges (piscine et voûte classées) sont visibles dans l'établissement *les Thermes Romains*. Mais c'est avec le développement du tourisme de santé au XIXe siècle que sa vocation s'affirmera définitivement. Les thermes de Pujade furent édifiés en 1860 ainsi qu'un hôpital thermal militaire. Le séjour qu'y fit la reine Amélie, l'épouse de Louis-Philippe, participera à sa notoriété grandissante. Son nom sera désormais celui de la ville, qui s'appelait jusque-là Les Bains d'Arles. Petite ville de 3 700 habitants, au confluent du Tech et du Mondony, elle est animée tout au long de l'année par des flots incessants de curistes, attirés par ce microclimat exceptionnel. Restaurants, hôtels et commerces ne manqueront pas de vous charmer. Au départ de la ville, petites routes et sentiers de randonnée mènent vers de sites exceptionnels sur les contreforts pyrénéens ou les Aspres. Petits villages et hameaux du bout du monde, torrents et cascades... ces vallées encaissées sont le paradis des amoureux de la nature.

OFFICE DE TOURISME DU PAYS VALLESPIR

22, avenue du Vallespir
✆ 04 68 39 01 98
www.amelie-les-bains.com

Ouvert du lundi au dimanche midi en haute saison. Et jusqu'au samedi midi en basse saison.

Une équipe qui fourmille d'idées pour vous faire bouger, rêver et découvrir la région. 9 circuits de randonnées autours d'Amélie-les-Bains, 8 circuits à vélo, vous pouvez rayonner dans le département et vous pouvez suivre également l'itinéraire « Catalogne du nord au sud », En tout 174 km entre mer et montagne. L'Office de tourisme propose également de découvrir la ville d'Amélie mais aussi le village médiéval de Palalda. Vous voyez, il n'y a pas que les Thermes à Amélie.

CASTEL ÉMERAUDE €

Route de la Corniche
✆ 04 68 88 34 89
www.castelemeraude.fr
Ouvert toute l'année. 55 chambres (studios). Petit déjeuner buffet. Tarif spécial curiste. Immense terrasse et jardin !

Castel Emeraude est un endroit exceptionnel pour y séjourner au calme. Ce petit château, dont les studios meublés et équipés ont été refaits à neuf et climatisés, disposent chacun d'un balcon. Ici, on apprécie le parc centenaire avec sa plage en bordure du Tech, son solarium, ses terrasses et son terrain de boules. Le petit déjeuner est uniquement fait de produits de saison, bio et locaux ou issus du commerce équitable comme le café. Jean Christophe et Maxime vous proposent la vie de château accessible à tous en quelque sorte. On y passerait tout l'été.

THERMES D'AMÉLIE-LES-BAINS

Groupe Chaîne Thermale du Soleil
✆ 04 68 87 99 00
www.chainethermale.fr
Ouvert du lundi au samedi. fermé» en décembre et janvier. Forfait « Spa Sérénité » et forfait « Spa Découverte ».

Deux établissements vous accueillent : Les thermes Romains, construits sur les fondations des bains antiques et dans lesquels vous pourrez admirer une piscine romaine classée et, une voûte datant du XIXe siècle. Les thermes du Mondony parient sur une architecture contemporaine avec ses vastes structures et bénéficient de toute l'expérience acquise au fil des années pour vous faire profiter de ses équipements perfectionnés dans des conditions exceptionnelles de confort et d'efficacité.

PRATS-DE-MOLLO-LA-PRESTE ★

À 740 m d'altitude, Prats-de-Mollo-la Preste mêle avec bonheur le cachet d'une authentique cité médiévale bien conservée et une ambiance toute catalane. Le bourg est célèbre pour sa ville close fortifiée par Vauban, le fort Lagarde sur les hauteurs et la fête de l'Ours, un des événements majeurs de l'agenda départemental. La petite station thermale de la Preste est située à 7 km à l'ouest de Prats-de-Mollo, en remontant la vallée du Tech. Les vertus de ses eaux sont connues depuis le XIVe siècle. Le site est somptueux, un magnifique cirque de montagnes qui offre de nombreuses possibilités de randonnées dans la réserve naturelle toute proche.

LE FORT LAGARDE ★

✆ 04 68 39 70 83
www.pratsdemollolapreste.com
Ouvert toute l'année. Tous les jours de matin et soir. Visite guidée (différents modes de découverte. Animations.

Le fort fut construit par Vauban entre 1677 et 1682 pour renforcer les frontières avec l'Espagne. 3 possibilités pour y accéder : le sentier classique qui grimpe à flanc de montagne (15 min), le souterrain qui comporte quelque 142 marches avant d'arriver au fossé entourant l'édifice, en haute saison la navette. Au centre, une tour ronde, appelée la Guardia, a donné son nom au monument. Autour, une quarantaine de salles : armurerie, chapelle, cuisine avec four à pain, poudrière, et bien sûr les logements de la centaine d'hommes affectés ici. A découvrir.

OFFICE DE TOURISME

Place du Foiral
✆ 04 68 39 70 83
www.pratsdemollolapreste.com
Ouvert tous les jours en haute saison. Hors saison, du lundi au samedi (ou vendredi).

Une équipe dynamique de professionnels pour répondre au mieux à vos attentes. Il faut vous dire que le personnel de l'office est natif du Vallespir et qu'il connait toutes les bonnes adresses. Séjourner, se restaurer, se déplacer, visiter, s'amuser, découvrir, randonner... une foule de renseignements et d'idées pour une ville qui déborde de ressources et d'énergie... Ne manquez pas la Fête de l'Ours en février et les visites théâtralisées du Fort Lagarde en été, un spectacle qui retrace l'histoire dels Angelets de la Terra lors de la révolte du sel.

HÔTEL - RESTAURANT LE GRAND HÔTEL €€

Thermes de La Preste
✆ 04 68 87 55 00
www.laprestelesbains.com
Ouvert tous les jours d'avril à décembre. Restauration. Hammam, bain bouillonnant. Excursions. Forfait cure.

Hôtel de grand charme avec de vraies chambres spacieuses rénovées avec goût, un beau mobilier ancien et de jolies étoffes avec une vue sur la nature du Vallespir. Un accès direct aux thermes ainsi qu'au restaurant par les ascenseurs, la Chaîne Thermale du Soleil à pensé à tout pour votre bien-être. Vous allez adorer le spa thermal et son ambiance feutrée. Enfin, le soir, il y a les soirées dansantes du Grand Hôtel ou encore les coins lecture du grand salon.

LES CHEVRIERS CATALANS

Ferme Plana Nera
✆ 04 68 39 73 61
Fromages de chèvre. Camping à la ferme (sanitaires, espace grillades...).

Au bout de la route, au départ des sentiers de randonnée vers les sources du Tech et le célèbre pic de Costabone, se trouve une petite ferme de caractère, joliment restaurée. Le site est splendide, nous sommes à 1150 mètres d'altitude, en haute montagne dans un petit coin de paradis. La ferme de Plana Nera, ce sont 60 ha de pâturages (jusqu'à 1500 m) ou paissent chèvres laitières et chevrettes. Leur lait est transformé en tomme et en fromages lactiques (frais, demi-frais et sec, yaourts). Le petit plus, c'est le charmant mini-camping installé sur les terres.

SAINT-LAURENT-DE-CERDANS

Nous sommes dans la partie la plus méridionale de la France, déjà aux portes de l'Espagne. Le bourg, le plus peuplé du haut Vallespir avec 1 250 habitants, est connu pour être la patrie du tissage, des toiles catalanes et des espadrilles, les fameuses vigatanes (prononcez « bigatanes »). Des bâtiments industriels désaffectés et d'anciennes maisons bourgeoises témoignent de la prospérité de Saint-Laurent jusque dans les années 1950. Auparavant, 10 000 espadrilles sortaient quotidiennement des ateliers qui embauchaient plus de mille ouvriers ! Aujourd'hui deux fabriques résistent face à la concurrence, en défendant la tradition artisanale.

MAS GRAMATXO €€

✆ 06 12 49 69 65
www.gite-gramatxo.com
Gîtes de France (3 épis). Pour 4 personnes (80 m², 2 chambres). Chambre chez l'habitant.

Le Mas Gramatxo est un ancien domaine agricole catalan situé à 450 m d'altitude sur un domaine de 15 ha, dominant la confluence des 2 rivières le Tech et La Quera. Sis au rez-de-chaussée d'une ancienne grange, le gîte dispose d'un équipement moderne. Il s'ouvre sur un jardin privatif fleuri et arboré qui invite à une reposante sieste au calme ou à une bonne grillade entre amis. L'intérieur, très lumineux, est rustique et la décoration très soignée. Si vous avez un peu chaud, vous aurez le choix entre la rivière un peu plus bas ou la piscine hors sol.

LE MOLI D'EN DAGUES €€

✆ 04 68 39 59 01
Gîtes de France. 2 gîtes pour 4 et 6 personnes.

A la fromagerie du Mouli d'En Dagues, Sophie et Laurent ont créé deux superbes gîtes pour des vacances au calme dans une ferme. En bordure du torrent, cet ancien moulin rénové dispose de tous les équipements nécessaires. Vous adorerez le bruit de la petite cascade en dessous ou la compagnie des vaches qui paissent dans les prés alentours. Et surtout, au Moli d'En Dagues, Sophie et Laurent vous feront goûter leurs excellents fromages fermiers BIO et au lait cru (que l'on retrouve dans les meilleures crémeries du département). Vacances nature par excellence !

CRÉATION CATALANE

Chemin du Baynat-d'En-Pouly
✆ 04 68 54 08 68
www.espadrille-catalane.com
Haute saison : ouvert du lundi au samedi matin et soir, et le dimanche après-midi.

Cette fabrique artisanale d'espadrilles et de vigatanes créée par deux enfants du pays prouve que la tradition est plus forte que tout. Des sportifs ont couru le marathon de Paris avec ces espadrilles, les couturiers de renom ont fait défiler leurs modèles espadrilles aux pieds. L'envie de faire évoluer cette vigatane est permanent, en créant de nouveaux modèles masculins et féminins, pour enfants aussi, à talons, dans des coloris plus fantaisie, mais toujours bayadères, aux tissus signés Toiles du Soleil, « l'autre poumon » de Saint Laurent.

LES TOILES DU SOLEIL

Avenue Jean-Jaurès
✆ 04 68 39 33 93
www.toiles-du-soleil.com
Entreprise du Patrimoine Vivant. Horaires d'ouverture (variables) sur le site. Vente en ligne. Livraison gratuite.

Cette Manufacture de tissage Catalan, installée à Saint-Laurent-de-Cerdans depuis plus plus de 150 ans, a conservé les mêmes techniques de tissage. Les Toiles du Soleil connaissent un succès mondial, outre les 8 boutiques présentent au Japon, des boutiques consacrées aux produits des Toiles sont également implantées à Paris et New York... une véritable *success story* à la catalane. Pour notre plus grand plaisir, la boutique de Saint-Laurent-de-Cerdans a été relookée et agrandie. Autre boutique à Perpignan, place Saint-Jean à coté de la cathédrale.

ORGANISER SON SÉJOUR

En feuilletant notre guide, un constat a du s'imposer à vous : vivre un séjour réussi dans le Languedoc-Roussillon est extrêmement simple ! Mais où est-ce que les choses se situent au niveau pratique ? Là encore, il n'y a aucune inquiétude à avoir, toutes les solutions sont en place. Que ce soit aux niveaux des transports ou des circuits, vous trouverez tous les outils nécessaires pour faciliter votre moment languedocien. D'ailleurs on vous suggère de vous renseigner sur les abonnements de transport disponibles, ceux-ci peuvent être très avantageux. Côté séjour à thème, suivez le guide...ou non, après tout l'information est source de liberté. A ce titre, pour ne rien rater de tous les aménagements à votre portée ou des événements qui vous attendent, on vous conseille d'adopter un média local lors de votre séjour. Ce sera une fenêtre sur l'agenda du coin mais également sur sa culture et ses traditions.

S'Y RENDRE

La bonne nouvelle est que le Languedoc-Roussillon est dans l'ensemble très accessible. Cet atout est lié à l'attractivité des grandes et petites villes qui constellent le territoire de part et d'autre. Sa situation privilégiée, entre mer et montagne, vigne et plages, stations balnéaires et cités historiques, a également encouragé les responsables locaux et les organismes de tourisme à faciliter les arrivées. Concrètement, l'ex-région possède une offre de déplacements diversifiée, concrétisée par l'existence d'infrastructures terrestres, ferroviaires (Perpignan, Narbonne, Nîmes...), aériennes (Montpellier, Carcassonne, Béziers-Cap d'Agde) et maritimes/fluviales (Cap d'Agde, Port-Vendres...). Si certains lieux reculés rendent les trajets plus difficiles, notamment lorsqu'on s'approche de la Lozère et des reliefs des Pyrénées, la plupart des communes sont situées à deux pas d'au moins un grand axe.

AÉROPORT DE PERPIGNAN - SUD DE FRANCE

Avenue Maurice-Bellonte - **PERPIGNAN**
✆ 04 68 52 60 70 - Navette ligne Sankeo n° 7 avec correspondance ligne n° 2 Place de Catalogne pour se rendre à la gare SNCF et à la gare routière.
www.aeroport-perpignan.com
Ouvert tous les jours. Navettes avec le centre-ville toutes les 30 min. Avec correspondance gares SNCF et routière.

Situé à seulement 3 km au nord de Perpignan, l'aéroport international de Perpignan-Sud de France (récemment relooké) est desservi par plusieurs compagnies chaque jour ou chaque semaine tout au long de l'année : Air France, Ryanair, Hop, Volotea, Chalair, Aer Lingus, Iberia Regional. Une borne multi-services dans le hall permet de consulter les horaires et tarifs des vols, d'effectuer réservations, achat des billets et enregistrement. Wifi gratuit et grand parking.

AÉROPORT MONTPELLIER MÉDITERRANÉE

Aéroport Montpellier Méditerranée
MAUGUIO
✆ 08 25 83 00 03
www.montpellier.aeroport.fr
Des navettes permettent de rejoindre Montpellier tous les jours de 8h30 à 23h environ.

L'Aéroport Montpellier Méditerranée se situe à 8 kilomètres du centre-ville de la métropole, soit 10 minutes en voiture. Le centre historique est facilement accessible depuis l'aéroport grâce à un service de navettes, de taxis et de location de voitures. L'aéroport est équipé d'un duty free, du coupe-file prioritaire, du wifi gratuit et de nombreux autres services. En 2019, l'aéroport a inauguré un nouveau hall et une nouvelle destination : la Russie.

AÉROPORT BÉZIERS-CAP D'AGDE

PORTIRAGNES
✆ 04 67 80 99 09
www.beziers.aeroport.fr
Restauration. Parking. Navette (horaires en ligne). Location de voitures. Taxis.

L'Aéroport de Béziers Cap d'Agde est situé à 15 minutes du Cap d'Agde. Spécialiste du voyage low-cost, il relie les capitales européennes d'Europe du Nord à la Méditerranée. Aéroport à taille humaine, il offre des conditions d'accès rapides, au départ comme à l'arrivée. Principal opérateur, la compagnie Ryanair assure des liaisons avec Paris (Beauvais), Bristol, Edimbourg, Londres (Luton), Londres (Stansted), Manchester, Düsseldorf (Weeze) et Bruxelles-Charleroi.

AÉROPORT NÎMES-ALÈS-CAMARGUE-CÉVENNES

Route de Saint-Gilles - **SAINT-GILLES**
✆ 04 66 70 49 49 - Navettes à partir de Nîmes.
www.aeroport-nimes.fr
Ouvert du lundi au dimanche, jours fériés, de 7h30 à 20h00.

L'aéroport Nîmes-Alès-Camargue-Cévennes propose des vols réguliers à destination de Londres, Bruxelles, Fez et Marrakech, desservis par la compagnie aérienne Ryanair. Cet aéroport est situé à proximité de l'autoroute A54 et à 15 minutes de Nîmes par le biais de la navette. Aux « arrivées » se trouvent toutes les sociétés de location de voitures dont le parc est situé juste en face du bâtiment. Parking couvert à proximité immédiate de l'aérogare, avec 10 minutes gratuites.

AÉROPORT SUD DE FRANCE CARCASSONNE

Route de Montréal - **CARCASSONNE**
✆ 08 20 67 34 11 - Accès : A 61 sortie n° 23 Carcassonne-ouest.
www.aeroport-carcassonne.com
Wifi, location de véhicules, parking, taxis, navettes, boutiques, restauration.

L'aéroport de Carcassonne assure une moyenne de sept vols commerciaux par jour, exploités par la compagnie aérienne Ryanair. Les destinations internationales desservis sont la Belgique, l'Irlande, le Royaume Uni et le Portugal. L'aéroport est aussi ouvert au trafic national. Des navettes vous attendent en sortie principale de l'aéroport, pour établir la liaison jusqu'au cœur de ville de Carcassonne. Pour la desserte de Carcassonne-ville voir la rubrique « Navette aéroport ».

GARE DE MONTPELLIER-SAINT-ROCH

Place Auguste-Gibert - **MONTPELLIER**
✆ 36 35
www.gares-sncf.com/fr/gare/frmpl/montpellier-saint-roch
Accueil ouvert de 10h-00h [1h15 vendredi/dimanche].

Chapiteau de verre et d'acier, la gare de Montpellier-Saint-Roch séduit de par son imposante structure et son étonnante praticité. Véritable fourmilière, elle brasse chaque jours des milliers de personnes qui se précipitent sous ses verreries pour attendre leur destination finale. De 4h45 à minuit, TER, TGV, Intercités et Ouigo se succèdent dans ses entrailles à un rythme cadencé, partant pour la majorité du côté de Paris, Avignon, Narbonne ou encore Barcelone.

GARE SNCF DE BÉZIERS

14, boulevard de Verdun - **BÉZIERS**
✆ 36 35
www.sncf.com/fr/gares/beziers
Ouvert du lundi au vendredi de 4h à 0h ; le week-end de 5h à 0h ; les jours fériés de 5h à 0h.

La gare permet de rejoindre le centre-ville en quelques minutes et d'atteindre une multitude de destinations en quelques heures. TGV, TER, Intercités, les transporteurs ferroviaires sont variés. Leur présence est renforcée par un impressionnant réseau de bus et de cars. La gare est fréquentée par la majorité des trains situés sur l'arc languedocien : les TGV à destination de Perpignan, Toulouse ou Barcelone, les trains Intercités reliant Bordeaux à Marseille, ainsi que Béziers à Clermont-Ferrand et les nombreux TER Occitanie.

GARE SNCF DE CARCASSONNE

1, avenue du Maréchal-Joffre - **CARCASSONNE**
✆ 36 35
www.voyages-sncf.com
Ouvert tous les jours et les jours fériés de 5h15 à 0h15. Tarifs variables en fonction des périodes de réservation.

Si tous les chemins mènent à Rome, tous les trains mènent [ou presque] à Carcassonne ! Si le trajet de Paris n'est pas direct, on sera toutefois enchanté de passer par Narbonne, Montpellier ou Toulouse, autres charmantes capitales régionales. Quant aux tarifs, il s'entend que les premiers arrivés seront les premiers servis, partant du principe que plus tôt vous réserverez, moins cher vous paierez. Relais H très bien achalandé ouvre dès 5h45 en semaine [un peu plus tard le week-end] pour vous permettre de faire votre stock de magazines et de douceurs...

GARE SNCF DE NARBONNE

1, boulevard Frédéric-Mistral - **NARBONNE**
✆ 36 35
Ouverture billetterie : du lundi au vendredi de 8h45 à 17h ; samedi et dimanche de 9h45 à 17h. Parking.

La gare de Narbonne, ouverte depuis 1857, est de style néo-Louis XIII. Lors du creusement pour ses fondations en 1856, une statue en marbre blanc fut découverte : le Silène. Cette œuvre gallo-romaine symbolise le père adoptif et précepteur du dieu Dionysos, joyeux Silène, qui lui enseigna comment cultiver la vigne et goûter le bon vin. Une copie trône dans le hall de la gare. Cette dernière est le point de départ de la ligne Narbonne - Port-Bou desservant l'Espagne. Desservie par des bus, elle se situe à moins d'un kilomètre du centre ville et de la cathédrale.

GARE SNCF ET GARE TGV DE PERPIGNAN

Place Salvador-Dali [gare régionale] - **PERPIGNAN**
✆ 36 35 - www.sncf.com
Les deux gares sont installées de part et d'autre des rails et communiquent par un souterrain.

- **Du côté de la gare TGV « Centre del Món »**, liaisons quotidiennes avec Paris [4 TGV], Lyon [3 TGV], Marseille, Metz, Strasbourg, Lille, Toulouse, Genève, Bruxelles, Barcelone [6 aller-retour quotidiens en 1h20].
- **Du côté de la gare régionale et inter-régionale**, liaisons quotidiennes avec Narbonne, Montpellier, Nîmes, Avignon, Villefranche, Cerbère, etc. par TER ou intercités. Depuis 2015, le dispositif du « Train à 1 euro » est appliqué pour tous les TER sur certaines destinations.

ORGANISER SON SÉJOUR

SÉJOURS ET CIRCUITS

Partir sans stress, avec un programme bien ficelé et une équipe au poil, voilà les raisons qui poussent de plus en plus de voyageurs à faire appel à des compagnies touristiques. Que ce soit pour organiser un séjour sur-mesure ou trouver des compagnons de route, elles facilitent vos recherches et vous accompagnent dans les démarches. Si certaines d'entre elles proposent des destinations paradisiaques à l'autre bout du monde, d'autres se sont spécialisées dans les trésors locaux. Au cours de leurs sorties, vous serez plonger dans tout ce qui fait la richesse et la beauté du Languedoc-Roussillon. Dans une ambiance généralement très conviviale, au milieu de la nature ou dans les rues des plus grandes villes de la région, vous serez amené à découvrir une autre facette des lieux. Selon vos préférences, faites appel à des spécialistes des séjours sportifs ou détente. Vous repartirez la tête pleine de souvenirs !

AKAOKA - COMPAGNIE DU TREK

15, place des Halles - **GANGES**
✆ 01 83 62 19 68
www.compagnie-du-trek.com
Consulter le site Internet pour plus d'informations.

Cette agence construit avec vous vos équipées terrestres, de la randonnée individuelle au trek accompagné, en respectant vos choix de destinations et vos envies. Elle a été fondée par deux passionnés d'aventure. La Compagnie du Trek dispose d'une longue expérience des randonnées organisées dans de nombreux pays étrangers. L'agence peut organiser des circuits courts ou de longue durée qui vous emmèneront généralement hors des sentiers battus et loin du tourisme de masse.

B - HOLIDAYS

1, Impasse André Chénier
SAINT-LAURENT-DE-LA-SALANQUE
✆ 06 24 13 51 17
www.b-holidays.fr
Ateliers de tourisme créatif et participatif. Séjours, excursions, séminaires d'entreprise.

L'objectif de B-Holidays est de promouvoir les découvertes locales et le terroir en insistant sur les notions de qualité et de partage. Ainsi, B-Holidays a décidé de se spécialiser dans le tourisme créatif et participatif et d'impliquer le client pour qu'il soit acteur et non spectateur en partenariat avec des prestataires locaux méconnus des sentiers touristiques traditionnels. Les activités se déclinent en différents types de formules comme des séjours touristiques, excursions en bus à la journée ou événements d'entreprise (séminaire, team building).

MTM VACANCES

25, Avenue des Genévriers
VILLENEUVE-DE-LA-RAHO ✆ 06 78 12 55 63
www.mtmvacances.fr
Séjours sur mesure dans la région Occitanie. Circuits personnalisés terre, mer et vignoble.

Spécialiste de vos vacances sur mesure, l'agence réceptive haut de gamme MTM Vacances propose des circuits thématiques pour vous faire découvrir l'Occitanie (avec location de voiture ou de minibus avec chauffeur). Cela s'adresse à des groupes comme des individuels. Précisons que les prestations proposées s'étendent à d'autres domaines : côté mer (découverte de la Côte Vermeille en voilier, grillades et baignade), côté terre (circuits romans ou historiques), côté montagne (raquettes, randonnée)... Plein d'idées originales qui sentent bon les vacances.

QUOTATRIP

www.quotatrip.com

QuotaTrip est une nouvelle plateforme de réservation de voyage en ligne qui met en relation des voyageurs à la recherche d'expériences authentiques et uniques et des agences de voyages locales sélectionnées pour leurs compétences et leur sérieux. Le réseau de QuotaTrip couvre près de 200 destinations du monde entier. Le but de ce rapprochement est simple : proposer un séjour entièrement personnalisé aux utilisateurs. QuotaTrip promet ainsi l'assurance d'un voyage serein, sur mesure, sans intermédiaires et sans frais supplémentaires.

SE DÉPLACER

Si votre arrivée dans le Languedoc-Roussillon est le fait de train, d'avion ou encore de bateau, vous aurez la possibilité de louer un véhicule aux quatre coins du territoire. Voiture, moto, vélo, tous les moyens sont bons pour profiter pleinement de chaque aspect de l'ex-région. Si vous préférez privilégier les transports en commun, par soucis écologique ou simplement pour éviter le stress du stationnement, vous pourrez compter sur de nombreux réseaux. Le plus important d'entre eux est LiO, un service régional des transports collectifs unique comprenant différents modes de transports (bus, Ter, TAD) sur l'ensemble de la région Occitanie. Plusieurs villes languedociennes possèdent également leur propre réseau de transport publics : TaM à Montpellier, TANGO à Nîmes, SANKEA à Perpignan, Citibus à Narbonne... On n'oublie pas les navettes de plage qui, chaque été, permettent de rejoindre la Grande Bleue en toute facilité.

LIO

5, avnue de la Méditerranée - **NÎMES**
✆ 0 810 33 42 73
www.lio.laregion.fr
1,50 € le ticket ; 4 € le pass journée ; 3 € pour 2 voyages. 13 € pour 10 voyages. Trajets en ligne.

Ce dispositif de cars rouges fait le bonheur de ceux qui n'ont pas de véhicule ou qui désirent se déplacer sans les inconvénients du trafic ou du parking. L'argument de poids est le prix du billet unique, quelle que soit la destination. Les lignes tissent une toile d'araignée dont le centre est Nîmes. Des lignes de bus permettent d'accéder à la plupart des sites touristiques d'Occitanie à moindre frais. Les points de vente ne manquent pas dans les Maisons de la Presse et les bars-tabac. Le site internet vous donne également accès à toutes les infos pratiques.

TAM

6, rue Jules-Ferry - **MONTPELLIER**
✆ 04 67 22 87 87
www.tam-voyages.com
Ticket : 1,60 €. 10 voyages : 10 €. Horaires et circuits en ligne.

Montpellier peut se vanter d'avoir développé en quelques années un réseau de transport tentaculaire. Quatre lignes de tramway, de nombreux bus, 31 circuits en direction des communes de la métropole, les usagers ont accès à un service complet, pratique et en constant essor. Les titres de transport sont disponibles à la montée ainsi que sur les bornes installées aux différents arrêts de la ville. Pour plus d'informations, trois bureaux d'information vous attendent. Très complet, le site internet de la TaM est l'outil indispensable pour suivre l'état du réseau.

SANKEO

Quai Sadi Carnot
PERPIGNAN
✆ 04 68 61 01 13
www.sankeo.com
Lignes de bus sur la ville et dans l'agglomération Perpignan-Méditerranée.

Lors de votre venue à Perpignan, ayez le réflexe « écolo », prenez le bus ! SANKEO vous facilite la vie de tous les jours et vos déplacements en ville et dans tous les villages de l'agglomération. 3 navettes « cœur d'agglo » desservent gratuitement l'hyper centre-ville De chez vous, vous pouvez : calculer votre itinéraire, télécharger les horaires et trajets, recharger vos abonnements en vous connectant sur www.sankeo.com et, où que vous soyez, visualisez vos itinéraires et horaires sur votre smartphone en flashant le QR-Code ou en téléchargeant l'application.

TANGO

388, avenue Robert-Bompard
NÎMES ✆ 09 70 81 86 38
www.tangobus.fr
Achat titre de transport via l'application Tangobus. 1,60 € Valable pour 1h de déplacement sur l'ensemble du réseau.

Le réseau de transports Tango, au service de Nîmes Métropole, dessert 27 communes. Des navettes spécialisées permettent de répondre à toutes les situations et à tous les publics. La ligne T1 dessert le centre de Nîmes à partir d'un parking situé à la sortie de l'autoroute Nîmes-centre. Le pass Parking Relais permet l'accès au parking et à une heure de trajet aller-retour pour tous les passagers du véhicule. Pensez à télécharger l'application Tangobus pour plus de flexibilité : achat possible de vos titres de transport, gestion de vos abonnements...

S'INFORMER

S'offrir un brin de repos en Languedoc-Roussillon ne signifie pas forcément se détacher de la réalité et de l'actualité. Pour se tenir au courant de tout ce qui se passe au niveau international, national et surtout local, différents supports sont à disposition (radio, internet, tv, presse écrite). Adaptés au goût de chacun, ces médias forment un relai qui permet de suivre ce qui se passe ou ce qu'on peut attendre du calendrier. Accéder à l'un d'entre eux vous permettra de ne pas avoir de mauvaise surprise, mais aussi de découvrir des choses qui vous étaient inconnues. On pense surtout aux médias locaux qui vous livreront en quelques mots des informations sur les fêtes de village, les traditions locales, les concerts programmés, les tournois de tambourin... C'est aussi une merveilleuse façon de découvrir la culture locale, le vocabulaire du cru et d'obtenir quelques adresses gourmandes ou divertissantes.

100 % RADIO

✆ 08 92 70 16 01
www.centpourcent.com
Albi, Auch et Carcassonne. Web radio.

Cette station populaire a été créée par Olivier Fabre et Jacques Iribarren et tire, depuis sa création, sa fierté de son public local. Au point que la programmation de la radio est principalement tournée vers le département et la région. Les journaux d'informations côtoient des magazines people, musique et web mais ce sont surtout les événements locaux qui trouvent une résonance à l'antenne. La radio est le relais des manifestations culturelles locales et ses ondes battent au rythme de l'actualité du département. Une vraie réussite !

FRANCE 3 OCCITANIE

✆ 08 90 71 10 00
france3-regions.francetvinfo.fr/occitanie
Émissions locales et nationales. Direct et replay disponible en ligne.

Chaque jour, la chaîne diffuse un journal thématique selon la localité. Culture, sport, politique, scène associative, les sujets traités sont divers et couvrent avec intégrité l'actualité du moment. Ainsi, les éditions locales consacrées à la région Occitanie et ses principaux départements attirent chaque jour les locaux et les touristes intéressés par l'agenda de la semaine et les informations locales. Si celles-ci couvrent souvent des univers légers et festifs, elles touchent aussi la scène politique, judiciaire et économique.

CAP CATALOGNE

http://capcatalogne.com
Bi-mensuel d'information, de tourisme et de culture sur la grande Catalogne.

Cap Catalogne se définit comme un magazine de loisirs et d'escapades en Pays Catalan... de Salses à Tarragone ! On découvre au fil des pages de papier glacé toutes les raisons d'aimer la Catalogne et elles sont nombreuses ; Histoire, culture, gastronomie et vins, festivités... Une mine d'informations sur le passé et le présent. Tous les bons plans sont dans ce magazine bimestriel de référence sur la grande région Catalane dont nous saluons la qualité des articles et des photos. Avec Terres Catalanes, voilà l'autre référence de la presse écrite sur la région.

FRANCE BLEU ROUSSILLON

✆ 04 68 51 90 00
www.francebleu.fr/roussillon
Écoute sur les ondes et en ligne.

France Bleu Roussillon remplit à merveille sa mission de radio de service public. Partenaire de tous les évènements locaux, elle est tenue par une rédaction de 6 journalistes et une équipe de 9 animateurs proches de leurs auditeurs. A l'antenne, de 6h à 19h, ils diffusent une programmation musicale éclectique, ponctuée de flashs et chroniques consacrées à l'information locale et nationale. La radio propose aussi des billets d'humeur, des magazines sportifs, une rubrique bons plans, des rubriques et émissions thématiques et des jeux.

GRAND SUD FM

✆ 04 68 65 03 61

www.grandsudfm.com

Radio généraliste. Informations locales, régionales et nationales. Musique. Jeux.

Avec ses 4 fréquences, Grand Sud FM couvre aujourd'hui la partie la plus méridionale du Languedoc-Roussillon, entre Béziers et Perpignan. La fréquence 96.1 dessert la plaine du Roussillon, et Grand Sud FM, avec un programme musical adulte de tubes des années 70, 80, 90 et 2000 a renforcé sa politique rédactionnelle pour satisfaire aussi les auditeurs catalans avec notamment les matchs de l'USAP et des Dragons Catalans en direct. On peut accéder en direct et en replay aux émissions sur le site Internet en cliquant sur « écoutez » ou télécharger les *Podcasts*.

TERRES CATALANES

Magazine mensuel de caractère qui traite de tous les sujets des deux Catalognes : la française et l'espagnole.

Trimestriel consacré au territoire catalan, Terres Catalanes lève le voile sur toute la beauté et la richesse de notre remarquable région au travers de passionnants sujets. Ce magazine est destiné à tous les amoureux de balades insolites, de découvertes culturelles totalement inattendues, mais aussi aux inconditionnels de l'authenticité et des plaisirs gourmands. Les articles magnifiquement illustrés de Terres Catalanes sont de brillants hommages rendus à cette terre de sang et d'or. Un magazine qui, au fil des ans, a su s'imposer comme une référence.

L'INDÉPENDANT

✆ 04 68 64 88 88

www.lindependant.com

Quotidien. Pyrénées-Orientales et Aude.

Fondé en 1846, *L'Indépendant* est un journal quotidien régional, diffusé principalement dans les départements de l'Aude et des Pyrénées-Orientales. Vous y trouverez toute l'actualité du lundi au samedi, ainsi qu'un supplément TV le dimanche. En plus, le magazine *Midi, ma région mes envies* distille de très nombreuses informations sur l'actualité culturelle et les escapades à faire dans toute la région Occitanie. Disponible en téléchargement et par portage, il est le lien indispensable pour tous les expatriés de France et de l'étranger.

TV CARCASSONNE

✆ 04 68 26 63 90

www.tvcarcassonne.com

TV locale sur le Web.

Créée en 2010, TV Carcassonne est la Web TV d'informations locales de Carcassonne, de son agglomération et du département de l'Aude. À l'heure où le besoin d'une information rapide, claire et objective augmente, elle propose une lecture rigoureuse et quotidienne de l'actualité locale : informations, sports, sorties et divertissements... Chaque jour, le média présente de l'information traitée par son équipe de journalistes professionnels, en vidéo mais aussi en photo et à l'écrit : sujets, articles, portraits, émissions, sondages...

MIDI LIBRE

✆ 04 30 00 30 34

www.midilibre.fr

Quotidien régional. Nombreux hors-séries. Abonnements. Application mobile.

Midi Libre est le journal de proximité par excellence. Ce quotidien d'information relaie les actualités de la région Occitanie avec précision et humanité. Grâce à une équipe de professionnels proches du terrain, le journal a pu bâtir une réputation et une relation de confiance avec son lectorat. De nos jours, le média a pris un virage résolument numérique, axé autour d'un site internet développé et des réseaux sociaux interactifs. *Midi Libre* est capable de relater le déroulement d'événements en direct et d'assurer le suivi de l'actualité heure par heure.

VIÀ OCCITANIE

✆ 04 67 41 88 00

Vià Pays gardois Canal 33

www.viaoccitanie.tv

Chaîne d'information régionale. Actualité en continu.

Vià Occitanie est une chaîne régionale d'informations qui diffuse ses programmes via quatre télévisions locales : vià Montpellier, vià Pays catalan, vià Pays gardois, vià Toulouse. Anciennement TV Sud, sur les bases desquelles elle s'est déployée, Vià Occitanie aborde tous les territoires de l'information : l'économie, la culture, les sports, sans oublier les initiatives qui animent la région, grâce à un solide réseau de journalistes sur le terrain, de Mende à Toulouse, d'Uzès jusqu'à Foix. Le journal télévisé est ainsi réactualisé deux fois par heure.

INDEX

I

J

K

L

M

N

O

P

Q

R

S

EDITION

Directeurs de collection et auteurs : Dominique AUZIAS et Jean-Paul LABOURDETTE
Avec la collaboration de Yan EVEN
Auteurs : Caroline FLORENTIN, Delphine TABARY, Carine PAGES, Mélisa GUENDOUZI, Louise BRAHITI, Laurent PIERSON, Gwénaëlle LABBE, Julien BERNARD, Jérémy THIEBAUD, Marine GASC, Fabienne CALVAYRAC, Sarah MASFERRER, Lise ALVAREZ, Elisabeth NICAISE, Caroline VALENTI, Laurie ACCO, Lise PATHE, Jean-Paul LABOURDETTE, Dominique AUZIAS et alter
Directeur Editorial : Stéphan SZEREMETA
Rédaction France : Elisabeth COL, Tony DE SOUSA, Mélanie COTTARD, Audrey VEDOVOTTO
Rédaction Monde : Caroline MICHELOT, Morgane VESLIN, Pierre-Yves SOUCHET, Natalia COLLIER, Laureen DUCHESNE

FABRICATION

Responsable Studio : Sophie LECHERTIER assistée de Romain AUDREN
Maquette et Montage : Julie BORDES, Delphine PAGANO
Iconographie et Cartographie : Anne DIOT assistée de Julien DOUCET

WEB ET NUMERIQUE

Directeur Web : Louis GENEAU DE LAMARLIERE
Chef de projet et développeurs : Nicolas de GUENIN, Adeline CAUX, Kiril PAVELEK
Intégrateur Web : Mickael LATTES
Webdesigner : Caroline LAFFAITEUR
Community Traffic Manager : Alice BARBIER, Mariana BURLAMAQUI et Vincent PHAM

DIRECTION COMMERCIALE

Directeur commercial : Guillaume VORBURGER assisté de Manon GUERIN
Responsable Régies locales : Michel GRANSEIGNE
Responsables Développement régie inter : Jean-Marc FARAGUET et Guillaume LABOUREUR
Chefs de Publicité : Camille ESMIEU
Chefs de Publicité Régie nationale : Caroline AUBRY, François BRIANCON-MARJOLLET, Perrine DE CARNE MARCEIN

DIFFUSION ET PROMOTION

Directrice des Ventes : Bénédicte MOULET assistée d'Aissatou DIOP, Sidonie COLLET
Responsable des ventes : Jean-Pierre GHEZ assisté de Nelly BRION
Relations Presse-Partenariats : Jean-Mary MARCHAL

ADMINISTRATION

Président : Jean-Paul LABOURDETTE
Directrice des Ressources Humaines : Dina BOURDEAU assistée de Sandra DOS REIS et Eva BAELEN
Directrice Administrative et Financière : Valérie DECOTTIGNIES
Comptabilité : Jeannine DEMIRDJIAN et Adrien PRIGENT
Recouvrement : Fabien BONNAN assisté de Sandra BRIJLALL et Vinoth SAGUERRE
Responsable informatique : Arney BADER

PETIT FUTÉ
LANGUEDOC-ROUSSILLON

LES NOUVELLES EDITIONS DE L'UNIVERSITE
18, rue des Volontaires - 75015 Paris.
© 01 53 69 70 00 - Fax 01 42 73 15 24
Internet : www.petitfute.com
SAS au capital de 1 000 000 € -
RC PARIS B 309 769 966
Couverture : Beziers © zm_photo
Impression : IMPRIMERIE CHIRAT -
42540 Saint-Just-la-Pendue
Achevé d'imprimer : mars 2021
Dépôt légal : 22/04/2021
ISBN : 9782305052557

Pour nous contacter par email, indiquez le nom de famille en minuscule suivi de @petitfute.com
Pour le courrier des lecteurs : info@petitfute.com

IMPRIMÉ EN FRANCE